vol[x]bibel

Die VOLX BIBEL 3.0

Reloaded

Neues Testament
frei übersetzt
von Martin Dreyer

Ein neuer Vertrag zwischen Gott und den Menschen

vol[x]bibel-verlag

Bibliografische Informationen der Deutschen Nationalbibliothek
Die Deutsche Nationalbibliothek verzeichnet diese Publikation in der Deutschen Nationalbibliografie; detaillierte bibliografische Daten sind im Internet über http://www.d-nb.de abrufbar.

6. Auflage 2009

Satz: OLD-Media OHG, Neckarsteinach
Druck: CPI – Clausen & Bosse, Leck

Motiv Zigarettenschachtel
Gestaltung: Dietmar Reichert, Dormagen
ISBN 978-3-940041-00-5
Bestell-Nr. 875.100

Motiv Splash
Gestaltung: ZERO Werbeagentur, München
Illustration: Finepic, München
ISBN 978-3-940041-08-1
Bestell-Nr. 875.108

* We proudly present *
(Hier ist sie und wir sind stolz drauf!)

Die Volxbibel NT 3.0!

Da ist sie nun, die dritte Fassung des Volxbibel NT. Ganz ehrlich, ich bin total aufgeregt, wenn ich darüber nachdenke, was hier gerade passiert ist. Von der 1.0 zur 2.0-Fassung hatten wir ja überwiegend nur das Matthäusevangelium im Internet bearbeitet. Aber dieses Mal hat es tatsächlich zu einer Überarbeitung des ganzen Neuen Testamentes (NT), der neuen Verträge, gereicht, der Volxbibel 3.0. Genial! Von fast tausend Usern wurden die Wiki-Seiten 1,2 Millionen Mal aufgerufen und bearbeitet, so sagt es uns die sich ständig verändernde Statistik.

Was hat sich alles geändert? Ich denke, der Lesefluss wurde an vielen Stellen deutlich verbessert. Sätze sind kürzer, Formulierungen verständlicher geworden. Auch an einigen Ungenauigkeiten wurde im Volxbibel-Wiki, unserer Plattform im Internet, gearbeitet.

Dieses Modell, einen Bibeltext im Internet entstehen zu lassen und ihn dort auch immer weiter zu bearbeiten, ist weltweit einmalig. Es gibt kein vergleichbares Projekt. Auch das finde ich sehr genial.

Bei dieser neuen Fassung der Volxbibel gilt wieder: Gefällt Dir irgendetwas nicht, findest Du die Sprache zu lahm, langweilig, ungenau, daneben, krampfig, zu jung oder zu erwachsen, dann mach mit! Log Dich auf der Seite http://wiki.volxbibel.com ein und werde ein Mitautor der nächsten Ausgabe der Volxbibel 4.0. Dann wird auch Dein Username im nächsten Buch erscheinen.

Bis dann und Segen

Dein Martin Dreyer,
Köln, 6. Juli 2008

Vorwort zur Übersetzung

Herzlich willkommen in der Welt der Volxbibel!

Dieses Buch hat schon vor seiner Veröffentlichung für viel Gesprächsstoff gesorgt. Viele Fragen wurden an das Projekt gestellt, und einige davon möchte ich hier gerne beantworten.
Die Volxbibel ist ein Experiment, etwas Neues, nie Dagewesenes. Sie ist die erste deutsche Bibel, die versucht zu zeigen, wie Jesus möglicherweise heute geredet hätte, ohne seine Aussagen ins Lächerliche zu ziehen oder ihnen die Schärfe zu nehmen. Die Volxbibel ist außerdem die erste Bibel überhaupt, bei der wirklich jeder mitschreiben und mitgestalten kann.

Die Volxbibel ist ein Sprachexperiment

Sprache verändert sich ständig, das kann jeder sehen, der mal in die erste Bibelübersetzung von Martin Luther reinschaut. Deshalb muss sich die Sprache der Bibel auch ständig weiterentwickeln, damit sie jeder verstehen und lesen kann.

Meine Eltern sagten immer: „Diese Musik ist aber toll!" Dreißig Jahre später war dann alles „geil", jetzt ist das eher „krass", was wirklich gut ist. Wer weiß, was man morgen sagen wird, wenn man etwas besonders gut findet? Sprache verändert sich und ist vielschichtig. In Hamburg spricht man anders als in Bayern. In Schwaben „schwätzt" man, in Dortmund wird „gelabert". Deshalb wird für den einen ein Vers aus der Volxbibel cool klingen und für den anderen eher peinlich, für den einen zu radikal und für den Nächsten zu lasch. So ist das eben.

Luther hatte bei seiner ersten Bibelübersetzung ein bestimmtes Motto. Es war nicht seine Absicht, besonders alt, schwierig oder religiös zu schreiben. Im Gegenteil! Er wollte „dem Volk aufs Maul schauen", und mit dem „Volk" meinte er die Leute vom Markt, den Normalo von der Straße, den Freak von gegenüber. Genauso ist es das Ziel der Volxbibel, eine möglichst normale Sprache zu sprechen, mit Ausdrücken, wie man sie im Jugendzentrum oder auf dem Schulhof hört. Begriffe, die erst mal nur jemand versteht, der christlich aufgewachsen ist, sollten, soweit es ging, vermieden werden.

Die Volxbibel ist ein Open-Source-Experiment

Es gibt eine einfache Möglichkeit, die Bibel sprachlich modern zu halten und sogar auf regionale Unterschiede einzugehen. Um viele Leser anzusprechen, braucht man viele Übersetzer.

Deshalb geben wir jedem die Möglichkeit, sich am Sprachexperiment Volxbibel zu beteiligen. Wie beim bekannten Internet-Lexikon *Wikipedia* liegt der „Quellcode" der Volxbibel offen. Jeder, der mitmachen möchte, kann seine Vorschläge im Übersetzer-Forum auf www.volxbibel.de im Internet veröffentlichen.
Wenn du Stellen aus der Volxbibel überholt, unverständlich oder sogar peinlich findest, kannst du dabei helfen, es in der nächsten Ausgabe besser zu machen. Alle Übersetzungsversuche werden ernst genommen und von einem Team von Lektoren und Theologen geprüft. Die besten Vorschläge erscheinen im nächsten Update der Volxbibel. Wenn ein Vers oder Abschnitt von dir ins nächste Update übernommen wurde, steht hinten natürlich auch dein Name drin.

Die Volxbibel ist ein geistliches Experiment

Die Bibel ist, so sagt man, „Gottes Wort". Die Worte, die in ihr geschrieben stehen, kommen von Gott, es sind seine Worte. Sie können lebendig werden und anfangen, dein Leben zu verändern. Mir war beim Übersetzen wichtig, diese Worte nicht „weich zu spülen", sie sollten die Schärfe und Klarheit des ursprünglichen Textes behalten, damit ihre Bedeutung für keinen Menschen verloren geht. Gott möchte durch die Worte der Volxbibel direkt zu dir reden!

Darum möchte ich jeden Leser herausfordern: Öffne dich dafür, dass diese Worte heute für dich plötzlich lebendig werden können. Gott kann so mit dir reden!

Viel Spaß beim Lesen, Nachdenken, Mitübersetzen wünschen dir

Martin Dreyer und Team

Die Volxbibel wird die erste Bibelübersetzung der Welt, an der alle mitschreiben können, eine Bibel vom Volk fürs Volk, geschrieben von Profis und von Laien. Welches Buch wäre nicht würdiger dafür als das Buch der Bücher, die Bibel selbst!

Einleitung

Die Volxbibel beginnt mit vier Büchern, die von dem Leben, was Jesus hier auf der Erde geführt hat, erzählen. Jedes Buch hat seinen eigenen Schwerpunkt, seine eigene Perspektive. Das ist genau so, als wenn vier Freunde von dir im Kino denselben Film sehen würden, jeder würde ihn aber später aus seiner Sichtweise etwas anders beschreiben, auch wenn sie alle im gleichen Film waren.

Nach diesen vier Büchern kommt ein weiteres spannendes Ding, nämlich die Geschichte von den Aposteln. Die Apostel waren die erste Führungsriege der Christen, gleich nachdem Jesus als Mensch von der Erde verschwunden war und in den Himmel zu Gott gezogen ist. Das Buch erzählt von einer besonderen Kraft, die direkt von Gott kam, man nennt diese Kraft auch den heiligen Geist. Dieser Geist ist genauso wie Gott, er ist genauso eine Person wie Jesus oder der Vatergott. Mit dieser Kraft wurden die Freunde von Jesus abgefüllt, Gott zog sozusagen höchstpersönlich in ihren Körper und in ihr Bewusstsein ein. Und was dann passiert ist, war wirklich abgefahren. Von dort fing nämlich eine richtige Jesus-Revolution an, die die ganze Erde bis zum heutigen Zeitpunkt total verändert hat!

Nach dieser Geschichte mit den Aposteln kann man noch verschiedene Briefe lesen, die von Leuten wie Paulus und Petrus an die Jesus-Familien in den einzelnen Städten geschrieben worden sind. Diese Gemeinden, wie man sie heute nennt, haben sich alle in ganz kurzer Zeit gegründet. Die Briefe wurden von Christen geschrieben, die es echt draufhatten und die Gott extra für diesen Job ausgesucht hat. Teilweise kannten sie Jesus noch persönlich, teilweise haben sie Jesus erst kennengelernt, nachdem er gestorben war. Wie das geht, wirst du selber lesen können ;+) Diese Briefe gehen oft auf die ganz konkreten Probleme ein, die in diesen Gemeinden vor Ort in dieser Zeit am Start waren. Sie können aber auch heute noch in deine Situation sprechen und im alltäglichen Leben mit Gott weiterhelfen.

Die Volxbibel schließt mit einer Vision, die Johannes gehabt hat. Keine Ahnung, was du davon verstehst, ich hab immer das Gefühl, was damit eigentlich gemeint war, wird uns zum großen Teil erst später klar werden.

Christen sind davon überzeugt, dass die Bibel „das Wort Gottes“ ist. Sie meinen damit, dass hinter den Buchstaben, die du da liest, eine größere Kraft steckt, eben Gott. Worte sind Gott wichtig, er hat mit Worten diese Welt gemacht. In dem alten Teil der Bibel hat Mose mal geschrieben: „Gott sprach, es werde Licht, und so ist dann das Licht entstanden.“ Er hat gesprochen, Worte ausgesprochen, keine Gedanken gedacht oder Bilder gemalt.

Ich würde mich freuen, wenn durch dieses Projekt viele Leute anfangen, sich auf diesen Jesus einzulassen, von dem in der Volxbibel überall erzählt wird. Er ist die Hauptfigur, er spielt die Hauptrolle in diesem Film, er ist der große Held, um den sich alles dreht. Ich habe mich auf Jesus eingelassen, als ich 21 war. Vielleicht ist das ganz schön spät, manchmal wünschte ich mir, jemand hätte mir schon früher von ihm erzählt. Dann wäre mir viel Scheiß und Ärger erspart geblieben. Ich kann auf jeden Fall mit Sicherheit behaupten, dass seitdem viel in meinem Leben und um mich herum ins Wanken geraten ist, es gab auch derbe Stürme, wo ich fast abgesoffen wäre, aber der einzige stabile Faktor war immer Jesus. Er hat stets zu mir gehalten, auf mich aufgepasst, für mich gesorgt. Es gibt nichts Besseres, als mit Jesus zu leben und ein Christ zu sein, ehrlich!

Wenn du das auch werden willst, dann schreib mir oder frag jemanden, von dem du glaubst, er könnte es wissen. Denn Jesus hat mal gesagt: „Wenn jemand etwas sucht, dann wird er es auch finden“ (Matthäus, 7. Kapitel, Vers 8). Jesus lässt sich immer finden, er möchte gerne mit jedem Menschen leben, aber er will dich nicht zwingen, er wartet auf dich, er wartet, bis du kommst. Am Ende von dieser Volxbibel steht auch noch etwas zu dem Thema, wie man zu den Leuten von Jesus gehören kann, wenn man das will.

Und jetzt geht es los ...

Martin Dreyer

Inhalt

Die Geschichte von Jesus, wie Matthäus sie aufgeschrieben hat

1

Die Leute vor Jesus

1 Dies ist die Geschichte von Jesus Christus. Jesus ist ein Ur-ur-ur-und-
so-weiter-Enkel von David und Abraham. Seine genaue Vorfahrenreihe
sieht so aus: 2 Abraham, Isaak, Jakob (der Dad von Juda und dessen Brü-
dern), 3 Juda, Perez und Serach (Tamar war ihre Mutter), Hezron, 4 Ram,
Amminadab, Nachschon, 5 Salmon, Boas (der Sohn von Rahab), Obed
(der Sohn von Rut), Isai, 6 Präsident David, Salomo (dessen Mutter war
Urias Frau), 7 Rehabeam, Abija, Asa, 8 Joschafat, Joram, Usija, 9 Jotam,
Ahas, Hiskia, 10 Manasse, Amon, Josia, 11 Jojachin und seine Brüder (zu
der Zeit, als das Volk Israel nach Babylon verschleppt wurde), 12 Scheal-
tiël, Serubbabel (als das Volk in Babylonien festsaß), 13 Abihud, Eljakim,
Asor, 14 Zadok, Achim, Eliud, 15 Eleasar, Mattan, Jakob. 16 Jakob war der
Dad von Josef, Josef war der Mann von Maria. Und Maria war die Mutter
von Jesus Christus, und der ist der Sohn von Gott. 17 Zahlensymbole
sind wichtig! Darum: Von Abraham bis zum Präsidenten David waren
es vierzehn Generationen. Und auch von David bis zur Verschleppung
nach Babylon waren es vierzehn Generationen und von der Zeit bis zu
Christus noch mal vierzehn.*

Maria bekommt ein Baby

18 So, und jetzt kommt, wie das mit der Geburt von Jesus abgegangen
ist: Seine Mutter Maria war mit einem Mann, der den Namen Josef
hatte, verlobt. Obwohl sie noch nicht verheiratet waren** und keinen Sex
hatten, war Maria plötzlich schwanger. Und zwar hatte Gottes heiliger
Geist***, dafür gesorgt: Er hatte sie auf übernatürliche Weise schwanger
gemacht. 19 Ihr Mann Josef war zwar für Recht und Gesetz, aber er woll-

---

* Wer zählen kann, merkt, dass Maria in der letzten Gruppe der 14 mitgezählt wird! Warum das so ist, wird ab V. 18 erläutert.

** „Verlobt“ (V. 18) war damals so gut wie verheiratet: Wenn Maria „fremdgegangen“ wär, hätte sie wegen Ehebruch getötet werden können (V. 19), falls Josef das forderte.

*** Gott wird in der Bibel in drei Formen beschrieben: als „Vatergott“, als „Sohngott“ und als „Geistgott“. Er ist aber immer der Gleiche, bloß in einer anderen Form (gut zu vergleichen mit Wasser: flüssiges Wasser, Wasserdampf und Wassereis). In der Volxbibel wird dieser dritte „Geistgott“ oft als Power, Kraft, Energie übersetzt, weil das Originalwort diese Deutung auch hergibt.

te Maria nicht anklagen, das konnte er ihr nicht antun. Deshalb wollte
er sich ohne Aufsehen von ihr scheiden* lassen. 20 Er machte sich voll
den Kopf darüber, als er plötzlich im Traum einen Engel** sah, der ihm
sagte: „Josef, ja, ich meine genau dich! Du musst keinen Schiss haben,
Maria zu heiraten! Das Baby, was sie bekommen wird, hat ihr der Geist
von Gott geschenkt. 21 Sie wird einen Jungen bekommen, den musst du
unbedingt Jesus nennen [Jesus heißt übersetzt ‚Retter'], denn er wird
seine Leute aus dem Dreck rausholen, in dem sie stecken, durch alles,
was sie in ihrem Leben verbockt haben." 22 Das alles passierte, damit
die alten Propheten*** Recht behalten mit ihrer Ansage: 23 „Eine Frau die
noch nie Sex hatte wird einfach so schwanger werden und einen Sohn
bekommen. Den wird man Immanuel nennen. Das bedeutet: ‚Gott ist
bei uns.'" 24 Als Josef wieder aufwachte, tat er genau das, was der Engel
ihm gesagt hatte, und heiratete Maria. 25 Er schlief nicht mit Maria, bis
sie ihren Sohn zur Welt brachte. Josef gab ihm den Namen Jesus.

2

Die Astrologen suchen den neuen Präsidenten

1 Jesus wurde in dem Dorf Bethlehem im Bezirk Judäa in Israel geboren.
Herodes hatte damals dort das Sagen. Irgendwann kamen so Astrologen
aus Vorderasien in die Hauptstadt Jerusalem und quetschten überall die
Leute aus: 2 „Wisst ihr, wo das Kind jetzt ist, das in Zukunft das Sagen in
Israel haben soll? Wir haben da so einen besonderen Stern gesehen und
sind deswegen extra hergekommen, um ihm die Ehre zu erweisen, die
ihm zusteht!" 3 Der Präsident Herodes war total aufgebracht, als er das
hörte, und nicht nur er, alle in Jerusalem waren das. 4 Er organisierte so-
fort ein Meeting mit den angesagtesten religiösen Typen und den Leuten,
die viel studiert hatten und eine Menge wussten. Die fragte er: „Wisst ihr,
wo dieser Präsident geboren werden soll?" 5 Darauf meinten sie zu ihm:
„In Bethlehem, das hat Micha schon in seinem Prophetenbuch geschrie-
ben. Dort steht: 6 ‚Bethlehem, du bist nicht die unangesagteste Stadt
in Judäa. Denn aus dir wird ein Herrscher kommen, der sich um meine
Leute in Israel kümmern wird, ein guter!'" 7 Da rief Herodes die Forscher
heimlich zu sich, weil er genau wissen wollte, wann sie den Stern zum
ersten Mal gesehen hatten. Dann schickte er sie ab nach Bethlehem: 8 „Ihr

* Siehe erste Erklärung in Matthäus 1, Vers 18.

** Engel sind die persönlichen Diener Gottes und sozusagen die Briefträger von ihm. Manchmal schickt er sie zu den Menschen, wenn er was ganz Wichtiges sagen will. Sie sollen uns aber auch beschützen.

*** Propheten: Das sind so Typen, die haben einen ganz besonderen Draht zu Gott. Die können nicht nur wie jeder andere mit ihm reden, die hören auch ganz oft, was er zu ihnen oder durch sie zu anderen sagen will.

müsst dort das Kind suchen und mir sofort Bescheid geben, wenn ihr es
gefunden habt, okay? Ich gehe dann auch mal vorbei, um mich vor ihm
tief zu verbeugen und ihn anzubeten.“ [9] Nachdem sie dies so bequatscht
hatten, gingen die Astrologen nach Bethlehem. Dort passierte etwas
total Abgefahrenes: Der Stern, den sie in Vorderasien gesehen hatten,
leitete sie fast wie ein GPS-System direkt zu der Hütte, wo das Baby lag.
[10] Darüber flippten sie vor Freude total aus. [11] Sie gingen in die Hütte, wo
der Stern drüber stehen blieb, und fanden dort Maria mit ihrem Baby. Sie
fielen sofort auf ihre Knie und jubelten ihm zu. Anschließend packten sie
die Geschenke aus, Gold sowie ganz wertvolle Düfte und Kräuter, die sie
extra aus ihrem Land mitgebracht hatten. [12] In der Nacht sagte Gott durch
einen Traum zu ihnen, sie sollten nicht mehr bei Herodes vorbeischauen.
Darum wählten sie einen Umweg, um nach Hause zu kommen.

Maria und Josef hauen nach Ägypten ab

[13] In der nächsten Nacht hatte Josef einen heftigen Traum: Er sah ei-
nen Engel Gottes, der ihm befahl: „Ab nach Ägypten! Nimm das Baby
und die Mutter und mach dich auf die Socken. Ich werde mich bei dir
melden, wenn ihr zurückgehen könnt. Herodes will nämlich euer Kind
töten.“ [14] Da stand Josef auf und haute noch in der Nacht mit Maria und
dem Baby ab nach Ägypten. [15] Dort blieben sie, bis Herodes gestorben
war. Damit erfüllte sich, was schon die alten Propheten früher mal vor-
ausgesagt hatten: „Ich habe meinen Sohn aus Ägypten rausgeholt.“

Jesus soll umgebracht werden

[16] Herodes rastete total aus, als er checkte, dass die Astrologen ihn
gelinkt hatten. Wütend ließ er alle Jungen töten, die unter zwei Jahre alt
waren und in Bethlehem und Umgebung wohnten. Als Anhaltspunkt
berechnete er die Geburtszeit nach den Angaben der Sternenforscher.
[17] Mit diesem derben, brutalen Mord wurde wahr, was der Prophet Jere-
mia schon vor langer Zeit vorhergesagt hatte: [18] „In der Stadt Rama wird
man ohne Ende Angst haben und weinen. Rahel wird heulen, weil ihre
Kinder alle tot sind. Keiner kann sie richtig trösten, denn nicht eins wur-
de am Leben gelassen.“

Wieder in Ägypten ...

[19] Als Herodes schließlich das Gras von unten sah, hatte Josef im Traum
wieder Besuch von einem Engel Gottes, der zu ihm sagte: [20] „Mach dich auf
die Socken, nimm die Mutter und geh wieder nach Israel zurück! Die Typen,
die das Kind umbringen wollten, sind tot.“ [21] Also machten sich Josef und
Maria auf den Weg zurück nach Israel. [22] Schließlich hörte er das Gerücht,

dass Archelaus, der Sohn von Herodes, der neue Präsident von Judäa war.
„Schlechte News!“, dachte Josef, denn der war auch ziemlich berüchtigt.
Gott sagte ihm aber in einem Traum, er sollte in das Gebiet Galiläa gehen
und sich da erst mal ’ne Wohnung nehmen. 23 Sie gingen darum erst mal
rüber nach Nazareth und organisierten sich da eine Bude. Dadurch wurde
auch das noch wahr, was die Propheten über den Auserwählten, den Chris-
tus, schon vor Jahrhunderten vorhergesagt hatten. Sie schrieben nämlich:
„Man wird von ihm sagen: ‚Der kommt nur aus Nazareth.‘“

3

Über Johannes, der die Leute getauft hat

1 In dieser Zeit fing so ein Typ mit dem Namen ‚Johannes, der die Leute
tauft‘ an, in der Wüste ziemlich krasse Sachen zu sagen. Sein Lieblings-
thema war dabei: 2 „Lebt nicht weiter so wie bisher! Rennt nicht in euren
Untergang. Schlagt einen neuen Weg ein, denn jetzt geht’s ab! Gott wird
bald das Sagen haben!“ 3 Schon der Prophet Jesaja hatte krasse Ansage
gemacht: „Da macht jemand in der Wüste den Lauten und ruft: ‚Bahn
frei für den Oberboss! Baut einen Weg für ihn!‘“ 4 Johannes’ Klamotten
waren aus Kamelhaaren gemacht und wurden von einem Ledergürtel
zusammengehalten. Er ernährte sich nur von Heuschrecken mit wildem
Honig, so derbe drauf war der. 5 Er zog viele Menschen aus dem Umland
an. Aus Jerusalem, dem Jordantal und auch dem Bezirk Judäa kamen
sie. 6 Sie sagten vor ihm ganz offen, wo sie Mist in ihrem Leben gebaut
hatten. Dann machte Johannes mit ihnen so eine religiöse Waschung im
Jordan, indem er sie dort untertauchte, man nannte das Taufe. 7 Als Jo-
hannes aber mitbekam, dass auch viele von den religiösen Profis, wie die
Pharisäer und Sadduzäer, sich taufen lassen wollten, wurde er total wü-
tend und sagte: „Ihr linken Pseudos! Wer hat euch erzählt, dass ihr euch
so bei Gott wieder einschleimen könntet? 8 Zeigt doch erst mal durch
euer Leben, dass ihr euch wirklich ändern wollt! 9 Ihr glaubt doch nicht
im Ernst, ihr könntet euch so durchmogeln mit dem ‚Abraham ist unser
Papa‘-Gequatsche! Gott kann sich aus diesen Mülleimern Kinder von Ab-
raham machen, wenn er will. 10 Eure letzte Stunde hat schon geschlagen.
Die Leute, die nicht das bringen, was sie bringen könnten, werden aus-
sortiert und vernichtet werden. Jeder Baum, an dem keine Früchte wach-
sen, wird abgeholzt und verbrannt. 11 Alle, die einen neuen Weg in die
Richtung Gottes einschlagen, werde ich mit Wasser taufen. Ich bin aber
nur die Trailer vom Hauptfilm, der Vorgeschmack auf den, der nach mir
kommt. Dem kann ich noch nicht mal die Schuhe zubinden. Der bringt
ein völlig neues Programm, er wird euch mit dem Heiligen Geist taufen.
Der wirkt wie ein Feuer in euren Gedanken. 12 Er hat schon den Filter

aufgestellt, der den Dreck vom Guten trennen wird. Den Dreck, der übrig
bleibt, wird er verbrennen, das Gute wird er sammeln und aufbewahren."

Gott steht zu seinem Sohn

13 Auch Jesus ging aus seiner Heimat in Galiläa zum Fluss Jordan, weil
er sich von Johannes taufen lassen wollte. 14 Johannes hielt das für keine
so gute Idee: „Hey Jesus, es müsste eigentlich umgekehrt laufen! Ich
müsste von dir getauft werden!", sagte er zu ihm. 15 Aber Jesus meinte
nur: „Es ist okay, so wie es ist. Das muss so sein, damit alles so läuft,
wie Gott es haben will." Also wurde auch Jesus von Johannes getauft.
16 Als er Jesus dann untertauchte und der wieder aus dem Wasser raus-
kam, öffnete sich plötzlich der Himmel über ihnen, und man sah, wie
der Geist von Gott genau wie eine Taube auf ihm landete – und dann auf
ihm blieb. 17 Zur gleichen Zeit hörte man eine Stimme aus dem Off, die
kam aus dem Himmel. Sie sagte: „Dies ist mein Sohn, ich liebe ihn sehr,
ich freue mich so sehr über ihn, er gefällt mir voll krass!"

4

Die große Prüfung für Jesus

1 Anschließend wurde Jesus von Gott in die Wüste geführt, wo der Chef
des Bösen, der auch Satan genannt wird, versuchen sollte, ihn von sei-
nem Weg abzubringen. 2 Vierzig Tage und Nächte verzichtete er ganz
auf Essen, und am Ende hatte er richtig krassen Hunger. 3 Schließlich
kam Satan vorbei, um ihn fertigzumachen. Er sagte zu ihm: „Wenn dein
Dad wirklich Gott ist, dann kannst du dir aus diesen Steinen 'ne Pizza
zaubern, wenn du das willst, oder?" 4 Jesus antwortete ihm: „Nein,
das werde ich nicht tun. Denn im alten Buch* steht drin: ‚Der Mensch
braucht nicht nur Essen, um zu leben. Er braucht auch einen Wegweiser
durch das, was Gott zu ihm sagt.'" 5 Danach ging Satan mit ihm zur Stadt
Jerusalem und platzierte ihn dort auf dem obersten Rand der Tempel-
mauer. 6 „Spring runter!", foppte er Jesus. „Du bist doch der Sohn von
Gott! In dem alten Buch kann man ja auch lesen: ‚Gott wird durch seine
Engel eingreifen. Sie werden dich auf Händen tragen, und du wirst keine
Schramme abkriegen.'" 7 Jesus holte zum Gegenschlag aus. Er sagte: „Da
steht aber auch: ‚Du sollst mit Gott, deinem Boss, keine Spielchen spie-
len.'" 8 Jetzt ging Satan mit ihm auf einen extrem krass hohen Berg und
zeigte ihm von dort alle Regierungsbuildings und Staatshäuser der Welt.
9 „Die kannst du alle haben, du musst dich nur vor mich hinschmeißen
und mich zu deinem Gott machen. Was hältste davon? Deal?" 10 Jesus

---

* Das alte Buch oder das „Alte Testament" ist der erste Teil der Bibel. Es war sozusagen die Bibel der Leute in der Zeit, als Jesus auf der Erde war.

ließ ihn voll abblitzen. Er antwortete: „Ey Satan, mach dich vom Acker! In den alten Verträgen steht drin: ‚Du sollst nur Gott als einzigen Big Chef anerkennen und nur das tun, was er dir sagt!'"
11 Endlich gab der Satan auf und verzog sich. Und auf einen Schlag waren dann auch ein paar Engel da, die sich um Jesus kümmerten.

Es gibt Hoffnung für alle, die von Gott nichts wissen wollen

12 Als Jesus hörte, dass sie Johannes in den Knast gesteckt hatten, ging
er erst mal in die Gegend von Galiläa.
13 Er verließ Nazareth und wohnte
in Kapernaum am See Genezareth, im Gebiet von Sebulon und Naftali.
14 So wurde auch diese Vorhersage vom Propheten Jesaja erfüllt. Der
meinte nämlich:
15 „An alle in Sebulon, Naftali und auf der anderen Seite
des Jordan:
16 Die Leute, die im Dunkeln leben, sehen plötzlich einen
1 000-Watt-Halogenstrahler. Es gibt Hoffnung für die, die im Dunkeln
sitzen. Die Leute, die vom Tod regiert werden, finden einen Ausweg."
17 Ab dann fing Jesus an, den Leuten folgende Nachricht rüberzubrin-
gen: „Schlagt eine ganz neue Richtung für euer Leben ein! Dreht euch
zu Gott um! Es beginnt ein neues Kapitel in der Geschichte der Men-
schen: Gott hat jetzt das Sagen!"

Vier Fischer und Jesus

18 Am See Genezareth lernte Jesus zwei Brüder kennen: Simon, der später
den Namen Petrus bekam, und seinen Bruder Andreas. Sie waren von Be-
ruf Fischer und gerade bei der Arbeit, als Jesus vorbeikam.
19 Jesus sagte
zu ihnen: „Hey, ihr zwei! Mir nach! Ich will euch beibringen, wie man
Menschen dazu bringt, mit Gott zu leben! Ihr sollt jetzt Menschen fischen
anstatt Fische!"
20 Beide ließen sofort alles stehen und liegen und folgten
ihm.
21 Gleich danach trafen sie am Strand noch zwei andere Fischer, Ja-
kobus und Johannes, die auch Brüder waren. Sie hingen mit ihrem Vater
Zebedäus im Boot, um Netze zu reparieren. Auch bei denen fragte er an,
ob sie nicht mit ihm leben wollten.
22 Beide packten sofort ihre Sachen
und verließen das Schiff (und auch ihren Papa), um mit Jesus zu gehen.

Jesus legt los

23 Jesus ging durch das ganze Land von Galiläa, hielt Reden in den Syna-
gogen* und erzählte den Leuten seine gute Nachricht: „Es ist eine neue
Zeit angebrochen, Gott hat das Sagen!" Er machte einfach alle Kranken
wieder gesund; keiner, den er traf, blieb unberührt.
24 Schließlich war er
überall das Gesprächsthema, selbst in Syrien redete man über Jesus. Sie

---

* Synagogen nannte man die Häuser, in denen die Juden am Sabbat (Samstag) ihren Gottesdienst feierten.

schleppten alle möglichen Menschen zu ihm, Leute, die irre Schmerzen hatten, auch völlig durchgeknallte Psychos und Menschen, die nicht mehr gehen konnten oder irgendeine andere Körperbehinderung hatten, Leute mit Krampfanfällen, und egal was, er heilte einfach jeden! 25 Die Fangemeinde wurde immer größer, mittlerweile liefen Tausende Jesus hinterher. Wo auch immer er hinging, alle waren total begeistert von ihm. Leute aus Galiläa, aus dem Gebiet der zehn Städte, aus Jerusalem und dem ganzen Gebiet von Judäa liefen ihm nach. Selbst vom gegenüberliegenden Jordanufer kamen sie angerannt.

5

Jesus macht eine neue Ansage: Was wichtig ist
1 Als Jesus sah, wie groß die Anzahl der Leute war, die ihm gefolgt waren,
ging er auf einen kleinen Hügel und setzte sich mit seinen Jüngern dort
hin. 2 Weil er ihnen was beibringen wollte, sagte er Folgendes zu ihnen:

Wer für Jesus gut drauf ist und wer nicht
3 „Richtig glücklich sind die Leute, die kapiert haben, dass sie Gott mit
nichts beeindrucken können. Sie werden mit Gott in dem Land leben,
wo er das Sagen hat. 4 Richtig glücklich sind die Traurigen, weil Gott
jetzt ihre Tränen abtrocknen wird. 5 Richtig glücklich sind die Leute, die
nicht aggromäßig draufkommen, denn ihnen wird einmal alles gehören.
6 Richtig glücklich sind die Leute, die sich danach sehnen, dass Gott sein
Ding durchzieht und für Gerechtigkeit sorgt, denn sie werden genau das
erleben. 7 Richtig glücklich sind die Leute, die ein Herz für die Menschen
haben, denen es dreckig geht, denn Gott hat auch ein Herz für sie. 8 Rich-
tig glücklich sind die Leute, die kein schlechtes Gewissen mehr haben
müssen; ihre Gedanken sind nicht mehr dunkel und sie werden Gott er-
kennen können. 9 Richtig glücklich sind die Leute, die dafür sorgen, dass
sich Menschen wieder vertragen, denn man wird von ihnen sagen: Das
sind die Kinder von Gott. 10 Richtig glücklich sind die Leute, die richtig
Ärger kriegen, weil sie das tun, was Gott von ihnen will. Die werden dann
nämlich mit Gott zusammenleben, in seiner neuen Welt. 11 Wenn ihr ver-
arscht oder gelinkt werdet oder man Gerüchte über euch verbreitet, weil
ihr mit mir lebt, dann könnt ihr echt froh sein. 12 Feiert deswegen und
freut euch, denn nach dem Leben werdet ihr dafür ganz fett absahnen.
Auch die Propheten von früher hat man übel verfolgt."

Von Salz, Kühlschränken und Licht – wie sich Christen präsentieren sollen
13 „Ihr seid so wichtig, wie Salz wichtig ist für diese Welt. Ohne euch wür-
de nichts mehr richtig schmecken und ohne euch würde auch alles Gute

uncool sein. Das ist so: ihr seid wie ein Kühlschrank für diese Welt, denn ohne euch würde alles vergammeln. Aber wenn Salz lasch geworden ist und nicht mehr salzt, und ein Kühlschrank kaputt ist und nicht mehr kühlt, gehört beides auf den Müll, damit es dort restlos entsorgt wird. 14 Auch sehe ich euch wie ein helles Licht in dieser Welt. Wenn eine Stadt oben auf einem Berg liegt, kann man ihre Beleuchtung nachts ja auch noch kilometerweit sehen. 15 Wenn du dir eine Lampe für dein Zimmer besorgst und sie nachts anmachst, dann stellst du sie doch auch nicht unters Bett. Ganz im Gegenteil, du stellst sie dahin, wo sie jeder sehen kann und sie auch für dich wichtig ist! 16 Genauso soll auch euer Licht für alle Menschen sichtbar sein. So wie ihr lebt und an eurer Einstellung, daran sollen sie euren Vater im Himmel erkennen und von ihm begeistert sein."

Was Gott sagt

17 „Ihr glaubt doch nicht im Ernst, ich bin da, um das, was Gott damals durch die Propheten gesagt hat und durch Mose, der den alten Vertrag für euch unterschrieben hat*, für null und nichtig zu erklären. Ganz im Gegenteil, ich bin dazu da, um genau das voll durchzuziehen, was dort steht.
18 Denn das müsst ihr euch klar machen: Nicht die kleinste Klausel wird jetzt unwirksam, es wird so lange funktionieren, wie die Erde funktioniert.
19 Wenn einer behauptet, dieser alte Vertrag zwischen Gott und Israel wäre jetzt total egal, und andere Leute dazu bringt, ihr eigenes Ding zu machen, der wird auch irgendwann für Gottes Ding total egal sein. Wenn jemand aber anderen diesen Vertrag erklärt, ihnen klar macht, was Gott geil findet und was nicht, der wird mal bei Gott eine große Rolle spielen."

Was bei Gott angesagt ist und was nicht: Jesus legt die Gesetze der Juden anders und auch radikaler aus

20 „Hey, ihr müsst echt voll aufpassen, dass ihr nicht so werdet wie die religiösen Profis, diese Pharisäer und TheologInnen und so: sie reden viel, tun es aber nicht. Nur wenn ihr ganz klar nach den Guidelines von Gott lebt, kommt ihr nämlich in das Land, wo Gott voll das Sagen hat**. 21 Ihr habt gehört, dass Mose, der damals den alten Vertrag unterzeichnet hat, meinte: ‚Ihr sollt niemanden töten! Wenn du aber jemanden ermordest, sollst du dir lieber einen Rechtsanwalt besorgen, denn dafür wirst du angeklagt und bestraft.' 22 Ich sage dazu aber Folgendes: Selbst wenn du nur

---

* Der „alte Vertrag", im Original „das Gesetz", aus dem ersten Teil der Bibel war sozusagen ein komplettes Lebensprogramm mit vielen Regeln, nach dem sich die Menschen richten sollten. Gott hatte ihn mit den Israeliten und ihrem Anführer Mose geschlossen.
** In diesem Land, wo Gott das Sagen hat, im Original „Reich Gottes", hat das Böse und Dunkle nichts mehr zu melden. Gott ist dort so was wie die Bundeskanzlerin oder der Präsident und bestimmt alles durch seine Liebe.

voll wütend und aggro auf deinen Kollegen bist, musst du damit rechnen,
angeklagt zu werden. Wenn jemand zu seinem Kollegen sagt: ‚Du Idiot',
der wird vom Weltgerichtshof verurteilt werden, und wer noch ganz ande-
re üble Sachen über ihn ausspricht, wird in der Hölle verkohlen. 23 Wenn
du auf deinem Platz im Gottesdienst sitzt und dir plötzlich einfällt, dass
ein Kollege von dir gerade ein großes Problem mit dir hat, 24 dann lass al-
les stehen und liegen, geh zu ihm hin und versuche erst mal das Ding mit
ihm wieder klarzukriegen, bevor du nochmal in den Gottesdienst gehst.
25 Und wenn du mal angeklagt wirst, versuch dich um jeden Preis mit dei-
nem Gegner zu einigen, bevor ihr vor dem Richter landet. Am Ende steckt
der dich sonst in den Knast. 26 Dann wird man dich am Ende so lange da
schmoren lassen, bis du den letzten Cent bezahlt hast."

Versuche um jeden Preis straight zu leben

27 „Ihr wisst doch zum Beispiel auch, dass im alten Vertrag steht: ‚Du sollst
nicht fremdgehen, wenn du verheiratet bist!' 28 Ich sags euch: Wer alleine auf
eine verheiratete Frau schon scharf ist und sie in seiner Fantasie schon fast
ausgezogen hat, ist mit ihr im Gedanken schon fremdgegangen! 29 Wenn du
damit auf Dauer Probleme hast und das nicht auf die Reihe kriegst, dann
solltest du lieber deine Augen rausoperieren lassen und blind rumlatschen.
Ich bin der Meinung: Besser blind im Himmel als sehend in der Hölle.
30 Wenn du deine Finger nicht von bestimmten Sachen lassen kannst, dann
hack sie lieber ab, als damit Bockmist zu bauen. Ich bin der Meinung: Bes-
ser einhändig im Himmel als mit beiden Händen in der Hölle."

Wie man den alten Vertrag in Bezug auf Ehe auslegen sollte

31 „Bis jetzt war die Ansage: ‚Wenn ein Mann kein Bock mehr auf seine
Frau hat, soll er sich scheiden lassen. Dann ist er sie los.' 32 Dagegen
meine ich: Wenn ein Mann seine Frau abschiebt, obwohl die ihn nicht
betrogen hat, so bringt er sie eigentlich dazu, ihre voll gültige Ehe zu
brechen, sobald die mit einem anderen ins Bett steigt. Das bedeutet
auch, dass jemand, der eine geschiedene Frau heiratet, sie im Grunde
dazu bringt, ihre bestehende Ehe zu brechen."

Straight sein in Dingen, die man sagt

33 „Ihr habt ja auch gehört, dass in dem alten Vertrag steht: ‚Wenn du
dein großes Ehrenwort gibst, musst du auch wirklich die Wahrheit sagen,
und wenn du irgendwas hoch und heilig versprichst, musst du das auch
halten.' 34 Ich meine dagegen: Du sollst generell überhaupt kein Ehren-
wort abgeben und auf etwas schwören! Und erst recht nicht, indem du
dich dabei auf den Himmel berufst, denn da wohnt ja Gott und er hat da

alleine das Sagen. 35 Das Gleiche gilt im Grunde auch, wenn du auf Dinge
aus der Welt schwörst, wie zum Beispiel auf deine Mutter oder so, denn
das ist genauso ein anmaßender Blödsinn, weil Gott das ja alles geschaf-
fen hat. Das gilt auch für Städte, wie zum Beispiel Jerusalem, denn gera-
de die ist nun wirklich alleine Gottes Stadt. 36 Auf dich selbst kannst du
ja auch nicht schwören, denn du bist ja noch nicht mal in der Lage, deine
Haarfarbe von Geburt an zu bestimmen. 37 Bleib doch einfach bei den
zwei Worten, sag entweder ‚Ja' oder ‚Nein', alles andere ist total übel und
es zeigt nur, dass du irgendwie falsch gepolt bist und es mit der Wahrheit
nicht so eng siehst, wenn du mal gerade nicht schwörst."

Lieben ist besser als Hassen

38 „In dem alten Vertrag steht: ‚Wenn dir jemand auf das eine Auge haut,
darfst du zurückschlagen, aber nur so, dass er auch ein Veilchen kriegt.
Wenn dir jemand auf die Schnauze haut, dann darfst du das auch, aber
nicht mehr.' 39 Ich stelle dagegen: Haltet das aus, wenn euch jemand
anzeckt, lasst euch ein entspanntes Gegenmittel einfallen! Wenn du was
von jemandem aufs rechte Ohr bekommst, dann sag ihm zum Beispiel,
er soll dir auf das linke auch noch mal draufhauen! 40 Wenn jemand dir
deine Klamotten klauen will, dann gib ihm die Schuhe auch noch dazu!
41 Falls jemand von dir verlangt, dass du mit ihm zehn Kilometer joggen
gehst, dann mach zwanzig draus! 42 Sei großzügig und gib, was man
von dir will, auch wenn man es nur leihen möchte. 43 Man meint ja auch
bei euch: ‚Liebe die Leute, die nett zu dir sind, und hasse die Leute, die
ätzend zu dir sind!' 44 Ich sage euch aber: Liebe die Leute, die ätzend zu
dir sind. Bete für alle, die keinen Bock auf dich haben, miese Intrigen
gegen dich anstiften und dir übel nachstellen! 45 Wenn ihr so drauf seid,
merkt man euch an, dass ihr zu einer anderen Familie gehört, nämlich
zu der des Papas im Himmel. Sein Motto ist ja: Lass die Sonne für die
guten Leute genauso scheinen wie für die miesen, und lass es für die, die
auf Gott Bock haben, genauso regnen wie für die, die ohne Gott leben
wollen. 46/47 Wenn du nur nett zu deinen Freunden bist, was ist daran
schon cool? Dann bist du genauso drauf wie die, die nicht mit Gott leben.
48 Euer Ziel sollte aber sein, so perfekt zu werden wie Gott es ist. Denn
der ist ja nun wirklich total perfekt."

6

Sinnloser Gottesdienst

1 „Passt auf, dass ihr nicht nur gute Sachen tut, um vor den Kollegen
den Lauten zu machen! Dafür bekommt ihr vom Papa im Himmel
keinen Preis ausgehändigt. 2 Wenn du irgendeinem Obdachlosen auf

der Straße Geld schenkst, dann erzähl das nicht gleich im nächsten
Gottesdienst, wie das die Pseudos machen. Sie labern die Leute voll
und erzählen es jedem, ob der es hören will oder nicht. Sie wollen als
die großen Helden dastehen. Ich sag nur: Die haben ihren Preis schon
bekommen. 3 Also, wenn du mal irgendwo jemanden aus der Klemme
hilfst, dann häng das nicht an die große Glocke, behalt es für dich.
4 Dein Papa, dein Alter, der immer gern nach dir schaut, wird dir dafür
was schenken.“

Beten leicht gemacht

5 „Wenn ihr mit Gott redet, könnt ihr schön locker bleiben. Nicht so wie
die religiösen Spinner, die gerne in den Kirchen oder auf der Straße her-
umhängen und Showbeten veranstalten, damit sie jeder bewundern kann.
Ich sag dazu nur eins: Vergesst es! Da kommt von Gott auch nichts bei rü-
ber! 6 Wenn du aber mit Gott reden willst, dann hock dich in deine Keller-
bude, mach die Türen hinter dir zu und quatsch dich in Ruhe mit ihm aus.
Gott ist wie ein richtig guter Papa, der weiß genau, was in dir abgeht, er
wird dir helfen können. 7/8 Laber deine Gebete nicht so daher wie die Leu-
te, die keine Ahnung von Gott haben. Die glauben doch tatsächlich, wenn
sie Gott total zutexten, wird er ihnen schon eine Antwort geben. Hey, euer
Papa weiß schon immer vorher, worum es euch diesmal geht. 9 Jetzt mal
ein Paradebeispiel, wie ihr beten könnt: ‚Hey, unser Papa da oben! Darum
gehts, dass du und dein Name allein auf dieser Welt ganz groß rauskom-
men! 10 Du sollst hier das Sagen haben, auf der Erde genauso, wie es da
oben im Himmel ja schon immer der Fall war. 11 Hey, versorg uns doch
bitte mit allem, was wir heute so zum Leben brauchen! 12 Und verzeih uns
die Sachen, wo wir mal wieder Mist gebaut haben. Wir verzeihen ja auch
denen, die bei uns was verbockt haben. 13 Pass auf, damit wir nicht irgend-
welchen schlechten Gedanken nachgeben und dir untreu werden und so.
Führe uns nicht in Situationen, wo wir Fehler machen könnten. Rette uns,
wenn uns das Böse anzeckt! So passt es [Amen]!‘ 14 Der Papa wird euch
freisprechen, wenn ihr die freisprecht, die euch was schulden. 15 Tut ihr
das nicht, wird Gott euch auch nicht freisprechen.“

Dinge mal einfach sein lassen

16 „Wenn ihr mal aus religiösen Gründen nichts essen wollt, dann zieht
dabei nicht so ein Gesicht wie diese Pseudos, damit bloß jeder mit-
kriegt, wie hardcoremäßig die gerade unterwegs sind. Viel mehr als
diese Reaktion von Menschen werden sie dafür sowieso nicht absahnen
können. 17 Wenn du jedoch mal für Gott auf irgendwas verzichtest, dann
zieh dir ganz normale Klamotten über, organisiere dir einen anständigen

Deoroller und schmink dich auch mal, [18] damit niemand etwas davon mitkriegt. Nur dein Himmelsvater soll es sehen, der kriegt ja eh alles mit, auch die Sachen, die heimlich passieren. Der wird dir dann aber mal ganz öffentlich vor allen Leuten was dafür schenken."

Kohle scheffeln, bis der Arzt kommt? Das bringt es nicht!
[19] „Mach nicht ohne Ende Kohle und leg sie dann auf die hohe Kante! Die Kohle ist schneller weg, als du denkst, falls du nicht sogar vorher
mal beklaut wirst. [20] Versuch lieber, so viel wie möglich auf dein Konto bei Gott einzuzahlen, denn das sind Werte, die nie verloren gehen und
die dir auch niemand klauen kann. [21] Denn die Dinge, die ganz besonderen Wert für dich haben, für die lebst du am Ende auch."

Tag und Nacht
[22] „Mit deinen Augen schaust du dich um und kannst so alles deutlich erkennen. Und wenn mit deinen Augen alles klar ist, geht's dir erst mal
gut. [23] Wenn du aber Dreck auf der Linse hast, verlierst du die Peilung. Wie übel ist es dann erst, wenn du richtig im Dunkeln bist und wenn du dann auch noch Gott aus dem Blick verloren hast!"

Gott muss die Nummer eins in deinem Leben sein!
[24] „Niemand kann in zwei Mannschaften gleichzeitig spielen. Wenn er für die eine kämpft, kann er nicht auch noch für die andere da sein. Genauso wenig könnt ihr für Gott und für das Geld kämpfen. Es geht nur eins von
beiden. [25] Also lasst keine Panik aufkommen, wenn ihr nichts zu essen habt oder zu trinken oder auch keine Kleidung. Das Leben besteht aus
mehr, als nur zu futtern und cool auszusehen. [26] Guckt euch doch mal die Vögel an! Die gehen auch nicht Tag für Tag arbeiten oder sparen, was das Zeug hält, und trotzdem werden sie von ihrem Papa aus dem Himmel gut versorgt. Glaubt ihr nicht auch, er wird dasselbe mit euch machen können?
[27] Und selbst wenn du vor lauter Panik einen roten Kopf kriegst: Länger le-
ben kannst du dadurch auch nicht. [28] Warum stresst ihr euch immer damit, dass eure Klamotten total out und sogar peinlich werden könnten? Seht euch doch mal die Blumen auf den Wiesen genau an! Die gehen auch nicht jeden Tag arbeiten und machen sich trotzdem keinen Kopf, was sie heute
wieder anziehen sollen. [29] Hey, selbst der große Präsident Salomo, der so stylisch gut aussah, hatte längst nicht so krasse Klamotten wie auch nur
eine dieser schönen Blumen. [30] Also, wenn Gott sich schon so einen Kopf macht, wie sein Grünzeug aussieht, was ja heute noch blüht, aber morgen schon wieder vergammelt ist, wie viel mehr wird er sich darum kümmern,
dass ihr gut ausseht? [31] Macht euch also nicht so viele Gedanken, ob ihr

nun genug zu essen und zu trinken haben werdet – und schon gar nicht über euren Style. [32] Ihr habt doch nicht ernsthaft Bock drauf, so zu sein wie die Leute, die null Ahnung von Gott haben und sich nur mit so einem Quatsch abgeben? Der Papa aus dem Himmel hat den genauen Plan, er weiß, was ihr so braucht und was nicht. [33] Euer Ziel sollte sein, dass Gott immer die Nummer eins in eurem Leben ist. Und macht seine Sache zu eurer Sache, dann wird er euch auch alles andere geben, was ihr so braucht. [34] Also habt keine Angst, was die Zukunft angeht! Es reicht doch, wenn jeder Tag seine eigenen Probleme mit sich bringt."

7

Leg den richtigen Maßstab an

[1] „Steck niemanden in eine Schublade, sonst könnte Gott dasselbe mit dir auch tun. [2] Denn das Bild, was du dir von jemandem machst, der Maßstab, den du da anlegst, danach wird man dich auch einschätzen. [3] Du machst den Macker, wenn dein Bruder mal was nicht draufhat, und kapierst dabei aber gar nicht, wie wenig du selber kannst. [4] Du sagst zum Beispiel: ‚Hey Freundchen, pass auf, ich nehm dir mal die Sonnenbrille von den Augen, damit du siehst, wie dreckig du eigentlich bist.' Dabei bist du selber total blind für deinen eigenen Dreck, in dem du bis zum Hals steckst. [5] Du alter Klugscheißer! Kümmere dich erst um deinen eigenen Mist, und dann kannst du dich ja immer noch um deinen Bruder kümmern! [6] Was euch ganz besonders wichtig ist, sollt ihr nicht billig machen, indem ihr damit hausieren geht und es lächerlich macht. Alles, was euch besonders wertvoll ist, sollt ihr nicht an die Leute verschenken, die nicht kapieren, wie wertvoll das ist, was sie da bekommen. Die werden euer Vertrauen, das ihr zu mir habt, doch eh missbrauchen und euch hinterher noch aufs Maul hauen wollen."

Beten funktioniert!

[7] „Redet mit Gott und bittet ihn um Sachen, es funktioniert! Versucht alle Register zu ziehen, macht euch bemerkbar, dann wird er reagieren! [8] Wenn einer Gott um etwas bittet, der wird es auch bekommen. Wenn jemand etwas sucht, dann wird er es auch finden. Und wenn jemand eine Frage hat, wird er auch seine Antwort bekommen. [9] Wenn ein Kind seinen Papa um ein Toastbrot bittet, wird er ihm dann ein Stück Pappe geben? [10] Und wenn ein Kind bunte Smarties haben will, wird er ihm dann Rattengift andrehen? [11] Also wenn selbst Menschen, die oft so link und brutal sind, ihren Kindern das Beste geben, was sie haben, dann wird der Papa aus dem Himmel euch doch erst recht richtig krasse Sachen geben, wenn ihr mal bei ihm anfragen würdet."

Die goldene Regel

12 „Ich sag nur: ‚Mach den ersten Schritt! Behandle jeden so, wie du
auch behandelt werden möchtest.' Und das ist schon die megakurze
Zusammenfassung von allem, was Gott bisher zu den Menschen ge-
sagt hat."

Rechts oder links?

13 „Um den Weg in den Himmel zu finden, musst du dich gut ausken-
nen. Es ist leicht, sich zu verfahren, denn der nette, leichte Weg geht
oft in die falsche Richtung. Viele biegen irgendwo falsch ab und landen
geradewegs im Off oder in der Schrottpresse. 14 Die Abfahrt in Rich-
tung Leben ist dagegen so eng und steil, dass man sie nur sehr schwer
fahren kann, und die weitere Straße ist auch schlecht asphaltiert. Auch
darum verfahren sich viele."

Alarmglocken

15 „Passt auf vor den Leuten, die nur Müll und Lügen über das Leben
erzählen! Sie tun so, als wären sie ganz friedlich unterwegs, und in Wirk-
lichkeit sind sie brandgefährlich. 16 So wie man sofort schnallt, was das
für ein Baum ist, wenn man gesehen hat, was daran wächst, genauso
kann man auch Menschen danach einschätzen, wie sie sich so beneh-
men. Äpfel kann man auch nicht von Kirschbäumen holen, und Karotten
wachsen schon gar nicht an Tannen. 17 Und überhaupt: Wenn ein Baum
gesund ist, werden auch seine Früchte gesund sein. Ist er krank, sind
es seine Früchte auch. 18 Ein gesunder Baum wird keine gammeligen
Früchte haben und ein kranker Baum wohl kaum gute. 19 Wenn ein
Baum irgendwann nichts mehr bringt, wird er gefällt und kommt in den
Schredder. 20 Und genauso werdet ihr auch erkennen, wie ein Mensch
wirklich drauf ist, wenn ihr euch anseht, wie er lebt."

Fromme Labertaschen

21 „Die, die mich immer volllabern mit ‚Mein Chef, oh Herr, großer Je-
sus', werden nicht in das Land kommen, wo Gott das Sagen hat, son-
dern nur die, die wirklich tun, was mein Papa im Himmel will. 22 Am
letzten Tag auf dieser Welt, da wird abgerechnet. Dann werden viele
große Sprüche klopfen und sagen: ‚Mann, Gott, wir haben doch im-
mer weitererzählt, was du unserer Meinung nach zu uns gesagt hast.
Wir waren sogar für dich unterwegs und haben ganz derbe Wunder für
dich getan!' 23 Ich werde dann nur kontern: ‚Habt ihr auf euren Ohren
gesessen? Ihr habt doch die ganze Zeit nur euer eigenes Ding durch-
gezogen! Haut bloß ab!'"

Worauf ihr euch verlassen könnt

24 „Wer mir gut zuhört und sich darauf einlässt, was ich sage, den kann
man gut vergleichen mit jemandem, der für sein Haus einen fetten
Betonboden gegossen hat. 25 Wenn es dann mal regnen sollte und
draußen ein Orkan tobt, wird das Haus nicht kaputtgehen, denn es hat
ja ein festes Fundament, auf das man sich verlassen kann. 26 Wer mir
nur zuhört nach dem Motto: ‚Hier rein, da wieder raus', den kann man
vergleichen mit jemandem, der sein Haus auf Sandboden gebaut hat.
27 Falls mal ein heftiges Gewitter kommt und das Wasser steigt und der
Wind ganz heftig wird, dann wird der Boden unterspült, und das ganze
Haus bröckelt weg.

Das hat gesessen!

28 Nachdem Jesus am Ende mit seiner Rede war, waren die Leute alle to-
tal baff über seine krassen Ansagen. 29 Denn was er sagte, strahlte Kraft
aus und war nicht so ein dünnes Gelaber, wie es die religiösen Profis
immer abgelassen hatten.

8

Jesus heilt Leprakranke

1 Eine fette Meute von Menschen hing mit Jesus dort rum, als er diese
Reden hielt. Danach ging er den Berg runter, 2 wo plötzlich einer zu
ihm kam, der eine unheilbare Krankheit hatte, ähnlich wie Aids. Dieser
Typ legte sich vor Jesus flach auf den Boden und wimmerte zu ihm:
„Hey, eins weiß ich, wenn Sie es wollen, können Sie mich hier und jetzt
gesund machen!" 3 Jesus strich ihm über den Kopf und sagte: „Okay,
dann will ich es auch tun. Ab jetzt bist du gesund." Und tatsächlich,
der Typ stand auf und war sofort geheilt! 4 Schließlich meinte Jesus zu
ihm: „Erzähl das jetzt nicht überall rum, sondern geh mal zu einem
Arzt, damit der dich noch mal durchcheckt. Und vergiss nicht, nach
alter Sitte auch so ein religiöses Ritual im Gotteshaus durchzuziehen.
Damit kann man dem Priester beweisen, dass du wirklich von Gott ge-
heilt worden bist."

Ein Soldat hat viel Vertrauen

5 Als Jesus in dem Dorf Kapernaum eintrudelte, lernte er dort einen
Offizier aus der römischen Armee kennen. 6 Der meinte zu ihm: „Herr
Jesus, können Sie einen meiner Leute nicht auch gesund machen? Der
kann seine Beine nicht mehr bewegen und hat große Schmerzen." 7 Je-
sus antwortete: „Okay, ich komme mit und werde ihn gesund machen."
8 Nun winkte der Typ ab und sagte: „Meister, ich will nicht, dass Sie

meinetwegen Schwierigkeiten mit den Ordnungswächtern bekommen, wenn Sie als Jude mein Haus betreten. Diesen Aufstand müssen wir beide uns nicht geben. Ich bin überzeugt: Wenn Sie nur einfach von hier sagen würden: ‚Er ist jetzt gesund', dann wäre er auch gesund.
9 Wissen Sie, ich habe auch einen Chef, und ich habe ebenfalls Leute unter mir, denen ich sage, was sie tun sollen. Wenn ich zu dem einen sage: ‚Verschwinde!', dann haut er ab. Wenn ich zu einem anderen sage: ‚Komm her!', dann kommt er her. Und wenn ich zu einem Untergebenen sage: ‚Mach mal das und das!', dann tut der das auch sofort."
10 Jesus war total baff, als er das hörte. Er meinte zu den Leuten, die um ihn herum standen: „Derbe, so ein heftiges Vertrauen ist mir in
Israel noch nicht begegnet. 11 Euch muss klar sein: Eines Tages werden viele Leute aus der ganzen Welt ankommen und mit den alten Glaubenshelden Abraham, Isaak und Jakob im Himmel eine Riesenparty
feiern. 12 Aber die mal ursprünglich von Gott ausgesucht worden waren, um mit ihm zu feiern, denen wird es richtig dreckig gehen, sie werden
einsam sein und rumschreien, aber niemand wird sie hören." 13 Schließlich sagte Jesus zu dem Offizier: „Sie können jetzt wieder nach Hause gehen. Das, was Sie wollten und worin Sie mir vertraut haben, ist auch passiert." Und tatsächlich, genau zur selben Zeit wurde der Angestellte kerngesund.

Sehr viele Menschen werden von Jesus gesund gemacht

14 Dann kam Jesus in die Hütte von Petrus. Seine Schwiegermutter
hatte gefährlich hohes Fieber und lag im Bett. 15 Als Jesus nur die Hand von der Frau nahm, war das Fieber sofort weg. Es ging ihr sogar so gut, dass sie aufstehen konnte, um den Leuten was zu essen zu ma-
chen. 16 Gegen Abend brachten sie noch viele Menschen zu Jesus, die irgendwie besessen waren von einer dunklen Macht. Jesus musste es nur aussprechen und die Leute waren sofort frei von ihren Zwängen und Süchten, und genauso wurden alle, die krank waren, gesund. 17 Da-
rüber hatte Jesaja schon vor vielen Jahren mal 'ne Ansage gemacht: „Er wird allen, denen es dreckig geht, helfen, und die krank sind, wird er gesund machen."

Alles geben für Gott

18 Als Jesus mitbekam, dass die Fangemeinde immer größer wurde, nahm er mit seinen Leuten das Boot und fuhr damit über den See an
das gegenüberliegende Ufer. 19 Da kam einer von den Theologen auf ihn zu und meinte zu ihm: „Jesus, ich will bei dir sein und dir überall nach-
laufen, wo du auch hingehst!" 20 Da sagte Jesus zu ihm: „Selbst ein Hund

hat seine Ecke, wo er pennen kann, und auch der Kanarienvogel kann
sich in seinem Käfig mal ausruhen. Der Menschensohn* weiß nicht, wo
er sich ausruhen kann." 21 Ein anderer Typ sagte zu Jesus: „Chef, ich will
erst noch meinen Vater unter die Erde bringen, danach geh ich auch mit
dir bis ans Ende der Welt!" 22 Aber Jesus sagte nur: „Bleib jetzt bei mir.
Lass die Toten sich gegenseitig begraben." 23 Schließlich stieg er in ein
Boot und fuhr mit seinen Leuten woanders hin.

In Seenot

24 Als sie in der Mitte des Sees angekommen waren, kam plötzlich ein
heftiger Orkan auf. Das Wasser schlug über die Reling und schwappte
ins Boot. Aber Jesus hatte sich pennen gelegt. 25 Seine Leute machten
schließlich Alarm, weil sie so langsam die Panik bekamen zu kentern,
und weckten ihn schließlich auf: „Chef, hau uns raus, wir gehen unter!"
26 Jesus blieb ganz cool: „Hey Leute, was seid ihr solche Schisser? Wenn
ihr an mich glaubt, dann vertraut mir doch auch!" Dann stand er auf,
stellte sich an den Bootsrand und bedrohte die Wellen und da kam eine
genauso heftige Stille auf. 27 Die Leute waren echt total baff und konnten
es gar nicht fassen: „Was ist das für ein krasser Typ! Selbst der Wind
und die Wellen müssen tun, was er sagt!"

Zwei durchgeknallte Psychopathen werden geheilt

28 Als Jesus mit seinen Leuten auf der anderen Seite vom See in der
Nähe von dem Ort Gadara ankam, rannten zwei total durchgeknallte
Psychos auf sie zu. Die beiden lebten auf dem Friedhof und waren so
derbe unterwegs, dass alle Schiss vor ihnen hatten und ihnen aus dem
Weg gingen. 29 Die beiden machten den Riesen-Aufstand und schrien:
„Was willst du von uns? Du bist doch der Sohn von Gott, willst du uns
denn jetzt schon fertigmachen?" 30 Nicht weit entfernt war gerade eine
Schweineherde am Fressen. 31 Die bösen Geister, die in den beiden
wohnten und durch ihren Mund sprachen, begannen dann plötzlich
rumzubetteln: „Also, wenn wir die beiden schon verlassen sollen, dann
wollen wir wenigstens dort in den Schweinen wohnen!" 32 Da sagte Je-
sus nur ganz trocken: „Verschwindet!", und die bösen Geister ließen die
Männer sofort frei und zogen bei den Schweinen ein. Als das passiert
war, stürzten sich dann aber alle Schweine die Klippen runter und er-
tranken im See. 33 Völlig fertig rannten die Jungen, die auf die Schweine
aufgepasst hatten, in die Stadt und erzählten die ganze Story jedem, der

---

* Wenn Jesus „Menschensohn" sagt, meint er damit immer sich selbst. Damit will er sagen, dass er als Sohn von Gott trotzdem auch ganz und gar Mensch ist. Der Begriff kam übrigens auch schon im alten Buch vor.

es hören wollte. 34 Die waren davon allerdings nicht so begeistert.* Da-
rum wollten sie, dass Jesus möglichst schnell die Fliege macht.

9

Ein Körperbehinderter wird geheilt

1 Schließlich stieg Jesus wieder in ein Boot und schipperte zurück nach
Hause. 2 Als sie dort ankamen, brachten ein paar Leute einen Mann in
einem Rollstuhl zu ihm, der nicht mehr gehen konnte, weil seine Gelenke
steif waren. Jesus war irgendwie angetan von dem Vertrauen, was sie in
ihn hatten. Er sagte zu dem Typen: „Du brauchst keine Angst mehr zu ha-
ben. Und was den ganzen Mist betrifft, den du in deinem Leben so ver-
bockt hast, das ist dir auch vergeben! Für Gott ist das jetzt so, als ob du
das gar nicht getan hättest.“ 3 „Dieser Typ macht wohl Witze über Gott!“,
grummelten da ein paar der Theologen in sich rein. 4 Aber Jesus konnte
ihre Gedanken lesen. Er sagte: „Warum seid ihr nur so übel drauf? 5 Was
geht denn leichter? Zu sagen: ‚Deine Schuld ist vergeben!‘, oder diesen
Mann gesund zu machen? 6 Ich werde euch zeigen, dass der Menschen-
sohn** jetzt schon die Macht hat, den Mist, den ihr tut, zu vergeben!“
Und zu dem Körperbehinderten sagte er dann: „Steh auf, nimm deinen
Rollstuhl und geh nach Hause!“ 7 Und da stand der Typ tatsächlich auf,
klappte den Rollstuhl zusammen und ging nach Hause! 8 Die Leute, die
das sahen, waren alle begeistert und gingen voll ab. Sie sangen Lieder für
Gott, weil er einem Menschen solche Vollmacht ausgestellt hatte.

Der Steuereintreiber Matthäus

9 Jesus schlenderte so durch die Stadt, als er plötzlich einen Steuerein-
treiber*** traf. Jesus sagte nur zu ihm: „Komm mit!“, und der stand sofort
auf und ging ihm hinterher. 10 Abends lud ihn Matthäus, so hieß der Typ,
dann sogar noch zu einer Party bei sich zu Hause ein, und viele seiner
Kollegen und andere Leute, die mit Gott bisher überhaupt nichts an-
fangen konnten, kamen vorbei. 11 „Warum um Himmels willen gibt sich
euer Meister überhaupt mit solchen Losern ab?“, stänkerten die Theo-
logen. 12 Jesus bekam das natürlich mit und antwortete nur: „Die Gesun-
den haben keinen Arzt mehr nötig, die Kaputten aber schon!“ 13 Dann
sagte er noch: „Kapiert ihr das endlich, wenn Gott sagt: ‚Es ist mir total
egal, wie viel Kohle ihr mir spendet, ich hab euer Herz im Blick!‘ Mein

---

* Vermutlich waren ihnen die Schweine mehr wert als die beiden Menschen.

** Siehe Erklärung in Matthäus 8, Vers 20.

*** Steuereintreiber sind ja sowieso schon nicht beliebt. Und damals in Jerusalem schon gar nicht, weil sie für die falsche Seite arbeiteten, nämlich die Römer, die sich damals im Land breitgemacht hatten, und weil sie gerne auch mal den einen oder anderen Betrag in die eigene Tasche steckten. Matthäus war also eigentlich ein ziemlich linker Typ.

Ding ist es, dass die Leute, die getrennt sind von Gott, wieder mit ihm zusammenkommen. Die, die sowieso mit ihm leben, um die geht es mir jetzt nicht."

Das Neue sprengt das Alte

14 An einem anderen Tag kamen dann mal die Leute von Johannes mit
einer Frage zu Jesus: „Die Pharisäer, diese religiösen Profis, die essen ja
manchmal tagelang nichts, weil sie sagen, dass Gott das sehr geil fin-
det, und wir sind auch regelmäßig dabei. Warum macht ihr das eigent-
lich nicht auch so?" – 15 „Ja, warum sollten wir denn?", antwortete Jesus.
„Gerade jetzt ist eher Party angesagt, wie auf einer Hochzeit, wo der
Typ, der heiratet, noch da ist. Wenn ich erst mal weg bin, dann gibt es
noch genug Zeit, um auf das Essen zu verzichten und depressiv rumzu-
hängen. 16 Niemand spielt das neuste Betriebssystem auf einen uralten
Rechner. Die Mühle würde Stunden brauchen, um hochzufahren; das
System würde die Festplatte sprengen. 17 Genauso würdest du auch
keinen 200-PS-Porschemotor in eine alte Ente einbauen. Das Teil würde
sich bei 180 auf der Autobahn von selbst zerlegen. Diese neue Form zu
leben braucht auch einen neuen Rahmen, in dem sie ausgelebt werden
kann, sonst funktioniert das nicht."

Jesus ist stärker als Krankheit oder Tod

18 Als Jesus noch am Reden war, kam so ein Leiter von einer jüdischen
Gemeinde zu ihm gelaufen, legte sich vor seinen Füßen platt auf den
Boden und bettelte: „Meine Tochter ist gerade an einer Krankheit ge-
storben. Bitte, verehrter Herr Jesus, können Sie meine Tochter nicht
wieder leben lassen? Kommen Sie doch bitte kurz vorbei und beten
für sie!" 19 Auf dem Weg zu dem Haus, wo er wohnte, 20 kam plötzlich
eine Frau vorbei, die seit zwölf Jahren ohne Unterbrechung Blutungen
hatte und schwer krank war. Sie schlich sich heimlich von hinten an und
berührte nur ein wenig seinen Mantel. 21 Sie hatte sich das nämlich so
ausgerechnet: „Es reicht, wenn ich ihn mal kurz anfasse, dann werde
ich bestimmt gesund werden." 22 Jesus bekam das mit, sah sie an und
sagte zu ihr: „Keine Panik! Du hast so sehr darauf vertraut, dass es
passiert, darum bist du jetzt auch gesund geworden." Und tatsächlich,
die Frau war sofort gesund. 23 Schließlich kam Jesus bei dem Haus von
dem Typen an. Als er aber die große Menschenansammlung sah, die
dicht gedrängt davorstand, und voll die depressive Musik hörte, die dort
gespielt wurde, befahl er: 24 „Haut alle ab! Das Mädchen ist nicht tot,
es schläft nur!" Da lachten ihn die Leute voll aus. 25 Schließlich waren
alle gegangen. Jesus ging in das Zimmer des Mädchens, setzte sich ans

Bett und nahm ihre Hand. Und zack, im nächsten Augenblick stand das
Mädchen auf und war kerngesund! 26 Das waren natürlich die News des
Tages, und wirklich alle, die in der Gegend wohnten, hörten davon.

Blinde Menschen werden gesund

27 Jesus machte sich weiter auf den Weg. Am Dorfrand saßen zwei Blin-
de, die mitkriegten, dass Jesus dort vorbeikam. Sie dackelten hinterher
und riefen ihm nach: „Hey Jesus, bitte hilf uns!“ 28 Die beiden folgten
ihm so lange, bis sie bei dem Haus ankamen, wo Jesus wohnte. Dort
fragte er sie: „Seid ihr euch denn ganz sicher, dass ich euch helfen
kann?“ – „Ja klaro“, antworteten sie, „du kannst alles!“ 29 Da strich er
ihnen über die Augen und meinte noch: „Weil ihr das wirklich glaubt,
wird es auch passieren.“ 30 Und tatsächlich, im selben Augenblick konn-
ten sie sehen. Jesus aber schärfte ihnen ein: „Haltet bloß euren Mund
und erzählt niemandem davon, klar?!“ 31 Die beiden konnten sich aber
kaum beherrschen und erzählten jedem davon, ob die es hören wollten
oder nicht.

Umso mehr Leute Jesus heilt, desto größer wird der Ärger

32 Kaum hatten sich die beiden verpieselt, brachten die Leute wieder einen
Kranken zu ihm, der nicht reden konnte, weil irgendein fieser Geist in ihm
drin war. 33 Jesus trieb diesen Dämon, so nannte man diese bösen Geis-
ter, aus ihm heraus und danach konnte der Typ sofort reden. Keiner der
Leute peilte so richtig, was da gerade abging, die meisten sagten: „So was
Derbes gab’s hier noch nie zu sehen!“ 34 Die Hardliner aber, diese Phari-
säer, manipulierten sie, indem sie versuchten, ihnen klar zu machen: „Der
kann das nur, weil er seine Kraft von der dunklen Seite der Macht hat. Der
oberste Dämon hilft ihm dabei, die Biester zu vertreiben.“

Es gibt viel Not, es gibt viel zu tun

35 Jesus ging jetzt auf Tour. Er zog durch die Städte und predigte in vie-
len Synagogen. Überall erzählte er davon, dass jetzt alles gut wird, dass
eine neue Zeit angebrochen ist, eine Zeit, in der Gott das Sagen hat.
Egal wo er war, überall tat er Gutes und machte Kranke wieder gesund.
36 Als er die Massen an Menschen sah, die hinter ihm her waren und alle
was von ihm wollten, taten sie ihm voll leid. Denn sie hatten alle keine
richtige Peilung vom Leben, sie brauchten dringend Hilfe. Sie waren alle
wie Kinder ohne Eltern. 37 „Es gibt echt viel zu tun aber es gibt nur weni-
ge, die bereit sind, auch die Drecksarbeit zu machen“, meinte Jesus zu
seinen Leuten. 38 „Ihr müsst Gott bitten, dass er noch mehr Leute ein-
stellt, damit sie die Arbeit tun, die getan werden muss!“

10

Eine Schulklasse um Jesus

1 Schließlich sammelte Jesus zwölf von seinen Schülern um sich, denen
er beibringen wollte, wie man dieselben Sachen hinkriegt wie er. Er
überschrieb ihnen dieselbe Power, die er auch hatte. Sie bekamen die-
se Kraft, mit der man die fiesen Geister aus Menschen rausholte und
Leute, die Krank waren, gesund machen konnte. 2 Das waren zwölf Män-
ner, die man von da an auch „Apostel“ rufen durfte (das heißt so viel
wie Botschafter), und zwar: Simon, der auch Petrus heißt, sein Bruder
Andreas, Jakobus, der Sohn von Zebedäus, und sein Bruder Johannes,
3 Philippus und Bartholomäus, Thomas und Matthäus, der früher als
Steuereintreiber gearbeitet hatte, Jakobus, der Sohn von Alphäus, und
Thaddäus, 4 Simon, der früher ein Untergrundkämpfer war, und Judas,
der Jesus später verraten würde.

Was die Schüler von Jesus machen sollen

5 Diese zwölf Jungs schickte Jesus dann auf die Reise. Er gab ihnen
folgende Order mit auf den Weg: „Geht noch nicht bei den Ausländern
vorbei, 6 erst mal sollt ihr bei den Israelis aufschlagen, denn die haben
überhaupt keine Ahnung, was Gott angeht, obwohl sie es eigentlich
besser wissen müssten. 7 Folgendes müsst ihr denen klar machen: ‚Ab
jetzt hat Gott das Sagen!‘ 8 Betet für Leute und macht sie gesund, auch
von so schlimmen Krankheiten wie Aids. Wenn jemand irgendwelche
Dämonen in seinem Körper hat, holt sie raus! Und wenn jemand gestor-
ben ist, lasst ihn wieder lebendig werden! Und tut das alles, ohne Kohle
dafür zu verlangen, denn ihr habt es auch für lau von mir bekommen.
9 Nehmt generell keine Kohle mit auf die Reise und 10 keinen Rucksack
mit Kleidung drin, keine Schuhe und so. Um das ganze Zeug braucht
ihr euch nicht mehr zu kümmern. Das sollen euch die Leute geben.
Denn wer arbeitet, hat auch seinen Lohn verdient. 11 Wenn ihr in irgend-
eine Stadt kommt oder in einen Ort, dann sucht jemanden, der nichts
dagegen hat, wenn ihr bei ihm pennt. Da bleibt dann so lange, bis es
weitergeht. 12 Wenn ihr in irgendeine Wohnung oder in ein Haus rein-
kommt, dann betet kurz dafür, so nach dem Motto: ‚Ich wünsch euch
Frieden!‘ 13 Wenn die euch dann bei sich pennen lassen, werden sie Frie-
den haben und es wird ihnen gut gehen. Denen, die das nicht tun, eben
nicht. 14 Falls ihr mal in einer Stadt nicht gerne gesehen werdet und man
auch nichts davon hören will, was ihr zu sagen habt, dann macht euch
aus dem Staub. Diese Leute können euch den Buckel runterrutschen.
Und Gott wird denen dann schon zeigen, was sie davon haben. 15 Es

wird ihnen irgendwann mal superdreckig gehen. Später werden sie dafür
bezahlen müssen, genauso wie damals die Städte Sodom und Gomorra,
nur noch schlimmer."

Die Jesus-Leute werden großen Ärger bekommen
16 „Hey, es ist für euch so, wie wenn ihr beim Auswärtsspiel in die Heim-
kurve müsst. Darum passt auf euch auf! Ihr müsst fast so schlau sein wie
Albert Einstein und dabei so liebevoll wie Mutter Teresa. 17 Passt auf euch
auf und seid auf der Hut vor den Menschen! Die werden versuchen, euch
wegen Nichtigkeiten anzuzeigen, und in den Synagogen wird man euch
zusammenschlagen. 18 Weil ihr zu mir gehört, wird man euch vor den
Richter zerren, ihr werdet in den Knast geworfen und verhört werden. Ihr
werdet aber hart bleiben und zu den Sachen stehen, die ich euch erzählt
habe, denn alle Menschen müssen davon hören. 19 Wenn sie euch im
Knast verhören, habt keine Panik davor. Gott wird da sein und euch helfen,
das Richtige zum richtigen Zeitpunkt zu sagen. 20 Ihr müsst nur euren
Mund aufmachen, dann wird Gott, euer guter Papi, schon dafür sorgen,
dass ihr das Richtige sagen werdet. 21 Das wird eine harte Zeit sein: Selbst
ein Bruder wird seinen eigenen Bruder an die Polizei verraten. Väter wer-
den ihre eigenen Kinder anzeigen. Kinder werden gegen ihre Eltern aus-
sagen und sogar Auftragsmörder organisieren, die sie töten. 22 Die ganze
Welt wird euch hassen, nur weil ihr sagt, dass ihr zu mir gehört. Doch
wer zuletzt lacht, lacht am besten; ihr werdet am Ende gerettet werden.
23 Wenn die hinter euch her sind, dann flieht von einer Stadt in die nächste.
Hey, eins ist ganz sicher: Noch bevor ihr das ganze Ding zu Ende gebracht
habt, werde ich zurückkommen. 24 Der Lehrling hat nicht so viel zu sagen
wie der Meister, und auch ein Angestellter ist unter seinem Chef. 25 Der
Lehrling kann sich schon freuen, wenn er genauso behandelt wird wie sein
Meister. Wenn sie aber zu dem Meister schon ‚Du Oberspacken' gesagt
haben, was sagen die dann erst zu Leuten aus seiner Familie? 26 Also, habt
keinen Schiss vor den Menschen, die euch verprügeln wollen. Denn bald
ist es so weit, da kommt eh alles raus, selbst die geheimsten Geheimnisse
werden ans Licht kommen. 27 Alles, was ich euch hier heimlich anvertraue,
das dürft ihr ab jetzt rausposaunen. Alles, was ich euch so zwischendrin
gesagt habe, da könnt ihr jetzt Werbung mit machen. 28 Ihr braucht echt
keine Angst vor denen zu haben, die ja sowieso nur euren Körper töten
können. Eure Ideen, eure Gedanken, das, was ihr in euch habt, also euren
Geist, all das können sie nicht töten. Nur vor Gott muss man Respekt
haben, er kann mit unserem Leben Murmeln spielen, wenn er will. 29 Was
müsste man heute für einen Kanarienvogel bezahlen? 5 Euro? 10? Und
trotzdem fällt keiner so mal eben tot von der Stange, es sei denn, Gott

will das so. [30] Glaubt mir, selbst jedes einzelne Haar auf eurem Kopf kennt Gott in- und auswendig. Er hat sie sogar gezählt! [31] Ich sag es noch mal: keine Panik! Ihr seid Gott weitaus mehr wert als eine ganze Halle voller Kanarienvögel! [32] Darum gilt: Wer sich für mich gerade macht, für den werde ich mich auch vor Gott gerade machen! [33] Wenn sich aber jemand dafür schämt, zu mir zu gehören, für den werde ich mich auch schämen, wenn ich vor meinem Vater im Himmel stehe und mit ihm rede."

Sich gerade machen für Gott

[34] „Ihr glaubt doch nicht im Ernst, ich bin auf die Erde gekommen, um mit den Menschen Händchen zu halten und ‚We are the world' zu singen. Nein, wo ich bin, gibt es Auseinandersetzungen! [35] Vater und Sohn, Mutter und Tochter, Schwiegertochter und Schwiegermutter werden sich richtig zoffen wegen mir. [36] Am derbsten wird es in den Familien abgehen. [37] Wenn dir dein Vater oder deine Mutter oder dein Sohn oder deine Tochter wichtiger ist, als ich es bin, dann hast du ein Problem. Dann hast du es eigentlich nicht verdient, mein Lehrling oder meine Schülerin zu heißen. [38] Wenn jemand nicht bereit ist, sich ganz radikal hinzugeben und dafür sogar zu sterben, der sollte lieber zu Hause bleiben. Der hat es nicht verdient, zu mir zu gehören. [39] Wer zu viel Angst hat, Dinge aufzugeben, und sein Leben um jeden Preis festhalten will, der wird am Ende gar nichts mehr haben. Wer aber alles für mich gibt und sich so an mich verliert, der wird das richtige Leben finden!"

Alles zahlt sich irgendwann mal aus

[40] „Wenn euch jemand bei sich wohnen lässt, dann lässt er im Grunde mich bei ihm wohnen. Und damit wohnt Gott selber bei ihm zur Untermiete. [41] Falls einer sogar jemanden bei sich wohnen lässt, der ein Prophet ist, wird er ganz fett belohnt werden. Und wenn man jemanden mal zur Untermiete einziehen lässt, der einfach nur ein gläubiger Mensch ist, wird man auch was von Gott dafür bekommen. [42] Eins ist für mich ganz sicher: Für jeden, der einem meiner Leute, auch wenn es nur ein totaler Frischling ist, mal 'nen O-Saft anbietet, weil der Durst hat, wird sich das irgendwann mal bezahlt machen."

11

[1] Nachdem Jesus diese heftigen Ansagen an seine zwölf Leute abgelassen hatte, ging er weiter in die anderen Städte, die in der Gegend lagen. Dort wollte er mit seinen Schülern auch seine Botschaft unters Volk bringen.

Jesus trifft auf Johannes

2 Johannes, der Mann, der die Leute getauft hatte, den hatten sie in der
Zeit in den Knast geworfen. Dort erzählte man ihm von den heftigen Sa-
chen, die bei Jesus so abgingen. Er schickte deshalb ein paar aus seiner
Gruppe zu Jesus, um ihn mal auszutesten: 3 „Bist du der Typ, der uns alle
aus dem Dreck rausholen soll, oder müssen wir noch länger warten?“
4 Jesus sagte dazu nur: „Geht zu Johannes und erzählt ihm, was ihr ge-
sehen habt, als ihr bei mir wart: 5 Blinde können wieder sehen, Krüppel
können wieder gehen, Aidskranke können wieder lachen, weil sie gesund
sind, die mit kaputten Ohren können wieder hören, selbst Tote fangen
wieder an zu leben, und den Leuten, die keine Kohle haben, wird eine gute
Nachricht erzählt. 6 Und dann sagt ihm noch: Die, die keine Probleme
mit mir haben, die haben das große Los gezogen!“ 7 Nachdem sie wieder
abgehauen waren, hatte Jesus noch was für den Rest der Menschen, die
da rumstanden: „Warum seid ihr überhaupt zu Johannes gegangen, als
der in der Wüste abhing und seine Geschichten erzählte? Wolltet ihr einen
Typen sehen, der immer sofort einknickt, wenn mal ein Windchen weht?
8 Oder wolltet ihr einen feinen Pinkel sehen im weißen Boss-Anzug? Dann
hättet ihr nach Monaco fahren sollen! 9 Oder wolltet ihr jemanden sehen,
der den direkten Draht zu Gott hat, einen Propheten? Also Johannes ist
auf jeden Fall so ein großer Prophet. 10 Er ist der Mann, von dem schon in
dem alten Buch steht: ‚Ich schicke jemanden schon mal vorweg, der ist
die Preview, der Vorfilm für denjenigen, der dann auflaufen wird.‘ 11 Eine
Sache gebe ich euch schriftlich: Johannes ist jetzt schon der derbste von
allen Menschen, die je geboren wurden. Trotzdem werden die, die jetzt
am wenigsten zu sagen haben, mal im Land, wo Gott wohnt, ganz vorne
sein, weiter als er auf jeden Fall. 12 Und seit Johannes versuchen die Mäch-
tigen mit allen Mitteln zu verhindern, dass Gott ganz groß rauskommt.
13 Das ganze alte Buch und die Jungs mit dem besonderen Draht nach
oben, die Propheten bis hin zu Johannes, hatten das schon vorausge-
sagt. 14 Falls ihr das überhaupt kapiert: Er ist Elia, von dem die Propheten
schon immer Geschichten erzählt haben. Die meinten, wenn er kommt,
dann geht’s richtig ab, dann bricht die Zeit an, in der Gott das Sagen hat.
15 Sperrt eure Lauscher auf und lebt nach dem, was ich euch sage!“

Jesus geht mit den Leuten seiner Zeit hart zur Sache

16 „Was für Vergleiche fallen mir ein, wenn ich an die Menschen denke,
die ich heute so kenne? Sie sind wie Kids, die im Jugendzentrum rum-
hängen und nicht so richtig verstanden haben, worum es eigentlich geht.
Was auch gerade abgeht, man kann es ihnen nicht recht machen. Sie
sagen zu ihren Freunden: 17 ‚Wir waren auf ner krassen Party und ihr habt

nicht abgetanzt. Anschließend waren wir auf einer Beerdigung, und ihr
wolltet nicht heulen.' 18 Johannes hat zum Beispiel manchmal wochen-
lang nichts gegessen und getrunken. Da meintet ihr sofort: ,In dem lebt
ein fieser Geist!' 19 Jetzt ist der Typ da, der einer von euch ist und gleich-
zeitig Gott, der ernährt sich genauso wie ihr. Und ihr motzt gleich rum:
,Der frisst und säuft sich die Hucke voll und hängt nur mit seltsamen
Leuten rum.' Doch Gott wird das irgendwann klarstellen, wer hier richtig
liegt und wer falsch." 20 Danach ließ Jesus noch seinen Frust ab über
die Städte, in denen er die heftigsten Wunder getan hatte und man sich
trotzdem kein Stück verändern wollte. 21 „Oh Mann, ihr da in Chorazin
und Betsaida, wacht endlich auf! Wenn die Wunder, die ich bei euch ge-
tan habe, in den ekligen, dreckigen Städten passiert wären, wie zum Bei-
spiel in Tyrus oder Sidon, dann hätten sie alle angefangen, ihr Leben zu
hinterfragen, sie hätten eingesehen, dass sie viel Mist bauen, und hätten
das geändert! 22 Am letzten Tag der Abrechnung, da werden Tyrus und
Sidon besser wegkommen als ihr. 23 Und dir, eingebildetes Kapernaum,
wird es richtig dreckig gehen! Wenn rauskommen wird, was du so alles
erlebt hast, und man das mit Sodom* vergleicht, dann würde diese Stadt
noch stehen. 24 Darauf kannst du dich verlassen: Sodom wird am letzten
Tag, wo Gott die große Abrechnung startet, besser dastehen als du!"

Jesus betet zum Vater

25 Und Jesus fing an vor allen mit Gott zu reden: „Hey Papa, du regierst
über das ganze Universum. Danke, dass du den Leuten, die meinen,
die Weisheit mit Löffeln gefressen zu haben, nicht erzählt hast, was
wirklich abgeht, aber denen, die das Gefühl haben, dass sie dumm sind
und nichts begreifen, denen hast du es gezeigt. 26 Yes, Daddy, du willst,
dass es so passiert und nicht anders. 27 Mein Papa hat mir den Joystick
für diese Welt in die Hand gegeben. Nur der Papa kennt seinen Sohn,
und keiner kennt den Papa im Himmel so gut, wie ich ihn kenne. Und
natürlich auch die, denen ich zeige, wie der Papa ist. 28 An alle, die durch
extremen Druck und pingelige Auflagen total kaputt sind: Kommt zu
mir! Ich werde dafür sorgen, dass ihr euch so richtig entspannen könnt.
29 Lasst mich doch der Chef in eurem Leben sein! Ich bin das Vorbild,
wie man richtig lebt! Ich bin nicht so drauf, dass ich euch von oben he-
rab zu irgendetwas zwingen will. Bleibt locker. Bei mir werdet ihr Ruhe
finden. 30 Ich werde euch nicht unter Druck setzen, ich will, dass es für
euch locker geht!"

---

* Sodom war eine ziemlich fiese Stadt, wo die Menschen, die da wohnten, nur Mist gebaut haben: Leute ausgeraubt, andere Götter angebetet, Sex mit Eseln und alles so Sachen, auf die Gott überhaupt keinen Bock hat.

12

Schluss mit religiösen Gesetzen, die Liebe kommt zuerst!

1 An einem anderen Tag streunten Jesus und seine Leute durch die Fel-
der. Seine Leute schoben Riesen-Kohldampf und schnappten sich darum
ein paar Äpfel von den Bäumen und aßen die. Das alles passierte ausge-
rechnet an einem Sabbat*, den man einmal in der Woche feierte und an
dem jede Art von Arbeit verboten war. 2 Als die Pharisäer, die geistlichen
Oberprofis, das mitbekamen, fingen die gleich bei Jesus an rumzume-
ckern: „Ihre Leute brechen die Gesetze, die Gott mal in das alte Buch
geschrieben hat! Sie holen sich das Zeug von den Pflanzen und essen es,
obwohl man das nicht darf. Heute ist doch Sabbat, und unser religiöses
Gesetz verbietet das!" 3 Jesus meinte dazu nur: „Habt ihr überhaupt was
begriffen? Kennt ihr nicht die Story von David und seinen Kollegen und
was die taten, als sie Kohldampf geschoben haben? 4 Sie gingen in den
Tempel** und aßen sogar das Zeug, was nur die Priester essen durften,
die dort arbeiten, nämlich das Brot, was zum Opfern*** da war. 5 Mann,
lest doch mal in den alten Büchern. Da steht, dass die Priester auch an
dem Tag, wo sie eigentlich nicht arbeiten sollten, im Tempel gearbeitet
haben. Diese ganzen Sabbatgesetze waren ihnen doch trotzdem nicht
völlig egal – sie mussten ja sogar im Tempel arbeiten. 6 Ich will nur, dass
ihr das eine begreift: Hier ist jemand, der hat mehr drauf als dieser Tem-
pel. 7 Wenn ihr verstanden hättet, was dieser Satz aus dem alten Buch
bedeutet: ‚Menschen, die andere Menschen lieben, sind mir wichtiger als
irgendwelche Opferrituale!', dann würdet ihr nicht die Leute, die keinem
was Böses getan haben, fertig machen wollen. 8 Als der Mann, der von
Gott auserwählt ist, habe ich das Recht zu sagen, was erlaubt ist und
was nicht." 9 Nachdem er das gesagt hatte, ging er schließlich weiter und
kam noch bei einer Synagoge vorbei. 10 Da tauchte so einer auf, dessen
Hand war total kaputt. Die Pharisäer fragten Jesus natürlich: „Wie sehen
Sie das denn mit der Sache, dass man am Sabbat, unserem religiösen
Feiertag, nicht heilen darf? Das steht doch auch im alten Buch!" Sie ver-

---

* Der Sabbat wird bis heute von den Juden einmal pro Woche gefeiert – von Freitagabend bis Samstagabend. Gott hatte die gute Idee, dass sich jeder Mensch einmal in der Woche richtig entspannen sollte. Damals war das eine total seltsame Vorstellung, weil man in den anderen Ländern sieben Tage durcharbeitete. Allerdings kamen im Lauf der Zeit ziemlich derbe Regeln dazu, was man am Sabbat tun durfte und was nicht.

** Der Tempel ist so ungefähr das, was heute die Kirchen sind: ein Gebäude, in dem man eigentlich Gott treffen sollte. Allerdings gab es nur einen einzigen Tempel, und der stand in Jerusalem. Die Versammlungshäuser auf dem platten Land nannte man Synagogen.

*** Opfern: Die Juden hatten damals so seltsame Rituale, wo sie Tiere und so verbrannt haben. So stand das auch in dem alten Buch, aber manchmal dachte man, wenn man beim Opfern alles richtig macht, kommt es Gott nicht so sehr drauf an, was man eigentlich denkt und tut.

suchten einfach alles daranzusetzen, irgendwas zu finden, um gegen ihn
Anzeige zu erstatten. [11] Jesus konterte: „Wenn jemand von euch einen
kleinen Hund hat und der fällt in so ein ganz tiefes Loch auf einem Bau-
platz, ob nun Sabbat ist oder nicht, er würde ihn auf jeden Fall da rausho-
len, oder? [12] Ein Mensch ist doch tausendmal mehr wert als so ein Hund!
Natürlich ist es auch am Sabbat erlaubt, Gutes zu tun! Kapiert?!" [13] Dann
sagte er nur zu ihm: „Zeig uns mal deine Hand!" Und tatsächlich, die
Hand war komplett geheilt.

Jesus tut das, was im alten Buch schon lange gestanden hat

[14] Die religiösen Heinis, diese Pharisäer, steckten nach diesem Ding die
Köpfe zusammen: „Wie können wir diesen Jesus bloß aus dem Weg räu-
men?" [15] Jesus hatte aber schon lange kapiert, was sie vorhatten. Darum
machte er sich vom Acker und viele gingen mit ihm. Und wie immer: Jesus
machte alle Leute, die krank waren, wieder gesund. [16] Jesus befahl ihnen
aber, bloß ihren Mund zu halten, damit die ihn nicht verraten würden.
[17] Damit wurde das wahr, was der Prophet Jesaja schon vor langer Zeit vor-
her wusste: [18] „Dieser Mensch ist ganz besonders, den hab ich mir ausge-
sucht, weil ich ihn liebe und mich riesig über ihn freue. Ich werde ihn mit
einem neuen Programm ausstatten, mit meinem Geist, und er wird allen
Menschen erklären, auf was Gott steht und auf was nicht. [19] Er ist nicht so
einer wie Rocky, der sein Anliegen mit den Fäusten durchsetzt. [20] Er tritt
nicht nach, wenn du auf dem Boden liegst, er versetzt dir keinen Schlag in
die Magengrube, wenn du schon angezählt wurdest. Er hört nicht auf, bis
das, was richtig ist, am Ende auch gesiegt hat. [21] Darum kann jeder, und
wirklich jeder, seine Hoffnung auf ihn setzen."

Jesus heilt einen Mann und stellt ein paar Dinge klar

[22] Schließlich brachte man einen zu Jesus, der weder sehen noch reden
konnte, weil ein Dämon, ein schlechter Geist, in ihn eingezogen war. Je-
sus betete kurz, und da konnte er gleich wieder sehen und auch reden!
[23] Da waren die Leute alle total platt und begeistert von ihm. Sie riefen:
„Hey, ist er nicht doch der Mann, von dem die Propheten vor langer Zeit
geredet haben? Dieser große Retter aus der Familie vom Präsidenten
David!" [24] Die Pharisäer waren da ganz anderer Meinung. Sie sagten:
„Er trickst euch doch nur aus! Die bösen Geister kann er nur austreiben,
weil er der oberste der bösen Geister ist!" [25] Jesus konnte auch Gedan-
ken lesen und meinte nur: „Wenn es in einem Land viele Leute gibt, die
das Sagen haben, und jeder will was anderes, dann dreht alles irgend-
wann mal durch. Genauso ist das in einer Stadt oder 'ner Familie. Wenn
man sich da gegenseitig fertig macht, gewinnt keiner. [26] Und so ist es

doch auch mit dem obersten der bösen Geister, dem Satan*. Wenn der sich selbst bekämpft, wird er sich ja selbst zerstören! Dumm gelaufen! Wie wird er dann auf Dauer seine Macht behalten können? [27] Wenn ihr also sagt, ich vertreibe böse Geister mit der Kraft des obersten Geisterchefs Satan, dann hab ich mal 'ne Gegenfrage: Wie machen es denn bitte eure Leute, wenn sie Geister austreiben? Fragt sie und dann wird man sehen, wer hier lügt. [28] Hey, schnallt ihr das denn nicht? Die bösen Geister verschwinden, eben weil ein guter Geist, die Kraft von Gott, sie vertreibt! Jede Sekunde, wo das abgeht, bricht die neue Zeit Gottes rein, wo er wieder das Sagen hat! [29] Ich will es in einem Bild sagen: Wenn du einen Bruch machen willst in einem Haus, wo ein Karate-Weltmeister wohnt, was musst du vorher tun? Du musst ihn ablenken und am besten auch noch fesseln, erst dann kannst du richtig loslegen. [30] Eine Sache ist klar: Jeder, der nicht auf meiner Seite ist, kämpft gegen mich, jeder, der mir nicht hilft, kann gleich verschwinden. [31] Und noch etwas müsst ihr unbedingt wissen: Es gibt nichts, was so schlimm ist, dass Gott es nicht verzeihen kann, sogar wenn ihr fiese Witze macht über Gott. [32] Aber wenn ihr ernsthaft behauptet und wirklich glaubt, dass ich das nur kann, weil ich von Satan komme, dann könnt ihr so lange Vergebung suchen, bis ihr schwarz werdet, ihr werdet sie nie finden."

Was am Ende dabei rumkommt, das zählt

[33] „Es funktioniert im Grunde wie bei Apfelbäumen! Wenn der Baum gesund ist, hat er auch leckere Äpfel dran. Ist der Baum aber krank, sind die Äpfel auch verkrüppelt. Einen guten Baum erkennt man an seinen Früchten! [34] Ihr blöden Spinner! Wie kann bei euch, die ihr sowieso nur Schwachsinn redet, überhaupt was Gutes bei rauskommen! Alles, was ihr in eurer Birne an Gedanken habt, kommt raus, wenn man euch mal beim Reden zuhört. [35] Wenn einer ein gutes Herz hat und sein Herz voll guter Gedanken ist, dann merkt man das schon bei dem, was er redet. Einem Menschen, der einfach link und falsch ist, dem merkt man das auch an, wenn er nur den Mund aufmacht. [36] Eins müsst ihr euch klar machen: Am letzten Tag dieser Welt gibt es bei Gott eine große Abrechnung, auch über alles, was so aus eurem Mund rausgekommen ist. [37] Was ihr geredet habt, wird letztendlich über eure Zukunft entscheiden, denn daran wird Gott euch auch messen. Dann wird es sich spätestens zeigen: hopp oder topp!"

---

* Satan wurde der oberste Geist der bösen Geister genannt. Er wird ab und zu in der Volxbibel vorkommen. Er ist der Erfinder der Lüge und sozusagen der Chef von der dunklen Seite der Macht.

„Zeig uns, dass du es draufhast!“

38 Die Theologen und die oberfrommen Pharisäer meinten mal zu Jesus:
„Zeigen Sie uns doch, was Sie alles so draufhaben! Machen Sie doch
noch mal eine Wundershow extra für uns, dann glauben wir Ihnen auch,
dass Sie von Gott kommen!“ 39 Darauf meinte Jesus nur: „Nur ganz
miese Typen, die an gar nichts glauben, wollen jetzt noch einen Beweis
haben. Aber einen Beweis sollt ihr trotzdem kriegen, und der hat mit
der Geschichte von Jona zu tun. 40 Jona war drei volle Tage und Nächte
im Bauch von einem riesengroßen Fisch. Genauso wird der Prototyp
Mensch – ihr wisst schon, wer hier gemeint ist ... – drei volle Tage in
seinem Grab verschwunden sein. 41 Selbst die Leute aus der Stadt Nini-
ve werden im Gegensatz zu euch noch gut dran sein am letzten Tag der
Abrechnung, weil die sich wenigstens geändert haben. Denn nachdem
Jona ihnen klar gemacht hatte, dass sie nur rumsündigen und so nicht
weitermachen können, wandten sie sich wieder radikal zu Gott und
änderten ihr Leben. Und der, der jetzt mit euch redet, hat viel mehr zu
sagen als Jona, und trotzdem glaubt ihr ihm nicht! 42 Das Gleiche gilt
auch für die Präsidentin, die im Süden das Sagen hatte. Sie wird beim
Tag der Abrechnung sogar als Zeuge auflaufen, gegen die Menschen in
dieser Zeit aussagen und sie fertig machen. Ihr war kein Weg zu weit,
um vom damaligen Machthaber Salomo zu lernen. Und der, der jetzt
mit euch redet, hat viel mehr zu sagen als Salomo, trotzdem wolltet ihr
ihm einfach nicht vertrauen.“

Passt auf, wen ihr an euch ranlasst

43 „Wenn so ein fieser Geist, so ein Dämon, aus einem rausgeschmissen
wurde, dann ist der sozusagen obdachlos und sucht wie verrückt ein
neues Opfer, in dem er wohnen kann. 44 Kriegt er das nicht hin, versucht
er als Erstes dort wieder einzuziehen, wo er mal zu Hause war. Wenn er
dann seine Bude super aufgeräumt und picobello vorfindet, 45 dann lädt
er glatt noch mal sieben fiese Geister dazu ein, und es wird noch viel
schlimmer mit ihm werden als jemals zuvor. Genauso wird es mit die-
sem bösen Pack passieren.“

Wer gehört zur Jesus-Familie?

46/47 Das Haus, in dem Jesus diese Rede hielt, war supervoll. Schließlich
kamen seine Mutter und seine Brüder an und wollten auch mal was von
ihm haben. Als jemand ihm das verklickern wollte, dass er sich doch
auch mal um seine Familie kümmern sollte, 48 sagte Jesus nur: „Wieso
meine Brüder, meine Mutter? 49 Das hier ist jetzt meine Familie. Hier
sitzen meine Geschwister und meine Mutter! 50 Hey, jeder, der das tut,

was mein Vater von ihm will, der ist wie ein Bruder für mich oder wie
eine Schwester oder wie meine Mutter."

13

1 Abends ging Jesus am See spazieren und setzte sich an das Ufer. 2/3 Es
dauerte nicht lange, da sammelte sich wieder eine große Menschen-
menge um ihn herum. Weil er zu ihnen reden wollte, setzte er sich in
ein Ruderboot und fuhr so weit auf den See raus, dass ihn von dort aus
alle hören konnten.

Was einen daran hindern kann, Gott zu vertrauen

4 Dann sagte er: „Ein Bauer säte Getreide aus. Einige der Körner fielen
dabei auf die Straße. Sofort kamen die Vögel und pickten sie auf. 5 Ande-
re Körner fielen auf sehr steinigen Boden, wo wenig Erde war. Da keimten
sie zwar, 6 aber als die Sonne voll draufknallte, vertrockneten die Triebe,
weil die Wurzeln noch nicht richtig in die Erde gewachsen waren. 7 Ein
paar von den Körnern fielen zwischen die Disteln, und die Pflanzen kre-
pierten bald. 8 Aber der Rest fiel auf guten Boden, ging auf und vermehr-
te sich, dass es dreißig-, sechzig- oder hundertmal so viel wurde, wie es
mal war. 9 Ich hoffe, ihr habt kapiert, was ich damit sagen will."

Oder anders übersetzt: 4 *„Ein Programmierer saß an seinem Rechner und*
schrieb eine neue Software. 5 *Die Software war total gut und verkaufte sich*
schnell. Auf dem alten Rechner lief sie aber überhaupt nicht, die Hardware war
schlecht und der Rechner ging kaputt. 6 *Bei anderen Rechnern lief sie eine Zeit*
lang ganz in Ordnung, bloß immer dann, wenn es kompliziert wurde und wenn
andere Programme gleichzeitig liefen, stürzte das Ding ganz ab und musste am
Ende auch weggeworfen werden. 8/9 *Bei Computern, die eine gute Hardware*
hatten, die man immer in Schuss gehalten hatte und pflegte, da lief das Pro-
*gramm aber hervorragend und machte sich hundertfach bezahlt."**

Warum benutzt Jesus Bilder, um Sachen deutlich zu machen?

10 Einige Zeit später löcherten ihn seine Freunde und wollten wissen, warum
er immer in so Bildern redet und nicht direkt sagt, was er denkt. 11 Jesus
antwortete darauf: „Ihr seid dazu in der Lage, die Geheimnisse vom Reich
Gottes, dem Gebiet, wo Gott das Sagen hat, zu begreifen, andere werden es
aber nie kapieren. 12 Es wird so laufen, dass die, die viel verstanden haben,
bald wirklich alles verstehen werden. Die, die aber bisher nix verstehen,

---

* Jesus hat im Original na klar nicht von Computern und Software gesprochen. Aber heute würde er das vielleicht. Wir haben seine Vergleiche hier doppelt übersetzt, und das schräg Gedruckte ist der Versuch, ein Bild zu finden, was er vielleicht heute genommen hätte, um dieselbe Sache zu erklären.

denen wird das bisschen auch noch abhandenkommen, was sie bisher ver-
standen haben. 13 Darum rede ich zu anderen in Bildern: Sie sehen die zwar,
erkennen doch darin nichts, hören zu, aber kapieren es nicht. 14 Damit wird
wahr, was Gott schon durch den alten Propheten Jesaja gesagt hatte: ‚Ob-
wohl sie alles mitbekommen, verstehen tun sie gar nichts. Sie kriegen zwar
alles mit, aber begreifen nicht, was da abgeht. 15 Denn ihnen ist mittlerweile
eh alles egal, sie sind eisenhart geworden. Sie sitzen auf ihren Ohren und
haben Tomaten auf den Augen. Darum sehen und hören sie nix. Die wollen
es auch gar nicht anders. Würden sie sich zu mir wenden, würde ich sie
natürlich sofort heilen. Doch dann müssten sie ja ihr Leben ändern.‘ 16 Ihr
könnt an deren Stelle echt happy sein und euch sehr freuen, weil ihr das mit
euren Augen und Ohren buchstäblich erleben könnt. 17 Versteht doch: Tau-
sende von den Leuten, die Gott braucht, um zu Menschen zu reden, diese
Propheten, und auch viele, die okay für ihn gelebt haben, hätten echt sehr
viel darum gegeben, das zu sehen, was ihr jetzt sehen dürft. Aber damals
war einfach noch nicht die Zeit dafür."

Jesus erklärt, was er mit der Story von der Saat meinte

18 „Ich will euch mal erklären, was ich mit der Story von dem Typen, der
Samen aussät, klar machen wollte. 19 Bei einem Menschen, der die Worte
von dem Reich Gottes hört, diesem Land, in dem Gott das Sagen hat, und
das nicht wirklich ernst nimmt, bei dem kommt der Chef des Bösen, der
Satan, an und reißt die ganzen Pflanzen wieder aus seinem Herz raus,
die gerade gewachsen waren. Das war mit dem Samen gemeint, der auf
dem Weg gelandet ist. 20 Mit dem sehr harten, steinigen Boden waren so
Leute gemeint, die die Nachricht zuerst hören und da total drauf abfahren,
21 aber wenn es Probleme gibt, weil sie gläubig geworden sind, oder Leu-
te sie deswegen sogar in den Knast stecken wollen, dann war es das bei
denen auch schon mit ihrem Glauben. 22 Der Boden voller Disteln ist wie
einer, der die Worte hört und das auch sofort umsetzt, aber sobald es Prob-
leme gibt oder er plötzlich tierisch reich und dadurch verführt wird, dann
erstickt die Pflanze des Glaubens in ihm ganz schnell, und alles bleibt, wie
es mal war. 23 Mit dem guten Boden ist einer gemeint, der die Worte hört
und begreift, was sie bedeuten, und dann total für Gott abgeht. Der bringt
dann dreißig-, sechzig- oder hundertmal von dem raus, was gesät wurde."

Oder anders übersetzt: Jesus erklärt, was er mit seiner Story über die Software meinte

18 *„Ich will euch sagen, was ich mit der Story von der Software* meinte.* 19 *Je-
der, der meine Predigt über das Land, wo Gott das Sagen hat, hört und mei-*

* Siehe Erklärung in Matthäus 13, Verse 4 bis 9.

ne Worte nicht ernst nimmt, bei dem ist es so, als ob der Satan, der Chef von
allem Bösen, kommt und die Worte aus seinem Herzen gleich wieder löscht.
Damit meine ich die Software, die auf den alten kaputten Rechner geladen
wurde. 20 *Ein Mensch, der sich zuerst voll freut über das, was ich sage, ist wie*
der Rechner, der ganz okay ist, bei dem aber noch viele andere Programme
mitlaufen. Es funktioniert eine Weile, 21 *aber sobald es Probleme gibt, Leute*
ihn ärgern, weil er gläubig ist, dann zieht der schnell den Schwanz ein, und
nichts bleibt mehr übrig. 22 *Mit Rechnern, die im Grunde ganz okay waren,*
aber zu viele andere schlechte Programme auf ihrer Festplatte hatten, sind
Menschen gemeint, die am Anfang auch ganz begeistert über das sind,
was ich sage, und das zum Teil auch über Jahre umsetzen. Sobald aber die
derben Sorgen abgehen, die das Leben so mit sich bringt, oder sie durch den
ganzen Luxus, der sie vielleicht umgibt, abgelenkt werden, dann vergessen
sie schnell, was ich gesagt habe, und alles bleibt am Ende doch beim Alten.
23 *Der gute Rechner, der immer in Schuss gehalten wurde, ist jemand, der*
meine Worte hört, sie versteht und sofort umsetzt. Er wird seinem Eigentü-
mer lange erhalten bleiben und viel Nutzen bringen."

Unkraut im Weizenfeld: Gott hat das letzte Wort

24 Jesus erzählte noch eine andere Geschichte: „Dieses Land, wo Gott das
Sagen hat, kann man auch gut mit einem Bauern vergleichen, der super-
gute Samen auf sein Feld streut. 25 In einer Nacht, als alle pennen, kommt
sein Erzfeind und sät einfach Brennnesselsamen ohne Ende zwischen die
guten Weizenkörner, danach verschwindet er wieder. 26 Die Samen gehen
dann irgendwann auf, aber die Brennnesseln gleich mit. 27 Irgendwann
kommen die Angestellten vom Bauern an und fragen den: ‚Hast du das
Feld nicht nur mit richtig guten Samen bestreut? Woher kommen dann
die Brennnesseln?' 28 ‚Das muss der Typ gemacht haben, der mich nicht
abkann, mein Erzfeind', meint der Bauer. ‚Sollen wir das jetzt einzeln
rausrupfen, oder was?' 29 ‚Nein, dann würdet ihr die guten Weizenpflan-
zen ja auch mit rausrupfen. 30 Lasst sie mal in Ruhe wachsen, bis Erntezeit
angesagt ist. Dann siehst du klar den Unterschied zwischen Unkraut und
Weizen. Und die Angestellten kriegen die Order: zuerst das Unkraut ent-
fernen und verbrennen! Dann den Weizen in den Vorratsraum!'"

Kastanie* oder Hefeteig

31 Jesus versuchte mit einem anderen Beispiel, noch etwas deutlich zu
machen: „Mit dem Land, wo Gott das Sagen hat, ist es so wie mit einer

---

* Hier redet Jesus eigentlich von Senfkornsamen. Der ist viel kleiner als eine Kastanie, aber der Baum, der daraus wächst, ist auch viel kleiner als der von einer Kastanie und so stimmt es im Verhältnis wieder.

Kastanie. 32 Kastanien sind nicht besonders groß, aber wenn du sie im Boden vergräbst, dann wächst daraus ein riesiger Baum, in dem sogar Vögel wohnen können. 33 Man kann das Land, wo Gott das Sagen hat, auch mit einem Hefeteig vergleichen. Eine Frau will eine Pizza machen. Sie nimmt einen Haufen Mehl und tut nur ein paar Körner Trockenhefe dazu und noch Wasser. Sie verknetet alles. Schließlich geht der ganze Teig voll auf. Die Hefe hat sich total ausgebreitet.“ 34 Jesus benutzte ständig irgendwelche Beispiele und Bilder, wenn er mit Menschen redete. In keiner seiner Reden durften sie fehlen. 35 Damit wurde das wahr, was die alten Propheten schon damals vorausgesagt hatten: „Ich werde ihnen durch Bilder und Vergleiche klar machen, worum es geht. Was bis jetzt für alle ein Geheimnis war, was niemand kapiert hat, davon will ich jetzt reden.“

Jesus erklärt, was er mit der Story sagen wollte, wo es um die Samen und das Unkraut ging

36 Schließlich schickte Jesus die vielen Menschen wieder nach Hause. Seine Freunde wollten dann aber noch mal was genauer wissen: „Was war da eigentlich mit gemeint, als du von Unkraut und Brennnesseln erzählt hast?“ 37 „Also, das ist so“, sagte Jesus, „der Typ, der Gottes Sohn ist, das ist der Bauer, der die guten Samen aussät. 38 Das Feld ist die Welt, der Samen sind die Leute, die mit Gott zusammenleben und die unter seinem Einfluss stehen, und die Brennnesseln sind die Leute, die das tun, worauf Satan Bock hat. 39 Der Erzfeind, der die Brennnesseln zwischen die guten Samen gesät hat, ist der Satan persönlich. Die Ernte ist ein Bild für die große Endabrechnung, wenn diese Welt sterben wird. Und die Arbeiter sind Engel. 40 Genauso wie das Unkraut vom Weizen getrennt wird und vernichtet werden muss, genauso wird es bei der letzten großen Gerichtsverhandlung abgehen. 41 Der Menschensohn* wird seine Engel vorbeischicken. Die werden aus diesem neuen Land, wo Gott das Sagen hat, alle rausschmeißen, die link sind und miese Sachen fabrizieren. 42 Die werden dann in einen Riesen-Ofen geschmissen und vernichtet. Vor Schmerz werden sie voll abheulen, wenn sie da sind. 43 Alle, die das getan haben, was Gott gut findet, werden in der neuen Zeit gut dastehen. Sie werden strahlen wie die Sonne! Denkt mal dadrüber nach, wenn ich euch was erzähle!“

Alles geben für Gott, das zahlt sich aus!

44 „Das neue Land, in dem Gott das Sagen hat, kann man auch gut mit einem vergrabenen Schatz vergleichen, den ein Typ zufällig beim Umgraben von einer Wiese findet. Er verbuddelt den Schatz ganz schnell wieder, und weil er sich so sehr über das Ding gefreut hat und es so

---

* Siehe Erklärung in Matthäus 8, Vers 20.

wertvoll für ihn ist, geht er los und versteigert alles bei Ebay, was er sonst noch so hat, nur um diese Wiese zu kaufen, denn dann gehört der Schatz auch ihm. 45 Noch 'ne andere Story: Wer Teil von dem neuen Land sein will, wo Gott das Sagen hat, der sollte so drauf sein wie ein Aktienhändler, der eine unheimlich gewinnbringende Aktie zum Kauf angeboten bekam. 46 Er verkaufte sein Haus und alles andere, was er noch hatte, nur, weil er diese eine Aktie unbedingt haben musste."

Der Vergleich mit einem Fischernetz

47 „Man kann das Land, wo Gott das Sagen hat, auch mit einem Netz vergleichen, was in das Meer ausgeworfen wurde. Voll viele unterschiedliche Fische waren da drin. 48 Wenn das Netz erst mal voll ist, ziehen die Fischer es ans Land. Dann setzen sie sich hin und sortieren aus. Die essbaren Fische in Wannen, die ekligen in den Müll. 49 So wird es auch am Ende der Welt abgehen. Die Boten von Gott, die Engel, werden das Gute vom Schlechten trennen. 50 Die Schlechten werden im Höllenschredder verfeuert. Dort werden sie heulen und rumflennen, aber niemand wird sie hören. 51 Habt ihr das kapiert?" – „Ja, haben wir!", sagten sie.

***Oder anders übersetzt:* Der Vergleich mit einem Mailwasher-Programm**

47 „Man kann das Reich, in dem Gott das Sagen hat, auch mit einem Mailwasher-Programm vergleichen. 48 Wenn du ins Netz gehst und deine E-Mails abholst, bekommst du viele verschiedene Mails in deinen Posteingang. Gute Mails von deinen Freunden, aber auch viel Werbeschrott. Der Mailwasher sortiert dir die guten Mails raus, der ganze Schrott kommt in den Mülleimer und wird gelöscht. 49 So wird es auch am letzten Tag der Erde sein, bevor die dann verschrottet wird. Die Engel, die Angestellten Gottes, werden dann alles filtern, was auf der Erde gelebt hat. 50 Das, was mies und böse ist, wird in den Höllen-Schredder geschmissen werden. Dort wird es ihnen ganz übel ergehen, die werden viel heulen, aber da ist dann niemand mehr, der ihnen helfen kann. 51 Habt ihr das begriffen?" – „Ja", meinten sie, „wir haben verstanden, was du damit sagen willst."

52 Da meinte Jesus: „Darum ist jeder, der das richtig gut verstanden hat und Menschen davon erzählt, wie jemand, der aus seinen alten und neuen Erfahrungen die richtigen Konsequenzen zieht und das weitergibt, was dabei rumkommt."

Jesus hat zu Hause nicht wirklich ein Heimspiel

53 Nachdem Jesus versucht hatte, mit diesen Vergleichen den Leuten etwas zu verklickern, 54 ging er in seine Heimatstadt und hielt dort in der

Synagoge an, um wieder 'ne Predigt zu halten. Alle waren total baff und
fragten sich, wo er nur diesen Schnall vom Leben her hatte und woher
die Kraft kam, diese irren Wunder zu tun. 55 „Der ist doch der Sohn von
einem Zimmermann aus dem Ort. Seine Mutter Maria und auch seine
Brüder Jakobus, Josef, Simon und Judas kennen wir gut. 56 Seine Schwes-
tern haben wir erst neulich beim Einkaufen getroffen. Wie kann der denn
bitte etwas Besonderes sein?" 57 Sie waren sogar total genervt von ihm.
Jesus meinte dazu nur: „Der Mann, der Gott reden hört, der Prophet,
wird zu Hause mehr ausgebuht werden als woanders, und seine Familie
wird ihm auch nicht zuhören." 58 Keiner hatte dort großes Vertrauen in
Jesus, darum konnte er auch nur wenige Wunder tun.

14

Johannes, der die Leute getauft hatte, wird umgebracht
1 Als Herodes, der damals in Judäa das Sagen hatte, mitbekam, was man
so über Jesus redete, bekam er leichte Panik. 2 Er sagte zu seinen Ange-
stellten: „Das ist garantiert Johannes, der die Leute getauft hat! Der feiert
bestimmt gerade sein Comeback, obwohl er ja eigentlich tot sein müsste.
Vielleicht ist er ja auch ein Zombie und kann deshalb so krasse Wunder
tun." 3 Herodes hatte Johannes vor einiger Zeit in den Knast gesteckt –
vor allem, weil seine Freundin Herodias, in die er voll verknallt war, das
unbedingt wollte. Die war allerdings eigentlich die Frau von seinem Bru-
der. 4 Johannes hatte ihm ganz klar gesagt, dass das total falsch ist; man
darf sich nicht einfach die Frau von seinem Bruder greifen und heiraten.
5 Herodes war so sauer auf Johannes, dass er ihn am liebsten ermordet
hätte. Er traute sich aber nicht, weil er Angst vor den Leuten in der Stadt
hatte, die alle totale Fans von Johannes waren. 6 Als Herodes Geburtstag
hatte, machte die Tochter seiner Freundin auf der Party zur Musik einen
derben Striptease. Das fand er so geil, 7 dass er ihr anschließend hoch
und heilig versprach: „Du kannst von mir heute haben, was du willst!"
8 Ihre Mutter bequatschte sie dann, und schließlich bettelte sie Herodes
an: „Ich möchte, dass du Johannes den Kopf abschlagen lässt und ihn
mir auf einem Tablett servierst!" 9 Damit hatte Herodes nun nicht gerade
gerechnet. Aber schließlich hatten eine Menge Leute mit ihm am Tisch
gesessen, die alle mitbekommen hatten, wie er sich mit diesem Ver-
sprechen weit aus dem Fenster gelehnt hatte. Darum sagte er zu seinen
Soldaten, 10 sie sollten Johannes den Kopf abschlagen. 11 Sie servierten
dem Mädchen dann auch den Kopf auf einem Tablett, die ihn wiederum
der Mutter übergab, damit sie zufrieden war. 12 Die Schüler von Johannes
holten dann den toten Körper ab und verbuddelten ihn. Danach erzähl-
ten sie Jesus, was passiert war. 13 Jesus war total geschockt und echt fer-

tig. Er schnappte sich ein Boot und wollte irgendwo hinfahren, wo er mal
alleine sein konnte. Die Leute bekamen das aber mit und verfolgten ihn
am Ufer entlang.

Fünftausend bei Jesus McDonalds

[14] Jesus kam mit seinem Boot nach einiger Zeit wieder ans Land. Viele
Leute waren ihm gefolgt und wollten Hilfe. Die Menschen taten ihm
Leid und darum heilte er alle, die krank waren. [15] Abends kamen dann
seine Leute zu ihm und meinten: „Jesus, ganz schön spät geworden!
Außerdem ist auch gar nichts los hier. Lass doch die Menschen gehen,
damit sie sich beim McDonalds was zu essen holen können!“ [16] Jesus
sagte dazu nur: „Nein, das ist jetzt überhaupt nicht angesagt. Ihr könnt
ihnen auch was zu essen machen!“ [17] „Aber wir haben gerade mal fünf
Brötchen und zwei Frikadellen am Start!“, meinten die Schüler zu ihm.
„Das reicht nie und nimmer!“ [18] „Locker bleiben, her damit!“, sagte er.
[19] „Pflanzt euch einfach auf die Wiese“, sagte Jesus zu den Leuten. Dann
nahm er die zwei Frikadellen und die fünf Brötchen, sprach ein Tisch-
gebet zu Gott und verteilte die Teile an seine Schüler, die es dann an alle
anderen weiterreichten. [20] Und das Unglaubliche passierte: Es reichte
dicke und alle waren nach dem Essen pappsatt! Schließlich sammelten
sie die Reste am Abend noch ein, und da kamen sage und schreibe
zwölf volle Einkaufswagen zurück! [21] Ungefähr fünftausend Männer wa-
ren dabei gewesen, dazu noch die Frauen und die Kinder, die man nicht
mitgezählt hatte.

Jesus kann auf dem Wasser gehen

[22] Nach diesem Essen meinte Jesus zu seinen Leuten, es wäre jetzt an-
gebracht, in das Boot zu steigen, um an das andere Ufer zu fahren. [23] Als
er die Menschen weggeschickt hatte, hatte er Lust, noch ein wenig allein
mit Gott zu reden, und ging dazu in der Nacht auf einen Berg. [24] Seine
Freunde fuhren auf dem See, als plötzlich ein ganz derber Sturm aufkam.
Sie bekamen ziemlichen Schiss, es war starker Gegenwind und sie droh-
ten zu kentern. [25] So gegen vier kam ganz plötzlich eine Gestalt auf dem
Wasser auf sie zu: Jesus! [26] Als sie ihn da gehen sahen, ging der Punk erst
richtig ab, sie hatten volle Granate Angst und dachten, es wäre irgend so
ein Geist oder so was. [27] Jesus ließ sie aber nicht so lange zappeln und
rief ihnen zu: „Hey Jungs, keine Panik! Ich bin es doch nur!“ [28] Petrus
war total geplättet. Er rief zurück: „Hey, wenn du auf dem Wasser gehen
kannst, dann will ich das auch können! Ein Wort von dir genügt!“ [29] „Tu
dir keinen Zwang an“, lachte Jesus, „komm, wenn du willst!“ Gesagt, ge-
tan, Petrus stieg aus dem Boot aus und das Unglaubliche passierte, er

konnte tatsächlich auf dem Wasser zu Jesus gehen! 30 Plötzlich bemerkte
Petrus aber die großen Wellen, die um ihn herum waren, er verlor Jesus
aus dem Blick und bekam plötzlich voll die Panik. „Hilfe, Jesus, ich ertrin-
ke!“, schrie er und ging unter. 31 Jesus rannte schnell zu ihm, packte seine
Hand und zog ihn aus dem Wasser raus. Er konnte sich den Spruch nicht
sparen: „Hast du so wenig Vertrauen, Petrus? Ich hab's dir doch gezeigt!
Mir kannst du echt glauben!“ 32 Beide gingen dann zusammen zum Boot.
Sobald sie an Bord waren, verschwand der Wind von selber. 33 Die ande-
ren waren alle schwer beeindruckt, knieten sich vor Jesus hin und sagten:
„Ganz sicher, du bist wirklich Gottes Sohn!“

Jesus macht wieder Menschen gesund

34 Sie landeten in einer Stadt namens Genezareth am Hafen und mach-
ten einen Landgang. 35 Als die Leute, die dort wohnten, spitzkriegten,
dass der große Heiler am Start war, holten sie alle kranken Menschen.
36 Und es war so, dass die sogar nur einen Zipfel von seinen Klamotten
berühren mussten, dann wurden sie schon gesund!

15

Gottes Regeln müssen richtig ausgelegt werden

1 Etwas später kamen die religiösen Profis und Theologen, die man Phari-
säer und Schriftgelehrte nannte, bei Jesus vorbei, um ihn mal wieder aus-
zutesten. 2 „Warum befolgen Ihre Leute noch nicht mal die alten Benimm-
regeln, dass man sich vor dem Essen zum Beispiel die Hände waschen
muss? Immerhin wird das ja vom alten Buch vorgeschrieben.“ 3 Jesus
konterte nur: „Ja, und warum tut ihr mit euren Regeln, die ja angeblich von
Gott kommen, genau das, worauf er eigentlich überhaupt keinen Bock
hat? 4 Zum Beispiel möchte Gott, dass wir unsere Eltern gut behandeln
und sie versorgen, wenn sie alt sind! Wer das nicht tut und sie sogar hasst
und mies behandelt, soll sterben. 5 Ihr deutet das dann aber so um: Wenn
jemand Eltern hat, denen es total dreckig geht, kann er sie trotzdem links
liegen lassen, solange er genug Geld für irgendwelche wohltätigen Zwe-
cke spendet. Das ist dann für euch total okay. 6 Dadurch macht ihr Gottes
Regeln echt lächerlich! 7 Ihr seid so falsche Spacken! Der alte Prophet
Jesaja hatte total Recht, als er meinte: 8 ‚Diese Typen können ganz tolle
Sprüche klopfen, aber ihr Herz ist meilenweit entfernt von Gottes Herz.
9 Wenn sie im Gottesdienst sitzen, bringt das überhaupt nichts. Alles,
was sie behaupten, das Gott von den Menschen will, wollen in Wirklich-
keit nur sie von den Menschen und nicht Gott.‘“ 10 Jesus winkte die Leute
zu sich und sagte zu ihnen: „Bitte, ihr müsst mir jetzt gut zuhören, es ist
total wichtig, dass ihr das kapiert: 11 Nicht das, was durch deinen Mund

in dich reinkommt, lässt dich mies draufkommen, sondern das, was man im Kopf hat, die Gedanken und was man ausspricht, sorgt dafür, dass du dich dreckig fühlst." [12] Schließlich nahmen seine Freunde Jesus mal beiseite und meinten zu ihm: „Hey Jesus, wenn du so weitermachst, werden diese Pharisäer übelst abgefressen auf dich sein, ist dir das egal?" [13] Jesus sagte: „Es gibt Leute, die haben bei Gott mittlerweile einfach verloren, mit denen hat Gott nichts am Hut. [14] Ihr braucht vor denen keine Panik zu schieben! Die meinen, sie haben das neuste GPS-System, eins, das genau weiß, wo's im Leben längsgeht, aber in Wirklichkeit tapsen sie völlig im Dunkeln. Und alle, die ihnen nachlaufen, werden vermutlich irgendwann im Leben einmal total abstürzen." [15] Petrus hatte das nicht so ganz kapiert und fragte noch mal nach: „Wie jetzt, Jesus?" [16] „Oh Mann", stöhnte Jesus, „wenn ihr das nicht kapiert, wer dann? [17] Es ist doch total klar, wenn du etwas isst, geht es dir durch den Magen, bis du es auf dem Klo irgendwann wieder rauslassen musst. [18] Üble Worte aber kommen aus deinem Innersten nach außen heraus, und danach fühlst du dich oft total dreckig, stimmt's? [19] In deinem Innersten, in deinem Herz, da fängt der ganze Mist erst an zu gären. Dort fängst du plötzlich an Mordgedanken zu kriegen, in deiner Fantasie steigst du mit anderen Frauen oder Männern ins Bett, beklaust jemanden oder lügst anderen die Hucke voll. [20] Dort fängt es an. Dadurch entfernt sich der Mensch von Gott, nicht durch das Nichtbefolgen irgendwelcher äußerlichen Regeln, wie zum Beispiel, dass man sich vor dem Essen die Hände wäscht oder so."

Jesus hilft einer Ausländerin

[21] Schließlich wollte Jesus weiter, und er machte sich auf den Weg Richtung Tyrus und Sidon, das sind zwei kleine Städte in einem Gebiet, wo die Menschen eher keine Lust auf Gott hatten. [22] Dort traf er auf eine etwas nervige Ausländerin, die ein großes Problem hatte: „Oh, großer Meister, Sie sind mein Held, bitte helfen Sie mir! Meine Tochter ist ganz seltsam unterwegs. Irgendwie ist so ein böser Geist, so ein Dämon, in ihrem Körper drin und macht sie total fertig." [23] Jesus hatte irgendwie keinen Bock auf sie und behandelte sie wie Luft. Seine Jünger waren langsam ziemlich genervt von ihr, weil sie ihnen andauernd hinterherschrie. Sie meinten zu ihm: „Soll sie doch hingehen, wo der Pfeffer wächst! Die geht uns so tierisch auf die Nerven!" [24] Schließlich beugte sich Jesus zu der Frau rüber und sagte zu ihr: „Hey du, ich hab eigentlich nur die Order, denen zu helfen, die 'nen israelischen Pass haben!" [25] Die Frau ließ aber nicht locker, sie legte sich platt vor ihm auf den Weg und fing an zu weinen: „Meister Jesus, bitte helfen Sie mir!" [26] „Euer Volk ist noch nicht dran", sagte Jesus, „das wäre so, als wenn man den, der als Letzter in der Schlange vor der

Kasse am Supermarkt steht, einfach nach vorne lässt.“ 27 „Sie haben ja
Recht“, meinte die Frau, „aber alte Omas und Kranke werden schon mal
vorgelassen, oder?“ 28 Jesus gab sich geschlagen: „Bist ganz schön hartnä-
ckig und hast großes Vertrauen in mich. Darum soll das jetzt auch passie-
ren, was du von mir möchtest.“ Und das total Abgefahrene passierte: Die
Tochter wurde in dieser Sekunde ganz gesund!

Jesus ist der beste Arzt weit und breit

29 Irgendwann machte sich Jesus wieder auf den Weg Richtung See Ge-
nezareth. Dort schlug er sein Lager auf einem Berg auf. 30 Irre viele Leute
kamen bei ihm vorbei. Ganz fertige Typen, einige konnten nicht mehr
gehen, andere waren blind, die nächsten konnten nicht mehr sprechen.
Es war wirklich krass, denn alle wurden von ihm wieder gesund gemacht!
31 Die Leute kriegten das nicht auf die Reihe, weil sie es live miterleben
konnten, wie Menschen, die nicht sprechen konnten, plötzlich loslaberten
oder andere, die nicht mehr gehen konnten, erst mal ’ne Runde joggen
gingen. Oder auch, wie welche, die nichts mehr sehen konnten, sich
plötzlich ’ne Zeitung kaufen gingen. Die Menschen dankten Gott dafür
und begannen für ihn Lieder zu singen, so sehr freuten sie sich darüber.

Jesus McDonalds die Zweite

32 Am Ende winkte Jesus seine Leute zu sich und forderte sie auf: „Die
Menschen, die alle gekommen sind, tun mir irgendwie Leid. Sie hängen
jetzt schon drei Tage hier mit mir rum und haben noch nichts gegessen.
Ich hab ein wenig Angst, sie könnten den Rückweg nicht mehr schaf-
fen, weil sie totalen Hunger haben. Ich bin dafür, wir organisieren was
zu futtern!“ 33 Die Freunde waren da anderer Meinung: „Mann Jesus,
wie sollen wir denn so viel zu essen herkriegen? Der nächste ‚Drive in‘
ist voll weit weg, und die Supermärkte haben alle schon zu!“ 34 „Holt
mal die Sachen raus, die ihr am Start habt“, forderte Jesus sie auf, „mal
sehen, was da zusammenkommt.“ – „Sieben Brötchen und noch ein
paar kleine Frikas!“, erklärten sie. 35 Jesus bat die Leute, sich einfach
hinzusetzen. 36 Dann nahm er die sieben Brötchen und die Frikadellen.
Er schaute in Richtung Himmel und bedankte sich bei Gott dafür, dann
zerteilte er die Brötchen und die Frikadellen und gab die seinen Freun-
den, damit sie die an die Leute weiterverteilten. 37/38 Und etwas total
Abgefahrenes passierte: Alle, die da waren, hatten fett zu essen, und
dabei waren zu der Zeit viertausend Männer plus Frauen und Kinder da.
Nach dem Essen gingen seine Leute noch los, um die Reste einzusam-
meln, und sie kamen mit sage und schreibe sieben Einkaufswagen voller
Lebensmittel zurück! 39 Erst jetzt sagte Jesus den Leuten, sie sollten mal

nach Hause gehen. Er wollte aber weiter und fuhr mit einem Boot zu der Stadt Magadan.

16

„Zeig uns, was du draufhast!“
1 An einem anderen Tag schlugen wieder einmal die religiösen Profis, diese Pharisäer und Sadduzäer, bei ihm auf. Die wollten ihn irgendwie linken und forderten ständig, dass er irgendwelche Wunder tun sollte, um zu beweisen, dass er wirklich von Gott kam.
2/3 Jesus schenkte ihnen richtig ein: „Ihr meint, ihr habt voll die Peilung, stimmt's? Wenn die Wettervorhersage Regen ankündigt, dann checkt ihr das ab, und wenn es stimmt, dann glaubt ihr das auch. Genauso mit schönem Wetter. Aber obwohl ihr das, was ihr heute hier erlebt, von vorne bis hinten abgecheckt habt, begreift ihr trotzdem nicht, was hier tatsächlich gerade passiert.
4 Diese Leute, die keine Ahnung von Gott haben, wollen immer nur Beweise, Beweise, Beweise. Aber sie werden nicht mehr bekommen als denselben Beweis, der mit Jona zu tun hat.*“ Dann ließ er sie einfach links liegen und zog ab.

Es gibt Sachen, die sind wichtiger als Essen
5 Schließlich waren sie mal wieder mit dem Boot unterwegs. An Land angekommen, kriegten die Freunde von Jesus spitz, dass nichts mehr zu essen am Start war.
6 Jesus ließ noch mal einen Spruch ab, indem er sagte: „Leute, passt gut auf! Die Pharisäer und Sadduzäer, diese religiösen Oberprofis, die versuchen ständig, Viren in euer Hirn einzuschleusen, um eure Gedanken zu verseuchen.“
7 Die dachten sofort, er wollte ihnen mit diesem Spruch beipulen, dass das Essen heute irgendwie verseucht wäre, warum auch immer.
8 Jesus konnte aber Gedanken lesen, und er konnte sich den Kommentar nicht verkneifen: „Manno, warum habt ihr schon wieder Panik, dass ihr irgendwie hungern müsst! Traut ihr mir das echt zu?
9 Warum begreift ihr das bloß nicht? Ihr wart doch dabei, als ich den fünftausend Leuten auf dem Berg was zu essen besorgt hab, und da war sogar noch richtig fett von dem Zeug übrig!
10 Oder das Mal, als ich viertausend Leuten 'ne Runde Hamburger ausgegeben habe, und auch da war am Ende noch sehr viel von da!
11 Denkt doch nicht immer mit eurem Bauch, wozu habt ihr eigentlich euren Kopf? Ich versuch es jetzt noch mal: Passt auf, dass die religiösen Spinner, diese Pharisäer und Sadduzäer, euch nicht einen Virus in eurem Kopf aufspielen.“
12 Erst jetzt kapierten sie, dass Jesus mit dem Virus die falschen religiösen Ansichten meinte, die die Pharisäer ungefiltert unter die Leute brachten.

* Jesus hat das im 12. Kapitel in den Versen 39 und 40 noch ein bisschen genauer erklärt.

Glaubenssachen

13 Als Jesus in der Gegend von Cäsarea Philippi ankam, wollte er von sei-
nen Leuten wissen: „Was glauben die Menschen eigentlich, wer ich bin?“
14 „Also, von einigen haben wir gehört, sie glauben, du wärst so was wie
der Geist von Johannes, der die Leute getauft hat. Ein anderer meinte,
du wärst ja wie einer von den alten Propheten, also Elia oder Jeremia.“
15 „Okay, eine Frage hab ich noch an euch: Was glaubt ihr, wer ich bin?“
16 Da rutschte es Petrus einfach so raus: „Du bist auf alle Fälle der Auser-
wählte, du bist der Christus! Du wirst uns alle hier aus dem Dreck rausho-
len, du bist der Sohn von dem einzigen heftigen heiligen Gott!“ 17 „Bingo!
Petrus, freu dich! Denn das kannst du nur in dir, in deinem Herzen,
kapiert haben, wenn mein Papa, der im Himmel wohnt, dir das gezeigt
hat! 18 Ich will dir jetzt was sagen: Du bist Petrus, du bist wie ein Stahlbe-
tonboden, auf dem ich meine ganze Sache aufbauen werde. Und die wird
so stabil sein, dass keine Macht, noch nicht mal die Hölle, sie aufhalten
kann. 19 Ich werde dir den PIN-Code für den Eintritt in das Reich Gottes
in die Hand geben. Wenn du jemanden auf der Erde beschuldigst, dass
er Mist gebaut hat, steht Gott dahinter. Wenn du jemandem zusprichst,
dass der Mist, den er gebaut hat, vergeben wurde, dann geht das auch für
Gott in Ordnung!“ 20 Er wollte aber auf keinen Fall, dass seine Leute das
überall rumposaunten, dass er der Auserwählte, der Christus, ist.

Jesus macht das erste Mal die Ansage, dass er bald sterben wird

21 In diesen Tagen versuchte Jesus irgendwann mal seinen Leuten klar
zu machen, dass er noch ganz schlimme Sachen durchmachen würde:
„Wenn wir in Jerusalem sind, werden mich diese religiösen Oberpro-
fis und auch die obersten Chefs vom Tempel foltern und um die Ecke
bringen. Drei Tage werde ich tot sein, aber dann kommt mein großes
Comeback.“ 22 Petrus war total fertig, als er das hörte. „Nein, oh nein,
Jesus, das darf auf keinen Fall passieren, hörst du?!“ 23 Jesus war plötz-
lich super genervt und schrie in Richtung Petrus: „Satan, hau ab! Du
willst mich nur austricksen!“ Dann sagte er noch: „Was du dir da zusam-
menreimst, ist auf einer anderen Ebene, einer Ebene, auf der Gott nicht
denkt. Das verstehst du einfach nicht!“

Jesus fordert die Leute auf, so zu leben, wie er lebt

24 Anschließend hielt Jesus seinen Jüngern noch eine kleine Predigt: „Je-
der, der mich als Vorbild hat und so leben will wie ich, der darf sich selber
nicht mehr so wichtig nehmen. Er muss bereit sein, für Gott zu leben. Sein
eigenes Ich steht nicht mehr im Mittelpunkt. 25 Jeder, der nur dafür lebt,
sich ein gutes, nettes Leben zu schaffen, wird am Ende dumm dastehen.

Aber jeder, der sein Leben und seinen Besitz für mich und meine Sache einsetzt, der wird am Ende fett absahnen, er wird ein echtes Leben gewinnen. 26 Denn was hast du schon davon, wenn alle dich supergeil finden, du ein Superstar wirst und dir alle zujubeln, aber du dafür deinen Platz im Himmel verlierst? Du kannst noch so viele Millionen Euro haben, kaufen kannst du dir diesen Platz im Himmel dafür auch nicht. 27 Denn der Menschensohn* wird irgendwann mit den Engeln vorbeikommen und dann werden alle mit Gottes Speziallaser gescannt werden. Alles wird dann rauskommen, was man so im Leben getan hat. Es gibt dann eine Endabrechnung für das, was so gelaufen ist. 28 Ich mach jetzt noch mal 'ne Ansage: „Ein paar von euch, die jetzt hier stehen, werden es noch mitkriegen, wenn der Auserwählte, der Menschensohn*, sein Comeback feiern wird!"

17

Die Freunde von Jesus bekommen was zu sehen

1 Sechs Tage später gingen Jesus, Petrus, Jakobus und sein Bruder Johannes auf einem sehr hohen Berg spazieren. Kein Schwein war sonst noch da, sie waren total alleine. 2 Plötzlich passierte etwas echt Heftiges, Jesus fing vor ihren Augen irgendwie an zu leuchten und seine Kleidung strahlte so hell, als würde sie von einem großen Halogenstrahler angeleuchtet werden. 3 Und dann kam plötzlich der Mose vorbei und auch Elia, und sie redeten 'ne Runde mit Jesus! 4 Petrus war völlig platt und sprach aus, was alle dachten: „Hey Jesus, hier ist es supergeil! Wenn du Lust hast, könnten wir hier ein paar Häuser hinbauen, eins für Mose, eins für Elia und eins für dich!" 5 Doch während er so vor sich hin redete, wurden sie von einer weißen, hellen Rauchwolke eingenebelt, und eine Stimme sprach aus dem Off: „Dieser Mann ist mein Sohn, den ich sehr liebe und über den ich mich unheimlich freue. Ihr müsst unbedingt genau das tun, was er euch sagt!" 6 Die Freunde von Jesus kriegten so einen Schiss, dass sie sich platt auf den Boden warfen. 7 Jesus ging schnell zu ihnen und beruhigte sie: „Ihr braucht keine Angst zu haben! Ihr könnt wieder aufstehen!" 8 Und als sie sich trauten, die Augen wieder aufzumachen, war nur noch Jesus da. 9 Auf dem Rückweg ins Tal schärfte ihnen Jesus ein: „Haltet bloß euern Mund über das, was ihr gerade gesehen habt, und zwar so lange, bis ich von den Toten wieder zum Leben gekommen bin." 10 Seine Leute wollten wissen, warum die gelehrten Jungs immer sagen, dass Elia, einer dieser Propheten, eines Tages wiederkommen muss. 11 „Das stimmt, was die sagen", meinte Jesus, „Elia wird wiederkommen und alle Sachen regeln. 12 Hey, er ist schon da gewesen, aber keiner hat

---

* Siehe Erklärung in Matthäus 8, Vers 20.

kapiert, dass er es ist. Sie sind mit ihm ätzend umgegangen, und genauso wird es mit dem Menschensohn* sein, dem wird es auch sehr dreckig
gehen." 13 Jetzt begriffen seine Leute, dass er den Johannes meinte, der
die Leute getauft hatte.

Die Freunde von Jesus bringen es nicht – Jesus bringt es voll

14 Schließlich kamen sie wieder an einen Ort, wo schon viele Leute auf
sie warteten. Da kam so ein Typ zu Jesus, legte sich flach vor ihm auf
den Boden und bettelte: 15 „Großer Meister, bitte kümmern Sie sich um
meinen Sohn! Der ist sehr neben der Spur, krampft ganz oft, neulich so
schlimm, dass er mitten ins Lagerfeuer gefallen ist, und einmal auch ins
Wasser. 16 Ich war schon bei Ihren Freunden mit ihm, aber die konnten
auch nichts für ihn tun." 17 Jesus war etwas genervt: „Ihr habt doch nur
voll das eingeschränkte Denken drauf, ich pack's bald echt nicht mehr!
Nun bring den Jungen schon vorbei!" 18 Sie holten den Jungen sofort,
und Jesus fing an, so einen dunklen Geist, der in ihm wohnte, rauszuschmeißen. Der haute sofort ab, und von da an war der Junge wieder
quietschlebendig. 19 Abends wollten seine Leute dann unbedingt wissen,
was bei ihnen nun schiefgelaufen war. 20/21 „Ihr müsst dabei nur ganz
auf Gott vertrauen, wenn ihr so was macht", meinte Jesus. „Wenn euer Vertrauen nur so groß wäre wie so 'ne kleine Kastanie, dann könntet ihr zur Zugspitze sagen: ‚Ab in die Nordsee!', und es würde passieren.
Es gibt nichts, was dann unmöglich wäre!" 22/23 An einem anderen Tag
ging Jesus mit seinen Leuten durch Galiläa. Dort sagte er zu ihnen: „Der Menschensohn* wird bald festgenommen werden. Sie werden ihn umbringen, aber nach drei Tagen wird er ein großes Comeback feiern." Seine Leute wurden alle voll traurig, als sie das hörten.

Für wen soll man ablöhnen?

24 Als sie in Kapernaum aufschlugen, kamen ein paar Steuereintreiber vorbei und wollten von Petrus wissen: „Wie isses? Löhnt dieser Jesus eigentlich auch ordentlich seine Steuern für den Tempel?" 25 „Na klar!", meinte
Petrus und ging schnell zu Jesus, um mit ihm darüber zu quatschen. Jesus fragte ihn: „Also, was meinst du denn, Petrus? Stell dir vor, ein Ehepaar besitzt ein Haus. Von wem würden sie die Miete dafür verlangen, von
ihren Kindern, die da drin wohnen, oder von Fremden?" 26 „Natürlich von
den Fremden", antwortete Petrus. „Dann müssen die Kinder also nichts
bezahlen", schlussfolgerte Jesus. 27 „Aber wir wollen ja keinen Ärger mit
den Jungs, also pass mal auf: Du nimmst jetzt mal deine Angel und gehst

---

* Siehe Erklärung in Matthäus 8, Vers 20.

zum See und dann wirfst du die aus, ja?! Pass auf, da wird gleich ein fetter
Brocken anbeißen, und der wird eine Goldmünze im Maul haben, die
genug Kohle abwirft, um deine und meine Steuern zu bezahlen."

18

Gott ist anders als die Menschen

1 Irgendwann diskutierten die Freunde von Jesus mal die Frage, wer
denn im Land, wo Gott das Sagen hat, die Nummer eins sein wird.
2 Jesus bekam das mit, holte ein kleines Mädchen zu sich und stellte es
in die Mitte. 3 Dann sagte er in die Runde: „Eins muss euch klar sein:
Wenn ihr nicht so draufkommt wie die Kinder, dann werdet ihr keine
Tickets für das Land, wo Gott wohnt, ziehen können. 4 Wer aber so win-
zig in seinem Denken und seiner Art sein kann wie so ein kleines Kind,
der wird die Nummer eins in diesem Land, dem Reich Gottes, werden.
5 Und wer so einem Kind ein Zuhause verschafft, wo es sich wohlfühlt,
und das tut, weil er mich liebt, der nimmt in Wirklichkeit mich auf."

Eine Warnung

6 „Wenn aber einer so dreist ist und das kindliche Vertrauen, was die Leu-
te in mich haben, irgendwie kaputtmacht, der wäre besser dran, wenn er
von einer Bahn überfahren werden würde. 7 Ich warne jeden, der meine
Leute dazu verführt, Gott nicht mehr zu vertrauen! Es ist unvermeidbar,
dass man mal dazu verführt wird, Mist zu bauen, aber ich will die echt
warnen, die mit Absicht meine Leute verführen! 8 Darum: Wenn irgendet-
was, was zu dir gehört, dich zu etwas verführt, was Gott nicht will, dann
trenn dich radikal davon. Besser einhändig im Himmel als beidhändig in
der Hölle, wo man ewig getrennt ist von Gott und allem Guten. 9 Oder
wie ist es mit deinen Augen? Wenn dein Auge dich dazu bringt, Mist zu
bauen, dann reiß es lieber raus und schmeiß es in den Müll. Besser ein-
äugig im Himmel als mit zwei Augen in der Hölle. 10 Ihr müsst sehr auf-
passen, dass ihr nicht arrogant werdet und auf andere runterguckt, die
irgendwie nicht so toll sind wie ihr. Hey, glaubt mir, deren Engel wissen
den PIN-Code zur Eingangstür, wo mein Vater im Himmel wohnt!"

Jesus ist für die Leute da, die keinen Durchblick mehr haben

11 „Der Menschensohn* ist für die da, die nicht mehr wissen, wo es
längsgeht. 12 Was denkt denn ihr: Wenn jemand hundert Meerschwein-
chen hat, und eines büchst plötzlich aus dem Stall aus und ist ver-
schwunden, was macht der dann? Er wird sich doch sofort aufmachen

---

* Siehe Erklärung in Matthäus 8, Vers 20.

und seinen ganzen Garten durchsuchen, bis er das eine Meerschwein-
chen gefunden hat. 13 Und wenn er es dann endlich unter einer Hecke
findet, wird er sich nicht voll freuen, und zwar in diesem Augenblick
mehr über das eine als über alle anderen, die ja noch im Stall sind?
14 Genauso ist mein Papa drauf, er will nicht, dass ihm irgendjemand
durch die Lappen geht, er liebt sie alle!"

Passt auf den anderen auf!

15 „Also, wenn jemand, der auch an Gott glaubt, schlecht mit dir umge-
gangen ist, dann sprich mit ihm darüber und sag ihm, was dich verletzt
hat. Wenn ihr euch dann versöhnt, ist alles wieder super. 16 Wenn der aber
nicht auf dich hört und das Friedensangebot ablehnt, dann nimm dir ein
paar Freunde mit und versuch noch einmal, mit ihm oder ihr zu reden.
17 Wenn es das aber auch nicht bringt, dann mach das Ding öffentlich und
sprich mit der ganzen Clique darüber. Wenn derjenige jetzt nicht nach-
gibt, dann hat er selber Schuld, dann schließt ihn aus eurer Gemeinschaft
aus. 18 Ihr müsst wissen: Wenn ihr Leuten sagt, dass alles gut ist, und
ihnen die Schuld erlasst, dann ist das Ding auch für Gott im Himmel ge-
gessen. 19 Das andere müsst ihr aber auch wissen: Wenn nur zwei Leute,
die hier leben, sich in einer Sache total einig sind und Gott dann darum
bitten, dann wird er es ihnen geben, garantiert! 20 Denn immer da, wo sich
zwei oder drei Leute wegen mir treffen, da bin ich auch mittendrin."

'ne Story von jemandem, der nichts verzeihen konnte

21 Petrus fragte mal Jesus: „Also wie ist das, wenn einer von uns mal stän-
dig total ätzend zu mir ist, wie oft muss ich ihm denn dann verzeihen?
Reicht siebenmal?" 22 „Auf keinen Fall", antwortete Jesus, „nicht nur
siebenmal. Vergeben ist grenzenlos. Du musst einfach immer vergeben,
egal wie oft. 23 Das Reich, wo Gott das Sagen hat, kann man auch gut
vergleichen mit einem Bundeskanzler, der mit seinem Finanzminister
den Etat ausrechnen will. 24 Da kam so ein Unternehmer vorbei, der
hatte beim Staat sehr hohe Schulden, die er nicht mehr tilgen konnte, er
war total pleite. 25 Weil er seine Schulden auf keinen Fall selbst bezahlen
konnte, wäre es jetzt sogar angesagt gewesen, alles, was er hatte, zu ver-
kaufen und den Rest ins Pfandhaus zu bringen. Er musste sogar seine Fa-
milie loswerden, um wenigstens einen Teil von seinen Miesen abzudrü-
cken. 26 Der Unternehmer ging in das Büro des Finanzministers, ging auf
die Knie und bettelte: ‚Herr Minister, bitte geben Sie mir noch ein paar
Tage Aufschub. Dann hab ich das Geld bestimmt zusammen!' 27 Irgend-
wie tat der Mann dem Minister da voll Leid, und er unterschrieb einen
Wisch, der ihm alle seine Schulden erließ. 28 Aber kaum war der Typ auf

freiem Fuß, ging er zu einem seiner Angestellten, der ihm noch die Kohle
für ein Mittagessen schuldete, und machte den voll an: ‚Bezahl mir so-
fort deine Schulden, das gehört sich so!‘ 29 Der Angestellte war aber auch
pleite und bettelte: ‚Bitte geben Sie mir noch ein paar Tage Aufschub,
dann hab ich das Geld zusammen, versprochen!‘ 30 Aber der Unter-
nehmer war ungeduldig. Er rief die Polizei, ließ den Mann verhaften und
in den Knast stecken, bis er jeden einzelnen Cent bezahlt hatte. 31 Das
sprach sich schnell rum und die anderen Angestellten steckten das dann
irgendwann auch dem Minister. 32 Da rief der Finanzminister die Polizei
und ließ ihn abführen. Vor Gericht sagte er dann zu dem Unternehmer:
‚Mann, wie sind Sie nur drauf? Ich habe Ihnen die gesamten Schulden
erlassen, weil Sie mich darum gebeten haben, und Sie? 33 Warum sind
Sie nicht auch mal großzügig mit ihrem Ex-Angestellten umgegangen, so
wie ich mit Ihnen, he?‘ 34 Supersauer ließ er den Unternehmer abführen,
und der sollte so lange unter miesesten Bedingungen im Knast sitzen,
bis seine ganzen Schulden bezahlt waren. 35 Genauso wird es euch auch
gehen, wenn ihr nicht eure Leute mal in Frieden lasst und ihnen vergebt,
wenn sie was gegen euch verbockt haben.“

19

Wie das ist, wenn sich ein Ehepaar trennen will?

1 Als Jesus mit seiner Rede fertig war, haute er aus Galiläa ab und ging
in den judäischen Bezirk auf der anderen Seite vom Fluss. 2 Sehr viele
Leute kamen ihm nachgelaufen, er hatte dort wieder mal Sprechstunde
und heilte die Leute, die krank waren. 3 Die Pharisäer, diese religiösen
Oberprofis, hatten überhaupt keinen Bock darauf und versuchten ihn
irgendwie reinzulegen. „Was denken Sie denn so zum Thema Ehe-
scheidung?“, wollten sie plötzlich wissen. „Ist das okay, wenn man sich
aus irgendeinem Grund von seiner Frau trennt?“ 4 „Mann, lest ihr eure
Bibel eigentlich nicht?“, fragte Jesus zurück. „Da steht doch eindeutig
drin, dass Gott am Anfang einen Mann und eine Frau gemacht hat.
5 Da steht: ‚Ein Mann wird seine Eltern verlassen und wird mit seiner
Frau so zusammenwachsen, dass die beiden praktisch ein Körper sind.‘
6 Sie sind dann im Grunde nicht mehr zwei Leute, sondern nur noch
eine Person. Was Gott so zusammengebracht hat, sollte der Mensch
nicht wieder auseinanderreißen.“ 7 „Aber warum war es dann für Mose
okay, dass man sich von seiner Frau trennt, sobald man ihr einen Wisch
unterschreibt? Mose hat schließlich das alte Programm geschrieben,
die Gesetze, nach denen wir heute leben!“ 8 „Also, Mose hat das nur
erlaubt, weil er wusste, wie link und hart die Menschen oft unterwegs
sind. Plan B sozusagen, aber Gottes ursprüngliche Idee sah mal anders

aus. 9 Ich bin der Meinung, dass jeder, der seine Ehefrau im Stich lässt
und eine andere heiratet, eine Ehe zerstört hat. Dabei gibt es nur eine
Ausnahme, nämlich wenn die Ehefrau ihm schon zuvorgekommen ist."
10 Seine Freunde waren daraufhin ziemlich erschrocken: „Also, wenn das
so ist, dann heiraten wir lieber gar nicht erst", sagten sie. 11 „Das kann
nicht jeder begreifen, was ich damit gemeint habe", sagte er, „Gott wird
schon dafür sorgen, dass jeder das kapiert, der das kapieren soll." 12 „Es
gibt eben Menschen, die können normal keine Kinder kriegen, dann gibt
es Menschen, die können es nicht, weil sie mal einen Unfall hatten oder
so. Und es gibt eben auch Menschen, die verzichten ganz darauf, weil
sie alles für Gott geben wollen. Das kann nicht jeder begreifen, aber bei
wem es jetzt klingelt, der sollte auch so leben."

Jesus und die Kids

13 An einem andern Tag brachten ein paar Eltern ihre Kids zu Jesus. Sie
wollten, dass er für sie betete und ihnen alles Gute von Gott zusprach.
Seine Leute waren davon aber gar nicht begeistert und wollten sie nach
Hause schicken: „Jesus braucht auch mal 'ne Pause", meinten sie zu
den Eltern. 14 Aber Jesus war gar nicht nach Pause zumute, als er die
Kinder sah: „Lasst sie durch, die können ruhig zu mir kommen. Denn
die passen total gut in Gottes neue Zeit rein, in das Land, wo Gott das
Sagen hat." 15 Er legte ihnen sogar seine Hand auf den Kopf und betete
für sie. Erst danach ging er weiter.

„Wie muss ich drauf sein, um im Himmel zu landen?"

16 Ein junger Mann kam mal mit einer Frage zu Jesus: „Meister, was
muss ich denn alles Gutes tun, um im Himmel zu landen und ewig dort
zu leben?" 17 „Wieso fragst du denn ausgerechnet mich?", fragte Jesus
zurück. „Wirklich gut ist doch sowieso nur einer, und das ist Gott. Also
kannst du ewig leben, wenn du genau das tust, was er will." 18 „Was will
Gott denn von mir?", fragte der Typ zurück. Jesus antwortete ihm: „Du
sollst niemanden töten! Du sollst deinem Ehepartner treu bleiben. Du
sollst nicht klauen! Und du sollst keinen Mist über Leute erzählen, Sa-
chen, die nicht stimmen. 19 Respektiere deine Eltern und liebe die Leute
so, wie du dich selber auch liebst." 20 „Dann hab ich alles gemacht!
Gibt es sonst noch was?", wollte der Typ wissen. 21 „Ja", meinte Jesus,
„wenn du wirklich auf der sicheren Seite sein willst, dann verkauf alle
deine Sachen auf dem Flohmarkt, gib die Kohle den Obdachlosen auf
der Straße und dann komm und tu, was ich auch mache!" 22 Das war 'ne
Runde zu heftig für ihn, und er ging traurig weg, weil er selber sehr viel
Geld hatte. 23 Jesus beugte sich zu seinen Freunden und sagte zu ihnen:

„Hey, eins ist ziemlich sicher: Ein Typ, der sehr reich ist, der hat es auch
sehr schwer, mit Gott zu leben. 24 Ich sag es noch mal anders, Leute:
Es ist wahrscheinlicher, dass ein Schwein fliegen lernt, als dass jemand
mit sehr viel Kohle in den Himmel kommt.“ 25 „Puh, wer kann es denn
überhaupt schaffen?“, fragten seine Leute erschrocken. 26 Jesus schaute
sie ruhig an und meinte: „Für Menschen ist das eh nicht drin, aber Gott
kriegt das schon hin!“

So zu leben wie Jesus – das bringt es!

27 Petrus hatte mal ’ne Frage: „Jesus, wir waren doch bisher richtig
radikal, oder? Wir haben alles hinter uns gelassen und tun, was du
sagst. Was bekommen wir eigentlich mal dafür?“ 28 „Eins ist ganz klar
für mich: Alle, die mir jetzt so zur Seite stehen, werden eines Tages
ganz fett absahnen. Ihr werdet neben mir sitzen, wenn ich den Joystick
dieser Welt in der Hand halte. Ihr werdet mit mir das Urteil sprechen
über die zwölf Völker aus Israel. 29 Jeder, der irgendwas aufgibt, seien
es seine Eltern oder seine Familie oder einfach alles, was ihm gehört,
um das zu tun, was ich von ihm möchte, der wird einmal ganz fett ab-
sahnen, und er wird als Bonus noch das neue Leben bekommen, das
niemals aufhört. 30 Viele Menschen, die jetzt den dicken Macker mar-
kieren und was in der Welt zu melden haben, werden in Gottes Welt
eine kleine Nummer sein. Und viele, die jetzt die Loser sind und nichts
zu sagen haben, werden dann ganz vorne sein und in der ersten Reihe
mitmischen.“

20

Noch ’ne Story von Jesus über die Leute vom Bau

1 „Ich will euch noch ’ne Story erzählen“, meinte Jesus. „Da war so ein
Bauunternehmer, der hatte eine fette Baustelle in der Innenstadt am
Start. Dafür ging er morgens immer zum Arbeitsamt, um ein paar Ar-
beiter anzuwerben. 2 Er handelte mit den Männern die Kohle aus, die
sie für ihren Job dort kriegen sollten, und ließ sie auf dem Bau arbeiten.
3 Ein paar Stunden später ging er noch mal zum Arbeitsamt und sah da
noch ein paar Leute rumstehen, die keine Arbeit hatten. 4 Die schickte er
dann auch auf die Baustelle und versprach ihnen eine angemessene Be-
zahlung. 5 Gegen Mittag und um drei Uhr ging er noch einmal dorthin
und warb noch ein paar Männer zur Arbeit an. 6 Als er gegen fünf beim
Hauptbahnhof vorbeikam, sah er da auch ein paar Leute rumstehen
und fragte sie: ‚Habt ihr heute keine Arbeit gefunden?‘ 7 ‚Keiner hatte
einen Job für uns‘, sagten sie. ‚Wenn ihr Bock habt, könnt ihr auf meiner
Baustelle arbeiten!‘, rief er denen zu. 8 Abends rief er dann den Chef

von der Baustelle und sagte ihm: ‚Hey, ruf mal die Leute zusammen, die gearbeitet haben, und zahle ihnen ihren Lohn aus.‘ 9 Zuerst kriegten die Leute, die erst um fünf angefangen hatten, ihr Geld. Die waren sehr überrascht, als man ihnen einen vollen Tageslohn in die Hand drückte. 10 Nun hatten sich die anderen Arbeiter die Sache aber durchgerechnet und dachten, sie würden deshalb noch mehr Kohle abkassieren, als sie vereinbart hatten. Aber sie kriegten auch nur den Tageslohn, den sie vorher ausgehandelt hatten. 11/12 Da kamen die voll aggromäßig drauf und meinten: ‚Die haben nur ’ne Stunde gearbeitet und kriegen dieselbe Kohle wie wir. Dabei mussten wir den ganzen Tag in der brüllenden Hitze malochen!‘ 13 ‚Entspann dich!‘, sagte der Chef, ‚es läuft hier doch alles korrekt ab! Wir zwei hatten genau diesen Preis miteinander ausgehandelt, oder?! 14 Nimm dein Geld und hau ab! Ich will den anderen genauso viel Lohn geben wie dir. 15 Immerhin ist es ja mein Geld, und damit kann ich auch machen, was ich will! Oder bist du genervt, weil ich nicht jeden Cent zehnmal umdrehe?‘ 16 Genauso werden die, die jetzt ganz vorne sind, irgendwann mal die Loser sein, und die Loser werden mal ganz vorne sein.“

Jesus macht noch mal die Ansage, dass er bald sterben wird

17/18 Als sie sich dann wieder aufmachten, um nach Jerusalem zu gehen, sagte Jesus zu ihnen: „Wir gehen jetzt nach Jerusalem. Da wird man mich an die Priester verraten. Die werden mich vor den Kadi zerren und mit mir kurzen Prozess machen. 19 Ich werde von allen ausgelacht werden, die werden mich sogar foltern und töten. Aber nach drei Tagen werde ich ein fettes Comeback feiern, obwohl ich tot war, werde ich wieder lebendig werden.“

Streit über die „Dauerkarten auf der Ehrentribüne“

20 Irgendwann kam mal die Frau von Zebedäus vorbei, flankiert von ihren Söhnen Jakobus und Johannes. 21 „Was willst du?“, fragte Jesus sie. Sie legte sich platt vor ihm auf den Boden und bettelte: „Gib meinen beiden Söhnen einen Sonderplatz auf der Ehrentribüne in deiner neuen Zeit, gleich neben dir!“ 22 Jesus sagte zu ihr: „Du hast doch gar nicht kapiert, was das bedeutet. Könnt ihr denn so heftige Sachen ab und so leiden, wie ich das tun werde?“ – „Klar“, meinten sie, „kein Problem!“ 23 „Ja, ihr werdet auch schlimme Sachen durchmachen müssen, das ist sicher, aber ich kann das nicht für euch klar machen, wer mal neben mir sitzt und wer nicht. Das liegt alleine beim Papa im Himmel.“ 24 Die anderen Jesus-Freunde waren richtig angefressen, als sie hörten, was Jakobus und Johannes von Jesus wollten. 25 Also musste Jesus mal wie-

der Frieden stiften. Er holte sie zu einem Meeting zusammen und sagte:
„Ein linker Chef herrscht über seine Angestellten wie ein Faschist, und
die Abteilungsleiter können zusammenscheißen, wen sie wollen. 26 Aber
genau so soll es bei euch auf keinen Fall abgehen! Wer der Chef sein
will, der sollte wie eine Putzfrau sein, 27 und wer ganz vorne stehen will,
soll sich ganz hinten anstellen. 28 Auch der Menschensohn* ist nicht
hier, um den Lauten zu machen. Er kam, um sich kleinzumachen vor
den anderen, um zu dienen und das Ganze sogar mit seinem Leben
zu bezahlen, damit viele Menschen aus ihrem Dreck rauskommen, in
dem sie stecken.“ 29 Als Jesus dann mit seinen Freunden aus Jericho
abzog, folgten ihnen sehr viele Leute. 30 Zwei Männer, die blind waren,
hingen da auf der Straße rum. Als sie hörten, dass Jesus da war, schrien
sie wie blöd: ‚Hallo, großer Meister, bitte helfen Sie uns!‘“ 31 Die Leute
versuchten krampfhaft den zweien das Maul zu stopfen, aber ohne Er-
folg. Sie schrien nur noch lauter: „Bitte helfen Sie uns, Herr Jesus, aus
der Familie vom David, bitte helfen Sie uns!“ 32 Schließlich blieb Jesus
bei ihnen stehen und fragte sie: „Was geht? Was wollt ihr von mir?“
33 „Großer Meister, wir möchten so gerne sehen können!“ 34 Da taten die
beiden Jesus irgendwie voll Leid. Er ging zu ihnen, streichelte über ihre
Augen, und sie konnten sofort wieder sehen! Von diesem Tag an gingen
sie auch mit ihm mit.

21

Jesus wird zum großen Star gemacht

1 Schließlich kam Jesus mit seinen Leuten in Betfage an, einem Vorort
von Jerusalem City. Als sie beim Ölberg angekommen waren, meinte
Jesus zu zwei von seinen Freunden: 2 „Hey ihr beiden, geht schon mal
vor! Wenn ihr in den Ort reinkommt, werdet ihr am Zaun ein rotes Fahr-
rad finden, das nicht angeschlossen ist. Bringt das mal bitte zu mir!
3 Sollte jemand fragen, was ihr damit vorhabt, so sagt einfach: Der Chef
braucht es! 4 Das alles soll so sein, damit wahr wird, was die Propheten
schon vor langer Zeit vorausgesagt haben. Sie sagten nämlich: 5 ‚Ihr aus
der Familie Gottes: Passt auf, der neue Chef wird bei euch reinschneien,
er ist friedlich unterwegs und fährt auf einem normalen Fahrrad.‘“ 6 Die
beiden Leute aus seiner Clique taten genau das, was er gesagt hatte.
7 Sie brachten das Teil zu ihm, legten ein paar Klamotten auf den Sitz
und setzten Jesus darauf. 8 Die Menschen bejubelten Jesus, als wäre er
der Superstar schlechthin. Sie legten sogar ihre Jacken vor ihm auf den
Weg, damit er da drüberrollte. 9 Alle drängelten sich um ihn herum und

---

* Siehe Erklärung in Matthäus 8, Vers 20.

wollten ein Autogramm haben. Sie riefen: „Da kommt er, der Superstar!!
Der neue Präsident ist da! Hurra!! Er ist der Mann, den Gott endlich zu
uns geschickt hat!! Gott ist der Beste!!" 10 Ganz Jerusalem flippte total
aus: „Was ist denn das für ein Mann?", fragten sie überall rum. 11 „Das
ist Jesus, der große Prophet aus Nazareth, das liegt in Galiläa", riefen
die Leute, die mit ihm gingen.

Gottes Haus wird zum Einkaufszentrum

12 Jesus ging erst mal in den Tempel, das große Gebäude in der Innen-
stadt, in dem die Gottesdienste gefeiert wurden. Dort machte er voll
den Aufstand und schmiss die ganzen Händler raus, die da ihr Zeug
verkaufen wollten. 13 „Gott sagt: In meinem Haus soll gebetet werden!
Ihr habt daraus ein Einkaufszentrum gemacht!", rief er. 14 Schließlich
kamen die ganzen Kranken vorbei, die verkrüppelt waren oder nicht
mehr sehen konnten, und er heilte einfach alle dort im Tempel! 15 Als
die Priester und die Theologen ankamen und sahen, was da abging,
und mitbekamen, dass sogar die Kids riefen: „Wow, dieser Mann ist der
Sohn von unserm Urvater David! Der ist cool drauf!", da waren sie total
abgefressen und fragten Jesus nur: „Hören Sie nicht, was die Kids da
schreien?" 16 Und Jesus antwortete: „Na klar! Habt ihr das nie gelesen,
was im alten Buch steht: ‚Selbst die noch nicht wählen dürfen und auch
die kleinen Kids werden auf dich abfahren'?" 17 Damit ließ er sie links
liegen und verließ die Stadt, um in den Vorort Betanien zu gehen, weil
er dort eine Unterkunft suchen wollte.

Der Pflaumenbaum, der nichts brachte: Alle, die vertrauen, werden fette Wunder erleben

18 Am nächsten Morgen, als sie wieder in Jerusalem aufschlugen, hatte
Jesus ziemlichen Kohldampf. 19 Auf dem Seitenstreifen am Straßenrand
stand so ein Pflaumenbaum, und weil er Hunger hatte, wollte Jesus sich
ein paar Pflaumen abgreifen. Aber da war nix außer Blättern. Da sagte
Jesus zu dem Baum: „An dir soll nie wieder irgendwas wachsen!" Und
im selben Augenblick war der Baum vertrocknet und tot. 20 Die Jünger,
die das mitbekamen, waren echt fertig und fragten ihn: „Was war da
denn los?" 21 Da meinte Jesus: „Also, wenn ihr wirklich etwas glaubt
und kein bisschen Zweifel daran habt, dass es auch wirklich passiert,
dann könnt ihr noch ganz andere krasse Sachen machen. Dann könnt
ihr sogar zu diesem Berg sagen: ‚Ab mit dir ins Meer!', und der würde
glatt abheben und sich ins Meer schmeißen! 22 Alles wird möglich sein,
alles werdet ihr bekommen können, wenn ihr dabei nur ganz fest glaubt,
wenn ihr betet."

Woher oder von wem hat Jesus diese Power?

23 Schließlich hing Jesus noch ein bisschen im Tempel rum, um dort
eine Rede zu halten. Sofort waren die scheinheiligen Priester wieder da
und die Leute, die was zu sagen hatten: „Wer hat Ihnen das Recht gege-
ben, hier solche Reden zu halten? Und woher kommen überhaupt Ihre
übernatürlichen Kräfte?“ 24 „Ich will mal ’ne Gegenfrage stellen“, sagte
Jesus. „Wenn ihr die beantwortet, werde ich auch antworten. 25 Also:
Hatte Johannes, der die Leute getauft hat, seine Order direkt von
Gott bekommen oder nicht?“ Damit fingen ihre Köpfe an zu rauchen.
26 „Wenn wir sagen: ‚Er bekam die Order von Gott‘, wird er uns fragen,
warum wir Johannes dann nicht geglaubt haben. Wenn wir aber sagen:
‚Er war nur ein Spinner‘, machen uns die Leute die Hölle heiß, weil er
total beliebt ist und alle glauben, dass er ein Prophet war.“ 27 Darum
antworteten sie: „Keinen blassen Schimmer!“ Darauf sagte Jesus: „Dann
werdet ihr auch nicht erfahren, wer mir diese übernatürlichen Kräfte
gegeben hat.“

Die Geschichte von den zwei Söhnen

28 „Mal ’ne andere Geschichte, bin gespannt, wie euch die hier
schmeckt: Da war mal so ein Typ, der hatte zwei Söhne. Zum ersten
sagte er: ‚Geh mal bitte in unsere Werkstatt und reparier das Auto, das
dort steht!‘ 29 ‚Klar, mach ich‘, sagte er, aber irgendwie hatte er dann
doch keinen Bock und ging einfach nicht hin. 30 Dann ging er zu dem
zweiten Sohn und wollte dasselbe von ihm. ‚Ich hab aber keine Lust!‘,
meinte der bloß. Aber später tat es ihm Leid und er ging doch hin und
reparierte die Kiste. 31 Preisfrage: Wer von den beiden hat denn das
getan, was der Vater wollte?“ – „Der zweite natürlich!“ Jetzt erklärte
Jesus, was er mit der Geschichte sagen wollte: „Auf eins könnt ihr wet-
ten: Drogendealer und Nutten werden eher ihren Platz finden in Gottes
neuer Zeit als ihr. 32 Johannes, der die Leute getauft hat, hatte den Plan:
Er sagte, ihr müsst euer Leben ändern, sonst fahrt ihr gegen die Wand.
Aber ihr wolltet nichts von ihm wissen. Die Dealer und die Nutten aber
haben getan, was er gesagt hat. Und obwohl ihr das sehr wohl mitbe-
kommen habt, vertraut ihr mir nicht und ändert euch nicht.“

Die Story von den fiesen Mietern: Die Rebellion gegen Gott geht nach hinten los

33 „Ich will euch noch ’ne krasse Story erzählen: Da war einer, dem
gehörte ein großes Wohnhaus in der Stadt. Das Haus hatte er fett re-
novieren lassen, mit Kabelanschluss und allem Drum und Dran. Dann
vermietete er das Teil. 34 Am Ende des Monats wollte er durch seinen

Hausverwalter die Miete von den Konten der Mieter einziehen, so wie es
abgemacht war. [35] Aber alle Mieter weigerten sich zu zahlen. Sie schrie-
ben sogar Drohbriefe an ihn. [36] Da beauftragte der Hausbesitzer eine
Firma, die bei den Mietern anklingelte, um die Kohle einzutreiben. Aber
als die ankamen, wurden die von den Mietern kurzerhand umgebracht.
[37] Schließlich dachte sich der Besitzer: Ich lass das meinen Sohn erledi-
gen, dem werden sie bestimmt nichts tun, den werden sie respektieren!
[38] Als die Mieter vom Balkon aus den Sohn ankommen sahen, meinten
sie zueinander: ‚Da kommt der Typ, der mal alles erben wird! Wenn wir
den auch noch lynchen, dann gehört das Haus uns!‘ [39] Gesagt, getan.
[40] Was wird der Hausbesitzer wohl machen, wenn er davon hört?“ [41] „Er
wird das Haus sofort von der Polizei räumen lassen und die Leute in
den Knast bringen. Und dann wird er sich neue Mieter holen, die pünkt-
lich ihre Miete bezahlen, das ist doch klar!“, antworteten sie. [42] „Genau“,
sagte Jesus, „schon in dem alten Buch steht: ‚Der Stein, den die Bau-
arbeiter für Schrott hielten und weggeworfen haben, der ist zu dem
Fundament geworden, auf dem das ganze Haus gebaut wird.‘ Was die
Leute nie gerafft hatten, genau das tut Gott gerade vor euren Augen.
[43] Darum: Das Land, in dem Gott das Sagen hat, das werden solche
Leute wie ihr gar nicht bekommen. Das kriegen die Leute, die tun, was
Gott von ihnen will. [44] Alle, die nicht mit Gott leben, werden sterben,
und wer nicht auf ihn baut, wird vor die Hunde gehen.“ [45] Als die Pries-
ter und die religiösen Profis, diese Pharisäer, kapierten, dass Jesus von
ihnen sprach, [46] hätten sie ihn am liebsten gleich festgenommen. Aber
sie hatten zu viel Angst vor den Leuten, die alle glaubten, Jesus wäre ein
großer Prophet.

22

Was abgeht auf der Party Gottes

[1] Und Jesus war mal wieder am Storyserzählen: [2] „Wenn Gott wieder
anfängt, den Joystick der Welt komplett in die Hand zu nehmen, und
seine gute Zeit beginnt, dann ist das, als ob ein Präsident von einem
Land eine Hochzeitsparty für seinen Sohn organisiert. [3] Die ganzen VIPs
waren eingeladen, und nachdem die Vorbereitung klar war, schickte er
seine Angestellten los, um die Gäste abzuholen. Aber keiner hatte Lust
zu kommen. [4] Da schickte er seine Leute noch mal los mit der Nach-
richt: ‚Das kalte Buffet ist angerichtet, der Lachs und der Hummer sind
schon fertig, alles wartet nur auf euch, nun kommt doch!‘ [5] Aber die so
eingeladenen Gäste hatten einfach keinen Bock zu kommen, sie wa-
ren so mit ihrem Leben beschäftigt, mit der Arbeit und alledem. [6] Ein
paar waren sogar richtig aggromäßig unterwegs und verprügelten und

erschossen die Angestellten. [7] Da rastete der Präsident total aus und schickte ein paar von der GSG 9 los, um die Mörder zur Rechenschaft zu ziehen. In andere Städte schickte er sogar seine Armee und ließ alles platt machen. [8] Dann sagte er zu seinen Angestellten: ‚Die Vorbereitung für die Party ist fertig, aber die eingeladenen VIPs waren sich anscheinend zu fein, mit dabei zu sein. [9] Geht jetzt zum Hauptbahnhof, auf die Straßen und in die besetzten Häuser und ladet alle ein, die euch begegnen.‘ [10] Jetzt gingen sie los und brachten jeden mit, den sie finden konnten: die Penner unter der Brücke, die Junkies vom Hauptbahnhof, aber auch den Geschäftsmann aus dem Einkaufszentrum. Und so wurde die Partyhalle total voll. [11] Als der Präsident ankam, um die Leute zu begrüßen, war da so ein Penner, der in seinem dreckigen Trainingsanzug rumhing. [12/13] ‚Mein Freund, wie bist du denn hier so reingekommen? Da lag doch extra ein Armani-Anzug nur für dich im Foyer?‘ Darauf konnte der Penner nichts antworten. Da meinte der Präsident ziemlich derbe: ‚Legt ihm Handschellen an und führt ihn ab in die Einzelhaft! Dort wird er rumheulen, aber keiner wird ihm helfen können.‘ [14] Denn sehr viele haben ’ne Einladung bekommen, aber nur wenige waren bereit dazu, sich dafür klarzumachen.‘“

Gott oder der Staat?

[15] Den Pharisäern, diesen religiösen Profis, wurde es langsam zu bunt. Sie überlegten sich, wie sie Jesus aufs Glatteis führen könnten. [16] So schickten sie ein paar von ihren Leuten und ein paar Herodesfans zu ihm, die ihn dann fragten: „Großer Herr, Sie wollen die Wahrheit um jeden Preis. Wenn es darum geht, das zu tun, was Gott will, sagen Sie alles, was Ihnen in den Kopf kommt. Und es scheint Ihnen dabei egal zu sein, ob die Leute das gut finden oder nicht. [17] Darum noch ’ne Frage: Findet Gott es eigentlich gut, dass wir unsere Steuern dem Staat bezahlen, oder eher nicht?“ [18] Jesus merkte sofort, was sie eigentlich wollten. „Ihr linken Spinner!“, sagte er. „Warum versucht ihr die ganze Zeit mich reinzulegen? [19] Gebt mir mal ’nen Euro!“ Sie gaben ihm einen. [20] „Wessen Wappen ist da hinten drauf? Was ist da eingeprägt?“ [21] „Der Bundesadler“, antworteten sie. Da sagte Jesus: „Dann gebt dem Bund, was dem Bund zusteht, und gebt Gott, was Gott gehört!“ [22] Damit hatten sie nicht gerechnet. Sie zogen sich zurück und ließen Jesus erst mal in Ruhe.

Wie das ist, wenn jemand gestorben ist

[23] Am Nachmittag kamen so ein paar Leute aus einer religiösen Spezialtruppe, die nannten sich Sadduzäer. Bei denen war eins ganz klar: Wenn einer stirbt, bleibt er tot und fängt nicht wieder in einer anderen Form

an zu leben. Die hatten auch noch ’ne Frage an Jesus: [24] „Also Meister, unser Urvater Mose hat klar gesagt, wenn ein verheirateter Mann stirbt, ohne ein Kind zu haben, dann soll sein Bruder sich die Frau schnappen, und das erste Kind soll alles erben. [25] Wie ist denn das, wenn da nun sieben Brüder sind? Der erste heiratet und stirbt, ohne ein Kind zu haben. Sein Bruder heiratet die Witwe, weil es so üblich ist. [26] Dann stirbt der zweite Bruder auch schneller als erwartet, und der nächste Bruder nimmt sie zur Ehefrau. So geht das immer weiter, bis sie am Ende mit allen sieben Männern verheiratet war. [27] Irgendwann stirbt die dann auch noch. [28] Wenn alle, nachdem sie gestorben sind, wieder in der anderen Welt lebendig werden, zu wem wird sie dann gehören? Sie war ja mit allen sieben im Bett!“ [29] Jesus antwortete darauf: „Oh Mann, ihr kennt weder die Bibel noch habt ihr gerallt, was Gott wirklich draufhat! Ihr liegt mit eurer Denke total daneben! [30] Wenn wir alle nach dem Tod zu einem neuen Leben kommen, dann gibt es so was wie Ehe gar nicht mehr! Ihr werdet eher wie Engel sein. [31] Wenn ihr aber nicht glaubt, dass nach dem Tod noch was kommt, dann will ich euch gern noch mal auf den Schirm bringen, was in den alten Schriften der Bibel steht. [32] ‚Ich bin der Gott von Abraham, Isaak und von Jakob.‘ Das bedeutet, dass Gott kein Gott für die Toten ist, sondern für die, die leben! Kapiert?“
[33] Was Jesus da vom Stapel ließ, war für viele der Hammer.

Was superwichtig für Gott ist

[34/35] Als die Pharisäer hörten, wie Jesus den Sadduzäern das Maul gestopft hatte, dachten sie sich eine neue Frage aus. Einer von den Theologen ging mit folgendem Ding zu ihm hin: [36] „Meister, was ist das absolut wichtigste Gesetz von Gott, was will er von uns?“ [37] „‚Liebe Gott, deinen Chef, mit allem, was du hast, mit deinem ganzen Gefühl, volles Rohr, entscheide dich dafür!‘ [38] Das ist das wichtigste Gesetz überhaupt!
[39] Und gleich danach kommt: ‚Liebe die Leute, die mit dir leben, genauso, wie du dich selber auch liebst!‘ [40] Da steckt alles drin, alle Gesetze und Forderungen, bei den Propheten angefangen bis heute.“

Ein Sohn vom Präsidenten David oder ein Sohn von Gott?

[41] Jesus wollte dann auch noch ’ne Frage an die religiösen Profis loswerden: [42] „Was für ’ne Meinung habt ihr eigentlich über diesen ‚Christus‘*, der alle aus dem Sumpf rausholen soll? Wessen Sohn ist der denn?“ Da

* „Christus“ war damals so ein Fachbegriff von den religiösen Juden. Auf diesen „Christus“ warteten sie schon lange, weil die Prophetentypen ihn als den großen Bringer angekündigt hatten. Viele hofften, dass der irgendwie alles klarmachen und die Leute von Israel endlich mal von den römischen Besatzern befreien würde.

sagten sie: „Der ist ein Sohn vom Präsidenten David.“ 43 „Aber warum
hat David, als der total angezappt vom heiligen Geist war, ihn plötzlich
‚Chef‘ genannt? Denn David sagte: 44 ‚Gott sagte zu meinem Chef: Setz
dich auf die Ehrentribüne an meine Seite, bis ich allen Feinden gezeigt
hab, wer hier das Sagen hat!‘ 45 Wenn David also ‚Chef‘ zu ihm gesagt
hat, kann er ja nicht sein Sohn sein, oder?“ 46 Da waren sie alle einfach
sprachlos und trauten sich nicht mehr, ihm irgendwelche dummen Fra-
gen zu stellen.

23

Jesus macht mit scheinheiligen Theologen und Pharisäern kurzen Prozess

1 Jesus hielt mal wieder eine Rede zu den Menschen und auch zu seinen
Freunden: 2 „Die Theologen und die Pharisäer versuchen euch Sachen
über die Gesetze von Gott beizubringen. 3 Tut alles, was sie euch sa-
gen! Aber versucht bloß nicht, sie nachzumachen, weil sie sich selber
nicht an das halten, was sie da so von sich geben. 4 Sie machen den
Menschen das Leben schwer mit irgendwelchen religiösen Regeln, die
jeder befolgen soll, aber sie selbst sind total lau unterwegs. 5 Dabei ver-
anstalten sie voll die Gebets-Show, als wären sie die frommsten Leute
überhaupt, und tragen von morgens bis abends nur ihre Kirchenklamot-
ten, damit jeder sehen kann, wie religiös sie sind. 6 Wenn irgendwo ’ne
Party steigt, wollen sie immer auf der Gästeliste stehen, und im Gottes-
dienst stehen sie immer direkt vor der Bühne. 7 Sie finden es ganz toll,
wenn jeder auf der Straße sie erkennt, und geilen sich daran auf, wenn
einer mal ein Autogramm will. 8 So sollt ihr nie werden! Nur Gott ist
ein echter Star, und ihr seid alle gleich viel wert. 9 Am besten nennt ihr
niemanden mehr Papa außer eurem Papa im Himmel. 10 Auch solltet
ihr euch nicht Lehrer nennen, denn ihr habt nur einen Lehrer, nämlich
Christus. 11 Wer für alle da ist und sich nie in den Vordergrund spielt, der
ist der Größte. 12 Wer sich aber für superschlau und wichtig hält, wird
der letzte Loser sein. Und wer sich aber selbst zum Loser macht, der
wird durch Gott mal groß rauskommen. 13 Passt bloß auf, ihr religiösen
Oberprofis und Theologen! Ihr tut doch nur so als ob! Durch euer Ge-
laber packen es andere nicht in das Land Gottes zu kommen. Nicht nur,
dass ihr selber nicht reingeht, sondern ihr steht denen, die reinwollen,
auch noch im Weg! 14 Passt bloß auf! Ihr seid so geil auf die Kohle der
alten Omas aus dem Altenheim, aber euer Showbeten in der Kirche ist
doch total unecht. Gott wird euch dafür einmal bestrafen. 15 Passt bloß
auf, ihr Pseudos! Ihr gebt volles Rohr, wenn es darum geht, jemanden
zu bekehren, und wenn er sich dann bekehrt, dann wird er durch eure

Lehren noch linker als ihr. 16 Passst bloß auf! Ihr habt selber Tomaten
auf den Augen und wollt anderen dabei den Weg zeigen? Zum Beispiel
sagt ihr: ‚Wenn ich was hoch und heilig verspreche und auf den Tempel
schwöre, weil da Gott drin wohnt, dann gilt das nix. Aber wenn ich auf
das Gold schwöre, das im Tempel rumliegt, dann muss ich dazu ste-
hen.' 17 Ihr Oberblindos! Warum ist denn das Gold im Tempel überhaupt
heilig? Doch gerade deshalb, weil es im Tempel liegt und nicht irgend-
wo beim Juwelier. 18 Dann sagt ihr: ‚Wenn ich was verspreche und dabei
hoch und heilig auf den Altar schwöre, dann gilt das nix. Wenn ich aber
auf ein Tier schwöre, das auf dem Altar geopfert wird, dann muss ich
mein Versprechen halten.' 19 Ihr Nonchecker! Was ist denn wichtiger, der
Altar oder das Opfertier? Das Tier wird doch dadurch erst heilig, dass
es auf dem Altar liegt und nicht auf der Fleischtheke im Supermarkt.
20 Wenn jemand etwas verspricht, egal woran er dabei denkt, ist er dem
gegenüber auch verpflichtet. Wenn er an den Tempel denkt, schwört
er eben bei dem Tempel mit allem Drum und Dran. 21 Wenn er beim
Altar schwört, schwört er natürlich auf all das, was da draufliegt. 22 Und
wer beim Himmel schwört, der beruft sich damit sozusagen auf Gottes
Chefsessel. 23 Passst bloß auf, ihr Theologen, ihr Pharisäer und Pseudos!
Bei den unwichtigen Regeln seid ihr ganz pingelig. Ihr gebt sogar noch
zehn Prozent von jedem Brühwürfel für Gott! Aber die wirklich wich-
tigen Sachen, dass wir fair sein sollen mit anderen, andere lieben und
nett mit ihnen umgehen, dass wir Gott vertrauen sollen, das ist euch
total rille! 24 Ihr lauft so blind durchs Leben! Ihr seid total genervt, wenn
mal 'ne Fliege in der Suppe schwimmt, aber ein ganzes Pferd im Essen
fällt euch nicht auf! Ihr wollt anderen sagen, wo es längsgeht, dabei habt
ihr doch selber keinen Plan vom Weg. 25 Passst bloß auf, ihr Theologen
und Pharisäer! Ihr alten Pseudos! Nach außen markiert ihr den dicken
Macker, schick rausgeputzt, aber innen drin ist alles verfault und stinkt.
26 Ihr Blindos, macht doch erst bei euch drinnen sauber, dann kommt
das Äußere von selbst. 27 Passst bloß auf, ihr Theologen und Pharisäer!
Ihr seid wie toll geschmückte Gräber auf dem Friedhof. Von außen alle
voll gestylt, aber unten drunter stinkt es nach verwester Leiche. 28 Ihr
wollt nach außen hin als die coolen Supergläubigen dastehen, aber
in Wirklichkeit seid ihr nur link und falsch unterwegs! 29 Passst auf, ihr
Theologen und Pharisäer! Ihr Oberpseudos! Von den Propheten macht
ihr euch ein Starschnitt-Poster und hängt es euch an die Wand. 30 Dann
sagt ihr noch: ‚Wenn wir damals gelebt hätten, wir hätten den Pro-
pheten kein Haar gekrümmt, wie das unsere Väter ja gemacht haben!'
31 Immerhin gebt ihr damit ja zu, dass ihr aus einer Familie von Mördern
stammt. 32 Und so ist das auch mit euch, genau so seid ihr auch drauf.

33 Ihr seid so falsch, ihr vergiftet alles! Wie wollt ihr denn noch vor eurer
Strafe weglaufen? 34 Ich werde euch noch einige Propheten und geist-
liche Lehrer schicken. Ein paar von denen werdet ihr umbringen. Andere
werden von euch gefoltert, und man wird sie verfolgen. 35 Ihr seid alle
daran mitschuldig, dass das passiert. Angefangen von Abel bis Secharja,
der von euch vor dem Tempel ermordet wurde. 36 Eins sollt ihr wissen:
Die Strafe für diese Tat wird diese Generation zu spüren bekommen."

„Ihr wolltet es so haben!"

37 „Mann, Jerusalem, was ist bloß los mit dir? In dir wurden die Prophe-
ten ermordet. Die Leute, die 'ne wichtige Nachricht für die Menschen
haben, bringst du einfach um die Ecke! So oft habe ich versucht, deine
Leute zusammenzukriegen und sie zu beschützen, so wie ein Huhn
seine Küken unter die Flügel nimmt! Aber du wolltest einfach nicht! 38 Eh
du dich versiehst, wird dein Haus kaputt sein. 39 Ich werde erst dann
wiederkommen, wenn ihr kapiert habt, wer ich wirklich bin. Dann wer-
det ihr mir auch zurufen können: ‚Wie gut, da kommt der Held Gottes,
der uns aus dem Dreck rausgeholt hat!'"

24

Was mit der Welt passieren wird

1 Schließlich gingen sie alle aus dem Tempel raus. Seine Leute drehten
sich noch mal um und wollten ihm zeigen, wie fett die ganze Anlage
war. 2 Jesus sagte aber nur: „Ja, seht euch das Teil nur noch mal in Ruhe
an! Eins ist für mich total sicher: Irgendwann wird hier 'ne Bombe ein-
schlagen und alles verwüsten." 3 Als sie später auf einer Wiese am Öl-
berg rumhingen, wollten sie wissen: „Wann passiert das denn? Und was
wird abgehen, wenn du wiederkommst und der Countdown der Erde
anläuft?" 4 Jesus antwortete: „Lasst euch auf jeden Fall nicht von irgend-
welchen Spackos aufs Glatteis führen! 5 Da werden so manche Spinner
ankommen und sagen: ‚Ich bin der Auserwählte!' Und einige werden
voll auf sie abfahren und sich dadurch verirren. 6 Wenn in den Nachrich-
ten plötzlich überall von Kriegen die Rede ist und von Demonstrationen
und Unruhen, dann passt auf, aber habt keine Panik! Das ist schon alles
okay so, das bedeutet noch nicht, dass die Erde gleich in die Luft fliegt.
7 Die großen Industrienationen und die Machtblöcke werden einen
großen Krieg gegeneinander anzetteln. Nirgendwo wird es was zu essen
geben und die Umwelt wird verrückt spielen. 8 Doch das wird erst das
Vorspiel sein, der Anfang vom Ende. So wie eine Frau krasse Schmer-
zen hat, bevor sie ein Kind bekommt. 9 In dieser Zeit wird es euch an
den Kragen gehen, sie werden euch in den Knast stecken, foltern und

umbringen. Alle werden euch hassen und euch total bescheuert finden,
nur weil ihr zu mir gehört. 10 Viele werden so tun, als würden sie nicht
an mich glauben, andere werden sich gegenseitig verraten und hassen.
11 Dann werden Pseudo-Propheten aufkreuzen und sehr viele werden
auf sie reinfallen. 12 Und weil den Leuten total egal ist, was Gott will,
wird das Schlechte und Böse überall aus seinen Löchern rauskommen.
Und der Liebespegel wird bei vielen auf null sinken. 13 Wer aber bis zum
Ende durchzieht, der wird es auch packen und gerettet werden. 14 Und
überall auf der ganzen Erde wird man die guten Nachrichten von Gott
und seinem Land hören, überall wird man es den Menschen predigen,
damit jeder mal davon gehört hat. Und dann wird es zu Ende gehen
mit der Erde. 15 Wer diese Sachen jetzt liest, sollte seine Lauscher auf
Empfang stellen! Wenn euch irgendwie so eine Fratze im Fernsehen
begegnet, die über die heiligen Orte Witze macht und über sie ablästert,
16 dann packt eure Siebensachen und verschwindet in die Berge, wenn
ihr gerade in Judäa seid. Daniel hat das ja auch schon vorhergesehen!
17 Wenn jemand gerade auf der Terrasse liegt, sollte er nicht erst in die
Wohnung zurückgehen, um gemütlich seine Sachen zu packen. 18 Wer
gerade bei der Arbeit ist, sollte nicht erst nach Hause tapern, um seine
Klamotten zu holen. 19 Voll übel wird das Ganze für die Frauen werden,
die gerade schwanger sind, und für Mütter mit Babys auch. 20 Ihr müsst
jetzt schon beten, dass das Ganze nicht im Winter passiert oder am
Sabbat*! 21 Denn dann wird es allen Menschen sehr dreckig gehen, es
wird so schlimm sein, wie es noch nie auf der Welt gewesen ist und nie
wieder sein wird. 22 Und wenn es da nicht den Nothalt geben würde,
würde es keiner schaffen, gerettet zu werden! Aber weil Gott seine Spe-
zialleute so wahnsinnig liebt, wird das Ganze verkürzt werden."

Vorsicht vor der Fälschung!

23 „Und verpeilt es nicht, wenn irgendwer plötzlich sagt: ‚Hier ist der
Held, der uns da raushilft!', oder: ‚Christus war gerade da und da', dann
glaubt dem kein Wort! 24 Da werden so einige ankommen und den gro-
ßen Helden markieren, sie werden sich sogar als Superstars und Retter
der Erde anzeigen. Die werden sogar voll die derben Wunder machen
können, und sie werden auch versuchen, die Auserwählten von Gott
auszutricksen und hinters Licht zu führen. 25 Also vergesst bitte nicht:
Ich habe euch hiermit 'ne klare Ansage gemacht! 26 Falls also irgend so
ein Heini ankommt und sagt: ‚Da draußen auf die Wiese, da kommt

* Am Sabbat war es den strenggläubigen Juden nicht erlaubt, mehr als ca. 900 Meter zu gehen, das nannte man den Sabbatweg. 900 Meter sind keine besonders weite Flucht, deswegen wird das hier so gesagt.

der Retter hin', dann bleibt, wo ihr seid. Wenn sie sagen, er hält sich in
der Kanalisation versteckt, dann glaubt auch denen nicht. [27] Wenn ich
wiederkomme, werden es alle mitkriegen, ich werde ein absolut fettes
Comeback feiern, das werden alle deutlich sehen können. [28] Keiner wird
im Sessel sitzen bleiben, das wird echt krass werden, glaubt mir."

Der Rechtsanwalt und Richter in einem

[29] „Kurz nach dieser üblen Zeit werden ganz plötzlich die Sonne und
damit auch der Mond kein Licht mehr ausstrahlen. Der ganze Kosmos
wird außer Kontrolle geraten, der absolute Supergau für unser Sternen-
system steht dann bevor. [30] Plötzlich wird man das Zeichen vom Sohn
des Menschen und von Gott am Himmel sehen. Die Menschen werden
überall voll die Panik bekommen, und sie werden anfangen zu schreien
und zu weinen. Alle werden sehen, wie der Menschensohn* voller Power
und strahlend wie der größte Halogenstrahler aus den Wolken rauskom-
men wird. [31] Aus Gottes P. A. wird mit einem Eine-Million-Watt-Verstär-
ker Musik von der Band der Engel gespielt werden, damit alle von seinen
Leuten von überall her ankommen. [32] Ihr kennt das doch vom Apfelbaum:
Wenn die Blätter richtig groß sind und die Blüten verblüht sind, dann
kommt bald der Sommer. [33] Wenn das alles so passiert, wie ich euch jetzt
erzählt hab, dann wisst ihr: Es ist bald so weit. [34] Eins sage ich euch: Die
Menschen werden nicht verschwinden können, bis das alles passiert ist.
[35] Der Himmel wird sich irgendwann verabschieden und die Erde wird
mal explodieren, aber was ich sage, wird immer seine Gültigkeit behal-
ten! [36] Niemand weiß genau, wann das alles passieren wird, keiner kennt
das Datum. Nicht mal die Engel haben 'nen Schnall davon. Nur der Papa
im Himmel weiß das. [37] Wenn der Sohn des Menschen dann kommt,
geht es hier ähnlich zu wie damals, als Noah noch lebte, als die große
Flut alles kaputt gemacht hat. [38] Damals waren die Menschen genauso
verpeilt. Sie dachten sich: ‚Ist doch eh alles egal, wir haben was zu essen
und zu saufen, wir haben einen Partner, was soll also das ganze Gela-
ber?' [39] Sogar als Noah sein Riesen-Rettungsboot fertig hatte, nämlich
die Arche, und seine Familie und die Tiere darauf einzogen, glaubten sie
ihm noch nicht. Bis das Wasser dann kam und alle ersoffen sind. So wird
es auch sein, wenn ich wiederkomme. [40] Wenn zwei Männer am Fließ-
band arbeiten, wird der eine dabei sein, der andere aber nicht. [41] Wenn
zwei Frauen im Büro arbeiten, wird die eine dabei sein, die andere nicht.
[42] Darum müsst ihr unbedingt zu jeder Zeit total wach sein, denn ich
werde garantiert genau dann kommen, wenn ihr nicht damit rechnet.

---

* Siehe Erklärung in Matthäus 8, Vers 20.

43 Ist doch logisch: Wenn der Hausbesitzer genau wüsste, wann der Dieb
bei ihm einbrechen will, hätte er sich wohl davor geschützt. 44 Ihr müsst
auf jeden Fall immer bereit sein, denn wie gesagt, er kommt hundertpro
genau dann, wenn ihr nicht damit rechnet."

Der zuverlässige Abteilungsleiter

45 „Wie ist das denn mit einem guten Abteilungsleiter?", fragte Jesus
seine Leute. „Er hat von seinem Chef den Auftrag bekommen, seine
Mitarbeiter anständig zu beschäftigen und dafür zu sorgen, dass sie
alles haben, was sie so brauchen. 46 Er kann doch total froh sein, wenn
der Chef mal vorbeikommt und die Abteilung checkt und alles okay ist.
47 Eins ist ganz klar: Einem so zuverlässigen Abteilungsleiter würde er
auch den Rest der Firma anvertrauen. 48 Wenn der Typ aber Mist baut
und so bei sich denkt: ‚Ist doch eh egal, solange der Alte nicht da ist',
49 und dann auch noch anfängt seine Mitarbeiter zu mobben und jeden
Abend voll die Partys in der Firma abfeiert, 50 ja, wenn dann der Chef
plötzlich zurückkommt, dann ist Panik angesagt! 51 Der wird ihm nicht
nur kündigen, der wird ihm auch noch 'ne Anzeige an den Hals hängen
und ihn in hohem Bogen auf die Straße setzen. Da wird es dem Typen
dann total dreckig gehen, er wird voll abheulen und Depressionen kriegen, aber er hat es nicht anders verdient."

25

Noch so ein Beispiel: Die Story von den zehn Frauen, die den Macker zu seiner Hochzeit abholen wollten

1 „In der neuen Zeit wird es so abgehen, wie es bei zehn Mädchen war,
die nach einem alten Brauch den Macker, der heiratet, von zu Hause abholen sollten. 2/4 Sie fuhren mit ihren Vespas in sein Dorf, aber nur fünf
waren schlau genug, auch ausreichend Benzin mitzunehmen. 5 Als der
Typ aber nicht zu Hause war, mussten sie durch den ganzen Ort gurken,
um ihn zu finden. 6 Irgendwann fanden sie ihn und wollten zurückfahren. 7/8 Die fünf ohne Ersatzkanister stellten fest, dass ihr Tank bald leer
war, und baten die anderen, ihnen doch was abzugeben. 9 Die Schlauen
rechneten aber vor: ‚Hey, wenn wir jetzt euch noch was abgeben, dann
packen wir den Rückweg auch nicht mehr. Geht doch in den nächsten
Ort, da gibt es 'ne Tanke!' 10 In der Zwischenzeit waren der Macker, der
heiraten sollte, und die Mädchen mit dem ausreichenden Benzin im
Tank wieder bei der Party gelandet. Dann wurde die Tür abgeschlossen.
11 Spät in der Nacht kamen dann auch die anderen fünf an. Sie klingelten und sprachen in die Gegensprechanlage: ‚Aufmachen, wir sind da!'
12 Aber der Bräutigam sagte nur: ‚Wer seid ihr denn?' 13 Darum macht

keinen Blödsinn und seid immer bereit! Denn ihr habt keinen blassen
Schimmer, an welchem Datum und zu welcher Uhrzeit ich wiederkom-
men werde."

Macht das Beste aus eurem Leben

[14] „Noch 'ne Story: Da war so ein Typ von einer Vermögensverwaltungs-
firma, der sich mal 'ne Auszeit nehmen wollte. Er organisierte ein Mee-
ting mit allen Angestellten und gab jedem die Order, mit seinem Geld
das Bestmögliche anzufangen. [15] Dem besten der drei Mitarbeiter gab
er 500 000 Euro, der zweite bekam 200 000 und der dritte 100 000 Euro.
Dann nahm er den nächsten Flieger und verschwand. [16] Der mit den
500 000 Euro arbeitete viel mit dem Geld, machte eine Menge Aktien-
geschäfte und konnte den Betrag verdoppeln. [17] Auch der Zweite war
recht erfolgreich, er legte seine 200 000 Euro in Immobilien an und
konnte ebenfalls alles verdoppeln. [18] Der Dritte aber wollte auf Nummer
sicher gehen. Er packte die Kohle noch nicht mal auf sein Sparbuch, er
stopfte es in eine Socke in der untersten Schublade vom Klamotten-
schrank. [19] Nach ein paar Jahren kam der Chef zurück und traf sich mit
seinen Angestellten im Büro, um abzurechnen. [20] Der Typ, der 500 000
Euro bekommen hatte, brachte eine Million zurück. Er sagte: ‚Chef, Sie
haben mir damals 500 000 Euro gegeben, ich hab noch mal 500 000
draufgelegt.' [21] Da war der Chef natürlich total begeistert und lobte ihn
sehr: ‚Sie haben es echt gebracht! Sie sind mit dem Packen Geld sehr
gut umgegangen, ich werde Sie befördern. Wenn Sie wollen, kommen
Sie heute Abend zu meiner Gartenparty, Sie sind herzlich eingeladen!'
[22] Dann kam der mit den 200 000 Euro und legte seinen Bericht vor. Er
hatte seine Kohle auch verdoppelt. [23] Da war der Typ echt happy und
meinte auch zu ihm: ‚Sie haben es voll gebracht! Sie sind mit dem we-
nigen Geld gut umgegangen, ich werde Sie auch befördern. Wenn Sie
wollen, können Sie heute Abend zu meiner Gartenparty kommen, Sie
sind herzlich eingeladen!' [24] Dann kam der Dritte mit den 100 000 Euro
an die Reihe. ‚Sie sind doch immer so streng', meinte er, ‚und wenn ich
mich auch noch so abrackere, Sie bekommen am Ende ja eh den Ge-
winn. [25] Und ich hatte irgendwie Angst, dass ich das ganze Geld an der
Börse in den Sand setze. Darum hab ich es in meine Wandersocken
gesteckt, da war es ganz sicher. Hier haben Sie es zurück!' [26/27] Da raste-
te der Chef voll aus: ‚Sie alter Vollidiot! Wenn Sie schon denken, ich will
eh nur so viel Geld wie möglich, dann hätten Sie es doch wenigstens
aufs Sparbuch legen können! Da hätte es immerhin ein paar Zinsen
gebracht. [28] Nehmt dem sofort das Geld ab und gebt es dem, der eine
Million Euro hat. [29] Die nämlich, die das Beste aus ihrem Leben machen

und aus den Sachen, die sie dafür zur Verfügung bekommen haben,
denen kann man auch noch mehr anvertrauen. Die aber mit dem bisschen, was sie haben, auch noch schluderig umgehen, die werden sogar
das noch verlieren. [30] Und den Assi, der es zu nichts gebracht hat, den
könnt ihr sofort rausschmeißen! Er soll bleiben, wo der Pfeffer wächst,
und es wird ihm dort total dreckig gehen in der Dunkelheit ohne Licht."

Der letzte Tag der Erde

[31] „Wenn der Menschensohn* wiederkommt, dann wird er eine krasse
Vollmacht von Gott haben, er wird wie Feuer leuchten, und alle Engel,
die es gibt, werden seine Bodyguards sein. Er wird dann auf Gottes
Chefsessel Platz nehmen. [32] Dann werden alle Menschen aus allen Nationalitäten auflaufen, und er wird sie in zwei Abteilungen aufteilen, fast
so wie zwei Fußballmannschaften. [33] Rechts wird die eine Mannschaft
stehen und links die andere. [34] Dann wird der Oberchef (sozusagen der
Oberschiedsrichter) ankommen und zu den einen sagen: ‚Hey, ihr! Ihr
seid gut unterwegs gewesen, mein Vater fand euch immer super, ihr
sollt die Sieger sein und den ganzen Preis sollt ihr auch bekommen! Ihr
sollt das Land Gottes haben, Gott hat schon alles dafür vorbereitet!'
[35] ‚Warum?' ‚Ja, als ich Hunger hatte und nichts zu essen da war, da
habt ihr mich zum Mittagessen eingeladen. Und als ich großen Durst
hatte, da habt ihr mir 'ne Coke angeboten. Ich war ein Ausländer für
euch, aber trotzdem durfte ich bei euch wohnen. [36] Sogar als ich total
nackt war, habt ihr mir Klamotten vorbeigebracht. Und als ich krank war
und im Knast saß, habt ihr mich besucht.' [37] Die werden dann komisch
gucken und fragen: ‚Also, wann warst du denn bitteschön hungrig, dass
wir dir was zu essen geben konnten? Und wann hattest du so Bock,
was zu trinken, und wir haben dir 'ne Cola angeboten? [38] Und wann
war das, als du kein Dach über dem Kopf hattest, und du konntest bei
uns pennen? Auch das mit den Klamotten, daran können wir uns null
erinnern! [39] Und wann warst du im Krankenhaus und wann im Knast,
wo wir dich angeblich besucht haben sollen?' [40] Dann wird der Oberschiedsrichter antworten: ‚Immer, wenn ihr was für Leute getan habt,
die ganz unten waren, die Fertigen und Kaputten, dann habt ihr das im
Grunde für mich getan.' [41] Dann wird er zu denen auf der anderen Seite
sagen: ‚Haut ab, ich will euch nie mehr sehen, ihr sollt alle verbrennen,
ihr sollt da landen, wo das Böse auch landen wird, in der Hölle! [42] Ich
hab von euch nichts zu essen bekommen, als ich richtig Hunger hatte,
und als ich Durst hatte, gab's bei euch nichts zu trinken für mich. [43] Ich

---

* Siehe Erklärung in Matthäus 8, Vers 20.

war als ein Ausländer bei euch, aber meine Not war euch total egal. Als ich Klamotten brauchte, bekam ich von euch nur ein Achselzucken, als es mir beschissen ging, als ich im Krankenhaus und im Knast war, da habt ihr mich nie besucht oder wenigstens mal 'ne Karte geschrieben.'
44 Und dann werden die auch verwundert sein und fragen: ‚Hey, wann sind wir dir denn schon mal im Leben begegnet, wo du was zu essen gebraucht hast oder einen Pennplatz, oder wann hattest du mal keine Klamotten oder warst im Knast, wo wir dich hätten besuchen können?'
45 Dann wird der Oberschiedsrichter antworten: ‚Wenn ihr nicht bereit wart, etwas für den Abschaum dieser Gesellschaft zu tun, wart ihr auch nicht bereit, etwas für mich zu tun.'
46 Und sie werden für immer vom Platz gestellt werden, sie werden dafür ewig bestraft werden. Aber die das getan haben, worauf Gott Bock hatte, die werden richtig absahnen, sie werden ewig leben."

26

Jetzt soll Jesus umgebracht werden

1 Schließlich war Jesus durch mit seiner Ansprache. Am Ende fragte er seine Leute:
2 „Wisst ihr, dass übermorgen die Passaparty steigt? Dann wird der Menschensohn* verraten und verkauft werden, sie werden ihn an die Mächtigen ausliefern und er wird hingerichtet werden."
3 Genau in dieser Minute hatten die religiösen Führer des Landes und einige andere Staatsmänner ein Meeting in der Villa vom Chef der Priester (der hieß Kaiphas).
4 Es ging darum, einen Plan auszutüfteln, wie man Jesus unauffällig töten und verschwinden lassen könnte.
5 Logischerweise war das Ding zu gefährlich, um es während des Passafestes steigen zu lassen, denn dann würden die Leute alles mitkriegen und einen Mega-Aufstand veranstalten.

Viel Kohle auf den Kopf von Jesus

6 Jesus hing bei Simon, der in Betanien wohnte und den er von einer ekligen Hautkrankheit, die Aussatz hieß, geheilt hatte.
7 Beim Essen kam plötzlich 'ne Frau mit so einem superteuren Parfüm in der Hand rein. Mit dem Zeug fing sie dann an, ganz vorsichtig Jesus die Haare zu besprühen.
8 Seine Leute kriegten voll den Hals und schnauzten sie an: „Das Zeug ist megaviel wert! Wenn wir das bei Ebay versteigert hätten, da wäre eine Schweinekohle bei rübergekommen!
9 Die hätte man dann wenigstens irgendeinem Sozialhilfeempfänger geben können, aber so ist das doch voll die Verschwendung!"
10 Jesus bekam das mit und sagte

* Siehe Erklärung in Matthäus 8, Vers 20.

zu den Jungs: „Warum macht ihr jetzt diese Frau fertig? Sie meinte es
doch nur gut mit mir! 11 Sozialhilfeempfänger und Penner werdet ihr
immer haben, aber ich bin bald weg. 12 Mit diesem Parfüm hat sie mich
schon mal klargemacht für die Beerdigung. 13 Was sie jetzt für mich
getan hat, davon wird man noch Ewigkeiten sprechen, zumindest da, wo
man meine gute Message verbreitet."

Wie Jesus von Judas gelinkt wird

14 Abends ging einer von seinen zwölf Freunden, und zwar war das der
Judas, zu den religiösen Führern 15 und fragte: „Wie viel Kohle haut ihr
raus, wenn ich euch Jesus ans Messer liefere?" Sie handelten einen
Preis von dreißig Silberdollar aus, ungefähr einen Monatslohn. 16 Ab
jetzt war Judas nur noch auf der Lauer, die nächstbeste Gelegenheit zu
finden, um Jesus zu verraten.

Jesus macht noch mal 'ne Passaparty mit seinen Leuten

17 Am ersten Tag der Partyzeit, wo man so ein spezielles Brot essen
sollte, da kamen seine Leute noch mal zu ihm und wollten was wissen:
„Jesus, wo feiern wir denn unsere Passaparty?" 18 Jesus sagte: „Geht
mal in die Stadt und macht dem Dingsda 'ne Ansage, dass der Meister
jetzt kommt und dass wir bei ihm 'ne Party feiern wollen. Dann geht
das schon klar." Er nannte ihnen auch den Namen von dem Kerl, dem
der Partyraum gehörte. 19 Seine Leute gingen also schon mal vor und
machten alles fertig für die Feier. 20 Abends saßen sie dann noch mal
zusammen am Tisch und waren am Essen, 21 da ließ Jesus das Ding
vom Stapel: „Einer von euch wird mich verraten!" 22 Alle waren total
geschockt und jeder fragte sofort: „Du meinst doch nicht etwa mich,
oder?" 23 Jesus sagte dann: „Der mit mir das Brot in die Sauce tunkt,
der ist es. 24 Der Menschensohn* wird sterben, die Ansage hab ich euch
schon einmal gemacht, aber der Typ, der ihn verrät, der wird ganz übel
draufkommen. Es wäre besser für ihn, er wäre nie geboren worden."
25 Wie alle anderen auch fragte Judas sofort nach: „Mann, Jesus, du
meinst doch nicht etwa mich?" – „Doch, Judas, genau dich meine ich",
antwortete Jesus. 26 Mitten beim Essen nahm Jesus plötzlich das Brot
vom Teller und dankte Gott dafür. Dann brach er sich etwas davon ab,
gab es weiter und sagte zu seinen Leuten: „Hier, esst das, es ist jetzt
wie mein Körper." 27 Danach nahm er ein großes Glas Wein, dankte in
einem Gebet Gott dafür und gab es an seine Leute weiter: „Daraus sollt
ihr alle trinken! 28 Das ist jetzt wie mein Blut. Damit hab ich einen neu-

* Siehe Erklärung in Matthäus 8, Vers 20.

en Vertrag abgeschlossen, einen Vertrag zwischen den Menschen und Gott. Denn mit diesem Blut wird jede eurer Rechnungen bezahlt, die
noch bei Gott offenstehen. 29 Ich mach mal 'ne Ansage, Leute: Ab jetzt trink ich keinen Wein mehr, bis ich eines Tages im Land von meinem
Papa mit euch feiern werde." 30 Am Ende schmetterten sie noch zusammen einen Song, dann ging es wieder los, zurück zum Ölberg.

Jesus gibt für Petrus einen Warnschuss ab

31 Auf dem Weg meinte Jesus zu seinen Leuten: „Diese Nacht wird echt schlimm für euch werden. Ihr werdet überhaupt nicht mehr kapieren, was abgeht. Es steht ja auch schon im alten Buch, dass Gott ihnen den
Plan wegnehmen wird, und sie werden sich total verlaufen. 32 Aber wenn mein Comeback kommt, dann geh ich gleich nach Galiläa. Dort treffen
wir uns." 33 Petrus war wieder etwas prall unterwegs und sagte zu Jesus: „Hey Jesus, wenn auch alle keine Lust mehr auf dich haben, ich werde
immer zu dir stehen!" 34 Da sagte Jesus nur: „Nicht so voreilig, gerade du wirst, noch bevor die Uhr fünf schlägt, so tun, als würdest du mich
nicht kennen." 35 „Never! Nur über meine Leiche!", schrie Petrus, und alle anderen stimmten in den Chor mit ein.

Heftige Gebetszeit im Park

36 Jesus ging in einen Park, der Gethsemane hieß. „Setzt euch", sagte er, „aber haut nicht ab, sondern wartet auf mich!" 37 Nur Petrus, Jakobus
und Johannes nahm er mit. Jesus kriegte plötzlich Angst. 38 Er sagte zu
ihnen: „Mann, das ist echt alles superderbe für mich, ich kann das kaum aushalten! Bitte lasst mich jetzt nicht im Stich!" 39 Ein paar Schritte weiter warf sich Jesus auf den Boden und schrie zu Gott: „Vater! Wenn es irgendwie geht, dann sorg doch dafür, dass ich das alles nicht durchmachen muss! Aber nicht das, was ich will, sondern das, was du willst, soll
am Ende passieren!" 40 Als er fertig war, ging er wieder zu seinen drei Freunden und musste feststellen, dass alle eingepennt waren. Er klopfte Petrus auf die Schulter, um ihn aufzuwecken: „Hey, könnt ihr nicht
eine einzige Stunde mit mir wach bleiben? 41 Haltet durch und pennt nicht, sonst werdet ihr die nächsten Tage auch nicht packen. Ihr seid ja so nicht schlecht drauf, aber nur mit eurer eigenen Kraft packt ihr das
nie und nimmer!" 42 Jesus ging wieder weg, weil er weiterbeten wollte: „Papi, wenn ich durch diese ganzen Schmerzen wirklich durchmuss, wenn du das wirklich willst, dann ist das okay für mich, dann werde ich
es tun!" 43 Kaum war er zurück, waren seine Leute schon wieder am
Pennen. 44 Er ging noch mal zurück und fragte Gott zum dritten Mal
dasselbe Ding. 45 Schließlich kam er zurück und weckte alle auf: „Genug

geschlafen. Es ist Zeit. Jetzt wird der Sohn des Menschen an die Men-
schen, die ohne Gott leben, ausgeliefert. 46 Aufstehen, lasst uns losge-
hen! Der Typ, der mich verraten wird, ist auch schon da!“

Die bezahlten Securityleute kommen und verhaften Jesus

47 Jesus hatte seinen Satz noch nicht mal zu Ende gesprochen, da war
Judas auch schon mit einer ganzen Horde vom Oberpriester bezahlter
Securityleute eingetroffen. Die waren fett hochgerüstet, hatten sogar
ihre Knarren und Schlagstöcke dabei. 48 Judas hatte es mit ihnen so
ausgemacht, dass er als Erkennungszeichen Jesus einen Kuss auf die
Wange geben sollte: „Dem müsst ihr dann Handschellen anlegen und
ihn abführen!“ 49 Judas ging auf Jesus zu und sagte: „Hey Jesus! Cool,
dass du da bist!“ Dann küsste er ihn auf die Wange. 50 Jesus sah ihn an
und meinte: „Mein Freund! Was geht?“ Sofort packten die Männer Jesus
am Arm und legten ihm Handschellen an. 51 Einer von seinen Freunden
hatte ein langes Messer dabei. Blitzschnell zog er es aus dem Mantel,
ging auf einen der Securityleute los und schnitt dem im Kampf ein Ohr
ab. 52 „Hör auf damit!“, sagte Jesus zu ihm, „wer versucht, Sachen mit
Gewalt zu regeln, wird durch Gewalt auch mal getötet werden. 53 Mann,
hast du ’n Rad ab, schnallst du das nicht? Wenn mein Vater Bock drauf
hätte, würde er eine ganze Armee von Engeln vorbeischicken, die wür-
den hier Kleinholz aus allem machen! 54 Das ist alles okay so. So stand
das doch schon in dem heiligen Buch drin, es muss so passieren, wie es
da vorausgesagt wurde.“ 55 Dann drehte er sich zu dem Trupp und fragte
die Typen: „Bin ich denn ein schlimmer Terrorist, dass ihr mit Messern
und Schlagstöcken anrücken müsst? Ich war doch jeden Tag im Tem-
pel und hab da gepredigt, aber da war keiner von euch! 56 Aber das ist
auch schon okay, denn die alten Propheten haben auch das schon alles
vorausgesagt.“ Seine Freunde aber hatten voll die Panik und rannten
einfach weg.

Jesus wird ausgefragt

57 Jesus wurde schließlich in ein Haus gebracht, wo sich der Oberpries-
ter Kaiphas und auch die anderen religiösen Führer versammelt hatten.
58 Petrus schlich der Menge aus sicherer Entfernung hinterher, bis sie im
Innenhof des Gebäudes angekommen waren, wo immer die schnellen
Gerichtsverhandlungen abgingen. 59 Alles, was Rang und Namen hatte,
war anwesend. Schließlich suchten sie verzweifelt irgendwelche Zeugen,
die gegen Jesus aussagen würden. Ihr Ziel war von vornherein klar: die
Todesstrafe! 60 Sie fanden auch ein paar, die bereit waren, in den Zeu-
genstand zu treten, aber die widersprachen sich ständig. 61 Irgendwann

kamen dann zwei Männer an, die sagten: „Der Jesus hat behauptet,
er könnte unseren Tempel in drei Tagen abreißen und dann wieder
aufbauen, und zwar ganz ohne Bulldozer!“ 62 Die Oberpriester fragten
Jesus: „Was haben Sie dazu zu sagen? Stimmt das?“ 63 Doch Jesus hielt
den Mund und sagte nichts. Da fiel dem Oberpriester noch was ein. Er
fragte: „Sie stehen jetzt unter Eid, ist Ihnen das klar? Ich frage Sie vor all
den Leuten hier: Sind Sie der uns von Gott versprochene Auserwählte,
der Christus, der Sohn von Gott?“ 64 „Ja“, sagte Jesus, „und ab jetzt wer-
det ihr den Menschensohn* gleich neben Gott sitzen sehen, bis er eines
Tages aus dem Himmel zurück auf die Erde kommen wird.“ 65 „Boahhh“,
das war zu viel für den Oberpriester. Der war so fertig, dass er theat-
ralisch seine Klamotten zerriss und rumbrüllte: „Er hat eben ganz übel
über Gott gelästert! Wir brauchen ihn nicht mehr weiter zu befragen,
ihr habt ja alles mitgehört, das ist strengstens verboten!“ 66 „Was sollen
wir mir ihm machen? Wie sollen wir ihn bestrafen?“ Da riefen alle wie
durchgedreht: „Todesstrafe, Todesstrafe!“ 67 Und sie rotzten Jesus ins
Gesicht und prügelten auf ihn ein. Dann fingen sie an, auch noch Witze
über ihn zu machen: 68 „Na, du Held, du! Du bist doch ein Prophet,
oder? Na, wer war das eben, wer hat dich geschlagen?“ 69 Petrus war
immer noch im Innenhof. Plötzlich kam so ein kleines Mädchen zu ihm
und meinte: „Du bist doch auch in seiner Gruppe gewesen? Du gehörst
doch zu ihm!“ 70 Aber Petrus schüttelte nur den Kopf: „Verschwinde,
was willst du von mir?“ 71 Dann ging er etwas weiter weg von der Halle,
aber da kam ein anderes Mädchen an, das laut sagte: „Der Typ hing
doch auch immer mit Jesus rum!“ 72 Aber Petrus tat wieder so, als wüss-
te er von nichts. Er sagte laut: „Ich schwör, ich kenn diesen Jesus nicht!“
73 Kurze Zeit später kamen noch ein paar Männer vorbei, die sagten: „Ey,
du gehörst doch auch zu seinen Freunden, erzähl mir nichts! Du redest
doch genau so wie der!“ 74 Da rastete Petrus aus und schrie sie an: „Ich
kenne diesen Menschen nicht und will ihn auch nicht kennenlernen!“ In
dieser Sekunde schlug die Uhr fünf Mal. 75 Da fiel Petrus wieder das ein,
was Jesus morgens zu ihm gesagt hatte: „Bevor die Uhr fünf schlägt,
wirst du so tun, als würdest du mich gar nicht kennen.“ Da war Petrus
total fertig und fing voll an zu weinen.

27

Jetzt sind die Römer dran

1 Frühmorgens beschlossen die Oberpriester und die Leute aus dem
Volk, die was zu sagen hatten, Jesus an die Besatzungsmacht der römi-

* Siehe Erklärung in Matthäus 8, Vers 20.

schen Behörden auszuliefern. Ihr Ziel war es dabei, dass Jesus noch am
selben Tag im Eilverfahren die Todesstrafe bekommen sollte. 2 Darum
legten sie Jesus Handschellen an und zogen mit ihm zum Bürogebäude
des Obersten Gerichtshofes der Römer.

Judas nimmt sich den Strick

3 Judas (der Typ, der Jesus verraten hatte) kriegte plötzlich große Ge-
wissensbisse, als er mitbekam, dass die Juden Jesus die Todesstrafe
an den Hals wünschten. Er ging zu den Oberpriestern und knallte
ihnen das ganze Geld auf den Tisch. 4 „Ich habe einen großen Fehler
gemacht, ich hab Ihnen einen Unschuldigen ans Messer geliefert!",
sagte er. 5 „Das ist uns doch egal", meinten die nur, „nimm dein Geld
und verschwinde. Wir haben nix mehr mit dir zu tun." Judas rannte wie
durchgeknallt zum Tempel, nahm das ganze Geld und schmiss es dort
auf den Boden. Und dann holte er sich einen Strick und erhängte sich
im Park. 6 Die Oberpriester sammelten das Geld auf, waren sich aber
unsicher, was sie damit nun machen sollten: „Wir können die Kohle
nicht im Tempel lassen, da klebt Blut dran!" 7 Sie bequatschten das
Thema und beschlossen schließlich, eine Stiftung zu gründen. Zweck
der Stiftung war, einen Friedhof für Leute zu finanzieren, die anderswo
nicht begraben werden konnten. 8 Diesen Friedhof nennt man heute
noch „Friedhof, an dem Blut klebt". 9 Und so wurde auch wieder eine
Vorhersage von dem Propheten Jeremia wahr. Der machte die Ansage:
„Sie nahmen dreißig Silberdollar, das war er den Leuten von Israel
wert, 10 und kauften damit ein Feld von den Handwerkern, so wie Gott
es wollte."

Das Todesurteil

11 Schließlich brachten sie Jesus zu dem Befehlshaber der Besatzungs-
macht, Pontius Pilatus. Der fragte Jesus sofort: „Sind Sie jetzt der
Präsident von den Juden?" – „Ja, das bin ich", antwortete Jesus. 12 Jetzt
traten die religiösen Führer auf die Bildfläche und versuchten mit al-
len Mitteln, einen guten Anklagepunkt zu finden, für den er verurteilt
werden könnte. Jesus sagte die ganze Zeit keinen Pieps. 13 „Hören Sie
das nicht, was die hier so alles gegen Sie vorbringen?", fragte Pilatus.
14 Aber Jesus sagte weiter keinen Ton. Pilatus kriegte das voll nicht
gebacken. 15 Die Befehlshaber hatten zu dieser Zeit das Recht, zum
Passafest einmal im Jahr einen Gefangenen einfach so freizulassen,
den sich die Leute selber aussuchen durften. 16 In diesem Jahr war
noch ein anderer Mann verhaftet worden, weil er einige Menschen er-
mordet hatte. Der hieß Barabbas. 17 Als sich jetzt sehr viele Menschen

vor dem Haus von Pilatus versammelt hatten, ging er nach draußen
und fragte in die Runde: „Wen soll ich dieses Jahr zur Feier des Tages
freilassen? Barabbas oder Jesus, den ihr auch den Christus nennt?“
18 Pilatus hatte nämlich schon längst kapiert, dass hinter der Verhaf-
tung von Jesus nur ein Komplott der religiösen Führung steckte, die
neidisch auf ihn waren. 19 Als Pilatus gerade mitten in der Verhandlung
war, kam plötzlich ’ne Nachricht von seiner Frau rein. Die schrieb:
„Du musst diesen Typen in Ruhe lassen! Er hat nichts getan! Hab
letzte Nacht einen Alptraum gehabt wegen ihm!“ 20 In der Zwischen-
zeit hatten die Oberpriester und die religiösen Leiter aber schon die
ganze Masse aufgestachelt: Wenn Pilatus wiederkommt, sollten alle
gleichzeitig rufen, dass Barabbas freikommen soll, aber nicht Jesus.
21 Als der Befehlshaber Pilatus wieder mit der Frage ankam: „Wen soll
ich jetzt freilassen?“, brüllte die Menge: „Barabbas, Barabbas!“ 22 „Und
was soll ich mit Jesus machen?“ Da schrien alle wie aus einem Mund:
„Todesstrafe, Todesstrafe, Todesstrafe durch das Kreuz!“ 23 „Weswegen
soll ich ihn denn verurteilen?“, rief Pilatus etwas verzweifelt. Doch
die Leute waren alle wie im Rausch. Sie brüllten: „Tod, Tod, Tod!!!“
24 Pilatus war klar, dass er so keine Chance hatte, gegen die Meute
anzukommen, die immer lauter wurde. Er ging zum Waschbecken, was
im Saal angebracht war, und wusch sich vor allen Leuten die Hände.
Dann sagte er: „Ich für meinen Teil hab mit der Hinrichtung von die-
sem Mann nichts zu tun. In meinen Augen hat er nichts verbrochen.
Die Verantwortung dafür müsst ihr tragen!“ 25 Da brüllten die Leute:
„Ja, wir und unsere Kinder, wir stehen dafür gerade, die Verantwortung
dafür tragen wir!“ 26 Dann befreite er Barabbas. Jesus wurde abgeführt.
Dann wurde er von den Soldaten getreten und geschlagen. Pilatus
unterschrieb den Vollstreckungsbefehl.

Jesus wird gefoltert und fertig gemacht

27 Die Soldaten nahmen Jesus erst mal in Einzelhaft. Im Zelleninnenhof
riefen sie alle Soldaten zusammen. 28 Sie zogen Jesus die Kleidung aus
und legten ihm einen roten Umhang um die Schultern. 29 Aus Stachel-
draht bog einer so eine Krone zusammen, und die drückten sie ihm auf
den Kopf. Dann legte ihm einer einen Holzstock in die rechte Hand,
und dann fingen sie an, sich auch noch über ihn lustig zu machen:
„Oh, du bist ja so toll! Du bist doch der Chef der Juden!“ 30 Nach-
einander spuckten sie Jesus ins Gesicht und schlugen ihm mit dem
Holzstock auf den Kopf. 31 Als sie irgendwann den Spaß daran verloren
hatten, zogen sie ihm wieder die alten Sachen an und führten ihn ab
zum Ort, wo die Hinrichtung stattfinden sollte.

Am Kreuz

32 Auf dem Weg dorthin stand gerade ein Mann am Straßenrand, der Simon hieß und aus der Stadt Kyrene kam. Man befahl ihm, das Holzkreuz zu tragen, an das Jesus genagelt werden sollte.
33 Sie brachten ihn an den Platz vor der Stadt, an dem immer die Hinrichtungen stattfanden. Die Stelle hieß „Schädelplatz".
34 Die Soldaten wollten Jesus eine Schmerztablette andrehen, damit die Hinrichtung nicht ganz so wehtat, aber er wollte sie nicht.
35 Nachdem sie Jesus an das Kreuz genagelt hatten, verlosten sie unter sich seine Kleidung. Das hatte einer der Propheten auch schon vorhergesagt. Er hatte aufgeschrieben: „Meine Kleidung wird verteilt, und man wird auslosen, wer sie bekommen wird."
36 Die Soldaten setzten sich neben das Kreuz und beobachteten den Rest der Hinrichtung.
37 Über dem Kreuz hatten sie ein Schild aufgehängt. Da stand drauf: „Das ist Jesus, der Präsident der Juden!"
38 Zur gleichen Zeit fanden noch zwei andere Hinrichtungen statt, die Männer hingen rechts und links von Jesus an ihren Kreuzen.
39 Die Menschen, die vorbeigingen, rissen Witze über Jesus und machten sich über ihn lustig:
40 „Du wolltest doch sogar den Tempel abreißen und ihn in drei Tagen wieder aufbauen! Und nun? Kümmere dich doch erst mal um dich selbst! Komm vom Kreuz wieder runter, wenn du wirklich der Sohn von Gott bist!"
41 Natürlich war die religiöse Führungsebene, die Theologen und die Leute, die was zu sagen hatten, auch gleich da und machte ihre Späße:
42 „Jedem hat er geholfen, aber für sich selber kriegt er es nicht hin! Wenn du wirklich der Präsident der Juden sein willst, dann mach dich doch los und komm runter von deinem Kreuz! Dann würden sogar wir an dich glauben!"
43 Andere riefen: „Er hat ja immer sehr auf seinen Gott vertraut, wollen wir doch mal sehen, ob Gott sich immer noch zu ihm stellt und ihm hilft. Er hat doch immer behauptet: ‚Ich bin der Sohn von Gott'!"
44 Auch die beiden anderen Verbrecher, die neben ihm hingerichtet wurden, machten ihre Witze.

Jesus stirbt

45 Gegen Mittag wurde es plötzlich ganz dunkel. Über drei Stunden war es überall wie Nacht.
46 Plötzlich schrie Jesus in seiner Muttersprache: „Eli, Eli, lama asabtani?", was so viel heißt wie: „Mein Gott, mein Gott, wo bist du jetzt, warum bist du nicht mehr da?"
47 Die Schaulustigen hatten ihn falsch verstanden, sie dachten, er würde einen der Propheten rufen, der Elia hieß.
48 Einer wollte Jesus was zu trinken geben. Er steckte einen nassen Schwamm auf einen Stab und hielt ihn Jesus an den Mund.
49 Die anderen machten dumme Sprüche: „Bleibt

hier! Vielleicht kommt ja Elia und hilft ihm." 50 Plötzlich schrie Jesus
noch einmal laut auf, dann starb er. 51 In derselben Sekunde zerriss
der Vorhang von oben bis unten, der im Tempel vor dem Bereich hing,
in dem das Allerderbste und Heiligste aufbewahrt wurde. Es gab ein
Erdbeben der Stärke sieben, und sogar einige Felsen explodierten im
Land! 52 Auf dem Friedhof öffneten sich Gräber und ein paar von den
Leuten, die immer das getan hatten, was Gott gut findet, wurden wie-
der lebendig. 53 Die gingen sogar aus den Gräbern direkt in die Stadt,
wo viele Leute sie gesehen haben. 54 Der Oberst der Armee und die
Soldaten, die das Ganze bewacht hatten, bekamen spätestens beim
Erdbeben total den Schiss. Alle sagten: „Dieser Mann war wirklich der
Sohn von Gott!" 55 Viele von den Frauen aus der Gegend Galiläa waren
auch mit in Jerusalem. Sie hatten sich um das Essen von Jesus geküm-
mert, jetzt beobachteten sie alles aus einer gewissen Distanz. 56 Maria
(die aus dem Ort Magdala war), eine andere Maria (die Mutter von
Jakobus) und die Mutter der zwei Söhne von Zebedäus, Jakobus und
Johannes, waren auch da.

Jesus wird beerdigt

57 Abends kam ein sehr reicher Mann aus Arimathäa vorbei, der hieß
Josef und war auch ein Freund von Jesus. 58 Er ging zu Pilatus und
beantragte die Überführung der Leiche von Jesus. Pilatus unterschrieb
den Wisch sofort. 59 Josef nahm die Leiche von Jesus, wickelte sie in
ein Tuch und übergab sie einem Leichenbestatter. 60 Dann wurde Jesus
am selben Tag noch auf einem Friedhof begraben, und zwar an der
Stelle, wo Josef eigentlich mal beigesetzt werden wollte. 61 Die beiden
Marias setzten sich abends alleine an das Grab.

Türsteher am Grab von Jesus

62 Am nächsten Morgen, es war ein Sonntag, kamen wieder die Ober-
priester und die religiösen Typen zusammen zu Pilatus. 63 „Dieser
Mann hat mal 'ne Ansage gemacht, er würde nach drei Tagen wieder
lebendig werden! 64 Es wäre wichtig, dass Sie bis dahin ein paar von
Ihren Securityleuten an das Grab stellen, nur um auf Nummer sicher
zu gehen. Sonst klauen seine Jünger noch nachts die Leiche, und
dann haben wir ein Problem, weil sie das Gerücht verbreiten könnten,
er wäre tatsächlich nicht totzukriegen!" 65 „Meinetwegen" war seine
Antwort, „zwei Leute will ich dafür abstellen. Tut, was ihr nicht lassen
könnt, und lasst das Grab bewachen!" 66 Sie gingen sofort dorthin,
machten eine Absperrung um die gesamte Grabstelle und stellten
zwei Männer als Wache ab.

28

Jesus' fettes Comeback

1 Ganz früh am Sonntagmorgen, als es gerade hell wurde, gingen
Maria Magdalena und die andere Maria auf den Friedhof zum Grab.
2 Plötzlich bebte der Boden unter ihren Füßen, einer von Gottes En-
geln erschien auf der Bildfläche und sprengte die Erde über dem Grab
mit einem Blick einfach weg. Dann setzte er sich neben die Kuhle
auf einen Stein und wartete dort. 3 Er leuchtete fast wie eine 5 000-
Watt-Halogenlampe und seine Klamotten waren weiß wie Schnee.
4 Die Männer, die das Grab bewachen sollten, machten sich in die
Hose vor Angst, sie schmissen sich auf den Boden und blieben total
geschockt einfach liegen. 5 Der Engel blickte zu den zwei Frauen und
sagte: „Ihr braucht keine Angst zu haben! Ich weiß, ihr sucht Jesus,
den sie hingerichtet haben. 6 Aber der ist nicht mehr hier! Genau wie
er es angesagt hat, ist er wieder lebendig geworden. Ihr könnt euch
die Stelle ruhig noch mal ansehen, wo er vorher gelegen hat. 7 Geht
sofort zu seinen Freunden und erzählt denen, dass Jesus nicht mehr
tot ist, sondern lebt. Er wird nach Galiläa gehen, er will dort noch
mal mit euch zusammen sein. Das sollte ich euch ausrichten." 8 Völ-
lig fertig rannten die Frauen vom Friedhof weg, aber auf der anderen
Seite waren sie innerlich superglücklich. Möglichst schnell wollten sie
seine Freunde finden, um denen zu erzählen, was sie gerade gehört
hatten. 9 Als sie um die Ecke bogen, stand plötzlich Jesus vor ihnen.
„Hallo, ihr zwei!", sagte er. Die beiden legten sich nur platt vor ihm
auf den Boden und fassten seine Füße an. 10 Jesus redete ihnen gut
zu: „Entspannt euch! Jetzt geht erst mal zu meinen Jungs und richtet
ihnen aus, dass wir uns in Galiläa treffen! Da bin ich dann für alle am
Start."

Die Lüge der Securityleute

11 Als die Frauen wieder verschwunden waren, rannten die Security-
leute in die Stadt und erzählten den religiösen Führern, was sie erlebt
hatten. 12 Sofort wurde ein Meeting mit den wichtigen Leuten der
Stadt abgehalten. Man bestach die beiden mit Geld und befahl ih-
nen: 13 „Ihr müsst überall das Gerücht verbreiten: ‚Als wir eingepennt
waren, kamen seine Leute vorbei und haben die Leiche von Jesus ge-
klaut.'" 14 Sie boten den beiden einen Deal an: „Wenn euer Chef das
erfährt, dann decken wir euch." 15 Die beiden nahmen das Geld und
hielten sich an die Abmachung. So kam dieses Gerücht zustande, das
sich leider bis heute gehalten hat.

Jesus trifft auf seine Leute

[16] Die elf Freunde von Jesus gingen dann nach Galiläa zu dem Treffpunkt, den sie mit Jesus ausgemacht hatten. [17] Dort angekommen, stand Jesus plötzlich vor ihnen. Mann, da waren aber alle total platt! Sie legten sich vor ihm auf den Boden und fingen an, zu ihm zu beten. Es gab aber auch ein paar, die es noch nicht so richtig glauben konnten, dass es wirklich Jesus war.

Der Auftrag von Jesus an seine Leute

[18] Jesus ging zu seinen Leuten, umarmte sie und sagte ihnen: „Hey ihr, ich hab von Gott uneingeschränkte Vollmacht überschrieben bekommen, und zwar über alles, was geht! Über alles Sichtbare und auch über alles Unsichtbare. [19] Darum geht jetzt los, überallhin, an alle Ecken der Erde! Bringt alle Leute dazu, so zu leben, wie ich es euch beigebracht habe! Fangt damit an, sie zu taufen! Das soll das Zeichen dafür sein, dass sie jetzt zu Gott gehören, zu unserem Vater, genauso wie zum Sohn und zu seiner besonderen Kraft, dem Heiligen Geist.
[20] Bringt ihnen alles bei, was ich euch beigebracht habe. Auf eins könnt ihr euch jetzt schon verlassen: Ich werde – egal zu welcher Zeit und egal wo ihr gerade seid – immer bei euch sein und euch nie mehr verlassen!“

Gute Nachrichten durch Jesus Christus: ein Bericht von Markus

1

Johannes der Täufer meint: Ändert euch!

1 Hier geht es um eine sehr coole Sache, wirklich gute Nachrichten für alle,
über Jesus Christus, den Sohn von Gott! 2 Es fing alles genau so an, wie
es der Prophet Jesaja schon im alten Buch vorhergesagt hatte: „Pass auf!
Ich werde für dich einen Ansager organisieren. Er wird im Voraus für alles
sorgen. 3 Der ist wie ein Megaphon, man hört ihn schon von weitem, und
er wird rufen: ‚Platz da! Der Meister kommt! Macht den Weg frei!'" 4 Dieser
Ansager hieß Johannes. Er lebte mitten in der Wüste und forderte die Leute
auf, sich bei einem religiösen Ritual waschen zu lassen, man nannte das
Taufe. Es sollte ein Zeichen dafür sein, dass man sein Leben ändern wollte.
5 Von überall kamen die Leute angereist, aus Jerusalem und Judäa, um sich
seine Reden anzuhören. Sie erzählten ihm, wo sie Mist in ihrem Leben ge-
baut hatten, und dann taufte er sie. 6 Johannes hatte Klamotten aus Kamel-
haaren und trug dazu einen Ledergürtel. Er aß Heuschrecken mit Honig
zum Mittag, so krass drauf war er. 7 Er machte allen Leuten die Ansage:
„Bald wird einer da sein, der ist so wichtig und groß, dem kann ich noch
nicht einmal die Schuhe putzen. 8 Ich hab nur mit Wasser getauft. Der wird
aber mit der Kraft von Gott taufen, mit seinem Geist!" 9 Schließlich kam
Jesus, der aus der Stadt Nazareth stammte, mal vorbei. Er wollte sich auch
taufen lassen. 10 Als er nach der Taufe aus dem Wasser wieder hochkam,
öffnete sich der Himmel ganz plötzlich über ihm. Der Geist, der von Gott
kommt, schwebte zu ihm hinunter und zwar in Form einer Taube. 11 Und
dann hörte man plötzlich eine Stimme aus dem Nichts, die laut sagte: „Du
bist mein Sohn, den ich sehr liebe. Ich freue mich total über dich!"

Ab in die Wüste

12 Kurze Zeit später führte der Geist von Gott Jesus in die Wüste. 13 Vier-
zig Tage lang hatte er dort eine ätzende Zeit. Satan versuchte ihn dabei
vom richtigen Weg abzubringen. Er lebte mit den Tieren zusammen,
und ein paar Engel kamen vorbei, die für ihn sorgten.

Jesus sagt: Es geht jetzt los

14 Nachdem Johannes von Herodes Antipas, der damals das Sagen
hatte, in den Knast gesteckt worden war, zog Jesus nach Galiläa, um

von da aus loszulegen. Er erzählte folgende Message: 15 „Es geht los,
Leute! Es hat eine neue Zeit begonnen, eine Zeit, in der Gott das
Sagen hat. Hört auf, Dinge zu tun, die Gott nicht will, und setzt euer
Vertrauen auf diese neue gute Nachricht!“ 16 Am See Genezareth traf
Jesus auf Simon und dessen Bruder Andreas. Die waren von Beruf
Fischer und gerade bei der Arbeit. 17 Jesus meinte zu den beiden:
„Hey ihr zwei! Kommt mit, ich will euch zeigen, wie man Menschen
an die Angel kriegt.“ 18 Die zwei ließen sofort alles stehen und liegen
und gingen mit ihm mit. 19 Gleich um die Ecke hingen die Söhne von
Zebedäus, Jakobus und Johannes, im Boot, um Netze zu flicken. 20 Zu
denen sagte Jesus auch nur: „Mitkommen!“, und beide folgten ihm
sofort. Sie ließen ihren Vater bei den Zeitarbeitern, die auch mit im
Boot waren, zurück und gingen mit ihm. 21 Schließlich kamen sie in
die Stadt Kapernaum. An dem besonderen jüdischen Feiertag, dem
Sabbat, ging Jesus in die Synagoge*, um den Leuten dort was bei-
zubringen. 22 Alle waren total baff von seiner Art und von dem, was
er so rüberbrachte. Er hatte es voll drauf, im Gegensatz zu diesen
Schriftgelehrten, den religiösen Profis, die auch immer aus dem al-
ten besonderen Buch zitierten. Alle merkten sehr krass, dass durch
Jesus Gott zu ihnen redete. 23 In der Synagoge war ein Typ, der hatte
so einen fiesen Geist in seinem Körper, einen Dämon. 24 Der fing voll
an zu zappeln und schrie: „Was willst du, Jesus? Bist du da, um uns
fertig zu machen? Ich weiß genau, wer du bist. Du bist der von Gott
Auserwählte!“ 25 „Halt's Maul!“, schrie Jesus zurück. „Verlass diesen
Typen!“ 26 Der Dämon zappelte hin und her, quiekte noch einmal, und
dann zog er Leine. 27 Die Zuschauer waren alle total durch! Sie steck-
ten die Köpfe zusammen und meinten: „Was ist das für eine derbe
Geschichte, die der da erzählt? Und woher hat er diese Power? Sogar
die Dämonen müssen tun, was er sagt!“ 28 Die News verbreiteten
sich wie ein Lauffeuer in ganz Galiläa. 29 Als Jesus aus der Synagoge
draußen war, wollten sie noch Simon und Andreas besuchen gehen.
Jakobus und Johannes waren auch dabei. 30 Die Schwiegermutter von
Simon war sehr krank. Sie hatte Grippe und lag mit vierzig Fieber
im Bett. Als sie ihm das gesagt hatten, 31 machte er auch noch einen
Krankenbesuch klar. Er ging in das Zimmer und packte ihre Hand.
Dann zog er sie aus dem Bett hoch, und im selben Augenblick war
das Fieber weg! Die Frau ging erst mal in die Küche und machte ei-
nen Imbiss für alle.

* Synagogen nannte man die Häuser, in denen die Juden am Sabbat (Samstag) ihren Gottesdienst feierten.

Jesus hat Sprechstunde und heilt Menschen von Krankheiten

32 Abends nach Sonnenuntergang war Sprechstunde angesagt. Alle
Leute, die irgendwie krank waren oder auch Probleme mit Dämonen
hatten, wurden vorbeigebracht. 33 Die ganze Stadt war plötzlich an der
Tür und wollte was. 34 Sehr viele Leute wurden an dem Abend von Je-
sus wieder gesund gemacht. Er bekämpfte viele Dämonen erfolgreich.
Nachdem die Dämonen aus dem Menschen rausgeschmissen waren,
gab Jesus ihnen die Order, bloß nichts zu sagen. Denn die wussten
genau, wer ihnen da gegenüberstand. 35 Am nächsten Morgen ging
Jesus erst mal an einen Ort, wo er ganz alleine sein konnte, um zu
beten. 36 Später gingen ihm Simon und die anderen hinterher. 37 Als
sie ihn gefunden hatten, meinte einer: „Hey Jesus, alle wollen wissen,
wo du bist!“ 38 „Wir haben noch eine lange Tour vor uns, ich will noch
in anderen Städten Predigten halten. Dazu bin ich da.“ 39 Also zog er
durch das ganze Gebiet von Galiläa, er predigte in den Synagogen, und
bei vielen Leuten vertrieb er auch die bösen Geister aus ihrem Körper.
40 Da kam ein Typ, der eine ganz schlimme Krankheit hatte, so was wie
Aids, zu Jesus. Er kniete sich vor ihm hin und bettelte: „Herr Jesus, ich
weiß, wenn Sie wollen, dann können Sie mich gesund machen!“ 41 Der
Typ tat Jesus voll Leid. Er fasste ihn an und sagte: „Ist in Ordnung.
Du bist jetzt gesund!“ 42 Sofort waren die Symptome weg, und er war
geheilt. 43 Jesus verpasste ihm aber erst mal einen Maulkorb: 44 „Geh
jetzt sofort zum Priester und lass dich von ihm durchchecken. Unter-
wegs mit keinem reden, klar? Nimm ein paar Sachen auf dem Weg mit,
die du dann in unserem Tempel nach den Vorschriften von Mose auf
dem Altar verbrennen musst. Damit soll allen bewiesen werden, dass
du wirklich gesund bist!“ 45 Aber der Typ hielt sich nicht an die Abma-
chung. Völlig begeistert erzählte er jedem, den er vors Rohr kriegte,
von seiner Heilung. Dadurch wurde Jesus berühmt und konnte sich
nicht mehr überall blicken lassen. Schließlich hing er nur noch an Plät-
zen rum, die nicht so viele Leute kannten. Aber auch da waren schnell
viele Menschen von überall bei ihm.

2

Ein Körperbehinderter wird gesund

1 Ein paar Tage später war Jesus wieder in Kapernaum gelandet.
Dass er wieder da war, sprach sich schnell rum. 2 Es dauerte keinen
Tag, da war sein Haus schon wieder mit tausend Leuten belagert.
Die Sitzplätze waren schnell weg, nicht mal mehr vor den Fenstern
und der Tür war noch was frei. Und Jesus erzählte ihnen von Gott.
3 Plötzlich kamen vier Männer, die einen querschnittsgelähmten

Freund auf einer Trage trugen. 4 Weil es so voll war und sie einfach nicht durchkamen, kletterten die vier aufs Dach. Einer nahm die Ziegel runter, und dann ließen sie ihren Freund durch das Loch mit ein paar Seilen fahrstuhlmäßig langsam runter. 5 Als Jesus bemerkte, wie groß ihr Vertrauen auf ihn war, redete er mit dem Gelähmten: „Hey du, der ganze Mist, den du gebaut hast, ist jetzt vergeben und vorbei!“ 6 Einige von den Jungs, die das alte besondere Buch der Juden ausgiebig studiert hatten, waren davon nicht so begeistert. 7 „Wie kann der bitte so ’ne Ansage machen? Der macht doch Gott lächerlich! Nur Gott alleine kann unsere Schuld vergeben, nur er kann diese Distanz zwischen ihm und uns wieder wegmachen!“ 8 Jesus hatte schon längst bemerkt, was in denen vorging: „Warum machen Sie sich über so was nur solche Gedanken? 9 Was ist denn leichter? Zu dem Behinderten hinzugehen und zu sagen: ‚Dein Mist ist vergeben und vorbei‘, oder zu ihm zu sagen: ‚Steh auf, Mann, nimm dein Zeug untern Arm und lauf wieder‘? 10 Ich werde Ihnen beweisen, dass der Menschensohn* die Vollmacht hat, den Mist zu vergeben und die Schulden zu erlassen, die man bei Gott hat.“ Dann beugte er sich zu dem Typen runter und meinte noch mal zu ihm: 11 „Los, steh auf, Mann! Nimm deine Sachen und geh nach Hause! Du bist jetzt wieder gesund.“ 12 Der Typ sprang sofort von seiner Trage runter, nahm seine Klamotten und drängelte sich durch die Menschenmasse nach draußen. Boa, da waren alle total geplättet und dankten Gott für dieses Wunder. „So was haben wir hier noch nie erlebt!“ 13 Schließlich ging Jesus wieder ans Ufer vom See. Dort unterrichtete er viele Leute, die sich da getroffen hatten. 14 Auf dem Weg in eine andere Gegend traf er Levi, der aus der Familie vom Alphäus kam. Levi war Zollbeamter und saß gerade in seinem Zollhäuschen an der Straße. „Komm mit!“, sagte Jesus zu ihm. Das ließ der sich nicht zweimal sagen. 15 Levi organisierte erst mal ’ne große Party. Er hatte neben Jesus und seinen Freunden auch viele Menschen eingeladen, die in der Gesellschaft als Dreck galten. Dazu gehörten auch ein paar Zoll- und Finanzbeamte, die sehr unbeliebt waren, weil sie die Menschen abzockten und den einen oder anderen Euro in die eigene Tasche wandern ließen. 16 Als die Theologen und die religiösen Oberprofis, diese Pharisäer, mitkriegten, mit was für Abschaum Jesus zusammen war, fragten sie seine Freunde: „Warum hängt der bloß mit so einem Pack ab?“ 17 Jesus bekam das mit und meinte: „Die Leute, die gesund sind, brauchen auch nicht zum Arzt zu gehen. Aber die Fertigen, die Kranken, die brauchen einen Arzt. Und für genau die bin ich ja auch da, nicht für die, die sowieso schon mit Gott leben!“

Neue Sachen passen nicht in alte Formen

[18] Die Gruppe um Johannes und auch diese Pharisäer waren mal wieder am Fasten. Das heißt, sie aßen aus religiösen Gründen tagsüber nichts und verzichteten auch so auf Sachen. Irgendwann kamen ein paar Typen zu Jesus und wollten von ihm wissen, warum die Lehrlinge von Johannes und auch die von den Pharisäern fasten würden, aber seine Leute nicht. [19] Jesus meinte dazu: „Wie ist das denn bei einer Hochzeit? Sitzen denn die Gäste da auch frustriert rum, wo der Typ, der heiratet, noch dabei ist? Null! Sie feiern, bis der Arzt kommt, solange der Bräutigam noch da ist. [20] Aber irgendwann wird der verschwinden, und dann gibt es noch genug Zeit zum Traurigsein und zum Fasten. [21] Keiner würde eine alte zerrissene Hose mit einem nagelneuen Flicken reparieren. Die Hose würde eh wieder an der Stelle aufreißen und das Loch wäre noch größer. [22] Genauso würde niemand, der Wein macht, den Traubensaft in alte brüchige Flaschen einfüllen. Wenn der dann gärt und sich ausdehnt, explodieren die Teile und alles wäre kaputt. Genauso müssen die neuen Ideen über Gott auch auf eine neue Grundlage gestellt werden.

Oder anders übersetzt: [21] *Niemand würde ein neues Blech auf einen total verrotteten Kotflügel schweißen. Das Teil würde nicht lange halten und das Loch würde nur noch größer werden. Der ganze Kotflügel muss neu sein.* [22] *Genauso würde niemand ein neues Betriebssystem auf einen alten Rechner draufladen. Dann würde die Festplatte nur abrauchen. Genauso müssen die neuen Ideen über Gott auch auf eine neue Grundlage gestellt werden.*

Am Feiertag soll man es ruhig angehen lassen

[23] An dem religiösen Feiertag, dem Sabbat, gingen Jesus und seine Leute durch die Getreidefelder spazieren. Auf dem Weg pflückten sie ein paar Getreidekörner, um darauf rumzukauen. [24] Einer der Pharisäer machte deswegen voll den Aufstand: „Unglaublich, sehen Sie sich das mal an! Nach unserem religiösen Gesetz ist es strengstens untersagt, am Sabbat etwas abzupflücken." [25] Jesus blieb aber ganz cool und meinte nur: „Sagen Sie mal, haben Sie eigentlich schon mal in Ihrer Bibel gelesen? Unser Präsident David und seine Männer [26] haben sich, als ihnen der Magen knurrte, auch im Haus von Gott, im Tempel, an den Sachen bedient, die nur für die Priester reserviert waren. [27] Der Sabbat ist doch als ein besonderer Tag für den Menschen geplant gewesen. Es sollte kein Nervtag für ihn sein. [28] Darum hat der Menschensohn* das Recht zu entscheiden, was am Sabbat okay ist und was nicht."

---

* Siehe Erklärung in Matthäus 8, Vers 20.

3

Geht es um Regeln oder geht es um Liebe?

1 Einmal war Jesus normal unterwegs in Richtung Synagoge. Auf dem Weg
dahin sah er einen Typen, der eine verkrüppelte Hand hatte. 2 Die Leute,
die auf Jesus voll den Hals hatten, warteten nur auf die nächstbeste Ge-
legenheit, um ihn irgendwie anzuzeigen. Es war gesetzlich verboten, an
diesem Tag kranken Menschen zu helfen, und sie wollten sehen, wie er
reagieren würde. 3 Jesus sagte zu dem Typen: „Hey, komm mal her zu mir!“
4 Dann fragte er in die Runde: „Sagt mal, was denkt ihr, steht Gott darauf,
dass wir an seinem special Tag, dem Sabbat, gut drauf sind oder eher
mies? Sollen einem an diesem Tag die Probleme von anderen egal sein,
oder soll man versuchen Leuten zu helfen, wo es geht?“ Diese Frage brach-
te sie natürlich ziemlich in Verlegenheit. 5 Stinksauer sah Jesus einem nach
dem andern in die Augen. Er konnte es einfach nicht fassen, wie hart die
Leute drauf waren. Dann meinte er zu dem Typen: „Mach deine Hand mal
wieder grade!“ Der tat es, und im selben Augenblick war die Hand wieder
in Ordnung! 6 Völlig fertig verschwanden die Pharisäer aus der Synagoge
und organisierten ein Meeting mit ein paar Freunden und Fans vom Prä-
sidenten Herodes. Sie steckten die Köpfe zusammen und heckten einen
Plan aus, wie man Jesus schnellstmöglich umbringen könnte.

Jesus hat ’ne Heilungssession am See bei Genezareth

7 Jesus ging dann mit seinen Freunden wieder an den Strand vom See
Genezareth. Aber tierisch viele Leute kamen ihm hinterher, die Fans
kamen aus Galiläa, Judäa, 8 Jerusalem, Idumäa, aus der Gegend, die öst-
lich vom Jordan liegt, und sogar aus den Städten Tyrus und Sidon waren
Leute da. Die Sache, dass bei ihm voll die derben Wunder passierten,
dass Leute geheilt werden und so, das war die News des Tages überall.
9 Jesus wurde das manchmal echt zu viel, darum bat er seine Freunde
ein Boot zu organisieren, damit die Leute ihn nicht überrennen würden.
10 Weil ständig jemand von Jesus gesund gemacht wurde, waren immer
sehr viele Menschen bei ihm. Einige wollten zumindest mal seine Klei-
dung anfassen, um so geheilt zu werden. 11 Alle, die irgendwelche fiesen
Dämonen in sich hatten, schmissen sich platt vor Jesus auf den Boden
und riefen: „Du bist der Sohn von Gott!“ 12 Jesus sagte den Dämonen
dann oft, sie sollten bloß das Maul halten und nichts verraten.

Zwölf Freunde gehen mit Jesus

13 Abends ging er dann auf einen Berg, der ganz in der Nähe lag. Vorher
fragte er noch bei ein paar ausgewählten Leuten an, ob sie nicht mit-

kommen würden. 14 Zwölf Freunde wurden von ihm ausgesucht, die mit
ihm zusammen abhängen und von ihm lernen sollten. Diesen zwölf
Freunden übertrug er dann 15 alle Vollmachten, die sie brauchten, um
Dämonen auszutreiben. 16 Hier die Namen von den zwölf Männern, die
er ausgesucht hatte: Simon (den Jesus ab dann nur „den Fels" oder Pe-
trus nannte), 17 Jakobus, der ein Sohn von Zebedäus war, und Johannes,
ein Bruder vom Jakobus, die beiden nannte er oft auch die „Donner-
söhne". 18 Dann Andreas, Philippus, Bartholomäus, Matthäus, Thomas,
Jakobus (der ein Sohn von Alphäus war), Thaddäus, Simon (der Ex-Ter-
rorist) 19 und noch Judas Iskariot (der Jesus später dissen wird).

Es gibt Ärger um Jesus

20 Als Jesus wieder nach Hause kam, waren da schon wieder total viele
Menschen, er konnte noch nicht mal in Ruhe was essen, weil ihn alle
belagerten. 21 Als die Leute aus seiner leiblichen Familie den Andrang
mitkriegten, dachten die, er wäre jetzt irgendwie total durchgeknallt.
22 Die religiösen Profis aus Jerusalem vertraten die These: Er ist Sata-
nist und kann die Dämonen nur vertreiben, weil er einen noch höheren
Dämon in sich hat. 23 Jesus holte diese Pharisäer, wie man sie nannte,
mal zu sich und fragte: „Wie geht das denn bitte? Warum soll denn der
Satan den Satan rausschmeißen? 24 Wenn in einer Armee die Soldaten
gegeneinander kämpfen, werden sie keinen Krieg gewinnen können.
25 Wenn in einer Regierungspartei alle gegeneinander arbeiten, würden
sie keine Wahl gewinnen. 26 Warum sollte der Satan gegen sich selbst
arbeiten, der ist doch nicht blöd?! 27 Noch ein anderes Bild: Ist ja auch
schwer möglich, einen Bruch in einer Villa zu organisieren, wenn der
Hausbesitzer Kampfsportlehrer ist. Erst wenn es dir gelingt, den Typen
irgendwie zu fesseln, kann man das Haus ausräumen. 28 Ich mach euch
noch mal 'ne Ansage: Gott kann so ziemlich alles vergeben. Auch wenn
Leute über Gott ablästern. 29 Aber wenn jemand bewusst den heiligen
Geist beleidigt, dem kann das nicht mehr so mal eben verziehen wer-
den, das wird den ewig belasten." 30 Das war sein Kommentar zu der
„Er hat einen höheren Dämon"-Nummer.

Wer für Jesus zu seiner Familie gehört

31 Als Jesus gerade mal 'ne Rede hielt, kamen auch seine Mutter und
seine Brüder vorbei. Die wollten ihn auch mal wieder sehen und ließen
ihm das ausrichten. 32 Es waren aber tierisch viele Leute da. Jemand
meinte zu ihm: „Hey Jesus, deine Familie ist draußen und will was von
dir!" 33 Zuerst fragte er zurück: „Wo ist meine Mutter, wo sind meine
Brüder?" 34 Dann schaute Jesus in die Gesichter der Leute, die bei ihm

waren, und meinte nur: „Schau dich mal um. Das hier ist meine Familie.
35 Alle, die das tun, worauf Gott Bock hat, gehören zu meiner Fami-
lie. Das sind dann meine Brüder, meine Schwestern und auch meine
Mutter.“

4

Der Vergleich mit einem Bauern (lies auch mal im Buch vom Matthäus
im 13. Kapitel ab Vers 1 nach)
1 Jesus war am See und wollte den Menschen wieder was beibringen.
Es kamen tierisch viele Leute, so viele, dass er von einem Boot aus zu
ihnen sprechen musste, damit ihn auch alle verstehen konnten. 2 Er be-
nutzte oft praktische Beispiele, um den Leuten klar zu machen, was er
eigentlich sagen wollte. Zum Beispiel erzählte er folgende Geschichte:
3 „Hört mal her! Ein Bauer ging auf sein Feld, um Samenkörner auszu-
säen. 4 Ein paar von den Körnern fielen auf die Straße, wo die Vögel so-
fort alles aufpicken konnten. 5 Ein paar andere fielen auf einen dünnen
Sandboden, wo gleich drunter Steine waren. Der Samen keimte zwar,
6 doch sobald die Sonne richtig loslegte, verkohlten die Teile, weil die
Wurzeln nicht tief genug wachsen konnten. 7 Einige fielen unter einen
Brombeerbusch. Der Busch wuchs so heftig, dass die kleinen Pflanzen
keine Chance hatten und erstickt wurden, so konnten sie nichts brin-
gen. 8 Ein paar fielen aber auf guten Boden. Die gingen dann auf, wuch-
sen wie blöd, und man konnte später eine fette Ernte einfahren. 9 Passt
gut auf, wenn ich euch was sage!“ 10 Später hing Jesus noch mit seinen
Freunden und ein paar anderen Leuten rum. Einer wollte von ihm wis-
sen: „Was war damit gemeint, als du heute diese Geschichte erzählt
hast?“ 11 „Ihr habt von Gott die einmalige Chance bekommen, diese
Geheimnisse über das Leben mit Gott zu kapieren. Viele werden aber
nie verstehen, worum es da geht. 12 Damit wird die Ansage aus dem
alten Buch von Jesaja Wirklichkeit: ‚Sie kriegen alles mit, was ich tue,
aber sie peilen die Bedeutung davon nicht. Sie hören, was ich zu sagen
habe, aber sie kapieren es einfach nicht. Darum werden sie auch nicht
aufhören Sachen zu tun, die Gott nicht will, und ihnen wird auch nichts
vergeben werden.‘ 13 Aber Leute, was geht denn bei euch? Wenn ihr das
schon nicht begreift, was ich damit meine, wie wollt ihr denn die an-
deren Sachen begreifen, die ich noch zu erzählen hab? 14 Der Bauer ist
ein Bild für einen, der jemandem was von Gott erzählt. 15 Die Samen-
körner, die auf die Straße gefallen sind, waren ein Bild für die harten Ty-
pen, die die Nachricht zwar bekommen, aber der Satan kommt sofort
vorbei und nimmt es wieder weg. 16 Die mit der dünnen Erdschicht und
Felsen drunter sind ein Bild für die Menschen, bei denen zuerst glau-

bensmäßig voll der Punk abgeht, die am Anfang voll begeistert sind von Gott. [17] Die Sache geht aber noch nicht so in die Tiefe. Und sobald es Probleme gibt oder sie Ärger kriegen, weil sie jetzt an Gott glauben, werfen sie schnell die Flinte ins Korn und geben auf. [18] Dieses Ding mit den Dornen geht über Menschen, die zwar die neue Nachricht über Gott hören, [19] doch wenn der normale Alltag losgeht, es kohletechnisch plötzlich voll abgeht und sie Bock auf Luxus kriegen, dann kann daraus am Ende auch nichts Anständiges wachsen. [20] Mit dem guten Boden sind dann aber die Leute gemeint, die die Worte über Gott hören, sie für sich als richtig akzeptieren und dann total abgehen. Bei denen werden gute Sachen daraus wachsen können und ihre Früchte werden sich stark vermehren, dreißig-, sechzig- und sogar hundertmal so viel, wie es am Anfang mal war."

Der Vergleich mit einer Lampe

[21] Jesus hatte noch 'ne Frage: „Was denkt ihr, würde jemand eine Lampe anmachen und dann einen Eimer drüberstellen oder sie weit unters Bett schieben, damit man das Licht nicht sieht? Null, natürlich nicht! Eine Lampe bringt man oben irgendwo an, damit es im ganzen Zimmer hell wird. [22] Übrigens: Alles, was jetzt noch ein Geheimnis ist und was hinterm Rücken geflüstert wird, das wird irgendwann mal für alle deutlich und sichtbar werden. [23] Passt gut auf das auf, was ich euch jetzt gesagt habe, und denkt darüber nach! [24] Wenn ihr über andere ablästert, dann denkt daran, dass für die der gleiche Maßstab wie für euch gilt. Man wird von euch sogar noch mehr erwarten. [25] Denn die Leute, die es ganz fett haben, die werden sogar noch mehr bekommen. Die es verstanden haben, worum es geht, die werden auch noch viel mehr verstehen. Wer es aber jetzt nicht begriffen hat, der wird am Ende überhaupt nichts mehr begreifen."

Der Vergleich, wo es um das Wachsen der Samen geht

[26] Dann meinte Jesus: „Mit dem neuen Reich, wo Gott das Sagen hat*, geht es so ab wie mit einem Typen, der Samen auf ein Feld streut.
[27] Nachdem er alles ausgesät hat, geht er pennen, und am nächsten Tag fängt alles schon an zu wachsen, einfach so, ohne dass er was gemacht hat. [28] Die Erde auf dem Boden sorgt einfach dafür, dass die Dinge wachsen und sich vermehren. Zuerst sieht es aus wie ein Grashalm, dann wächst es zu einer Ähre und dann ist die Ähre plötzlich voller

* Siehe auch die Erklärung in Matthäus 5, Vers 20. Ein Begriff, mit dem die Leute damals was Konkretes verbunden haben. „Gottes Reich" oder auch „Himmelreich" war ein Gebiet, in dem Gott das Sagen hat. Viele warteten schon lange darauf, dass es bald losgeht.

Weizenkörner. 29 Wenn alles gut gewachsen und Erntezeit angesagt ist,
kommt der Typ vorbei und holt die Ernte ab."

Der Vergleich mit einem kleinen Pflanzensamen

30 Irgendwann fragte Jesus in die Runde: „Wie kann ich euch mit einem
guten Vergleich nur noch mal klar machen, wie das mit dem Land funk-
tioniert, wo Gott das Sagen hat? 31 Ich versuch es mal mit einem Ver-
gleich zu dem kleinen Pflanzensamen von einer Eiche. So eine Eichel*
ist echt nicht sehr groß. 32 Wenn die aber irgendwo eingebuddelt wird,
dann wird sie plötzlich immer größer. Irgendwann ist der Baum größer
als die ganzen Büsche drum herum. Er bekommt starke Zweige, und
Vögel können da drin sogar ihre Nester bauen." 33 Jesus benutzte oft
irgendwelche Vergleiche, um den Menschen besser klar zu machen, was
er eigentlich sagen wollte. 34 In der Öffentlichkeit benutzte er fast nur
solche Vergleiche. Wenn er aber mit seinen Freunden zusammen war,
erklärte er ihnen genauer, was er damit sagen wollte.

Jesus hat sogar Einfluss auf den Wind und das Wasser

35 Abends meinte Jesus zu seinen Leuten: „Kommt, lasst uns mit dem
Boot auf die andere Seite vom See fahren!" 36 Seine Freunde schickten
die Menschen nach Hause, stiegen zu ihm ins Boot und düsten los. Ein
paar Boote folgten ihnen aber. 37 Plötzlich ging ein derber Sturm los. Die
Wellen waren sehr heftig, das Wasser schwappte über die Bootskante,
bis es schon fast voll gelaufen war. 38 Jesus schlief dabei die ganze Zeit
seelenruhig hinten im Boot auf einem großen Kissen. Die Freunde von
Jesus bekamen voll die Panik, sie weckten ihn schließlich und schrien:
„Meister, ist dir das total egal, wenn wir hier jetzt alle ersaufen?" 39 Jesus
sprang auf, stellte sich an Deck gegen den Wind und redete mit ihm:
„Ich warne dich! Hör auf, so zu brüllen!" Sofort wurde der Wind ruhig
und alles war totenstill. 40 Zu den Jüngern meinte er nur: „Sagt mal,
warum habt ihr so einen Schiss? Habt ihr denn immer noch kein Ver-
trauen in Gott?" 41 Völlig verdattert flüsterten sie untereinander: „Boah,
was ist das nur für ein Typ! Sogar die Wellen und der Wind tun das, was
er ihnen sagt!"

5

Jesus macht jemanden gesund, der einen fiesen Geist in sich hat

1 Schließlich kamen sie an der anderen Seite des Sees mit ihrem Boot in
der Gegend um Gadara an. 2 Als Jesus aus dem Boot sprang, rannte ihm

---

* Im Original wird hier von einem Samen der Senfpflanze gesprochen. Der ist kleiner als eine Eichel, dafür ist die Eiche aber größer als die Senfpflanze ;+)

ein total durchgeknallter Typ entgegen. 3 Der Mann lebte auf dem Friedhof in irgendwelchen Grabhöhlen und wurde von einem fiesen Geist total ferngesteuert. Er war so stark, dass er selbst mit Handschellen nicht zu halten war. 4 Jedes Mal, wenn man ihn wieder anketten wollte, riss er die Dinger ab und floh. Es gab keinen Mann, der stark genug war, um ihn festzuhalten. 5 Er wohnte die ganze Zeit entweder in einer Grabhöhle oder er streunte in den Bergen umher. Manchmal schrie er irre laut und verletzte sich selber mit einem Stein. 6 Lange bevor Jesus überhaupt da war, machte er schon voll den Alarm. Dann rannte er auf ihn zu, schmiss sich auf den Boden 7 und fing wie blöd an zu schreien: „Was willst du von mir, Jesus? Du bist der Sohn vom fettesten Gott überhaupt! Bitte, bei Gott: Mach mich nicht fertig!“ 8 Jesus hatte dem Dämon nämlich schon die Ansage gemacht, er sollte gleich aus dem Typen verschwinden. 9 Dann fragte Jesus ihn: „Wie heißt du?“ – „Ich bin die Legion, wir sind nicht nur einer hier drin!“ 10 Die Dämonen bettelten voll rum, sie wollten auf keinen Fall aus dem Typen rausgehen. „Bitte, sei so nett, wir wollen so gerne hier drinbleiben!“, sagten sie. 11 Um die Ecke war gerade eine große Herde von Schweinen. 12 „Bitte, lass uns wenigstens in den Schweinen wohnen!“, bettelten die Geister rum. 13 Jesus sagte: „Okay“, und im selben Augenblick verdünnisierten sich die Dämonen aus dem Typen und zogen in die Schweine ein. Die drehten total durch und begingen umgehend kollektiven Selbstmord. Die ganzen 2000 Schweine sprangen die Klippen runter ins Meer und ertranken! 14 Die Hirten waren voll verpeilt und rannten erst mal sofort in die Stadt, um das jedem zu erzählen. Viele Schaulustige kamen darauf dort an, um zu checken, was da gerade passiert war. 15 Als sie dann den Typen sahen, der vorher noch total durchgeknallt war und jetzt plötzlich mit ordentlichen Klamotten dasaß und ganz ruhig mit Jesus laberte, kriegten viele das gar nicht auf die Reihe. Es machte einigen sogar Angst. 16 Die Augenzeugen erzählten den anderen dann erst mal ausführlich, was gerade mit den Schweinen und so passiert war. 17 Irgendwie kippte da die Meinung der Leute. Jesus war auf einmal geschäftsschädigend, fanden sie. Sie baten ihn höflich, die Gegend zu verlassen, und erteilten ihm erst mal ein Platzverbot.
18 Der Ex-Besessene wollte gerne auch mit Jesus ins Boot steigen, als sie dann abfahren wollten, 19 aber Jesus fand, das wäre keine so gute Idee. „Geh nach Hause zu deiner Familie und erzähle allen von dem derben Wunder, was du erlebt hast, und wie gut Gott mit dir umgegangen ist!“, war sein Tipp. 20 Das ließ er sich nicht zweimal sagen. Sofort zog er los und erzählte überall im „Zehn-Städte-Landkreis“ den Leuten seine Geschichte und was Jesus mit ihm gemacht hatte. Alle, die das hörten, wunderten sich sehr da drüber.

Krankheit und Tod sehen bei Jesus keine Stiche
21 Kaum war Jesus am anderen Ufer angekommen, waren am Strand
schon wieder tierisch viele Fans bei ihm. 22 Ein Typ, der eine Leitungs-
position in der jüdischen Gemeinde vor Ort hatte, kam flennend bei
Jesus an: 23 „Meine Tochter stirbt bald. Bitte legen Sie ihr die Hände auf,
damit sie wieder gesund wird!“ 24 Jesus sagte „Okay“ und ging mit ihm.
Der Typ hieß übrigens Jairus. Die Fangemeinde war ihm dabei dicht auf
den Fersen. 25 Eine Frau, die sich unter die Masse mischen konnte, hatte
seit zwölf Jahren ununterbrochen ihre Tage. 26 Sie war damit schon bei
zig Ärzten und Quacksalbern gewesen und hatte ihre sämtliche Kohle
dagelassen, war aber immer noch krank, keiner konnte ihr anscheinend
helfen. Ja, ganz im Gegenteil, es ging ihr sogar von Tag zu Tag immer
beschissener. 27 Als sie davon Wind bekommen hatte, dass Jesus in der
Gegend war, drängelte sie sich von hinten durch die Menge und griff
nach seinen Klamotten. 28 Sie hatte sich das nämlich so ausgerechnet:
„Wenn ich nur mal sein Hemd anfassen kann, dann würde ich bestimmt
gesund werden.“ 29 Und tatsächlich: In der Sekunde, als sie ihn be-
rührte, war sie kerngesund! Die Blutungen hörten auf, das merkte sie
sofort. 30 Jesus bemerkte aber auch gleich, dass da irgendwie Kraft von
ihm abgesaugt wurde. Er fragte sofort: „Wer hat gerade mein Hemd
angefasst?“ 31 Seine Freunde schüttelten nur den Kopf. „Mann, merkst
du noch was? Hier drängeln tausend Leute um dich rum und du fragst:
‚Wer hat mich berührt?‘“ 32 Jesus erkannte aber die Frau sofort, die ihn
berührt hatte. 33 Das war der total peinlich, sie lief rot an und zitterte
am ganzen Körper. Dann kniete sie sich vor Jesus hin und erzählte ihm
die Story. 34 Jesus lächelte sie an: „Weil du so fest da dran geglaubt hast,
darum bist du jetzt auch gesund geworden. Entspann dich, du bist jetzt
wirklich gesund!“ 35 In der Zeit, wo Jesus mit ihr redete, kamen ein paar
Leute aus dem Haus bei Jairus an. „Zu spät! Deine Tochter ist tot! Der
Wunderheiler kann sich den Weg sparen!“, war ihre Ansage. 36 Jesus,
der das gehört hatte, ging zu Jairus: „Hab keine Panik! Du kannst mir
hundert Prozent vertrauen!“ 37 Dann sagte er den Leuten, sie sollten ihn
mal für einen Moment in Ruhe lassen, und ging nur mit seinen engsten
Freunden Petrus, Jakobus und Johannes in das Haus vom Jairus rein.
38 Im Haus hatte schon die große Trauersession begonnen. Alle waren
total fertig und heulten rum. 39 „Mann, Leute, was geht?“, fragte Jesus.
„Warum heult ihr? Das Kind ist noch nicht tot, es schläft nur!“ 40 Fas-
sungslos schüttelten die Anwesenden nur ihren Kopf, ein paar rissen
sogar ein paar dumme Sprüche über ihn. Er schickte alle erst mal nach
Hause, nur die Eltern und ein paar Freunde blieben dabei. Dann gingen
sie zusammen zum Bett des Mädchens. 41 Er nahm die Hand von der

Tochter des Jairus und sagte leise zu ihr: „Steh auf, Mädchen!" 42 Und
Bang! Das 12-jährige Mädchen stand sofort auf seinen Füßen und lief in
seinem Zimmer rum! Die Eltern waren echt sprachlos vor Glück. 43 Jesus
bat sie sehr eindringlich, niemand davon zu erzählen. „Und nun los,
jetzt geht mal mit der Lütten was spachteln!", meinte er.

6

Der Mann, der Worte von Gott für die Menschen bekommt, hat in seiner Heimat kein Heimspiel

1 Als nächster Ort auf der Tour war seine Heimstadt Nazareth ange-
setzt. Seine Freunde waren mit ihm dabei. 2 Und an dem religiösen
Feiertag der Juden, dem Sabbat, hing er in der dortigen Synagoge und
gab ein paar Unterrichtsstunden in Sachen Glauben. Viele, die da zu-
hörten, kamen mit Jesus gar nicht klar. „Woher kann er so gut reden?
Von wem hat er das gelernt, was er da von sich gibt? Und wie kriegt
er diese derben Wunder überhaupt hin?", waren die gängigen Fragen.
3 „Ist das nicht dieser Zimmermann, einer der Söhne von Maria?" „Ja
genau, der Bruder von Jakobus und Joses, von Judas und Simon?!"
„Wohnen nicht seine Schwestern hier um die Ecke?" Einige reagierten
echt abgegessen auf Jesus. 4 „Ein Prophet hat in seiner Heimat immer
ein Auswärtsspiel", meinte Jesus, „auch wenn er woanders noch so
angesagt ist." 5 Er war da auch nicht in der Lage, irgendwelche Wunder
zu tun, ausgenommen an ein paar Leuten, die heilte er. 6 Er kriegte das
nicht auf die Reihe, dass die Menschen da so wenig Vertrauen hatten.
Darum ging er dann in andere Dörfer, die in der Gegend waren, und
erzählte dort von Gott.

Jesus schickt seine Leute auf Tour

7 Jesus organisierte ein Meeting mit seinen zwölf Freunden. Er teilte sie
in Zweier-Teams auf und gab ihnen genaue Order, was sie auf ihrer Tour
machen sollten. Und dann übertrug er auf sie auch die Vollmachten,
fiese Geister, Dämonen und so weiter auszutreiben. 8 Er sagte ihnen,
sie sollten sich keine dicken Sachen einpacken, nur einen Wanderstock,
sonst nichts. Keinen Proviant, keinen Rucksack und auch keine Kohle.
9 Auch auf eine zweite Garnitur Klamotten sollten sie verzichten. Nur
ein paar Wanderboots waren akzeptiert. 10 „Wenn ihr in irgendeinem
Ort seid, dann pennt nur in einer Hütte und wechselt nicht ständig den
Gastgeber", gab Jesus noch als Tipp auf den Weg. 11 „Und wenn die
Menschen in einem Dorf mal keinen Bock auf euch haben oder keinen
Bock auf das, was ihr zu sagen habt, dann habt ihr euren Teil getan, ab
jetzt ist es Gottes Sache. Winkt ihnen noch einmal und dann tschüss.

Ihr könnt sie dann ruhig ihrem Schicksal überlassen.“ 12 Ab dann zogen
seine Freunde los. Überall sagten sie den Leuten: „Ihr müsst eine total
neue Ausrichtung in euer Leben kriegen! Hört auf Mist zu bauen, lebt
mit Gott!“ 13 Sie befreiten viele Menschen von fiesen Geistern, die in
ihnen lebten, und heilten auch sehr viele Kranke, indem sie sie mit Öl
eincremten und dann für sie beteten.

Johannes, der die Leute getauft hat, wird umgebracht

14 Jesus war die News des Tages, und überall redete man von ihm und
von dem, was er so draufhatte. Der Präsident Herodes bekam auch Wind
davon. „Johannes ist, nachdem er gestorben war, wieder lebendig gewor-
den!“, erzählte man ihm. „Er hat den Tod besiegt, darum kann er auch so
große Wunder tun.“ 15 Ein anderes Gerücht war, dass Jesus der Prophet Elia
wäre. Und andere glaubten, Jesus wäre einfach ein derber Prophet, so von
der Kategorie der alten Prophetentypen. 16 Herodes bekam Panik, denn er
hatte Johannes tatsächlich den Kopf abschlagen lassen. „Der ist vom Tod
zurückgekommen und lebt wieder!“, meinte er. 17 Herodes hatte Johannes
nämlich verhaften lassen, um sich bei Herodias einzuschleimen. Sie war
eigentlich mal die Ehefrau von seinem Bruder gewesen, aber Herodes
hatte sie trotzdem zur Frau genommen, obwohl das gesetzlich verboten
war. 18 Johannes hatte Herodes immer wieder belabert: „Was du tust, ist
ungesetzlich! Du darfst nicht die Frau deines Bruders heiraten, das ist
verboten!“ 19 Herodias schob voll den Hassfilm gegen Johannes. Sie hätte
ihn am liebsten sofort töten lassen, aber so mal eben ohne Erlaubnis vom
Präsidenten ging das nicht. 20 Herodes hatte dagegen Respekt vor Johan-
nes. Er war der Meinung, Johannes war gut drauf, und glaubte, dass der
immer genau das tat, was Gott wollte. Darum passte er sehr auf ihn auf.
Auch wenn Johannes ihn und seinen Lebensstil oft in Frage stellte, hörte
er ihm gerne zu. 21 Aber dann bot sich für Herodias eine gute Gelegenheit,
Johannes aus dem Weg zu räumen. Und zwar hatte Herodes irgendwann
seine große Geburtstagsparty am Start. Alles, was Rang und Namen hatte,
war eingeladen. 22 Seine Tochter (die auch Herodias hieß) machte auf der
Party eine kleine Vorführung. Sie tanzte einen voll erotischen Tanz, und alle
waren total begeistert. Der Präsident sagte überschwänglich zu ihr: „Das
war so geil, du kannst von mir heute haben, was du willst, 23 egal worum du
mich bittest! Und wenn du die Hälfte von meinem Vermögen haben willst,
ich würde es dir glatt geben!“ 24 Herodias ging gleich zu Mutter: „Was
soll ich denn jetzt sagen?“, fragte sie. „Sag ihm, er soll dir den Kopf von
Johannes bringen!“, antwortete die Mutter. 25 Das Mädchen ging zurück
und sagte zu ihm: „Ich will den Kopf vom Johannes auf einem Silbertablett
von dir serviert haben!“ 26 Na ja, da war der Präsident erst mal traurig, aber

er wollte vor seinen Gästen auch nicht peinlich rüberkommen. [27] Dann
musste der Vollstreckungsbeamte in das Gefängnis gehen, und auf Befehl
des Präsidenten wurde dem Johannes der Kopf abgeschlagen. [28] Den Kopf
brachte er dann wieder in den Saal rein, auf einem Silbertablett, wie ge-
wünscht. Er gab ihn dem Mädchen, und sie gab ihn an ihre Mutter weiter.
[29] Die News kam auch zu den Schülern von Johannes. Sie holten den toten
Körper dann gleich ab und beerdigten ihn.

Fünftausend Menschen bekommen fett zu essen

[30] Die von Jesus ausgesandten Freunde kamen dann irgendwann aufge-
regt wieder zurück, um von ihrer Tour Bericht zu erstatten. [31] Jesus orga-
nisierte erst mal eine kleine Freizeit für seine Jungs. „Lasst uns irgend-
wo hingehen, wo ihr euch entspannen könnt“, meinte er. Die ganze Zeit
waren nämlich irgendwelche Leute um sie rum, die irgendetwas wollten.
Oft war noch nicht mal Zeit zum Essen übrig. [32] Sie nahmen ein Boot
und fuhren damit an einen Platz, wo sie ihre Ruhe hatten. [33] Die Leute
kriegten das aber spitz, und als sie mit dem Boot woanders anlegen
wollten, wartete da schon wieder eine ganze Meute auf sie. [34] Als Jesus
aus dem Boot steigen wollte, waren schon sehr viele Menschen da. Die-
se Leute taten Jesus voll Leid, sie kamen ihm vor wie Kinder ohne Eltern.
Er nahm sich sehr viel Zeit für sie und brachte ihnen eine Menge Sachen
bei. [35] Am späten Nachmittag meinten ein paar seiner Freunde: „Hier ist
echt tote Hose, und es wird langsam auch spät. [36] Schick die Leute doch
nach Hause, damit sie da was essen können oder sich irgendwo was zu
essen kaufen. [37] Jesus hatte aber eine andere Idee: „Ihr könnt sie doch
auch zum Essen einladen!“ – „Wie jetzt, wie soll das denn gehen? Kei-
ner von uns hat so viel Kohle, um hier alle satt zu kriegen!“ [38] „Checkt
mal ab, wie viele Brote wir zusammenbekommen!“, sagte Jesus. Nach
einer Zeit kamen sie zurück: „Fünf Brote und zwei Frikadellen, das ist
alles.“ [39] Jesus teilte die Menge in Gruppen auf und sagte ihnen, sie
sollten sich mal auf das Gras setzen. [40] Die Gruppenstärke war entwe-
der fünfzig oder hundert Männer plus Frauen. [41] Dann nahm er die fünf
Brote und die zwei Frikadellen. Er sah Richtung Himmel und betete für
das Essen. Danach zerteilte er das Brot in kleinere Stücke und übergab
es seinen Freunden. Die verteilten dann die Frikadellen und das Brot
unter die Leute. [42] Alle hatten fett zu essen. [43] Anschließend wurden die
Reste eingesammelt, und es kamen tatsächlich über zwölf Eimer mit
Essen zurück! [44] Insgesamt fünftausend Männer plus die Frauen waren
am Ende pappsatt! [45] Danach sagte Jesus seinen Freunden, sie sollten
schon mal vorfahren, er wollte noch etwas bei den Leuten bleiben und
sich in Ruhe verabschieden.

„Super-Jesus“ muss seinen Freunden helfen

46 Endlich war Jesus dann mal alleine. Er ging auf einen Berg, um mit
Gott zu labern. 47 Schließlich wurde es dunkel, als seine Freunde noch
mit ihrem Boot draußen auf dem Meer waren. 48 Jesus konnte vom
Strand aus sehen, wie plötzlich ein schlimmer Sturm aufkam und sie
voll gegen die Wellen kämpfen mussten, um nicht zu ersaufen. Es war
wohl gegen vier Uhr morgens, als er plötzlich auf dem Wasser an ih-
rem Boot vorbeischlenderte! 49 Als sie das sahen, kriegten die aber voll
die Paras und schrien wie blöd rum. 50 Sie dachten, sie wären wohl auf
einem Horrortrip! Aber Jesus rief ihnen sofort zu: „Keine Panik, Jungs!
Ich bin es doch nur!“ 51 Er kam in das Boot, und der Sturm war plötzlich
auch weg. Die Männer kriegten das alle nicht auf die Reihe, was sie da
gerade mal wieder live miterlebt hatten. 52 Obwohl sie das große Wun-
der mit dem vielen Essen auf der Wiese mitbekommen hatten, hatten
sie noch nicht wirklich kapiert, dass man Jesus total vertrauen kann.
53 Als sie auf der anderen Seite des Sees mit dem Boot anlegten 54 und
ausgestiegen waren, hatte sich die Ankunft von Jesus sofort rumgespro-
chen. 55 Aus jedem Kaff kamen die Leute angeströmt, Menschen mit
schwerer Körperbehinderung, viele Leute, die echt krank waren. 56 Egal
wo Jesus war, ob in der Stadt oder auf dem Land, überall brachten sie
immer viele kranke Menschen zu ihm. Teilweise fragten sie ihn nur, ob
man mal seine Klamotten anfassen dürfte. Und wirklich jeder, der ihn
berührte, wurde geheilt!

7

Was ist okay für Gott und was nicht mehr?

1 Irgendwann kamen ein paar von den religiösen Profis, diesen Pharisä-
ern, und von den Theologen aus Jerusalem vorbei, extra um mit Jesus
zu reden. 2 Währenddessen konnten sie beobachten, wie die Freunde
von Jesus frühstückten, ohne sich vorher die Hände zu waschen, wie es
nach den religiösen Regeln der Juden üblich war. 3 Die Juden und ganz
speziell die Pharisäer waren damit nämlich immer ganz pingelig. Ganz
nach alter Vorschrift musste man sich vor dem Essen immer gründlich
die Hände waschen. 4 Auch Sachen vom Markt wurden nur gegessen,
wenn man sie vorher wenigstens kurz unters Wasser gehalten hatte.
Das war nur eine von vielen Vorschriften, die ihnen wichtig waren. Auch
die Reinigung von Bechern, Krügen und Töpfen war immer superwich-
tig. 5 Die Pharisäer und die Theologen fragten Jesus: „Warum leben Ihre
Freunde nicht nach unseren alten Vorschriften? Sie essen einfach, ohne
sich vorher nach dem vorgeschriebenen Ritual die Hände zu waschen.“
6 „Ihr miesen Pseudos!“, meinte Jesus nur. „Jesaja hat schon über

euch gesagt, dass es euch nur um viel Palaver geht, aber euer Herz ist
meilenweit von Gott entfernt: 7 ‚Wenn sie beten, ist es umsonst, denn
sie vertauschen einfach die alten Gesetze von Gott mit ihren eigenen
Lehren.‘ 8 Euch sind die Regeln von Gott, seine Gesetze, eigentlich total
egal, eure eigenen Regeln sind euch aber superwichtig.“ 9 Dann sagte
er noch: „Ihr trickst dabei ganz toll rum, ihr brecht die Gesetze Gottes,
damit ihr eure eigenen Regeln halten könnt. 10 Mose hat zum Beispiel
die Ansage gemacht: ‚Es ist wichtig Respekt zu haben, was deine Eltern
angeht!‘ Er meinte sogar: ‚Wer seinen Vater oder seine Mutter dumm
findet, hat die Todesstrafe verdient.‘ 11 Ihr erzählt aber, es ist total okay,
wenn jemand zu seinen Eltern sagt: ‚Sorry, ihr beiden, ich kann euch
auch nicht versorgen. Alles, was ich habe, gehört Gott, das hab ich ihm
versprochen, ich hab nix mehr für euch übrig.‘ 12 Durch euren Einfluss
lassen nun alle ihre Eltern links liegen, egal, wie dreckig es denen geht.
13 So sorgt ihr dafür, dass nur euer eigener Vorteil zählt. Ihr haltet euch
nur an eure Regeln, die Regeln Gottes sind euch total egal. Und das ist
nur eins von vielen Beispielen!“ 14 Dann sah Jesus die anderen Leute
an und rief ihnen zu: „Passt mal gut auf! Versucht zu packen, was ich
gerade gesagt habe! 15/16 Menschen werden nicht dadurch dreckig, dass
sie falsche Sachen essen, die irgendein Gesetz verboten hat. Dreckig
wird man durch die Dinge, die in deinem Inneren ablaufen, was man
denkt und was man sagt; und wie du deswegen handelst, das macht
dich echt dreckig, das entfernt dich von Gott.“ 17 Anschließend hing
Jesus erst mal in einem Haus mit seinen Freunden ab. Einer fragte ihn:
„Jesus, was hast du eigentlich genau damit gemeint?“ 18 „Habt ihr das
auch nicht kapiert?“, fragte er zurück. „Man kann alles essen, was man
will, das kann dich für Gott nicht dreckig machen. 19 Was hat denn Gott
mit eurem Essen zu kriegen? Alles, was ihr so spachtelt, kommt in eu-
ren Magen, und irgendwann drückt ihr es wieder raus, das war's.“ Jesus
wollte einfach klar machen, dass es im Grunde kein Essen gibt, was für
Gott nicht okay wäre. 20 Und dann sagte er noch: „Was an Gedanken von
einem Menschen rauskommt, aus seinem Inneren, seine Worte und was
er dann damit macht, das ist oft ätzend für Gott. 21 Aus dem Innersten
kommen alle miesen Gedanken raus: Versuchungen mit ätzenden Sex-
sachen, zu klauen und Leute zu ermorden, 22 seinen Partner mit jemand
anderem zu betrügen, Geldgeilheit, Neid, link drauf zu sein, Party zu
machen ohne Grenzen einzuhalten, zu lügen, auf andere runterzusehen
und abzulästern, überheblich und leichtsinnig zu sein, Dinge zu tun
ohne vorher mal das Hirn einzuschalten. 23 Diese ganzen Sachen haben
ihren Ursprung im Herzen von Menschen, und das ist auch das, was sie
dreckig macht.“

Eine Nichtjüdin ist cool drauf

24 Jesus zog mit seinen Freunden in die Nähe von Tyrus, einer Stadt mit
einem großen Hafen. Er wollte eigentlich unerkannt bleiben, aber es
sprach sich wieder sehr schnell rum, dass er da war. 25 Die News war
auch an das Ohr von einer Frau gedrungen, deren Tochter von einem
fiesen Geist, einem Dämon, befallen war. 26 Sie fragte Jesus, ob er das
Ding nicht aus ihrer Tochter rausholen könnte. Diese Frau war allerdings
keine Jüdin. 27 Jesus meinte zu ihr: „Hey, zuerst sind meine Leute dran,
die Kinder vom Volk aus Israel. Es ist nicht okay, wenn man Kindern das
Brot wegnimmt und es den Hunden zu fressen gibt." 28 Die konterte
aber sofort: „Da haben Sie Recht, aber kleine Hündchen bekommen
doch auch die Reste ab, die vom Essen noch übrig bleiben, oder?"
29 „Das stimmt. Ist okay, ich werde Ihrer Tochter helfen. Sie können nach
Hause gehen, das Ding ist schon gelaufen, der fiese Geist ist aus ihrem
Kind schon verschwunden!" 30 Und tatsächlich: Als die Frau zu Hause
ankam, lag ihre Tochter peacig im Bett. Der Dämon hatte sie verlassen
und sie war frei.

Ein Taubstummer kann wieder sprechen und hören

31 Die nächste Station von der Tour von Jesus war dann Sidon. Und
danach ging er wieder an den See von Galiläa und in den „Zehn-Städte-
Landkreis". 32 Ein Typ, der taub war und so gut wie gar nicht sprechen
konnte, wurde zu ihm in die Sprechstunde gebracht. Jesus sollte mal für
den beten und ihn heilen. 33 Er ging mit ihm um die Ecke an eine Stelle,
wo es ein bisschen ruhiger war und nicht so viel Rummel abging. Dann
steckte er seinen Finger in die Ohren von dem Typen. Danach tat er
etwas Spucke auf seine Fingerspitzen und berührte damit seine Zunge.
34 Und dann sah er in Richtung Himmel, seufzte kurz und sagte dann zu
den Ohren: „Ihr müsst jetzt funktionieren!" 35 Und in der Sekunde konn-
te der Mann ganz normal reden und hören! 36 Jesus wollte aber nicht,
dass jeder das sofort erfährt. Er befahl allen, die das mitgekriegt hat-
ten, bloß ihren Mund zu halten. Aber es passierte natürlich genau das
Gegenteil, und es dauerte nicht lange, da wusste jeder davon ... 37 Alle
kriegten das irgendwie überhaupt nicht auf die Reihe, was Jesus so alles
brachte. „Ist das nicht voll krass, was der so alles bringt?! Wahnsinn,
sogar die Leute, die taub sind, und die Stummen kann er wieder gesund
machen!"

8

Viertausend bekommen fett zu essen

1 An einem anderen Tag waren mal wieder irre viele Leute bei Jesus.
Leider hatten die nicht genug Sachen zum Essen dabei. Darum rief Je-
sus seine Freunde zu einem kurzen Meeting zusammen. 2 „Die Leute,
die hier sind, tun mir voll Leid. Die sind jetzt schon drei Tage da, und
wir haben nichts zum Essen am Start. 3 Wenn ich die so nach Hause
schicke, krepieren die mir noch auf dem Heimweg. Einige haben noch
einen ganz schönen Weg vor sich." 4 „Wie sollen wir denn hier in dieser
Gegend, wo total tote Hose ist, noch was zu essen herkriegen?", fragten
seine Freunde. 5 „Was habt ihr denn an Essen dabei?" – „Also, sieben
Brote kriegen wir zusammen." 6 Jesus sagte den Leuten, sie sollten sich
mal auf den Boden pflanzen. Dann nahm er die sieben Brote, ließ ein
kurzes Dankgebet Richtung Himmel vom Stapel und gab sie an seine
Freunde weiter. Sie sollten die Essensverteilung vornehmen. 7 Und
dann waren da auch noch ein paar geräucherte Fische. Jesus betete da
drüber und gab die auch weiter. 8 Alle hatten am Ende fett zu essen.
Es war mehr als genug für alle da, und als sie die Reste eingesammelt
hatten, kamen satte sieben Körbe voller Essen zurück. 9 Ungefähr vier-
tausend Leute waren dabei. Nach dem Essen sollten sie dann aber
verschwinden.

Prophetentest und Hefeteig

10 Anschließend fuhr Jesus mit seinen Freunden auf einem Boot Rich-
tung Dalmanuta. 11 Als die Pharisäer das spitzkriegten, kamen sie
sofort angerannt. Sie wollten den ultimativen Prophetentest mit Jesus
abziehen. „Wir wollen ein Wunder sehen!", war ihre Forderung. 12 Jesus
stöhnte so laut, dass es alle hören konnten: „Oh Mann, warum wollt ihr
immer nur irgendwelche Wunder sehen? Ihr werdet an eurer Wunder-
geilheit noch ersticken! Diese Art von Beweis könnt ihr vergessen!" 13 Je-
sus ging wieder zum Boot und schipperte über den See zum anderen
Ufer. 14 Die Freunde von Jesus hatten total vergessen, was zum Essen
mitzunehmen. Sie hatten nur noch ein Brot dabei, das war alles. 15 Wäh-
rend der Fahrt auf dem See meinte Jesus so nebenbei: „Hey, ihr müsst
echt aufpassen wegen dem Hefeteig, den euch die Pharisäer und auch
der Präsident anbieten." 16 Seine Freunde dachten sofort, er würde das
Thema anschneiden, weil nichts mehr zu essen da war. 17 Jesus konnte
aber Gedanken lesen und war echt traurig über ihre Sorgen: „Mann,
warum habt ihr schon wieder Panik, ihr müsstet verhungern? Kapiert ihr
das denn echt nicht? Warum seid ihr so hart unterwegs? Wann begreift

ihr das endlich? 18 Ihr habt Augen und seid doch voll die Blindis, ihr habt
Ohren und peilt doch gar nichts. 19 Habt ihr gepennt, als ich fünftau-
send Männer mit fünf Broten satt gemacht habe? Was war da am Ende
noch übrig? Hallo?" – „Zwölf Körbe", war die Antwort. 20 „Und wie war
das, als ich viertausend hungrige Leute mit sieben Broten satt gekriegt
habe? Was war da am Ende noch übrig?" – „Sieben Körbe", sagten sie.
21 „Kapiert ihr das jetzt endlich?!"

Ein Typ der blind war, kann wieder sehen

22 Als Jesus dann in Betsaida aufschlug, brachten sie einen Typen zu
ihm, der nicht sehen konnte. 23 Jesus nahm die Hand von dem Blinden
und ging mit ihm aus dem Ort raus. Dann spuckte er ihm auf seine Au-
gen, legte anschließend seine Hände drüber und betete. Danach fragte
er ihn: „Na, wie isses, kannst du was sehen?" 24 „Ja, schon ein bisschen.
Ich kann auf jeden Fall irgendetwas sehen, was sich bewegt, Menschen
oder so. Könnten aber auch Bäume sein." 25 Jesus ließ nicht locker und
legte noch mal seine Hände auf die Augen von dem Typen. Und da-
nach konnte er alles genau erkennen und war komplett geheilt! 26 Jesus
schickte ihn dann erst mal nach Hause: „Geh jetzt! Aber versack nicht
im Ort, geh direkt nach Hause, ja?!"

Petrus hat verstanden, wer Jesus ist

27 Irgendwann verließen Jesus und seine Freunde Galiläa. Sie zogen
auf die Dörfer, die um Cäsarea Philippi lagen. Unterwegs fragte Je-
sus mal: „Was reden die Leute eigentlich über mich?" 28 „Also einige
sagen, du wärst Johannes, der die Leute getauft hat, andere glauben,
du wärst Elia, der alte Prophetentyp." 29 „Und ihr? Was glaubt ihr,
wer ich bin?" Petrus sagte sofort: „Du bist der Auserwählte, du bist
der Christus!" 30 Jesus antwortete voll ernst: „Gut, aber bitte keinem
weitersagen, okay?" 31 Dann weihte Jesus seine Freunde zum ersten
Mal in die Dinge ein, die bald passieren würden. Dass er bald ganz
derbe Sachen durchmachen muss, dass die Regierung und die Typen,
die was zu sagen haben im Land, die obersten Priester und die Theo-
logen, ihn verhaften lassen werden. Und dass sie ihn dann verurteilen
und töten. Aber nach drei Tagen wird es ein fettes Comeback geben.
32 Jesus war total ehrlich mit ihnen, aber Petrus hatte auf das, was
Jesus ankündigte, überhaupt keinen Bock. Er versuchte ihm das in
einem Gespräch von Mann zu Mann auszureden. 33 Jesus fand das
nicht so toll, und sagte: „Verschwinde, Satan! Das sind nicht Gottes
Gedanken, diese Idee kommt aus deinem menschlichen Hirn! Gott ist
anders drauf!"

Alles geben, um alles zu gewinnen

34 Jesus rief seine Freunde und die Leute, die das hörten, zu sich.
„Wenn jemand so leben will wie ich, wenn er so draufkommen will,
wie ich es bin, dann ist komplette Selbstaufgabe angesagt. Nur wenn
du bereit bist, alles aufzugeben, was du bist und hast, dann kannst
du mir nachfolgen. 35 Wenn jemand versucht, mit aller Kraft um sein
Leben zu kämpfen und versucht es festzuhalten, der wird es gerade
dann verlieren. Wenn jemand aber sein Leben an mich verliert und
sich radikal für meine Sache einsetzt, der hat es gerade erst ge-
wonnen. 36 Was bringt es, wenn jemand Applaus und die Erfolge be-
kommt, die man auf dieser Welt kriegen kann, aber dafür seine Seele
verliert? 37 Gibt es überhaupt etwas Wertvolleres als die Seele? 38 Wenn
es jemand mal peinlich sein sollte, dass er an mich glaubt, und sich
nicht zu den Sachen die ich gesagt habe, stellen kann, dann wird es
mir auch peinlich sein, wenn er irgendwann mal mit den Engeln vor
meinem heiligen Papa stehen wird.“

9

Der abgespacete Jesus

1 Jesus hielt mal wieder eine Rede. Er sagte: „Eins verspreche ich euch:
Ein paar von euch werden erleben, wie diese neue Zeit losgeht, in der
Gott das Sagen hat!“ 2 Nach sechs Tagen nahm Jesus Petrus, Jakobus
und Johannes mit und machte mit ihnen eine Bergtour. Als sie oben
angekommen waren, verwandelte sich plötzlich das Aussehen von Je-
sus total heftig. 3 Seine Klamotten strahlten wie weißer Phosphor, so
ein Weiß, wie man es auf der Erde nicht kennt. 4 Und dann kamen Elia
und Mose vorbei und quatschten ’ne Runde mit Jesus. 5 Petrus war
völlig high. Er meinte nur: „Oh Jesus, es ist voll schön, hier zu sein!
Lass uns gleich ein Denkmal bauen, drei Häuser, ja? Eins für dich, eins
für Mose und eins für Elia!“ 6 Er war aber nicht ganz klar in der Birne
und hatte wohl einen Adrenalinkick, weil er so eine Angst hatte, genau-
so wie die anderen auch. 7 Und dann kam plötzlich eine Riesenwolke
über sie, und eine Stimme sprach aus dem Off: „Dieser Typ ist mein
Sohn. Ich hab ihn sehr lieb. Tut, was er sagt!“ 8 Im nächsten Augenblick
waren Elia und Mose weg. Nur Jesus war noch da. 9 Auf dem Rückweg
schärfte Jesus ihnen ein, niemandem davon zu erzählen, bis er von
den Toten zurück wäre. 10 Sie hielten das Versprechen, redeten aber
untereinander noch oft über das ganze Thema „Auferstehung von den
Toten“ und was das überhaupt wäre. 11 Irgendwann kam da die Frage
auf: „Warum erzählen die Theologen, dass Elia wiederkommen muss,
bevor der Auserwählte, der Messias, am Start ist?“ 12 „Das mit Elia

stimmt schon“, meinte Jesus, „der war sozusagen die Preview vom
Hauptfilm. Warum steht denn im alten Buch, dass der eine Typ, der
Menschensohn*, schlimme Sachen durchmachen muss, dass man ihn
überall verarschen wird und so? 13 Ist doch klar, Elia war schon lange
da, und sie haben mit ihm genau das gemacht, was in dem alten Buch
schon vorhergesagt wurde.“

Wer darf ’ne Order von Gott bekommen?

14 Als sie zurück waren, kamen sie mitten in eine derbe Diskussion
zwischen seinen Freunden und den Theologen, die von vielen Zu-
schauern verfolgt wurde. 15 Die Menschen waren alle total aufgeregt,
als Jesus dazukam. Sie rannten ihm entgegen und sagten: „Hallo Je-
sus, da bist du ja!“ 16 „Worüber diskutiert ihr gerade?“, fragte er. 17 Ein
Typ aus der Menge sagte: „Mein Herr, ich habe gerade meinen Sohn
hierher gebracht. Ich wollte Sie bitten, ihn gesund zu machen. Er kann
nicht sprechen, weil ein fieser Geist in ihm ist und ihn kontrolliert.
18 Wenn der Geist richtig loslegt, dann haut er ihn einfach um, seine
Spucke wird weiß, er knirscht mit den Zähnen und verkrampft total.
Ich hatte ihn schon Ihren Freunden vorgestellt, aber die konnten auch
nicht wirklich weiterhelfen.“ 19 Jesus war etwas genervt: „Oh Mann, wa-
rum habt ihr so wenig Vertrauen in Gott? Wie lange muss ich es noch
bei euch aushalten, bis ihr endlich kapiert, wie so was funktioniert?
Bringt den Jungen mal her!“ 20 Als der Junge gebracht wurde, legte der
fiese Geist gleich richtig los, als er Jesus sah. Der Junge krampfte hoch
zehn, wälzte sich auf dem Boden hin und her und hatte gleich wieder
weißen Schaum vor dem Mund. 21 „Seit wann treten diese Symptome
auf?“, wollte Jesus wissen. Der Vater sagte: „Schon seitdem er klein
ist. 22 Der fiese Geist hat ihn schon oft umgehauen, ihn sogar in eine
Feuerstelle und auch ins Wasser geworfen. Ich glaube, er will ihn tö-
ten. Bitte, helfen Sie uns! Tun Sie etwas, wenn Sie dazu in der Lage
sind!“ 23 „Was ist das denn für ’ne Ansage? ‚Wenn ich dazu in der Lage
bin‘? Alles ist möglich für jemanden, der hundert Prozent vertraut!“
24 Der Vater sagte dann: „Ich habe ein großes Vertrauen in Sie! Aber
helfen Sie mir dabei, Ihnen wirklich auf die Art zu glauben, wie es nö-
tig ist!“ 25 Jesus kriegte mit, dass immer mehr Zuschauer da waren. Er
bedrohte den fiesen Geist und sagte zu ihm: „Du Geist, der Menschen
stumm und taub macht, ich befehle dir jetzt: Hau ab aus diesem Kind!
Du darfst da auch nie wieder reinkommen! Verschwinde!“ 26 Der Geist
brüllte los, packte den Jungen noch einmal, warf ihn hin und her, und
dann verschwand er. Der Junge saß erst mal still da, ohne sich zu be-
wegen. Alle dachten, er wäre tot. 27 Aber Jesus nahm seine Hand und

zog ihn hoch, bis er stehen konnte. [28] Nachdem Jesus sich dann mit seinen Freunden in ein Haus zurückgezogen hatte, wollten die natürlich wissen, warum es bei ihnen nicht geklappt hatte mit der Dämonenaustreibung und so. [29] „Es gibt so eine Art von fiesen Geistern oder Dämonen, die kann man nur rausschmeißen, wenn man voll eng mit Gott lebt."

Jesus macht mal wieder 'ne Ansage, was seinen Tod angeht

[30] Dann hauten sie irgendwann mal aus der Gegend ab und machten 'ne Tour durch Galiläa. Er wollte seinen Freunden noch viel beibringen und hielt es für 'ne gute Idee, mit ihnen dazu alleine zu sein. [31] „Der Menschensohn* wird von jemand verraten werden. Er wird umgebracht, aber nach drei Tagen feiert er sein Comeback unter den Lebenden." [32] Sie kapierten null, was er damit sagen wollte, hatten aber Angst noch mal nachzufragen.

Wer bei Gott groß rauskommt und wer nicht

[33] In Kapernaum wohnten sie zusammen in einem Haus. „Worüber habt ihr gerade auf dem Weg hierher gequatscht?", fragte Jesus. [34] Sie sagten nichts, weil es ihnen voll peinlich war. Sie hatten nämlich gerade dadrüber diskutiert, wer von ihnen wohl der Wichtigste von allen sei, auf wen man am wenigsten verzichten könnte. [35] Jesus pflanzte sich mit den zwölf Freunden in die Sitzecke. „Wer von euch ganz weit vorne sein will, der sollte sich ganz hinten anstellen und den anderen dienen." [36] Er holte ein kleines Kind in den Raum, stellte es in die Mitte und umarmte es. [37] „Jeder, der sich um so ein Kind kümmert, weil er mit mir lebt, der kümmert sich gleichzeitig auch um mich und meine Sache. Und wer sich um mich kümmert, der hat sich damit auch der Sache meines Vaters angenommen."

Wenn jemand nicht gegen uns arbeitet, dann ist er für uns

[38] Johannes meinte mal zu Jesus: „Meister, wir haben im Ort so einen Typen getroffen, der fiese Geister, so Dämonen, aus Leuten rausholt. Und der tut das unter Verwendung von deinem Namen. Wir haben ihm das strengstens untersagt, er gehört ja schließlich nicht zu unserer Gruppe." [39] „Das war nicht okay", meinte Jesus. „Wenn jemand unter Verwendung meines Namens gute Sachen macht, wird er auf der anderen Seite meinen Namen nicht in den Dreck ziehen. [40] Wenn jemand nicht gegen uns arbeitet, arbeitet er für uns. [41] Wenn mal einer auch

---

* Siehe Erklärung in Matthäus 8, Vers 20.

nur ein Glas Wasser rausrückt, weil er zu mir gehört, dann wird er dafür
richtig belohnt werden. Das garantiere ich euch!"

Keine halben Sachen machen! Radikal für Gott leben!

42 „Hey, eins will ich euch sagen: Wenn irgendjemand das tiefe Ver-
trauen zerstört, das ein Mensch in mich hat, für den wäre es besser, er
würde mit einem Betonklotz an den Füßen ins Meer geworfen werden!
43/44 Und wenn dich deine Hand zu Sachen verführt, die Gott nicht
gut findet, dann säg sie lieber ab. Lieber einarmig im Himmel, als mit
beiden Händen in der Hölle. 45/46 Und wenn dein Fuß dich dazu bringt,
Sachen zu tun, die Gott nicht gut findet, dann säg ihn lieber ab. Besser
einbeinig im Himmel, als zweibeinig in der Hölle. 47 Und wenn dein
Auge dich dazu verführt, Sachen zu machen, die dich von Gott trennen
würden, dann reiß es lieber raus. Besser einäugig im Himmel, als mit
beiden Augen in der Hölle. 48 In der Hölle ist es total ätzend, du wirst
dort ohne Ende Schmerzen haben. 49 Keiner wird um den Check seines
Lebens rumkommen können, alle müssen einmal durch dieses Feuer.
Das ist die Vorbereitung und so bekommst du auch Auswirkung auf
deine Umwelt. 50 Es ist generell gut, Auswirkung auf seine Umgebung
zu haben. Aber was geht dann, wenn ihr nicht mehr auf andere abfärbt?
Geht gut miteinander um, das ist wichtig!"

10

Jesus sagt was über die Ehe

1 Irgendwann zog Jesus weiter in die Richtung östlich vom Jordan.
Wie immer waren gleich tierisch viele Menschen um ihn herum, und
er brachte denen dann Sachen bei. 2 Einige von den Pharisäertypen
kamen vorbei und versuchten ihn wieder aufs Glatteis zu führen: „Wie
ist das, dürfen sich Ihrer Meinung nach Ehepaare scheiden lassen?"
3 „Gegenfrage: Was meinte Mose denn zu dem Thema?" 4 „Für Mose
war das okay! Er sagt dazu, man sollte seiner Frau nur ein Papier aus-
stellen, und dann kann man sie rausschmeißen." 5 „Oh Mann, ihr
seid so hart unterwegs, Leute! Nur darum hat Mose euch das erlaubt.
6 Gott hatte aber ursprünglich eine andere Idee, als er Männer und
Frauen gemacht hat. Ich zitiere: 7 ‚Deshalb wird ein Mann sich von sei-
nen Eltern verabschieden und sich verbindlich auf eine Frau einlassen.
8 Beide werden dann total ineinander verschmelzen.' 9 Keiner darf sie
dann mehr auseinander reißen, Gott hat sie ja zusammengeschweißt."
10 Später, als alle weg waren und seine Freunde mit ihm alleine waren,
fragten sie noch mal nach. 11 Seine Antwort war dann: „Also, wenn sich
einer von seiner Ehefrau trennt und sich eine neue Frau sucht und die

heiratet, dann zerstört er ihre Ehe. [12] Und wenn eine Ehefrau sich von
ihrem Ehemann trennt und wieder jemand anderen heiratet, dann zer-
stört sie auch die Ehe."

Jesus liebt die Kids

[13] Irgendwann brachten einmal ein paar Mütter ihre Kinder zu Jesus.
Sie wollten gerne, dass er für sie betet und sie segnet. Die Freunde von
Jesus hatten da aber keinen Bock drauf und stießen sie weg. [14] Als Je-
sus das mitbekam, war er supersauer. Er brüllte sie an: „Lasst die Kin-
der durch! Sie haben bei mir immer Vorzug. Menschen, die so sind wie
die, denen gehört das neue Land, wo Gott das Sagen hat. [15] Eins kann
ich euch versprechen: Wer glaubensmäßig nicht so draufkommt wie so
ein Kind, hat keinen Platz in Gottes neuem Reich." [16] Er nahm noch ein
paar Kinder ganz fest in die Arme, knuddelte sie und betete noch 'ne
Runde. [17] Gerade als sie wieder loswollten, rannte ein Typ auf ihn zu,
kniete sich vor ihm hin und fragte: „Lieber guter Herr Lehrer! Ich habe
eine für mich wichtige Frage an Sie. Was muss ich alles tun, um in den
Himmel zu kommen, wenn ich tot bin?" [18] „Hey, ich will, dass Gott
der Vater groß rauskommt, er alleine ist wirklich gut! Bitte nennen Sie
mich nicht so. [19] Und was diese Gesetze angeht, die kennen Sie doch
auswendig, oder? Es ist nicht okay, Leute zu töten, die Ehe kaputtzu-
machen, zu klauen, rumzulügen, irgendjemanden abzuziehen. Und
man soll seinen Vater und seine Mutter respektieren." [20] „Herr Lehrer,
was diese Sachen angeht, danach lebe ich schon, solange ich denken
kann!" [21] Jesus sah den Typen total liebevoll an und meinte: „Eine
Sache fehlt aber noch. Ziehen Sie mal los und verkaufen den ganzen
Krempel, alles, was Sie haben, und spenden die Kohle an Leute, die es
wirklich brauchen. Dann werden Sie im Himmel ein fettes Bankkonto
haben. Und dann lassen Sie alles stehen und liegen und gehen mit
mir." [22] Nach dieser Ansage war er voll entmutigt und lief traurig wieder
weg. Er hatte nämlich sehr viel Kohle. [23] Jesus meinte darauf zu seinen
Freunden: „Leute, die sehr reich sind, haben es total schwer, ein Ticket
für den Himmel zu kriegen." [24] Die waren total fertig, als er das gesagt
hatte. Jesus wiederholte das darum noch mal: „Also für Menschen, die
sehr reich sind, wird es monsterschwer in den Himmel zu kommen.
[25] Es ist leichter, dass ein Pferd durch ein Schlüsselloch durchpasst,
als dass einer, der viel Kohle hat, in den Himmel kommt!" [26] Seine
Freunde waren immer noch total fertig. „Wer kann es denn überhaupt
schaffen? Wer kriegt das denn noch hin?" [27] „Keiner kann es schaffen,
sich zu Gott hochzuarbeiten, das geht gar nicht. Aber für Gott ist alles
möglich", war seine Antwort. [28] „Und wie steht es dann um uns, Jesus?

Wir haben alles stehen und liegen lassen und sind radikal mit dir ge-
gangen", fragte Petrus. 29 „Eins ist sicher: Alle, die ihr Vermögen, ihre
Familie, ihre Wohnung, ihre Kinder aufgegeben haben, weil sie mit mir
gegangen sind, und das tun, was ich gesagt habe, 30 die werden schon
jetzt fett dafür absahnen. Auch wenn sie dafür Ärger kriegen, weil sie
an mich glauben. In der neuen Welt, die dann mal sein wird, da werden
sie ein ewig geiles Leben haben. 31 Viele Leute, die jetzt so richtig wich-
tig sind, werden dann 'ne kleine Nummer sein. Und die Unscheinbaren
werden dann ganz groß rauskommen."

Jesus macht zum dritten Mal die Ansage, dass man ihm bald ans Leder gehen wird

32 Auf dem Weg nach Jerusalem ging Jesus voraus. Seine Freunde beka-
men Schiss und auch die anderen, die mitgezogen waren. Jesus nahm
seine Freunde noch mal beiseite und machte folgende Ansage über
das, was ihn in Jerusalem erwarten würde: 33 „Wenn wir da in Jerusalem
ankommen, werde ich an die obersten religiösen Leiter und an die The-
ologen ausgeliefert werden. Man wird mich zum Tod verurteilen und an
die römische Besatzung ausliefern. 34 Dann werden sie mich verarschen,
anspucken, foltern und schließlich umbringen. Aber nach drei Tagen
hab ich mein Comeback."

Wer bei Gott gut dasteht und wer nicht

35 Jakobus und Johannes (die Söhne von Zebedäus) hatten mal 'ne Fra-
ge an Jesus: „Jesus, wir haben eine Anfrage an dich." 36 „Um was geht
es denn?" 37 „Könntest du das organisieren, dass wir 'ne Reservierung
für die Plätze auf der Ehrentribüne bekommen, gleich neben dir, wenn
wir im Himmel sind?" 38 „Oh Mann, ihr habt ja keine Ahnung, was ihr
da gerade beantragt habt! Glaubt ihr denn, ihr packt das? Könnt ihr die
gleichen schlimmen Sachen durchmachen, wie ich sie durchmachen
werde? Könnt ihr den gleichen Tod sterben, wie ich ihn sterben werde?
39 „Klar das können wir" war ihre Antwort. „Okay", meinte Jesus, „ihr
werdet tatsächlich aus dem gleichen Becher trinken wie ich. Und ihr
werdet tatsächlich mit der selben Taufe getauft werden, wie ich getauft
werde. 40 Aber ich kann darüber trotzdem nicht bestimmen, wer neben
mir sitzen wird und wer nicht. Gott hat das schon lange verplant." 41 Die
anderen Freunde hatten das spitzbekommen, wie sich Jakobus und
Johannes einschleimen wollten, und waren echt sauer. 42 Jesus setzte
sofort ein Meeting an: „Ihr habt mitgekriegt, wie das hier auf der Erde
so läuft. Regierungen behandeln ihre Bürger oft wie Dreck, und die Leu-
te, die was zu sagen haben, beuten ihre Untergebenen nur aus. 43 Das

ist bei euch aber anders, klar?! Wer bei euch der Boss sein will, der
muss bereit sein, sich ganz hinten anzustellen. 44 Wer bei euch der Chef
sein will, soll die anderen wie ein kleiner Angestellter bedienen. 45 Der
Menschensohn* kam auch nicht zu euch, um den Lauten zu machen.
Er kam, um jedem zu dienen. Er ist gekommen, um mit seinem Leben
viele Menschen freizukaufen."

Ein Typ der blind war, wird von Jesus gesund gemacht

46 Irgendwann kamen sie in Jericho an. Als sie die Stadt dann wieder
verließen, war voll die große Menschenmenge hinter ihnen her. Bart-
imäus war ein blinder Bettler, der auf dem Weg am Straßenrand saß
und Kohle schnorrte. Er war ein Sohn von Timäus. 47 Als der mitbekam,
dass dieser Jesus aus Nazareth in der Nähe war, fing er wie blöd an zu
brüllen: „Jesus, aus der Familie vom David, bitte hilf mir!" 48 „Maul hal-
ten!", blufften ihn die anderen an. Aber er schrie nur noch lauter: „Sohn
vom Präsidenten David, Jesus, bitte hilf mir!" 49 Als Jesus das mitbe-
kam, blieb er erst mal stehen. „Sagt ihm, er soll herkommen!" – „Trau
dich!", ermunterten die Leute den Blinden. „Er hat dich gerade gerufen!"
50 Bartimäus schmiss seinen Mantel weg und sprang hoch, um zu Jesus
zu kommen. 51 „Hey Mann, was kann ich für dich tun?", fragte ihn Jesus.
„Großer Meister, ich möchte so gerne sehen können!" 52 „Dann mal los,
das Vertrauen was du in mich gesetzt hast, hat schon dafür gesorgt,
dass du jetzt sehen kannst!" Und in derselben Sekunde konnte der Typ
sehen! Sofort ging er mit Jesus mit.

11

Große Sause, als Jesus in Jerusalem ankommt

1 Kurz bevor Jesus in Jerusalem ankam, durchkreuzten sie noch die
Gegend von Betfage und Betanien (das liegt beim Ölberg). Jesus sagte
zu zwei von seinen Freunden, sie sollten schon mal vorgehen. 2 „Geht
schon mal in das Dorf dahinten. Gleich hinterm Ortseingang wird so
ein kleiner Esel stehen, auf dem hat noch nie ein Mensch geritten. Den
bringt mal mit. 3 Falls jemand Fragen stellt, sagt einfach: ‚Der Meister
braucht das. Wird aber nach Benutzung wieder zurückgegeben!'" 4 Die
beiden machten sich auf den Weg. Sie fanden den Esel am Straßenrand,
er war an einem Haus festgebunden. 5 Als sie ihn gerade losbinden
wollten, fragten ein paar Leute, die das mitbekamen: „Was soll das? Was
macht ihr mit dem Esel?" 6 Sie ließen den Spruch ab, den Jesus ihnen
aufgesagt hatte, und dann war es anscheinend für die Leute okay. 7 Sie

* Siehe Erklärung in Matthäus 8, Vers 20.

brachten das Teil zu Jesus, legten ihre Mäntel über den Rücken vom
Esel, und Jesus pflanzte sich drauf. [8] Auf dem Weg war voll der Auflauf
am Start. Die Menschen legten ihre Jacken vor den Esel auf den Weg,
als Jesus ankam. Andere nahmen Zweige von den Palmen und pflaster-
ten damit die Straße. [9] Vor Jesus und hinter Jesus waren irre viele Men-
schen. Die Fans brüllten: „Gott hilft uns endlich! Super, da kommt der
Mann, der uns von Gott geschickt wurde! [10] Wir freuen uns auf die Zeit,
wo Gott endlich wieder das Sagen hat! Danke Gott, du bist gut!“ [11] Auf
diese Art und Weise zog Jesus in Jerusalem ein. Als Erstes ging er dann
in den Tempel. Als er abgecheckt hatte, was da so geht, ging er mit den
zwölf Freunden in den Vorort Betanien, um da zu übernachten. Es war
nämlich schon echt spät geworden.

Das Ding mit dem Apfelbaum

[12] Am nächsten Morgen hatte Jesus wahnsinnigen Hunger. Auf dem
Weg nach Jerusalem [13] sah er einen Apfelbaum. Der Baum hatte nur
noch ein paar Blätter dran, es war ja noch nicht die Jahreszeit, wo Apfel-
ernte angesagt war. [14] Jesus war trotzdem sauer. Er sagte: „Von dir soll
nie wieder jemand was essen können!“ Seine Freunde bekamen das mit.

Terror im Tempel

[15] Als sie in das Haus von Gott, den Tempel, kamen, rastete Jesus plötz-
lich total aus! Er schrie die ganzen Händler an, die da ihre Souvenirs
und Opfersachen verhökerten. Dann schmiss er die Leute einfach raus,
pogte rum und zertrat die Tische der Wechselstuben und die Verkaufs-
stände der Taubenverkäufer. [16] Er untersagte lautstark jede Form von
Handel, die da im Tempel abging. [17] Er brüllte sie an: „In der Bibel steht
drin: ‚Mein Haus sollte dafür da sein, dass Leute da drin beten.‘ Ihr habt
daraus einen Konsumtempel gemacht!“ [18] Die News kam auch den
Theologen und den Priestern zu Ohren. Ab da fingen sie an Pläne zu
schmieden, wie man am besten einen Anschlag auf Jesus verüben könn-
te. Sie hatten irre Panik vor Jesus, denn was er sagte, hatte Hand und
Fuß und beeinflusste die Leute stark. [19] Abends hauten die Freunde um
Jesus mit ihm aus der Stadt ab.

Gott total vertrauen, mit Leuten Frieden haben, dann ist alles möglich

[20] Am nächsten Morgen kamen sie wieder an dem Baum vorbei, den
Jesus verflucht hatte. Er war total ausgetrocknet und tot. [21] Petrus hat-
te nicht vergessen, was Jesus zu dem Baum gesagt hatte. Er rief ihn
und meinte: „Sieh dir das an, Meister! Echt derbe! Der Baum ist total
vertrocknet!“ [22] Jesus fragte zurück: „Sagt mal, Jungs, vertraut ihr Gott

eigentlich? 23 Eins kann ich euch versprechen: Wenn ihr zu diesem Berg sagen würdet: ‚Ab mit dir ins nächste Meer', dann würde das auch passieren. Mörderwichtig dabei ist, dass ihr das auch glaubt und da dran kein bisschen zweifelt. 24 Passt gut auf, was ich euch jetzt sage! Egal worum ihr betet, wenn ihr echt vertraut und daran glaubt, dann werdet ihr das auch bekommen! 25/26 Wenn ihr betet, ist es aber angesagt, vorher allen Leuten zu vergeben, gegen die ihr irgendwie die Hasskappe schiebt. Und zwar ist das so, damit der Papa aus dem Himmel euch auch euren Mist vergeben kann."

Wer gibt Jesus eigentlich die Power?

27 Mittlerweile waren sie wieder in Jerusalem angekommen. Als er im Tempel war, kamen die Theologen, ein paar von den Leuten, die was zu sagen hatten, und die Oberpriester wieder vorbei. 28 Sie hatten mal 'ne Frage an Jesus: „Wer gibt Ihnen überhaupt das Recht, die Händler aus dem Tempel zu schmeißen? Was nehmen Sie sich da eigentlich raus? Wer hat Ihnen die Vollmacht dazu ausgestellt?" 29 „Das kann ich euch gerne sagen, aber vorher hab ich noch 'ne Gegenfrage", meinte Jesus. 30 „Diese Taufe, die Johannes durchgezogen hat, hat er das getan, weil Gott ihm den Auftrag dazu gegeben hat, oder war das seine eigene Idee? Ich will 'ne Antwort!" 31 Sie steckten kurz die Köpfe zusammen. „Also wenn wir antworten, das war, weil Gott ihm den Auftrag gegeben hat, dann fragt er bestimmt als Nächstes, warum wir nicht getan haben, was Johannes gesagt hat. 32 Wenn wir aber sagen, das war alles nur menschlich, dann haben wir auch ein Problem." Sie hatten Schiss vor den Menschen in der Stadt. Johannes hatte nämlich einen sehr guten Ruf und war beliebt, alle glaubten, er wäre ein Prophet. 33 Also war ihre Antwort: „Keine Ahnung!" „Dann brauch ich Ihnen auch nicht zu sagen, mit welchem Recht und mit wessen Vollmacht ich das jetzt getan habe."

12

Die Story von dem Weinbauern

1 Jesus fing wieder an, ihnen mit Vergleichen aus dem Leben Dinge klar zu machen: „Ein Typ wollte mal Geschäfte mit dem Weinanbau machen. Er organisierte sich einen Weinberg, baute eine Mauer darum, dann buddelte er eine Grube, um den Wein da drin auszupressen, und baute noch einen Wachturm auf das Gebiet. Er fand schließlich ein paar Pächter für den Weinberg und dann zog er irgendwann ins Ausland. 2 Als Erntezeit angesagt war, schickte er einen seiner Angestellten los, um die Kohle für seinen Anteil der Ernte einzustreichen. 3 Die Pächter waren aber voll aggromäßig unterwegs, sie verprügelte den Angestellten so

schlimm, dass er fast gestorben wäre. Ohne einen Cent wurde er zurückgeschickt. 4 Darauf schickte der Besitzer einen anderen von seinen Angestellten los, aber der wurde genauso verprügelt wie der erste, sie hauten ihm in die Fresse und verarschten ihn sogar. 5 Der dritte Angestellte wurde dann sogar ermordet! Alle, die im Auftrag vom Eigentümer ankamen, wurden entweder halb totgeschlagen oder umgebracht. 6 Am Ende war nur noch der Sohn vom Weinbauern übrig, den liebte er über alles! Irgendwie dachte er, wenn er den schicken würde, den würden sie bestimmt nicht ermorden. 7 Aber denkste. Die Weinbauern überlegten: ‚Da kommt ja der Typ, der mal alles von dem Eigentümer erben wird. Wenn wir den um die Ecke bringen, haben wir endlich unsere Ruhe und können das Land behalten!‘ 8 Sie machten einen Überfall auf den Sohn, ermordeten ihn und warfen seine Leiche hinter den Weinberg auf den Müll. 9 Was meint ihr, wie wird der Besitzer jetzt reagieren?“, fragte Jesus und beantwortete die Frage gleich selber. „Bestimmt wird er kommen, alle umbringen und den Weinberg an jemand anders verpachten. 10 Kommt euch das irgendwie bekannt vor? Ich zitiere: ‚Der Maßstab, auf den die Bauarbeiter keinen Bock hatten, ist zur ultimativen Messlatte für alles geworden. Auf ihn baut sich alles auf, an ihm muss sich alles ausrichten.‘ 11 Das hat Gott gemacht. Ist doch gut, oder?“ 12 Jetzt hatten die Oberpriester und die Leitungsebene der Bevölkerung voll den Hals auf Jesus. Es war nämlich allen klar, dass mit den Angestellten sie gemeint waren. Weil sie aber Panik hatten, die Menschen würden Terror machen, wenn sie ihn jetzt festnehmen würden, ließen sie die Finger davon. So konnte er wieder ungehindert abziehen.

Was Jesus zum Thema „Steuern“ zu sagen hat

13 Irgendwann kamen dann wieder diese Pharisäer vorbei und ein paar Herodes-Fans dazu. Sie wollten Jesus in eine Diskussion verwickeln, um ihn dazu zu bringen, etwas Verbotenes zu sagen. Dann hätten sie zumindest einen Anklagepunkt, um ihn festzunehmen. 14 „Meister, wir wissen, dass Sie immer total ehrlich sind und straight edge sagen, was Sie denken. Sie haben Ihre eigene Meinung und vertreten Sie auch“, schleimten sie erst mal rum. „Was denken Sie zum Thema ‚Steuern bezahlen‘? Ist es okay, dem ungläubigen Kaiser Steuern zu zahlen, oder nicht?“ 15 Jesus schnallte aber sofort, was sie vorhatten. „Was soll diese linke Frage? Geben Sie mir mal eine Münze, dann wird die Antwort klar sein.“ 16 Sie gaben ihm eine, und er fragte: „Na, und wessen Bild ist auf dieser Münze drauf?“ „Das Bild vom Kaiser!“ 17 „Okay, dann geben Sie dem Kaiser mal, was ihm gehört, aber geben Sie Gott auch das, was ihm gehört.“ Mit so einer Antwort hatten sie nicht gerechnet.

Was mit uns passiert, wenn wir sterben

18 Dann kamen ein paar Jungs von der Sadduzäerpartei bei Jesus an.
Die vertraten die Theologie, dass man, nachdem man stirbt, nicht wie-
der in einer andern Form lebendig werden kann. Man nannte das auch
Auferstehung. Sie hatten folgende Frage an ihn: 19 „Meister, Mose hat
uns die Gesetze gegeben, die unser Leben regeln. Dort heißt es: Wenn
jemand stirbt und da noch 'ne kinderlose Ehefrau übrig bleibt, dann
soll sein Bruder die Frau heiraten, damit sie noch 'ne Chance auf Nach-
wuchs hat. 20 Angenommen, da waren mal sieben Brüder, und der erste
heiratet eine Frau und stirbt dann, und zwar ohne Kinder in die Welt zu
setzen. 21 Und so geht es weiter mit dem zweiten. Der heiratet sie auch,
aber als der stirbt, gibt es immer noch kein Baby. 22 So geht es bis zum
siebten Bruder. Am Ende stirbt dann auch noch die Frau. 23 Mit wem ist
sie denn dann im Himmel verheiratet, wenn sie dort wieder zum Leben
kommt? Sie war ja mit jedem der sieben zusammen!" 24 „Ihr kapiert
überhaupt nichts, weil ihr keine Peilung von dem alten Buch von Gott
habt und auch keine Peilung, wie Gott eigentlich drauf ist! 25 In der Zeit,
nachdem man gestorben ist, da gibt es so was wie Heiraten gar nicht
mehr. Man ist dann eher so engelmäßig unterwegs. 26 Aber noch mal
zu der Frage, was passiert, wenn wir tot sind: Habt ihr nie gelesen, was
Mose passiert ist, als er ein Treffen mit Gott hatte und der aus diesem
Feuer über der Dornenhecke zu ihm gesprochen hat? Lange nachdem
Abraham, Isaak und Jakob das Gras von unten sahen, hat Gott dort zu
Mose gesagt: ‚Ich bin der Gott von Abraham, Isaak und Jakob.' 27 Gott
ist für die Menschen da, die lebendig sind, nicht für die Toten! Ihr habt
es echt überhaupt nicht gepeilt!"

Welche Regel vom jüdischen Gesetz ist die wichtigste?

28 Einer der Theologen hatte das Gespräch genau verfolgt. Er merkte,
dass Jesus sich gut auskannte mit der Religion, und fragte darum: „Wel-
che Regel von Gott, welches Gesetz ist Ihrer Meinung nach das wich-
tigste?" 29 Jesus sagte dazu Folgendes: „Das allerwichtigste Gesetz ist:
‚Pass auf, Israel! Der Chef, Gott, er ist der einzige Gott weit und breit.
30 Den sollst du radikal lieben, mit deinen Gedanken, mit deinen Ge-
fühlen, mit allem, was du tust, du sollst dich total für Gott entscheiden.'
31 Das zweite Gesetz ist genauso wichtig: ‚Liebe den Menschen, der
in deiner Nähe lebt, genauso, wie du dich selber liebst.' Das sind mit
Abstand die wichtigsten Gesetze." 32 Der Theologe meinte dazu: „Gut
gesprochen, mein Herr. Dass es keinen andern Gott gibt, sehen wir ge-
nauso. 33 Mir ist auch klar, dass es wichtig ist, Gott radikal zu lieben, mit
meinen Gedanken und meinen Gefühlen, und auch eine Entscheidung

für ihn zu treffen. Und dass es genauso wichtig ist, den Menschen zu lieben, der in meiner Nähe ist, halte ich auch für richtig. Das ist wesentlich wichtiger als diese ganzen Opferrituale, die das Gesetz vorschreibt."
34 Jesus hatte das Gefühl, der Typ hatte kapiert, worum es wirklich geht.
„Du bist gar nicht so weit davon entfernt, bei Gott dabei zu sein." Nach diesem Gespräch traute sich keiner mehr, Jesus in eine Diskussion zu verwickeln.

Was geht mit dem „Christus", dem „Auserwählten"?

35 Im Tempel hielt Jesus dann mal wieder eine Rede. „Was haben die
Theologen noch mal gesagt, dass der Auserwählte, der Christus, aus
der Familie vom Präsidenten David kommen soll? 36 David hat gesagt,
als er mal von der Kraft Gottes angefunkt wurde: ‚Gott hat zu meinem
Chef gesagt: Setz dich auf die Ehrentribüne, gleich neben mich. Ich
werde die Leute, die schlecht zu dir waren, schon kleinkriegen.' 37 Wenn
sogar David ihn als Chef bezeichnet hat, wie kann er dann gleichzeitig
von ihm abstammen?" Die Zuhörer hingen förmlich an seinen Lippen,
als er das erzählte.

Passt auf vor den Theologen!

38 Dann sagte Jesus noch: „Passt auf, was euch diese Theologen auf die
Festplatte spielen wollen! Sie stehen total da drauf, wichtig zu sein, sie
machen voll die Show mit ihren tollen Klamotten und finden sich ganz
toll, wenn die Leute sie ehrfürchtig begrüßen! 39 Sie wollen immer einen
besonderen Sitzplatz auf der Ehrentribüne in den Synagogen haben und
auf irgendwelchen wichtigen Partys unbedingt auf der Gästeliste stehen.
40 Hintenrum zocken sie die Häuser der Witwen gerne mal eiskalt ab.
In der Öffentlichkeit veranstalten sie dabei gerne auch mal 'ne Runde
Showbeten, um so zu tun, als wären sie sonst wie fromm. Sie werden
mal ein hartes Urteil von Gott dafür bekommen."

Eine Witwe ohne Kohle gibt viel

41 Im Tempel setzte sich Jesus dann mal in Sichtweite vom Spenden-
kasten und beobachtete, wie viel Geld die Leute da reinschmissen. Ei-
nige von den wohlhabenden Leuten schmissen eine Menge Kohle rein.
42 Irgendwann kam dann eine total arme Witwe an, die zwei Euros in
den Kasten warf. 43 Jesus holte seine Freunde zu sich. Er sagte zu ihnen:
„Eins garantier ich euch: Diese arme Frau hat mehr gegeben als alle
anderen! 44 Die anderen haben nämlich nur ein paar Scheine da reinge-
worfen, obwohl sie ein Riesenvermögen besitzen. Diese Frau, die von
der Stütze lebt, hat aber alles gegeben, was sie hatte."

13

Was abgeht, wenn die Welt am Ende ist

1 Als sie wieder aus dem Tempel draußen waren, drehte sich einer von
seinen Freunden um und meinte zu ihm: „Hey Meister, schau dir mal
das Riesenteil an, die Architektur und so, ist doch irre, oder?“ 2 „Alles,
was du hier siehst, wird mal plattgemacht werden! Hier wird nicht ein
Stein auf dem anderen bleiben!“, antwortete Jesus. 3 Später pflanzten
sie sich auf eine Wiese beim Ölberg mit Blick auf den Tempel. Petrus,
Johannes und Andreas waren mit Jesus endlich mal alleine. Die drei
wollten dann wissen: 4 „Sag mal, Jesus, wann wird das abgehen, wovon
du geredet hast, und wie wird das angekündigt werden?“ 5 „Passt auf,
dass ihr da nicht gelinkt werdet!“, meinte Jesus dazu. 6 „Es werden viele
auftreten und behaupten, sie wären ich. Sehr viele werden sich verirren
und verführt werden. 7 Wenn in den Nachrichten aber viel von Kriegen
die Rede ist, dann lasst bloß keine Panik aufkommen. Das muss alles
so passieren, ist aber noch nicht das Ende. 8 Völker und Regierungen
werden wilde Kriegserklärungen abgeben. In vielen Teilen der Erde wird
es zu Erdbeben kommen, und es wird derbe Hungersnöte geben. Das
ist aber nur der Anfang von den schlimmen Sachen, die dann passieren
werden. 9 Pennt nicht, wenn das alles abgeht! Dann werden viele von
euch angeklagt und verurteilt werden, in den Synagogen wird man euch
sogar foltern. Weil ihr an mich glaubt, werdet ihr von der Regierung
angezeigt werden und müsst euch dafür verantworten. Das ist dann
auch immer eine gute Chance, um von mir zu erzählen. 10 Die coole
Nachricht von dem neuen Leben mit Gott muss aber davor noch allen
Völkern in der Welt erzählt werden. 11 Wenn ihr aber mal in den Knast
kommt und die euch vor den Kadi zerren, habt keine Panik wegen eurer
Verteidigung. Redet einfach frei von der Leber weg, Gott wird euch die
richtigen Antworten in den Mund legen. Ihr redet dann nicht, sondern
Gott wird durch euch reden! 12 In dieser Zeit werden aber noch ande-
re Sachen in den Familien abgehen. Brüder werden sich gegenseitig
anzeigen und auf Todesstrafe plädieren. Väter werden ihre Kinder an
die Bullen verraten und Kinder werden gegen ihre Eltern arbeiten, sie
werden sie sogar umbringen lassen. 13 Alle werden euch hassen, weil
ihr mit mir lebt. Die bis zum Ende durchhalten, werden aber gerettet.
14 Wer das jetzt liest: Pass gut auf! Was dann abgehen wird, ist von der
übelsten Sorte. Eine fiese Fratze wird als Gott auftreten und den heili-
gen Ort total versiffen. Sie wird an einer Stelle stehen, wo sie eigentlich
nicht stehen darf. Wenn das abgeht, müsst ihr fliehen, geht raus aus
Judäa und zieht in die Berge! 15 Wenn jemand nicht zu Hause ist, sollte

er nicht mehr dahin zurückgehen, um noch Sachen zu holen. [16] Wenn jemand dann bei der Arbeit ist, sollte er auch vorher nicht mehr nach Hause gehen, auch wenn er seine Jacke vergessen hat. [17] Schlimm wird es in der Zeit für schwangere Frauen sein und Mütter, die ihr Baby noch stillen. [18] Betet, dass das Ganze nicht im Winter passiert! [19] Das werden ganz fiese Tage werden, die schrecklichste Zeit, die die Welt je erlebt hat. So schlimm wird es danach auch nie wieder werden. [20] Und wenn Gott diese Zeit nicht verkürzen würde, keiner würde sie überleben. Doch wegen der Leute, die Gott ausgesucht hat, wird er es tun. [21] Wenn irgendeiner ankommt und behauptet: ‚Seht mal, da kommt der Auserwählte, der Christus!' oder einer die Ansage macht: ‚Da ist er ja!', dann soll euch das egal sein. [22] Es werden viele Fake-Christusse kommen, und auch falsche Propheten werden ihren Auftritt haben. Sie werden sogar übernatürliche Kräfte haben und Wunder tun können. Man wird auf sie hören, und sie werden viele verwirren. [23] Passt auf, Leute! Ich hab euch gewarnt! [24] Wenn diese üble Zeit vorbei ist, dann wird die Sonne plötzlich dunkel werden, und der Mond wird nicht mehr zu sehen sein. [25] Es werden Meteoriten aus dem Weltall auf die Erde fallen, und das Gleichgewicht der Natur wird aus den Fugen geraten. [26] Der Menschensohn* wird dann sein Comeback feiern. Er wird aus dem Himmel auf die Erde kommen, für alle sichtbar. [27] Der wird dann seinen Engeln die Order geben, seine Leute von überall, aus allen Ecken der Erde, zusammenzuholen."

Passt auf und pennt nicht!

[28] „Von dem Apfelbaum kann man was lernen. Wenn seine Blätter grün werden und die Knospen anfangen zu wachsen, dann kommt bald der Sommer. [29] Genauso solltet ihr auch die Sachen beobachten, die um euch abgehen, damit ihr vorbereitet seid. [30] Auf sicher: Diese Generation wird nicht untergehen, bis das alles passieren wird. [31] Der Himmel wird mal zerstört sein und diese Welt wird nicht mehr existieren, aber meine Worte gelten für immer. [32] Keiner weiß, wann das zeitlich passieren wird, noch nicht mal die Engel im Himmel wissen das genaue Datum. Nur der Vater weiß das. [33] Weil ihr keinen Plan davon habt, müsst ihr halt immer darauf gefasst sein. [34] Der Sohn von Gott und von den Menschen wird wiederkommen. – Man kann das gut vergleichen mit einem Typen, der sein Haus verließ, um in Urlaub zu fahren. Er gab noch ein paar Anweisungen an seine Angestellten raus und sagte dem Pförtner, er soll aufpassen, wann er wiederkommen würde. [35] So sollt ihr auch

---

* Siehe Erklärung in Matthäus 8, Vers 20.

aufpassen. Denn keiner weiß, wann er genau wiederkommt, ob abends
oder morgens, mitten in der Nacht oder wenn die Sonne aufgeht. 36 Ihr
müsst nur dafür sorgen, dass ihr nicht pennt, wenn er wieder da ist. Er
kommt nämlich ohne Vorwarnung. 37 Was ich bis jetzt nur euch beibrin-
gen wollte, das sage ich allen ganz öffentlich: Passt auf, bleibt wach!

14

Die Oberpriester planen ein Attentat auf Jesus

1 In zwei Tagen sollte das große Passafest steigen. In der gleichen Wo-
che war auch das Fest, wo die Juden nur Brot essen, was ohne Hefe und
so gemacht wurde. Die Oberpriester und die Theologen hatten immer
noch den Plan, auf Jesus heimlich ein Attentat zu verüben. 2 „Auf kei-
nen Fall beim Passafest, sonst gibt es großen Ärger“, hatten sie dabei
beschlossen.

Für Jesus ist nichts zu wertvoll

3 Jesus war inzwischen in Betanien, dort hatte ihn Simon zum Essen ein-
geladen. Simon war durch Jesus von so was wie Krebs geheilt worden.
Beim Essen kam eine Frau in den Raum mit einer irre schönen Flasche
in der Hand. In der Flasche war ein megateures Hautpflegemittel, so ein
Öl drin. Sie öffnete die Flasche und schüttete das Öl über Jesus‘ Kopf.
4 Ein paar von den Leuten, die mit am Tisch saßen, kriegten voll den
Hals. „Warum wird dieses teure Zeugs einfach so verdaddelt? 5 Sie hätte
das doch auch für viel Geld bei Ebay versteigern lassen können, und von
der Kohle wären bestimmt ein paar arme Schlucker satt geworden!“ Sie
machten die Frau wirklich voll an. 6 Jesus war aber anderer Meinung.
„Das ist in Ordnung, lass sie ruhig machen! Warum zählt ihr sie deswe-
gen gleich an? Sie hat es nur gut gemeint. 7 Die armen Schlucker wird
es immer geben, kümmert euch um sie, wenn ich nicht mehr da bin,
okay? Ich werde aber nicht mehr lange bei euch sein. 8 Sie hat, ohne es
zu wissen, mich dadurch schon im Voraus auf mein Begräbnis vorberei-
tet. 9 Eins garantier ich euch: Was sie hier gemacht hat, davon wird man
noch lange reden, mindestens genauso lange, wie man von der guten
Nachricht reden wird, die ich verbreitet habe.“

Judas verrät Jesus

10 Judas Iskariot, der zu den zwölf engen Freunden von Jesus gehörte,
kam irgendwann auf den Trichter, Jesus an die Oberpriester zu verraten.
11 Die waren natürlich happy und versprachen ihm eine fette Belohnung,
falls es klappen sollte. Ab dem Zeitpunkt suchte Judas nur noch die
nächstbeste Gelegenheit, um Jesus abzulinken.

Die Passaparty

[12] Am ersten Tag von der Passaparty werden immer in einem religiösen Ritual Lämmer geschlachtet. Die Freunde von Jesus wollten von ihm wissen, wo sie denn das Fest feiern sollten. [13] „Geht mal in die City, auf dem Weg werdet ihr einen Typ sehen, der eine Kiste Bier auf den Schultern trägt. Dem müsst ihr hinterhergehen", meinte Jesus zu ihnen. [14] „Er wird irgendwann in ein Haus einbiegen, und dem Besitzer könnt ihr dann Folgendes ausrichten: ‚Unser Chef lässt anfragen, wo er 'ne kleine Passaparty mit seinen Freunden feiern kann.' [15] Der wird euch dann einen großen Raum im ersten Stock zeigen, da könnt ihr dann schon mal alles vorbereiten." [16] Die beiden machten sich auf den Weg, und tatsächlich lief alles genau so ab, wie Jesus es gesagt hatte. Dort bereiteten sie alles vor für die Party. [17] Abends schlug Jesus dann mit den zwölf Jüngern da auf. [18] Mitten beim Essen, als sie alle so am Tisch saßen, sagte Jesus ganz plötzlich: „Einer von euch wird mich ablinken, einer, der mit mir hier sitzt und isst!" [19] Alle waren total fertig, als sie das hörten. „Ich doch nicht, oder, Jesus?" [20] „Der Typ, der mit mir zusammen gleich sein Brot in die Tunke dippt, der macht es. [21] Der Menschensohn* muss sterben. Das ist ganz sicher, das steht auch schon lange im alten Buch drin. Aber dem Typ, der ihn verraten hat, dem wird es sehr dreckig gehen. Für ihn wäre es besser gewesen, gar nicht erst geboren zu werden!"

Der Startschuss für ein besonderes Ritual

[22] Ein paar Augenblicke später nahm Jesus ein Stück vom Brot. Dann betete er da drüber und zerteilte es in ein paar Stücke, die er an seine Freunde weitergab. „Hier, das ist jetzt so wie mein Körper", meinte er dabei. [23] Danach nahm er noch ein Glas mit Wein drin. Er betete da drüber und reichte das Teil dann auch an seine Freunde weiter. Einer nach dem anderen trank dann daraus. [24] Und Jesus sagte dazu dann: „Das ist jetzt wie mein Blut. Damit besiegeln wir einen neuen Vertrag zwischen den Menschen und Gott. Dieses Blut muss fließen, damit der ganze Mist vergeben wird, den alle Menschen machen. [25] Eins ist sicher: Das ist das letzte Mal, dass ich Wein trinke, bis ich an einem anderen Tag neu im Reich von Gott am Start sein werde." [26] Dann schmetterten sie noch ein Lied zusammen, das wie ein Gebet zu Gott war. Schließlich machten sie sich alle auf den Weg Richtung Ölberg.

---

* Siehe Erklärung in Matthäus 8, Vers 20.

’ne Ansage, dass Petrus so tun wird, als würde er Jesus nicht kennen
27 Jesus sagte plötzlich: „Hey, ihr werdet alle irgendwann mal null gebacken kriegen, was bei mir gerade passiert. Das haben die Prophetentypen auch schon vorhergesagt. Die meinten mal: ‚Ich werde der Schafherde den Hirten wegnehmen, und dann werden sie alle total verpeilt rumlaufen.‘
28 Aber nachdem ich wieder lebendig geworden bin, werde ich schon mal vorausgehen und in Galiläa auf euch warten.“
29 Petrus war da total anderer Meinung: „Jesus, selbst wenn alle anderen sich verdrücken oder dir den Rücken zudrehen, ich werde immer zu dir halten!“
30 „Also, Petrus“, antwortete Jesus, „gerade du wirst noch in dieser Nacht, bevor ein Hahn zweimal kräht, dreimal so tun, als würdest du mich nicht kennen!“
31 „Never!“, meinte Petrus dazu. „Und wenn ich mit dir sterben müsste, ich würde immer zu dir halten!“ Die anderen Jünger stießen in dasselbe Horn, keiner würde sich nicht zu Jesus stellen, wenn es drauf ankommt.

Der Park Gethsemane
32 Schließlich kamen sie an den Gethsemane-Park. Jesus sagte zu seinen Freunden: „Wartet hier auf mich. Ich geh jetzt beten.“
33 Als Begleitung nahm er sich noch Petrus, Jakobus und Johannes mit. Plötzlich hatte Jesus ganz derbe Panik und Angst.
34 „Leute, ich kann bald nicht mehr. Ich sterbe fast innerlich. Bitte lasst mich jetzt nicht alleine!“
35 Dann ging er ein Stück weiter weg und schmiss sich auf den Boden. Dort fragte er Gott, ob es irgendeine Möglichkeit geben würde, dass er diesen Tod nicht sterben müsste.
36 „Papa, du kannst doch alles machen, was du willst! Bitte sorg doch dafür, dass ich das alles nicht durchmachen muss. Trotzdem soll das laufen, was du geplant hast, nicht das, was ich möchte.“
37 Als er etwas später nach seinen Freunden sehen wollte, waren die glatt eingepennt. „Hey Simon! Was geht? Pennst du schon wieder? Kannst du nicht mal eine Stunde mit mir aushalten?
38 Bleibt wach und betet, ihr drei! So werdet ihr nie durchziehen können. Denn auch wenn man ’ne gute Entscheidung getroffen hat, will der Körper doch oft das Gegenteil.“
39 Dann ging Jesus wieder zurück und betete weiter um dieselbe Sache.
40 Als er dann wieder ’ne Pause machen wollte und zu seinen Freunden ging, waren die schon wieder eingepennt. Sie packten es irgendwann einfach nicht mehr, ihre Augen offen zu halten. Sie hatten auch keine Entschuldigung mehr parat.
41 Beim dritten Mal sagte Jesus: „Jetzt ist genug mit Schlafen, das könnt ihr später noch genug. Gleich werde ich an die Leute ausgeliefert, die sich gegen Gott stellen.
42 Lasst uns losgehen, der Verräter ist auch schon da!“

Jesus wird gefangen genommen

43 Mitten im Gespräch kommt plötzlich Judas angelaufen, gefolgt von
einer bezahlten Schutztruppe, die im Auftrag der Oberpriester, der
Theologen und der Leiter der Gemeinde unterwegs war. 44 Judas hatte
mit den Leuten eine Vereinbarung getroffen. „Den Typen, dem ich zur
Begrüßung einen Kuss auf die Wange gebe, den könnt ihr dann festneh-
men und abführen." 45 Als sie bei Jesus waren, ging Judas auf ihn zu und
sagte: „Hallo, mein Lehrer!", und dann küsste er ihn zur Begrüßung auf
die Wange. 46 Sofort packten die Männer Jesus am Arm und führten ihn
ab. 47 Einer von den Freunden von Jesus hatte ein langes Messer dabei.
Er fuchtelte damit rum und schnitt dabei ein Ohr von einem der bezahl-
ten Wachleute der Oberpriester ab. 48 Jesus blieb ganz ruhig und fragte
nur: „Bin ich jetzt auch noch ein Schwerverbrecher, dass ihr hier schwer
bewaffnet anrücken müsst, um mich zu verhaften? 49 Ihr hättet mich ja
schon vor Monaten im Tempel hopsgehen lassen können. Da war ich
doch jeden Tag und hab unterrichtet. Nun ja, es muss wohl alles so
abgehen, wie es schon im alten Buch über mich vorhergesagt wurde."
50 Alle seine Freunde kriegten aber voll die Panik und rannten davon.
51 Nur ein junger Mann, der bloß mit einem Tuch bekleidet war, hielt die
Stellung. Die Truppe wollte ihn dann auch noch festnehmen. 52 Als sie
versuchten ihn zu packen, wehrte er sich, verlor seinen Umhang und
rannte nackt davon.

Jesus vor Gericht

53 Jesus wurde abgeführt und vor die Oberpriester gebracht. Alle reli-
giösen Führer, die Theologen und die Leiter der Gemeinde waren auch
dabei. 54 Petrus schlich immer im sicheren Abstand hinterher, bis in den
Hof des Oberpriesters. Dort hatten sie eine Feuertonne aufgestellt, wo
er sich wärmte. 55 Die Oberpriester und die ganze Führungsebene der
Israelis versuchten nun genug Zeugen zusammenzukriegen, um eine
Anklage mit Todesstrafe hinzukriegen. Aber vergeblich. 56 Denn viele
von den Zeugen, die ins Gericht gerufen wurden, widersprachen sich
in ihren Aussagen total. 57 Ein paar der Zeugen logen einfach das Blaue
vom Himmel. Zum Beispiel sagten sie: 58 „Wir haben mitbekommen,
dass er behauptete, er würde unseren Tempel plattmachen, und dann
könnte er ihn in drei Tagen wieder ganz neu aufbauen." 59 Aber ihre
Aussagen passten immer nicht so richtig zusammen. 60 Dann griff der
oberste Priester in die Verhandlung ein. Er stand auf und ging zu Jesus:
„Haben Sie nichts zu Ihrer Verteidigung zu sagen?" 61 Jesus sagte aber
nichts. Der oberste Priester fragte dann: „Sind Sie der Auserwählte, der
Christus, der Sohn vom einzigartigen Gott?" 62 Jesus antwortete: „Ja,

genau der bin ich! Ihr werdet es alle erleben, wie der Menschensohn*
neben Gott im Himmel sitzen wird, dem Gott, dem nichts unmöglich
ist, wenn er sein großes Comeback feiern wird!“ 63 Supersauer zerfetzte
der Oberpriester theatralisch seinen Mantel und schrie: „Es reicht! Wir
brauchen keine Zeugen mehr zu befragen! 64 Das ist eindeutig Gottes-
lästerung! Das habt ihr alle mitbekommen! Wie wird euer Urteil ausfal-
len?“ Einstimmig wurde beschlossen: „Todesstrafe!“ 65 Einige spuckten
Jesus an, dann warf jemand ein Tuch über seinen Kopf und schlug ihn
mit der Faust ins Gesicht. „Na, du Prophet du? Wer war das denn jetzt,
wer hat dich gerade geschlagen?“, verarschten sie ihn. Selbst die Wach-
leute prügelten auf Jesus los, als sie ihn abführten. 66 Petrus war in der
Zeit unten im Hof. Eine Frau, die vom Oberpriester angestellt war, 67 er-
kannte ihn aber, als er da an der Feuertonne stand und sich wärmte.
Sie beobachtete ihn und meinte: „Hey Sie! Sie waren doch auch einer
von den Freunden von diesem Jesus!“ 68 Petrus spielte den Nonchecker.
„Nö, was erzählen Sie da für ’nen Blödsinn?“, sagte er und verdünni-
sierte sich aus dem Innenhof. Und dann krähte auch schon der Hahn.
69 Draußen traf er die Frau wieder, die sofort loslegte: „Der Typ hing
auch immer mit diesem Jesus ab!“ 70 Petrus schüttelte wild mit dem
Kopf und sagte: „Nein, hab ich nicht!“ Ein paar Minuten später sagte
einer der Leute, die da rumstanden, zu Petrus: „Sie müssen doch auch
zu ihm gehören! Sie kommen doch auch aus Galiläa!“ 71 Und wieder
meinte Petrus: „Hey Mann, ich schwör, ich weiß gar nicht, wovon Sie
reden, ich kenn’ den Typen überhaupt nicht!“ 72 Dann krähte in dieser
Sekunde der Hahn zum zweiten Mal. Und dann fiel Petrus wieder ein,
was Jesus zu ihm gesagt hatte: „Bevor der Hahn zweimal kräht, hast du
schon dreimal so getan, als würdest du mich nicht kennen.“ Petrus war
völlig fertig und fing voll an zu weinen.

15

Die Gerichtsverhandlung unter Pilatus

1 Am nächsten Morgen gab es ein großes Meeting. Ein Gremium aus
den obersten Priestern, den Theologen und den Männern aus dem Ho-
hen Rat kam zusammen, um über das weitere Vorgehen in der „Jesus-
Sache“ zu beraten. Dann legten sie Jesus Handschellen an und führten
ihn zum Pilatus, der von der römischen Besatzungsmacht als Chef für
das Gebiet eingesetzt worden war. 2 Pilatus fragte Jesus: „Sind Sie der
Präsident von den Juden?“ „Ja, Sie sagen es!“ 3 Jetzt legten die Priester
los und ließen erst mal ihre Anklageschrift vom Stapel. 4 Pilatus fragte

* Siehe Erklärung in Matthäus 8, Vers 20.

zwischendrin Jesus: „Sagen Sie mal, haben Sie nichts zu Ihrer Verteidigung zu sagen? Merken Sie nicht, was die hier gegen Sie vortragen?"
5 Jesus sagte aber keinen Ton, was Pilatus echt nicht raffen konnte.

Die Juden wollen das Todesurteil

6 Nun war das so, dass Pilatus vor einiger Zeit auf den Dreh gekommen
war, jedes Jahr am Tag von der Passaparty jemanden aus dem Knast
freizulassen. Die Leute konnten sich den sogar aussuchen! 7 Unter den
verhafteten Verbrechern, die heute ihre Verhandlung haben sollten, war
ein Typ, der Barabbas hieß. Er war ein überführter Mörder, der im Untergrund gegen die Besatzer gekämpft hatte. 8 Irre viele Leute standen um
Pilatus und bedrängten ihn, doch den versprochenen Gefangenen freizulassen. 9 „Soll ich euch ‚den Präsidenten der Juden' geben?", fragte
Pilatus. 10 Er hatte nämlich schon lange kapiert, dass die religiöse Führungsebene der Juden Jesus nur verhaften ließ, weil sie neidisch auf ihn
war. 11 Die Oberpriester machten aber Stimmung unter den Leuten, dass
Barabbas freigelassen werden sollte. 12 Pilatus war leicht irritiert. „Was
soll ich denn mit dem Typen anstellen, den ihr ‚Präsident der Juden'
nennt?" 13 „Todesstrafe, Todesstrafe!", brüllten alle. 14 „Warum denn, was
hat er denn Schlimmes getan?", fragte Pilatus. Aber die Crowd flippte
bereits total aus: „Todesstrafe, Todesstrafe!" 15 Weil sich Pilatus bei der
Bevölkerung einschleimen wollte, wurde Barabbas tatsächlich freigelassen. Jesus wurde auf seinen Befehl ausgepeitscht. Dann übergab er ihn den Behörden zur Hinrichtung an einem Holzkreuz.

Jesus wird gefoltert und verarscht

16 Die römischen Soldaten überführten Jesus in den inneren Bereich
vom Regierungspalast. Die ganze Truppe wurde dann zusammengerufen. 17 Einer zog Jesus einen roten Mantel über, ein anderer bastelte eine
Krone aus einem Brombeerzweig, der viele Dornen dranhatte, damit er
wie ein Präsident aussehen würde. 18 Dann verarschten sie ihn in einer
Tour. Sie verneigten sich theatralisch vor ihm und sagten: „Herzlich
willkommen, werter Herr Präsident der Juden!" 19 Schließlich schlugen
sie Jesus mit einem Eisenrohr auf den Kopf, spuckten ihm ins Gesicht
und lachten ihn aus. 20 Als das Spielchen keinen Spaß mehr machte,
gaben sie ihm seine Klamotten wieder und führten ihn ab, zum Ort, wo die Hinrichtung stattfinden sollte.

Die Hinrichtung

21 Auf dem Weg mussten sie einen Mann zwangsverpflichten, das Kreuz zu tragen. Zufällig kam der Simon gerade auf dem Rückweg von der

Arbeit dort vorbei (Simon stammte aus Kyrene und war der Vater von
Alexander und Rufus). Die Soldaten zwangen ihn dann, das Kreuz zu
schleppen. 22 Jesus wurde zu einem Platz gebracht, den man damals
Golgatha nannte. Das heißt übersetzt: „der Ort, wo viele Schädel lie-
gen". 23 Um seine Schmerzen etwas weniger zu machen, wollten sie
Jesus ein Betäubungsmittel geben, Wein mit Myrrhe vermischt, aber er
lehnte das ab. 24 Dann nagelten sie Jesus an das Kreuz. Seine Klamotten
wurden in einem Würfelspiel versteigert. 25 Es war neun Uhr morgens,
als das passierte. 26 Über seinem Kopf hatten sie ein Schild aufgehängt.
Dort stand immer drauf, warum jemand verurteilt wurde. Bei Jesus
stand drauf: „Der Präsident von den Juden!" 27/28 Neben Jesus, der ja
wirklich nichts ausgefressen hatte, wurden noch zwei wirkliche Verbre-
cher hingerichtet. 29 Die Leute, die am Kreuz vorbeigingen, verarschten
Jesus auch noch. „Du wolltest doch den Tempel in drei Tagen abreißen
und wieder aufbauen?! Da hast du den Mund wohl zu voll genommen,
hä?! 30 Jetzt komm doch da runter und rette dich!" 31 Auch die Ober-
priester und die Theologen verarschten Jesus in einer Tour. „Anderen
Menschen hast du doch auch geholfen, jetzt hilf dir erst mal selbst!"
32 „Da hängt er also, unser toller Retter, unser Christus. Na, jetzt soll er
mal zeigen, was er draufhat, und vom Kreuz runterkommen!"

Jesus stirbt

33 Gegen zwölf Uhr mittags gab es plötzlich eine Sonnenfinsternis.
Die ging über drei Stunden. 34 Um drei Uhr nachmittags schrie Jesus
mit aller Kraft: „Mein Gott, mein Gott, wo bist du jetzt, warum bist du
nicht mehr da?" In seiner Sprache hieß das: „Eli, Eli, lamá asabtáni?"
35 Ein paar von den Schaulustigen hatten das falsch verstanden und
behaupteten später, er hätte den Propheten Elia gerufen. 36 Ein Typ lief
plötzlich los, nahm einen Schwamm, tränkte den mit Essig, steckte ihn
auf eine Stange und hielt ihn Jesus als Erfrischung hin. „Mal sehen, ob
Elia vorbeikommt, vielleicht holt der ihn ja runter", lästerte er. 37 Jesus
schrie noch einmal voll laut, und dann starb er. 38 Im selben Augenblick
zerriss der Vorhang, der im Tempel vor einem superheiligen besonderen
Ort hing, von oben nach unten in zwei Teile. 39 Der Hauptmann, der den
Befehl über die Hinrichtung hatte, verfolgte die ganze Szene. Als er sah,
auf welche Art Jesus gestorben war, meinte er nur: „Auf sicher, dieser
Typ war der Sohn von Gott!" 40 Einige Frauen hatten die ganze Sache
aus der Distanz miterlebt. Eine von ihnen war Maria, die aus Magdala
stammte, dann noch eine Maria, die Mutter vom „kleinen Jakobus"
und von Josef, und Salome. 41 Alle drei Frauen waren schon lange mit
Jesus unterwegs. Seit der Zeit in Galiläa hatten sie für Jesus gesorgt.

Sie waren mit vielen anderen Frauen zusammen mit nach Jerusalem gekommen.

Die Beerdigung

42 Abends (es war übrigens Freitag, der Tag vor dem Sabbat) 43 nahm ein Typ, der Josef hieß (der kam aus Arimathäa), seinen ganzen Mut zusammen und ging zu Pilatus. Er fragte an, ob die Leiche von Jesus zur Überführung freigegeben werden könnte. 44 Pilatus konnte zuerst nicht glauben, dass Jesus echt schon gestorben wäre. Er fragte bei dem zuständigen Hauptmann an, 45 der seinen Tod offiziell bestätigte. Dann erst gab er die Leiche frei. 46 Josef organisierte ein langes Stück Stofftuch und holte die Leiche vom Kreuz runter. Dann wickelte er sie in das Tuch und legte sie in eine Grabhöhle, die in einen Felsen gehauen war. Abschließend rollte er eine große Steinplatte vor die Höhle. 47 Maria Magdalena und Maria (die Mutter von Joses) beobachteten aber genau, wo er hingelegt wurde.

16

Wo ist die Leiche?

1 Am nächsten Abend, als der Sabbat zu Ende war, kauften Maria von Magdala, Salome und Maria (die Mutter von Jakobus) superschöne Cremes ein, um damit die Leiche einzuölen, wie es damals üblich war. 2 Kurz nach Sonnenaufgang machten sich die drei auf den Weg zum Grab. 3 Dabei rätselten sie noch, wie sie wohl den Stein vom Eingang wegbekommen könnten. 4 Als sie dann da waren, trauten sie ihren Augen kaum. Der riesengroße Stein war zur Seite geschoben worden! 5 Als sie in die Grabhöhle reingegangen waren, sahen sie plötzlich einen jungen Mann da sitzen. Der hatte ein ganz langes leuchtendes Kleid an. Die drei hatten erst mal tierisch Schiss. 6 Der Typ war ein Engel, und er sagte ihnen: „Ihr braucht keine Angst zu haben! Ihr seid auf der Suche nach Jesus, der hingerichtet wurde, oder? Der ist nicht mehr hier! Er ist vom Tod wieder neu lebendig geworden, er lebt! Hier, ihr könnt das auch abchecken, er lag vorher genau da! 7 Jetzt geht erst mal zu seinen Freunden und sagt denen Bescheid, was passiert ist! Sagt auch Petrus Bescheid! Jesus ist nach Galiläa vorgegangen, dort wird er euch noch mal treffen! Hat er doch auch gesagt, bevor er gestorben ist.“ 8 Die Frauen rannten panisch davon. Sie waren total durch und voller Angst nach diesem Treffen. Sie konnten erst mal mit niemandem drüber reden.

Jesus ist wieder da!

9 Ganz früh am Sonntag wurde Jesus wieder lebendig. Als Erstes traf er Maria Magdalena, die Frau, bei der er diese Dämonen rausgeschmis-

sen hatte. 10 Die rannte dann sofort zu seinen Freunden, die zu dem
Zeitpunkt noch voll traurig waren und weinten. 11 Sie erzählte den
Männern, dass sie Jesus getroffen hätte und dass er leben würde! Aber
sie glaubten das null. 12 Dann traf Jesus in einer anderen Gestalt zwei
seiner Freunde, als die gerade zusammen aus Jerusalem verschwinden
wollten. 13 Die gingen sofort wieder in die Stadt und erzählten es den
anderen, aber keiner konnte sich das so richtig vorstellen. 14 Irgendwann
kam Jesus dann aber noch mal bei seinen restlichen elf Freunden vor-
bei, als die gerade am Essen waren. Er war etwas sauer, dass sie alle den
Berichten nicht geglaubt hatten, von den Leuten, die er schon vorher
getroffen hatte. 15 Er machte noch mal eine Ansage zu ihnen: „Ihr müsst
jetzt losgehen, überallhin, in die ganze Welt, und allen Menschen diese
neuen guten Nachrichten weitererzählen. 16 Alle, die ihr Vertrauen auf
Gott setzen und sich taufen lassen, werden gerettet! Wer das nicht tut,
wird das Ziel verpassen und verloren sein. 17 Es gibt noch ein paar Merk-
male, an denen man meine Leute erkennen kann: Dadurch, dass sie
mit meiner Vollmacht abgehen, werden fiese Geister, Dämonen und so,
gehorchen müssen. Sie müssen die Leute verlassen, in denen sie woh-
nen. Und sie werden durch die Kraft von Gott, durch seinen Geist, neue
Sprachen sprechen können. 18 Dann werden sie in der Lage sein, mit
Giftschlangen zu spielen, sie werden sogar Gift trinken können, ohne
dabei zu sterben. Und wenn sie für kranke Menschen beten, dann wer-
den sie geheilt." 19 Nach dieser letzten Rede wurde Jesus in den Himmel
gebeamt, dort sitzt er jetzt neben Gott. 20 Seine Freunde aber zogen
los und erzählten überall die neue Nachricht. Jesus war aber immer voll
dabei und bestätigte alles, was sie sagten, mit vielen Wundern.

Die Geschichte von Jesus, so wie sie Lukas in Erinnerung hatte

1

Vorwort

1 Lieber Theophilus! Viele Leute haben schon den Versuch gestartet, alles mal aufzuschreiben, was so bei uns in den letzten Jahren abgegangen ist. 2 Als Grundlage dafür gab es ja die Berichte von den Augenzeugen, die das mitgekriegt haben, wie Gott alle seine Versprechen eingehalten hat. 3 Ich habe diese Berichte alle genau durchgelesen und dann kam ich auf die Idee, dir diese ausführliche Zusammenfassung der wichtigsten Ereignisse mal aufzuschreiben. 4 Du wirst bemerken: Alles, was man dir erzählt hat, hat sich tatsächlich auch so abgespielt! Es ist alles total wahr.

Johannes macht den Ansager für Jesus

5 Und zwar war das so: In der Zeit, wo Herodes noch in Judäa das Sagen hatte, lebte ein jüdischer Priester in der Gegend, der Zacharias hieß. Zacharias gehörte zu der Gruppe der Abija-Priester, seine Ehefrau Elisabeth kam aber aus der Priesterfamilie vom Aaron. 6 Beide waren hardcoremäßig mit Gott unterwegs, sie taten alles genau so, wie Gott es wollte, und lebten streng nach den religiösen Gesetzen und Vorschriften. 7 Sie hatten keine Kinder bekommen können, weil Elisabeth unfruchtbar war. Außerdem waren sie mittlerweile auch zu alt dafür. 8 Eines Tages passierte dem Zacharias ein krasses Ding. Er war im Tempel gerade bei der Arbeit, seine Gruppe hatte Schicht. 9 Wie üblich wurde wieder ausgelost, wer in dem Tempel den Weihrauch anzünden sollte. Das Los fiel diesmal auf Zacharias. 10 Draußen standen in der Zeit sehr viele Leute, um mit Gott zu reden. 11 Als Zacharias in dem Raum gerade rechts von der Stelle stand, wo man dieses Rauchopfer startet, kam plötzlich eine Nachricht von Gott rein – in Form eines Engels. Dieser Engel stellte sich rechts neben den Altar, wo immer das Opferzeugs verbrannt wurde. 12 Zacharias gefror das Blut in den Adern. Er bekam tierische Angst. 13 Der Engel meinte aber gleich zu ihm: „Hallo Zacharias! Bleib locker, Gott hat auf dich und deine Gebete gehört. Deine Frau, die Elisabeth, die wird für dich noch einen Sohn kriegen, und der soll dann Johannes heißen. 14 Dieser Sohn wird dich total glücklich machen, und nicht nur dich, auch viele andere Menschen! 15 Gott hat was mit ihm vor.

Er wird radikal mit Gott leben, keine Drogen oder Alk zu sich nehmen.
Dafür wird er schon vor seiner Geburt abgefüllt sein mit einer ganz
besonderen Kraft von Gott, nämlich mit seinem Geist. 16 Und er wird
dafür sorgen, dass viele Israelis sich wieder auf ihren Gott einlassen.
17 Er wird so drauf sein wie der Prophet Elia und er wird alles klarmachen
für Gott. Er wird dafür sorgen, dass die Väter wieder mit ihren Kindern
klarkommen und sich ihnen zuwenden. Die Leute, die weg waren von
Gott, werden ihn wieder finden. Er soll dem Meister für seine Arbeit
gut vorbereitete Menschen überlassen." 18 „Wie soll das denn gehen?",
fragte Zacharias etwas überrascht. „Ich bin Rentner und meine Frau
ist auch nicht mehr die Jüngste!" 19 „Ich stell mich am besten erst mal
vor: Ich heiße Gabriel und bin einer der Engel, die Gott am nächsten
kommen dürfen. Er schickt mich, um dir diese gute Nachricht zu über-
mitteln, das ist mein Job! 20 Aber weil du mir das nicht glaubst, wirst
du erst mal nicht mehr reden können, und zwar so lange, bis das Baby
geboren ist. Du wirst sehen, ich hab dir die Wahrheit gesagt, es wird
alles so abgehen, wenn es an der Zeit ist." 21 Inzwischen waren draußen
schon zig Leute und warteten auf Zacharias. „Wo bleibt der nur?" 22 Als
er dann endlich wieder rauskam, konnte er nicht reden. Damit war eine
Sache klar, irgendetwas war ihm da drin begegnet. Mit Zeichensprache
erklärte er ihnen, dass er gerade eine Vision im Tempel gehabt hatte, er
konnte ab da nichts mehr sagen. 23 Er blieb dann noch die sieben Tage
da, bis er Feierabend von seinem Priesterdienst hatte. Erst dann ging er
wieder nach Hause. 24 Nur kurze Zeit später war Elisabeth tatsächlich
schwanger. Fünf Monate blieb sie alleine auf ihrer Bude und zeigte sich
niemandem. 25 „Ich bin Gott so dankbar", sagte sie, „dass ich noch ein
Kind kriege, das ist so schön! Nun kann mich niemand mehr von oben
herab anmachen, weil ich keine Kinder bekommen kann."

Ein Bote von Gott macht Maria die Ansage: Dein Baby wird mal ein Präsident sein!

26 Elisabeth war gerade im sechsten Monat schwanger, da schickte Gott
wieder den Engel Gabriel los. Diesmal sollte er nach Nazareth gehen,
eine Stadt, die in Galiläa liegt. 27 Da lebte ein Mädchen, das noch Jung-
frau war, die hieß Maria. Maria war mit Josef verlobt, der aus der Familie
vom David stammte. 28 Gabriel klopfte bei ihr an und sagte: „Hallo
Maria! Gott will dir ein Riesengeschenk machen! Er hat dich unter Millio-
nen von Frauen extra ausgesucht!" 29 Maria stand etwas unter Schock.
Sie überlegte schnell, was er mit dieser seltsamen Begrüßung meinen
könnte. 30 „Keine Panik!", redete der Engel weiter. „Gott hat dich wahn-
sinnig lieb, er liebt dich einfach so und er hat etwas ganz Besonderes

mit dir vor. 31 Du wirst bald schwanger werden, und dann wirst du einen
Sohn bekommen, der soll dann Jesus heißen! 32 Er wird ganz groß raus-
kommen, man wird von ihm sagen, dass er der Sohn von Gott ist. Er wird
von Gott auf den höchsten Posten gesetzt werden, er wird ein Präsident
sein, genauso, wie David einer war. 33 Er wird das Sagen haben über ganz
Israel, und seine Macht wird nie zu Ende gehen.“ 34 Maria war etwas
verwundert: „Aber wie soll das denn bitte gehen? Ich hab noch nie mit
irgendeinem Mann Sex gehabt!“ 35 „Also, das ist so: Der Geist von Gott
wird dir ganz nahe kommen. Gottes Kraft wird dafür sorgen, und darum
wird das Kind auch etwas ganz Besonderes sein, es wird ‚der Sohn von
Gott‘ genannt werden. 36 Pass auf, selbst Elisabeth, mit der du ja ver-
wandt bist, ist jetzt im sechsten Monat schwanger, und die ist schon im
Rentenalter. Alle Ärzte haben gesagt, dass sie unfruchtbar wäre, und jetzt
das ... 37 Für Gott ist nichts unmöglich, Maria!“ 38 „Ich will für Gott alles
geben, ich gehöre ihm, alles, was du gesagt hast, soll auch so passieren.“

Maria und Elisabeth treffen sich

39 Maria hatte dann später einmal die Idee, mal schnell auf Besuch bei
Elisabeth vorbeizuschauen. Die wohnte in den Bergen von Judäa. 40 Als
sie in das Haus vom Zacharias kam, umarmte sie Elisabeth. 41 In dem
Augenblick, als Maria „Hallo Elisabeth“ gesagt hatte, hüpfte das Baby in
Elisabeths Bauch. Auf Elisabeth kam plötzlich die Kraft Gottes runter und
sie sagte laut zu Maria: 42 „Du bist von Gott ganz besonders gesegnet
worden, mehr als alle anderen Frauen! Und das, was da in dir wächst, dein
Baby, das ist erst recht voll gesegnet! 43 Womit hab ich das überhaupt ver-
dient, dass die Mutter von meinem Herrn mich besuchen kommt? 44 Ver-
stehst du, als du mich vorhin begrüßt hast, ist das Baby in meinem Bauch
vor Freude gepogt! 45 Du kannst so froh sein, dass du Gott geglaubt hast!
Alles, was Gott dir versprochen hat, wird auch passieren!“

Maria freut sich

46 Maria war sehr froh, als sie das hörte: „Danke Gott, ich bin dir so
dankbar! 47 Alles in mir freut sich über dich, du bist mein Gott, du hast
mich gerettet! 48 Gott hat mich gesehen, obwohl ich nur eine stink-
normale Frau bin. Alle Menschen, die in Zukunft leben werden, werden
mich einmal toll finden und mich ehren. 49 Gott hat was ganz Großes
mit mir gemacht, ihm ist nichts unmöglich, er ist ganz besonders, er
ist echt heilig. 50 Er liebt uns total und diese Liebe gilt allen Menschen,
die ihn respektieren. 51 Er hat große Muskeln, er kann Wunder tun! Men-
schen, die sich sonst was einbilden, wird er alt aussehen lassen. 52 Er hat
Regierungen gestürzt und Sklaven befreit. 53 Menschen, die Hunger hat-

ten, kriegten bei ihm was zu essen, aber Menschen, die satt und reich
waren, sind bei ihm leer ausgegangen. 54 Er hat uns versprochen zu
helfen, und er hat dieses Versprechen nicht vergessen. Er liebt uns. 55 Er
hat das schon vor Ewigkeiten Abraham und seiner Familie versprochen."
56 Maria blieb noch drei Monate bei Elisabeth zu Besuch, erst dann ging
sie wieder zurück nach Hause.

Er soll Johannes heißen

57 Nach neun Monaten war es für Elisabeth an der Zeit, und sie brachte
einen Jungen zur Welt. 58 Das machte schnell die Runde im Ort, und alle
Freunde und Bekannten freuten sich mit ihr, dass Gott so gut zu ihr war.
59 Acht Tage nach der Geburt gab es eine kleine Feier, wo Verwandte
und Freunde eingeladen wurden. Dort wurde so ein religiöses Ritual mit
dem Baby gemacht, bei dem man ihm die Vorhaut vom Penis abschnitt.
Das war bei den Juden so üblich. Die Verwandten waren der Meinung,
der Sohn sollte nach seinem Vater genannt werden: Zacharias der Zwei-
te. 60 Aber Elisabeth war da anderer Meinung: „Nein, er heißt Johannes!"
61 „Was? Wo hast du den seltsamen Namen denn her? Keiner in deiner
Familie heißt so!" 62 In der Hoffnung, der Vater würde ein Machtwort
sprechen, fragten sie ihn, wie er seinen Sohn nennen wollte. 63 Er ließ
sich ein Stück Papier und einen Stift bringen und schrieb darauf: „Sein
Name ist: Johannes!" 64 Im selben Augenblick konnte Zacharias wieder
sprechen und als Erstes lobte er Gott. 65 Diese Story machte überall die
Runde und alle waren total baff, als sie das hörten. 66 „Was wird wohl
aus diesem Jungen mal werden? Ist doch eindeutig, dass Gott etwas
ganz Besonderes mit ihm vorhat!"

Zacharias hat 'ne Vision, was mit Johannes passieren wird

67 Sein Vater Zacharias wurde plötzlich mit der Kraft von Gott abgefüllt.
Er sagte dann prophetisch: 68 „Gott von Israel, er ist der Größte! Er ist bei
uns vorbeigekommen und hat uns einen Ausweg geschaffen! 69 Er hat
aus der Präsidentenfamilie vom David jemanden ausgesucht, der uns
alle retten wird. 70 Schon die alten Propheten haben das gewusst, denen
hatte er es versprochen. 71 Er wird uns retten, wenn unsere Feinde hinter
uns her sind. Er rettet uns vor den Leuten, die uns hassen. 72 Schon zu
unseren Vorfahren war er gut, er hat immer zu dem ganz besonderen
Vertrag gestanden, den wir mit ihm geschlossen hatten. 73 Dieses Ver-
sprechen, das er unserem Urvater Abraham gegeben hat, löst er jetzt ein.
74 Er holt uns aus der Zwickmühle raus, er befreit uns von unseren Fein-
den, damit wir alles für ihn geben können, ohne Angst im Nacken. 75 Wir
wollen ihm radikal dienen und tun, was er sagt, für immer! 76 Und von

dir, kleiner Junge, wird man noch einiges zu sagen haben. Man wird dich als Prophet vom obersten Gott bezeichnen. Du wirst alles vorbereiten, damit Gott dann richtig loslegen kann. [77] Du wirst seinen Leuten sagen, wo es längsgeht, du wirst ihnen erklären, wie sie frei von ihren Schulden werden können, die sie bei Gott haben. [78] Gott verzeiht uns, weil er uns so sehr liebt! Sein Licht wird uns die Richtung zeigen. [79] Dieses Licht wird für alle Leute da sein, die im Dunklen leben, die Angst vor dem Tod haben, die vom Tod bedroht werden. Dieses Licht wird uns den Weg zeigen, wie wir Frieden finden können." – [80] Je älter Johannes wurde, desto besser lernte er Gott kennen. Schon als Jugendlicher ging er oft in die Wüste. Irgendwann fing er dann an, in der Öffentlichkeit in Israel aufzutreten.

2

Jesus wird geboren

[1] In dem Jahr machte der römische Kaiser ein neues Gesetz, wonach sich alle Leute, die in den römisch besetzten Gebieten lebten, mal bei 'ner staatlichen Behörde melden sollten. Dort sollten sie angeben, wie viel Kohle im Monat bei ihnen verdient wird, um daraus die Steuer neu zu berechnen [2] Eine solche Steuerschätzung hatte es zu dem Zeitpunkt noch nie gegeben. Quirinius war gerade der Bürgermeister von einem der besetzten Gebiete, welches Syrien hieß. [3] Alle Menschen mussten in den Ort zurückgehen, in dem sie geboren waren, um sich dort in Listen einzutragen. [4] Weil Josef aus der Familie vom David kam, musste er nach Bethlehem reisen, denn da kam seine Familie ursprünglich mal her. Er machte sich also von Nazareth (das liegt in Galiläa) nach dorthin auf den Weg. [5] Maria, seine Verlobte, nahm er einfach mit. Maria hatte da schon einen ziemlich dicken Bauch, sie war nämlich schwanger. [6] In Bethlehem passierte es dann und sie bekam ihr erstes Kind. [7] Weil sie in den Hotels und Jugendherbergen im Ort keinen Pennplatz mehr finden konnten, musste Maria das Kind in einer Tiefgarage zur Welt bringen. Eine alte Ölwanne war sein erstes Kinderbett.

Die Hirten und ein Engel

[8] In dieser Nacht hatten ein paar Hirten kurz vor dem Dorf ihr Lager aufgeschlagen, um dort auf die Schafe aufzupassen. [9] Plötzlich war da ein riesengroßer Engel, der auf sie zukam. Ein helles weißes Licht war um ihn rum, so ein Licht, das nur von Gott kommen konnte, so krass war es. Die Hirten bekamen voll die Panik, [10] aber der Engel beruhigte sie. „Entspannt euch, ihr braucht keine Angst zu haben! Ich habe gute Nachrichten für euch und auch für alle anderen Menschen! [11] Heute Nacht ist der Mann geboren worden, der euch alle aus eurem Dreck rausholen

wird. Das ist in der gleichen Stadt passiert, wo auch David herkommt.
12 Ich sag euch mal, wo ihr ihn finden könnt: Er liegt in einer alten Ölwan-
ne, unten in einer Tiefgarage, gut eingewickelt in Windeln!" 13 Plötzlich
tauchten neben dem einen Engel noch Tausende anderer Engel auf. Die
fingen dort gleich an zu beten und Gott zu sagen, wie genial er ist: 14 „Der
Gott, der im Himmel wohnt, soll geehrt werden! Er hat den Menschen
ein Friedensangebot gemacht, für alle, die bereit sind, dieses Angebot
anzunehmen!" 15 Nachdem die Engel wieder verschwunden waren, be-
schlossen die Hirten, der Sache auf den Grund zu gehen: „Lasst uns mal
nach Bethlehem reisen. Mal sehen, was dort jetzt von den Sachen pas-
siert ist, die uns dieser Engel gerade erzählt hat." 16 Sie beeilten sich sehr
und als sie im Dorf ankamen, fanden sie Maria, Josef und das Baby, das
in einer Ölwanne lag. 17 Nachdem die Hirten das Kind angesehen hatten,
erzählten sie von ihrem Treffen mit dem Engel. 18 Alle, die davon Wind
bekamen, staunten nicht schlecht. 19 Maria merkte sich aber alle Einzel-
heiten genau und dachte ständig darüber nach. 20 Anschließend gingen
die Hirten wieder zu ihren Schafen zurück. Sie freuten sich total über
Gott und über das, was sie in dieser Nacht erlebt hatten! Alles war genau-
so abgegangen, wie es ihnen vorher angesagt worden war.

Es wird klar: Jesus ist der Retter

21 Acht Tage später kam der Zeitpunkt, wo man dieses Beschneidungs-
ritual mit Jesus machen wollte, wo man den männlichen Babys die Vor-
haut abtrennt. Dabei wurde ihm der Name Jesus gegeben. Das hatte der
Engel Maria ja schon gesagt, bevor sie überhaupt schwanger war. 22 Nach
den jüdischen Gesetzen (die der Mose aufgeschrieben hatte) sollte eine
Frau nach der Geburt mal eine längere Pause machen, man nannte das
die „Zeit der Reinigung". Als die vorbei war, brachten Josef und Maria das
Baby nach Jerusalem. Dort wollten sie den Jungen radikal an Gott über-
geben. 23 Josef befolgte damit die göttlichen Gesetze, in denen ja steht:
„Wenn das erste Kind einer Frau ein Junge ist, dann muss es Gott ganz
übergeben und ihm zur Verfügung gestellt werden." 24 Genau nach den
Vorschriften zogen sie das Opferritual durch, das bei solchen Anlässen
normal war: „Zwei Tauben einer besonderen Rasse oder zwei junge Tau-
ben." – 25 In Jerusalem wohnte ein Mann, der Simeon hieß. Er lebte ein
straightes Leben mit Gott, hielt sich genau an die religiösen Gesetze der
Juden und wartete schon lange auf den Mann, der Israel retten würde.
Die Kraft Gottes war voll auf ihm. 26 Gottes Geist hatte ihm mitgeteilt,
dass er vor seinem Tod auf jeden Fall noch den Auserwählten, den Retter,
sehen würde, den Gott schicken will. 27 An diesem Tag lenkte Gott ihn
in den Tempel. Als er Maria und Josef dort traf und das Kind sah, was

sie Gott übergeben wollten, 28 freute er sich plötzlich total! Er nahm das
Kind in den Arm und dankte Gott: 29 „Mein Gott, jetzt kann ich entspannt
sterben! 30 Ich hab ihn gesehen, den Retter, 31 den du für alle Menschen
hergeschickt hast. 32 Er ist wie eine große Lampe, die allen Menschen,
die Gott nicht kennen, eine Richtung vorgibt, und er wird dein Volk Israel
groß rausbringen!" 33 Maria und Josef schnallten nicht so richtig, was er
da gerade gelabert hatte. 34 Simeon betete für die beiden. Dann sagte er
zu Maria: „Dieser Junge wird von vielen Israelis gehasst werden. An ihm
werden sich die Geister scheiden. Manche werden über ihn stolpern und
hinfallen. Andere werden sich aber auch sehr über ihn freuen und sich an
ihm hochziehen. 35 Auch für dich wird es sehr hart werden, es wird dich
fast zerreißen. Was viele jetzt heimlich denken, wird dann für alle öffentlich sein." 36 Mitten im Tempel war eine Frau, die Hanna hieß. Hanna war
eine Prophetin, sie hatte einen engen Draht zu Gott und hörte manchmal, was er zu den Menschen sagt. Sie kam aus der Familie vom Phanuël, der aus dem Stamm Asser kam. Sie war schon sehr alt. Hannas Mann
war schon lange tot, sie waren insgesamt nur sieben Jahre verheiratet
gewesen. 37 Nun war sie Witwe und mittlerweile schon vierundachtzig
Jahre alt. Hanna ging nur noch selten aus dem Tempel. Weil sie Gott sehr
liebte, betete sie oft den ganzen Tag und die ganze Nacht und aß dabei
keinen Bissen. 38 Als Simeon mit Josef und Maria redete, kam sie vorbei
und fing plötzlich an Gott zu loben. Sie fing dann an, allen Leuten von Jesus zu erzählen, die schon lange auf die Einlösung des Versprechens von
Gott gewartet hatten. Dieses Versprechen hatte er den Leuten aus Israel
schon vor langer Zeit gemacht. 39 Nachdem Josef und Maria alles das getan hatten, was nach den Vorschriften aus den religösen Gesetzen üblich
war, gingen sie wieder zurück nach Nazareth in Galiläa. 40 Jesus erlebte
dort seine Kindheit. Er wurde immer größer und stärker. Vor allem war
er aber schon ganz früh total weise und schlau, er wusste auf alle Fragen
eine gute Antwort. Gott war besonders stark mit ihm, das merkten alle.

Jesus als Teeny

41 Immer wenn das Passafest abging, reisten seine Eltern nach Jerusalem. 42 Als Jesus zwölf Jahre alt war, nahmen sie ihn dort mit hin.
43 Nach der Feier, als sie sich wieder auf den Rückweg Richtung Nazareth machen, war Jesus plötzlich verschwunden. Zuerst bekamen die
beiden das gar nicht mit, 44 weil sie dachten, er wäre mit einer anderen
Gruppe im Treck unterwegs. Als er abends aber immer noch nicht bei
ihnen war, machten sie sich ernsthaft Sorgen. Überall fragten sie nach
Jesus, 45 konnten ihn aber nirgends finden. Schließlich gingen sie noch
mal zurück nach Jerusalem, um dort weiterzusuchen. 46 Endlich, nach

drei Tagen, entdeckten sie Jesus im Tempel! Er saß dort in einer Runde
von Lehrern und diskutierte mit ihnen über theologische Fragen. 47 Und
die Leute, die dabei waren, kriegten es nicht gebacken, was für einen
Schnall er von den Dingen hatte und wie schlau er antworten konnte.
48 Seine Eltern waren davon aber nicht so begeistert. „Junge, wie konn-
test du deiner Mutter so was antun? Wir haben dich überall gesucht!“,
sagte Maria vorwurfsvoll. 49 „Warum habt ihr mich überhaupt gesucht?“,
fragte Jesus zurück. „Ihr hättet euch doch denken können, dass ich in
dem Haus bin, wo mein Vater wohnt!“ 50 Sie kapierten aber nicht, was
er damit meinte. 51 Er ging dann erst mal wieder mit nach Nazareth und
war weiter ein netter Junge, der tut, was die Eltern ihm sagen. Seine
Mutter dachte aber noch oft über dieses Erlebnis nach. 52 Jesus kam in
die Pubertät und wurde langsam zu einem Mann. Er lernte immer mehr
dazu, wurde immer schlauer und hatte auch immer mehr Peilung vom
Leben. Gott war eindeutig auf seiner Seite, er liebte ihn. Jesus war zu der
Zeit bei allen Leuten sehr beliebt.

3

Johannes macht den Ansager

1 Wir schreiben das fünfzehnte Regierungsjahr vom römischen Kaiser
Tiberius. Pilatus hatte in dieser Zeit als Vertreter der Besatzungsmacht
das Sagen in Judäa. Herodes Antipas war der Chef über ganz Galiläa,
sein Bruder Philippus regierte in Ituräa und Trachonitis, und Lysanias war
der Chef in Abilene. 2 Hannas und Kaiphas hatten in dieser Zeit den Job
des Oberpriesters der Juden. Johannes (aus der Familie vom Zacharias)
hing damals in der Wüste und lebte da. Irgendwann bekam er direkt von
Gott einen Auftrag. 3 Johannes ging umgehend in die Gegend vom Fluss
Jordan. Er zog da von Ort zu Ort und erzählte den Leuten, sie sollten
so ein religiöses Waschritual mit sich machen lassen, das nannte man
Taufe. Es sollte ein Zeichen dafür sein, dass sie aufhören, Sachen zu tun,
auf die Gott keinen Bock hat, dass sie diesen Dreck abwaschen könnten.
Sie sollten ab sofort eine neue Richtung in ihrem Leben einschlagen,
eine Richtung zu Gott hin. 4 Darüber hatte auch schon der Prophet Je-
saja was gesagt. Der meinte mal: „Da ist jemand in der Wüste, der ruft:
‚Aus dem Weg! Platz da! Der Meister kommt! Räumt alles aus dem Weg,
damit er ungehindert loslegen kann! 5 Asphaltiert die Straßen, haut die
Berge weg, die Steilkurve wird zur flachen Straße gemacht.‘ 6 Und dann
werden wir alle sehen, wie Gott es hinkriegt, alles wieder gutzumachen!“
7 Tierisch viele Leute kamen zu Johannes, um sich taufen zu lassen. Und
das, obwohl er nicht gerade nette Sachen zu ihnen sagte. Er meinte zum
Beispiel: „ Ihr linken Vögel! Wie kommt ihr bloß auf die Idee, ihr könntet

euch bei Gott mal eben so durchmogeln? 8 Ändert euer Leben, hört auf,
ständig Mist zu bauen. Zeigt erst mal, dass ihr es ernst meint! Ich sage
euch eins: Mit eurem ‚Abraham-ist-unser-Vater'-Gequatsche könnt ihr
Gott nicht beeindrucken. Das bringt es überhaupt nicht, denn wenn Gott
will, kann er sich aus diesen Steinen Kinder machen! 9 Die Motorsäge ist
schon warmgelaufen, sie ist bereit alles umzuhauen, was es nicht bringt.
Das Holz kommt dann in den Kamin und wird verbrannt!" 10 Die Zuhörer
meinten: „Und was sollen wir Ihrer Meinung nach jetzt unternehmen?"
11 „Helft anderen Menschen, denen es dreckiger geht als euch! Wenn
ihr einen Obdachlosen trefft, der keinen Mantel hat, gebt ihm einen
von euren zweien ab." 12 Auch ein paar von den Steuerbeamten kamen
bei ihm vorbei, um sich taufen zu lassen. Die hatten die gleiche Frage:
„Meister, was sollen wir Ihrer Meinung nach anders machen?" 13 „Nehmt
nur so viel Kohle von den Leuten, wie es gesetzlich vorgeschrieben ist!"
14 „Und wir, was sollen wir anders machen?", wollten ein paar Berufs-
soldaten wissen. Johannes' Antwort war: „Plündert nicht die Besiegten
aus, foltert keine Menschen und seid mit dem Sold zufrieden, den man
euch bezahlt!" 15 Zu dieser Zeit redeten alle über den „Auserwählten",
den Christus. Man hoffte, dass er bald kommen und alle aus dem Dreck
rausholen und auch politisch befreien würde. Nun war natürlich die Fra-
ge, ob Johannes dieser Auserwählte sein könnte. 16 Johannes' Antwort
war aber ganz klar: „Für meine Taufe nehme ich Wasser, aber der Typ, der
nach mir kommt, der ist viel derber und heftiger als ich! Ich bin es noch
nicht einmal wert, ihm die Schuhe zu putzen! Er wird euch die Power
von Gott geben, seinen heiligen Geist, der wird wie Feuer in euch bren-
nen. 17 Er wird die Menschen auf ein Sieb werfen, und alles, was unten
durchfällt, kommt auf den Müll, der Rest wird aufbewahrt werden und
durchkommen." 18 Johannes' Ding war es, die Leute zu warnen und ihnen
gleichzeitig Hoffnung zu geben. 19 Er protestierte auch ganz offen gegen
die herrschende Regierungsmacht. Er griff den Präsidenten Herodes öf-
fentlich an, weil der mit der Frau seines Bruders verheiratet war. Aber es
ging auch um andere fiese Sachen, die Herodes getan hatte. 20 Herodes
toppte das alles aber, indem er irgendwann Johannes verhaften ließ und
ihn in den Knast steckte.

Jesus lässt sich taufen

21 Als Johannes mal wieder eine große Taufsession hatte, kam auch
Jesus vorbei, um sich taufen zu lassen. Als Jesus gerade am Beten war,
schoben sich ganz plötzlich die Wolken auseinander, 22 und die Kraft
von Gott, sein heiliger Geist, kam plötzlich für alle sichtbar in Form
einer Taube aus dem Himmel auf Jesus runter. Und dann hörte man

eine Stimme aus dem Off, die sagte: „Du bist mein heiß geliebter Sohn!
Ich freu mich sehr über dich!“

Die Familie von Jesus – eine Geschichte

23 Als Jesus loslegte, war er ungefähr dreißig Jahre alt. Seine Vorfahren-
geschichte sieht so aus: Er war ein Sohn vom Josef, der Vater von Josef
war Eli, und dessen Vorfahrenreihe war folgendermaßen: 24 Mattat, Levi,
Melchi, Jannai, Josef, 25 Mattitja, Amos, Nahum, Hesli, Naggai, 26 Mahat,
Mattitja, Schimi, Josech, Joda, 27 Johanan, Resa, Serubabel, Schealtiël,
Neri, 28 Melchi, Addi, Kosam, Elmadam, Er, 29 Joschua, Eliëser, Jorim,
Mattat, Levi, 30 Simeon, Juda, Josef, Jonam, Eljakim, 31 Melea, Menna,
Mattata, Nathan, David, 32 Isai, Obed, Boas, Salmon, Nachschon, 33 Am-
minadab, Admin, Arni, Hezron, Perez, Juda, 34 Jakob, Isaak, Abraham,
Terach, Nahor, 35 Serug, Regu, Peleg, Eber, Schelach, 36 Kenan, Arpach-
schad, Sem, Noah, Lamech, 37 Metuschelach, Henoch, Jered, Mahalalel,
Kenan, 38 Enosch, Set. Set war ein Sohn Adams, und Adam wurde direkt
von Gott geschaffen.

4

Satan versucht Jesus von seinem Weg wegzubringen

1 Abgefüllt mit dem heiligen Geist ging Jesus von der Taufesession weg.
Gottes Geist nahm ihn erst mal direkt in die Wüste, um ihn da vierzig
Tage für seinen Dienst zu trainieren. 2 In der Wüste kam das Dunkle in
Person, der Feind höchstpersönlich, bei ihm vorbei, um ihn runterzuzie-
hen. Jesus hatte tagelang nichts gegessen und bekam tierischen Hun-
ger. 3 Der Teufel (so nannte man diesen dunklen Geist) kam bei Jesus an
und stellte ihn auf die Probe: „Hey du, wenn du ein Sohn von Gott bist,
dann zauber dir doch aus diesen Steinen ein leckeres Sandwich!“ 4 Je-
sus sagte zu ihm: „In den heiligen Büchern steht: ‚Menschen brauchen
mehr als nur Nahrung, um zu überleben!‘“ 5 Der Teufel ließ nicht locker
und brachte Jesus auf einen hohen Berg. Von da konnte man auf alle
Staaten der Welt auf einmal runtersehen. 6 Er flüsterte ihm zu: „Wenn du
willst, kannst du heute der höchste Präsident von allen Ländern werden,
ich überschreibe dir alle Konten, alle Goldreserven, was du nur willst,
denn das gehört alles mir! 7 Du kannst echt alles haben, ich möchte
nur eine kleine Sache als Gegenleistung: Mach mich zu deinem Gott,
bete zu mir!“ 8 Jesus holte zum Gegenschlag aus: „Niemals! In der Bibel
steht: ‚Es gibt nur einen, zu dem du beten sollst, und das ist Gott, für
ihn soll man alles geben!‘“ 9 Plötzlich war ein Ortswechsel angesagt.
Jesus war mit dem Teufel in Jerusalem, und zwar auf der höchsten Stelle
vom Tempel. Da flüsterte er ihm zu: „Hey du! Du bist doch der Sohn

von Gott, oder? Dann spring doch mal runter! 10 In der Bibel steht ja
auch: ‚Er sagt seinen Engeln, dass sie auf dich aufpassen sollen, dir wird
nichts passieren. 11 Sie werden ein Sicherheitsnetz aufspannen, du wirst
dich nicht verletzen!‘“ 12 Jesus ließ sich auf keine Diskussion ein. „In der
Bibel steht auch: ‚Du sollst Gott nicht auf die Probe stellen!‘“ 13 Als der
Teufel endlich damit fertig war, verschwand er für eine Weile.

In Nazareth vertrauen Jesus viele gar nicht

14 Abgefüllt mit der Kraft von Gott kam Jesus wieder in Galiläa an. Bald
wurde er überall in der Gegend zu dem Gesprächsthema schlechthin.
15 Er hielt Unterrichtsstunden in den Häusern, wo die Leuten sich zum
Beten trafen, den so genannten Synagogen, und alle waren schwer be-
eindruckt von ihm. 16 Irgendwann ging Jesus mal wieder nach Nazareth,
wo er aufgewachsen war. Wie gewohnt verbrachte er den Sabbat in der
dortigen Synagoge. 17 Dann gab man ihm das Buch aus der Bibel, das
Jesaja geschrieben hatte. Als er das Buch aufblätterte, kam gleich die
Stelle, wo Jesaja schreibt: 18 „Die Kraft Gottes ist in mir, er hat mich
dafür ausgesucht, um den Leuten, die arm sind und nichts haben, eine
gute Nachricht zu bringen. Er will von mir, dass ich Gefangene und
Süchtige befreie und Blinden die Ansage mache, dass sie wieder sehen
können. Ich soll den Unterdrückten den Weg in die Freiheit zeigen und
19 folgende Nachricht an alle ausgeben: Ab jetzt fängt eine gute Zeit
an, eine besondere Zeit, eine göttliche Zeit.“ 20 Jesus klappte das Buch
wieder zusammen, gab es zurück und setzte sich. Alle sahen gebannt
auf ihn. 21 Dann fing er an zu reden und begann mit dem Satz: „Heute
geht das los, was die Propheten damals vorausgesagt haben.“ 22 Die
ganzen Zuhörer waren anschließend schwer beeindruckt von dem, was
Jesus gesagt hatte und wie liebevoll es rüberkam. „Was geht? Wie kann
das angehen? Wo hat der das her?“, fragten sie sich. „Ist das nicht der
Sohn von diesem Josef?“ 23 Jesus redete einfach weiter: „Ihr kommt jetzt
bestimmt mit dem Spruch ‚Arzt, hilf dir mal selber‘ und wollt die fetten
Wunder sehen, die ich auch in Kapernaum gemacht habe. So nach dem
Motto: ‚Zeig uns mal, was du draufhast!‘ 24 Dabei ist doch jetzt schon
klar: Zu Hause haben Propheten nichts zu melden. 25 Nehmt mal den
Propheten Elia als Beispiel! Zu seiner Zeit ging es vielen Leuten sehr
schlecht. Viele Frauen waren alleine, weil ihr Mann gestorben war. Und
dann hat es auch noch dreieinhalb Jahre nicht geregnet und überall hat-
ten die Leute nichts zu essen und hungerten. 26 Trotzdem wurde der Elia
nicht zu einer Witwe aus unserm Volk geschickt, sondern zu einer Aus-
länderin, die in Sarepta bei Sidon wohnte. 27 Oder noch ein anderes Bei-
spiel? Elisa, auch so ein Prophet, der machte einmal nur den Ausländer

gesund, der aus Syrien kam, erinnert ihr euch? Die vielen Aidskranken
aus unserem Volk ließ er dabei links liegen.“ 28 Das war zu viel! Die Leu-
te, die zugehört hatten, rasteten plötzlich total aus! 29 Sie packten Jesus,
schubsten ihn hin und her und trieben ihn so auf einen Abhang zu, der
außerhalb der Stadt lag. Ihre Absicht war, ihn dort runterzuschmeißen
und ihn so zu töten. 30 Jesus drehte sich aber um und ging einfach durch
die Menschenmenge hindurch. Die Leute wichen ihm aus, keiner traute
sich mehr ihn anzufassen.

Jesus zeigt allen, was er draufhat

31 Jesus ging von da nach Kapernaum, einer Stadt, die in Galiläa liegt.
Da hielt er dann am Feiertag, dem Sabbat, ein paar Unterrichtsstunden
über Gott in den Synagogen. 32 Auch hier waren die Leute schwer beein-
druckt von dem, was er erzählte, und der Art, wie er es rüberbrachte.
Jeder merkte, dass eine unbeschreibliche Power dahinter steckte. 33 An
einem Tag war mal so ein Typ in der Synagoge, in dem wohnte ein
dunkler Geist, so ein Dämon. Der fing plötzlich wie blöd an zu schreien:
34 „Hau ab! Was willst du von uns, Jesus aus Nazareth?! Willst du uns
kaputtmachen? Ich weiß genau, wer du bist! Du bist der Sohn Gottes!“
35 „Maul halten!“, machte Jesus ihn an, „verlass diesen Mann, sofort!“
Der Dämon warf den Typen einfach um und dann zog er Leine. Der
Mann blieb dabei unverletzt. 36 Alle Leute, die das mitbekamen, waren
total fertig: „Was bringt dieser Mann alles für derbe Sachen? Woher hat
er die Vollmacht und diese Power, dass ihm sogar die dunklen Geister
gehorchen müssen?“ 37 Diese Story ging rum wie ein Lauffeuer, alle in
der Gegend redeten darüber.

Die Mutter von Petrus’ Frau wird geheilt

38 Nachdem Jesus aus der Synagoge abgehauen war, ging er noch mal
in das Haus, in dem Petrus wohnte. Die Schwiegermutter vom Petrus
hatte tierisch hohes Fieber. Jesus wurde um Hilfe gebeten, und er kam
sofort. 39 Er stellte sich an ihr Bett und sagte zu dem Fieber, dass es so-
fort verschwinden müsste. Das passierte auch sofort. Die Mutter stand
auf und machte erst mal einen Imbiss für alle klar. 40 Diese Heilung
sprach sich schnell rum. Nach Sonnenuntergang hatte Jesus Sprech-
stunde. Jeder im Dorf, der irgendwie krank war, kam vorbei. Und egal,
was sie auch hatten, er legte den Leuten die Hände auf und alle wurden
wieder gesund! 41 Es gab auch ein paar dämonisch belastete Menschen,
die da ankamen. Wenn er einen Dämon rausgeschmissen hatte, brüllte
der vorher immer: „Du bist Gottes Sohn!“ Er fand das aber nicht so toll
und bedrohte sie, bloß ihr Maul zu halten. Die hatten sofort geblickt,

dass er der Auserwählte war, dieser Christus. 42 Am nächsten Morgen
stand Jesus ganz früh auf und verließ das Haus. Er wollte ein wenig al-
leine sein und suchte einen Ort, an dem das möglich sein könnte. Aber
die Leute waren hinter ihm her und suchten ihn überall. Und als sie ihn
gefunden hatten, versuchten sie ihn aufzuhalten, sie wollten unbedingt,
dass er nicht wieder weggehen sollte. 43 Er musste ihnen aber eine Ab-
fuhr erteilen: „Leute, ich hab noch einiges vor! Ich muss die Nachricht,
dass eine neue Zeit begonnen hat, noch überall weitererzählen. Das ist
mein Auftrag, darum bin ich hier!“ 44 Jesus zog dann weiter. Er wanderte
durch ganz Judäa und predigte in den Synagogen im Land.

5

Jesus organisiert seine Ausbildungstruppe

1 Irgendwann hielt Jesus mal eine Predigt vor tierisch vielen Menschen
am See Genezareth. Alle wollten Worte von Gott hören. 2 Bevor er los-
legte, sah er zwei Boote, die am Ufer festgemacht hatten. Die dazu-
gehörigen Fischer waren gerade dabei, sich um die Netze zu kümmern,
und waren deswegen an Land gegangen. 3 Jesus stieg in eins der Boote
und fragte den Besitzer (der hieß Simon), ob er ihn mit dem Boot in
eine günstige Position bringen könnte, damit alle ihn vom See aus
besser hören könnten. Von dort redete er dann zu den Menschen. 4 An-
schließend meinte er zu Petrus: „Jetzt fahr mal auf den See raus, und
fisch noch mal ’ne Runde! Da geht heute noch was!“ 5 „Meister“, ant-
wortete Petrus, „wir haben uns letzte Nacht schon die Finger wundge-
fischt, und da ging gar nichts. Aber okay, weil du es sagst, probieren wir
es noch mal!“ 6 Sie fuhren wieder raus, warfen die Netze aus und fingen
so viele Fische, dass die Netze fast gerissen wären! 7 Schnell riefen sie
die andern Fischer zu Hilfe, die auch mit ihrem Boot ankamen. Beide
waren am Ende so voll mit Fischen, dass sie fast abgesoffen wären. 8 Als
Petrus kapierte, was da gerade passiert war, kniete er sich vor Jesus hin
und sagte zu ihm: „Meister, bitte verschwinde! Ich bin ein zu großer
Dreckskerl, ich bin es nicht wert, dass du in meiner Nähe bist.“ 9 Er war
einfach total geplättet von dieser riesenfetten Beute, die sie da gerade
gemacht hatten, 10 und den anderen wie Jakobus und den Söhnen vom
Zebedäus ging es genauso. Jesus sagte zum Petrus: „Keine Angst! Ab
jetzt wirst du Menschen an die Angel kriegen!“ 11 Sie legten dann mit
den Booten wieder an Land an und folgten Jesus.

Ein Mann, der unheilbar krank ist, wird gesund

12 Einmal traf Jesus in einer Stadt einen Mann, dessen Körper von einer
unheilbaren Krankheit fast zerfressen war. Man nannte diese Krankheit

Aussatz. Als er sah, wie Jesus vorbeikam, lief er zu ihm hin, warf sich vor ihm auf den Boden und bettelte ihn an: „Mein Herr, bitte helfen Sie mir! Wenn Sie wollen, können Sie mich gesund machen!"
13 Jesus beugte sich zu ihm hin und berührte ihn mit seiner Hand. „Ich will das gerne tun. Ab jetzt bist du gesund!" Und tatsächlich, der Aussatz ging plötzlich weg!
14 Jesus sagte dem Typen, dass er das jetzt nicht an die große Glocke hängen sollte. „Geh mal zum Priester und lass dich von ihm durchchecken. Danach mach ein Opferritual, wie es die Gesetze vom Mose für so einen Fall vorschreiben, damit alle mitkriegen, dass Gott dich wirklich geheilt hat."
15 Das half aber nur wenig weiter, was das Gerede über Jesus anging. Er war die News des Tages und die Leute kamen von überall her, um ihn predigen zu hören oder um geheilt zu werden.
16 Jesus suchte zwischendurch aber immer wieder die Einsamkeit, um bei Gott aufzutanken.

Ein Körperbehinderter wird komplett gesund

17 Als Jesus gerade wieder dabei war, Dinge über Gott zu erklären, hörten auch ein paar von den Theologen und den Pharisäern zu. Sie kamen von überall her, aus jedem Dorf aus Galiläa und Judäa, sogar aus Jerusalem waren welche dabei. Gottes Kraft war so derbe mit Jesus, dass er sehr viele Leute heilen konnte.
18 Schließlich schoben ein paar Männer einen Körperbehinderten in seinem Rollstuhl durch die Menge zu Jesus.
19 Sie kamen aber durch die Menschenmasse nicht durch, darum überlegten sie sich einen Trick. Sie kletterten auf das Dach des Hauses, in dem Jesus war, und nahmen Stück für Stück die Ziegel weg. Dann ließen sie ihren kranken Freund mit einem Seil durch das Loch mitten in den Raum runter, genau vor die Füße von Jesus.
20 Jesus war sichtlich beeindruckt von dem Vertrauen, das sie in ihn hatten. Darum sagte er zu dem Typen: „Was zwischen dir und Gott stand, ist jetzt weg, deine Sünden sind dir vergeben!"
21 Die Theologen und die Pharisäer flüsterten sich zu: „Was für eine unverschämte Arroganz! Was bildet er sich bloß ein? Nur Gott kann Sünden vergeben!"
22 Jesus konnte aber auch Gedanken lesen, darum fragte er gleich nach: „Welchen Schwachsinn habt ihr da gerade in der Birne?
23 Was ist denn jetzt leichter zu sagen: ‚Deine Sünden sind dir vergeben!' oder: ‚Steh jetzt auf, du kannst gehen'?
24 Ich werde den Beweis antreten, dass ich die Vollmacht habe, die Sünden zu vergeben!" Dann beugte er sich zu dem Behinderten und sagte: „Steh jetzt auf, pack deine Sachen und geh nach Hause!"
25 Und der Mann stand sofort auf, nahm den Rollstuhl, auf dem er gesessen hatte, und ging nach Hause. Auf dem Weg sang er fröhlich Lieder und lobte Gott für seine Heilung!
26 Die Men-

schen, die das mitkriegten, waren voll geplättet. „Respekt!", meinten
viele. „Heute haben wir ein echt derbes Wunder gesehen!"

Wem es gut geht, der braucht Gott wohl nicht

27 Als Jesus später aus der Stadt rauswollte, traf er einen Typen, der beim
Zoll arbeitete. Levi, so hieß der Mann, saß gemütlich in seinem Zoll-
häuschen, als Jesus ihn von der Seite anquatschte: „Komm mit!" 28 Das
ließ er sich nicht zweimal sagen und ging sofort mit Jesus. 29 Kurze Zeit
später organisierte Levi eine Riesenparty bei sich zu Hause, und Jesus
war als Ehrengast auch eingeladen. Viele andere Zollbeamte, die zu der
Zeit bei der Bevölkerung total unbeliebt waren, waren mit am Start, und
auch viele Freunde vom Levi. 30 Das passte den oberfrommen Pharisä-
ern und den Theologen überhaupt nicht. „Wie können Sie es nur mit
diesem Pack auf einer Feier aushalten?", fragten sie Jesus. 31 Er antwor-
tete: „Die Menschen, denen es gut geht, brauchen keine Hilfe, aber die
Menschen, denen es dreckig geht, die brauchen einen, der ihnen da
raushilft. 32 Ich bin für die Kaputten da, ich will sie mit Gott zusammen-
bringen. Die Gesunden brauchen mich nicht."

Eine neue Idee vom Leben sprengt alte Strukturen

33 Die religiöse Führungsriege hatte mal wieder was zu meckern: „Ent-
schuldigen Sie, aber selbst die Schüler vom Johannes fasten regelmäßig
und beten auch viel, genauso machen es die Schüler von den Pharisä-
ern. Warum halten sich Ihre Schüler nicht daran, die essen und trinken
ja, wie sie lustig sind, und scheren sich einen Dreck um die Fastentage!"
34 Jesus antwortete mit einer Gegenfrage: „Leute, wie ist es denn, wenn
jemand heiratet? Verzichten die Gäste auch auf das Essen, solange der
Bräutigam noch da ist? 35 Wisst ihr, es wird der Tag kommen, da ist der
Bräutigam nicht mehr da, und dann gibt es noch genug Zeit, um aufs
Essen zu verzichten und zu weinen." 36 Dann erklärte er das noch mal
mit einem Beispiel: „Keiner würde ein neues T-Shirt zerschneiden, um
damit ein Loch von einem alten Shirt zu flicken. Das neue T-Shirt könnte
man anschließend wegschmeißen, und der Flicken würde zum alten ja
noch nicht mal richtig passen. 37 Und keiner würde Traubensaft in alte
dünne Holzfässer zur Gärung abfüllen, damit daraus dann mal Wein
wird. Der Saft dehnt sich bei der Gärung aus, die schlechten Fässer
würden platzen und alles wäre früher oder später kaputt. 38 Neuer Wein
gehört in neue Fässer! 39 Leute, die auf alten Wein stehen, wollen gar
keinen neuen Wein haben. Die sagen dann: ‚Der alte Wein ist doch im-
mer noch der Beste.'"

6

Was ist wichtiger, die Gesetze oder die Liebe?

1 An dem religiösen Feiertag der Juden, dem Sabbat, streunte Jesus mit
seinen Schülern mal wieder durch die Kornfelder. Die Schüler pflückten
dabei ein paar Kornähren ab, zerrieben die zwischen den Händen und
aßen sie. 2 Einige von den Pharisäern sahen das und kamen sofort mit
dem Spruch an: „Das dürfen Sie nicht! Das ist verboten! Die Gesetze
schreiben vor, dass man am Sabbat nichts ernten und nicht arbeiten
darf!“ 3 Jesus konterte: „Darf ich euch mal an die Geschichte vom
David erinnern? Als er und seine Begleiter Hunger hatten, was haben
sie da gemacht? 4 Sie gingen in das Haus von Gott und nahmen sich
was von dem Brot, das extra nur für die Priester bestimmt war! Er gab
sogar seinen Freunden davon zu essen! Damit haben sie auch die Ge-
setze gebrochen, oder? 5 Ich darf als Menschensohn* auch bestimmen,
was am Sabbat geht und was nicht!“ 6 Ein paar Wochen später war da
so ein Mann, der hatte eine Behinderung an der Hand. Er hing in der
Synagoge rum, als Jesus dort seine Lehrstunde abhielt. 7 Die Theolo-
gen und Pharisäer hatten alles genau im Blick. Sie warteten nur auf die
nächstbeste Gelegenheit, wo sie ihn auf frischer Tat ertappen könnten.
Wenn er jetzt jemanden heilen würde, wäre das ein guter Grund, An-
zeige gegen ihn zu erstatten. Das war am Sabbat nämlich verboten.
8 Jesus konnte aber ihre Gedanken lesen. Also bat er den Mann, sich
mal in die Mitte zu stellen, damit ihn alle sehen konnten. 9 Und dann
sagte er zu den Kritikern: „Ich hab mal ’ne Frage an euch: Wofür sind
die Gesetze da, wollen die, dass man am Sabbat gute Sachen tut, oder
ist dieser Tag dafür da, böse zu sein? Ist er dafür da, gut zu jemand
zu sein, oder dafür da, Leute fertig zu machen?“ 10 Jesus blickte einem
nach dem andern in die Augen. Dann meinte er zu dem kranken Mann:
„Mach deine Hand mal wieder gerade!“ Der Typ tat es, und tatsächlich,
sie war sofort gesund! 11 Die Feinde von Jesus waren davon total an-
gefressen. Ab diesem Zeitpunkt begannen die Ersten, ein Attentat auf
Jesus zu planen.

Jesus sucht sich zwölf feste Schüler aus

12 Kurze Zeit später zog sich Jesus auf einen Berg zurück, um ’ne Runde
zu beten. Er redete die ganze Nacht mit Gott. 13 Als die Sonne aufging,
holte er alle Schüler zusammen und wählte zwölf von ihnen in den en-
geren Kreis. Diese zwölf Freunde nannte er ab dann Apostel (das heißt

---

* Siehe Erklärung in Matthäus 8, Vers 20.

so viel wie „die Gesandten"). Hier sind jetzt mal ihre Namen: [14] Simon (den er auch Petrus oder den Fels nannte), Andreas (der Bruder von Simon), Jakobus, Johannes, Philippus, Bartholomäus, [15] Matthäus, Thomas, Jakobus (ein Sohn von Alphäus), Simon (der früher mal ein Freiheitskämpfer war), [16] Judas (ein Sohn von Jakobus) und Judas Iskariot (der Jesus später verraten wird).

Heilungssession mit Jesus

[17] Als Jesus mit seinen Schülern wieder vom Berg runterkam, waren sie auf einer großen Wiese. Mittlerweile waren hier sehr viele Menschen versammelt. Die Leute kamen nicht nur aus der nahen Umgebung, sogar aus Judäa und Jerusalem bis hin zum nördlichen Küstengebiet von Tyrus und Sidon waren welche dabei. [18] Alle wollten die Predigten von Jesus hören und viele wollten auch geheilt werden. Jesus verscheuchte dabei einige von den fiesen Geistern. [19] Zum Teil wollten die Leute ihn einfach nur mal anfassen, weil eine starke Energie von ihm ausging, und alle wurden dabei geheilt.

Wer nach Jesus' Ansicht glücklich ist und wer nicht

[20] Irgendwann redete Jesus mit seinen Schülern und meinte zu denen: „Glücklich seid ihr, die ihr nichts besitzt, weil ihr einen Anteil an Gottes Land bekommen werdet. [21] Glücklich seid ihr, die ihr jetzt Hunger habt, weil Gott euch fett zu essen geben wird! Glücklich seid ihr, die ihr jetzt traurig seid, denn ihr werdet bald abgehen vor Freude! [22] Glücklich seid ihr, die ihr gedisst und gehasst werdet, wenn man euch auslacht und aus eurem Namen ein Schimpfwort macht, weil ihr zu mir gehört. [23] Wenn das passiert, könnt ihr euch total freuen! Denn im Himmel wartet eine fette Belohnung auf euch! Und vergesst dabei nicht: Den Propheten ging es kein Stück besser. [24] Übel für die, die jetzt viel Kohle besitzen. Die haben ihre Belohnung ja jetzt schon bekommen. [25] Übel auch für die Menschen, die einen prallen Bauch haben und satt sind. Ihr werdet ständig hungern müssen. Übel für die Menschen, die jetzt lachen. Aus eurem Lachen wird ein Weinen werden. [26] Wie übel steht es um die Stars und die Berühmtheiten, die jetzt von allen Seiten umschleimt werden! Falsche Propheten waren ja damals auch schon überall beliebt."

Leute, die ätzend zu dir sind, sollst du lieben

[27] „Ich sag euch jetzt mal was: Die Menschen, die ätzend zu euch sind, eure Feinde, die sollt ihr lieben! Die euch nicht abkönnen und sogar hassen, genau denen sollt ihr helfen. [28] Betet für die Leute, die euch die

Krätze an den Hals wünschen. Betet für die, die euch verletzt haben.
29 Wenn dir einer in die Fresse haut, sag ihm, er soll dir auch noch in
den Magen treten. Wenn einer deine Jacke haben will, dann gib ihm dein
T-Shirt noch dazu. 30 Wenn jemand dich um etwas bittet, dann gib es
ihm und fordere es nicht zurück. 31 Behandle die Leute so, wie du von
ihnen auch behandelt werden willst. 32 Oder willst du auch noch eine Be-
zahlung dafür, wenn du nett zu den Menschen bist, die nett zu dir sind?
33 Was ist schon daran toll, denen etwas Gutes zu tun, die euch auch gut
behandeln? Das kann ja jeder, auch die Menschen, die keinen Bock auf
Gott haben. 34 Was ist schon so heldenhaft da dran, jemandem Geld zu
leihen, von dem man sowieso ganz sicher weiß, dass man es zurückbe-
kommt? 35 Euer Ziel soll sein, auch die Feinde zu lieben und gut zu den
Menschen zu sein, die euch blöd finden. Helft denen, und zwar ohne
große Erwartung. Von Gott könnt ihr dagegen alles erwarten, er wird
euch fett dafür belohnen, schon allein weil ihr euch so verhaltet, wie es
sich für seine Kinder gehört. Gott ist liebevoll – sogar zu miesen Typen
und Leuten, die es null verdient hätten."

Wie du mir, so ich dir?

36 Jesus redete weiter: „Ihr müsst so liebevoll drauf sein wie Gott, euer
Vater. 37 Hört auf, über andere abzulästern und über sie zu urteilen,
damit Gott euch auch nicht verurteilt. Macht euch nicht vorschnell eine
Meinung über jemand, das tut Gott auch nicht mit euch! Wenn ihr an-
deren verzeiht, wird man euch ebenfalls verzeihen. 38 Seid locker, wenn
es darum geht, Sachen zu verschenken, dann wird Gott euch auch fett
beschenken können, so viel, dass ihr mehr als genug habt." 39 Jesus
erzählte dann noch mal so ein Beispiel, was er ja oft tat: „Was bringt es
einem Blinden, wenn er von einem Blinden geführt wird? Früher oder
später werden beide auf die Fresse fallen! 40 Ein Schüler kann nur so viel
lernen, wie sein Lehrer auch weiß. Selbst wenn er alles von ihm gelernt
hat, ist er nur genauso schlau wie sein Lehrer. 41 Warum regst du dich so
über ein Problem von deinem Bruder auf und übersiehst dabei, welche
Mega-Probleme du selber hast? 42 Du sagst dann: ‚Freundchen, komm
mal her! Ich will dir mal sagen, wo du überall falsch liegst!' Und dabei
hast du überhaupt nicht kapiert, dass du selber total daneben bist. 43 Ein
gesunder Baum kann keine schlechten Früchte haben, oder? Und so
kann ein kranker Baum auch keine gesunden haben! 44 Man kann daran
erkennen, ob ein Baum gesund ist oder nicht, wenn man sich seine
Früchte mal ansieht. Äpfel wachsen nicht in Dornenhecken und Wein-
trauben nicht an Brombeerbüschen. 45 Wenn einer gut drauf ist und ein
gutes Herz hat, bringt er gute Sachen. Wenn einer link drauf ist, bringt

der auch nur linke Aktionen, weil seine Gedanken und seine Motive
schlecht sind."

Auf Jesus kann man bauen

46 „Warum sagt ihr ständig Meister zu mir, tut dann aber doch nicht das,
was ich euch sage? 47 Ich gebe noch mal ein Beispiel, wie das abgeht bei
Leuten, die das tun, was ich sage. 48 Und zwar ist das so wie ein Mensch,
der ein Haus auf einem stabilen Betonfundament baut. Wenn es dann
mal eine Überschwemmung gibt, dann können die Wellen das Haus nicht
zerstören, weil es eine feste Grundlage hat und solide gebaut wurde.
49 Wer mir aber zuhört und dann so weitermacht wie bisher, der ist zu ver-
gleichen mit einem Haus, das nur auf Sand ohne ein Fundament gebaut
wurde. Wenn mal eine Flut kommt, dann unterspült sie das Haus und
alles bricht zusammen. Am Ende bleibt nur ein Haufen Schrott übrig."

7

Fernheilung à la Jesus

1 Nach dieser langen Rede machte sich Jesus wieder auf den Weg in
Richtung Kapernaum. 2 Dort lebte ein Berufssoldat, der den Dienst-
grad eines Hauptmanns hatte. Er hatte einen Angestellten, den er sehr
mochte. Aber dieser Angestellte war todkrank und lag im Sterben. 3 Als
der Hauptmann von jemandem hörte, dass Jesus gerade in der Stadt
angekommen war, schickte er gleich ein paar angesagte jüdische Män-
ner mit der Anfrage zu ihm, ob Jesus seinen Angestellten nicht vielleicht
wieder gesund machen könnte. 4 Als diese Männer bei Jesus ankamen,
baten sie Jesus, dass er bitte helfen sollte: „Der Typ ist total okay, wenn
jemand Ihre Hilfe verdient hat, dann er! 5 Er liebt die jüdische Bevölke-
rung sehr und hat uns auch den Bau der Synagoge gesponsert." 6 Jesus
ging also mit ihnen. Bevor sie aber beim Haus des Hauptmanns ange-
kommen waren, kamen ihnen ein paar von den Angestellten des Haupt-
manns entgegen. Sie brachten eine Nachricht mit: „Verehrter Herr, bitte
machen Sie sich nicht die Mühe, Sie brauchen nicht bis in mein Haus
zu kommen. Das bin ich echt nicht wert! 7 Ich fühl mich noch nicht ein-
mal gut genug, um selber bei Ihnen persönlich vorzusprechen. Mein
Vorschlag ist: Bleiben Sie, wo Sie sind, und sagen Sie nur, was auch
immer Sie sagen müssen, dann wird mein Angestellter schon gesund
werden. 8 Das ist bei mir ja auch so. Ich habe Vorgesetzte, und wenn
die mir sagen, was ich tun soll, dann gehorche ich denen. Und wenn ich
zu meiner Truppe sage: ‚Abteilung Marsch!', dann ziehen die los. Und
wenn ich zu einem Soldaten sage: ‚Bringen Sie mir mal einen Becher!',
tut er das sofort." 9 Jesus war echt platt, als er das hörte. Er meinte zu

den Leuten, die mitgekommen waren: „Eins ist sicher: So ein Vertrauen
ist mir in Israel noch nicht untergekommen!“ 10 Und als die Männer
wieder zurück bei ihrem Hauptmann waren, war der Angestellte tatsäch-
lich kerngesund.

Ein totes Kind lebt wieder

11 Kurze Zeit später ging Jesus mit seinen Freunden in die Stadt Nain.
Sehr viele Leute waren mittlerweile mit ihm dabei. 12 Als sie kurz vor
dem Ortseingang waren, kam ihnen eine Menschengruppe entgegen,
die einen Sarg mit einem Jungen zum Friedhof brachte. Der tote Junge
war der einzige Sohn von einer Frau gewesen, deren Mann auch schon
tot war. Viele trauerten mit der Witwe. 13 Als Jesus die ganze Szene be-
obachtet hatte, tat ihm die Frau auch sehr Leid. „Du musst jetzt nicht
mehr weinen!“, sagte er ganz liebevoll zu der Frau. 14 Dann ging Jesus
zum Wagen, auf dem der offene Sarg draufstand. Der Wagen blieb ste-
hen. Und dann redete Jesus mit dem Jungen, er sagte zu ihm: „Hey du,
steh auf!“ 15 Und das Abgefahrenste passierte: Der Junge setzte sich
auf und begrüßte alle! Jesus gab der Mutter ihren Sohn zurück. 16 Alle,
die das miterlebten, waren total beeindruckt von der ganzen Sache, fast
schon geschockt. Und sie sagten zueinander: „Gott hat uns einen ganz
derben Propheten vorbeigeschickt!“ und: „Gott hat sein Volk persönlich
besucht!“ 17 Diese irre Story verbreitete sich sehr schnell in ganz Judäa,
und sogar im Ausland redete man darüber.

Die Anfrage von Johannes:
Bist du der Auserwählte, bist du der Messias?

18 Johannes (der die Leute getauft hat) hörte auch von den derben
Wundern, die bei Jesus an der Tagesordnung waren. 19 Er schickte zwei
von seinen eigenen Schülern mit einer Anfrage zu Jesus: „Sind Sie der
Mann, auf den wir schon so lange warten? Sind Sie der Auserwählte, der
Messias, oder kommt der noch? Das will Johannes wissen!“ 20 Die bei-
den kamen gerade mit dieser Anfrage, 21 als Jesus eine große Heilungs-
session hatte. Viele Leute wurden wieder gesund, fiese Geister verließen
Menschen, Blinde konnten wieder sehen und so. 22 Jesus’ Antwort war
dementsprechend: „Leute, geht zurück zum Johannes und erzählt ihm,
was hier bei mir abgeht: Blinde können wieder sehen, Körperbehinderte
werden geheilt, Gehörlose können wieder hören, Aidskranke werden
geheilt, sogar Tote werden wieder lebendig, und den Leuten, die nichts
besitzen, wird eine gute Botschaft rübergebracht. 23 Und dann könnt ihr
ihm noch sagen, dass sich alle wirklich freuen können, die sich nicht
über mich ärgern.“

Jesus sagt was über Johannes

24 Als die Schüler vom Johannes abgehauen waren, sagte Jesus noch was
zu den Leuten, die gerade da standen: „Warum seid ihr eigentlich im-
mer zum Johannes in die Wüste gelaufen? Wolltet ihr ein Weichei sehen,
das keine eigene Meinung hat? 25 Oder dachtet ihr, da ist so ein feiner
Pinkel mit teurem Anzug? Dann hättet ihr am besten in die Villengegend
und nach Monaco fahren müssen! 26 Oder wolltet ihr einen Propheten
in Johannes finden? Bingo, ein Prophet ist er auf jeden Fall, sogar noch
mehr als das! 27 Johannes ist der Typ, von dem in den alten Schriften
schon erzählt wird: ‚Ich werde dir einen Ansager organisieren. Er wird
für dich alles vorbereiten.‘ 28 Eins ist auf sicher: Von allen Menschen, die
mal irgendwann gelebt haben, ist er der größte Prophet! Und trotzdem
will ich hier noch mal sagen, dass bei Gott egal ist, wer die dicken Sa-
chen für ihn gerissen hat. In seinem Land ist der Unwichtigste wichtiger
als Johannes. 29 Alle, die auf Johannes hörten, haben erkannt, dass Gott
ihnen eine Chance gibt, und sie ließen sich von ihm taufen. Übrigens
waren da auch Zöllner dabei, die Steuern für die Römer eintrieben.
30 Nur die religiösen Profis nicht, die Pharisäer und die Theologen, die
hatten keine Lust auf dieses Angebot, sie ließen sich nicht von ihm tau-
fen. 31 Was soll man noch über die Menschen von heute sagen? Womit
kann man sie passend vergleichen? 32 Sie sind wie Kinder, die auf der
Straße spielen und sich bei ihren Freunden beschweren: ‚Wir haben ein
cooles Lied in die Anlage geschmissen, aber ihr habt nicht mitgetanzt.
Dann haben wir Deprimucke reingetan, und ihr habt nicht mitgeweint!‘
33 Johannes hat oft gefastet und auf Sachen verzichtet, er hat auch kei-
nen Alkohol getrunken. Da meintet ihr dann: ‚Der ist doch total durch-
geknallt!‘ 34 Jetzt ist der Menschensohn* bei euch und isst und trinkt
normal wie alle andern auch, und ihr seid schon wieder nicht zufrieden.
Dann kommen so Kommentare wie: ‚Der ist ja fresssüchtig und Alkoho-
liker! Junkies und Penner sind seine Freunde!‘ 35 Aber an solchen äußer-
lichen Sachen kann man nicht erkennen, wie schlau Gott eigentlich ist.
Das merkt man erst, wenn man tut, was er sagt.“

Eine Hure bereitet Jesus auf seine Beerdigung vor

36 Irgendwann wurde Jesus mal von einem Pharisäer, der Simon hieß,
zum Essen eingeladen. Jesus nahm die Einladung an und setzte sich zu
dem ins Wohnzimmer. 37 Plötzlich betrat eine stadtbekannte Nutte das
Haus und stürzte in das Zimmer, wo Jesus mit den anderen saß. Sie
hatte über ein paar Ecken gehört, dass Jesus bei Simon eingeladen war,

---

* Siehe Erklärung in Matthäus 8, Vers 20.

und brachte eine Flasche mit wahnsinnig teurem Öl mit. 38 Die Frau ging
zu Jesus und kniete sich vor ihm hin. Dabei weinte sie so sehr, dass seine
Füße von den Tränen ganz nass wurden. Total durcheinander versuchte
sie erst die Füße mit ihren langen Haaren zu trocknen, dann küsste sie
die Füße und dann schüttete sie auch noch das Öl darüber. 39 Der Pha-
risäer, der Jesus eingeladen hatte, beobachtete die Szene aus großem
Abstand. „Wenn dieser Mann wirklich prophetisch begabt wäre, dann
müsste er doch eigentlich wissen, was das für eine Frau ist ...!" 40 Jesus
konnte aber seine Gedanken lesen und sagte zu ihm: „Simon, ich will
dir mal was erzählen, darf ich?" „Ja klar, Meister, ich höre zu!", war seine
Antwort. 41 „Also, da war mal so ein sehr reicher Mann, der hatte zwei
Leuten Geld geliehen. Einer hatte von ihm fünfhundert Euro bekommen,
der andere aber fünftausend. 42 Beide waren aber zum Zeitpunkt der ge-
planten Geldrückgabe pleite. Weil das so war, schenkte er ihnen das Geld
einfach. Welcher von den beiden wird ihm jetzt am meisten dankbar
sein?" 43 „Na, derjenige, der mehr Schulden hatte!", meinte Simon. „Bin-
go!", sagte Jesus. 44 Und dann zeigte Jesus auf die Frau und sagte: „Sieh
dir mal diese Frau genau an. Als ich in dein Haus gekommen bin, hast du
mir da erst mal ein Fußbad angeboten? Meine Mauken waren ganz schön
dreckig, weißt du! Aber sie hat meine Füße sogar mit ihren Tränen ge-
waschen und nur mit ihren Haaren abgetrocknet! 45 Und hast du mir zur
Begrüßung vielleicht einen Kuss auf die Wange gegeben, oder High Five
gemacht oder so was? Sie hat mir ohne Ende die Füße geküsst, und zwar
seitdem ich hier bin! 46 Du hast mir auch nicht, wie es ja bei besonderen
Gästen üblich ist, etwas Öl auf meine Stirn gegossen. Sie hat sogar das
total kostbare Myrrhenöl genommen und damit meine Füße begossen.
47 Ich will dir mal was sagen, mein Lieber: Weil sie das für mich getan hat,
habe ich ihr ihre gesamten Schulden bei Gott erlassen, darum hat sie
das für mich getan. Wem viel verziehen wurde, der kann auch viel lieben.
Wem wenig verziehen wurde, der liebt auch wenig." 48 Und dann sagte
Jesus noch mal zu der Frau: „Deine Sünden sind dir vergeben!" 49 Alle,
die mit am Tisch saßen, flüsterten untereinander: „Wie ist der denn
drauf? Woher nimmt er sich das Recht, Sünden zu vergeben?" 50 Aber
Jesus sagte zu der Frau: „Hey du, weil du mir vertraust und glaubst, bist
du gerettet! Geh jetzt und hab Frieden!"

8

Jesus und die Frauen

1 Kurze Zeit später machte Jesus eine Tour durch die Städte und Dörfer
in der Gegend. Mit dabei waren seine zwölf festen Schüler 2 und ein paar
Frauen, die von Jesus geheilt worden waren. Einige von ihnen hatte er

von einem fiesen Geist befreit. Zum Beispiel war auch Maria Magdalena
dabei, bei ihr hatte er gleich sieben Dämonen rausgeschmissen. 3 Johan-
na (die mit Chuzas verheiratet war, der einen Job in der Verwaltung beim
Präsidenten Herodes hatte), Susanna und noch ein paar andere Frauen
unterstützten Jesus und seine Schüler nach ihren Möglichkeiten.

Der Vergleich mit einem Bauern, der Weizen aussät

4 Irgendwann kamen voll viele Menschen von überall her, und alle wollten
Jesus hören. Jesus erzählte wieder so einen Vergleich: 5 „Also, da war so
ein Landwirt, der auf seine Felder Weizenkörner ausstreute. Einige fielen
dabei auf einen Weg, wo dann Leute drüberlatschten und Tauben die Kör-
ner aufpicken konnten. 6 Einige Körner fielen auf einen Boden, wo gleich
drunter eine Felsschicht lag. Die Körner keimten zwar schnell, der Boden
war aber zu trocken und darum gingen die Pflänzchen auch schnell wie-
der ein. 7 Dann gab es Körner, die fielen auf Boden, wo nebenan Disteln
und Brennnesseln wuchsen. Die wachsen ja viel schneller und breiter, sie
nahmen dem Weizen die Sonne, bis die jungen Pflänzchen erstickten.
8 Andere fielen aber auf guten Humusboden. Die Körner keimten schnell
und wuchsen wie blöd. Am Ende konnte der Landwirt hundertmal so viel
ernten, wie er gesät hatte. Passt auf und sperrt die Lauscher auf, wenn
ich euch was erzähle!“ 9 Abends wollten seine Schüler dann genauer
wissen, was er mit der Geschichte sagen wollte. 10 „Also, bei euch ist
das okay, wenn ich meine Vergleiche erkläre, ihr sollt diese Geheimnisse
aus dem Leben mit Gott und wie es bei ihm abgeht auch kapieren. Den
anderen sollen sie aber durch das Bild, das ich benutze, erst mal ein
Rätsel bleiben. In den alten Schriften steht ja auch: ‚Sie sehen, was ich
tue, aber können es nicht einordnen, sie hören, was ich sage, aber ka-
pieren nichts.‘ 11 Der Vergleich sollte Folgendes klar machen: Die Körner
sind Worte, die Gott zu den Menschen redet. 12 Die Körner, die auf dem
Weg landen, stehen für Menschen, die Worte von Gott hören, aber dann
kommt der Satan und nimmt sie wieder weg. Er verhindert, dass sie ihr
Vertrauen auf Gott setzen und durchkommen. 13 Die Körner, die auf dem
Boden landen, wo gleich drunter der Felsen ist, sind ein Vergleich für die
Menschen, die Worte von Gott gerne hören und alles auch sofort begeis-
tert umsetzen. Aber dabei ist nur oberflächlich was passiert, die Wurzeln
sind nicht tief gewachsen. Sobald es Probleme gibt, geben sie auf. 14 Die
Körner, die neben den Disteln und Brennnesseln gelandet sind, damit
meine ich Leute, die eine Zeit lang auf Gott gehört haben. Dann gab es
aber irgendwelche Sorgen, oder sie konnten sich plötzlich mit Geld alle
Wünsche erfüllen und waren so satt durch die netten Sachen im Leben,
das hat ihrem Glauben die Luft genommen. 15 Die Körner, die aber auf

guten Boden gefallen sind, das sind Leute, die total offen für Gott wa-
ren. Die haben auf das gehört, was er sagt, und es auch umgesetzt. Bei
denen werden viele geile Sachen wachsen können."

Der Vergleich mit einer Lampe

16 „Keiner wäre so blöd und würde über seine Nachttischlampe einen
Eimer stellen oder sie unters Bett schieben! Lampen gehören da hin, wo
sie viel Licht spenden können und wo man sie sieht. 17 Alle Sachen, die
heute noch geheim sind und von denen keiner was weiß, die werden ir-
gendwann mal ans Licht gebracht werden. 18 Passt gut auf, Leute, damit
ihr versteht, was ich euch erzähle! Die Leute, die sich mit meiner Lehre
beschäftigen und offen sind, die werden noch mehr kapieren können.
Wer aber nicht zuhören will, der wird sogar die Sachen hinterfragen, von
denen er bisher geglaubt hat, er hätte sie bereits verstanden."

Wer gehört zur Jesus-Familie

19 Irgendwann kamen die Geschwister von Jesus und seine Mutter bei
ihm vorbei. Aber es waren so viele Leute da, dass es unmöglich war,
zu ihm durchzukommen. 20 Ein Typ meinte zu Jesus: „He, Meister, Ihre
Mutter und Ihre Geschwister stehen draußen und wollen mit Ihnen
reden!" 21 Jesus antwortete: „Sieh dich mal um! Alle, die hier sind und
hören wollen, was ich über Gott zu sagen habe, gehören zu meiner
Familie!"

Das Meer gehorcht Jesus

22 An einem Tag sagte Jesus zu seinen Schülern: „Lasst uns mal auf die
andere Seite vom See fahren!" Sie mieteten sich ein Boot und fuhren
los. 23 Jesus legte sich hinten im Boot erst mal pennen. Mitten auf dem
See kam auf einmal ein heftiger Sturm auf. Die Wellen schlugen so
hoch, dass das Boot mit Wasser voll lief und sie kurz davor waren zu
kentern. 24 Panisch weckten sie Jesus: „Meister", schrien sie, „wir er-
saufen!" Jesus stand ruhig auf. Dann redete er ein paar ernste Worte mit
dem Wind und den Wellen. Sofort beruhigte sich die See und alles wur-
de still! 25 „Was ist jetzt mit eurem Vertrauen?", meinte Jesus. Die waren
aber echt fertig und sagten zueinander: „Was ist das nur für ein derber
Typ! Sogar der Wind und die Wellen müssen das tun, was er sagt!"

Ein durchgeknallter Mann, der mit Dämonen zu tun hat, wird gesund

26 Später kamen sie in die Gegend von Gerasa, das lag auf der anderen
Seite vom See Genezareth. 27 Als Jesus aus dem Boot gestiegen war,
rannte ihm so ein Typ entgegen, der sich auf Dämonen eingelassen

hatte, die jetzt in ihm wohnten. Er war obdachlos und seine Klamotten
waren ihm größtenteils auch schon abhanden gekommen. Er lebte seit
einiger Zeit nicht mehr in einem Haus, stattdessen wohnte er in den
Grabhöhlen. 28 Als er Jesus ankommen sah, fing er tierisch an zu krei-
schen und warf sich vor Jesus auf den Boden. „Was willst du von mir, lass
mich in Ruhe, Jesus! Du bist der Sohn vom derbsten Gott schlechthin!
Bitte, bitte, mach mich nicht fertig!", bettelte er rum. 29 Jesus hatte dem
Dämon nämlich schon gesagt, wo der Hammer hängt und dass er den
Typen gleich verlassen sollte. Dieser Dämon kontrollierte den Mann
schon sehr lange. Auch wenn man ihn mit Handschellen gefesselt hatte,
riss er sich immer wieder los und wurde von ihm in den Wald getrieben.
30 Jesus fragte den Dämon: „Wie heißt du?" – „Legion ist mein Name",
und das bedeutet, es war mehr als nur ein Dämon in ihm drin ... 31 Der
Dämon bettelte Jesus voll an, er wollte nicht in die Hölle zurückgehen
müssen. 32 In der Nähe kurz vor einem Bergabhang waren gerade ein
paar Schweine auf einer Wiese. Da wollten die Dämonen dann gerne
rein, und für Jesus war das okay. 33 Also zogen alle Dämonen aus dem
Mann in die Schweine um. Die Schweineherde beging daraufhin kollek-
tiven Selbstmord, alle Viecher stürzten sich den Abhang runter in den
See und ertranken! 34 Die Männer, die auf die Herde aufpassen sollten,
rannten vor Angst in die Stadt und erzählten überall, was da gerade abge-
gangen war. 35 Aus allen Ecken kamen Leute angelaufen, um mit eigenen
Augen zu sehen, was passiert war. Alle konnten den Typen sehen, den
Jesus von seinen Dämonen befreit hatte, wie er voll ruhig und anständig
angezogen bei Jesus saß und ihm zuhörte. Viele waren deswegen echt
fertig. 36 Die Augenzeugen erzählten jedem, wie der dämonisierte Mann
frei geworden war. 37 Alle Bewohner aus der Gegend bettelten jetzt, dass
Jesus möglichst schnell verschwinden sollte. Sie waren eben sehr ge-
schockt. Jesus stieg also in das Boot und zog ab. 38 Der Typ, der von den
Dämonen befreit worden war, wollte gerne bei Jesus bleiben. Aber Jesus
gab ihm einen anderen Auftrag: 39 „Geh nach Hause und erzähl da, was
Gott bei dir gemacht hat." Das tat der Mann. Er ging durch die ganze
Stadt und erzählte überall, was Jesus für ihn getan hatte.

Ein Mädchen, das tot war, wird wieder lebendig

40 Als Jesus zum andern Ufer übergesetzt hatte, warteten da schon irre
viele Leute auf ihn. 41 Nachdem das Boot angelegt hatte, drängelte sich
ein Mann nach vorne durch. Er hieß Jairus und leitete die jüdische Ge-
meinde im Ort. Er warf sich vor Jesus auf den Boden und bettelte ihn an,
mit zu ihm nach Hause zu kommen. 42 Seine einzige Tochter, ein zwölf-
jähriges Mädchen, war todkrank und lag im Sterben. Jesus ging also mit.

43 Sehr viele Leute folgten ihm. In der Masse war auch eine Frau, die seit
zwölf Jahren ununterbrochen ihre Tage hatte. Sie hatte ihre gesamte Kohle
schon bei zig Ärzten gelassen, aber keiner hatte ihr wirklich helfen kön-
nen. 44 Sie schlich sich vorsichtig von hinten an Jesus ran und versuchte
seine Jacke zu berühren. Und in dem Augenblick, wo sie den Stoff berühr-
te, stoppten die Blutungen! 45 „Wer hat mich eben berührt?“, wollte Jesus
wissen und blieb stehen. Alle schüttelten den Kopf und Petrus meinte:
„Mann, Jesus, stell dich nicht an, bei dieser Masse von Menschen kommt
es halt mal vor, dass dich jemand anfasst!“ 46 Aber Jesus blieb dabei: „Ir-
gendjemand hat mich absichtlich berührt. Ich hab ganz deutlich gespürt,
wie jemand von mir Kraft abgezogen hat.“ 47 Als die Frau merkte, dass
sie erwischt worden war, fing sie voll an zu zittern, ging auf die Knie und
erzählte ihre Story. Dass sie krank gewesen war und ihn berührt hätte und
dass sie jetzt gesund war. 48 „Du bist wie eine Tochter für mich“, sagte ihr
Jesus, „und weil du mir so vertraut hast, bist du auch gesund geworden!
Jetzt geh, entspann dich und hab Frieden!“ 49 Mitten in diesem Gespräch
kam ein Hausangestellter vom Jairus angerannt: „Ihre Tochter ist bereits
gestorben. Sie brauchen Jesus nicht mehr zu bemühen.“ 50 Jesus war da
anderer Meinung: „Keine Angst, Jairus, vertrau mir! Es wird alles mit ihr
gut werden.“ 51 Als sie in das Haus vom Jairus kamen, war da schon die
Trauerfeier im vollen Gange. Jesus fragte nur Petrus, Jakobus, Johannes,
den Vater und die Mutter, ob sie auch mit in das Totenzimmer kommen
wollten. 52 Im Haus heulten die Leute überall, aber Jesus sagte zu ihnen:
„Hört auf zu flennen! Das Mädchen ist nicht tot, sie pennt nur!“ 53 Jetzt
machten einige sogar Witze über ihn, weil alle es wussten: Sie war mau-
setot. 54 Jesus nahm die Hand von dem Mädchen und sagte laut zu ihr:
„Steh auf, Kleine!“ 55 Und das Abgefahrene passierte: Sie stand auf! Dann
bestellte Jesus ihr was zu essen. 56 Die Eltern waren total glücklich und
kriegten sich gar nicht wieder ein. Sie mussten Jesus aber versprechen,
nicht allen Leuten davon zu erzählen.

9

Jesus’ zwölf Schüler gehen auf Tour

1 Irgendwann organisierte Jesus mit seinen zwölf Schülern ein Meeting.
Dort stellte er ihnen alle geistlichen Vollmachten aus, die es so gibt. Sie
sollten in der Lage sein, Dämonen auszutreiben und Kranke zu heilen.
2 Und dann gab er ihnen die Order, überall hinzugehen und darüber zu
predigen, dass jetzt eine neue Zeit angefangen habe, eine Zeit, in der
Gott wieder das Sagen hat. Außerdem sollten sie kranke Menschen
wieder gesundbeten. 3 „Nehmt nichts mit, was euch irgendwie belasten
könnte!“, meinte Jesus. „ Nehmt kein Messer mit und keinen Rucksack,

keinen Proviant und auch kein Geld. Noch nicht mal eine zweite Garnitur Kleidung sollt ihr mitnehmen. [4] Besucht die Leute in ihren Häusern und bleibt so lange, bis ihr weitermüsst. [5] Wenn die Leute in einer Stadt keinen Bock auf euch haben, dann macht deutlich, dass ihr euren Job hier erledigt habt, und geht weiter. Ihr könnt einfach den Dreck von euren Schuhen abschütteln und weitergehen. Gott wird sich in seinem Gericht um sie kümmern." [6] Die zwölf Schüler von Jesus zogen los und machten eine große Tour durch Israel. In jedem Ort predigten sie über die gute neue Nachricht, die es von Gott zu berichten gab. Und dann machten sie dabei auch kranke Menschen wieder gesund.

Herodes peilt es nicht: Wer ist dieser Jesus?

[7] Herodes, den man auch den Fürsten von Galiläa nannte, bekam es mit der Angst, als er die Storys über Jesus hörte. Der Grund dafür war, dass einige behaupteten, Jesus wäre der Geist von Johannes. Er wäre jetzt zurückgekommen, um sich an Herodes zu rächen. [8] Eine anderes Gerücht war, dass er der alte Elia wäre oder irgendein anderer großer Prophet, der wieder lebendig geworden war.

Jesus macht mit wenig Essen über 5 000 Leute satt

[10] Als die Schüler (die man ab jetzt auch Apostel nannte) von ihrer Tour wieder zurück waren, erstatteten sie bei Jesus Bericht. Sie erzählten, was sie alles erlebt hatten und was in der Zeit so passiert war. Jesus nahm sie mit in die Stadt Betsaida. Er wollte mit ihnen etwas alleine sein. [11] Die Leute kriegten das aber schnell spitz und folgten ihnen. Also machte Jesus wieder ein Spontantreffen da draus und predigte über die neue Zeit, die jetzt begonnen hatte, und heilte alle Leute, die krank waren. [12] Gegen 18.00 Uhr gingen seine Schüler in einer Pause nach vorne, um sich mit ihm zu besprechen. „Schick die Leute nach Hause, Jesus", sagten sie, „die müssen alle auch mal was essen und sich noch einen Pennplatz für die Nacht organisieren. Hier auf dem Dorf hat jetzt schon alles zu." [13] Jesus' Antwort war: „Hey Jungs, gebt ihr ihnen doch was zu essen!" – „Was? Wir haben gerade mal fünf Toastbrote und zwei Frikadellen am Start!" [14] Es waren ungefähr 5 000 Männer (plus Frauen und Kinder) da. „Sie sollen sich mal gruppenweise zusammentun, zu jeweils 50 Leuten", gab Jesus die Anweisung. [15] Gesagt, getan. [16] Dann nahm er die fünf Toastbrote und die Frikadellen, die ihm die Schüler in die Hand gedrückt hatten. Er blickte kurz Richtung Himmel, dankte seinem Vater für das Essen, und dann gab er die Teile Stück für Stück an die Leute weiter. [17] Nach dem Essen war jeder pappsatt! Und es blieben sogar noch zwölf Einkaufswagen mit Nahrung übrig!

Petrus hat es gerafft: Du kommst von Gott und rettest uns alle!
18 Irgendwann hing Jesus mal mit seinen Schülern allein rum und da
fragte er sie: „Was reden die Leute eigentlich über mich? Was glauben
sie, wer ich bin?“ 19 „Also, Jesus, da gibt es einige, die glauben, du bist
Johannes, der die Leute getauft hat. Andere halten dich für die Neuauf-
lage vom Elia. Und dann gibt es Leute, die halten dich für irgendeinen
anderen von den alten Propheten, der wieder lebendig geworden ist.“
20 „Aha, und für wen haltet ihr mich?“ Petrus sprang sofort auf und
meinte: „Du bist der Auserwählte, du bist der Christus, den Gott zu
uns geschickt hat!“ 21 Jesus wollte, dass sie das noch nicht weitersagen,
das war ihm wichtig. 22 „Der Menschensohn* muss noch üble Sachen
durchmachen. Die Führungsebene von Israel, die Oberpriester und die
Theologen werden sich gegen ihn stellen und ihn töten. Aber nach drei
Tagen kommt sein Comeback. Er wird den Tod besiegen und wieder
auferstehen!“

Was für Konsequenzen es hat, mit Jesus zu leben
23 Jesus hielt wieder eine Rede und sagte zu den Leuten: „Wenn jemand
zu mir gehören will, sollte er sich selbst nicht mehr so wichtig nehmen.
Er muss bereit sein, für Gott zu leben. Sein eigenes Ich steht nicht mehr
im Mittelpunkt. 24 Die Leute, die verkrampft um ihr Leben kämpfen,
werden es verlieren. Wenn jemand aber sein Leben mir radikal zur Ver-
fügung stellt, der wird es für immer gewinnen. 25 Was bringt es denn,
wenn einer der totale Superstar ist und alles erreicht, was er sich vor-
nimmt, aber der Preis, den er dafür zahlt, das ewige Leben ist? 26 Wenn
es jemand vor anderen voll peinlich ist, mit mir zu leben, dann wird es
mir auch peinlich sein, dass er zu mir gehört. Ich werde mich für ihn
schämen, wenn ich dann mit einer grenzenlosen Kraft wiederkommen
werde, flankiert von den großen Engeln vom Vater. 27 Ich mach euch
noch mal eine Ansage: Einige von denen, die hier stehen, werden das
noch erleben, bevor sie sterben. Sie werden noch sehen, wie das neue
Land entstehen wird, das Land, wo Gott das Sagen hat.“

Jesus leuchtet
28 Ungefähr acht Tage später ging Jesus mit Petrus, Johannes und Jako-
bus auf einen Berg, um ’ne Runde zu beten. 29 Plötzlich veränderte sich
sein Gesicht total und seine Klamotten fingen an zu strahlen, so wie
weiße Sachen unter UV-Licht. 30 Und dann kamen zwei Typen an, das
waren Mose und Elia, die redeten mit Jesus. 31 Die beiden waren auch

* Siehe Erklärung in Matthäus 8, Vers 20.

von diesem derben Licht umgeben. Sie unterhielten sich darüber, wie
es mit Jesus zu Ende gehen und was ihn in Jerusalem erwarten würde.
32 Petrus und die anderen Schüler waren eingepennt. Aber dann wurden
sie wach und sahen Jesus mit den beiden anderen Männern, die neben
ihm standen. 33 Als sich Mose und Elia verabschieden wollten, rief Pe-
trus (leicht angebreitet von der ganzen Atmosphäre): „Meister, das ist
alles so supergeil hier! Ich habe 'ne coole Idee: Wir bauen euch hier
drei Häuser! Eins für dich, eins für Mose und eins für Elia, ja?“ 34 Kaum
hatte er zu Ende geredet, da kam plötzlich eine Nebelwolke über sie
und sie bekamen Riesenpanik. 35 Aus der Wolke sprach eine Stimme
zu ihnen, und die meinte: „Das ist mein Sohn, ich habe ihn zu euch
geschickt. Hört auf ihn!“ 36 Und dann waren die Stimme und die Wolke
genauso schnell wieder weg, wie sie gekommen waren. Jesus war wie-
der alleine. Schwer beeindruckt von dem ganzen Film sprachen seine
Schüler untereinander nicht da drüber und erzählten es auch keinem
von außerhalb.

Die Schüler bringen es nicht, aber Jesus bringt es voll

37 Als sie dann am nächsten Morgen wieder runter ins Tal gingen, kamen
ihnen unheimlich viele Menschen entgegen. 38 Da war auch ein Typ,
der Jesus gleich anbettelte: „Mein Herr, ich bitte Sie inständig, helfen
Sie meinem Sohn! Er ist mein einziges Kind! 39 Oft kommt plötzlich ein
fieser Dämon in seinen Körper, dann schreit er laut los, wälzt sich auf
dem Boden hin und her, bis weißer Schaum aus seinem Mund kommt.
Dieser Geist lässt ihn einfach nicht in Ruhe! 40 Ich war schon bei deinen
Schülern mit ihm, aber sie konnten den Geist nicht austreiben.“ 41 „Oh
Mann, ihr seid so ungläubig und verdreht, ihr Menschen! Wie lange
muss ich mir das noch geben und so was aushalten? Bring den Jungen
mal her!“ 42 Schon auf dem Weg zu Jesus legte der Dämon voll los. Er
packte ihn, warf ihn zu Boden, der Junge verkrampfte sich dabei total,
echt übel. Jesus nahm sich den Geist sofort zur Brust. Er befahl dem
Dämon, den Jungen in Ruhe zu lassen, und heilte ihn. Dann gab er ihn
seinem Vater zurück. 43 Die Leute, die das mitbekamen, waren alle total
fertig und gleichzeitig voll beeindruckt, weil sie Gottes unvorstellbare
Power live und zum Anfassen erlebt hatten. Während die Zuschauer
noch am Diskutieren waren, machte Jesus zu seinen Schülern eine wich-
tige Bemerkung:

Jesus kündigt an, dass er sterben wird

44 „Nehmt euch das bitte zu Herzen, was ich euch jetzt sage, ja?! Der
Menschensohn wird angezeigt, verraten und an die Behörden ausgelie-

fert werden.“ 45 Seine Jungs kapierten das nicht ganz, wollten aber nicht
blöd dastehen, darum fragte keiner noch mal nach.

Wer bei Gott groß rauskommt und wer nicht

46 Irgendwann fingen sich seine Freunde an, da drüber Gedanken zu
machen, wer von ihnen am meisten Einfluss haben würde, wer von allen
die Nummer eins wäre. 47 Jesus konnte auch Gedanken lesen und be-
kam alles mit. Darum griff er sich ein kleines Kind und stellte es neben
sich. 48 Er sagte in die Runde: „Jeder, der sich um so ein Kind kümmert,
weil er zu mir gehört und mich liebt, der kümmert sich in Wirklichkeit
um mich. Und wer sich um mich sorgt, der sorgt sich auch um meinen
Vater. Wer am wenigsten bei euch zu melden hat, wer der größte Loser
bei euch ist, der ist für mich der Wichtigste von allen!“ 49 Dazu meinte
Johannes: „Meister, wir haben mitgekriegt, wie einer versucht hat, einen
Dämon bei jemandem rauszuschmeißen, und er hat dabei deinen Na-
men benutzt. Wir haben ihm das dann verboten, er gehört ja schließlich
nicht zu unserer Truppe.“ 50 Jesus war davon nicht so begeistert. „Lasst
das! Soll er doch ruhig auf die Art Dämonen rausschmeißen. Wenn je-
mand nicht gegen euch ist, dann ist er erst mal für euch.“

Jesus zieht ab Richtung Jerusalem

51 Langsam kam der Zeitpunkt immer näher, wo Jesus wieder zurück
zu Gott sollte. Darum schlug Jesus jetzt fest entschlossen die Route in
Richtung Jerusalem ein. 52 Auf dem Weg schickte er jemanden vor, der
schon mal einen Pennplatz auf der Strecke in dem Dorf der Samariter
klarmachen sollte. 53 Weil Jesus nur auf der Durchreise in Richtung Jeru-
salem war, hatten die Vermieter aber überall keinen Bock auf sie. 54 Als
Jakobus und Johannes das mitkriegten, kamen beide voll aggromäßig
drauf. „Jesus, sollten wir nicht für ein paar Mollis vom Himmel beten
und hier alles abfackeln?“ 55 Jesus schimpfte sie für diesen Spruch sehr
aus: „Hallo? Schon wieder vergessen, wie ihr in solchen Sachen drauf
sein sollt? Ich bin nicht hier, um Leute kaputtzumachen, sondern um sie
zu heilen!“ 56 Schließlich zogen sie weiter in ein anderes Dorf.

Wie man radikal mit Gott lebt

57 Auf dem Weg quatschte einer Jesus von der Seite an und meinte zu
ihm: „Ich will radikal mit dir leben, ich will dahin gehen, wo du auch
bist!“ 58 Jesus warnte ihn: „Hunde haben ihr Körbchen und Vögel ihre
Nester, wohin sie sich zurückziehen können. Der Menschensohn* hat

---

* Siehe Erklärung in Matthäus 8, Vers 20.

aber keinen Ort, wo er sich mal entspannen kann.“ [59] Bei einer anderen
Gelegenheit sagte Jesus zu einem jungen Mann: „Komm mit mir!“ Der
antwortete: „Okay, mein Herr, ich muss aber zuerst noch mal nach Hau-
se und meinen Vater beerdigen, danach geht das los.“ [60] „Ich sag nur:
Lass die Leute, die eh’ schon wie tot sind, ihre Toten begraben. Du hast
jetzt einen neuen Job: Predige überall von der neuen Zeit, die angebro-
chen ist!“ [61] Ein anderer Typ sagte mal zu Jesus: „Ja, mein Herr, ich will
ja mit Ihnen gehen, ich muss mich aber zuerst noch von meiner Familie
anständig verabschieden.“ [62] Dazu sagte Jesus: „Wer beim Fahren nach
hinten guckt, landet am Baum, und wer sich beim Arbeiten ablenken
lässt, der taugt nicht für Gottes neue Zeit.“

10

Siebzig Schüler auf Tour

[1] Danach suchte sich Jesus siebzig Schüler unter den anderen Menschen
aus, die bei ihm waren. Die schickte er dann auf Tour, jeweils zu zweit,
um in die umliegenden Städte und Dörfer zu gehen. [2] Vorher gab er ih-
nen noch folgende Order mit auf den Weg: „Es gibt sehr viel zu tun, die
Äpfel sind echt reif, aber es gibt zu wenig Leute, die bereit sind, die Ernte
einzufahren! Bittet Gott darum, mehr Arbeiter an den Start zu kriegen!
[3] Jetzt zieht los! Ist echt so, als würde ich euch wie Mäuse zu Katzen schi-
cken. [4] Ich möchte, dass ihr keine Kohle mitnehmt und auch keinen Ruck-
sack, noch nicht mal ein zweites Paar Schuhe. Geht radikal euren Weg
und lasst euch nicht ablenken! [5] Wenn ihr bei jemandem zu Gast seid,
dann betet für die Leute und sagt ihnen: ‚Ich wünsche euch Frieden!‘
[6] Wenn da Leute wohnen, die friedlich drauf sind, dann wird dieser Frie-
den von Gott auch bei ihnen wirken. Falls die aber keinen Bock auf euch
haben, dann wird dieser Frieden von Gott wieder bei euch sein. [7] Ihr sollt
in einer Stadt nicht von Haus zu Haus ziehen, sondern bleibt bei einem
Menschen wohnen und lasst euch da bedienen. Braucht euch echt nicht
peinlich zu sein, da zu wohnen, denn wer arbeitet, soll auch anständig
dafür bezahlt werden. [8] Wenn ihr in einer Stadt gut aufgenommen wur-
det, dann esst dort auch alles, was man euch anbietet. [9] Die Menschen,
die krank sind, müsst ihr gesund machen, und erzählt ihnen dabei, dass
eine neue Zeit begonnen hat, eine Zeit, in der Gott wieder das Sagen hat.
[10] Falls aber mal eine Stadt keinen Bock auf euch hat und euch ablehnt,
dann verschwindet wieder. Am Ortseingang könnt ihr dann noch einen
Spruch ablassen, so in der Richtung: [11] ‚Ihr könnt euren Dreck behalten!
Ihr seid selber Schuld! Ihr sollt wissen, dass Gott euch noch nie so nahe
war wie in diesem Augenblick!‘ [12] Eins kann ich euch versprechen: Selbst
eine Stadt wie Sodom wird am letzten Tag dieser Welt besser abschnei-

den als solche Städte. [13] Mann, Chorazin und Betsaida, euch wird es voll
übel gehen! Wenn die Wunder, die ich bei euch getan habe, in Tyrus und
Sidon abgegangen wären, dann hätte sich die gesamte Bevölkerung dort
für Gott entschieden, sie hätten ihre Schuld eingesehen und das auch
nach außen deutlich gemacht. [14] Tyrus und Sidon werden bei der letzten
Gerichtsverhandlung immer noch besser dastehen als ihr. [15] Und wie
sieht es mit dir aus, Kapernaum? Wirst du es packen und im Himmel
ankommen? Nein, du wirst in der Hölle landen, dort, wo die Toten sind."
[16] Zu seinen Schülern meinte Jesus noch: „Alle, die auf das hören, was
ihr sagt, die hören dabei auch auf mich. Und jeder, der euch ablehnt, der
lehnt mich auch ab. Wer mich ablehnt, zeigt damit auch, dass er keinen
Bock auf Gott hat, denn der hat mich zu euch geschickt."

Die siebzig Schüler kommen von ihrer Tour zurück

[17] Als seine siebzig Schüler von ihrer Tour wieder zurück waren, erzähl-
ten sie total begeistert: „Mann, Jesus, es war echt irre! Sogar die Dä-
monen haben uns gehorcht, wenn wir deinen Namen erwähnt haben!"
[18] „Ich weiß", sagte Jesus. „Als ich für euch gebetet habe, konnte ich den
Satan sehen, wie er wie ein nasser Sack zu Boden gegangen ist. [19] Ich
habe euch alle Vollmachten ausgestellt, um den Feind zu besiegen. Ihr
seid jetzt in der Lage mit lebensgefährlichen Dingen umzugehen, euch
kann nichts mehr passieren. Ich habe euch die Macht über das ganze
Heer vom Satan gegeben. Er kann euch nicht mehr ans Bein pinkeln, er
kann euch nicht mehr schaden. [20] Trotzdem ist es nicht so wichtig, dass
ihr jetzt bösen Geistern befehlen könnt und sie tun, was ihr ihnen sagt.
Freut euch lieber über die Tatsache, dass eure Namen auf der Gästeliste
für einen Platz im Paradies eingetragen sind!"

Jesus sagt vor allen Leuten seinem Vater danke

[21] Plötzlich ging Jesus voll ab. Abgefüllt mit dem heiligen Geist sagte er:
„Papa, du hast das Sagen über die Erde und über den Himmel! Danke,
dass du den eingebildeten Menschen, die glauben, die Weisheit mit
Löffeln gefressen zu haben, die Wahrheit nicht gezeigt hast. Aber den
normalen Leuten, den einfachen Menschen, denen hast du es gezeigt.
Ja, Papa, so bist du! – [22] Mein Vater hat mir alles übergeben, alles, was
geht! Es gibt niemanden, der den Vater so gut kennt wie der Sohn, und
genauso gibt es auch niemanden, der den Sohn so gut kennt wie der
Vater. Es sei denn, der Sohn hat Leuten von dem Vater erzählt und ihn
vorgestellt." [23] Als er mit seinen Schülern wieder alleine war, meinte er:
„Ihr könnt euch echt glücklich schätzen, dass ihr Augenzeugen dieser
ganzen Geschichte seid. [24] Da waren Propheten und Präsidenten, die

hätten alles dafür gegeben, in dieser Zeit zu leben und das zu hören und
zu sehen, was ihr hören und sehen könnt. Konnten sie aber nicht."

Ein Typ aus Samarien hat ein gutes Herz

25 Irgendwann kam mal einer von den Theologen vorbei, um Jesus aus-
zutesten. Er stellte folgende Frage: „Herr Lehrer, was muss ich denn
Ihrer Meinung nach tun, um ein Leben von Gott zu bekommen, das
nie aufhört?" 26 Jesus antwortete: „Was steht denn in den Gesetzen,
die Gott uns zu dem Thema gegeben hat? Was kann man dazu lesen?"
27 „Du sollst deinen Gott radikal lieben", sagte der Mann auswendig,
was in den Büchern vom Mose stand. „Mit deinen Gefühlen, mit deinen
Gedanken, mit allem, was du hast. Und die Menschen um dich rum,
deine Nachbarn, die sollst du auch lieben, genauso wie du dich selber
liebst." 28 „Richtig", sagte Jesus, „das ist es! Wer das befolgt, bekommt
das Leben von Gott, das nie aufhören wird." 29 Der Mann kam nicht so
richtig darauf klar. Er fragte noch mal nach: „Wer ist denn das konkret,
der Mensch um mich rum, mein Nachbar?" 30 Jesus antwortete mit
einer Geschichte: „Es war einmal ein Mann, der war gerade auf dem
Weg von Jerusalem nach Jericho. Plötzlich kamen ein paar asoziale
Schläger aus dem Gebüsch und verprügelten ihn mit Baseballschlägern.
Anschließend klauten sie noch seine Kleidung und seine Kohle, dann
stießen sie ihn in einen Graben und verschwanden wieder. 31 Zufällig
kam ein jüdischer Priester vorbei, doch als der den Mann da liegen sah,
wechselte er schnell die Straßenseite und verpieselte sich. 32 Dann kam
ein Angestellter von der Kirche vorbei und sah ihn auch da liegen. Aber
er wechselte auch die Straßenseite und ging schnell dran vorbei. 33 Und
dann kam da noch ein Typ aus Samarien. Als er den Mann da liegen
sah, hatte er voll Mitleid. 34 Er beugte sich zu ihm runter, machte eine
Erste-Hilfe-Notversorgung, verband seine Wunden und so weiter. Dann
brachte er ihn noch in ein Hotel in der Nähe und versorgte ihn da. 35 Am
nächsten Morgen gab er dem Hotelbesitzer 300 Euro und bat ihn, sich
um den Mann zu kümmern. ‚Sollte das Geld nicht ausreichen, bezahle
ich den Rest, wenn ich das nächste Mal hier bin!' 36 Preisfrage: Wer von
den drei Männern war jetzt so drauf, wie es sich für einen Nachbarn ge-
hört? Wer ist mit dem Überfallenen so umgegangen, wie Gott es will?"
37 „Natürlich der Mann, der nett zu ihm war und ihm wirklich geholfen
hat!" – „Genau", meinte Jesus, „also geh los und mach es genauso!"

Maria und Marta

38 Auf dem Weg nach Jerusalem kamen Jesus und seine Schüler in einen
Ort, wo sie von einer Frau namens Marta zum Essen eingeladen wur-

den. 39 Die Schwester von Marta hieß Maria. Die war immer ganz nahe
bei Jesus und hing an seinen Lippen. 40 Marta war die ganze Zeit in der
Küche und bewirtete die Gäste. Irgendwann war sie echt genervt und
meinte zu Jesus: „Mein Herr, siehst du nicht, wie ich hier rumschufte,
und meine Schwester sitzt die ganze Zeit nur rum und hilft mir nicht!
Kannst du ihr nicht sagen, sie soll mal in die Küche gehen?“ 41 Jesus
sagte zu ihr: „Meine liebe Marta, mach dir keinen Kopf um so unwichti-
ge Sachen. 42 Jetzt gibt es gerade nur eine Sache, die wirklich wichtig ist.
Die Maria hat sich für das Richtige entschieden, und darum werde ich
ihr das auch nicht verbieten!“

11

Wie man am besten mit Gott redet

1 Irgendwann hatte Jesus mal einen Stopp eingelegt, um ’ne Runde zu
beten. Als er fertig war, kam einer seiner Schüler vorbei und fragte ihn:
„Jesus, bitte bring uns bei, wie man betet! Das hat Johannes mit seinen
Schülern auch so gemacht.“ 2 „Also, wenn ihr beten wollt, dann tut das
am besten nach diesem Vorbild: ‚Gott, du bist unser Vater, du sollst
groß rauskommen in dieser Welt, deine Zeit soll jetzt losgehen. 3 Bitte
versorge uns mit den Sachen, die wir jeden Tag zum Leben brauchen.
4 Verzeih uns den Mist, den wir ständig bauen. Wir wollen auch den
Leuten verzeihen, die uns verletzt haben. Bring uns nicht in Situationen,
wo wir schwach und dir untreu werden könnten.‘“ 5 Und dann erklärte
er mit folgendem Beispiel noch mehr zum Thema Beten: „Mal ange-
nommen, ihr geht gegen 0:00 Uhr nachts zu einem Freund, weil ihr ihn
um drei Pakete Nudeln anschnorren wollt. Ihr erklärt ihm: 6 ‚Sorry, dass
ich noch so spät anklingel. Ich hab überraschend Besuch von einem
alten Kollegen bekommen, aber ich hab nichts zu essen im Haus.‘ 7 Der
Freund würde ihm dann vielleicht antworten: ‚Sag mal, spinnst du? Es
ist jetzt Mitternacht durch, ich lieg schon im Bett und die Kinder schla-
fen auch. Ich kann dir jetzt nicht weiterhelfen.‘ 8 Ich garantiere euch:
Wenn er ihm schon nicht der Freundschaft wegen am Ende aushelfen
wird, dann wird er es trotzdem tun, damit der andere endlich aufhört
rumzunerven. 9 Ich mach euch mal ’ne Ansage: Wenn ihr Gott um etwas
bittet, dann werdet ihr das bekommen! Wenn ihr bei ihm nach Ant-
worten sucht, dann wird er sie euch geben! Und wenn für euch etwas
verschlossen ist, dann klopft bei ihm an, und er wird die Tür für euch
öffnen. 10 Wenn jemand um etwas bittet, dann wird er es bekommen,
wenn einer was sucht, wird er es auch finden, und jeder, der an die Tür
klopft, wird auch reingelassen werden. 11 Wie ist das denn mit einem
guten Vater? Würde der seinem Sohn einen Regenwurm anbieten, wenn

der einen Lolli möchte? [12] Oder wenn das Kind ein Überraschungsei möchte, würde er ihm dann eine Mottenkugel andrehen? Niemals! [13] Wenn selbst die schlechten Menschen so gut sind zu ihren Kindern, wie viel mehr wird dann der Himmelspapa die Leute mit seiner Kraft, mit seinem heiligen Geist beschenken, die ihn darum bitten!"

Wer nicht in meiner Mannschaft spielt, ist mein Gegner

[14] Irgendwann musste Jesus mal so einen bösen Geist aus jemandem rausschmeißen, der dafür gesorgt hatte, dass der Mann nicht reden konnte. Als der Geist draußen war, quatschte der Typ gleich los. Die Zuschauer waren alle total baff. [15] Es gab aber auch ein paar Kritiker, die der Meinung waren: „Jesus kann das alles nur, weil er die Macht von Satan hat, dem obersten Dämon von allen!" [16] Andere wollten Jesus mal wieder austesten: „Mach doch mal irgendein Naturwunder am Himmel, damit wir glauben, dass du wirklich von Gott kommst!" [17] Jesus wusste genau, was die Leute wollten. Darum sagte er zu ihnen: „Jede Regierung ist dann am Ende, wenn sie untereinander zerstritten ist. Wenn es interne Grabenkämpfe und Streitereien gibt, kann sie gleich einpacken. [18] Was geht da also mit dem Satan? Wenn ein Dämon gegen den anderen kämpfen würde, dann würde seine Macht kaum lange anhalten, oder? [19] Angenommen, ich würde mit der Kraft von Satan arbeiten, mit welcher Kraft tun es dann bitte schön eure Leute? Wenn sie so was behaupten, sprechen sie sich doch damit selbst das Urteil. [20] Wenn ich Dämonen aus Menschen rausschmeiße, dann tue ich das mit der Kraft, die Gott gibt. Das bedeutet, dass die neue Zeit schon begonnen hat, Gott macht klar, dass er das Sagen hat. [21] Ist doch logisch: Solange ein Karateweltmeister, der dazu noch einen Waffenschein hat, sein Haus bewacht, kann keiner bei ihm einbrechen. [22] Wenn jetzt aber jemand kommt, der stärker ist als er und der haut ihn um und entwaffnet ihn dazu, ja, dann kann der Stärkere ihm die Waffen abnehmen und seine Sachen an Leute verschenken. [23] Wer nicht in meiner Mannschaft spielt, ist mein Gegner, und wer nicht mit mir arbeitet, arbeitet gegen mich."

Warum Dämonen zurückkommen können

[24] „Immer wenn ein fieser Geist, so ein Dämon, einen Körper verlassen hat, dann ist er ja obdachlos. Er zieht so lange rum, bis er irgendwo ein neues Opfer gefunden hat. Wenn er keins findet, denkt er sich: ‚Ich kann's ja noch mal bei dem probieren, aus dem ich rausgeflogen bin.' [25] Wenn er dann zurückkommt, ist die alte Bude supersauber, aufgeräumt und leer. [26] Also zieht er los, nimmt noch sieben andere Kollegen

mit, die noch ätzender drauf sind als er selber, und zieht wieder in den Menschen ein. Dem geht es dann viel schlechter als vorher."

Wer kann sich freuen?

27 Während seiner Rede sprang plötzlich eine Frau auf und rief: „Die Frau, die dich geboren und großgezogen hat, die kann sich freuen!"
28 Aber Jesus sagte: „Wirklich freuen können sich alle Leute, die Worte von Gott hören und sie in ihrem Leben umsetzen!"

Jesus und Jona

29 Als mal wieder tierisch viele Leute bei Jesus waren, fing er an zu
erzählen: „Die Menschen, die heute leben, sind echt mies, sie sind
böse. Sie wollen ein Wunder nach dem anderen sehen, weil sie einen
Beweis haben wollen, aber Beweise werden sie nicht bekommen. Wie
war das denn früher mit dem Jona?! 30 Er war ja auch ein Beweis für die
Bewohner von Ninive. So ähnlich wird das, was mit dem Menschen-
sohn* passieren wird, auch zu einem Beweis für die Menschen werden.
31 Wenn der letzte Tag dieser Welt kommt, wird es eine riesengroße
Gerichtsverhandlung geben. Dort wird auch die Präsidentin aus dem
Süden als Zeugin gegen dieses Volk antreten. Sie werden alle verurteilt.
Die Präsidentin kam von weit her, weil sie von Salomos Wissen und
von seiner Weisheit etwas abhaben wollte. Aber der Typ, der jetzt vor
euch steht, hat mehr drauf als Salomo. Trotzdem wollt ihr nichts von
ihm wissen. 32 Auch die Leute aus Ninive werden mal auf der Zeugen-
bank Platz nehmen und ein Wörtchen zu euer Verurteilung mitreden.
Denn die haben auf Jona gehört, sie haben ihr Leben geändert. Aber
der Mann, der jetzt vor euch steht, hat mehr drauf als Jona. Trotzdem
wollt ihr euch nicht ändern."

Alles, was die Sicht nimmt, muss weg

33 „Könnt ihr euch vorstellen, das jemand seine Nachttischlampe an-
macht und sie dann unters Bett stellt oder in den Schrank? Nein, er wird
sie oben hinstellen, damit er genug Licht im Raum hat, wenn jemand
auf Besuch vorbeikommt. 34 Dein Auge ist wie ein Fenster von deinem
Innersten. Wenn dein Auge okay ist, kann das Licht bis in deine Seele
leuchten. Wenn es aber versifft ist, kannst du nicht gut sehen, und wenn
es dunkel wird, stolperst du leicht über Sachen. 35 Darum pass auf dei-
ne Augen gut auf! Sie dürfen nicht verdreckt oder sogar blind werden,
sonst wird es dunkel in dir drin. 36 Wenn du voll im Licht stehst und

---

* Siehe Erklärung in Matthäus 8, Vers 20.

nichts mehr an dir dunkel ist, dann ist dein Leben so hell, als würde dich
das Licht der Lampe direkt anleuchten."

Außen oder innen sauber?

37 Jesus war mit seiner Ansprache noch nicht ganz durch, da kam eine
Anfrage von einem Pharisäer rein, zu einem gemeinsamen Mittagessen.
Jesus ging mit und sie setzten sich bei ihm an den Esstisch. 38 Sein Gast-
geber wunderte sich etwas, dass Jesus sich nicht vor dem Essen nach
einem religiösen Ritual die Hände gewaschen hatte. So war es nämlich
üblich. 39 Jesus sagte dazu: „Mann, ihr Pharisäer achtet immer peinlich
genau drauf, dass man den Becher und die Teller äußerlich ordentlich
abwäscht. Was aber in euch drin passiert, ist alles andere als sauber,
da seid ihr total dreckig. 40 Ihr Spacken! Wohl noch nicht kapiert, dass
Gott sowohl für innen als auch für außen zuständig ist? Er hat beides
gemacht! 41 Ihr habt doch mehr als genug, gebt von dem doch mal was
an die Obdachlosen ab, die auf der Straße leben! Das findet Gott gut,
so könnt ihr euch innerlich sauber machen. 42 Ihr seid so übel drauf, ihr
Pharisäer! Von jedem Furz gebt ihr zehn Prozent an die Gemeinde ab,
in dem Punkt seid ihr superpingelig in der Befolgung der Gesetze. Aber
in Sachen Gerechtigkeit oder in der Liebe zu Gott, da nehmt ihr es ganz
locker. Ist ja okay, die zehn Prozent Gott zu geben, aber das, worum es
Gott eigentlich geht, das dürft ihr doch nicht untern Tisch fallen lassen!
43 Ich warne euch, ihr Pharisäer! Im Gottesdienst sitzt ihr auf den Ehren-
plätzen und ihr fahrt total da drauf ab, wenn man euch auf der Straße
mit einer Verbeugung begrüßt. 44 Ich warne euch, ihr Pharisäer! Die
Leute gehen bei euch ein und aus, und keiner ahnt, dass in eurem Keller
stinkende Leichen liegen." 45 Einer von den Theologen sagte zu ihm:
„Meister, Sie beleidigen damit auch uns!" 46 „Klar, ich meine euch ja auch
damit! Gerade ihr, die ihr die Gesetze so gut kennt, packt irre Lasten auf
die Schultern der Leute. Aber ihr selbst seid nicht bereit sie zu tragen.
47 Ich warne euch, ihr Pharisäer! Ihr steckt viel Kohle in die Denkmäler
von den alten Propheten, dabei haben eure Vorfahren sie auf dem Gewis-
sen, sie haben sie umgebracht. 48 Ihr wolltet damit was Gutes tun für die
Propheten, tatsächlich ist das aber nur indirekt ein Applaus für die üblen
Sachen, die eure Väter gebracht haben. Ihr hättet es vermutlich genauso
gemacht wie sie. 49 Über so was wie euch hat Gott schon früher gesagt:
‚Ich werde Propheten schicken und Apostel, aber sie werden sie entwe-
der umbringen oder verfolgen.' 50 Man wird euch zur Rechenschaft zie-
hen für den Mord an allen Propheten, die es bisher gegeben hat. 51 Von
Abel bis zum Zacharias, der ja in unserem Tempel zwischen dem Altar
und dem Heiligtum umgebracht worden ist. Ihr werdet euch für jeden

dieser Morde verantworten müssen. 52 Wie übel wird es für euch sein,
weil ihr die Gesetze kennt! Ihr wisst eigentlich, wo es längsgeht, aber ihr
sagt es den Leuten nicht. Ihr kommt nicht in das neue Land rein, in die-
ses Reich, wo Gott das Sagen hat. Und das Schlimmste ist, dass ihr auch
noch andere daran hindert reinzukommen!" 53 Danach ging Jesus wieder
aus dem Haus. Ab jetzt waren viele von den Pharisäern total abgefressen
auf Jesus. 54 Sie versuchten ihn mit allen Tricks dazu zu bringen, irgend-
etwas zu sagen, was sie gerichtlich gegen ihn verwenden könnten.

12

Sich für Gott gerade machen

1 Inzwischen waren tierisch viele Leute da, um die tausend Menschen
standen sich gegenseitig auf den Füßen. Jesus flüsterte noch mal zu sei-
nen Schülern: „Leute, passt auf, dass die Pharisäer nicht eure Gedanken
mit ihren Theorien verseuchen. 2 Alles, was jetzt noch ein Geheimnis ist,
wird einmal ganz offen verhandelt werden. 3 Darum wird alles, was ihr je-
mandem als Geheimnis erzählt habt, auf der Titelseite zu lesen sein, und
was ihr euch heimlich zugeflüstert habt, können alle im Radio mithören.
4 Freunde, ihr braucht keine Angst vor den Leuten zu haben, die euch um-
bringen wollen. Was können die denn schon töten? Doch sowieso nur
euren Körper! 5 Vor wem ihr wirklich Respekt haben müsst, das ist Gott! Er
hat die Macht, jeden Menschen zu töten und ihn anschließend in die Hölle
abzuschieben! Davor solltet ihr Angst haben! 6 Was blättert man für so
einen Kanarienvogel hin? Ein paar Euro? Trotzdem kennt Gott jeden einzel-
nen von ihnen. 7 Gott weiß genau, wie viele Haare ihr auf dem Kopf habt.
Ihr braucht echt keine Angst zu haben, weil ihr für Gott unendlich mehr
wert seid als eine ganze Halle voll mit Kanarienvögeln. 8 Ich schwör euch:
Jeder, der sich hier auf der Erde für mich gerade macht, für den werde ich
mich auch bei der letzten Gerichtsverhandlung vor Gott gerade machen!
9 Wenn es jemandem aber vor anderen peinlich ist, zu mir zu gehören, für
den wird es mir dann auch vor den Engeln peinlich sein, dass er mal zu mir
gehört hat. 10 Trotzdem kann Gott demjenigen verzeihen, der über mich ab-
lästert. Bloß wenn einer über den heiligen Geist ablästert, das wird er nicht
verzeihen. 11 Wenn ihr irgendwann vor Gericht gezerrt werdet, wenn man
euch angezeigt hat und verhört, weil ihr mit mir lebt, dann lasst keine Panik
aufkommen. 12 Wenn ihr mit eurer Verteidigung dran seid, wird euch der
heilige Geist die richtigen Sachen eingeben, die ihr sagen müsst."

Ein Typ mit viel Kohle ist eigentlich arm

13 Ein Mann rief jetzt dazwischen: „Meister, können Sie nicht meinem
Bruder sagen, er soll das, was wir von unserm Vater geerbt haben, ge-

recht unter uns beiden aufteilen?“ [14] „Sag mal, soll ich jetzt hier den
Richter spielen, um solche Sachen zu entscheiden?“ [15] Zu den anderen
Zuhörern sagte er: „Leute, passt auf, dass ihr nicht geil auf Kohle seid!
Geld macht nicht glücklich, Leben kann man sich nicht kaufen.“ [16] Er
machte das noch an einem Vergleich deutlich: „Einem Millionär ge-
hörte eine große Obstplantage, die jedes Jahr fette Ernte einbrachte.
[17] Irgendwann meinte er zu sich selbst: ‚Ich brauch mehr Platz für die
eingefahrene Ernte. Was mach ich jetzt nur? [18] Guter Plan, ich mach
jetzt alle Lagerhallen platt und bau mir doppelt so große. Ich investiere
noch mal richtig viel Geld. [19] Und dann werde ich mich zur Ruhe setzen.
Ich werde zu mir selber sagen: Mein Freund, du hast jetzt für Jahre im
Voraus reichlich geschuftet. Jetzt entspann dich und genieße das Leben!
Fahr auf ’ne Insel, mach Party und freu dich deines Lebens!‘ [20] Aber Gott
sagte zu dem Mann: ‚Du Volltrottel! Du wirst noch in dieser Nacht den
Löffel abgeben und sterben! Was hast du dann noch von der ganzen
Kohle?‘ [21] Das wird mit jedem passieren, der sein Leben dafür einsetzt,
ein fettes Konto bei seiner eigenen Bank zu haben, aber bei Gott mit
leeren Händen dasteht.“

Gott sagt: Entspann dich!

[22] Für seine Schüler wiederholte Jesus es noch mal: „Ihr braucht euch
echt keine Sorgen zu machen, dass ihr eure Miete nicht bezahlen könnt
oder die Lebensmittel oder Kleidung, noch nicht mal um eure Gesund-
heit müsst ihr euch Sorgen machen. [23] Leben besteht aus mehr als nur
Nahrung und Kleidung. [24] Seht euch mal die Tauben an! Die arbeiten
auch nicht, sie legen sich auch keinen Vorrat an, und doch haben sie
immer genug zu essen. Und ihr seid Gott tausendmal wichtiger als ir-
gendwelche Vögel! [25] Könnt ihr euer Leben durch die vielen Sorgen auch
nur um eine Sekunde verlängern? Never! [26] Wenn das mit der Lebens-
verlängerung durch Sorgen nicht funktioniert, warum macht ihr euch
dann überhaupt noch welche? [27] Seht euch doch mal so ’ne Rose genau-
er an. Die kann auch nicht arbeiten, sie kann noch nicht mal ihr Äußeres
selber bestimmen. Und trotzdem ist sie so schön, dass kein Top-Model
der Welt mithalten könnte. [28] Wenn Gott sich schon um solche Blumen
perfekt kümmert, obwohl die zwar heute noch blühen, aber morgen
schon wieder vergammelt sind, dann wird er ja erst recht in der Lage
sein, für euch zu sorgen! Warum vertraut ihr ihm nicht? [29] Hört auf mit
diesem ‚Was werden wir nur morgen essen? Haben wir genug zu trin-
ken?‘-Gelaber! Keine Panik! [30] Habt ihr Bock so zu leben wie Menschen,
die nicht wissen, dass Gott ein guter Vater ist? Er weiß genau, was wir
brauchen! [31] Kümmert euch in erster Linie um Gottes Sache. Um den

Rest wird er sich kümmern! 32 Kinder, ihr braucht echt keine Angst mehr
zu haben! Es macht Gott großen Spaß, euch zu beschenken. Euch ge-
hört ein Stück von dem Land, in dem Gott das Sagen hat. 33 Verkauft
am besten alles, was ihr habt, und spendet die Kohle an Leute, die es
brauchen. Wenn ihr das tut, bekommt ihr eine Art von Geld, das seinen
Wert nicht verliert. Ihr werdet einen Schatz im Himmel liegen haben,
den euch keiner mehr klauen kann und der seinen Wert auch nie ver-
liert. 34 Denn die Sachen, die euch wirklich wichtig sind, bestimmen euer
Leben.“

Der Vergleich von dem guten und dem fiesen Angestellten

35 „Seid immer klar im Kopf und jederzeit bereit! 36 Ihr müsst so drauf
sein wie ein Hausangestellter, der nachts auf die Rückkehr des Haus-
eigentümers warten muss. Wenn der dann klingelt, kann er ihn sofort
reinlassen. 37 Gut drauf werden die Leute kommen, die vorbereitet sind
und seine Rückkehr erwarten. Ich schwör euch, er wird sie ins Esszim-
mer bitten, sich ’ne Schürze umbinden und erst mal fett was zu essen
machen. 38 Vielleicht kommt er mitten in der Nacht, vielleicht frühmor-
gens, wenn die Sonne aufgeht. Egal wann er kommt, glücklich können
die Leute sein, die dann bereit sind! 39 Ich will euch noch mal eine Ansa-
ge machen: Da ist ein Typ, der eine Villa hat. Wenn er wüsste, wann die
Einbrecher kommen, dann würde er zu Hause bleiben und verhindern,
dass sie sein Haus durchwühlen. 40 Ihr habt aber keine Ahnung, wann
der Meister zurückkommen wird, er kommt, wenn keiner damit rech-
net.“ 41 Petrus fragte noch mal nach: „Meister, meinst du jetzt nur uns
damit oder redest du hier über alle Menschen?“ 42 „Petrus, ich meine
damit jeden treuen Mitarbeiter, dem Gott eine Aufgabe gegeben hat.
Er trägt damit Verantwortung für sein Haus und dafür, seine Leute zu
versorgen. 43 Wenn der Meister zurückkommt und alles ist tipptopp in
Ordnung, dann wird der Mitarbeiter dafür eine Belohnung einsacken.
44 Ich verspreche euch: Der Meister wird ihm den Leitungsposten über
seinen ganzen Betrieb anvertrauen. 45 Wenn der Mitarbeiter aber denkt:
‚Das dauert noch, bis der zurückkommt!‘, und erst mal anfängt, Party
zu machen, die Mitarbeiter mies behandelt und sich jeden Abend die
Kante gibt, 46 na ja, dann wird der Meister ganz plötzlich und total un-
erwartet vor der Tür stehen. Und dann wird er dem Angestellten sofort
die Kündigung in die Hand drücken und ihn hochkantig rausschmeißen.
47 Anschließend kriegt er noch ’ne Klage an den Hals, denn er hat seinen
Arbeitsvertrag gebrochen, und das, obwohl er genau wusste, was der
Meister von ihm wollte. 48 Menschen, die keine Ahnung davon haben,
was Gott eigentlich will, werden mit einer leichten Strafe davonkommen.

Jeder, der viel von Gott bekommen hat, muss auch viel bringen. Wem
viel gegeben wurde, von dem wird auch viel verlangt werden."

Leute werden sich streiten, weil einer an Jesus glaubt
49 „Ich bin zu euch gekommen, damit der Punk abgeht hier auf der Erde,
es soll brennen! Ich würde mich so sehr freuen, wenn das schon pas-
siert wäre und ich meinen Job schon erledigt hätte. 50 Auf mich wartet
aber noch etwas ganz Übles. Ich muss einen furchtbaren Tod sterben,
das macht mir echt Angst, bis ich das hinter mich gebracht habe. 51 Falls
ihr gedacht habt, ich würde den Weltfrieden organisieren, dann habt
ihr euch gewaltig getäuscht! Nein, wo ich bin, werden sich Menschen
streiten, 52 ganze Familien werden wegen mir auseinander brechen,
weil drei Mitglieder auf meiner Seite stehen und zwei keinen Bock auf
mich haben oder umgekehrt. 53 Es wird Zoff geben zwischen dem Vater
und dem Sohn, zwischen der Mutter und der Tochter." 54 Jetzt richtete
Jesus noch mal ein paar Worte an die Menschen, die drumrum standen:
„Wenn ihr zum Himmel seht und ein paar dunkle Wolken kommen aus
einer Richtung, dann sagt ihr doch bestimmt: ‚Gleich regnet es!' Das ist
richtig. 55 Wenn aber die Sonne morgens schon runterknallt, sagt ihr:
‚Heute wird es warm!' Und das stimmt auch. 56 Ihr Pseudos! Wie das
Wetter wird, könnt ihr euch leicht ausrechnen, aber wenn ihr seht, was
in der Welt gerade abgeht, dann kapiert ihr gar nichts! 57 Warum peilt ihr
nicht, was jetzt zu tun ist? 58 Wenn du heute einen Gerichtstermin hast
und du triffst auf dem Weg zum Gericht den Typen, der dich angezeigt
hat, dann versuche, das Ding vorher zu regeln, bevor ihr vor dem Rich-
ter landet. Sonst wirst du verurteilt und landest im Knast. 59 Und dann
hängst du da so lange, bist du den letzten Cent bezahlt hast."

13

Mit Gott wieder klarkommen oder sterben
1 In dieser Zeit erzählten ein paar Leute Jesus, dass Pilatus einige Män-
ner hatte abschlachten lassen, während sie gerade dabei waren, ein
Opferritual im Tempel zu machen. So hatte sich ihr Blut mit dem Blut
der Tiere vermischt, die dort geopfert wurden. 2 „Sagt mal, Leute, glaubt
ihr jetzt, dass diese Männer ganz schlimme Sünder waren, schlimmer
als andere Leute? Denkt ihr, das war der Grund für ihren schlimmen
Tod? 3 Nein, Leute, das stimmt schon mal gar nicht! Genau das Gleiche
kann euch auch passieren, wenn ihr nicht mit dem Mist aufhört, den
ihr täglich baut, und nicht anfangt, mit Gott ganze Sache zu machen!
4 Könnt ihr euch an die achtzehn Männer erinnern, die gestorben sind,
als das Hochhaus in Siloah plötzlich eingestürzt ist? Waren die etwa die

schlimmsten Sünder in Jerusalem? 5 Nein, Leute! Ich sag's noch einmal:
Wenn ihr nicht aufhört mit dem Mist und anfangt mit Gott ganze Sache
zu machen, werdet ihr genauso krepieren wie die."

Die zweite Chance

6 Jesus erzählte dann noch mal eine Geschichte: „Ein Typ pflanzte
mitten in seinen Weinberg einen Apfelbaum. Jedes Jahr checkte er, ob
der langsam wachsen würde, und wann man auch mal einen Apfel ern-
ten könnte. Aber es passierte nichts. 7 Schließlich sagte er zu seinem
Gärtner: ‚Drei Jahre hab ich jetzt gewartet, und immer noch wächst da
nichts dran! Hau das Teil einfach um. Der Boden ist zu schade für einen
Baum, der nichts bringt.' 8 Der Gärtner meinte aber: ‚Komm, gib ihm
noch ein Jahr! Ich will mich extrem um ihn kümmern, ihn gut düngen
und die trockenen Äste rausschneiden. 9 Wenn er im nächsten Jahr wie-
der nichts bringt, dann haue ich ihn um.'"

Was ist wichtiger: der Mensch oder die Gesetze?

10 Am religiösen Feiertag, dem Sabbat, gab Jesus in der Synagoge wieder
Unterricht in Sachen Glauben. 11 In der Menge entdeckte er dabei eine
Frau, die durch einen fiesen Geist körperbehindert war. Und zwar hatte
sie einen Buckel auf dem Rücken und konnte nicht grade gehen. 12 Jesus
sah diese Frau, rief sie zu sich und meinte zu ihr: „Hey du! Du bist jetzt
frei von dieser Krankheit!" 13 Er legte seine Hände auf ihren Körper und
sofort verschwand der Buckel. Die Frau war oberglücklich und dankte
Gott für diese Heilung mit allem, was sie hatte! 14 Der Leiter der Syna-
goge fand das aber ziemlich ungeil, dass Jesus ausgerechnet am Sabbat
Leute heilte. Er sagte zu den Leuten, die da waren: „Die Woche hat doch
insgesamt sechs Tage, an denen man arbeiten kann, oder? Also kommt
in der Zeit her, um euch heilen zu lassen, ja? Muss doch nicht ausge-
rechnet am Sabbat sein!" 15 Jesus war sauer: „Ihr alten Pseudos! Was
macht ihr denn, wenn ihr am Sabbat eurem Hund Futter und Wasser
hinstellt? 16 War es nicht viel wichtiger, dass ich diese Frau wieder ge-
sund gemacht habe und von dieser ätzenden Krankheit erlösen konnte,
auch wenn wir gerade Sabbat haben?" 17 Dazu konnten sie echt nichts
mehr sagen, es war jetzt schon zu peinlich für sie. Alle anderen freuten
sich total über die guten Sachen, die Jesus so brachte.

Große Dinge fangen bei Gott immer klein an

18 „Wie kann ich euch klar machen, wie das mit dem neuen Land geht,
in dem Gott das Sagen hat? 19 Das ist wie mit einem kleinen Kirschkern.
Ein Typ spuckte den Kern in seinen Garten und buddelte etwas Erde

da drüber. Dort keimte er dann, schlug Wurzeln und wuchs zu einem
riesengroßen Baum, in dem Vögel Nester bauen können.“ [20] Dann
brachte er einen weiteren Vergleich: „Was für ein Beispiel fällt mir noch
zu dem Thema ein? [21] Dieses neue Land ist wie ein Stück Hefe, das man
braucht, um ’ne Pizza zu machen. Eine Frau nimmt ein Kilo Mehl, ver-
mischt die Hefe mit dem Mehl, tut etwas Wasser dazu und knetet das
ganze Teil durch. Und dann ist der ganze Teig plötzlich voller Hefe und
geht auf.“

Warum es einige packen, zu Gott zu kommen, und andere nicht

[22] Jesus war auf Tour in Richtung Jerusalem. Überall machte er Zwi-
schenstopps in den Dörfern und hielt Unterrichtsstunden in Glaubens-
fragen. [23] Ein Mann wollte etwas von ihm wissen: „Entschuldigen Sie,
ich hab da mal ’ne Frage: Können es nur ganz wenige mit Gott schaffen?
Werden nur ein paar gerettet?“ [24] Jesus’ Antwort war: „Kämpft da drum,
in den Himmel zu kommen, es ist alles andere als easy! Viele werden es
versuchen und es nicht packen. [25] Wenn der Hauseigentümer abends
die Tür abgeschlossen hat, dann ist sie zu und man kommt nicht mehr
rein. Egal, wie viele dann draußen stehen und rumbetteln: ‚Bitte machen
Sie auf!‘ Er wird dann nur antworten können: ‚Wer sind Sie? Ich kenne
Sie nicht!‘ [26] Dann antwortet ihr: ‚Aber wir haben doch zusammen ge-
feiert, gegessen und getrunken, wir waren sogar bei dir im Gottesdienst
und haben dir zugehört!‘ [27] Aber seine Antwort wird sein: ‚Verschwindet!
Ich hab keine Ahnung, wer ihr seid! Mit solchen Typen wie euch will
ich nichts zu tun haben!‘ [28] Wenn ihr dann von draußen so Leute wie
Isaak, Jakob und die ganzen Propheten in Gottes Land seht, werdet
ihr voll gefrustet sein, ihr werdet wütend sein und heulen. [29] Und dann
werden Menschen aus allen Ecken der Erde kommen und mit Gott Party
machen. [30] Macht euch das klar: Die jetzt die Letzten sind, die Unwich-
tigen, die werden dann groß rauskommen! Und die Leute, die jetzt den
dicken Macker markieren, werden ganz hinten anstehen.“

Jerusalem wird es übel ergehen

[31] Ein paar Minuten später kamen ein paar von den Pharisäern vorbei
und warnten ihn. „Verschwinden Sie besser von hier! Herodes plant ein
Attentat und will Sie töten!“ [32] „Ihr könnt dem Schlaumeier Folgendes
ausrichten“, sagte Jesus, „sowohl heute als auch morgen werde ich
weiter das tun, was ich die ganze Zeit gemacht habe: Dämonen aus
Menschen rausschmeißen und Leute heilen, aber wartet noch, nach
drei Tagen wird mein Ding hier zu Ende sein. [33] Ich muss mich jetzt für
die nächsten drei Tage weiter auf den Weg machen. Es nicht angesagt,

dass ein Prophet von Gott irgendwo anders getötet wird als in Jerusa-
lem! 34 Oh Mann, Jerusalem, was ist bloß mit dir los? Bei dir werden
Propheten ermordet, und Menschen, die eine Nachricht von Gott ha-
ben, werden einfach hingerichtet! Schon so oft wollte ich euch alle zu
mir ziehen, ich wollte euch so nahe sein, wie eine Henne ihren Küken
nahe ist, wenn sie unter ihren Flügeln Schutz suchen, aber ihr hattet da
keinen Bock drauf. 35 Passt auf, euer toller Tempel wird bald Schrott sein
und ihr werdet mich nicht mehr sehen, bis ihr es selber kapiert habt
und alle bei euch sagen: ‚Hurra, der da gerade kommt, der wird uns von
Gott geschickt, er soll der Held sein!‘“

14

Und wieder: Heilen am Sabbat, ja oder nein?

1 An einem Sabbat wurde Jesus von einem sehr angesagten Pharisäer
zum Essen eingeladen. Die andern Gäste nahmen Jesus dabei voll unter
die Lupe. 2 Plötzlich stand da ein Typ, dessen Arme und Beine total dick
waren. Er hatte eine Stoffwechselerkrankung, die man Wassersucht
nannte. 3 Jetzt hatte Jesus mal 'ne Frage an die Theologen und an die
Pharisäer: „Wie sieht's aus, meine Herren, ist es gesetzlich verboten,
Menschen am Sabbat zu heilen oder eher nicht?“ 4 Nachdem keiner
eine Antwort gab, berührte Jesus den kranken Mann. Der wurde sofort
gesund! Danach schickte ihn Jesus nach Hause. 5 Jesus sagte zu den
Leuten: „Wer von euch würde am Sabbat denn nicht arbeiten, wenn Not
am Mann ist? Wenn euer Sohn oder nur euer Pferd in eine Baugrube
fällt, dann würdet ihr ihn doch da rausholen, egal, ob heute Sabbat ist
oder nicht?!“ 6 Wieder wusste keiner, was er dazu sagen sollte.

Wer bekommt die besten Plätze auf der Ehrentribüne im Himmel?

7 Irgendwann beobachtete Jesus, wie die anderen Gäste beim Kampf
ums kalte Büfett sich gegenseitig um die besten Plätze stritten. 8 Er
nutzte die Situation als Beispiel und sagte: „Wenn du auf eine Hoch-
zeit eingeladen bist, dann setz dich nicht gleich auf den besten Platz.
Könnte ja passieren, dass du zum Beispiel auf dem Platz vom Brautvater
landest. 9 Und dann würde der Gastgeber ankommen und zu dir sagen:
‚Sorry, der Platz war für den Vater der Braut reserviert!‘ Wie peinlich,
dann musst du vor allen Gästen aufstehen und dich auf den allerletz-
ten Platz setzen, gleich neben den Herrenklos! 10 Mein Tipp: Wenn
du eingeladen bist, such dir einen Platz in der letzten Ecke. Wenn der
Gastgeber dann ankommt und dich da sitzen sieht, wird er sagen: ‚Hal-
lo, mein Freund! Komm doch weiter nach vorne, wir haben bestimmt
noch einen besseren Platz für dich!‘ So stehst du gut vor den anderen

da. 11 Jeder, der darum kämpft, besser zu sein als der andere, der wird
runtergemacht werden. Wer still ist und sich kleiner macht, als er wirk-
lich ist, den wird Gott groß rausbringen.“ 12 Schließlich sagte Jesus zu
seinem Gastgeber: „Wenn du dir was zu essen machst oder eine Party
veranstaltest, egal wann, dann lade nicht unbedingt deine Freunde ein
oder deine Geschwister, irgendwelche Verwandte oder die Millionäre
von nebenan. Was du da bestenfalls als Belohnung erwarten kannst, ist
eine Rückeinladung, weiter nichts. 13 Besser ist es, die Penner von der
Straße, die Kranken und die Behinderten einzuladen, nämlich Leute,
die es nötiger haben als die, denen es sowieso gut geht. 14 Dann hast
du Menschen geholfen, die dir das nicht wirklich zurückgeben können.
Stattdessen wird Gott dir das zurückgeben, er wird dich fett dafür beloh-
nen, wenn du in der anderen Welt nach dem Tod angekommen bist.“

Die letzte große Party bei Gott

15 Einer von den Gästen hörte Jesus die ganze Zeit zu und rief dann laut:
„Wie geil muss das sein, bei dieser Party von Gott auf der Gästeliste zu
stehen!“ 16 Jesus antwortete mit einer Geschichte: „Ein Typ organisierte
eine Riesenparty, echt viele Leute waren eingeladen. 17 Als die Vorberei-
tungen so gut wie abgeschlossen waren, ließ er alle geladenen Gäste
von einem Hausangestellten anrufen: ‚Ihr könnt jetzt kommen! Alles ist
fertig!‘ 18 Einer nach dem anderen sagte aber plötzlich ab. Einer sagte:
‚Ich hab mir gerade einen neuen Computer gekauft, den muss ich noch
einrichten! Tut mir leid!‘ 19 Der Nächste sagte: ‚Ich hab mir gerade ein
neues Auto gekauft, das muss ich heute noch einfahren.‘ 20 Der Dritte
sagte: ‚Ich hab diesen Abend schon lange meiner Freundin versprochen,
sorry, geht echt nicht!‘ 21 Der Angestellte erzählte seinem Chef von den
Gesprächen und den Entschuldigungen. Der wurde voll sauer und sagte
zu ihm: ‚Dann geh los auf die Straßen, zum Hauptbahnhof und unter
die Brücken. Lade alle Penner, Junkies, alle Kranken und Behinderten zu
mir ein und bring sie hierher!‘ 22 Gesagt, getan, und als er wieder da war,
meinte er zum Gastgeber: ‚Ist erledigt. Es sind aber immer noch Plätze
frei!‘ 23 ‚Dann geh los und lade jeden ein, der kommen will, geh auf die
Straßen und in die Clubs, geh in jede Kneipe und lade alle ein, damit die
Bude voll wird! 24 Ich kann euch sagen, Leute: Keiner der Menschen, die
von Anfang an eingeladen waren, wird von den fetten Sachen, die ich
vorbereitet hatte, auch nur einen Nachtisch abkriegen.‘“

Radikal mit Gott leben, das bringt es!

25 Sehr viele Leute waren mit Jesus unterwegs. Irgendwann drehte er
sich mal zu ihnen um und sagte: 26 „Wer mit mir leben will, muss einen

radikalen Schnitt mit seiner Vergangenheit machen. Er muss mich mehr
lieben als seinen Vater und seine Mutter, seine Frau und seine Kinder,
mehr als seine Brüder und seine Schwestern. Er muss mich sogar mehr
lieben als sich selbst. Nur so kann er wirklich zu mir gehören und mein
Schüler sein. 27 Wer nicht bereit ist, die Schwierigkeiten auszuhalten,
die er bekommen wird, und mit mir radikal lebt, der gehört nicht zu mir.
28 Wenn sich jemand ein Haus bauen will, dann rechnet er doch auch erst
mal zusammen, wie viel Kohle er dafür braucht und ob er die überhaupt
zusammenkriegt. 29 Sonst steht zwar das Fundament, aber er kann nicht
zu Ende bauen, weil das Konto leer ist. Die Leute würden ihn auslachen:
30 ‚Ein ganzes Haus wollte er bauen? Jetzt ist gerade mal ein Fundament
draus geworden.' 31 Oder welche Regierung würde einem anderen Staat
den Krieg erklären, wenn die Minister nicht wenigstens vorher beraten
hätten, ob ihre Armee überhaupt dazu in der Lage ist, diesen Krieg zu
gewinnen? Ob sie es mit einem Flugzeugträger schaffen würden, einen
Krieg gegen ein Land mit zwei Flugzeugträgern zu gewinnen? 32 Wenn
die Rechnung nicht aufgeht, dann wird er dem Feind einen Unterhändler
vorbeischicken, um die Friedensbedingungen auszuhandeln. 33 Darum
sag ich euch noch mal: Überlegt euch das gut, ob ihr wirklich bereit seid,
alles für mich aufzugeben und radikal mit mir zu leben. 34 Anderes Bei-
spiel: Salz ist wichtig zum Würzen von Essen, aber wenn es nicht mehr
salzig ist, kannst du es in die Tonne hauen, es bringt's nicht mehr. 35 Salz
ohne Wirkung ist für nichts zu gebrauchen. Noch nicht mal als Dünger
taugt es. Es gibt nur einen Ort, wo es hingehört: Auf den Müll! Jeder, der
mir gut zuhört, soll auch kapieren, was ich sage!"

15

Die Geschichte von der Kindergruppe und dem ausgebüchsten Bengel
1 Oft kamen irgendwelche Geldeintreiber und andere Leute, die überall
total unbeliebt waren, zu Jesus, um ihm zuzuhören. 2 Die Pharisäer und
die Theologen fanden es total uncool, dass er sich mit so einem Pack
überhaupt abgab. 3 Deshalb brachte Jesus mal wieder einen Vergleich:
4 „Stellt euch vor, ihr seid mit einer Kindergruppe unterwegs und auf
dem Rummelplatz büchst euch eins der Kinder aus und geht im Ge-
wühl verloren. Ihr würdet doch sofort dem Rest der Truppe sagen, dass
sie sich nicht vom Fleck rühren sollen, und würdet das verschwundene
Kind suchen! 5 Wenn du es dann endlich heulend neben der Losbude
gefunden hast, wirst du dich tierisch freuen und es auf den Arm neh-
men und wieder zu den anderen bringen. 6 Dann wirst du denen eine
Extraladung Zuckerwatte und gebrannte Mandeln spendieren und
allen Leuten in der Schlange von der Achterbahn erzählen: ‚Hey Leute,

ich habe den kleinen Racker, der mir abgehauen ist, wiedergefunden!‘
7 Genauso steigt eine große Party im Himmel wegen jedem verlorenen
Menschen, der zu Gott zurückfindet – im Gegensatz zu den neunzehn
anderen, die es nicht nötig hatten umzudrehen. 8 Noch ein anderes
Beispiel: Eine Frau hat tausend Euro gespart und in einem Umschlag
irgendwo versteckt. Plötzlich ist das Ding weg. Wird sie da nicht alle
Lampen anmachen und die Schränke durchwühlen, bis sie die tausend
Euro wiedergefunden hat? 9 Und wenn sie die dann wiederfindet, wird
sie nicht vor Freude total abgehen, ihre Freundin anrufen, damit die sich
mitfreuen kann, weil das Geld wieder da ist? 10 Ganz genauso freut man
sich im Himmel, wenn auch nur ein Mensch, der nicht an Gott geglaubt
hat, damit anfängt, sein Vertrauen auf ihn zu setzen.“

Die Geschichte von den zwei Söhnen

11 Jesus erzählte mal wieder eine Geschichte: „Es gab mal einen Mann,
der hatte zwei Söhne. 12 Irgendwann sagte der jüngere Sohn zum Vater:
‚Papa, ich möchte die fünfzig Prozent von deinem Vermögen, die ich
sowieso mal erben werde, jetzt schon ausbezahlt bekommen!‘ Der Vater
war einverstanden und zahlte ihm das Geld aus. 13 Ein paar Tage später
packte der Sohn seine Sachen zusammen und ging auf Weltreise. Er lebte
in Hotels und in Spielcasinos, verzockte sein ganzes Vermögen in Clubs
und auf Partys, bis er pleite war. 14 In der Zeit gab es plötzlich eine große
Wirtschaftskrise im Land, die Lebensmittel wurden unbezahlbar und vie-
le Menschen hatten nichts zu essen. Auch der Sohn hatte Hunger. 15 Im-
merhin bekam er einen Job als Toilettenmann bei McDonalds. 16 Der jun-
ge Mann war so hungrig, dass er am liebsten die Abfälle gegessen hätte,
die die Restaurantbesucher in den Müll warfen, aber noch nicht mal das
durfte er. 17 Schließlich überlegte er hin und her: ‚Zu Hause bei meinem
Vater bekommt jeder Arbeiter ein Mittagessen und ich sterbe hier fast
vor Hunger! 18 Die beste Idee ist es wahrscheinlich, wieder nach Hause
zu gehen. Dann sag ich zu ihm: Papa, ich habe großen Mist gebaut, ich
hab mich von dir und von Gott abgewandt! 19 Ich hab es auch nicht mehr
verdient, zu deiner Familie zu gehören. Aber gib mir bitte irgendeinen
Job in deiner Firma.‘ 20 Also ging er wieder zurück zu seinem Vater. Schon
von weitem sah der Vater seinen Sohn ankommen. Mit Tränen in den
Augen lief er ihm sofort entgegen, umarmte und küsste ihn. 21 Der Sohn
sagte sofort: ‚Papa, ich hab großen Mist gebaut! Ich hab mich falsch ver-
halten dir und Gott gegenüber, ich hab es echt nicht mehr verdient, dein
Sohn genannt zu werden.‘ 22 Sein Vater hörte ihm aber gar nicht richtig
zu, er rief nur schnell ein paar Angestellte zu sich und beauftragte die:
‚Los jetzt, bringt den besten Anzug her, den ich im Schrank hängen habe.

Holt ein paar gute Schuhe und den Familienring. 23 Fahrt das beste Essen
auf, die Sachen, die wir extra für einen besonderen Anlass aufbewahrt
haben! 24 Es gibt einen Grund zum Feiern! Mein Sohn war schon so gut
wie tot, aber jetzt ist er wieder hier und lebt. Ich hatte voll die Sehsucht
und habe jeden Tag auf ihn gewartet, aber jetzt ist erwieder da!‘ 25 In der
Zeit war der ältere Sohn noch bei der Arbeit. Als er nach Hause kam,
hörte er schon von weitem, dass da ’ne Party am Start war. 26 Er fragte
einen der Hausangestellten, was da los sei. 27 ‚Ihr Bruder ist wieder da!
Ihr Vater hat eine große Party organisiert und hat das ganz besonders
große kalte Büfett kommen lassen, das für besondere Anlässe.‘ 28 Aber
der ältere Bruder war total angefressen und blieb sauer draußen stehen.
Schließlich kam der Vater raus und fragte ihn: ‚Warum kommst du nicht
rein, mein Junge?‘ 29 ‚Man, Vater! Wie viele Jahre arbeite ich jetzt schon
für dich? Ich hab immer alles getan, was du wolltest, hab malocht wie
ein Blödmann, als würde ich dafür bezahlt werden. Aber ich durfte die
ganze Zeit nicht einen Grillabend mit meinen Freunden machen, weil du
mir noch nicht mal ein paar Würstchen dafür zur Verfügung gestellt hast.
30 Jetzt kommt dein anderer Sohn, der immerhin dein ganzes Geld mit
Nutten und Partyleben verzockt hat, und du fährst hier die Sachen auf,
die eigentlich nur für ganz besondere Anlässe gekauft wurden.‘ 31 Sein
Vater sah ihn an und meinte nur: ‚Mein Lieber, du bist mir immer sehr
nahe gewesen! Alles, was mir gehört, gehört auch dir!‘ 32 Aber lass uns
heute eine große Party feiern! Dein Bruder war für uns schon gestorben,
aber jetzt lebt er wieder, wir hatten ihn schon aufgegeben, aber er hat
den Weg zurückgefunden.‘“

16

Ungewöhnliche Arten, mit Geld umzugehen

1 Jesus erzählte danach seinen Schülern noch ’ne Geschichte: „Ein
Millionär hatte einen Mann angestellt, der sich nur um die Verwaltung
seines Vermögens kümmern sollte. Irgendwann entdeckte er Belege von
privaten Autokäufen und anderen Sachen. Es war eindeutig: Der Mann
war ein Betrüger! 2 Er orderte ihn ins Büro und stellte ihn zur Rede: ‚Sie
betrügen mich! Ich möchte sofort alle Abrechnungen sehen! Außerdem
sind Sie gefeuert!‘ 3 Der Mann überlegte sich, was er am geschicktes-
ten tun sollte. ‚Ich bin rausgeflogen, aber zu einem Job auf’m Bau bin
ich körperlich nicht in der Lage, und um mich auf die Straße zu stellen
und zu betteln, bin ich zu stolz. 4 Ich hab ’ne Idee, wie ich klarkommen
könnte, wenn ich arbeitslos bin. Dann lassen mich die Leute, die mei-
nem Chef Geld schulden, bei sich wohnen.‘ 5 Dann telefonierte er rum
und sprach mit den Leuten, die dem Millionär noch Geld schuldeten. Zu

dem Ersten sagte er: ‚Wie viel Geld schulden Sie ihm?‘ 6 ‚10 000 Euro!‘
– ‚Okay, dann füllen Sie bitte dieses Formular aus, es sind nur noch
5 000!‘ 7 Dann redete er mit dem Nächsten und fragte den auch: ‚Wie
viel Geld schulden Sie meinem Chef?‘ – ‚1 000 Euro!‘, war die Antwort.
– ‚Okay, machen wir mal 800 draus!‘, sagte der Mann.“ 8 Jesus fand die
Idee echt gut, sich durch wirkliche Hilfe Freunde zu machen. Er meinte,
dass die ungläubigen Leute oft klüger im Umgang mit ihren Mitmen-
schen sind als die gläubigen Menschen, die zu Gott gehören. 9 Er sagte:
„Nutzt eure Kohle für Gott, setzt sie schlau ein. Helft damit anderen
Menschen, das wird sich irgendwann im Himmel auszahlen. 10 Wer mit
wenigen Sachen gut umgehen kann, wird auch mit viel gut klarkommen.
Wenn ihr aber bei eher unwichtigen Sachen schon unkorrekt arbei-
tet, dann wird man euch auch nie etwas Großes anvertrauen können.
11 Wenn ihr mit Geld und den Sachen anderer Leute schon nicht korrekt
umgeht, wer wird euch dann die richtig fetten Sachen aus dem Himmel
anvertrauen? 12 Und wenn ihr mit den Sachen von fremden Leuten nicht
richtig umgeht, wer von euch wird euch da noch sein eigenes Geld zur
Verfügung stellen? 13 Niemand kann gleichzeitig in zwei unterschiedli-
chen Teams gegeneinander spielen. Er wird immer das eine hassen und
das andere lieben. Ihr könnt nicht das tun, was Gott will, und zugleich
auch das, was das Geld von euch verlangt.“ 14 Die Pharisäer, denen
Geld superwichtig war, verarschten Jesus, als sie das hörten. 15 Darum
sagte er zu ihnen: „Wenn alle zugucken, wollt ihr gut aussehen, aber
Gott weiß genau, was in euch vorgeht. Was für Menschen eine große
Sache ist, findet Gott superätzend. 16 Bis Johannes angefangen hat zu
reden, habt ihr nur auf die Gesetze vom Mose gehört und auf das, was
die Propheten gesagt haben. Jetzt wird von Gottes neuer Zeit geredet,
und alle wollen unbedingt dabei sein. 17 Ihr dürft aber eins nicht ver-
gessen: Selbst wenn diese Welt mal explodiert und das Universum ver-
schwindet, die Gesetze von Gott behalten bis ins kleinste Detail immer
ihre Gültigkeit. 18 Wenn jetzt jemand seine Frau rausschmeißt und eine
andere heiratet, der hat Ehebruch begangen. Und das gilt auch für den-
jenigen, der eine geschiedene Frau heiratet.“

Die Geschichte mit dem reichen Mann und dem armen Lazarus

19 „Es gab mal einen schwerreichen Mann, der trug immer nur die teu-
ersten Klamotten von Armani und lebte im totalen Luxus. 20 Direkt vor
seinem Haus wohnte ein Penner, der Lazarus hieß. Lazarus war schwer-
krank, hatte überall offene Geschwüre und so. 21 Lazarus ernährte sich
vom Müll, den er aus der Tonne vom reichen Mann fischte. Um ihn herum
lebten Hunde, die oft ankamen und seine offenen Wunden ableckten,

wenn er schlief. 22 Schließlich starb der Lazarus und wurde von ein paar
Engeln abgeholt, die ihn zu Abraham brachten; an einen Ort, wo alles gut
wird. Auch der reiche Mann starb und wurde beerdigt. 23 Als er dann im
Totenreich ankam und es ihm dort total ätzend ging, sah er ganz weit weg
Lazarus, wie der sich in Abrahams Arme kuschelte. 24 Da brüllte er los:
‚Lieber Vater Abraham, bitte hilf mir! Sag doch dem Lazarus, er soll mir
nur mal einen Spritzer Wasser vorbeibringen, damit ich wenigstens meine
Lippen etwas nass machen kann! Ich leide hier Höllenqualen!' 25 Abra-
ham sagte: ‚Mein Sohn, hast du schon vergessen, wie gut es dir im Leben
ging? Du hattest wirklich alles, was du wolltest, Lazarus hatte aber nichts.
Jetzt ist es umgekehrt, ihm geht es gut und dir schlecht. 26 Außerdem ist
da ein Riesen-Graben zwischen uns. Keiner kann da so mal eben rüber,
selbst wenn er es wollte. Umgekehrt ist es genauso.' 27 ‚Okay, Abraham,
aber dann bitte ich dich inständig, Lazarus zum Haus meiner Eltern zu
schicken. 28 Ich hab fünf Brüder, und ich möchte nicht, dass sie auch hier
landen, an diesem üblen Ort, und sich quälen müssen, wenn sie sterben!'
29 Abraham schüttelte den Kopf: ‚Die sind schon mehr als genug von
Mose und den Propheten gewarnt worden. Wenn sie sich richtig infor-
miert hätten, wüssten sie Bescheid.' 30 Der Reiche fing an zu diskutieren:
‚Aber Abraham, wenn sie jetzt einem Toten begegnen würden, der ihnen
sagt, was Sache ist, dann würden sie bestimmt ihr Leben ändern!' 31 ‚Also,
wenn sie auf Mose und die Propheten nicht gehört haben, dann wird sie
ein Toter auch nicht überzeugen können.'"

17

Vergeben ohne Ende

1 An einem Tag sagte Jesus mal zu seinen Schülern: „Es wird immer Si-
tuationen geben, wo ihr dazu verführt werdet, Sachen zu machen, die
Gott nicht will. Übel wird es nur für die Menschen werden, die aktiv dafür
sorgen, dass ihr verführt werdet. 2 Aber echt jetzt, für solche Leute wäre
es besser, man würde sie mit einem Betonklotz an den Füßen ins Meer
schmeißen, als dass sie Leute verführen, die wie ein Kind an mich glau-
ben. 3 Leute, passt auf! Wenn dein Bruder etwas gegen dich getan und
dich verletzt hat, dann sag ihm das. Und wenn es ihm leid tut, dann ver-
gib ihm das auch. 4 Und wenn er täglich siebenmal link zu dir ist, es ihm
aber jedes Mal am Ende leid tut, dann musst du ihm auch vergeben."

Wenig Vertrauen reicht aus

5 Die Schüler von Jesus hatten mal eine Bitte: „Jesus, kannst du unser
Vertrauen in Gott nicht größer machen?" 6 „Wenn euer Vertrauen nur so
groß wäre wie ein kleiner Same von einer Senfpflanze, dann könntet ihr

jetzt zu diesem Baum da sagen: ‚Du sollst dich jetzt selber rausreißen
und auf den Müllhaufen schmeißen‘, und genau das würde passieren!“

Was normal sein sollte

7 „Wie ist das denn bei euch?“, wollte Jesus wissen. „Wenn ihr eine Putz-
hilfe angestellt habt und die ist mit ihrer Arbeit fertig, ladet ihr sie dann
direkt ein, mit am Abendbrottisch Platz zu nehmen und mit euch zu
essen? 8 Oder sagt ihr: ‚Geh duschen, zieh dich erst mal um und hilf in
der Küche. Wenn ich fertig bin, dann kannst du auch was essen und trin-
ken‘? 9 Kann der Angestellte erwarten, dass man ihm besonders dankbar
ist? Er tut ja schließlich nur seinen Job. 10 Das gilt auch für euch. Wenn
ihr macht, was ich euch sage, sollte euch dabei bewusst sein, dass ihr
euch deswegen keinen Orden verdient habt. Ihr habt nur das getan, was
man von euch erwartet.“

Zehn Leute, die eine unheilbare Krankheit haben, werden geheilt

11 Auf dem Weg nach Jerusalem kam Jesus durch das Grenzgebiet
zwischen Samaria und Galiläa. 12 Als er dort in ein Dorf kam, standen
zehn Menschen rum, die eine sehr ansteckende und unheilbare Krank-
heit hatten: Lepra. 13 Sie brüllten gleich los, als sie Jesus sahen: „Jesus,
großer Meister, bitte helfen Sie uns!“ 14 Er sah sie an und sagte zu
ihnen: „Geht mal zum Priester und lasst euch von dem untersuchen!“
Und auf dem Weg dahin wurden sie alle plötzlich gesund! 15 Aber nur
einer von den zehn kam zurück zu Jesus, um sich bei ihm und bei Gott
zu bedanken. Auf dem Weg rief er immer wieder: „Danke, Gott! Ich
bin gesund!“ 16 Er kniete sich vor Jesus hin und bedankte sich bei ihm.
Dieser Mann kam aus Samarien. 17 Jesus fragte ihn dann: „Sag mal, wo
sind die anderen neun Leute, die ich auch geheilt habe, ihr wart doch
mal zehn? 18 Bist du als Ausländer der Einzige, der zurückgekommen
ist? 19 Jetzt geh! Weil du so ein Vertrauen gehabt hast, bist du gesund
geworden.“

Wann startet das Land, in dem Gott das Sagen hat?

20 Die Pharisäer wollten von Jesus irgendwann mal wissen: „Wann geht
das eigentlich los mit diesem neuen Land, in dem Gott das Sagen hat?“
– „Diese neue Zeit wird nicht so anfangen, dass man jetzt irgendwie wis-
senschaftlich belegen könnte, es wäre so weit“, antwortete Jesus. 21 „Kei-
ner wird ankommen und sagen können: ‚Da drüben ist es gerade los-
gegangen.‘ Ihr sollt ruhig wissen, dass sie im Grunde schon angefangen
hat. Dieses Land ist bereits da.“ 22 Später ergänzte Jesus das noch mal,
als er zu seinen Schülern redete: „Leute, es wird mal eine Zeit geben, da

würden meine Freunde alles dafür tun, um nur noch einmal einen Tag zu
erleben, wo der Menschensohn* leibhaftig bei ihnen wäre, aber das geht
dann nicht mehr. 23 Es wird in den Nachrichten gemeldet werden, dass
er jetzt wieder da wäre oder dass er an einem bestimmten Ort wohnen
würde. Wenn so was gesagt wird, glaubt es nicht. Ihr braucht dann auch
nicht nach ihm zu suchen. 24 Denn wenn er wiederkommt, wird das mit
einem Riesenknall passieren, alle werden es mitkriegen. 25 Vorher muss
er aber noch etwas ganz Schlimmes durchmachen, er muss ertragen,
dass wirklich alle plötzlich keinen Bock mehr auf ihn haben. 26 Wenn das
passieren wird, herrschen Zustände in der Welt wie damals bei Noah.
27 In der Zeit waren auch alle Menschen nur damit beschäftigt, Partys zu
feiern und den Partner fürs Leben zu finden. Bis Noah sein Schiff fertig
hatte, einstieg und die Flut kam – und die ganze Welt ist ersoffen. 28 Man
könnte diese Zeit auch mit der von Lot vergleichen. Damals hatte jeder
normal zu essen und zu trinken, jeder konnte Handel betreiben, auch
die Bauern hatten genug zu tun. 29 Bis zu dem Tag, an dem Lot die Stadt
Sodom verlassen hatte. Da ging es dann plötzlich ab, Schwefelwolken und
Lavaströme kamen vom Himmel, die ganze Stadt wurde dem Erdboden
gleichgemacht. 30 Genauso wird das abgehen, wenn der Menschensohn*
wiederkommt. 31 Wer zu dem Zeitpunkt gerade unterwegs ist, sollte nicht
kurz nach Hause gehen, um seine Sachen zu packen. Und wer gerade auf
der Arbeit ist, sollte auch nicht erst nach Hause fahren. 32 Bitte vergesst
nicht, was damals mit der Frau von Lot passiert ist, als sie noch mal zu-
rücksehen wollte! 33 Wer mit aller Kraft um sein Leben kämpft, der wird es
verlieren. Aber wer sein Leben für Gott verliert, genau der wird ein neues
Leben bekommen, ein Leben, das nie aufhört. 34 Eine Sache sollt ihr wis-
sen: Wenn in dieser Nacht zwei Leute in einem Bett übernachten, kann
es sein, dass der eine bei Gott landet und der andere alleine zurückbleibt.
35/36 Wenn zwei Frauen zusammen am Fließband stehen, ist die eine plötz-
lich weg und die andere bleibt da." 37 „Meister, wo wird das passieren?",
wollten seine Schüler wissen. „Wenn schwarze Wolken aufziehen, weiß
man, dass es regnen wird. Und wenn ich wiederkomme, werdet ihr wis-
sen, dass ich es bin."

18

Bei Gott auch mal rumnerven

1 Jesus benutzte irgendwann mal wieder einen Vergleich, um klar zu
machen, dass man beim Beten auch mal rumnerven sollte und so
lange durchbeten, bis Gott handelt. 2 „In einer Stadt lebte ein Typ, der

---

* Siehe Erklärung in Matthäus 8, Vers 20.

am Gerichtshof den Job eines Richters hatte. Er war bekannt als harter
Hund, dem total egal war, was Gott und die Menschen über ihn dach-
ten. 3 Eine alleinstehende Frau, deren Mann vor einiger Zeit gestorben
war, erhob Anklage gegen jemanden, der sie betrogen hatte. Dafür
kam sie immer wieder persönlich in das Büro des Richters, um ihm zu
sagen: ‚Bitte helfen Sie mir, zu meinem Recht zu kommen!' 4 Der Rich-
ter schob den Fall immer wieder beiseite. Weil die Frau aber jeden Tag
auf der Matte stand und rumnervte, sagte er sich schließlich: ‚Also
Gott und die Menschen sind mir eigentlich total egal, 5 aber diese Alte
raubt mir echt den letzten Nerv! Ich werde ihren Fall vorziehen und
schnell über die Bühne bringen, damit sie mich endlich in Ruhe lässt!'
6 Kapiert ihr, was ich damit sagen will?", fragte Jesus. 7 „Wenn selbst
so ein ätzender Richter bereit ist, so jemandem Recht zu verschaffen,
dann wird Gott doch erst recht sofort zur Stelle sein, wenn seine aus-
erwählten Leute ihn Tag und Nacht um etwas bitten. 8 Ich garantiere
euch, er wird sofort ankommen und für Recht sorgen! Die Frage ist für
mich also nicht so sehr, ob Gott handelt, sondern vielmehr, wie viele
Leute noch da sein werden, die dem Menschensohn* auf diese Art und
Weise vertrauen, wenn er dann irgendwann auf die Erde zurückkom-
men wird.

Noch ein Vergleich zum Thema Beten

9 Jesus erzählte mal wieder eine Geschichte. Er wollte diesmal einen Text
in Richtung der Menschen ablassen, die sich für die Coolsten überhaupt
hielten und auf alle anderen runtersahen. 10 „Also, da waren mal zwei
Leute, die im Tempel 'ne Runde beten wollten. Der eine gehörte zu den
Pharisäern, der andere war ein Geldeintreiber, der für die Besatzungs-
macht die Steuern einzog. 11 Der Pharisäer fing an zu beten und sagte zu
Gott: ‚Oh, danke, mein Gott, dass ich nicht so bin wie die anderen hier!
Ich habe niemanden bestohlen, ich bin sehr gläubig, ich habe meine
Ehefrau nie betrogen, wie gut, dass ich nicht so bin wie dieser Geldein-
treiber! 12 Ich faste ja auch zweimal die Woche und gebe immer die vor-
geschriebenen zehn Prozent meines Einkommens!' 13 Der Geldeintreiber
blieb total schüchtern am Eingang stehen. Er traute sich noch nicht mal,
nach oben zu sehen, als er anfing zu beten. ‚Gott, tut mir total Leid,
dass ich so viel Mist gebaut habe! Bitte verzeih mir.' 14 Ich schwör euch,
dieser Mann wird sauber und ohne irgendwelche Schulden bei Gott
zu haben wieder nach Hause gehen können. Der Pharisäer aber nicht.
Denn solche arroganten Menschen, die sich selber in den Himmel lo-

* Siehe Erklärung in Matthäus 8, Vers 20.

ben, werden ganz unten sein; die aber nichts von sich halten, werden
am Ende groß rauskommen.

Jesus liebt Kinder

15 Einmal brachten ein paar Eltern ihre Kinder zu Jesus. Sie wollten, dass
er für die Kleinen betet. Die Schüler von Jesus fanden das aber nicht so
toll, weil sie meinten, Jesus hätte mal Feierabend verdient, und schick-
ten sie einfach wieder weg. 16 Jesus wollte die Kinder aber bei sich haben
und sagte zu ihnen: „Jungs, lasst die Kinder doch mal durch! Schickt sie
nicht weg! Denn so wie sie muss man drauf sein, um in Gottes neuem
Land dabei zu sein. 17 Habt ihr das immer noch nicht kapiert? Wenn je-
mand nicht so draufkommt wie ein Kind und Gott auf diese Art vertraut,
der wird nie in Gottes Land ankommen können."

Zu viel Geld kann Gott im Weg stehen

18 Einmal fragte ein sehr angesagter und reicher Mann Jesus: „Guter
Lehrer, können Sie mir sagen, was ich noch tun muss, um in den
Himmel zu kommen und ewig zu leben?" 19 „Wie kommst du da-
rauf, dass ich gut bin? Es gibt nur einen, der gut ist, und das ist Gott.
20 Aber zu deiner Frage: Du kennst doch die Gesetze von Gott, oder?
‚Du darfst nicht die Ehe brechen, du darfst niemanden töten, du sollst
nicht jemandem was klauen, nicht über andere ablästern, du darfst
nicht rumlügen.'" 21 „Hmm, das hab ich alles befolgt, seit ich ein Kind
bin." 22 „Da gibt es noch eine Sache, die du tun kannst", sagte Jesus
zu ihm. „Verkaufe deine ganzen Sachen, gib die Kohle den Leuten, die
sie dringend brauchen, dann wirst du ein fettes Konto im Himmel da-
für bekommen. Und dann geh mit mir und mach, was ich auch tue."
23 Der Typ wurde voll traurig über die Antwort, weil er sehr viel Geld
hatte. 24 Als er wieder wegging, sah ihm Jesus hinterher und meinte zu
den anderen: „Mann, Leute mit viel Geld haben es echt schwer, in das
neue Land Gottes zu kommen! 25 Wahrscheinlich ist es einfacher, einen
Strick durch ein Türschloss zu kriegen, als dass jemand in den Himmel
kommt, der an seinem Geld total hängt." 26 „Aber wenn es so schwer
ist, dort hinzukommen, wer kann es dann überhaupt packen?", fragten
die Leute, die das gehört hatten. 27 „Was aus dem Blickwinkel eines
Menschen unmöglich ist, ist für Gott ein Kinderspiel!" 28 Petrus wollte
von Jesus wissen: „Wir sind doch aber radikal, oder? Wir haben alles
hinter uns gelassen und sind mit dir gegangen!" 29 „Ja, Petrus, und ich
mach jetzt noch mal 'ne Ansage: Wer sein Zuhause verlassen hat, wer
sogar den Ehepartner, die Geschwister oder die Eltern aufgegeben hat,
weil Gottes Sache wichtiger war, 30 der wird schon jetzt im Leben hier

auf der Erde viel mehr zurückbekommen. Und nach dem Leben wird er
in der Welt, die dann kommt, auch noch mal richtig absahnen, er wird
ewig leben dürfen."

Jesus erzählt seinen Schülern von den Schmerzen, die er ertragen muss

31 Jesus traf sich mit seinen zwölf Schülern und erklärte ihnen etwas:
„Wie ihr wisst, werden wir bald nach Jerusalem gehen. Dort wird das
passieren, was die Propheten über den Menschensohn* schon vor
langer Zeit gesagt hatten. 32 Er wird an die römische Besatzungsmacht
ausgeliefert werden. Man wird ihn nicht ernst nehmen, fertig machen,
schlagen, anspucken und so. 33 Sie werden ihn foltern und töten. Aber
nach drei Tagen kommt sein großes Comeback." 34 Seine Schüler ver-
standen aber kein Wort von dem, was er sagte. Sie kapierten einfach
nicht, was er ihnen damit sagen wollte.

Ein blinder Mann kann wieder sehen

35 Auf dem Weg nach Jericho trafen Jesus und seine Schüler einen
blinden Mann auf der Straße. 36 Der Typ hörte, dass sehr viele Leute
bei ihm vorbeizogen, darum fragte er mal nach, was da gerade abging.
37 Die Leute sagten: „Jesus, aus Nazareth kommt hier vorbei!" 38 Da
fing er sofort wie blöd an zu schreien: „Jesus, aus der Familie vom
David, bitte hilf mir!" 39 Die Leute, die um ihn rumstanden, machten
ihn an: „Halt's Maul!" Er brüllte aber immer lauter: „Jesus, aus der
Familie vom David, bitte hilf mir!" 40 Jesus blieb stehen und fragte
jemanden, ob der ihm den Mann mal herbringen könnte. 41 „Was willst
du denn von mir?", fragte Jesus lächelnd. „Mein Herr, ich möchte so
gerne sehen können!" 42 „Ist in Ordnung, ab jetzt kannst du wieder
sehen. Dein Vertrauen in mich hat dafür gesorgt, dass das passieren
konnte!" 43 Und sofort konnte der Typ wieder sehen! Er zog dann mit
Jesus und dankte die ganze Zeit Gott für seine Heilung. Alle, die dabei
waren und das mitgekriegt hatten, sangen auch Lieder zu Gott und
bedankten sich bei ihm.

19

Die Geschichte vom Zachäus

1 Jesus kam auf seiner Reise auch durch die Stadt Jericho. 2 Da wohnte
ein Typ, der Zachäus hieß. Er war einer von den obersten Steuerein-
treibern und hatte durch seinen Job sehr viel Kohle verdient. 3 Zachäus
war ziemlich klein. Er wollte Jesus unbedingt auch mal sehen, aber es
standen immer irgendwelche Leute davor, die ihm die Sicht versperrten.
4 Darum suchte er sich einen Baum, auf den er raufklettern könnte, um

von da eine bessere Sicht zu haben. Der sollte natürlich auf dem Weg
liegen, wo Jesus noch vorbeigehen würde. 5 Als Jesus an dem Baum
vorbeikam, sah er ihn da oben sitzen. Er rief ihm zu: „Hey Zachäus,
jetzt komm mal runter da! Ich würde mich heute gern bei dir zum Essen
einladen!“ 6 Zachäus kletterte, was das Zeug hielt, eilig von dem Baum
runter und ging total aufgeregt mit Jesus zu sich nach Hause. 7 Die
Leute, die das mitbekommen hatten, waren schon wieder am Lästern.
„Er will bei so einem Dreckskerl zu Gast sein, obwohl der offensichtlich
nicht so lebt, wie Gott das will!“, blökten sie rum. 8 Zachäus stellte sich
vor Jesus hin und meinte zu ihm: „Jesus, ich werde sofort die Hälfte von
meinem Barvermögen an Obdachlose und Sozialhilfeempfänger ver-
teilen. Und wenn ich jemanden in Steuerangelegenheiten betrogen hab,
dann geb ich es ihm in der vierfachen Höhe wieder!“ 9 Jesus lächelte ihn
an: „Heute ist der wichtigste Tag für dich und für deine Familie! Weißt
du, warum? Weil Gott dich heute mit in seine Familie aufgenommen
hat! Du bist einer von den Söhnen vom Abraham, die verloren waren.
10 Das genau ist meine Aufgabe. Der Menschensohn* ist gekommen, um
die Menschen wieder zurück zu Gott zu holen, die aufgegeben wurden
oder die sich verirrt haben.“

Begabungen und wie man sie einsetzt

11 Jesus hatte mitbekommen, dass jetzt viele mit irgendwelchen deut-
lichen Wundern und Zeichen rechneten, bevor sie in Jerusalem waren.
Die sollten ja anzeigen, dass Gottes neue Zeit sofort anfangen würde.
Deswegen hängte er gleich noch einen Vergleich hintendran. 12 „Also,
ein echt reicher Manager von einem gut laufenden Betrieb sollte ein-
mal aus beruflichen Gründen in ein anderes Land reisen. Dort sollte
er der Chef über einen ganzen Konzern werden. Später wollte er dann
aber wieder zurückkommen. 13 Bevor er abhaute, organisierte er noch
schnell ein Meeting mit zehn von seinen Angestellten. Er gab jedem
fünftausend Euro und sagte: ‚Nehmt das Geld und macht was draus
in der Zeit, wo ich weg bin! Ich komme auf jeden Fall wieder!‘ 14 Viele
Angestellte des neuen Konzerns waren aber total unzufrieden mit ihm.
Sie organisierten eine Anti-Demo, um ihn loszuwerden. „Wir wollen
diesen Mann hier nicht haben!“ 15 Trotzdem übernahm er den Konzern.
Als er dann irgendwann wieder zurückkam, organisierte er ein Meeting
in seiner alten Firma. Er fragte seine Leute, was sie denn mit der Kohle
angestellt hätten. 16 Der Erste, den er zu sich bestellte, erzählte: ‚Chef,
ich hab jetzt 50000 Euro auf der Tasche!‘ 17 ‚Super!‘, meinte der Typ.

* Siehe Erklärung in Matthäus 8, Vers 20.

‚Man kann Ihnen anscheinend was anvertrauen. Sie haben aus wenig
viel gemacht, ich werde Sie dafür reichlich belohnen. Sie können jetzt
den obersten Posten über zehn Abteilungen haben!‘ [18] Der zweite Typ
kam dann an und sagte: ‚Chef, ich habe 25 000 Euro draus gemacht!‘
[19] ‚Supergut!‘, meinte der Meister. ‚Sie können ab sofort die Geschäfte
von zehn Firmen übernehmen, die ich noch im Ausland habe!‘ [20] Dann
kam zum Schluss noch ein dritter Mann an. Der gab ihm genau den Be-
trag zurück, den er auch bekommen hatte: ‚Ich hab das Geld in meinem
Sparstrumpf versteckt, da war es sicher. [21] Weil Sie so streng sind, hatte
ich einfach Angst, ich könnte was verlieren. Sie nehmen sich ja sowieso
alles und kassieren, wo Sie nicht einmal investiert haben.‘ [22] ‚Was für
ein unqualifizierter Angestellter sind Sie denn!‘, brüllte der Meister los.
‚Wenn Sie mich wirklich kennen würden, dann wüssten Sie, dass ich
wirklich streng bin. [23] Sie hätten das Geld ja wenigstens aufs Sparbuch
einzahlen können. Dann wären immerhin noch ein paar Zinsen dazu-
gekommen.‘ [24] Der Chef sagte zu seinen Leuten: ‚Nehmt ihm das Geld
sofort ab! Die 5 000 Euro gebt dem Mann, der 50 000 daraus gemacht
hat.‘ [25] ‚Aber warum denn ausgerechnet an den? Der hat doch schon
mehr als genug?‘, wollten die anderen wissen. [26] ‚Das ist richtig, aber die
Leute, die ihre Sachen optimal einsetzen, die bekommen noch mehr als
das. Die aber ihre Sachen nicht gut nutzen, denen wird das wenige, was
sie haben, auch noch weggenommen. [27] Jetzt kommen wir noch zu den
Leuten, die gegen mich den Aufstand geprobt haben, die nicht wollten,
dass ich der Chef werde: Bringt sie her, sie sollen alle hochkant gefeuert
werden.‘“

Großer Bahnhof in Jerusalem

[28] Gleich nachdem Jesus diese Geschichte erzählt hatte, ging er vor sei-
nen Schülern los in Richtung Jerusalem. [29] In der Nähe der Dörfer Bet-
fage und Betanien gleich beim Ölberg um die Ecke schickte er zwei von
seinen Leuten schon mal vor. [30] „Gleich hinterm Ortseingang werdet ihr
einen recht jungen Esel sehen, auf dem ist bisher noch niemand ge-
ritten. Den bringt mal her. [31] Falls jemand nachfragt, dann sagt einfach:
‚Ist für den Meister, der braucht den!‘“ [32] Die Schüler fanden alles genau
so, wie Jesus gesagt hatte. [33] Als sie ihn losgebunden hatten, kam der
Besitzer vorbei und sagte: „Hey, was macht ihr da mit meinem Esel?“
[34] „Der ist für den Meister, der braucht den!“, sagten sie. [35] Dann brach-
ten sie den Esel zu Jesus. Einige legten ihm ein paar Decken über den
Rücken, damit Jesus besser draufsitzen konnte. [36] Die Zuschauer am
Weg feierten Jesus wie einen Star, sie legten sogar ihre Kleidung vor ihm
auf den Weg. [37] Als der Zug in der Höhe vom Ölberg angekommen war

und Jerusalem vor ihm lag, feierten die Leute Jesus wie einen Helden.
Sie sangen fröhliche Lieder und freuten sich über die krassen Wunder,
die sie mit Jesus erlebt hatten. 38 Sie riefen durcheinander: „Da kommt
der Superstar! Unser Präsident! Gott hat ihn vorbeigeschickt! Gott will
Frieden! Gott ist der Größte!“ 39 Ein paar der Pharisäer fanden das gar
nicht so toll. „Sag den Leuten, sie sollen sofort damit aufhören!“, mein-
ten sie zu ihm. 40 Aber Jesus antwortete: „Wenn es die Leute nicht rufen
würden, dann würden es die Steine tun.“

Jesus weint wegen Jerusalem

41 Als Jesus den Panoramablick von Jerusalem vor sich sah, fing er plötz-
lich an zu weinen. 42 „Mann, Jerusalem, das Glück war dir so nahe, der
Frieden lag um die Ecke, aber jetzt ist es zu spät, du wirst nie Frieden
finden. 43 Es wird eine Zeit geben, da wirst du von Feinden umzingelt
werden, sie werden dich einmauern und von allen Seiten belagern. 44 Sie
werden dich und alle deine Einwohner plattmachen, nichts wird mehr
übrig bleiben, nur weil du deine Chance nicht erkannt hast.“

Jesus räumt im Tempel auf

45 Als Jesus dann später den Tempel in Jerusalem betrat, ging der Punk
ab. Er pogte überall rum, warf die Verkaufsstände um und schmiss die
Verkäufer im hohen Bogen raus. 46 Er brüllte sie an: „In meinem Haus
sollte gebetet werden, aber ihr habt daraus einen Konsumtempel ge-
macht!“ 47 Jeden Tag hielt er dort Unterrichtsstunden. Den Theologen,
den obersten Priestern und der Leitungsebene des Volkes passte das
überhaupt nicht in den Kram. Sie versuchten die nächstbeste Gelegen-
heit zu finden, um ihn töten zu lassen. 48 Aber da gab es noch keine
Chance. Die Menschen hingen an seinen Lippen und hörten auf das,
was er sagte.

20

Wer hat Jesus so eine große Vollmacht ausgestellt?

1 Jesus war mal wieder im Tempel, um da von den guten Sachen über
Gott zu erzählen. Die Oberpriester, die Theologen und die Leitungs-
ebene der Israelis kamen an, um mal wieder eine Frage loszuwerden:
2 „Wer hat Ihnen eigentlich diese Vollmacht dafür ausgestellt, dass Sie
die Verkäufer so mal eben aus dem Tempel rausschmeißen dürfen, wer
hat Ihnen das erlaubt?“ 3 „Ich stell mal eine Gegenfrage, ja?“, sagte Jesus
stattdessen. 4 „Wie war das mit der Taufe, die Johannes gemacht hat?
Hat er das getan, weil er da gerade Lust drauf hatte, oder war das Gottes
Ding?“ 5 Jetzt wurde erst mal beraten, was sie antworten sollten. „Wenn

wir sagen, es war Gottes Ding, dann wird er uns fragen, warum wir nicht
auf Johannes gehört haben. 6 Wenn wir aber sagen, er hat das getan,
weil er da gerade Lust zu hatte, dass es nur eine menschliche Idee war,
dann kriegen wir richtig Ärger mit der Bevölkerung. Die werden uns dann
bestimmt lynchen, denn alle glauben, dass Johannes ein Prophet war."
7 „Also, keine Ahnung, das wissen wir nicht", war dann ihre Antwort.
8 „Okay, dann brauch ich ja auf die Frage auch keine Antwort zu geben."

Der Vergleich mit einem Typ, dem ein Weinberg gehört

9 Jesus erzählte den Leuten wieder eine Geschichte: „Ein Mann bepflanz-
te einen Berg mit Weinstöcken. Dann verpachtete er das Teil an ein paar
Weinbauern und ging für längere Zeit ins Ausland. 10 Als Erntezeit ange-
sagt war, schickte der Typ einen seiner Angestellten zu den Weinbauern,
um den abgesprochenen Erlös abzukassieren. Als der Angestellte ankam,
prügelten die Bauern ihn aber grün und blau und schickten ihn ohne
Geld nach Hause. 11 Der Typ schickte noch mal jemanden los, aber der
wurde genauso behandelt wie der erste. Sie verprügelten ihn und lachten
ihn aus, dann wurde er wieder weggeschickt. 12 Zum dritten Mal schickte
er einen Angestellten von ihm los, aber es passierte wieder das Gleiche,
er wurde verprügelt und rausgeschmissen. 13 ‚Was nun?', fragte sich der
Besitzer. Schließlich kam er auf die Idee: ‚Ich werde meinen einzigen
Sohn, den ich über alles liebe, damit beauftragen. Wenn sie den sehen,
werden sie bestimmt vor ihm Respekt haben!' 14 Als die Weinbauern mit-
kriegten, dass der Sohn gleich kommen würde, heckten sie einen Plan
aus: ‚Da kommt der Junge, der mal alles erben wird. Wenn wir den töten,
gehört der Weinberg uns!' 15 Und als der da war, jagten sie ihn vom Wein-
berg und töteten ihn. Was meint ihr, wie wird der Besitzer jetzt reagieren?
16 Ich schwör euch, er wird hier alles plattmachen und den Weinberg an
jemand anders verpachten!" – „Oh nein", riefen die Leute panisch, „das
darf auf keinen Fall passieren!" 17 „Was meint ihr denn, was mit dieser
Bemerkung in den alten Schriften gemeint ist, wo steht: ‚Der Stein, mit
dem die Bauarbeiter nichts anfangen konnten und den sie auf den Müll
geschmissen haben, der ist als Grundstein und Maßstab für ein neues
Haus genutzt worden'?" 18 Und dann sagte Jesus abschließend: „Wer
über diesen Stein stolpert, wird in den Tod stürzen, und wer von ihm ge-
troffen wird, der wird plattgemacht und muss sterben!"

Gott geben, was ihm gehört

19 Nachdem Jesus diesen Vergleich erzählt hatte, waren die Oberpriester
und die Theologen total abgefressen auf Jesus, am liebsten hätten sie
ihn sofort verhaften lassen. Ihnen war klar, dass mit den Bauern in der

Geschichte sie gemeint waren. Sie hatten aber Angst vor der Reaktion
der Bevölkerung auf eine Festnahme. 20 Sie suchten die nächstbeste Ge-
legenheit, um Jesus in eine Falle zu locken. Unter anderem organisierten
sie ein paar Leute, die sich einfach dazustellten, wenn Jesus am Reden
war. Es ging darum, Informationen zu sammeln, die gebraucht wurden,
um eine Anklage gegen ihn bei der Besatzungsmacht zu rechtfertigen.
21 Diese Leute kamen dann bei Jesus an und fragten ihn: „Meister, wir
wissen, dass die Sachen, die Sie erzählen, gut durchdacht und richtig
sind. Ihnen ist egal, was die Leute hören wollen, Sie erzählen gerade-
heraus die Dinge über das Leben mit Gott. Alles, was Sie sagen, stimmt.
22 Jetzt haben wir noch eine Frage bezüglich der Steuer: Will Gott, dass
wir an diesen gottlosen römischen Staat Steuern bezahlen, oder will er
das nicht?" 23 Jesus merkte sofort, dass er aufs Glatteis geführt werden
sollte. 24 „Zeigen Sie mir doch mal eine Münze! Was für ein Typ ist da
drauf abgebildet und wessen Name steht darunter?" – „Na, der vom
römischen Kaiser", war die Antwort. 25 „Also, dann gebt dem Kaiser, was
ihm gehört. Und vergesst auch nicht, Gott das zu geben, was ihm ge-
hört!" 26 Damit war alles gesagt. Sie schafften es nicht, Jesus vor allen
auszutricksen. Die waren echt baff und sagten erst mal nichts mehr.

Zum Thema, was nach dem Tod passiert

27 Jetzt kamen ein paar Jungs von der Sadduzäer-Partei an, die nicht
daran glauben, dass man nach dem Tod bei Gott lebt. 28 Die hatten auch
eine Frage an ihn: „Meister, Mose hatte uns mal diese Ansage gemacht:
Wenn ein Ehemann stirbt und eine Frau ohne Kinder hinterlässt, dann
soll sein Bruder die Frau heiraten. Auf diese Art hat er dann indirekt
auch Kinder, denen er etwas vererben kann. 29 Nehmen wir mal an, da
ist einer, der noch jüngere sechs Brüder hat. Und der stirbt, ohne ein
Kind in die Welt gesetzt zu haben. 30 Sein Bruder heiratet nun die Frau,
aber er stirbt auch plötzlich. 31 Das Gleiche passiert jetzt genauso mit
den anderen Brüdern, bis alle sieben die Frau geheiratet haben und
gestorben sind, ohne ihr ein Kind zu machen. 32 Am Ende stirbt dann
auch die Frau. 33 Jetzt kommt unsere Frage: Mit wem wird sie dann in
der Welt nach dem Tod verheiratet sein, wenn wir alle wieder lebendig
werden? Sie war ja immerhin mit sieben Männern verheiratet?" 34 „Hier
auf der Erde heiraten Leute und werden verheiratet, das ist normal",
antwortete Jesus. 35 „Aber in der Welt, die in der Zukunft mal an den
Start kommt, wird das ganz anders sein. Die Leute, die es packen und
die für Gott okay sind, die werden in dieser Welt leben. Und dort wird
nicht mehr geheiratet, 36 weil man auch nicht mehr sterben kann. Man
wird dort so einen Engelsstatus haben, man wird zu Gottes Familie ge-

hören, die in ein neues Leben durchstarten kann. 37 Die Frage, ob es
generell möglich ist, vom Tod wieder lebendig zu werden, hat Mose ja
schon beantwortet, als er diese Erscheinung in der brennenden Dornen-
hecke gehabt hat. Da hat er ja Gott als den Meister von Abraham, Isaak
und Jakob bezeichnet. 38 Weil Gott nur für lebendige Menschen da ist
und nicht für Tote, müssen seine Vorfahren für ihn zu diesem Zeitpunkt
lebendig gewesen sein.“ 39 „Gut gesprochen!“, meinten die Theologen
zu ihm. 40 Jetzt hatte erst mal keiner mehr irgendeine Frage an ihn ...

Wer ist der Auserwählte, wer ist der Christus?

41 Jesus stellte seinen Zuhörern eine Frage: „Wie kommt ihr eigentlich
darauf, dass der Auserwählte aus der Familie vom David kommen soll?
42 David hat doch selbst in den Psalmen geschrieben: ‚Der Meister
sagte zu meinem Meister: Setz dich auf die Ehrentribüne, direkt neben
mich. 43 Ich werde deine Feinde demütigen, bis sie dir die Füße küssen.‘
44 Wenn David aber Meister zu ihm sagt, wie kann er dann gleichzeitig
sein Sohn sein?“ 45 Dann sagte er zu seinen Schülern, sodass alle mit-
hören konnten: 46 „Checkt genau ab, was die Theologen euch erzählen
wollen! Sie finden sich ganz toll, wie sie in ihren schicken Dienstklamot-
ten umherlaufen, und lassen sich gerne von den Leuten auf der Straße
grüßen. Sie wollen im Gottesdienst immer in der ersten Reihe sitzen
und bei Feiern immer den Platz gleich neben dem Gastgeber haben.
47 Hintenrum linken sie die Frauen, deren Männer gestorben sind, und
zocken deren Häuser für sich ab. Nach außen veranstalten sie dabei vor
allen Leuten ein großes Showbeten. Sie werden dafür einmal hart von
Gott bestraft werden.“

21

Eine arme Witwe gibt viel Geld

1 Jesus saß mit seinen Schülern im Tempel. Er beobachtete die Besu-
cher, die Geld in den Opferkasten reinlegten. 2 Schließlich kam eine sehr
arme Frau, deren Mann gestorben war, und warf zwei Euro in den Op-
ferkasten rein. 3 Jesus kommentierte das: „Ich sag jetzt mal, diese Witwe
hat mehr gegeben als alle anderen. 4 Die anderen haben im Verhältnis
nur ein wenig von dem gegeben, was sie tatsächlich an Geld haben. Sie
hat aber alles gegeben, was sie hatte.“

Was passieren wird, wenn es mit der Welt zu Ende ist

5 Einige von seinen Schülern schwärmten von der Architektur des Tem-
pels, den schönen Steinen und den teuren Gemälden, mit denen er
ausgestattet war. Jesus meinte dazu nur: 6 „Seht euch das noch mal gut

an. Denn es wird mal eine Zeit kommen, da wird hier alles plattgemacht
werden, nichts bleibt, wie es ist." 7 „Wann geht das los? Gibt es irgend-
eine Ankündigung davor?", fragten die Jungs. 8 „Passt nur auf, dass ihr
nicht ausgetrickst werdet! Es werden viele Pseudoerlöser ankommen,
die so tun, als wären sie ich! Die werden rumgehen und erzählen: ‚Jetzt
geht es los!' Hört nicht auf sie! 9 Wenn plötzlich in den Nachrichten
überall von Kriegen und Aufständen geredet wird, dann bekommt keine
Panik. Das muss alles so sein und wird auch noch nicht das Ende be-
deuten. 10 Auf der ganzen Welt werden sich die Länder gegenseitig den
Krieg erklären, eine Regierung wird der anderen drohen. 11 Dann wird
es überall schlimme Erdbeben geben, Hungerepidemien und Seuchen
werden in der Welt ausbrechen. Im Weltall werden unerklärliche Dinge
abgehen, und alle werden Angst davor haben. 12 Bevor das alles passiert,
wird eine üble Zeit kommen, in der alle, die an mich glauben, große
Probleme bekommen werden. Weil ihr zu mir gehört, wird man euch vor
die religiösen und politischen Machthaber zerren und euch den Prozess
machen. 13 Das wird eine gute Gelegenheit sein, euch auf meine Seite
zu stellen und allen Menschen von mir zu erzählen. 14 Entscheidet euch
jetzt schon dafür, nicht großartig an eurer Verteidigung vor Gericht zu
basteln. 15 Ich werde ganz nah bei euch sein und euch dabei helfen, die
richtigen Sachen zum richtigen Zeitpunkt zu sagen. Keiner eurer Gegner
wird euch widersprechen können. 16 Ihr werdet dann sogar von euren
Eltern verraten werden. Auch vor euren Geschwistern oder anderen
Verwandten, ja noch nicht mal vor euren Freunden seid ihr sicher. Sie
werden euch verfolgen und töten. 17 Alle werden überhaupt keinen Bock
mehr auf euch haben, und das alles nur, weil ihr zu mir gehört. 18 Aber
Gott passt auf euch auf. Kein Haar wird man euch ausreißen, wenn er es
nicht zulässt. 19 Werdet nicht weich, zieht euer Ding durch, dann werdet
ihr es packen und für immer leben!

Jerusalem wird plattgemacht

20 Wenn Jerusalem komplett von seinen Feinden umzingelt ist, dann
wisst ihr Bescheid. Dann geht es zu Ende mit der Stadt! 21 Die Leute aus
Judäa sollten in die Berge fliehen, und wer auf dem Weg in die Stadt ist,
sollte sofort umdrehen. 22 Denn in dieser Zeit wird Gottes Gericht abge-
hen, es passiert alles, was in den alten Schriften schon angesagt wurde.
23 Die Frauen, die entweder schwanger sind oder ihre Babys noch stillen,
werden eine harte Zeit haben. Es wird eine große Krise losgehen, den
Menschen wird es sehr dreckig gehen. 24 Viele werden im Krieg nieder-
gemetzelt werden, die Gefangenen werden überallhin verschleppt. Jeru-
salem wird besetzt und dann zerstört werden. Aber irgendwann wird die

Zeit zu Ende gehen, in der die Menschen das Sagen haben, die nicht mit
Gott leben."

Alles wird durcheinandergewirbelt

25 „Die Planeten im Weltall werden durcheinandergeraten und alle wer-
den das sehen und sich sehr erschrecken. Große Naturkatastrophen
werden passieren, überall auf der Welt wird es Überschwemmungen
und Tsunamis geben. 26 Viele Menschen werden vor lauter Angst wie ge-
lähmt sein, wenn sie diese Naturkatastrophen erleben, auch das Gleich-
gewicht der Natur wird ausgehebelt werden. 27 Und dann wird das große
Comeback vom Menschensohn* sein, er wird mit einem großen Knall
vom Himmel zurück auf die Erde kommen, und alle werden ihn sehen!
28 Wenn das alles passiert, dann könnt ihr euch schon mal freuen, ihr
könnt nach oben sehen, denn eure Befreiung ist gekommen!

Passt auf und pennt nicht

29 Jesus nahm wieder so einen Vergleich, damit die Leute besser kapier-
ten, was er meinte: „Seht euch mal diesen Baum an. 30 Wenn die Blät-
ter grün sind und wachsen, dann wisst ihr, dass Frühling ist und der
Sommer bald kommt. 31 Genauso könnt ihr auch die Welt beobachten,
dann wisst ihr, wie weit es damit steht. 32 Ich kann euch noch mal 'ne
Ansage machen: Diese Generation wird nicht vernichtet werden, bis die
ganzen Sachen abgegangen sind, die ich beschrieben hab. 33 Der Him-
mel wird mal kaputtgehen und unsere Erde wird es irgendwann auch
nicht mehr geben, aber was ich gesagt habe, das wird alles überleben."

Nicht schnarchen, besser beten!

34 „Leute, ihr müsst irre aufpassen! Passt auf, dass ihr nicht geil auf
Luxus werdet und auf Party ohne Ende. Genauso könnte euch aber
auch das ständige Sorgen um die alltäglichen Dinge ablenken. Lebt am
besten so, als könnte dieser ‚letzte Tag' jederzeit passieren, dann seid
ihr optimal vorbereitet. 35 Denn eine Sache ist sicher: Es kommt für
alle total überraschend. 36 Darum sperrt die Augen auf und stellt eure
Ohren auf Empfang. Betet ohne Ende, damit ihr durch diese Zeit heil
durchkommt. Dann könnt ihr eines Tages alle ohne Angst vor dem Men-
schensohn* stehen." 37 Zu der Zeit hing Jesus jeden Tag im Tempel, um
dort zu unterrichten. Nachts ging er immer auf den Ölberg, um dort die
Nacht über zu sein. 38 Jeden Morgen standen die Leute schon Schlange,
um ihn im Tempel reden zu hören.

---

* Siehe Erklärung in Matthäus 8, Vers 20.

22

Die Verschwörung

[1] In ein paar Tagen sollte das große Passafest starten (an dem Tag gab
es nur ganz spezielles Brot, das nicht mit Hefe gemacht wurde). [2] Die
obersten Priester und die Theologen planten ein Attentat auf Jesus.
Allerdings hatten sie auch Angst vor den Reaktionen der Menschen.
[3] Plötzlich übernahm Satan die Kontrolle über Judas, das war ein Schü-
ler von Jesus. [4] Der ging zu den obersten Priestern und dem Chef der
Tempelpolizei und heckte mit denen einen Plan aus, wie man Jesus
am unauffälligsten festnehmen könnte. [5] Die waren ganz begeistert
von Judas und beschlossen, ihm als Belohnung fett Geld dafür zu
geben. [6] Sie hatten also einen Deal, und Judas' Aufgabe war es, die
nächstbeste Gelegenheit zu finden, wo man Jesus ohne großen Wirbel
festnehmen konnte.

Ein letztes Essen mit Jesus und seinen Schülern

[7] Jetzt kam also das Fest, an dem nach alter Sitte das so genannte Pass-
alamm geschlachtet werden sollte und man dieses Spezialbrot dazu
aß. [8] Jesus wollte mit seinen Schülern auch feiern, darum schickte er
Petrus und Johannes voraus: „Geht schon mal los und bereitet alles vor,
damit wir zusammen essen können." [9] Die beiden fragten: „Wo wollen
wir denn feiern, Jesus?" [10] „Also, wenn ihr in Jerusalem seid, wird ein
Typ auf euch zukommen, der einen Kasten Wasser trägt. Folgt ihm bis
zu dem Haus, das er betritt. [11] Dann geht ihr zu dem Besitzer und sagt
ihm: ‚Der Meister möchte wissen, wo der Raum ist, der für seine Pass-
afeier mit seinen Schülern gebucht worden ist.' [12] Er wird euch im ersten
Stock in einen großen Raum mit Ledersesseln führen, der ist schon so
weit klargemacht worden. Fangt da schon mal mit der Vorbereitung
für das Essen an." [13] Die Schüler zogen los, und es war alles exakt so,
wie Jesus es beschrieben hatte. Dort trafen sie die Vorbereitung für das
Passaessen.

Das besondere Abendessen: Gott macht mit den Menschen einen neuen Vertrag

[14] Als es so weit war, setzten sich Jesus und seine Jünger an den großen
Tisch. [15] Jesus hielt erst mal eine kleine Rede: „Liebe Leute, ich hatte
schon so lange Lust da drauf, mit euch dieses Essen zu feiern, bevor die
ätzenden Sachen für mich losgehen werden! [16] Nur dass ihr Bescheid
wisst: Das wird das letzte Mal sein, dass ich mit euch hier auf der Erde
dieses Fest feiern kann. Beim nächsten Mal wird es dann in einer an-

deren Dimension passieren. Dann wird das, was wir bei dieser Feier
symbolisch durchführen, für alle Realität sein.“ 17 Dann nahm Jesus ein
Weinglas, bedankte sich kurz bei Gott dafür und sagte: „Da soll jetzt
jeder einmal draus trinken! 18 Ich für meinen Teil werde ab jetzt keinen
Wein mehr trinken, bis das neue Land, in dem Gott das Sagen hat, wirk-
lich da ist.“ 19 Anschließend nahm Jesus etwas von dem Brot, redete
wieder kurz mit Gott und dankte ihm auch dafür. Dann zerteilte es in
kleine Stücke und gab es an seine Schüler weiter: „Das ist jetzt mein
Körper. Der wird für euch weggegeben. Feiert dieses Essen ab jetzt im-
mer wieder und denkt dabei an mich und an das, was ich für euch getan
habe.“ 20 Als alle mit dem Essen fertig waren, nahm er noch mal ein Glas
Wein und gab es auch an seine Schüler weiter. Dazu sagte er: „Dieser
Wein ist jetzt wie mein Blut, mit dem der neue Vertrag unterschrieben
wird. Dieses Blut wird für euch fließen.“

Der Verräter ist da

21 „Leute, hier am Tisch sitzt ein Mann, der mich verraten wird. 22 Aber
Gott will das so, der Menschensohn* muss sterben! Trotzdem wird der
Typ, der ihn verrät, eine üble Rechnung bekommen.“ 23 Jetzt ging natür-
lich sofort das wilde Spekulieren rum, wer so was denn eigentlich tun
könnte.

Wer bei Jesus weit vorne ist

24 Und dann kamen sie plötzlich auch noch auf das Thema, wer von ih-
nen der Beste und Größte wäre. 25 Jesus sagte dazu: „In dieser Welt wer-
den die Menschen von Herrschaftssystemen unterdrückt. Und selbst
ein Diktator kriegt für sein soziales Engagement einen Preis. 26 Bei euch
soll das anders laufen. Wer bei euch der Größte ist, soll wie der Kleinste
sein und wer ganz vorne sein will, soll sich erst mal ganz hinten an-
stellen. 27 Normalerweise sitzt der Chef am oberen Tischende und seine
Lehrlinge und Angestellten bedienen ihn. Hier soll es aber umgekehrt
laufen! Ich bin bei euch und bediene euch auch. 28 Ihr seid mir treu ge-
wesen in der Zeit, als ich verfolgt wurde und in Gefahr war. Da wart ihr
bei mir. 29 Darum vererbe ich euch das Recht, in diesem neuen Land
bestimmen zu können. 30 Ihr könnt mit mir am selben Tisch essen und
die gleichen Sachen trinken. Ihr werdet sogar mit mir Urteile fällen über
die zwölf Volksstämme der Israelis.“

* Siehe Erklärung in Matthäus 8, Vers 20.

Simon Petrus bekommt einen Auftrag

31 „Simon! Ja, genau du! Der Satan war hinter euch her, er wollte euch
testen, um das Gute vom Schlechten zu trennen. 32 Aber ich hab schon
für dich gebetet, dass dein Vertrauen nicht aufhört. Wenn du später wie-
der zu mir zurückkommst, dann baue die anderen Jungs, deine Brüder,
auf, ja?" 33 Petrus sagte sofort: „Mann, Jesus, ich bin bereit, für dich in
den Knast zu wandern, ich würde sogar für dich sterben!" 34 Aber Jesus
meinte nur: „Petrus, ich versprech dir, noch vor zwei Uhr morgens wirst
du dreimal so tun, als hättest du keine Ahnung, wer ich bin." 35 Und
dann sagte er zu allen: „Erinnert ihr euch, als ich euch losgeschickt
habe, um die gute Nachricht allen Leuten weiterzuerzählen? Da solltet
ihr euch ja nichts mitnehmen, keinen Rucksack oder Kleidung und so.
Habt ihr in der Zeit irgendetwas vermisst?" Die Jungs antworteten:
„Nein, haben wir nicht!" 36 „Okay, aber wenn ihr jetzt losgeht, vergesst
nicht, Geld einzustecken und nehmt einen Rucksack mit. Wer keine
Waffe hat, sollte ein paar seiner Klamotten verkaufen und sich von dem
Geld eine besorgen. 37 Denn jetzt geht es los, was in den alten Schrif-
ten steht, das passiert jetzt: ‚Er wurde zu einem Terroristen erklärt.'
Alles, was die Propheten über mich gesagt haben, wird jetzt passieren."
38 „Meister, wir haben nur zwei lange Messer dabei!" – „Jetzt reicht es
aber", sagte Jesus.

Im Park Gethsemane

39 Da verließen Jesus und seine Schüler den Raum. Wie so oft, gingen
sie auch heute zum Ölberg. 40 Als sie da waren, sagte Jesus zu ihnen:
„Ihr müsst jetzt beten, dass ihr es schafft durchzuhalten, damit ihr nicht
verführt werdet." 41 Gleich um die Ecke kniete sich Jesus hin und betete:
42 „Lieber Papa, wenn es für dich okay ist, dann mach, dass ich das nicht
durchmachen muss, was mich erwartet. Aber ich will das tun, was du
möchtest, nicht das, was ich tun will." 43 Plötzlich kam ein Engel vorbei
und stärkte ihn. 44 Jesus hatte sehr viel Angst. Er betete so intensiv, dass
sein Schweiß wie Blut aus einer Wunde floss und auf die Erde tropfte.
45 Jesus sah nach seinen Schülern und musste feststellen, dass sie vor
lauter Sorgen eingepennt waren. 46 „Warum schlaft ihr jetzt?", machte
er sie an, „kommt hoch und betet mit mir, damit ihr stärker seid als die
Versuchung!"

Jesus wird verhaftet

47 Er war noch nicht am Ende, da hörte man eine Truppe von Männern
näher kommen. Vorneweg ging Judas, einer von den zwölf Schülern
von Jesus. Er ging auf Jesus zu und begrüßte ihn mit einem Kuss auf

die Wange. 48 Jesus sagte zu ihm: „Was, Judas, du verrätst den Men-
schensohn* mit einem Kuss?“ 49 Jetzt hatten die andern Schüler auch
begriffen, was hier gerade abging. „Sollen wir kämpfen?“, riefen sie ihm
zu. 50 Einer von den Schülern zog sein langes Messer und griff damit
einen der bezahlten Wachleute der Oberpriester an. Im Kampf haute
er ihm gleich das rechte Ohr ab. 51 Aber Jesus hielt ihn zurück. „Genug
Widerstand geleistet!“, sagte er. Dann ging er zu dem verletzten Wach-
mann hin, berührte sein Ohr, und es war sofort geheilt! 52 Danach sagte
Jesus zu dem obersten Priester, dem Befehlshaber der Wachleute und
dem Gruppenanführer: „Bin ich ein Top-Terrorist? Warum müsst ihr hier
gleich schwer bewaffnet anrücken, um mich festzunehmen? 53 Warum
habt ihr nicht die Chance genutzt, als ich noch jeden Tag im Tempel
war? Nun ja, jetzt ist wohl gerade eure Zeit, heute hat die Dunkelheit die
Macht.“

Petrus tut so, als würde er Jesus nicht kennen

54 Sie verhafteten Jesus und brachten ihn in das Haus vom Oberpries-
ter. Petrus folgte der Menschengruppe in sicherem Abstand. 55 Als die
Wachleute eine Feuertonne im Hof klarmachten, stellte sich Petrus zu
ihnen. 56 Eine Hausangestellte erkannte im Feuerschein sein Gesicht:
„Du gehörst doch auch zu diesem Jesus!“, sagte sie. 57 Petrus stritt
das sofort ab: „Mann, Alte, ich kenne diesen Typen überhaupt nicht!“
58 Kurze Zeit später sah ihn ein anderer Mann an und sagte: „Sie gehö-
ren doch auch zu dem da, oder?“ – „Nein, verdammt, Sie verwechseln
mich!“ 59 Ungefähr eine Stunde später war sich ein Typ ganz sicher:
„Hundertpro! Der gehörte doch zu seinen Schülern, der kommt auch
aus Galiläa, so, wie der redet!“ 60 Petrus tat aber ganz entrüstet: „Wo-
von reden Sie eigentlich?“ Und in dieser Sekunde schlug die Uhr zwei
Mal. 61 Jesus sah sich nach Petrus um. Und da erinnerte der sich, dass
Jesus ihm die Ansage gemacht hatte: „Bevor es zwei Uhr wird, hast du
mich dreimal verraten.“ 62 Und Petrus ging raus und fing tierisch an zu
heulen.

Die Soldaten schlagen Jesus

63 Die Soldaten, die Jesus bewachen sollten, verarschten ihn und
prügelten auf ihn ein. 64 Sie verbanden ihm die Augen, schlugen ihn
mit einem Stock und wollten dann wissen: „Na, wer war das jetzt?“
65 Auf diese Art folterten sie ihn eine ganze Zeit. 66 Gegen sechs Uhr
morgens kamen die Führungsriege des Volkes und die Oberpriester
sowie die Theologen zu einer außerordentlichen Gerichtsverhandlung
zusammen. 67 Jesus wurde befragt: „Sagen Sie uns, sind Sie der Aus-

erwählte, dieser Christus?“ Aber Jesus konterte nur: „Selbst wenn ich
es euch sagen würde, glauben würdet ihr mir eh nicht. 68 Und wenn
ich euch was fragen würde, bekäme ich auch keine Antwort. 69 Aber
bald wird der Menschensohn* gleich neben Gott sitzen.“ 70 Da rasteten
alle total aus: „Sie behaupten also, der Sohn von Gott zu sein?“ Jesus
antwortete: „Genau! Ihr habt es ja selber gerade gesagt!“ 71 „Warum
noch eine Zeugenbefragung? Jetzt hat er es ja selber gesagt!“, brüllten
sie durcheinander.

23

Die Gerichtsverhandlung vor Pilatus und Herodes

1 Die gesamten Mitglieder des Gerichtshofes führten Jesus ab, um
ihn vor den römischen Gouverneur Pilatus zu bringen. 2 Bei ihm
wurde die Anzeige erstattet: „Dieser Mann versucht gerade, eine
Revolution anzuzetteln. Er erzählt den Menschen, dass sie dem
Kaiser keine Steuern zahlen sollen. Und außerdem sagt er, er wäre
der neue Präsident, der Christus, den Gott eingesetzt hätte.“ 3 „Ent-
sprechen diese Aussagen der Wahrheit?“, fragte Pilatus den Ange-
klagten. „Sind Sie wirklich der Präsident der Juden?“ – „Ja, stimmt,
das bin ich!“ 4 Pilatus sagte zu den Oberpriestern und zu den Zu-
schauern: „Also, ich kann an ihm nichts finden, in meinen Augen ist
dieser Mann unschuldig!“ 5 Die waren damit gar nicht einverstanden:
„Überall, wo der ist, gibt es Ärger, in ganz Judäa. In Galiläa hat er
damit angefangen, und er ist sogar bis nach Jerusalem gekommen,
um die Leute aufzuhetzen!“ 6 „Dieser Mann kommt also aus Gali-
läa?“, wollte Pilatus wissen. 7 Als das bestätigt wurde, orderte Pilatus
sofort eine Verlegung der Verhandlung zum Präsidenten Herodes
Antipas. Galiläa unterstand nämlich seiner Rechtsprechung, und
wie es so war, hielt der sich gerade an dem Tag in Jerusalem auf.
8 Herodes freute sich übelst, Jesus endlich mal persönlich kennenzu-
lernen. Er hatte schon viel über ihn gehört und wollte immer schon
mal ein paar Wunder von ihm sehen. 9 Er befragte Jesus einige Zeit,
aber der gab einfach keinen Mucks von sich. 10 Schließlich standen
die Oberpriester und die Theologen auf und beschuldigten ihn volles
Rohr. 11 Jetzt fingen auch Herodes und seine Soldaten damit an, sich
über Jesus lustig zu machen. Dann zogen sie Jesus weiße Klamotten
über und schickten ihn wieder zu Pilatus rein. 12 Herodes und Pilatus
konnten sich bis zu dem Tag auf den Tod nicht leiden, aber ab dann
waren sie plötzlich die dicksten Freunde.

---

* Siehe Erklärung in Matthäus 8, Vers 20.

Ein getürktes Urteil: Todesstrafe!

13 Pilatus rief alle in den Raum rein und hielt eine kleine Ansprache vor
den Oberpriestern, den Theologen und der Bevölkerung, die dort war:
14 „Ihr habt diesen Mann zu mir gebracht und beschuldigt ihn, eine
Revolution anzuzetteln. Nach meiner gründlichen Befragung, die ja alle
Anwesenden auch bezeugen können, kann ich keinen berechtigten An-
klagepunkt finden. 15 Herodes, der zum gleichen Ergebnis gekommen
ist wie ich, hat ihn zu uns zurückbringen lassen. Im Sinne der Anklage
ist er freizusprechen, er hat nichts getan, was nach dem Gesetz die
Todesstrafe rechtfertigen würde. 16 Ich habe darum beschlossen, ihn in
die Freiheit zu entlassen, nachdem er einmal ordentlich ausgepeitscht
wurde.“ 17 Nun war es so vorgeschrieben, an jedem Passa-Feiertag einen
Gefangenen zu entlassen. 18 Aber die Menge tobte, als das Thema ange-
schnitten wurde, sie schrien alle wie blöd: „Tod für Jesus, Barabbas frei!
Tod für Jesus, Barabbas frei!“ 19 Barabbas war ein Terrorist, der bei einer
Revolte in Jerusalem maßgeblich beteiligt gewesen sein sollte. Außer-
dem saß er auch wegen einer Mordanklage im Knast. 20 Pilatus wollte
eigentlich lieber Jesus freilassen und versuchte vergeblich, sie umzu-
stimmen. 21 Die Menschenmasse war aber nicht davon abzubringen, sie
brüllten: „Todesstrafe, Todesstrafe, ans Kreuz mit ihm, ans Kreuz!“ 22 Pi-
latus unternahm einen dritten Versuch: „Warum denn? Was hat er denn
Schlimmes verbrochen? Ich habe keinen wirklichen Anklagepunkt gegen
ihn, der ein Todesurteil rechtfertigen würde!“ 23 Aber die Leute waren
jetzt in Stimmung, sie verlangten noch lauter, dass Jesus hingerichtet
werden sollte. Sie schrien so laut, dass Pilatus sein eigenes Wort nicht
mehr verstehen konnte. 24 Also gab er klein bei und verurteilte Jesus:
„Tod durch Kreuzigung“. 25 Der Typ, der wegen Mordes angeklagt war,
wurde aber auf ihren Wunsch freigelassen. Pilatus übergab Jesus den
Scharfrichtern.

Auf dem Weg zur Hinrichtung

26 Als Jesus abgeführt wurde, war er zu schwach, um das Kreuz zu
tragen. Darum griffen sich die Soldaten einen gewissen Simon aus
Kyrene, der gerade von der Arbeit nach Hause kam, damit er das Teil
transportieren könnte. 27 Tierisch viele Leute folgten ihm, darunter
auch viele Frauen, die laut weinten. 28 Jesus sah sich zu ihnen um und
rief: „Ihr müsst nicht um mich weinen! Ja, ich meine euch Frauen aus
Jerusalem! Weint lieber um euch selbst und um eure Kinder! 29 Es
wird mal eine Zeit geben, da wird man der Meinung sein, dass die
Frauen, die keine Kinder haben, gut dran sind. 30 Den Menschen wird
es so dreckig gehen, dass sie sich darüber freuen würden, bei einer

Naturkatastrophe umzukommen, dass sie sich sogar danach sehnen,
irgendwie zu sterben. 31 Denn wenn schon die Menschen, die nichts
verbrochen haben, so leiden müssen, was haben dann erst die Schul-
digen zu erwarten?"

Die Hinrichtung

32 Gleichzeitig mit Jesus wurden zwei Verbrecher hingerichtet. 33 Der
Hinrichtungsort nannte sich „Totenschädelplatz". Dort nagelte man
Jesus an ein Holzkreuz. Die andern Verbrecher wurden links und rechts
von ihm gekreuzigt. 34 Jesus fing dabei an zu beten. Er sagte: „Papa,
vergib das diesen Menschen, sie haben überhaupt keinen Plan, was
sie da tun." Unter dem Kreuz würfelten die Soldaten um die Kleidung
von ihm. 35 Es waren viele Schaulustige da, und die Leitungsebene der
Israelis machte die ganze Zeit Witze über Jesus: „Er hat so vielen Men-
schen geholfen, wenn er wirklich dieser Christus ist, dieser Auserwählte,
dann kann er sich jetzt mal selber helfen!" 36 Die Soldaten machten da
voll mit. Erst gaben sie ihm einen nassen Schwamm zu trinken, der
mit einem essighaltigen Mischgetränk voll gesogen war. 37 Dann riefen
sie ihm zu: „Wenn du ein Präsident bist, du Präsident der Juden, dann
kannst du dir ja auch selber helfen, oder?!" 38 Über seinem Kreuz hatte
man ein Schild aufgehängt: „Dies ist der Präsident der Juden." 39 Einer
der anderen Verbrecher, die neben Jesus hingerichtet wurden, fing auch
an, Jesus zu verspotten: „Hey, du bist der Auserwählte? Dann mach mal
ein paar deiner Zaubertricks und hol uns hier runter!" 40 Der auf der
anderen Seite stauchte ihn aber zusammen: „Sag mal, blickst du noch
durch?! Du hast noch nicht einmal Respekt vor Gott, wo du kurz davor
bist zu sterben! 41 Wir beide haben diese Strafe verdient, dieser Mann
hier hat aber nichts verbrochen und ist unschuldig!" 42 Dann sah er Je-
sus an und fragte ihn: „Jesus, kannst du bitte an mich denken, wenn du
in deinem Land angekommen bist?" 43 Jesus antwortete ihm: „Eins kann
ich dir heute sicher versprechen: Du wirst heute mit mir im Paradies
landen!"

Jesus stirbt

44 Inzwischen war es zwölf Uhr mittags. Plötzlich wurde es in der ganzen
Welt dunkel, und zwar drei Stunden lang! 45 Während dieser Sonnenfins-
ternis zerriss plötzlich der Vorhang im Tempel in zwei Teile, hinter dem
die oberderbsten Dinge aufbewahrt wurden. 46 Jesus schrie noch einmal
laut auf: „Papa, ich lege mein Leben in deine Hände!" Dann starb er.
47 Der Hauptmann von den römischen Soldaten, der den Befehl über
diese Hinrichtung bekommen hatte, sagte: „Also, dieser Mann war wirk-

lich unschuldig!“ 48 Und die Leute, die das alles miterlebten, schämten
sich plötzlich voll und gingen betroffen nach Hause. 49 Die Freunde von
Jesus, inklusive der Frauen, die aus Galiläa mitgekommen waren, hatten
alles aus einer gewissen Entfernung verfolgt.

Jesus wird begraben

50 Zu dieser Zeit lebte in der Gegend ein Typ, der Josef hieß. Josef war
voll in Ordnung, er war Mitglied des hohen Rates, 51 hatte aber dagegen
gestimmt, als es um die Verurteilung von Jesus gegangen war. Er kam
aus der Stadt Arimathäa in Judäa und er lebte auch in der Erwartung,
dass bald eine neue Zeit beginnen würde. 52 Dieser Josef ging zu Pila-
tus und stellte einen schriftlichen Antrag auf „Überführung der Leiche
zwecks Bestattung“. 53 Er löste die Leiche vom Kreuz, wickelte sie in ein
langes Stück Leinenstoff und legte Jesus in ein neues Grab, das man aus
einem Felsen ausgehauen hatte. 54 Das passierte alles am Freitagabend,
kurz vor Beginn des Sabbats, des religiösen Feiertags der Juden. 55 Da
waren auch noch ein paar von den Frauen, die mit aus Galiläa gekom-
men waren. Sie waren die ganze Zeit dabei, als die Leiche von Jesus dort
hineingelegt wurde. 56 Danach gingen sie wieder nach Hause. Der Plan
war, Jesus noch mit Öl und Kräutern einzuschmieren, sowas machte
man normal eigentlich nur mit ganz besonderen Leuten. Aber als sie die
Sachen fertig vorbereitet hatten, war der Sabbat schon gestartet und da-
mit jegliche Arbeit verboten. Außerdem durfte man da erst recht nicht
einen Toten anfassen, so stand es im Gesetz.

24

Das Grab ist leer

1 Am Sonntag, als der Sabbat vorbei war, gingen die Frauen ganz früh
mit dem ganzen Zeug für die Einbalsamierung wieder zum Grab. 2 Als
Erstes sahen sie, dass der Stein, der vor dem Grab lag, weggerollt war.
3 Vorsichtig gingen sie in die Grabkammer und bemerkten sofort: Sie war
leer! 4 Verwirrt redeten sie darüber, was man jetzt tun sollte, als plötz-
lich zwei Männer in krass strahlend weißen Mänteln vor ihnen standen.
5 Panisch sahen sie auf den Boden, weil sie sich nicht trauten, diesen
besonderen Männern in die Augen zu sehen. Einer von denen fragte sie:
„Was macht ihr hier? Warum sucht ihr jemanden der lebt, an einem Ort
wo nur Tote liegen? 6 Jesus ist nicht hier! Er ist wieder lebendig geworden!
Schon vergessen, was er euch in Galiläa gesagt hat? 7 Er meinte doch:
‚Der Menschensohn* muss an Leute ausgeliefert werden, die ohne Gott

* Siehe Erklärung in Matthäus 8, Vers 20.

leben und das tun, was er nicht will. Sie werden ihn hinrichten, aber nach
drei Tagen feiert er sein Comeback, er wird von den Toten auferstehen.'"
8 Jetzt erinnerten sich die Frauen wieder da dran. 9 Sie rannten, so schnell
es ging, zurück in die Stadt, um den elf Schülern von Jesus und den ande-
ren Freunden zu erzählen, was sie gerade erlebt hatten. 10 Zu den Frauen,
die dabei waren, gehörten Maria Magdalena, Johanna und Maria, die
Mutter von Jakobus. 11 Den Schülern kam die ganze Geschichte aber echt
strange vor. Sie konnten ihnen das einfach nicht glauben. 12 Nur Petrus
ging aus dem Haus, um das Grab zu untersuchen. Er beugte sich rein
und konnte auch nichts weiter als die leeren Tücher da rumliegen sehen,
in denen die Leiche eingewickelt gewesen war.

Jesus trifft seine Schüler

13 Zwei von seinen Schülern waren an dem Tag auf dem Weg nach Em-
maus, das etwa zehn Kilometer von Jerusalem entfernt liegt. 14 Auf dem
Weg sprachen sie die ganze Zeit über das, was in den letzten Tagen
passiert war. 15 Mitten im Gespräch war Jesus plötzlich auch bei ihnen
und ging neben ihnen her. 16 Sie waren aber so verpeilt, dass sie nicht
kapierten, wer das war. 17 „Worum geht es gerade?", fragte sie Jesus. Die
beiden blieben voll traurig stehen. 18 Der eine von ihnen (der Kleopas
hieß) meinte zu ihm: „Mann, Sie sind wohl der einzige Mensch in Jeru-
salem, der die neusten Nachrichten noch nicht gehört hat?!" 19 „Was für
Nachrichten meint ihr denn?" – „Das, was mit Jesus passiert ist, dem
Typen aus Nazareth! Er war voll der Prophet, er kam direkt von Gott, er
hat irre Wunder getan und heftige Worte zu uns gesprochen. 20 Aber die
Chefetage, die obersten Priester und die anderen Leiter haben ihn an
die Römer ausgeliefert. Er wurde zum Tod verurteilt und man hat ihn
an einem Kreuz hingerichtet. 21 Dabei hatten wir so sehr gehofft, dass
er der Auserwählte wäre, der Christus, der Israel aus seiner Gefangen-
schaft befreit. Das alles ist vor drei Tagen abgegangen. 22 Heute Morgen
waren zwei Frauen von unserer Gruppe bei seinem Grab. Schon vor dem
Sonnenaufgang waren sie da, aber sie konnten ihn nicht mehr finden.
23 Stattdessen trafen sie dort zwei seltsame Männer, vielleicht Engel,
und die erzählten, dass Jesus leben würde! 24 Ein paar von uns haben das
gleich abgecheckt. Sie sind dort hingelaufen, konnten aber auch keine
Leiche mehr finden. Es war genauso, wie die Frauen es erzählt hatten."
25 Jesus war etwas fassungslos: „Mann, warum kriegt ihr das nicht ge-
backen? Warum ist das so schwer vorstellbar, was die Propheten in den
alten Schriften vorhergesagt haben? 26 Haben sie nicht die Ansage an alle
gemacht, dass der Auserwählte durch diesen ganzen Dreck durch muss,
damit Gott ihn auch zum Meister über alles, was es gibt, machen kann?"

[27] Und dann erklärte Jesus den beiden die ganze Geschichte, was in den
heiligen Schriften über ihn gesagt wurde, von den Büchern vom Mose bis
zu den Prophetenbüchern. [28] Als sie kurz vor Emmaus waren, tat Jesus
so, als wollte er sich von den beiden verabschieden. [29] Die beiden fragten
ihn aber: „Wollen Sie nicht noch hier übernachten? Es wird ja schon dun-
kel draußen!" Also blieb er noch eine Weile bei ihnen. [30] Als sie sich dann
zum Essen hinsetzten, nahm Jesus etwas von dem Brot, betete darüber,
zerteilte es und gab die Stücke an die anderen weiter. [31] Und ganz plötz-
lich erkannten sie, dass es Jesus war. Aber in der Sekunde löste er sich
in Luft auf und verschwand! [32] Plötzlich war alles ganz klar. „In uns drin
haben wir doch voll gespürt, dass es Jesus war, der da mit uns geredet
hat, oder? Als er uns aus den alten Schriften zitiert hat, da wurde mir
ganz anders!" [33] Sofort machten sich die beiden auf den Weg nach Jeru-
salem, obwohl es schon richtig dunkel geworden war. Als sie bei den elf
Schülern ankamen, die sich gerade alle dort trafen, [34] kam schon gleich
die Nachricht an: „Jesus ist wirklich zurückgekommen! Petrus hat ihn
getroffen!" [35] Jetzt erzählten die beiden ihre Story, dass sie Jesus auf dem
Weg nach Emmaus gesehen hatten, und dass sie das erst gepeilt hatten,
als er an sie das Brot weitergab.

Jesus kommt und erklärt alles

[36] Mitten im Gespräch stand Jesus plötzlich bei ihnen: „Hallo Leute,
lasst es euch gut gehen!" [37] Alle hatten erst mal totale Paranoia, denn
sie dachten, es wäre ein Geist oder so was, der da mit ihnen redete.
[38] Aber Jesus sagte: „Keine Angst, Leute! Ich bin es nur! Fällt euch das
so schwer zu glauben? [39] Hier, seht euch mal meine Hände an! Oder
untersucht meine Füße, wenn ihr wollt! Ich bin es wirklich! Einen Geist
kann man nicht anfassen, der hat keinen echten Körper!" [40] Dann hielt
er ihnen seine Hände und Füße als Beweis hin. [41] Die konnten es aber
immer noch nicht fassen, es war so eine Mischung aus Angst und
Freude. Schließlich fragte er sie: „Habt ihr mal was zu essen da?" [42] Sie
gaben ihm ein Stück gegrillten Fisch, [43] in den er dann vor ihren Augen
erst mal richtig reinbiss. [44] Danach sagte er: „Ich hab euch doch erklärt,
was Mose und die Propheten über mich geschrieben haben und was
in den Psalmen über mich steht, oder? Dass alles, was man da lesen
kann, auch so passieren muss!" [45] Ausführlich erklärte er ihnen, wie die
Sachen aus den alten Schriften gemeint waren. [46] „Da steht doch: Der
Auserwählte muss schlimme Sachen durchmachen, er wird leiden und
sterben, aber nach drei Tagen kommt er zurück! [47] Alle Menschen sollen
das jetzt hören: Es ist möglich, seine Schulden bei Gott loszuwerden!
Es ist möglich, wieder zu Gott zu kommen! [48] Ihr könnt das bezeugen,

denn ihr habt es miterlebt! [49] Passt auf, ich werde euch die Kraft von Gott schicken, seinen Geist, genau so, wie mein Papa es versprochen hat. Bleibt erst mal hier in der Stadt und wartet darauf. Ihr werdet mit der Kraft von Gott abgefüllt werden!“

Jesus geht wieder zu seinem Papa zurück

[50] Dann führte Jesus seine Schüler und Freunde an einen Ort in der Nähe vom Dorf Betanien. Da angekommen, hob er die Hände hoch und betete für sie. [51] Und während er das tat, wurde Jesus langsam vor ihren Augen in den Himmel gehoben. [52] Sie warfen sich vor ihm hin, beteten zu ihm und dankten ihm für alles, was er für sie getan hatte. Danach gingen sie wieder nach Jerusalem und waren total glücklich. [53] Immer wieder gingen sie in den Tempel, freuten sich über Gott und dankten ihm für die vielen guten Sachen, die er tat.

Die Geschichte über Jesus, so wie Johannes sie aufgeschrieben hat

1

Gott redet durch Jesus Christus mit den Menschen

1 Als Erstes war das Wort da. Es war mit Gott ganz eng verbunden, ja,
es war sogar selbst Gott. 2 Von Anfang an war es bei Gott. 3 Es hat alles
gemacht, was es so gibt. Nichts ist ohne es gemacht worden. 4 Es ist
das Leben in Person. Es hat die Menschen aus der Dunkelheit raus-
gerissen und ihnen die Richtung für ihr Leben gezeigt. 5 Dieses Licht,
das von ihm ausgeht, macht alles Schwarze hell. Die Dunkelheit hatte
keine Chance gegen sein Licht. 6 Gott schickte einen Mann bei uns
vorbei, der hieß Johannes. 7 Er sollte als Zeuge auftreten, er sollte klar
machen, dass Jesus das Licht ist, damit alle ihr Vertrauen auf ihn setzen
und ihm glauben. 8 Johannes war selber nicht das Licht, er sollte das
richtige Licht nur ansagen. 9 Jesus Christus ist aber dieses besondere
Licht, es soll für alle Menschen leuchten. 10 Obwohl er die ganze Welt
gemacht hatte, hat die Welt ihn nicht erkannt, sie haben nicht kapiert,
wer er wirklich war. 11 Er kam in seine Welt, aber seine Leute wollten ihn
nicht akzeptieren. 12 Aber die Menschen, die sich auf ihn eingelassen
haben, bekamen dadurch einen Vertrag, der ihnen die Aufnahme in
Gottes Familie garantierte. 13 Den bekamen sie einfach so, ohne dass
sie Mitglied irgendeiner besonders heiligen Familie waren oder weil sie
ein superheiliges Leben geführt hatten, dieses Angebot kam einfach so
von Gott. 14 Das Wort wurde zu einem Menschen. Der einzige Sohn von
Gott ist als ein normaler Mensch zu uns gekommen. Wir waren Augen-
zeugen, dass uns Gott jetzt so nahe gekommen war, dass wir ihn an-
fassen konnten. In Jesus Christus konnten wir erst begreifen, wie derbe
Gott eigentlich ist, wie sehr der Vater uns liebt und dass man sich auf
ihn hundertpro verlassen kann, dass er nie lügt. 15 Johannes machte den
Ansager, er sagte allen: „Das ist der Mann, von dem ich euch immer
erzählt habe! Ich meinte doch: ‚Ich bin nur die Preview für den Haupt-
film; der nach mir da ist, hat mehr zu sagen als ich! Und obwohl er nach
mir kommt, war er in Wirklichkeit schon lange vor mir da!'" 16 Er hat uns
immer wieder fett beschenkt, und zwar mit allem, was geht, mit seiner
grenzenlosen Liebe. 17 Die alten Gesetze kamen vom Mose. Dass Gott
uns ohne Ende liebt und immer die Wahrheit sagt, kann man aber daran
erkennen, dass Jesus Christus zu uns gekommen ist. 18 Kein Mensch hat

je einen Blick auf Gott werfen können. Aber Jesus, sein einziger Sohn,
hat sogar schon mal auf seinem Schoß gesessen, er hat uns gezeigt, wie
Gott wirklich drauf ist.

Was Johannes über sich zu sagen hat

19 Ein paar Männer aus Jerusalem, die bei den Juden was zu sagen hat-
ten, orderten einmal ein paar Leute, die zu Johannes mit der Anfrage
gehen sollten: „Was sind Sie eigentlich für einer?“ 20 Johannes hatte
nichts zu verheimlichen: „Ich bin nicht ‚der Auserwählte‘, ich bin nicht
‚der Christus‘, auf den wir alle warten!“ 21 „Und wer sind Sie dann?“,
war sofort die nächste Frage. „Sind Sie etwa der Elia, der alte Prophet,
der jetzt von den Toten zurückgekommen ist?“ „Nein!“ „Sind Sie denn
vielleicht dieser Prophet, den Mose damals schon angekündigt hat?“
„Nein“, antwortete Johannes. 22 „Ja, wer sind Sie dann? Machen Sie mal
’ne Ansage, damit wir dem Gremium Bericht erstatten können, was
uns geschickt hat!“ 23 Johannes antwortete mit einem Zitat von dem
Propheten Jesaja: „Ich bin der Typ, der aus der Wüste die Durchsage
macht: ‚Platz da! Jetzt kommt der Boss!‘“ 24 Die Angestellten, die von
den Pharisäern* geschickt wurden, wollten es genau wissen: 25 „Also,
Sie sind nicht der Auserwählte, der Christus, Sie sind auch nicht der Elia
oder dieser andere besondere Prophet. Wer hat Ihnen denn überhaupt
die Erlaubnis erteilt, Leute zu taufen?“ 26 Johannes antwortete: „Ich tau-
fe nur mit Wasser. Da gibt es aber jemanden, der lebt schon inkognito
bei euch, 27 der wird nach mir kommen. Und gegen den bin ich ’ne Null,
dem kann ich noch nicht mal die Schuhe zubinden!“ 28 Dieses Ge-
spräch wurde in Betanien geführt, in einem Dorf, das auf der anderen
Seite vom Jordan liegt. Dort hatte Johannes diese Taufe mit Menschen
durchgezogen.

Johannes sagt: Jesus ist alles

29 Am nächsten Tag kam Jesus am Jordan vorbei. Als Johannes Jesus
sah, sagte er laut: „Passt auf, Leute! Da ist das Lamm, was Gott für uns
opfern wird, er wird den Dreck wegnehmen, der zwischen Gott und
den Menschen steht! 30 Er ist der Typ, den ich meinte mit dem Haupt-
film, er ist viel größer als ich. Er war auch schon lange da, weit bevor ich
hier war. 31 Ich kannte ihn nicht persönlich, aber ich sollte die Israeliten
auf ihn vorbereiten. Darum hab’ ich mit Wasser getauft.“ 32 Und dann
meinte Johannes noch: „Ich hab gesehen, wie die Power von Gott, sein
Geist, wie eine Taube auf ihn runtergesegelt kam. Und die blieb auch bei

---

* Die Pharisäer waren eine ganz strenggläubige Truppe, die es mit den religiösen Gesetzen sehr genau nahm.

ihm! 33 Ich kannte ihn vorher echt überhaupt nicht, aber Gott, von dem
ich den Auftrag habe, mit Wasser zu taufen, meinte zu mir: ‚Der Typ, auf
den die Power kommt und auf dem sie auch bleibt, der ist der Typ, den
du suchst! Er wird ab jetzt mit genau dieser Kraft Leute taufen.‘ 34 Und
Leute, weil ich genau das gesehen habe, kann ich euch nur das eine
sagen: Dieser Mann ist der Sohn von Gott!“

Die ersten Freunde von Jesus sammeln sich

35 Am nächsten Morgen war Johannes wieder mit zwei von seinen Leu-
ten an genau dieser Stelle. Irgendwann kam Jesus dort vorbei, 36 und da
meinte Johannes: „Passt auf, da ist das Lamm*, was von Gott kommt!“
37 Als die beiden das hörten, gingen sie sofort mit Jesus weiter. 38 Jesus
drehte sich um und fragte sie: „Was wollt ihr von mir?“ „Großer Meister,
wir wollen wissen, wo Sie wohnen.“ 39 „Kommt mal mit, dann werdet ihr
es ja sehen!“ Das war gegen vier Uhr nachmittags, als sie dieses Treffen
mit Jesus hatten. Und dann hingen sie den ganzen Abend zusammen.
40 Einer von den beiden hieß Andreas. Er war der Bruder von Simon
Petrus und war jetzt bei Jesus, weil Johannes ihm das empfohlen hatte.
41 Er rannte sofort zu seinem Bruder Simon und erzählte ihm die ganze
Geschichte. „Wir haben den Auserwählten, den Christus, gefunden!“
42 Andreas nahm Simon mit zu Jesus. Als Jesus ihn kommen sah, meinte
er: „Du bist Simon, einer der Söhne vom Johannes. Ab jetzt sollen dich
alle bei uns Kephas oder auch Petrus nennen. Beides heißt übersetzt
‚der Felsen‘.“ 43 Am nächsten Tag traf Jesus auf dem Weg nach Galiläa
Philippus. Auch den quatschte er an und meinte zu ihm: „Komm mal
mit!“ 44 Philippus kam genauso wie Andreas und Petrus aus der Gegend
Betsaida. 45 Philippus meinte dann mal zum Nathanael: „Hey Natha-
nael, stell dir vor, wir haben den Typen gefunden, über den schon Mose
und die Propheten in den alten Büchern eine Ansage gemacht haben!
Er heißt Jesus und kommt aus der Familie vom Josef aus Nazareth!“
46 „Was, aus Nazareth? Da kommt doch eh nur Schrott her!“, meinte Na-
thanael. „Nun komm schon“, rief Philippus, „du musst ihn einfach mal
kennenlernen!“ 47 Als sie dann bei Jesus ankamen, meinte der sofort zu
ihm: „Ach, da kommt ja ein echter Israeli aus der alten Schule, auf des-
sen Wort man sich hundertpro verlassen kann!“ 48 „Woher kennen Sie
mich?“, wollte Nathanael wissen. „Ich hab gesehen, wie du unter einem
Apfelbaum gesessen hast! Kurz bevor Philippus dich gerufen hat“, ant-
wortete Jesus. 49 Nathanael war ganz platt. „Meister, Sie sind wirklich
der Sohn von Gott! Sie sind der Chef von ganz Israel!“ 50 Jesus meinte

* Lamm Gottes. Lämmer wurden damals in einem Ritual Gott übergeben und geschlachtet, sozusagen als Bezahlung und Wiedergutmachung für den Mist, den man getan hatte.

dazu nur: „Wie jetzt? Sagst du das nur, weil ich das mit dem Apfelbaum
gesagt habe? Du wirst noch sehr viel heftigere Sachen erleben als das!“
51 Und dann sagte er: „Leute, eins kann ich euch versprechen: Ihr werdet
sehen, wie sich der Himmel öffnen wird, und ihr werdet Engel dabei
beobachten, die wie im Fahrstuhl zwischen mir und Gott hin und her
fahren!“

2

Auf einer Hochzeitsparty

1 Am übernächsten Tag war eine fette Hochzeitsparty in dem Dorf Kana
in Galiläa angesetzt. Unter den Gästen war auch die Mutter von Jesus,
2 aber auch Jesus war mit seinen Freunden gekommen. 3 Mitten in der
Party stellte sich heraus, dass zu wenig Wein bestellt worden war. Die
Mutter ging dann zu Jesus und sagte: „Ach Jesus, übrigens, der Wein ist
gleich alle!“ 4 Jesus war sichtlich genervt. „Was soll das? Die Zeit, wo ich
solche Sachen bringen soll, ist noch nicht da!“ 5 Sie blieb aber dabei und
sagte sogar zu den Servicekräften: „Egal, was er euch sagt, tut es ein-
fach!“ 6 Im Haus waren sechs riesige Fässer, die man für irgendwelche
religiösen Waschrituale brauchte. In jedes Teil passten ungefähr hundert
Liter rein. 7 Jesus sagte zu den Servicekräften: „Füllt die Teile mal rand-
voll mit Wasser!“ Nachdem sie das getan hatten, sagte er: „Und jetzt
lasst dem Küchenchef mal ’ne Kostprobe rüberwachsen!“ 9 Der Küchen-
chef trank einen Schluck von dem Wasser, das jetzt Wein geworden war.
Er hatte aber keine Ahnung, woher der Wein kam, nur die Servicekräfte
wussten das. Er traf sich sofort leicht genervt mit dem Bräutigam und
sagte zu ihm: 10 „Also Entschuldigung, aber jeder normale Gastgeber
bietet doch seinen Gästen zuerst den guten Tropfen an! Und erst später,
wenn alle schon total breit sind, dann kommt der billige Fusel. Aber Sie
haben ja den besten Wein bis zum Schluss aufgehoben!“ 11 Diese irre
Geschichte passierte in Kana in Galiläa. Das war das erste Mal, dass
Jesus durch so ein Wunder zeigte, dass er wirklich von Gott geschickt
worden war. Und seine Freunde glaubten ihm das. 12 Nach der Hochzeit
ging er dann runter nach Kapernaum. Mit dabei waren seine Mutter,
seine Brüder und seine Freunde. Aber dort hielt er sich nicht lange auf.

Jesus macht Stunk im Tempel der Juden

13 Kurz bevor das große Passafest in Jerusalem abging, reiste Jesus auch
dorthin. 14 Im Innenbereich vom Tempel beobachtete er die Stände,
wo irgendwelche Händler Rinder und Schafe sowie Tauben verkauften.
Auch Geldwechsler trieben sich da rum. 15 Jesus rastete plötzlich total
aus. Er bastelte sich aus Stricken eine Peitsche und ging damit auf die

Leute los. Alle wurden von ihm aus dem Tempel rausgeschmissen,
inklusive der Rinder und Schafe. Er pogte gegen die Tische der Geld-
wechsler und feuerte die Kohle auf den Fußboden. [16] Anschließend ging
er zu den Typen, die mit Tauben handelten, und sagte total scharf zu ih-
nen: „Raus mit dem ganzen Dreck, sofort! Dieses Haus gehört meinem
Vater, hier hat euer Gedeale nichts verloren, macht diesen Ort nicht zu
einem Einkaufszentrum!“ [17] Seine Freunde mussten daran denken, was
schon in den alten Schriften stand: „Die Leidenschaft für deine Hütte
brennt in mir!“

Wer hat Jesus diese Vollmacht ausgestellt?

[18] „Wie können Sie sich dieses Recht rausnehmen, so was hier zu brin-
gen?“, fragten ihn die Juden. „Wenn Sie dafür eine Vollmacht von Gott
ausgestellt bekommen haben, dann wollen wir die auch sehen! Ein Be-
weis dafür wäre für uns, wenn Sie zum Beispiel jetzt mal ein Wunder
tun würden!“ [19] „Okay“, meinte Jesus nur. „Sprengt diesen Tempel, und
ich werde ihn in drei Tagen wieder aufgebaut haben!“ [20] „Was? Es hat
sechsundvierzig Jahre gedauert, das Teil überhaupt aufzubauen! Wie
wollen Sie das denn bitte in drei Tagen hinkriegen?“ [21] Jesus meinte mit
dem Tempel aber seinen Körper. [22] Viel später, als er tot war und dann
wieder lebendig geworden ist, erinnerten sich seine Freunde daran.
Noch ein Grund, warum sie auf Jesus gesetzt haben und dem, was er
gesagt hatte, glaubten. Es bestätigte auch das, was schon in den alten
Schriften gestanden hat. [23] Durch die krassen Wunder, die Jesus bei
dem Passafest in Jerusalem getan hatte, fingen viele Leute an, ihr Ver-
trauen auf ihn zu setzen. [24] Jesus erzählte ihnen aber nicht alles, weil
er die Menschen sehr gut kannte. [25] Niemand brauchte ihm was über
die Menschen beibringen. Er wusste immer Bescheid, wie ein Mensch
innerlich so drauf war.

3

Wie kriegt man ein Ticket für das Land, wo Gott das Sagen hat?

[1] Einmal kam einer von der religiösen Truppe, ein Pharisäer, im Dun-
keln zu Jesus. [2] Nikodemus, so hieß er, gehörte zu den Juden, die in
Israel was zu sagen hatten. „Meister, ich hab eine Frage an Sie. Wir
haben das alles so weit kapiert, dass Sie direkt von Gott kommen,
um uns Dinge beizubringen. Die Wunder, die Sie tun, sind eindeutig
ein Beweis, dass Gott auf Ihrer Seite steht!“ [3] „Ich sag Ihnen jetzt mal
was“, meinte Jesus, „wenn jemand nicht noch mal ganz neu geboren
wird, bekommt er kein Ticket für das neue Reich, in dem Gott das
Sagen hat.“ [4] „Hä? Wie geht das denn? Ein Erwachsener kann doch

nicht ein zweites Mal in den Bauch seiner Mutter zurückgehen, das
ist doch wohl logisch!“, fragte Nikodemus leicht verwirrt nach. 5 „Ich
sag es noch mal anders: Niemand hat eine Chance auf ein Ticket für
das Land, wo Gott das Sagen hat, es sei denn, er hat sein altes Leben
komplett im Wasser der Taufe hinter sich gelassen und durch den
Geist von Gott einen echten Neustart hingelegt. 6 Wenn Menschen
ein neues Leben machen, dann wird daraus ein menschliches Baby.
Wenn Gott durch seine Power ein neues Leben macht, dann ist das
eine völlig andere Art von Leben, es ist ein Leben aus seiner Kraft.
7 Sie brauchen sich also nicht wundern über meinen Spruch, dass alle
noch mal neu geboren werden müssen. 8 Ein guter Vergleich dafür ist
der Wind. Man kann ihn hören, aber wo er genau herkommt oder wo
er gleich hinweht, kann man nicht sagen. Genauso kann auch keiner
sagen, wie das abgeht mit dieser neuen geistlichen Geburt. Aber man
kann sie trotzdem am eigenen Leben erfahren.“ 9 „Aber wie soll das
genau funktionieren?“, wollte Nikodemus wissen. 10 „Mann, Sie sind
ein angesagter Theologe mit einem guten Ruf in Israel, Sie müssten
das echt wissen! 11 Eins ist garantiert: Ich erzähle euch Sachen, die ich
hundertprozentig sicher weiß, ich bezeuge euch Dinge, die ich wirklich
gesehen habe, und trotzdem glaubt ihr mir nicht. 12 Wenn ihr schon
die Sachen nicht schnallt, die hier auf der Erde abgehen, wie wird das
dann erst, wenn ich euch von übernatürlichen Sachen erzählen soll?
13 In den übernatürlichen Dingen, die in Gottes Dimensionen abgehen,
kennt sich nur einer wirklich aus, und das ist der Menschensohn*. Der
kommt nämlich von da her. 14 Sie wissen doch bestimmt, dass Mose
in der Wüste einen Stab mit einer Schlangenfigur hochgehalten hat?
Jeder, der seine Augen darauf gerichtet hat, überlebte! Genauso wer-
den die Leute auch zum Menschensohn* hochblicken. 15 Jeder, der dort
auf ihn sieht und sein Vertrauen ganz auf ihn setzt, wird für immer
leben können. 16 Gott liebte die Menschen ohne Ende, dass er sogar
bereit war, seinen einzigen Sohn für sie wegzugeben, damit sie nicht
vor die Hunde gehen. Jeder, der ihm vertraut, hat es geschafft: er be-
kommt ein neues Leben bei meinem Papa, das er nie wieder abgeben
muss. 17 Gott hat seinen Sohn nicht in die Welt beordert, um alle erst
mal fertig zu machen und zu verurteilen. Nein, er will sie alle durch
ihn aus ihrem Dreck rausretten! 18 Wer sein Vertrauen auf ihn setzt,
muss keinen Schiss mehr vor einem Urteil bei der letzten Gerichts-
verhandlung haben. Wer ihm, dem einzigartigen Sohn von Gott, aber
nicht glaubt, der ist dadurch schon jetzt zur Höchststrafe verurteilt

* Siehe Erklärung in Matthäus 8, Vers 20.

worden. [19] Und zwar wird das mit diesem Gericht so abgehen: Ein
Licht ist auf diese Welt gekommen. Die Leute in der Welt hatten aber
Lust auf das Dunkle, sie wollten kein Licht in ihrem Leben. Sie wollten
nicht, dass jemand den ganzen Mist, den sie täglich bauen, auch noch
sehen könnte. [20] Jeder, der ein schlechtes Gewissen hat, hasst das
Licht, da würde er nie freiwillig hingehen. Er will ja nicht, dass jeder
seinen Dreck, den er tut, auch noch sehen kann! [21] Wer aber das tut,
was Gott will, hat keine Panik vor dem Licht, er muss sich ja nicht
schämen. Alles, was er getan hat, war für Gott okay."

Johannes' Zeit ist abgelaufen

[22] Danach hing Jesus mit seinen Freunden noch in der Provinz Judäa.
Er wollte dort noch ein paar Leute taufen. [23] Johannes war in der Zeit
in Änon, das liegt in der Nähe von Salim. Da war der Fluss nämlich tief
genug zum Taufen. Sehr viele Leute kamen zu Johannes, um sich von
ihm taufen zu lassen. [24] Johannes war zu diesem Zeitpunkt nämlich
noch nicht im Knast. [25] Irgendwann kam mal voll die Diskussion auf
zwischen den Freunden von Johannes und einigen Juden. Es ging dabei
um die religiösen Reinigungsvorschriften. [26] Schließlich kamen sie alle
mal bei Johannes an und erzählten ihm: „Chef, der Mann, der damals
am Jordan-Fluss bei dir angekommen ist, dieser Mensch, den du als
den Hauptfilm bezeichnet hast, der tauft jetzt auch. Die laufen jetzt
alle bei ihm auf, wir sind anscheinend out!" [27] „Keiner kann so etwas so
mal eben weitergeben, es sei denn, er hat den Auftrag direkt aus dem
Himmel dafür bekommen. [28] Ich hab euch schon immer gesagt: ‚Ich bin
nicht der Auserwählte, der Christus.' Ich hab nur die Order von Gott,
sein Vorprogramm zu sein, nicht mehr und nicht weniger. [29] Da, wo die
Braut sich hingezogen fühlt, da ist auch der Bräutigam. Und der Freund
vom Bräutigam steht daneben, hört ihm zu und freut sich! Es ist ihm
egal, wenn er dann da nur 'ne Nebenrolle spielt. Ich raste total aus, weil
ich mich so sehr da drüber freue! [30] Sein Einfluss soll immer größer
werden, ich muss mich langsam zurückziehen. [31] Er ist aus Gottes Welt
gekommen und hat dadurch voll den Überblick. Ich bin nur von der Erde
und kann auch nur über irdische Sachen reden. [32] Was er von dort beob-
achtet und gehört hat, davon redet er auch. Trotzdem glaubt ihm keiner.
[33] Wer ihm glaubt, unterschreibt damit, dass Gott in allen Punkten Recht
hatte. [34] Jesus Christus ist der Typ, der uns von Gott geschickt wurde.
Die Sachen, die er sagt, sind Worte von Gott, er gibt ihm seine Power,
und zwar ohne Ende. [35] Gott, der Vater, liebt seinen Sohn, er hat ihm
den Joystick für die Welt in die Hand gedrückt. [36] Alle, die ihr Vertrauen
auf Jesus setzen und ihm glauben, die werden ewig leben. Aber alle, die

keine Lust auf das haben, was er sagt, werden nie ein wirkliches gutes Leben haben können. Gott wird immer gegen sie sein."

4

Gespräch mit einer Frau beim Wasserholen

1 Irgendwann erzählte jemand Jesus, die Pharisäer hätten Wind davon
bekommen, dass er mittlerweile mehr Leute taufte als Johannes. 2 Wo-
bei Jesus die Taufe nicht selber durchzog, das ließ er immer seine Freun-
de machen. 3 Darum beschloss er, sich aus Judäa zu verabschieden, und
wanderte wieder zurück nach Galiläa. 4 Auf dem Weg kam er auch durch
die Gegend von Samarien. 5 Dort kam er in der Stadt Sychar vorbei, und
zwar in der Nähe von einem Feld, das Jakob vor urlanger Zeit auf seinen
Sohn Josef übertragen hatte. 6 Auf diesem Feld war ein Wasserbrunnen
installiert. Völlig fertig von der langen Wanderung setzte sich Jesus
da erst mal hin. Es war gerade die pralle Mittagssonne am Himmel.
7 Irgendwann kam auch eine Frau aus der Gegend an der Stelle vorbei,
die etwas Wasser holen wollte. Jesus fragte sie: „Hallo du, gib mir doch
bitte auch was zu trinken, ja?" 8 Seine Freunde waren gerade in die Stadt
unterwegs, um Lebensmittel einzukaufen. 9 Die Frau war etwas platt
darüber, dass Jesus sie so mal eben anquatschte. Es war nämlich für
die Juden damals total out, sich mit Samaritern abzugeben – und mit
Frauen erst recht. Darum sagte sie: „Entschuldigung, aber Sie sind doch
ein Jude und ich bin eine Samariterin. Wie kommt es, dass Sie mich
jetzt plötzlich um einen Schluck Wasser bitten?" 10 „Wenn du nur etwas
Schnall davon hättest, was für eine Chance Gott dir gerade geben will,
und wer hier mit dir redet und dich um Wasser bittet, dann würdest du
mich um frisches Wasser bitten, das nicht abgestanden ist und wirklich
Leben schenkt!" 11 „Also, entschuldigen Sie bitte, aber wie soll das denn
gehen? Sie haben weder einen Eimer noch ein Seil dabei und dieser
Brunnen ist sehr tief! Wie wollen Sie denn das frische Wasser hochbe-
kommen?", antwortete sie. 12 „Oder kommen Sie etwa aus einer höhe-
ren Liga als unser Stammvater Jakob? Der hat diesen Brunnen nämlich
mal gebaut, und seine Kinder und seine Kühe haben früher mal da
draus getrunken." 13 Jesus meinte darauf zu ihr: „Normal wird jeder, der
von diesem Wasser trinkt, irgendwann wieder Durst haben. 14 Wer aber
von dem Wasser trinkt, was ich den Leuten gebe, für den wird Durst
ein Fremdwort werden. Das Wasser, was ich den Menschen spendiere,
wird sich nämlich in dir drin zu einer eigenen Quelle verwandeln, einer
Quelle, die ohne Ende sprudeln wird, über dein Leben auf dieser Welt
raus!" 15 „Oh bitte, ich möchte von diesem Wasser gerne etwas haben!
Dann brauch ich nicht mehr jeden Tag her und muss Wasser schlep-

pen!“ [16] „Okay, dann hol mal deinen Mann und kommt beide wieder
her!“, sagte Jesus zu ihr. [17] „Ich bin nicht verheiratet!“, war ihre Antwort.
„Stimmt“, meinte Jesus, „zurzeit bist du Single, [18] du warst aber schon
mit fünf Männern vorher verheiratet, und der Mann, mit dem du jetzt
dein Bett teilst, dem hast du gar nicht dein Jawort gegeben!“ [19] „Ich
merk schon, das stimmt alles, Sie sind wohl ein Prophet, oder?! [20] Dann
können Sie mir gleich eine Frage beantworten: Ihr Juden besteht ja da-
rauf, dass euer Jerusalem der einzige heilige Ort schlechthin ist, um zu
Gott zu beten. Wir Samariter beten aber immer auf diesem Berg da,
weil das unsere Vorfahren auch so gemacht haben! Wie sehen Sie das?“
[21] Dazu sagte Jesus ihr: „Eins kann ich versprechen, es wird eine Zeit ge-
ben, wo es egal sein wird, ob ihr auf irgendeinem Berg zu Gott redet, ob
ihr dazu nach Jerusalem geht oder ob ihr das irgendwo anders macht.
[22] Ihr habt ja gar keine Vorstellung, zu wem ihr da überhaupt redet,
wenn ihr betet! Wir wissen genau, zu wem wir beten. Die Rettung für
diese Welt kommt aus dem jüdischen Volk! [23] Es wird aber mal so sein,
also im Grunde hat das schon angefangen, dass Menschen, egal, wo sie
gerade sind, mit Gott reden können. Es ist nur wichtig, dass man dabei
von seiner Kraft, seinem Geist, kontrolliert wird. Gott sucht nach sol-
chen Leuten, die so mit ihm reden! [24] Gott ist nämlich wie eine unsicht-
bare Kraft, wie ein Geist. Und wer mit Gott reden will, muss von diesem
Geist abgefüllt werden, diesem Geist der Wahrheit.“ [25] Darauf meinte
die Frau: „Ich hab verstanden, dass irgendwann der Auserwählte, der
Messias, da sein wird, den man auch den Christus nennt. Wenn der
da ist, dann wird er uns das alles erklären!“ [26] „Das bin ich, du redest
gerade mit dem Auserwählten!“, antwortete ihr Jesus. [27] Plötzlich bogen
seine Freunde um die Ecke. Sie waren etwas überrascht, dass Jesus sich
mit einer Frau unterhielt. Aber keiner traute sich, mal nachzufragen.
[28] Die Frau ließ alles stehen und liegen und rannte ins Dorf, um jedem
zu erzählen, was sie gerade erlebt hatte. [29] „Kommt mal alle mit, da ist
ein Mann, den müsst ihr kennenlernen! Der hat mir ins Gesicht gesagt,
was ich alles getan habe! Besteht vielleicht die Möglichkeit, dass er der
Auserwählte, dieser Christus, ist?“ [30] Total neugierig kamen die Leute
von überall sofort bei Jesus angelaufen. [31] Seine Freunde machten sich
etwas um seinen Magen Sorgen und boten ihm was zu essen an. [32] Sei-
ne Antwort war aber nur: „Nein danke, Jungs, ich hab eine andere Nah-
rung als ihr.“ [33] Seine Freunde fragten sich sofort: „Hä? Wer war denn
in der Zwischenzeit hier und hat ihm was zu essen gebracht?“ [34] Jesus
erklärte das dann so: „Ich lebe davon, das zu tun, was Gott möchte. Ich
will seinen Auftrag erfüllen und bis zu Ende durchziehen. [35] Habt ihr
nicht noch vor kurzem gesagt: ‚In vier Monaten beginnt die Erntezeit‘?

Leute, macht mal eure Augen auf! Seht ihr nicht, was gerade abgeht? Die Felder können abgeerntet werden! 36 Die Leute, die mithelfen die Ernte einzufahren, werden fett bezahlt. Und die Sachen, die sie ernten werden, das sind die Menschen, denen man den Weg in ein Leben zeigt, was ewig anhält. Was wird da für 'ne Party abgehen für die einen, die etwas gesät haben, und für die anderen, die die Ernte reinholen! 37 Ihr kennt doch diesen Spruch: ‚Einer streut Samen aus, ein anderer holt die Ernte rein.' 38 Ich hab euch losgeschickt, um eine Ernte einzufahren, mit der ihr vorher gar nichts zu tun hattet. Da haben andere vor euch für geschuftet. Ihr dürft jetzt das Ergebnis ernten." 39 Sehr viele Leute, die da lebten, setzten von da an ihr Vertrauen auf Jesus. Und zwar vor allem, weil die Frau überall rumerzählt hatte, dass Jesus alles über sie wusste. 40 Als sie dann bei Jesus aufliefen, fragten sie ihn gleich, ob er nicht noch länger dableiben wollte. Das tat er dann auch, und zwar für zwei Tage. 41 So konnten noch mehr Leute seinen Reden zuhören und fingen dadurch an zu glauben. 42 Zu der Frau sagten einige: „Zuerst waren wir ja nur da, weil du so von ihm geschwärmt hast. Aber jetzt konnten wir ihm selber zuhören und wissen: Er ist wirklich der Retter dieser Welt."

Der Sohn eines hohen Beamten wird durch Jesus gesund

43 Zwei Tage später zog Jesus weiter Richtung Galiläa. 44 Er hatte früher selber mal gesagt: „Ein Prophetentyp ist überall der Held, nur nicht dort, wo er herkommt." 45 Aber diesmal nahmen ihn die Leute gut auf. Viele waren nämlich bei der Passafeier in Jerusalem dabei gewesen und hatten mitbekommen, was für coole Sachen er da gemacht hatte. 46 Auf seiner Tour durch Galiläa kam er auch wieder bei Kana vorbei, wo er aus dem Wasser Wein gemacht hatte. Nicht weit von da, in der Stadt Kapernaum, wohnte ein Mann, der einen fetten Beamtenjob bei der Regierung hatte. Sein Sohn war sehr krank. 47 Als ihm jemand erzählte, dass dieser Jesus aus Judäa gerade in der Gegend war, brach er sofort Richtung Kana auf. Dort besuchte er Jesus und fragte ihn, ob er nicht mit nach Kapernaum kommen könnte, um seinen Sohn zu behandeln. Der war nämlich todkrank. 48 Jesus war etwas genervt: „Ihr wollt immer nur irgendwelche Wunder sehen, sonst kommt euer Glaube nicht in die Puschen!" 49 Aber der Beamte bettelte voll los: „Bitte, bitte seien Sie so gut! Mein Kind muss sonst sterben!" 50 „Geh nach Hause! Dein Kind ist schon gesund!", sagte ihm Jesus. 51 Auf dem Rückweg kamen ihm schon ein paar seiner Hausangestellten entgegengelaufen. „Ihr Kind ist gesund!", riefen sie. 52 Auf die Frage, seit wann es dem Kind denn besser ging, meinten sie: „Gestern Mittag so gegen ein Uhr war das Fieber plötzlich weg!" 53 Als der Vater die Zeit zurückrechnete, war klar: Es war genau der Zeitpunkt, als Jesus ihm

gesagt hatte: „Dein Sohn lebt!“ Und der Beamte und seine ganze Familie
fingen an, ihr Vertrauen auf Jesus zu setzen. 54 Das war das zweite Wun-
der, was Jesus getan hatte, nachdem er von Judäa zurückgekommen war.

5

Ein schwer kranker Mann und ein Teich

1 An einem der jüdischen Feiertage ging Jesus mal nach Jerusalem in die
City. 2 In der Nähe vom so genannten Schaftor lag ein ganz besonderer
Teich, der auf Hebräisch Betesda genannt wurde. Um ihn herum waren
fünf große Hallen mit Säulen drin. 3 Sehr viele kranke Leute hingen da
ständig rum, Menschen, die irgendeine Behinderung hatten, Blinde,
Hautkranke und so. 4 Es gab nämlich das Gerücht, dass immer mal
wieder ein Engel da vorbeikam, und wenn der das Wasser berührte und
man als Erster dort reinsprang, würde man geheilt werden. 5 Einer von
diesen Leuten, der ständig da war, konnte schon seit achtunddreißig
Jahren nicht gehen. 6 Jesus sah den Typen dort sitzen, und einer von den
Menschen, die da waren, erzählte ihm seine Geschichte. Darum fragte
Jesus ihn dann: „Hey, willst du eigentlich gesund werden?“ 7 „Mein
Herr, leider bin ich alleine hier, und immer, wenn sich das Wasser mal
bewegt, gibt es niemanden, der mich da reinschmeißen könnte. Ich
versuch das zwar, aber dann ist immer einer schneller als ich.“ 8 „Okay,
dann pack deine Sachen und lauf mal ’ne Runde!“, war die Antwort von
Jesus. 9 Und in derselben Sekunde war der Mann kerngesund! Er rollte
seine Decke zusammen und rannte los! Das passierte aber an dem
religiösen Feiertag der Juden, dem Sabbat. 10 Einer der Juden, die das
sahen, meckerte sofort rum: „Hey Sie, heute ist Sabbat, da ist Decken
rumtragen verboten!“ 11 „Aber der Mann, der mich gesund gemacht hat,
meinte zu mir, ich sollte meine Decke nehmen und ’ne Runde umher-
laufen!“ 12 „Und wer war das? Wer hat das zu Ihnen gesagt?“ 13 Der Typ,
der geheilt wurde, hatte keine Ahnung, wer Jesus eigentlich war. Jesus
hatte sich mittlerweile schon wieder unter die Leute gemischt. 14 Später
traf er den Mann noch mal im Tempel und sagte ihm: „Einen Rat hab
ich noch: Lass nichts mehr zwischen dich und Gott kommen, ja? Nicht,
dass dir noch was Schlimmeres passiert als diese Krankheit!“ 15 Danach
ging der Typ zu den Juden und erzählte, dass Jesus ihn gesund gemacht
hatte. 16 Ab diesem Zeitpunkt waren die Juden hinter Jesus her, nur weil
er diese Heilung am Sabbat gemacht hatte.

Jesus sagt, warum er Leute heilt

17 Jesus’ Antwort auf diese Kritik war so: „Mein Vater hat nie aufgehört,
gute Sachen für die Menschen zu tun.“ 18 Jetzt hatten die Juden erst

recht voll den Hals auf Jesus, weil ihm anscheinend nicht nur der Sab-
bat egal war, er bezeichnete auch noch Gott als seinen eigenen Vater!
Damit tat er ja so, als hätte er dieselbe Stellung wie Gott. 19 Dazu
meinte Jesus dann: „Eins kann ich euch garantieren: Der Sohn alleine
bringt es nicht, er kann nur das tun, was ihm der Vater vorgemacht
hat. 20 Der Vater liebt den Sohn, er zeigt ihm alles, was er noch vor-
hat. Und er will euch auch noch viel derbere Sachen zeigen, Dinge,
über die ihr euch wirklich wundern werdet! 21 Genauso wie der Vater
Tote lebendig machen kann, kann das auch sein Sohn. 22 Und der Va-
ter wird auch bei der letzten Gerichtsverhandlung nicht den Vorsitz
führen, das hat er dem Sohn übergeben. 23 Alle sollen nämlich den
Sohn gut finden, genauso wie den Vater. Wenn jemand keine Lust auf
den Sohn hat, dann hat er auch keine Lust auf den Vater, denn der hat
ihn ja geschickt. 24 Passt auf, was ich euch zu sagen habe: Wenn mir
jemand gut zuhört und sein Vertrauen auf Gott setzt, meinen Auftrag-
geber, dann wird er in der Lage sein, ewig zu leben! Er wird für seine
Schulden bei Gott nicht mehr bezahlen müssen, er hat den Sprung
vom Tod in ein echtes Leben schon geschafft. 25 Ich mach noch mal
'ne Ansage: Es wird mal eine Zeit kommen – sie hat sogar schon an-
gefangen –, wo sogar die toten Leute die Stimme vom Sohn von Gott
hören werden. Und wer darauf eingeht, wird leben. 26 Gott besteht aus
purem Leben, und Gott wollte, dass sein Sohn das gleiche Leben in
sich trägt. 27 Er hat ihm den Joystick der Welt in die Hand gegeben, er
soll mal der Richter sein, er ist der Auserwählte. 28 Keine Panik, Leute!
Es wird mal eine Zeit geben, da werden die Menschen, die gestorben
sind, vom Sohn Gottes gerufen werden. 29 Dann werden alle wieder
lebendig werden. Die ihr Leben gut geführt haben, werden durchkom-
men und leben. Die aber Mist gebaut haben, werden in einer Gerichts-
verhandlung verurteilt."

Dass Jesus Gottes Sohn ist, dafür gibt es Zeugen

30 „Ich unternehme nichts, ohne vorher den Vater zu fragen, ich richte
mich nach seinem Rat. Die Urteile, die ich fälle, sind total gerecht, sie
kommen nicht alleine von mir, sondern sie entsprechen dem, was der
Vater will. Er hat mich zu euch geschickt, ich fälle kein Urteil alleine.
31 Wenn ich in den Zeugenstand treten würde, um für mich selber aus-
zusagen, dann würde das nicht viel bringen, ich wäre total unglaubwür-
dig. 32 Jemand anders muss für mich als Zeuge aussagen. Und eins ist
auf sicher: Alles, was der dann sagt, ist die Wahrheit. 33 Ihr habt ein paar
von euren Leuten zu Johannes, der die Leute tauft, geschickt, damit sie
mal auschecken, was er über mich sagt. Und er hat die Wahrheit gesagt.

[34] Und dabei hab ich eigentlich einen Zeugen gar nicht nötig. Nur wegen
euch hab ich Johannes als Zeugen aufgeführt, damit ihr mir vertraut
und aus euerm Dreck gerettet werdet! [35] Johannes hat eine Zeit lang wie
die Sonne gestrahlt, und ihr wolltet es euch in diesem Licht ein wenig
gut gehen lassen. [36] Aber ich kann noch fettere Zeugen aufbringen, und
das sind die Dinge, die ich tue! Alles, was ich tue, hab ich vom Vater
gesagt bekommen. Ich soll alles so machen, wie er es sagt, damit alle
begreifen: Ich komme von ihm. [37] So tritt Gott selber für mich als Zeu-
ge auf. Aber ihr sitzt auf euren Ohren und habt ihn noch nie gesehen.
[38] Ihr habt die Sachen, die er sagt, weder begriffen noch befolgt. Sonst
würdet ihr mir glauben, weil ich von ihm ausgesandt worden bin. [39] Ihr
studiert die alten Bücher, die heiligen Schriften und so, weil ihr meint,
so könntet ihr wirkliches Leben bekommen. Und dabei verweisen die
Schriften auf mich! [40] Und trotzdem habt ihr keinen Bock auf mich, ihr
wollt nicht zu mir kommen, dabei würde ich euch ein Leben ohne Ende
geben! [41] Ist mir auch echt egal, ob ihr mich jetzt toll findet oder nicht.
[42] Ich kenne euch nämlich nur zu gut, ich weiß, dass ihr keine Ahnung
von Gottes Liebe habt. [43] Ich komm ja im Auftrag von meinem Vater,
aber ihr wollt mich nicht akzeptieren. Stattdessen fahrt ihr auf jeden
anderen Popel ab, auch wenn der sich den Auftrag nur selbst erteilt hat.
[44] Kein Wunder, dass es euch so schwer fällt zu vertrauen. Ihr zögert
nicht, wenn es darum geht, euch gegenseitig zu puschen. Dabei gibt es
nur einen, der euch wirklichen Wert geben kann, und das ist Gott. Das
scheint euch aber total egal zu sein. [45] Großer Irrtum, wenn ihr glaubt,
dass ich beim Vater gegen euch Anzeige erstatten werde. Das wird euer
Mose schon erledigen, gerade der, auf den ihr euch beruft. [46] Wenn ihr
nur den Worten von Mose wirklich geglaubt hättet, dann würdet ihr jetzt
auch mir glauben. Denn Mose hat ja auch schon von mir geschrieben.
[47] Und wenn ihr Mose schon nicht glaubt, dann werdet ihr mir erst recht
nicht glauben!"

6

Über fünftausend Leute werden satt

[1] Kurze Zeit später ging Jesus auf die andere Seite vom galiläischen
Meer, das man auch den See von Tiberias nannte. [2] Sehr viele Fans
waren da sofort bei ihm, alle fuhren total auf die Wunder ab, die er tat,
viele Kranke wurden durch ihn wieder gesund. [3] Jesus wollte sich ein
bisschen mit seinen Freunden zurückziehen, darum verschwanden sie
auf einen kleinen Berg. [4] Das war kurz vor dem Passafest, das jedes
Jahr bei den Juden gefeiert wird. [5] Jesus wollte mal den Ausblick ge-
nießen und dabei sah er, wie wahnsinnig viele Leute auf der Suche

nach ihm waren. Die kamen alle schon den Berg hoch. „Hey Philippus, hast du 'ne Idee, wo wir genug Brot herkriegen, damit wir allen was zu essen anbieten können?", fragte Jesus. [6] Das war ein kleiner Test für Philippus, denn er hatte schon vorher genau geplant, was gleich abgehen würde. [7] Philippus rechnete Jesus vor: „Also, wir bräuchten mindestens 12.000 Euro, um hier alle satt zu kriegen!" [8] Andreas, der ein Bruder von Simon Petrus war, schleppte einen kleinen Jungen an [9] und sagte: „Dieser Knirps hat fünf Vollkornbrote und zwei geräucherte Forellen dabei. Das ist aber echt nur ein Tropfen auf den heißen Stein!" [10] „Okay, sagt mal den Leuten, sie sollen sich irgendwo auf die große Wiese hinpflanzen!" Gesagt, getan, und die etwa fünftausend Männer plus Frauen und Kinder setzten sich dort auf das Gras. [11] Jesus nahm die Brote, sagte Gott danke dafür und verteilte sie an die Leute. Genauso machte er es dann auch mit den geräucherten Fischen. [12] Und tatsächlich: Alle, die da waren und was gegessen hatten, wurden pappsatt! „Jetzt sammelt mal die Reste wieder ein, wir wollen ja keinen Müll hinterlassen und es soll ja auch nichts vergammeln!", bat Jesus seine Freunde nach dem Essen. [13] Und volle zwölf Körbe mit Essensresten kamen wieder zusammen! Und das war alleine vom Brot übrig geblieben! [14] Als die Leute begriffen, was da gerade für ein Wunder abgegangen war, riefen einige: „Es stimmt, dieser Typ ist wirklich der Prophet, auf den wir schon so lange warten!" [15] Jesus merkte schnell, dass ihn die Leute jetzt schnell zum Superstar und am besten gleich zum Regierungsoberhaupt machen wollten, darum flüchtete er erst mal ganz allein in die Berge.

Jesus kann sogar auf dem Wasser gehen

[16] Abends stiegen seine Freunde dann in ihr Boot, weil sie noch eine Tour über den See nach Kapernaum geplant hatten. [17] Es war schon total dunkel draußen, und Jesus war immer noch nicht zurück. Schließlich legten sie einfach ab und fuhren los. [18] Plötzlich kam ein heftiger Orkan auf! [19] Die Freunde waren schon etwa fünf Kilometer vom Ufer weg, zurückrudern ging nicht mehr. Plötzlich sahen sie, wie ihnen Jesus höchstpersönlich auf dem Wasser entgegenkam! Seine Freunde kriegten voll die Paras, [20] aber Jesus rief ihnen nur zu: „Keine Panik, Jungs, ich bin es nur!" [21] Sie halfen ihm ins Boot zu steigen, und in derselben Sekunde waren sie plötzlich genau an dem Zielort angelangt!

Brot, das den Hunger nach Leben stillt

[22] Am nächsten Morgen trafen sich die Menschen wieder auf der anderen Seite vom See und warteten da auf Jesus. Sie hatten mitge-

kriegt, dass er mit seinen Freunden zusammen gekommen war, die
dann aber alleine, ohne ihn, mit dem Boot wieder abgehauen waren.
23 Inzwischen hatten mehrere Schiffe aus Tiberias bei der Stelle an-
gelegt, wo Jesus, nachdem er gebetet hatte, so viele mit dem Brot
satt machen konnte. 24 Da nun weder Jesus noch seine Freunde dort
wieder aufgetaucht waren, stieg alles in die nächste Fähre Richtung
Kapernaum. Sie wollten ihn dort suchen. 25 Und tatsächlich fanden
sie ihn da mit seinen Freunden. Einer meinte zu ihm: „Großer Lehrer,
wann sind Sie denn hierher gekommen?“ 26 „Ich weiß genau, warum
ihr hier seid!“, antwortete Jesus. „Ihr habt mich gesucht, weil ich euch
was zu essen organisiert habe und ihr satt geworden seid, stimmt’s?
Ihr seid nicht hier, weil es euch um mich geht! 27 Macht euch bloß
nicht so den Kopf da drüber, ob ihr genug zu essen kriegt! Denkt lie-
ber darüber nach, wie ihr es hinkriegt, ein Leben zu bekommen, was
nie aufhört. Das kann der Menschensohn* euch schenken, wenn ihr
wollt! Gott hat ihm die Vollmacht dazu erteilt.“ 28 „Was sollen wir denn
machen, damit Gott mit uns zufrieden ist?“, fragten sie ihn. 29 „Es gibt
nur eine Sache, die Gott von euch erwartet: Ihr sollt euer Vertrauen
auf den setzen, den er zu euch geschickt hat!“ 30 „Okay, wenn Sie wol-
len, dass wir Ihnen vertrauen und an Sie glauben, dann machen Sie
mal jetzt als Beweis irgendein Wunder, ja?! Also, was zeigen Sie uns
jetzt? 31 Immerhin haben unsere Vorfahren, als sie durch die Wüste
gezogen sind, diesen Brotersatz, das Manna, als Beweis von Gott
bekommen. Steht ja auch im alten Buch drin: ‚Er gab ihnen Brot aus
dem Himmel zu essen.‘“ 32 Jesus’ Antwort war so: „Ich schwör, Mose
hatte mit diesem Brot nichts zu tun, Leute. Das Brot kam von meinem
Papa, er kann euch sogar echtes Himmelsbrot geben! 33 Und dieses
Brot bin ich persönlich. Ich will der ganzen Welt echtes, richtiges Le-
ben schenken.“ 34 „Chef, geben Sie uns auch was von diesem Brot, am
besten täglich!“, meinten die Leute da zu ihm. 35 „Ich selbst bin das
lebendige Brot. Wer zu mir kommt, wird nie wieder Hunger haben.
Wer mir vertraut, wird keinen Durst mehr bekommen, für immer!
36 Aber ihr wollt mir nicht glauben, obwohl ihr mich sogar live gesehen
habt. 37 Alle Leute, die mir der Vater schickt, werden zu mir kommen.
Ich werde keinen draußen stehen lassen. 38 Ich bin aus Gottes Welt
zu euch gekommen, damit ich die Sachen durchziehe, die Gott von
mir will. Es geht mir nicht um mich. 39 Und Gott will von mir, dass ich
keinen von den Leuten, die er mir gegeben hat, aufgebe, nicht einen
einzigen. Am letzten Tag dieser Welt sollen sie alle zum ewigen Leben
durchstarten. 40 Denn mein Vater will, dass alle, die blicken, dass ich
sein Sohn bin, und mir vertrauen, für immer leben können. Die werde

ich aus dem Tode rausholen, wenn es mit dieser Welt zu Ende ist.“
[41] Ein paar von den Juden passte das gar nicht, dass Jesus behauptete,
er wäre ein lebendiges Brot, das direkt aus dem Himmel gekommen
wäre. [42] „Was will der denn? Ist das nicht dieser Jesus, der Sohn vom
Josef? Wir kennen doch sogar seine Eltern ganz gut! Wie kommt der
zu der Behauptung, er wäre aus dem Himmel gekommen?!“ [43] „Warum
passt euch das nicht?“, meinte Jesus. [44] „Keiner kann mit mir was an-
fangen, wenn ihm der Vater nicht gezeigt hat, wo es längsgeht. Alle
Menschen, die er zu mir schickt, werde ich am letzten Tag dieser Erde
lebendig machen. [45] Die Propheten hatten auch schon geschrieben:
‚Alle werden bei Gott wieder die Schulbank drücken müssen!‘ Wenn
also jemand auf Gott hört und von ihm lernt, der kommt zu mir.
[46] Damit will ich nicht sagen, dass schon mal irgendwann jemand Gott
wirklich gesehen hat. Nur einer kennt ihn wirklich, und zwar der, der
von ihm geschickt wurde. [47] Eine Sache ist ganz sicher: Wer sein Ver-
trauen auf mich setzt und mir glaubt, der hat jetzt schon das Leben,
was nie aufhören wird, in der Tasche. [48] Ich bin das Brot, das euch die-
ses Leben geben kann. [49] Eure Vorfahren haben dieses Manna in der
Wüste gegessen, aber irgendwann sind sie doch alle gestorben. [50] Die-
ses Brot, das ihr hier vor euch seht, kommt direkt aus dem Himmel.
Alle, die davon essen, werden nie mehr sterben! [51] Ich bin das Brot,
das Leben gibt, und das kommt aus dem Himmel. Alle, die von die-
sem Brot essen, werden ewig leben. Dieses Brot ist mein Körper, der
wird für euch wie ein Schuldschein eingelöst. Das tue ich, damit diese
Welt leben kann.“ [52] Diese Ansprache löste voll die Diskussionen bei
den Juden aus. „Will der etwa, dass wir Kannibalismus betreiben und
sein Fleisch essen, oder was?“ [53] Darum sagte Jesus noch mal: „Eine
Sache ist sicher: Wenn ihr nicht von dem Fleisch vom Menschensohn*
essen und auch nicht sein Blut trinken wollt, könnt ihr das ewige
Leben echt vergessen! [54] Die Leute aber, die mein Fleisch essen und
mein Blut trinken, werden ewig leben, und am letzten Tag von dieser
Erde werde ich sie alle aus ihrem Tod rausholen. [55] Mein Körper ist die
einzige echte Nahrung, die man braucht, und mein Blut das wichtigste
Getränk. [56] Alle, die mein Fleisch essen und mein Blut trinken, sind
mit mir ganz eng verbunden. [57] Ich kann nur existieren, weil die Kraft
vom lebendigen Gott in mir ist. Ich bin in seinem Auftrag unterwegs.
Genauso werden alle, die mit mir verbunden sind, aus meiner Kraft
leben. [58] So ist das mit dem lebendigen Brot, das aus dem Himmel
kommt. Wer davon isst, wird nicht mehr sterben, er wird ewig leben.

* Siehe Erklärung in Matthäus 8, Vers 20.

Anders als eure Vorfahren, die von dem Manna gegessen haben."
59 Diese Rede hielt Jesus in einer Synagoge in Kapernaum, wo sich die
Juden zum Gebet versammelten.

Viele Freunde verlassen Jesus

60 Viele von seinen Freunden kamen darauf nicht klar. Sie sagten:
„Harte Worte, steile Thesen, wer hat da noch Bock drauf?" 61 Jesus
bekam das natürlich mit, darum sagte er zu ihnen: „Schiebt ihr nur
deswegen schon voll den Hals? 62 Was geht dann erst bei euch ab,
wenn ihr seht, wie der Menschensohn* dahin zurückgeht, wo er her-
gekommen ist? 63 Nur der Geist von Gott macht Dinge lebendig! Das
kriegt ihr selber nie hin! Die Worte, die ich zu euch gesprochen habe,
bestehen aus diesem Geist. Darum sind sie in der Lage, Menschen
lebendig zu machen. 64 Ein paar von euch glauben mir aber immer
noch nicht." Jesus wusste nämlich von Anfang an, wer ihm nicht ver-
traute, und er wusste auch, wer ihn später verraten würde. 65 Er sagte
darum noch: „Das war der Grund, warum ich die Ansage gemacht
habe: Keiner schafft es mich zu finden, wenn Gott der Vater ihm
nicht den Weg zeigt und ihn zu mir bringt!" 66 Nach dieser Rede ver-
abschiedeten sich sehr viele von seinen Freunden und gingen nicht
länger mit ihm. 67 Jesus fragte seine zwölf engsten Freunde: „Und
was ist mit euch? Wollt ihr euch auch verabschieden und mich alleine
lassen?" 68 Da sagte Simon Petrus sofort: „Chef, zu wem sollten wir
denn überhaupt hingehen? Du hast Worte, die uns die Richtung zei-
gen zu einem Leben, was ewig hält! 69 Wir vertrauen dir, wir haben ka-
piert, dass du der Auserwählte bist, der Christus, der Sohn von Gott."
70 Jesus antwortete: „Ich hab euch zwölf extra ausgesucht, trotzdem
ist einer von euch mein Feind." 71 Damit meinte er Judas, den Sohn
vom Simon Iskariot. Er war einer der zwölf engsten Freunde, und er
linkte Jesus am Ende total ab.

7

„Zeig uns, was du draufhast!"

1 Anschließend zog Jesus weiter in Galiläa herum. In Judäa wollte er
nicht rumziehen, weil die Leitungsebene der Juden schon beschlossen
hatte, ihn bei der nächsten Gelegenheit zu töten. 2 Kurz vor dem jüdi-
schen Laubhüttenfest 3 drängelten seine leiblichen Brüder rum, er sollte
doch die Feiertage unbedingt woanders verbringen. „Geh doch nach Ju-
däa, Jesus, da kannst du noch eine kleine Wundershow für deine Jünger

---

* Siehe Erklärung in Matthäus 8, Vers 20.

abziehen!“, meinten sie. [4] „Wenn du dich immer versteckst, wirst du nie
berühmt werden! Wenn du wirklich so derbe Wunder tun kannst, dann
musst du sie auch allen zeigen!“ [5] Seine Brüder glaubten nämlich nicht
an ihn. [6] „Also, ich denke, dass es noch nicht an der Zeit für mich ist,
da hinzugehen. Was nicht heißen muss, dass ihr auch nicht gehen soll-
tet. Macht es, wie ihr wollt! [7] Ihr werdet von den Menschen nie gehasst
werden, warum auch. Aber mich hassen sie, weil ich ihnen offen ins
Gesicht sage, dass sie in einer Tour nur Sachen machen, die Gott nicht
will. [8] Ihr könnt ruhig auf die Party gehen, die da stattfindet, aber ich
komme nicht mit. Es ist noch nicht die Zeit, wo ich richtig loslegen soll.“
[9] Jesus blieb dann erst mal in Galiläa. [10] Als seine Brüder abgezogen
waren, ging Jesus dann doch noch hinterher. Aber inkognito, damit ihn
keiner erkannte. [11] Die Führungsriege der Juden fragte überall nach ihm.
[12] In der ganzen Stadt wurde über Jesus getuschelt. Die einen waren der
Meinung: „Er ist ein guter Mensch!“ Andere meinten wiederum: „Er
verführt die Bevölkerung nur!“ [13] Aber keiner hatte den Mut, öffentlich
über ihn zu reden, weil sie alle Schiss vor der religiösen Führung hatten.
[14] Als das Fest gerade Halbzeit hatte, ging Jesus noch in den Tempel,
um dort Unterricht in Glaubensfragen zu geben. [15] Die Juden, die ihm
dabei zuhörten, kriegten es dabei nicht auf die Reihe, wie gut er da drin
war. „Wie kann jemand so kompetent die heiligen Bücher erklären, ob-
wohl er gar nicht studiert hat?“, fragten sie sich. [16] Jesus beantwortete
die Frage: „Was ich euch hier erzähle, hab ich mir nicht selbst ausge-
dacht. Es kommt alles von Gott, in dessen Auftrag ich unterwegs bin.
[17] Jeder, der das Ziel hat, nur die Sachen zu tun, die Gott gut findet, ver-
steht schnell, ob das, was ich sage, von Gott kommt oder nur von mir
selbst. [18] Wenn jemand seine eigenen Ideen verbreitet, will er am Ende
auch immer groß rauskommen. Wenn einer aber im Auftrag von jemand
anders arbeitet und nur will, dass der Auftraggeber groß rauskommt,
dann kann man ihm vertrauen, er ist gut unterwegs. [19] Mose hat euch
die Gesetze gegeben, aber keiner von euch tut, was da drinsteht. War-
um wollt ihr mich überhaupt umbringen?“ [20] Einer aus der Menge rief
zu ihm: „Du bist ja total durchgeknallt! Wer will dich denn bitte töten?“
[21] Jesus fuhr fort: „Warum regt ihr euch überhaupt so auf? Ich hab doch
nur einen Menschen am Sabbat geheilt, weiter nichts! [22] Ihr sagt, das
ist nach den Gesetzen verboten, und dabei arbeitet ihr auch am Sabbat,
wenn ihr mit einem Menschen zum Beispiel dieses Beschneidungsritual
durchzieht. Mose hat dieses Gesetz ja vorgegeben, obwohl der Brauch
sogar sehr viel älter ist als das Gesetz vom Mose. Das kommt ja noch
von den alten Stammvätern. [23] Wenn diese Beschneidung am Sabbat
völlig legal ist, warum wollt ihr mich dann fertig machen, wenn ich

einen Menschen am Sabbat heile? 24 Denkt mal nach, Leute, seid nicht
so oberflächlich!"

Diskussionen über Jesus

25 Ein paar von den Leuten aus Jerusalem fragten sich: „Ist das nicht der
Typ, den sie ermorden wollen? 26 Jetzt hält der hier in aller Öffentlichkeit
große Reden, und sie unternehmen nichts dagegen. Denken die jetzt
vielleicht auch, er wäre ‚der Auserwählte', dieser Messias? 27 Das geht
ja gar nicht! Wir wissen ja schließlich genau, wo er herkommt! Wenn
dieser Auserwählte kommt, dann kommt er ganz plötzlich, dann weiß
man noch nicht mal, wo er früher überhaupt gewohnt hat." 28 Jesus be-
kam das irgendwie mit und rief laut: „Klar, ihr denkt jetzt, dass ihr mich
kennt, weil ihr wisst, wo ich aufgewachsen bin. Aber ich komme nicht,
um mich selbst zu vertreten, ich vertrete jemand anders, von dem habt
ihr aber keine Ahnung. 29 Ich kenne ihn sehr gut, ich hab mal bei ihm
gewohnt. In seinem Auftrag bin ich hier." 30 Als sie das hörten, hätten
sie ihn am liebsten gleich weghaften lassen. Ging aber nicht, weil seine
Zeit noch nicht abgelaufen war. 31 Viele der Leute, die im Tempel saßen
und seiner Rede zugehört hatten, fingen an ihm zu vertrauen. Ihre Be-
gründung war schlicht und einfach: „Kann man von dem Auserwählten
noch mehr Wunder erwarten, als dieser Mann bereits jetzt schon getan
hat?" 32 Als die Pharisäer hörten, was für eine hohe Meinung die Leute
über Jesus hatten, organisierten sie mit dem Segen vom obersten Pries-
ter ein paar Wachmänner vom Tempel, um Jesus verhaften zu lassen.
33 Jesus sagte zu den Leuten: „Ich werde nur noch kurz bei euch bleiben,
dann werde ich zurückgehen, wo ich hergekommen bin. 34 Ihr werdet
nach mir suchen, aber ihr könnt mich nicht finden, und wo ich dann bin,
da kommt ihr überhaupt nicht hin." 35 Diese Ansage kapierten die Juden
nicht wirklich. „Wo will er hin? Will er vielleicht fliehen und das Land
verlassen? Vielleicht will er auch 'ne Tour ins Ausland machen? 36 Was
meint er jetzt mir diesem Spruch: ‚Ihr werdet nach mir suchen und mich
nicht finden können', und damit: ‚Wo ich bin, da könnt ihr nicht sein'?
Hä?"

Wer Durst nach Leben hat, kann zu Jesus kommen

37 Am letzten Tag, es war immer der Höhepunkt des Festes, stell-
te sich Jesus vor die Leute hin und rief ihnen zu: „Hat hier jemand
Durst? Der soll bei mir vorbeikommen und sich was zu trinken abho-
len! 38 Jeder, der sein Vertrauen auf mich setzt, aus dem wird von in-
nen heraus lebendiges frisches Wasser sprudeln. Da drüber kann man
schon was in den alten Schriften nachlesen." 39 Damit meinte er die

Kraft, die von Gott kommt, den heiligen Geist. Alle sollten den bekom-
men, alle, die an Jesus glauben. (Diesen Geist bekamen sie dann erst
später, und zwar nachdem Jesus aus dem Tod wieder zurück ins Le-
ben gekommen war und von Gott die Macht über diese Welt bekom-
men hatte.) 40 Einige von denen, die zugehört hatten, waren jetzt der
Ansicht: „Bestimmt ist dieser Mann ein Prophet." 41 Andere glaubten
wiederum: „Er ist der Auserwählte, der Christus." Die Nächsten waren
da anderer Meinung: „Das geht ja gar nicht. Wie kann der Auserwähl-
te denn ausgerechnet aus Galiläa kommen? 42 In den alten Schriften
steht doch, dass dieser Messias aus der Präsidentenfamilie stammt,
der vom David. Und dass er in Bethlehem geboren werden sollte, in
demselben Dorf, wo David auch geboren worden ist!" 43 Es war also
voll die Diskussion im Gange. 44 Ein paar waren dafür, ihn verhaften
zu lassen, aber das traute sich irgendwie keiner. 45 Die Wachleute vom
Tempel kamen mit leeren Händen zu den Oberpriestern und den
Pharisäertypen zurück. „Was ist los, warum haben Sie ihn nicht verhaf-
tet?", wollten die wissen. 46 „Entschuldigung, aber das ging irgendwie
nicht. Wir haben einfach noch nie einen Menschen so reden hören wie
ihn!" 47 „Hat er euch etwa auch verführt?", meinten die Pharisäer zu
den Wachleuten. 48 „Glaubt auch nur einer aus der religiösen Führung
an ihn? 49 Nur diese verfluchten Leute, die sowieso nichts taugen, lau-
fen ihm hinterher! Alles Leute, die keinen blassen Schimmer von den
alten Büchern haben." 50 Da meinte Nikodemus, der selbst ein Phari-
säer war und sich mit Jesus schon mal getroffen hatte: 51 „Ist es jetzt
seit neustem etwa gesetzlich vorgesehen, Leute zu verurteilen, bevor
sie eine ordentliche Verhandlung bekommen haben?" 52 „Kommst du
etwa auch aus Galiläa?", wollten die Pharisäer gleich wissen. „Über-
prüf doch erst mal in den heiligen Schriften, was dazu steht. Kein
Prophet kommt aus Galiläa!" 53 Man kam bei diesem Treffen zu keiner
Einigung. Irgendwann gingen sie alle nach Hause.

8

Jesus vergibt der Frau, die sonst von allen verurteilt wird

1 Jesus ging dann aus der Stadt zum Ölberg. 2 Aber gleich am nächsten
Morgen war er wieder im Tempel. Und ziemlich schnell waren wieder
sehr viele Leute bei ihm, denen er dann Sachen über Gott beibringen
konnte. 3 Plötzlich brachten die Theologen und die Pharisäer eine Frau
an, die auf frischer Tat ertappt worden war. Sie hatte mit einem Mann
Sex gehabt, obwohl sie bereits mit einem andern verheiratet war. Sie
stießen die Frau in die Mitte, damit alle sie sehen konnten. 4 Dann
sagten sie zu Jesus: „Herr Lehrer, diese Frau ist gerade beim Ehebruch

erwischt worden. [5] Nach den alten Gesetzen vom Mose müsste sie jetzt von mehreren so lange mit Steinen beworfen werden, bis sie tot ist! Was sagen Sie zu diesem eindeutigen Fall?“ [6] Das war natürlich nur ein Trick. Sie hofften, sie könnten Jesus damit in eine Zwickmühle bringen, sodass er irgendwas Verpeiltes sagen würde, was sie dann später gegen ihn verwenden könnten. Jesus blieb aber total cool, er setzte sich auf den Boden und schrieb irgendwas mit seinen Fingern in den Sand. [7] Als die Typen aber weiter rumnervten, sah er nach oben und sagte: „Okay, dann soll mal der den ersten Stein werfen, der noch nie in seinem Leben Mist gebaut hat!“ [8] Dann bückte er sich wieder und malte irgendwelche Sachen in den Sand. [9] Als Erstes verschwanden die Leute, die Anklage erhoben hatten. Und dann folgte ihnen einer nach dem anderen, bis Jesus zum Schluss mit der Frau alleine war. [10] Jesus stand auf und fragte sie: „Na, wo sind denn jetzt die Leute, die ’ne Anzeige erstatten wollten? Hat etwa keiner von denen das Urteil auch vollstreckt?“ [11] „Nein, keiner, mein Herr“, antwortete sie. „Dann werde ich das auch nicht tun. Geh jetzt mal nach Hause und pass auf, dass du nicht noch einmal so einen Fehler machst!“

Ein Licht, das die Richtung vorgibt
[12] An einem anderen Tag hielt Jesus wieder eine Rede. Diesmal sagte er: „Ich bin wie eine Halogenlampe für diese Welt. Wer mit mir lebt, wird sich nicht mehr verlaufen, er muss nur dem Licht hinterhergehen. Es führt ihn in die richtige Richtung, nämlich zum Leben.“ [13] Die Pharisäer wollten gleich wieder ’ne Diskussion anzetteln. „Also, wissen Sie nicht, wenn jemand keinen anderen Zeugen auffahren kann als sich selbst, dann ist er sowieso unglaubwürdig?!“ [14] „Alles, was ich über mich sage, entspricht der vollen Wahrheit, auch wenn ich mein eigener Zeuge bin. Ich weiß, woher ich komme, und ich weiß auch, wohin ich mal gehen werde! Aber davon habt ihr keinen blassen Schimmer. [15] Ihr verurteilt mich nach euren eigenen menschlichen Pseudo-Gesetzen. Ich verurteile hier niemanden. [16] Wenn ich aber mal Menschen verurteilen werde, dann tue ich das fair und gerecht. Ich werde das dann nicht alleine machen, mein Vater ist dabei. Der hat mich ja auch hergeschickt. [17] Für eure Gesetze ist eine Aussage vor Gericht ja erst dann akzeptabel, wenn es dafür mindestens zwei Zeugen gibt. [18] Also, wenn ich der eine Zeuge bin, dann ist der Vater mein zweiter Zeuge.“ [19] „Ja, wo ist denn Ihr Vater, bitte?“, wollten sie wissen. Jesus antwortete: „Sie haben noch nicht mal kapiert, wer ich bin, wie sollen Sie dann begreifen, wer mein Vater ist? Wenn Sie mich wirklich kennen würden, dann würden Sie auch meinen Vater kennen.“ [20] Diese Sachen erzählte Jesus in einem besonderen

Raum in dem Tempel der Juden, der so genannten Schatzkammer. Sie konnten ihn aber noch nicht verhaften, weil die Zeit noch nicht reif dafür war.

Jesus wohnte mal im Himmel

21 Später machte Jesus noch mal eine Ansage: „Ich werde irgendwann
von hier verschwinden. Dann werdet ihr mich wie blöd suchen und an
eurem Dreck ersticken. Aber da, wo ich dann bin, könnt ihr nicht hin-
kommen.“ 22 Die Juden kapierten null, was er damit meinte: „Will er viel-
leicht Selbstmord begehen? Was meint er damit: ‚Da, wo ich bin, könnt
ihr nicht hinkommen‘? Hä??“ 23 Dazu sagte Jesus nur: „Eure Heimat
ist hier auf der Erde. Meine Heimat ist aber nicht hier. 24 Das war auch
der Grund, warum ich gesagt habe, ihr werdet an eurem Dreck noch
ersticken. Weil ihr euer Vertrauen nicht auf mich setzt und nicht glaubt,
dass ich der Auserwählte bin, werdet ihr an eurem Dreck ersticken!“
25 „Wer sind Sie denn überhaupt?“, wollten die jetzt wissen. Jesus mein-
te nur: „Rede ich mir hier jetzt den Mund fusselig? Hab ich doch schon
gesagt! 26 Es gibt noch einiges, was ich jetzt über euch sagen könnte,
noch viele Sachen, die bei euch echt ätzend laufen. Ich werde aber nur
das weitergeben, was er mir gegeben hat, und das ist auf jeden Fall
die reine Wahrheit.“ 27 Sie hatten immer noch nicht kapiert, dass Jesus
die ganze Zeit von Gott, seinem Vater, gesprochen hatte. 28 „Wenn ihr
den Menschensohn* oben an ein Kreuz genagelt habt, dann werdet ihr
kapieren, wer ich wirklich bin, und dann werdet ihr auch kapieren, dass
ich nicht meine eigenen Ideen verfolgt habe. Das sind alles Gedanken,
die mir Gott der Vater gegeben hat. 29 Er ist immer bei mir, auf ihn kann
ich mich hundertprozentig verlassen, weil ich nur das tue, was er will.“
30 Nachdem er diese Rede beendet hatte, fingen viele an, ihr Vertrauen
auf Jesus zu setzen.

Wann ist man wirklich frei?

31 Jesus sagte einmal zu den Menschen: „Alle, die das, was ich sage, für
sich als richtig akzeptieren und ihr Leben danach ausrichten, gehören
wirklich zu meinen Leuten. 32 Erst dann werdet ihr kapieren, was wirklich
wahr ist und was nicht. Und das wird euch die Möglichkeit geben, wirk-
lich frei zu sein.“ 33 „Aber wir sind doch aus der Familie vom Abraham“,
prollten die Juden rum. „Und wir haben unser Leben auch nicht mit
irgendwelchen Knebelverträgen an jemanden übertragen! Wie kommen
Sie darauf, dass wir ‚befreit‘ werden müssten?“ 34 „Also, eins sag ich

---

* Siehe Erklärung in Matthäus 8, Vers 20.

auf sicher", meinte Jesus, „jeder, der Dinge tut, die Gott nicht will, wird
dadurch unfrei. Er wird dadurch wie ein Angestellter, der nicht kündigen
kann. 35 Ein Angestellter ist kein Familienmitglied, er gehört zur Firma.
Ein Sohn gehört aber immer zur Familie. 36 Erst wenn der Sohn von Gott
kommt und euch da rausholt, dann seid ihr wirklich frei!"

Wer wirklich zur Familie vom Abraham gehört

37 „Ich weiß natürlich, dass ihr aus der Familie vom Abraham kommt.
Trotzdem wollt ihr mich töten, weil ihr keine Lust auf das habt, was ich
sage. 38 Ich erzähle euch nur das, was ich von meinem Vater gehört
habe. Und ihr tut nur das, was euch euer Vater gesagt hat." 39 „Abraham
ist unser Vater!", sagten sie sofort. Jesus erwiderte: „Nein, das denk ich
nicht. Denn wenn ihr seine Kinder wärt, dann wäre er auch euer Vorbild.
40 Ich hab euch die Wahrheit gesagt. Alles, was ich sage, kommt direkt
von Gott. Trotzdem wollt ihr mich umbringen. Abraham wäre nie auf
so eine Idee gekommen. 41 Ihr dagegen seid genauso drauf wie euer
Vater und tut auch genau das, was er euch sagt." „Unsere Mutter ist
keine Nutte, ja? Wir haben nur einen Vater, und zwar Gott!", meinten
sie. 42 „Wenn Gott wirklich euer Vater wäre, dann würdet ihr mich lieben.
Ich komme nämlich von ihm, er hat mir die Order gegeben zu euch
zu kommen. Das war nicht meine Idee. 43 Wisst ihr, warum ihr nicht
kapiert, was ich sage? Weil ihr überhaupt nicht hören könnt, was ich
euch sage! 44 Euer Vater ist nämlich der Satan höchstpersönlich, und
ihr seid so drauf wie er. Der Teufel war schon immer ein Mörder, und er
hasst die Wahrheit. Lügen gehört zu seinem Charakter, er hat die Lüge
erfunden. 45 Wenn ich euch die Wahrheit erzähle, ist es total logisch,
dass ihr mir nicht glaubt. 46 Wer von euch kann mir denn beweisen, dass
ich irgendwo Mist gebaut habe? Wenn ich euch die Wahrheit erzähle,
warum glaubt ihr mir nicht? 47 Wer Gott als Vater hat, der hört auch, was
er sagt. Dass ihr das nicht tut, ist ein Beweis, dass ihr nicht seine Kinder
seid." 48 Die Leute waren total sauer, als er das sagte: „Du Missgeburt!
Wir haben schon immer gesagt, dass du total durchgeknallt bist!"
49 „Ich bin total normal, ich will bloß dafür sorgen, dass mein Vater am
Ende groß rauskommt, aber ihr macht mich nur an! 50 Es geht mir nicht
da drum, am Ende der Held zu sein. Gott will, dass ihr versteht, wer
ich bin. Er wird sowieso am Ende der Richter sein. 51 Eins kann ich euch
garantieren: Wer sich an das hält, was ich sage, der wird niemals ster-
ben!" 52 Die Leute sagten dazu: „Spätestens mit diesem Spruch hast du
bewiesen, dass du total durchgeknallt bist! Selbst Abraham und auch
die Propheten sind irgendwann gestorben. Wie kommst du da drauf zu
sagen, wer sich an das hält, was du sagst, wird nie sterben? 53 Meinst

du, du hättest mehr Macht als unser Urvater Abraham? Selbst der ist
gestorben! Oder glaubst du, du wärst besser als die Propheten? Die sind
auch gestorben! Was bildest du dir eigentlich ein?“ 54 „Also Leute, wenn
ich hier selbst ’ne dicke Lippe riskieren würde, dann wäre alles sowieso
egal. Aber weil mein Vater hinter mir steht, ist das anders. Ihr sagt zwar,
dass er euer Gott ist, 55 dabei habt ihr überhaupt keine Ahnung, wie der
wirklich drauf ist. Ich kenne ihn aber sehr gut. Wenn ich jetzt sagen
würde, ich hätte keine Ahnung, wer Gott ist, dann wäre ich genauso ein
Lügner wie ihr. Aber ich kenne ihn und tue genau das, was er von mir
will. 56 Euer Vater Abraham freut sich schon auf mich! Er hatte schon
vorausgesehen, dass ich kommen werde!“ 57 „Hä, wie geht das denn?
Du bist doch keine fünfzig, wie willst du denn den Abraham kennen?“
58 „Ich schwöre euch, ich war schon da, bevor Abraham überhaupt ge-
boren wurde!“ 59 Als er das gesagt hatte, waren die Juden total sauer
und wollten ihn sofort töten. Aber Jesus konnte gerade noch rechtzeitig
fliehen.

9

Jesus heilt einen Typen, der blind ist

1 Unterwegs traf Jesus einen Typen, der von Geburt an blind war.
2 „Chef, sag mal, gibt es einen Grund, warum der Mann blind geboren
wurde? Liegt das an seinen eigenen Sünden oder daran, dass seine
Eltern so viel Mist gebaut haben?“, wollten seine Jünger wissen. 3 „Das
hatte nichts mit seinen Taten zu tun und auch nicht mit denen seiner
Eltern“, meinte Jesus. „Er wurde als Blinder geboren, damit Gottes Mög-
lichkeiten bei ihm sichtbar werden können. 4 Ich muss den Auftrag, den
Gott mir ausgestellt hat, erfüllen, und zwar so schnell es geht. Es dauert
nicht mehr lange, dann wird es dunkel werden, und dann kann keiner
mehr was ausrichten. 5 Solange ich hier bei euch bin, werde ich der Welt
Orientierung geben.“ 6 Dann spuckte Jesus auf die Erde und machte
aus dem Zeug einen Brei. Den strich er auf die Augen von dem Blin-
den. 7 „Geh jetzt mal zum Siloah-Teich und wasch dich da!“ Der Blinde
machte das auch, er wusch sich das Zeug von den Augen ab, und als er
zurückkam, konnte er sehen! 8 Seine Nachbarn und die Leute, die ihn
kannten, kriegten das null auf die Reihe. „Ist das nicht der Mann, der
immer an der Straße sitzt und bettelt?“ 9 Einige glaubten es nicht: „Das
geht ja gar nicht! Der sieht dem Typen nur verdammt ähnlich.“ „Doch,
ich bin das wirklich!“, sagte der Mann. 10 „Wie kommt das denn, dass du
plötzlich sehen kannst?“ 11 „Also, das war so“, berichtete er, „ein Mann,
der Jesus heißt, hat mir einen Brei auf meine Augen gestrichen. Dann
hat er gesagt, ich soll mal zum Teich Siloah gehen und das wieder ab-

waschen. Hab ich alles getan, und jetzt kann ich sehen!“ 12 „Und wo ist
dieser Jesus jetzt?“ „Keine Ahnung!“, war seine Antwort.

Die Jungs von der Pharisäerpartei wollen es genau wissen

13 Irgendwann brachten sie den „Ex-Blinden“ zu den Pharisäern. 14 Jetzt
war es so, dass Jesus den Typen am Feiertag, dem Sabbat, geheilt hatte,
und da war arbeiten eigentlich verboten ... 15 Die Pharisäer wollten erst
mal einen detaillierten Bericht von ihm. So erzählte er ihnen die ganze
Story: „... und dann er hat mir einen Brei auf die Augen gestrichen, und
als ich den abgewaschen hab, konnte ich sehen! ...“ 16 Ein paar von den
Pharisäern meinten dann gleich: „Dieser Jesus kann gar nicht von Gott
sein, denn er hat gegen unsere religiösen Gesetze verstoßen und am
Sabbat gearbeitet.“ Eine andere Meinung war: „Aber wie kann das an-
gehen, dass so ein ganz normaler Typ solche großen Wunder tun kann?“
17 Von dem Ex-Blinden wollten sie jetzt noch wissen: „Wie schätzen Sie
denn diesen Menschen ein, was ist das für einer?“ „Der ist auf jeden
Fall mindestens ein Prophet!“, war seine Antwort. 18 Die führenden Ju-
den wollten aber nicht glauben, dass er wirklich mal blind gewesen war.
Darum wurden die Eltern von ihm auch vorgeladen. 19 Die Befragung
ergab Folgendes: „Ist das Ihr Sohn? Behaupten Sie, er wäre von Geburt
an blind gewesen? Wenn diese Aussage stimmt, wie kommt es, dass er
jetzt sehen kann?“ 20 Die Eltern antworteten: „Wir können garantieren,
dass es sich hier um unseren Sohn handelt und dass er blind geboren
wurde. 21 Warum er jetzt wieder sehen kann und wie das passiert ist?
Keine Ahnung! Er ist alt genug, um für sich selbst zu sprechen. Fragen
Sie ihn doch!“ 22 Diese Aussage kam aber unter Druck zustande. Die
Eltern hatten Schiss davor, ein Ausschlussverfahren an den Hals zu krie-
gen und aus der Synagogengemeinschaft rauszufliegen. 23 So kam es zu
dem Spruch: „Fragt ihn doch selbst!“ 24 Also wurde der Typ zum zweiten
Mal vorgeladen. Sie versuchten ihn unter Druck zu setzen: „Schwören
Sie bei Gott! Sagen Sie die Wahrheit und nichts als die Wahrheit! Wir
wissen, dass dieser Jesus nicht mit Gott lebt und Dreck am Stecken hat.“
25 „Ich hab keine Ahnung, ob dieser Jesus jetzt nun mit Gott lebt oder
nicht, aber eins weiß ich ganz sicher: Ich war mal blind und jetzt kann
ich sehen!“ 26 „Aber was hat er denn mit Ihnen gemacht, wie hat er das
genau angestellt?“ 27 Genervt meinte der Typ: „Das hab ich Ihnen doch
schon hundert Mal erzählt! Haben Sie was in den Ohren, oder wie? Oder
wollen Sie sich etwa auch seiner Truppe anschließen?“ 28 Jetzt rasteten
die Pharisäer wiederum aus und brüllten: „Sie gehören doch zu ihm! Wir
gehören nur zu Mose! 29 Von Mose wissen wir, dass Gott mit ihm geredet
hat. Aber von diesem Typen wissen wir noch nicht mal, wo er geboren

wurde!“ 30 „Schon echt seltwürdig!!“, meinte der Mann. „Er kann immer-
hin meine Augen so mal eben heilen, aber Sie haben keine Ahnung, wo
der überhaupt herkommt! 31 Wir wissen doch alle, dass Gott nicht auf das
Gebet von Leuten hört, die Dreck am Stecken haben. Nur Menschen, die
so leben, wie er das will, auf die hört er. 32 Solange sich diese Erde dreht,
hat noch nie jemand eine Heilung von einem Blindgeborenen gebracht,
oder? 33 Wenn dieser Typ nicht von Gott kommt, dann ginge das doch gar
nicht!“ 34 Völlig sauer brüllten sie ihn an: „Was? Jetzt spielen Sie hier auch
noch unseren Lehrer?“, und dann schmissen sie ihn einfach raus.

Menschen, die sehen können, sind oft total blind

35 Jesus hörte später, dass sie den Typen aus der jüdischen Gemein-
schaft exkommuniziert hatten. Er besuchte ihn daraufhin und fragte
ihn: „Würdest du dein Vertrauen auf den Menschensohn* setzen?“
36 „Ja klar! Sag mir, wer das ist, ich würde gerne an ihn glauben!“ 37 „Er
steht vor dir und du redest gerade mit ihm.“ 38 „Ja, Meister! Ich ver-
traue dir hundert Prozent!“ Dann kniete er sich vor Jesus hin. 39 „Ich
bin hier auf die Welt gekommen, um ein Urteil über sie zu sprechen.
Bei mir werden sich Gut und Schlecht voneinander trennen. Die jetzt
glauben, den Durchblick zu haben, werden dann nichts mehr ver-
stehen, und die jetzt noch gar nichts blicken, werden alles plötzlich
verstehen können.“ 40 Die Pharisäer, die das hörten, fragten gleich:
„Haben Sie gerade uns als blind bezeichnet?“ 41 „Wenn ihr wenigstens
blind wärt, dann könnte man euch nichts vorwerfen“, sagte Jesus.
„Aber ihr glaubt ja, den Durchblick zu haben, darum könnt ihr euch
auch nicht mehr rausreden!“

10

Jesus ist ein guter Hirte

1 „Passt mal auf, was ich euch jetzt sagen will: Wenn jemand versucht,
sich hintenrum einzuschleimen, anstatt vorne geradewegs zu sagen,
was Sache ist, der hat garantiert keine guten Absichten, er will euch nur
kaputtmachen und beklauen! 2 Ein Schafhirte kommt auch immer vorne
durch das Haupttor, 3 der Türsteher öffnet ihm und die Schafe erkennen
ihn an seiner Stimme. Er kennt den Namen von jedem einzelnen Schaf
und er führt sie sicher nach draußen. 4 Wenn alle zusammen sind, geht
er voraus, und die Schafe gehen ihm hinterher, weil sie seine Stimme
kennen. 5 Wenn irgendein Fremder sie ruft, folgen sie ihm nicht, sie
laufen sogar weg. Sie kennen seine Stimme ja auch nicht.“ 6 Die Leute,

---

* Siehe Erklärung in Matthäus 8, Vers 20.

zu denen er das sagte, kapierten nicht so ganz, was er damit sagen woll-
te. 7 Darum erklärte er das dann noch mal. „Das ist wirklich so, Leute:
Ich bin das Haupttor, wo die Schafe durchmüssen. 8 Alle, die vor mir da
waren und euch die Hirtennummer vorgespielt haben, wollten euch nur
austricksen. Aber die Schafe haben nicht auf sie gehört. 9 Ich bin die ein-
zige Tür nach drinnen, und wer durch mich durchgeht und so zur Herde
kommt, den werde ich retten. Er wird rein- und rausgehen können und
er wird immer die Weide finden. 10 Der Dieb will nur seinen eigenen
Vorteil, er beklaut dich und will alles kaputtmachen. Ich will dagegen
ein echtes, total erfülltes Leben ermöglichen. 11 Ich bin der gute Hirte.
Gute Hirten sind deshalb gut, weil sie bereit sind, für die Schafe alles zu
geben, sogar ihr Leben. 12 Ein Hirte, der nur gegen Kohle arbeitet, macht
sich aus dem Staub, wenn es gefährlich wird, er haut ab, wenn der Wolf
kommt. Er wird alle im Stich lassen, sie gehören ihm ja auch nicht. Er
handelt nach dem Motto: ‚Nach mir die Sintflut.' Darum wird der Wolf
leichtes Spiel mit den Schafen haben. 13 Der bezahlte Hirte flieht, wenn
Gefahr im Verzug ist, weil ihm die Schafe ja an sich total egal sind.
14 Ich bin aber ein guter Hirte. Ich weiß, wer meine Schafe sind, und sie
wissen, wer ich bin. 15 Genauso ist das auch mit meinem Vater und mir.
Wir kennen uns auch gegenseitig total gut. Ich bin bereit, für die Schafe
zu sterben. 16 Es gibt auch noch mehr Schafe, die sind jetzt noch nicht
da. Die müssen auch noch vorbeigebracht werden, die werden auch auf
meine Stimme hören. Wir werden dann eine Herde mit einem Hirten
sein. 17 Gott liebt mich, weil ich mein Leben verlieren werde, aber ich
werde es zurückbekommen. 18 Mich kann keiner wirklich töten. Aber ich
tue das freiwillig. Ich habe die Möglichkeit, mein Leben wegzugeben,
und ich habe die Möglichkeit, es mir wiederzuholen. Diese Order hat
mir mein Vater gegeben." 19 Die Juden bekamen das wieder quer in den
Hals und diskutierten über diese Ansprache wie wild. 20 Viele waren aber
der Meinung, Jesus hätte einen fiesen Geist in sich, einen Dämon, und
er wäre total durchgeknallt. 21 Wieder andere waren der Meinung: „So
kann doch keiner reden, der einen Dämon in sich hat! Und kann denn
so ein Dämon überhaupt einen Blinden mal eben heilen?"

Jesus diskutiert mit den Leuten

22 Inzwischen war es Winter geworden. In Jerusalem war das Fest der
Tempelweihe im Gange. 23 Jesus war gerade im Tempel, in der Halle
vom Salomo. 24 Plötzlich umzingelten ihn die Juden und wollten von ihm
wissen: „Wie lange spannen Sie uns jetzt noch auf die Folter? Wenn Sie
der Auserwählte, der Christus, sind, dann machen sie jetzt mal 'ne An-
sage!" 25 „Wie oft soll ich es denn noch sagen, aber Sie glauben mir ja

eh nicht. Alles, was ich im Auftrag von meinem Vater getan habe, sollte
Ihnen locker reichen. [26] Aber Sie glauben mir sowieso nicht, weil Sie
auch gar nicht zu meinen Schafen gehören. [27] Meine Schafe erkennen
meine Stimme sofort, und sie hören auf das, was ich ihnen sage. [28] Ich
gebe ihnen ein Leben, was nie mehr aufhören wird. Ihnen kann nichts
mehr passieren. Niemand kann sie mir wieder nehmen. [29] Mein Vater
hat sie mir anvertraut, und der ist stärker als alles, was es so gibt. Da-
rum kann sie keiner mehr von meinem Vater wegnehmen. [30] Ich und der
Vater, wir gehören zusammen, denn wir sind eins."

Attentat auf Jesus

[31] Wütend hoben die Juden ein paar Steine auf und wollten ihn damit
sofort umbringen. [32] Jesus sagte dann: „Ich habe viele gute Sachen bei
euch gemacht, weil mein Vater mir die Kraft dafür gegeben hat. Für wel-
che gute Tat wollen Sie mich jetzt hinrichten?" [33] „Nicht, weil Sie so gute
Sachen gemacht haben, sondern weil Sie die ganze Zeit über Gott ab-
lästern. Sie sind auch nur ein Mensch und behaupten trotzdem, Gott zu
sein!" [34] „Ja, aber gibt es da nicht auch eine Stelle in euren Gesetzen, wo
steht: ‚Ich hab zu euch gesagt: Ihr seid wie Götter'? [35] Gott nennt sogar
die Leute ‚Götter', mit denen er da redet. Und Sie wollen doch nicht etwa
sagen, die alten Schriften wären total egal? [36] Wie sind Sie überhaupt
drauf, wenn Sie ausgerechnet den Typen beschuldigen, der Ihnen von
Gott geschickt wurde? Was geht bei Ihnen ab, wenn Sie ihn beschuldi-
gen, er würde über Gott ablästern, nur weil er behauptet, der Sohn von
Gott zu sein? [37] Wenn ich nicht die Sachen mache, die Gott will, dann
brauchen Sie mir nicht zu glauben. [38] Falls ich aber das tue, was Gott will,
dann glauben Sie doch wenigstens diesen Zeichen, die ich tue. Dann
könnten Sie auch kapieren, dass mein Vater mit mir ist und ich ganz nah
bei ihm dran bin." [39] Jetzt wollten sie ihn gleich wieder verhaften, aber er
schaffte es irgendwie noch einmal, ihnen durch die Finger zu flutschen.
[40] Er wanderte rüber zum Fluss Jordan, in die Nähe von der Stelle, wo
Johannes getauft hatte. Da blieb er dann erst mal. [41] Sehr viele Menschen
kamen dort zu ihm. Alle waren der Meinung: „Johannes war zwar nicht
so wundermäßig unterwegs, aber seine Voraussagen über diesen Typen
stimmten total." [42] Viele Menschen setzten ihr Vertrauen dort auf Jesus.

11

Die Geschichte mit Lazarus

[1] Lazarus, ein junger Mann, der in Betanien lebte, war sehr krank ge-
worden. In demselben Dorf wohnten auch seine Schwestern Maria und
auch Marta. [2] (Maria war die Frau, die Jesus bald danach mit diesem

teuren Öl die Füße einreiben und sie mit ihren Haaren abtrocknen wür-
de, fast so wie bei einer Beerdigung.) Weil ihr Bruder so sehr krank war,
3 schickten sie Jesus einen Brief, in dem stand: „Lieber Jesus, dein guter
Freund Lazarus ist sehr schwer erkrankt!“ 4 Jesus bekam die Nachricht,
war aber nicht sonderlich geschockt: „Er wird an der Krankheit nicht
sterben. Gott wird dadurch aber zeigen können, was er draufhat. Und
sein Sohn wird dadurch groß rauskommen.“ 5 Jesus liebte Marta, Maria
und Lazarus sehr. 6 Trotzdem ließ er sich voll Zeit und blieb noch zwei
Tage da. 7 Erst dann sagte er zu seinen Freunden: „Lasst uns mal wieder
nach Judäa gehen.“ 8 Die waren von der Idee nicht so begeistert. „Meis-
ter, ist noch gar nicht lange her, da wollten die Juden dich da hinrichten
lassen. Und jetzt willst du wieder da vorbei?“ 9 „Ich weiß genau, wann
ich was zu tun habe. Zwölf Stunden am Tag ist es hell. Solange man
noch was sehen kann, weil es eben hell ist, ist man auch in Sicherheit.
10 Nur wenn es dunkel ist, in der Nacht, dann kann man stolpern und
auf die Fresse fallen. Denn da ist kein Licht, was den Weg ausleuchtet.“
11 Danach sagte er noch zu seinen Freunden: „Unser Freund Lazarus
pennt jetzt, ich will ihn nur mal eben aufwecken!“ 12 „Also, Schlafen ist
gesund, dann ist er bald wieder okay“, meinten sie dazu. 13 Die dach-
ten nämlich, er hätte von einem normalen Schlaf gesprochen. Jesus
meinte aber damit, dass Lazarus schon tot war. 14 Darum sagte Jesus:
„Also, Lazarus ist schon gestorben, 15 aber wegen euch finde ich das
ganz gut, dass ich hier bei euch und nicht bei ihm war. Jetzt könnt ihr
mal sehen, was für Auswirkungen das haben kann, wenn man Gott
wirklich glaubt. Lasst uns jetzt mal da hingehen!“ 16 Thomas, der auch
„Zwilling“ genannt wurde, meinte voll traurig zu den anderen: „Ja, lasst
uns mit Jesus gehen und mit ihm sterben.“ 17 Als sie in Betanien an-
kamen, lag Lazarus schon vier Tage im Grab. 18 Man muss wissen, dass
Betanien nur ein paar Kilometer von Jerusalem entfernt liegt. 19 Darum
waren viele von den Juden schnell gekommen, um Maria und Marta zu
trösten. 20 Als Marta mitbekam, dass Jesus auf dem Weg zu ihnen war,
rannte sie ihm schon mal entgegen. 21 Voll traurig meinte sie zu ihm:
„Herr, wenn du bloß da gewesen wärst, dann würde mein Bruder noch
leben. 22 Trotzdem bin ich mir total sicher, Gott kann dir keine Bitte aus-
schlagen!“ 23 „Pass auf, dein Bruder wird wieder leben!“ 24 „Ich weiß“,
antwortete sie, „an diesem letzten Tag, wo alle toten Menschen wieder
lebendig werden, stimmt´s?“ 25 „Bei mir hat der Tod keine Chance mehr,
ich sorge für echtes Leben. Alle, die ihr Vertrauen auf mich setzen und
mir glauben, die werden immer weiterleben, auch wenn sie mal sterben!
26 Jeder, der mir vertraut, der wird nie mehr sterben! Glaubst du das,
Marta?“ 27 „Ja klar, mein Herr, ich glaube, dass du der Auserwählte, der

Christus, bist, das hab ich immer schon gesagt. Du bist der Sohn von
Gott, der zu uns in die Welt gekommen ist.“ 28 Anschließend ging sie
zu Maria zurück. Sie nahm sie auf die Seite und sagte zu ihr: „Jesus ist
da, der Meister persönlich, er will mit dir reden!“ 29 Maria stand sofort
auf und rannte ihm entgegen. 30 Jesus war nicht in das Dorf reingegan-
gen, er wartete an dem Platz, wo er Marta getroffen hatte. 31 Die Leute,
die bei der Trauerwoche dabei waren, um Maria zu trösten, kriegten
mit, wie sie es plötzlich ganz eilig hatte und von der Feier wegging. Sie
gingen ihr hinterher. Die Vermutung lag nahe, dass sie am Grab noch
etwas heulen wollte. 32 Dann traf sie endlich Jesus. Sie kniete sich vor
ihm hin und sagte zu ihm: „Oh mein Herr, wenn du doch bloß hättest
früher kommen können, dann wäre mein Bruder noch am Leben.“
33 Jesus sah die ganzen Trauernden und war sichtlich abgenervt und
traurig. 34 „Wo habt ihr den Lazarus überhaupt hingelegt?“, wollte er
wissen. „Komm mit, das zeigen wir dir gerne.“ 35 Jesus fing voll an zu
weinen. 36 „Da könnt ihr mal sehen, wie sehr er Lazarus geliebt hat“, war
der Kommentar von einigen Gästen. 37 Andere tuschelten rum: „Schon
seltsam, jeden x-beliebigen Blinden kann er heilen; da hätte er doch
auch was machen können, dass der Lazarus nicht sterben muss, oder?“
38 Jetzt wurde Jesus erst richtig sauer. Er ging zu dem Raum, in dem die
Leiche aufbewahrt wurde. An der Tür war ein fettes Schloss angebracht.
39 „Macht das sofort auf!“ Aber Marta, die Schwester von dem toten
Lazarus, hatte Einwände: „Meister, er wird bestimmt schon schlimm
stinken! Er liegt da schon vier Tage drin!“ 40 „Hab ich nicht gesagt, du
wirst die irrsten Sachen von Gott erleben können, wenn du nur wirklich
Vertrauen in ihn hast?“ 41 Also machten sie das Schloss auf. Jesus sah
noch mal zum Himmel und redete mit Gott: „Hey Vater, danke, dass
du getan hast, was ich von dir wollte. 42 Ich bin mir ganz sicher, dass
du meine Bitten immer erhörst. Ich sag das jetzt nur wegen der Leute,
die hier sind, damit sie begreifen, dass ich von dir hergeschickt worden
bin.“ 43 Und dann brüllte er: „Lazarus, komm jetzt raus!“ 44 Und Lazarus
kam raus!!! Total eingewickelt mit Leichentüchern, sogar sein Kopf war
noch da drunter. „Nehmt ihm mal diese Tücher ab und lasst ihn rum-
laufen!“, befahl Jesus.

Einer für alle

45 Sehr viele von den Juden, die dabei waren und das miterlebt hatten,
setzten ihr Vertrauen ab dann auf Jesus. 46 Ein paar andere petzten aber
die ganze Geschichte an die Pharisäer weiter. 47 Gleich darauf organisier-
ten die Oberpriester und Pharisäer, die zum Hohen Rat gehörten, ein
Meeting, um die Lage zu erörtern. „Was machen wir jetzt? Dieser Typ

tut ein Wunder nach dem nächsten. 48 Wenn der so weitermacht und wir nichts unternehmen, dann werden ihn alle als Star anhimmeln. Sie werden eine Revolution anzetteln, und dann wird die römische Besatzungsarmee ankommen und uns fertig machen.“ 49 Schließlich ergriff Kaiphas das Wort. Er war in diesem Jahr der oberste Priester. Er sagte: 50 „Was gibt es da noch groß zu überlegen? Ist doch besser, wenn einer stirbt, als wenn alle dran glauben müssen!“ 51 Diese Ansage hatte ihm allerdings Gott aufgespielt. Dass Jesus für alle Juden sterben würde, konnte er ja gar nicht wissen. 52 So war nämlich der Plan, den Gott sich ausgedacht hatte. Jesus sollte sogar nicht nur für die Juden, sondern auch für alle anderen Menschen, die zu Gottes Familie gehörten, sterben und sie so alle zusammenbringen. 53 Ab diesem Tag war für die Leute, die bei den Juden was zu sagen hatten, klar, dass Jesus sterben muss. 54 Darum machte sich Jesus in der Öffentlichkeit etwas rar. Er ging aus Jerusalem zu einer Stelle, die in der Nähe der Wüste lag. Der Ort hieß Ephraim. Da hing er noch ein bisschen mit seinen Freunden rum. 55 Mittlerweile waren es nur noch ein paar Tage, bis das große Passafest am Start war. Sehr viele Leute aus dem ganzen Land waren deswegen in Jerusalem. Sie wollten die gesetzlich vorgeschriebenen Säuberungsvorschriften erfüllen, bevor das Fest losging. 56 Alle wollten diesen Jesus mal erleben, sogar im Tempel war er das Gesprächsthema Nummer eins: „Was meint ihr, wird er wohl kommen?“ 57 Die Oberpriester und die Pharisäer hatten mittlerweile öffentlich die Ansage gemacht, dass jeder, der Jesus gesehen hatte, sofort bei ihnen Anzeige erstatten sollte. Sie wollten ihn dann sofort verhaften.

12

Zu teures Öl? Für Jesus ist nichts zu teuer!

1 Sechs Tage bevor die Passaparty steigen sollte, kam Jesus bei seinen Freunden in Betanien vorbei. Das war die Stadt, wo Lazarus herkam (der Lazarus, den Jesus wieder gesund gemacht hatte, obwohl er schon tot gewesen war). 2 Um Jesus was Gutes zu tun, organisierten sie ein fettes Essen mit allem Drum und Dran. Marta bediente die Gäste, Lazarus war der Tischnachbar von Jesus. 3 Plötzlich nahm Maria so eine Flasche mit irre teurem Öl und massierte damit die Füße von Jesus. Danach trocknete sie die Füße noch mit ihren Haaren. Das Öl roch voll gut, man konnte das im ganzen Haus riechen. 4 Judas, einer von seinen Freunden (der Jesus später verraten sollte), fand das nicht so toll: 5 „Mann, dieses Öl ist doch irre teuer gewesen. Um mir das zu leisten, müsste ich ein Jahr durcharbeiten, voll die Verschwendung! Man hätte es ja auch sehr gut verkaufen können und das Geld dann an Leute weitergeben, die es dringender brauchen!“ 6 Dabei waren ihm diese Leute eigentlich scheißegal.

Er selber war nämlich total falsch und bediente sich immer mal wieder
aus der Gemeinschaftskasse, die er verwaltete. [7] „Ist doch okay!", sagte
Jesus. „Maria hat meiner Beerdigung vorgegriffen und mich dafür schon
klargemacht. [8] Leute, die arm sind, wird es immer geben, ich werde aber
bald nicht mehr bei euch sein." [9] Als die Leute mitbekamen, dass Jesus
da war, kamen sehr viele vorbei, nicht nur um mal diesen Jesus zu sehen,
sondern um vor allem Lazarus zu begutachten, der von Jesus wieder
lebendig gemacht worden war. [10] Jetzt beschlossen die Oberpriester, den
Lazarus auch noch zu töten, [11] vor allem, weil wegen ihm sehr viele Leute
anfingen, an Jesus zu glauben.

Großer Empfang in Jerusalem

[12] Bereits am nächsten Morgen verbreitete sich die Nachricht wie ein
Lauffeuer durch die ganze Stadt, dass Jesus auf dem Weg nach Jeru-
salem war. [13] Irre viele Leute sammelten sich auf der Straße, sie orga-
nisierten sich Zweige von den Palmen, wedelten damit rum und riefen
dabei: „Hurra! Danke Gott, du bist der Beste! Da kommt der Größte!
Willkommen Präsident, Präsident von Israel!" [14] Jesus nahm sich einen
kleinen Esel und setzte sich da drauf. So wurde etwas Wirklichkeit, was
schon bei den Propheten in dem alten Buch vorhergesagt wurde: [15] „Du
brauchst keine Angst zu haben! Ihr Leute aus Israel, da kommt dein
Präsident auf einem kleinen Esel!" [16] Seine Freunde kapierten das erst
viel später, dass sich damit eine Prophezeiung erfüllt hatte. Erst ganz
am Ende, als Jesus sein Comeback gehabt hatte, erinnerten sie sich da
dran. [17] Die Leute, die mitbekommen hatten, wie Jesus seinen Freund
Lazarus aus dem Grab geholt und wieder lebendig gemacht hatte, hat-
ten das überall rumerzählt. [18] Das war der Hauptgrund, warum so viele
Fans da waren. Sie hatten alle von diesem Typen gehört, der so derbe
Wunder getan hat, und wollten ihn auch mal sehen. [19] Die Pharisäer
waren natürlich nicht so begeistert: „Mist, hat alles nichts gebracht!
Alle Leute rennen ihm jetzt nach!"

Ansage, wie Jesus sterben wird

[20] Auf dem Passafest waren auch ein paar Griechen. [21] Die kamen mit
einer Anfrage bei Philippus (dem aus Betsaida, Galiläa) vorbei: „Mein
Herr, wäre es möglich, dass Sie ein Treffen mit diesem Jesus organi-
sieren könnten?" [22] Philippus besprach sich mit Andreas, dann gingen
beide zu Jesus, um ihn direkt zu fragen. [23] Jesus' Antwort war: „Es ist
sowieso Zeit, dass der Menschensohn* bald groß rauskommen wird.

---

* Siehe Erklärung in Matthäus 8, Vers 20.

24 Passt auf, was ich jetzt sage: Wenn man ein Korn von einer Weizen-
pflanze nicht in die Erde eingräbt und es damit tötet, dann kann daraus
nichts Neues wachsen. In der Erde aber keimt es, und dann wächst da
draus eine neue Pflanze, mit vielen neuen Körnern dran. 25 Jeder, der an
seinem Leben auf dieser Erde total hängt und da drum kämpft, wird es
irgendwann verlieren. Aber wem sein Leben auf dieser Welt total egal
ist, der wird ein Leben bekommen, was ewig anhält. 26 Wer mit mir sein
will und tun möchte, was ich sage, muss mir folgen. Da, wo ich bin, da
sollte er auch sein. Und wer das tut, was ich sage, der wird von meinem
Vater einen Orden kriegen."

Jesus redet davon, dass er bald sterben wird

27 „Im Moment bin ich total traurig. Ich frag mich manchmal, ob ich
jetzt beten sollte: ‚Vater, hol mich hier raus, rette mich!' Und doch bin
ich genau deswegen ja hier. 28 Vater, sorg dafür, dass alle merken, was
du draufhast!" Plötzlich hörten alle eine laute Stimme aus dem Off:
„Ich habe immer zu dir gestanden und werde es auch weiter tun!"
29 Die Leute, die dabei waren, hörten nur einen Donner oder so. Einige
behaupteten auch, ein Engel hätte mit Jesus geredet. 30 Jesus klärte das
sofort auf: „Diese Ansage war für euch, nicht für mich! 31 Jetzt wird die
letzte große Gerichtsverhandlung abgehen, diese Welt wird verurteilt
werden. Und der Satan, der in dieser Welt das Sagen hat, wird abge-
straft werden. 32 Und wenn ich dann von oben auf die Welt sehe, von
einem Kreuz, dann werde ich alle zu mir ziehen!" 33 Das sagte er auch,
um anzudeuten, wie er sterben würde. 34 Die Leute, die da rumstanden,
hatten noch ein paar Fragen: „In den alten Schriften steht, dass der
Auserwählte, der Christus, nie sterben wird. Wie kommst du da drauf,
dass der Menschensohn* an einem Kreuz sterben muss? Und wer ist
das überhaupt?" 35 Jesus antwortete in einem Bild: „Zurzeit ist das
Licht noch bei euch. Nutzt diese Zeit, so gut es geht. Ihr wollt doch
das Ziel auch erreichen, bevor es dunkel wird, oder? Im Dunkeln hat
keiner mehr die Peilung, wo es längsgeht, und dann verläuft man sich.
36 Setzt euer Vertrauen auf dieses Licht, solange es noch da ist. Dann
werdet ihr zur Familie dazugehören." Danach ging Jesus wieder weg
und versteckte sich irgendwo.

Nur wenige schaffen es, Jesus zu vertrauen

37 Obwohl Jesus so viele Wunder getan hatte, vertrauten die wenigsten
ihm wirklich. 38 Genau das hatte der Prophetentyp Jesaja auch schon

---

* Siehe Erklärung in Matthäus 8, Vers 20.

gesagt: „Gott, wer hat uns schon geglaubt, wer hat verstanden, worum es uns ging?“ 39 Die Menschen blickten es einfach nicht. Jesaja sagte dazu auch: 40 „Gott hat ihnen die Augen verbunden und ihren Verstand benebelt, sodass sie einfach nichts kapieren. So können sie auch nicht zu mir kommen, damit ich sie gesund machen kann.“ 41 Jesaja hatte diese Prophezeiung über Jesus gesagt, er hatte gesehen, wie derbe heilig er ist. 42 Sehr viele von den Leitern der Israelis begannen Jesus zu glauben. Es war ihnen aber auch peinlich, das öffentlich zuzugeben. Sie hatten Angst, die Pharisäer würden sie deswegen aus der religiösen Gemeinschaft rausschmeißen. 43 Es war ihnen wichtiger, dass Menschen sie gut finden, als dass Gott sie gut findet.

Jesus sagt, was passiert, wenn man ihm nicht vertraut
44 Jesus rief den Leuten zu: „Hey ihr, wenn ihr mir vertraut, dann vertraut ihr nicht nur mir, sondern auch Gott, der hinter mir steht. 45 Wenn ihr mich anseht, dann könnt ihr durch mich den sehen, der mich zu euch geschickt hat. 46 Ich bin so wie ein riesengroßer Halogenstrahler, ich soll in diese Welt reinleuchten, damit alle, die mir vertrauen, endlich was sehen können. 47 Also, wenn jemand die Sachen hört, die ich erzähle, dem das aber total egal ist, den werde ich nicht verurteilen. Das ist nämlich nicht mein Job, solange ich hier bin. Ich bin nicht dazu da, Leuten zu sagen, wie schlecht sie sind, sondern ich will sie aus ihrem Dreck rausholen! 48 Jeder, der aber keinen Bock auf die Sachen hat, die ich sage, wird am letzten Tag vor Gericht abgestraft werden. Als Grundlage dienen dabei meine Worte. 49 Ich habe hier nicht meine eigenen Ideen zum Besten gegeben, das waren alles Sachen, die mir Gott, der Vater, aufgetragen hat. 50 Ich bin mir hundertpro sicher: Alles, was er sagt, bringt es! Er zeigt uns den Weg zu einem ewig geilen Leben! Darum sag ich immer genau das, was mir der Vater gerade zuflüstert.“

13

Jesus wäscht seinen Freunden die Füße
1 Am Abend vor der Passafeier war Jesus schließlich ganz klar, dass seine Zeit auf der Erde abgelaufen war. Er sollte zu Gott, seinem Vater, zurückgehen. Er wollte am Ende einfach noch mal ein Statement abgeben, wie sehr er seine Freunde liebt. 2 Seine Freunde und er saßen alle beim Abendbrot, während der Teufel den Judas (den Sohn vom Simon Iskariot) schon überredet hatte, seinen Plan in die Tat umzusetzen und Jesus zu verraten. 3 Jesus war sich total im Klaren darüber, dass Gott ihm uneingeschränkte Vollmacht über alles gegeben hatte. Dass er von Gott auf die Erde gekommen war und bald zu ihm zurückgehen würde.

4 Plötzlich stand er auf, zog sein Hemd aus und band sich ein Hand-
tuch um die Hüften. 5 Dann goss er etwas Wasser in einen Eimer und
fing an, einem nach dem anderen seiner Freunde die Füße zu waschen.
Anschließend trocknete er sie wieder mit dem Handtuch ab. 6 Simon
Petrus hatte da aber nicht so Bock drauf. Als er an der Reihe war, meinte
er: „Chef, warum solltest ausgerechnet du mir meine Drecksmauken
waschen?“ 7 „Hey Petrus, du kapierst das jetzt noch nicht, aber irgend-
wann wirst du das verstehen.“ 8 „Never“, meinte Petrus, „du sollst mir
nicht die Füße waschen!“ Jesus blieb aber hart: „Wenn ich dir nicht die
Füße wasche, dann gehörst du auch nicht mehr dazu!“ 9 „Oh Jesus,
dann kannst du lieber gleich ’ne Ganzkörperreinigung vornehmen!“, rief
Petrus sofort. 10 Jesus lächelte: „Also, wer heute Morgen geduscht hat,
braucht sich auch jetzt nicht mehr ganz zu waschen, ausgenommen die
Füße. Der ist okay, so, wie er ist. Ihr seid auch alle sauber, mit einer Aus-
nahme ...“ 11 Jesus wusste schon, wer ihn verraten würde, darum meinte
er: „Mit einer Ausnahme.“ 12 Nach dieser Waschaktion zog sich Jesus
erst mal wieder an. Dann setzte er sich und fragte in die Runde: „Habt
ihr begriffen, was ich euch damit klar machen wollte? 13 Ihr nennt mich
‚Chef‘ und ‚Meister‘ und das ist auch okay, das bin ich ja auch. 14 Wenn
ich das wirklich bin und euch trotzdem die Füße gewaschen habe, dann
könnt ihr euch doch auch gegenseitig die Füße waschen, oder? 15 Ich
wollte euch damit etwas vormachen, damit ihr es dann nachmachen
könnt. Macht es genauso wie ich! 16 Und vergesst nie: Ein Angestellter
steht nie über seinem Chef. Ein Botschafter untersteht immer dem, von
dem er geschickt wurde. 17 Das habt ihr doch alle verstanden, jetzt lebt
auch danach, dann kommt ihr immer gut klar!“

Jetzt kommt es raus, wer Jesus verraten wird

18 „Was ich euch jetzt sage, betrifft nicht jeden. Ich kenne jeden von
euch sehr gut, ich hab euch ja extra ausgesucht. In den alten Schriften
wird ja die Ansage gemacht: ‚Der Typ, der mit mir ein Stück Brot isst,
der wird mich verraten.‘ 19 Das wird bald passieren. Ich sag euch das
jetzt schon, damit ihr alle wirklich kapiert, dass ich der Auserwählte,
der Christus, bin. 20 Vergesst nicht: Wenn jemand sich um einen küm-
mert, der von mir geschickt wurde, der kümmert sich in Wirklichkeit
um mich. Und wer sich um mich kümmert, der sorgt sich um die
Belange meines Vaters, von dem ich geschickt wurde.“ 21 Nachdem
er diese Ansprache gehalten hatte, wurde Jesus total traurig. „Leider
stimmt das, einer von euch wird mich verraten!“ 22 Seine Freunde sa-
hen sich gegenseitig verstört an: Wer war damit wohl gemeint? 23 Ne-
ben Jesus saß der Freund, den Jesus besonders lieb hatte. 24 Petrus

flüsterte dem zu: „Los, frag ihn, wen er damit meint!“ 25 Also lehnte
der sich zu Jesus rüber und fragte ihn: „Jesus, wer macht denn so
was?“ 26 „Der Typ, dem ich das Stück Brot geben werde, nachdem ich
es in den Dip getunkt habe, der wird es sein.“ Dann tauchte er das
Brot ein und gab es Judas, der ein Sohn von Simon Iskariot ist. 27 Ab
dieser Sekunde hatte Satan voll Kontrolle über Judas. „Los, zieh ab,
beeil dich, Judas. Tu, was du nicht lassen kannst!“, sagte Jesus zu
ihm. 28 Keiner von den andern Jungs kapierte, was Jesus damit meinte.
29 Einige glaubten, er hätte Judas losgeschickt, um noch Sachen für
die Party einzukaufen oder vielleicht ein paar Leuten, die keine Koh-
le hatten, etwas Geld zu geben. 30 Judas nahm sich noch ein Stück
Brot, stand sofort auf und verschwand. Draußen war es schon dunkel
geworden.

Liebt euch gegenseitig!

31 Nachdem Judas abgehauen war, sagte Jesus zu seinen Freunden: „Gott
wird den Menschen jetzt klarmachen, wer der Menschensohn* wirklich
ist. Dadurch werden auch alle andern Leute sehen, wie groß Gott ist
und dass er zu seinem Sohn steht. Gott ist ja auch durch ihn groß raus-
gekommen! 32 Wenn Gott durch ihn groß rausgekommen ist, dann wird
Gott auch bei ihm beweisen, was er wirklich draufhat. Das wird sehr
bald abgehen. 33 Ihr lieben Kinder, es dauert jetzt nicht mehr lange, dann
muss ich verschwinden. Ihr werdet versuchen, mich zu finden, aber ich
hab es ja schon zu den Juden gesagt: Keine Chance! Da, wo ich bin, könnt
ihr nicht nachkommen. 34 Ich will euch heute eine neue wichtige Lebens-
regel von Gott mitgeben: Liebt euch gegenseitig! So wie ich euch geliebt
habe, so sollt ihr euch auch gegenseitig lieben! 35 In dem Maße, wie man
das bei euch sehen kann, dass ihr euch liebt, werden die Leute, die nicht
an Gott glauben, merken, dass ihr zu mir gehört.“

Jesus macht Petrus die Ansage: Du wirst so tun, als würdest du mich nicht kennen

36 Petrus fragte Jesus: „Sag mal, wohin wirst du überhaupt gehen?“
„Also, Petrus, tut mir Leid, aber da kannst du jetzt nicht mitkommen.
Allerdings später mal, dann wird das gehen.“ 37 „Aber warum denn, Je-
sus? Ich würde echt alles für dich geben!“, meinte Petrus. 38 Aber Jesus’
Antwort war nur: „Du würdest alles für mich geben? Hey Petrus, noch
vor Mitternacht wirst du dreimal so tun, als würdest du mich noch nicht
mal kennen!“

---

* Siehe Erklärung in Matthäus 8, Vers 20.

14

Ohne Jesus hat keiner eine Chance bei Gott

1 Jesus redete weiter zu seinen Freunden: „Keine Panik, Leute! Wenn ihr
Gott vertraut, dann vertraut jetzt auch mir! 2 Denn da, wo mein Vater
wohnt, gibt es viele Häuser, in denen man einziehen kann. Ich geh vor
und mach für euch schon mal alles klar! Das hab ich euch doch schon
mal gesagt! 3 Wenn dann alles okay ist, komme ich wieder zurück, um
euch abzuholen! Dann können wir da alle zusammen sein, ihr bei mir
und ich bei euch. 4 Den Weg, wie ihr da hinkommt, habt ihr doch ka-
piert, oder?“ 5 „Nein, Jesus, keine Ahnung, wir haben noch nicht mal
kapiert, wo du überhaupt hingehen wirst! Wie sollen wir denn den Weg
dahin finden?“, sagte Thomas. 6 „Ich bin der Weg dahin, über mich wirst
du ihn finden. Ich bin die Wahrheit in Person, zuverlässig hoch zehn.
Ich bin das Leben, wirkliches, gutes Leben. Keiner hat eine Chance bei
Gott, wenn er nicht über mich zu ihm kommt. 7 Wenn ihr mich kennen-
gelernt habt, dann habt ihr auch Gott, den Vater, kennengelernt. Ihr
kennt ihn also jetzt, ihr habt mich ja erlebt!“ 8 Philippus wollte aber noch
mehr: „Meister, zeig uns doch mal den Vater, dann sind wir alle happy!“
9 „Mann, Philippus, hast du es immer noch nicht kapiert, wer ich bin,
obwohl wir uns schon so lange kennen? Wenn du mich ansiehst, dann
siehst du Gott den Vater an! Warum willst du denn noch mehr sehen?
10 Glaubst du nicht, dass ich so bin wie der Vater und der Vater so ist wie
ich? Alles, was ich euch erzählt habe, das kam ja nicht von mir, da hat
der Vater, der in mir lebt, zu euch geredet. 11 Bitte vertraut mir, ich bin
wirklich total eins mit dem Vater und der Vater auch mit mir. Wenn ihr
damit so Probleme habt, dann glaubt es wenigstens, weil ihr die krassen
Wunder gesehen habt, die ich getan habe. 12 Eins ist auf sicher: Alle, die
mir vertrauen und sich auf mich einlassen, werden die gleichen Sachen
machen können, wie ich sie getan habe. Ja, sie werden sogar noch fet-
tere Sachen machen, weil ich dann ja verschwinde und beim Vater bin!
13 Hey, und alles, worum ihr ihn dann bitten werdet, das bekommt ihr
von mir, wenn ihr euch dabei auf mich beruft! Denn dadurch wird allen
klar, wie gut Gott ist, und er kommt am Ende durch mich groß raus.
14 Ich sage es noch mal: Wenn ihr irgendwas braucht und darum betet
und euch dabei auf mich beruft, dann werde ich mich da drum küm-
mern, ich werde es tun!“

Jesus sagt was über die Power, seinen Geist, der helfen soll

15 „Wenn ihr mich wirklich liebt, dann tut ihr auch die Sachen, die ich
euch gesagt habe. 16 Ich werde bei meinem Vater eine Anfrage starten,

damit er euch etwas schickt, etwas, was euch helfen und euch nie ver-
lassen wird. 17 Ich rede jetzt von seiner besonderen Power, seinem heili-
gen Geist, der immer die Wahrheit sagt und der weiß, wo es längsgeht.
Die Leute, die nicht mit Gott leben, kriegen diesen Geist nicht, die wür-
den ihn auch gar nicht richtig begreifen, und darum wollen sie den auch
nicht wirklich. Ihr kennt ihn aber, denn er wird bei euch bleiben und
später sogar mal in euch sein. 18 Nein, ich lasse euch nicht muttersee-
lenallein zurück, ich komme in einer anderen Form wieder zu euch! 19 Es
dauert nicht mehr lange, dann werde ich aus dieser Welt verschwinden.
Aber ich werde durchkommen und leben! Und deshalb werdet ihr auch
leben. 20 Dann werdet ihr kapieren, dass der Vater und ich total eins sind
und dass ich in euch lebe und ihr in mir lebt. 21 Die Menschen, die wis-
sen, was ich gut finde, und das in ihrem Leben auch umsetzen, das sind
die Leute, die mich lieben. Und weil sie mich lieben, wird mein Vater sie
auch lieben, und ich werde sie natürlich auch lieben und ihnen weiter
zeigen, wie ich wirklich bin." 22 Judas (nein, jetzt nicht der Judas Iskariot,
ein anderer Judas, der denselben Namen hatte) fragte ihn: „Jesus, war-
um zeigst du nur uns, wer du wirklich bist, warum nicht auch dem Rest
der Welt?" 23 Dazu sagte Jesus: „Alle, die mich wirklich lieben, werden
sich an das halten, was ich gesagt habe. Und mein Vater wird sie dann
auch lieben, und wir werden dann gemeinsam bei ihnen einziehen und
bei ihnen bleiben. 24 Die Leute, die mich nicht lieben, denen wird egal
sein, was ich gesagt habe. Und nicht vergessen: Wer mir zuhört, hört
den Vater reden! Der hat mich ja geschickt. 25 Das sage ich euch jetzt
alles noch, solange ich bei euch bin. 26 Wenn aber die Unterstützung
kommt, der heilige Geist, diese ganz besondere Kraft von Gott, der wird
euch dann alles beibringen, was ihr noch wissen müsst, und er wird
euch an die Sachen erinnern, die ich euch gesagt habe. 27 Ich lass euch
auf keinen Fall alleine, ihr bekommt als Geschenk ein Friedensangebot.
Dieser Frieden, den ich euch gebe, hat nichts mit dem Frieden zu tun,
den ihr in dieser Welt ohne Gott findet. Darum braucht ihr echt keine
Angst mehr zu haben und auch keine Sorgen. 28 Nie vergessen: Ich habe
gesagt, dass ich abhaue, aber ich werde zurückkommen, klar? Wenn ihr
mich echt liebt, dann freut euch mit mir, dass ich jetzt zu Gott, meinem
Vater, gehen kann. Der ist viel fetter und größer als ich. 29 Ich hab euch
das jetzt alles erzählt, damit ihr mir glaubt, wenn das dann passiert.
30 Ich kann jetzt nicht mehr lange mit euch reden, weil der Typ, der die
Macht hat in dieser Welt, der Satan, schon unterwegs ist. Er hat mir
zwar nichts zu sagen, 31 aber alle sollen sehen, dass ich Gott, meinen
Vater, total liebe und dass ich immer das tue, was er von mir will. Okay,
dann lasst uns losgehen!"

15

Der Weinstock

1 „Ich bin der echte Weinstock, und mein Vater ist der Gärtner, der sich
da drum kümmert. 2 Er entfernt die Zweige, wo noch keine Früchte dran
wachsen, und die Zweige, an denen welche wachsen, kürzt er an einigen
Stellen, damit sie dann noch mehr Früchte tragen können. 3 Weil ihr
mir gut zugehört habt, seid ihr schon hier und da gekürzt worden. 4 Ihr
müsst immer ganz eng an mir dran sein, dann kann ich auch in euch
wirken. Das ist genauso wie mit dem Zweig und den Früchten: Wenn
ihr immer an mir dran seid, dann werden bei euch viel gute Früchte
wachsen. 5 Ich bin der Weinstock und ihr seid die Zweige, die da dran
sind. Wenn ihr eng bei mir bleibt und ich auch bei euch bleibe, dann
werden viele gute Sachen da draus wachsen, gute Früchte. Wenn ihr
aber von mir getrennt seid, dann geht gar nichts mehr. 6 Wer ohne mich
leben will, wird wie ein Zweig, der es nicht bringt, einfach abgesägt
werden. Die abgesägten Zweige werden auf einen Haufen geschmissen
und verbrannt. 7 Wenn ihr aber immer ganz eng mit mir verbunden
bleibt und ihr die Sachen, die ich euch gesagt habe, nicht vergesst und
danach lebt, dann könnt ihr Gott um alles Mögliche bitten, er wird es
tun! 8 Mein Vater kommt so groß raus, wenn bei euch viele gute Früchte
wachsen. Und alle können daran auch sehen, dass ihr wirklich zu mir
gehört."

Die Liebe ist superwichtig

9 „Genauso wie mich Gott der Vater liebt, so liebe ich euch auch. Bleibt
immer bei mir, entfernt euch nicht von meiner Liebe. 10 Wenn ihr die
Sachen tut, die ich euch gesagt habe, dann werdet ihr nahe bei meiner
Liebe bleiben. Ich habe auch immer das getan, was Gott von mir wollte,
und seine Liebe umgibt mich. 11 Diese Ansage mach ich euch, damit ihr
die gleiche Freude kennen lernt, die ich auch habe. Ich möchte, dass
ihr mit dieser Freude total abgefüllt werdet! 12 Eine ganz wichtige Regel
habe ich für euch: Liebt euch gegenseitig genauso, wie ich euch geliebt
habe! 13 Man kann seine Liebe nicht besser beweisen, als wenn man für
seine Freunde stirbt. 14 Und ihr seid meine Freunde, wenn ihr die Sa-
chen tut, die ich euch gesagt habe. 15 Ihr seid nicht meine Angestellten.
Seinen Angestellten würde der Chef ja nicht erzählen, was er vorhat. Ihr
seid wie Freunde für mich, ich hab euch echt alles erzählt, was mir Gott,
der Vater, gesagt hat. 16 Ihr könnt übrigens gar nichts dazu – ich habe
euch ausgesucht und nicht ihr mich. Ich wollte, dass sich in eurem Le-
ben etwas verändert und Früchte bei euch entstehen können, Früchte,

die nicht vergammeln. Ich wollte, dass der Vater euch keine Bitte, die ich
unterschrieben habe, mehr ausschlagen kann. [17] Leute, ich sag es noch
mal: Liebt euch gegenseitig!

Was in Zukunft an Problemen für Christen auftauchen wird

[18] Wenn die Menschen die nicht auf Gott setzen, euch hassen, dann
denkt daran: Mich haben sie auch gehasst! [19] Die würden euch lieben,
wenn ihr zu denen gehören würdet. Tut ihr aber nicht. Ich wollte von
euch, dass ihr was Besonderes seid, darum hassen sie euch. [20] Vergesst
nicht, was ich euch dazu mal gesagt habe: ‚Einem Angestellten geht
es nie besser als seinem Chef.‘ Wenn sie auf mich keinen Bock hatten,
werden sie auf euch auch keinen Bock haben. Die Leute, die das um-
gesetzt haben, was ich ihnen erzählt habe, werden aber auch auf euch
hören. [21] Die Menschen, die nicht an Gott glauben, werden euch hassen,
weil ihr zu mir gehört. Sie kennen diesen Gott ja auch nicht, der mich
hergeschickt hat. [22] Wenn ich jetzt nicht zu ihnen gegangen wäre und
ihnen nicht alles über Gott erzählt hätte, dann wären sie unschuldig.
War aber nicht so, jetzt können sie sich auch nicht mehr rausreden.
[23] Wenn jemand mich hasst, dann hasst er auch meinen Vater! [24] Wenn
ich jetzt nicht da gewesen wäre und sie hätten die Sachen nicht erlebt,
die ich getan hab, dann wäre ja alles okay, sie wären unschuldig. Aber
jetzt haben sie doch alles mitgekriegt und trotzdem mich und den Vater
gehasst. [25] Steht ja auch schon im alten Buch was drüber: ‚Sie haben
mich einfach so gehasst!‘* [26] Ich lass euch aber nicht alleine, ich schicke
jemanden, der euch helfen wird. Er ist die Kraft von Gott, sein Geist, der
die Wahrheit in Person ist. Er wird vom Vater kommen und für mich als
ein Zeuge auftreten. [27] Ihr sollt ja auch als Zeugen für mich auftreten, ihr
wart ja von Anfang an dabei!“

16

[1] „Ich hab euch das jetzt alles gesagt, damit ihr nicht irgendwann im
Glauben mal total durchdreht. [2] Sie werden euch nämlich Hausverbote
in den Synagogen erteilen. Das wird sogar so weit kommen, dass man
glaubt, man tut für Gott etwas Gutes, wenn man Christen tötet. [3] Die tun
das, nur weil sie gar nicht kapiert haben, wie ich und der Vater so drauf
sind, sie kennen uns einfach nicht. [4] Ihr solltet einfach vorbereitet sein,
wenn das so abgehen wird. Bisher war es noch nicht angesagt, davon zu
reden, ich war ja noch bei euch. [5] Jetzt geh ich aber. Ich geh zu dem, der
mich hergeschickt hat. Keiner von euch hat mich mal danach gefragt.“

---

* Steht in den Psalmen, genau im 35., Vers 19 und auch im 69., der 5. Vers.

Gott wird seine besondere Kraft schicken, seinen Geist, und der bringt es
6 „Ihr seid voll traurig über das, was ich euch erzählt habe, stimmt's?
7 Aber glaubt mir, es ist so viel besser für euch. Denn wenn ich nicht
abhauen würde, dann käme auch die große Hilfe von Gott nicht zu
euch, sein besonderer Geist. Er kann nur kommen, weil ich jetzt gehe,
ich sag ihm dann Bescheid. 8 Wenn der dann da ist, dann wird er den
Menschen, die nicht auf Gott setzen, klar machen, dass sie alle irgend-
wie dreckig sind vor Gott. Er wird ihnen erklären, was Gerechtigkeit für
Gott bedeutet, und er wird ihnen klar machen, dass irgendwann eine
Gerichtsverhandlung auf jeden Menschen zukommen wird. 9 Die Schuld
der Menschen besteht darin, dass sie ihr Vertrauen nicht auf mich set-
zen und mir nicht glauben. 10 Dass Gott gerecht ist und die Menschen
freisprechen will, die ihm vertrauen, kann man daran sehen, dass ich
zu ihm gehen werde, um die Sache für euch klar zu machen. 11 Die Ge-
richtsverhandlung hat schon angefangen, Leute, denn der Satan, der
in dieser Welt das Sagen hat, hat sein Urteil schon in der Tasche. 12 Ich
könnte euch noch viel mehr erzählen, aber das wäre jetzt ein bisschen
zu heftig für euch, ihr würdet das noch nicht packen. 13 Wenn aber die
Kraft von Gott kommt, sein Geist, der immer die Wahrheit sagt, dann
wird er euch wirklich alles erklären, und ihr werdet es auch begreifen
können. Der wird nicht seine eigene Meinung sagen, er wird das rüber-
bringen, was er von mir gehört hat. Auch was in der Zukunft abgehen
wird, kann er euch sagen. 14 Dadurch wird er dafür sorgen, dass am
Ende ich groß rauskomme, indem er nur das weitergibt, was er von mir
hat. 15 Alles, was der Vater hat, gehört mir auch. Darum kann ich das
überhaupt sagen: ‚Alles, was er euch sagt, kommt von mir.'"

Ihr werdet mal total abgehen, weil ihr euch so freut
16 „Es dauert nicht mehr lange, dann bin ich weg. Aber kurz danach
werde ich wieder bei euch sein!" 17 Seine Freunde kapierten das nicht so
richtig: „Was meint er damit: ‚Ich bin weg und dann wieder bei euch'?
Und was war das jetzt mit dem: ‚Ich geh zum Vater'? 18 Und was meinte
er überhaupt mit: ‚Es dauert nicht mehr lange'? Verstehen wir nicht!"
19 Jesus merkte, dass sie das gerne gefragt hätten, sich aber nicht
trauten. „Ihr fragt euch jetzt bestimmt, was ich damit überhaupt ge-
meint habe, stimmt's? Ich habe gesagt, dass ich bald wegmuss und eine
Zeit lang nicht bei euch bin. Aber kurze Zeit später bin ich dann wieder
da! 20 Garantiert, Leute: Ihr werdet sehr traurig sein und weinen über
die schlimmen Sachen, die dann passieren werden. Die Menschen, die
nicht mit Gott leben, werden dabei jubeln! Ihr werdet voll traurig sein,
aber dann wird sich das umdrehen und ihr werdet plötzlich ausrasten

vor Freude! 21 Das wird so abgehen wie bei einer Geburt. Wenn eine
Frau ein Kind geboren hat, dann ist die Freude über das neue Baby auch
viel größer als die Schmerzen bei der Geburt. 22 Jetzt seid ihr erst mal
voll traurig, aber ich werde euch wieder sehen. Dann werdet ihr abgehen
vor Freude, und diese Freude kann euch dann keiner mehr nehmen!
23 Und wenn es so weit ist, dann braucht ihr mich nichts mehr fragen.
Auf sicher, Leute, dann könnt ihr selbst zu Gott, dem Vater, gehen
und ihn um Sachen bitten, und er wird sie euch geben, wenn ihr das
in meinem Namen getan habt. 24 Bis jetzt habt ihr Gott auch noch um
nichts gebeten, was ich mit meinem Namen unterschrieben hatte. Tut
das jetzt mal, und ihr werdet die Sachen auch bekommen! Und dann
werdet ihr euch total freuen!"

Die Welt ohne Gott hat keine Chance

25 „Alles, was ich euch beibringen wollte, hab ich mit diesen Vergleichen
klar gemacht. Es wird aber bald die Zeit kommen, wo das nicht mehr
nötig sein wird. Dann werde ich euch direkt, ohne Bilder und Vergleiche,
sagen können, wie Gott drauf ist. 26 Ab dann werdet ihr selber mit mei-
ner Vollmacht Gott um Sachen bitten. Dann muss ich den Vater auch
nicht mehr bitten, eure Gebete zu erhören. 27 Gott, der Vater, liebt euch,
weil ihr mich liebt und weil ihr glaubt, dass er mich zu euch geschickt
hat. 28 Ich bin vom Vater weggegangen und zu euch gekommen. Jetzt
verlasse ich euch wieder und geh zurück zum Vater." 29 Seine Freunde
meinten dazu: „Endlich sagst du uns direkt, was du meinst, ohne diese
Vergleiche, die wir nie kapiert haben. 30 Jetzt verstehen wir, dass du ein-
fach alles weißt. Du hast sogar gewusst, welche Frage wir dir grade stel-
len wollten. Darum glauben wir, dass du von Gott kommst." 31 „Seid ihr
euch da so sicher?", fragte Jesus nach. 32 „Passt auf, es wird ein Moment
kommen, im Grunde ist der schon da, wo ihr auseinander getrieben
werdet. Jeder wird seinen eigenen Kram machen, und ihr werdet nicht
mehr bei mir sein. Zum Glück bin ich aber nicht allein, Gott der Vater ist
bei mir. 33 Ich hab euch das erzählt, damit ihr wirklichen Frieden durch
mich findet. Ihr werdet viele ätzende Sachen durchmachen müssen in
dieser Welt, aber ihr braucht keine Angst zu haben, denn ich bin stärker
als diese Welt, ich habe sie besiegt!"

17

Jesus redet mit Gott über seine Freunde

1 Nachdem Jesus mit seiner Rede am Ende war, sah er in Richtung Him-
mel und fing an mit Gott zu sprechen: „Papa, jetzt ist es so weit. Zeig
allen, dass dein Sohn der Stärkste ist, damit dein Sohn dich am Ende

groß rausbringen kann. 2 Du hast ihm jede Vollmacht über alles, was
geht, ausgestellt. Du wolltest, dass alle, die zu ihm gehören, ein Leben
bekommen, das nie aufhört. 3 Und der Weg zu einem guten Leben, zu
einem Leben, das kein Ende hat, fängt so an: mit dir, dem einzigen ech-
ten Gott zu leben und sein Vertrauen auf Jesus Christus zu setzen, der
in deinem Auftrag unterwegs ist. 4 Ich hab hier in meiner Zeit auf der
Erde allen klar gemacht, dass du der Größte bist. Ich hab alles getan,
was du mir gesagt hast. 5 Aber jetzt, Papa, stell dich voll zu mir! Zeig
an mir, was du wirklich kannst! Bring mich wieder in die Position, die
ich hatte, bevor die Welt überhaupt gemacht wurde! 6 Ich hab den Men-
schen deutlich gesagt, was bei dir alles geht, allen Leuten, die du mir
vor die Füße gestellt hast. Diese Menschen gehörten dir schon immer,
und darum hast du sie auch mit mir bekannt gemacht. Die haben sich
auf deine Worte eingelassen und leben danach. 7 Jetzt haben sie kapiert,
dass alles, was ich von dir habe, wirklich von dir kommt. 8 Ich hab ihnen
nämlich alles weitergesagt, was du mir zugeflüstert hast. Und sie haben
alles, was ich gesagt habe, geglaubt und verstanden, dass ich wirklich
von dir gekommen bin. Sie glauben auch, dass ich in deinem Auftrag
hier bin. 9 Um die geht es mir jetzt, um die Menschen, die du mir ge-
geben hast, die auch ganz zu dir gehören. 10 Alles, was ich habe, gehört
dir und alles, was du hast, gehört auch mir. Durch meine Leute hat sich
gezeigt, wie groß ich bin! 11 Ich werde jetzt aus dieser Welt verschwin-
den. Ich muss sie zurücklassen, weil ich ja zu dir gehen werde. Vater,
darum bitte ich dich: Pass du jetzt auf sie auf! Pass auf, dass sie immer
nahe an dir dranbleiben und auch untereinander zusammenhalten. So
wie wir beide auch ganz dick zusammenhalten, wir zwei sind ja wie
eins. 12 In der Zeit, wo ich noch hier war, konnte ich ja auf sie aufpassen.
Keiner von ihnen hat dabei 'ne Klatsche abgekriegt, keiner ist uns durch
die Lappen gegangen, ausgenommen der eine, der mich verraten hat,
das wurde ja schon in den alten Schriften vorausgesagt. 13 Ich komm
jetzt bald zu dir, Vater! Ich hab meinen Freunden das erzählt, damit
sie sich mit mir darüber total freuen können. 14 Ich hab deine Worte an
sie weitergegeben. Die Menschen, die in dieser Welt ohne dich leben,
haben sie gehasst. Das liegt da dran, weil meine Freunde ja auch nicht
mehr wirklich zu ihnen gehören. Und ich gehöre ja auch nicht zu dieser
Welt. 15 Trotzdem bitte ich dich nicht, sie jetzt von hier wegzuholen.
Aber pass bitte auf sie auf und beschütze sie vor der Macht, die das
Böse hat. 16 Die gehören im Grunde genauso wenig wie ich in diese Welt
ohne dich. 17 Hilf ihnen, dass sie dir immer ähnlicher werden. Was du
sagst, ist die Wahrheit und hilft ihnen auf diesem Weg. 18 Genauso wie
du mir die Order für die Welt gegeben hast, so gebe ich ihnen jetzt auch

die Order loszuziehen. 19 Ich gebe alles für sie, ich gebe mein Leben,
damit sie dir auch radikal gehören. 20 Und ich bete jetzt nicht nur für sie,
sondern auch für alle anderen, die durch das, was sie sagen, anfangen
an mich zu glauben. 21 Sie sollen alle total zusammenrücken, so stark,
als wären sie nur einer, genauso wie wir beiden, du und ich, eins sind.
So wie wir zusammen sind, du in mir und ich in dir, so sollen sie auch
zusammenhalten und verbunden sein. Dann werden sie die Menschen
auch davon überzeugen können, dass ich in deinem Auftrag hier war.
22 Ich habe ihnen das Gleiche gegeben, was ich auch von dir habe. Ich
wollte, dass sie total eins sind. 23 Sie bleiben in mir und ich bleibe in
dir. So sind wir total miteinander verbunden. Die Welt wird so kapieren,
dass du derjenige bist, der mich hergeschickt hat. Und sie werden auch
begreifen, dass du sie liebst, genauso, wie du mich liebst. 24 Papa, ich
möchte, dass die Leute, die du mir anvertraut hast, immer ganz nah bei
mir sind. Sie sollen meine Größe mitkriegen, sie sollen sehen, wie fett
das ist, was du mir gegeben hast! Du hast mich ja immer schon geliebt,
schon bevor du die Welt gemacht hast. 25 Vater, du hast den Überblick,
du bist fair und gerecht. Die Welt hat keine Ahnung, wie du bist, aber ich
weiß das, weil ich dich kenne. Und meine Freunde hier, die wissen auch,
dass du mich geschickt hast. 26 Ich hab ihnen von dir erzählt, hab ihnen
gesagt, wie du heißt und wie du bist, und das werde ich auch weiter tun.
Ich tue das vor allem, weil ich möchte, dass deine Liebe, die du zu mir
hast, sich auf sie überträgt, dass ich ihnen ganz nahe bin."

18

Jesus wird weggehaftet
1 Nachdem Jesus so lange gebetet hatte, ging er mit seinen Freunden in
einen Park, wo viele Olivenbäume waren. Der lag auf der anderen Seite
vom Bach Kidron. 2 Judas, der Jesus verraten wollte, kannte die Stelle
genau, weil Jesus da oft mit seinen Freunden abgehangen hatte. 3 Die
Oberpriester und religiösen Profis hatten Judas eine Security-Einheit
vom Tempel und ein paar Soldaten mitgegeben, um die Verhaftung
durchziehen zu können. Mit Stablampen und in kompletter Kampfaus-
rüstung marschierten die in den Park. 4 Jesus wusste schon, was gleich
abgehen würde. Er kam ihnen entgegen und fragte trotzdem: „Wen
suchen Sie?" 5 „Jesus, der aus der Stadt Nazareth stammt", war die
Antwort. „Das bin ich!", sagte Jesus. Judas stand dabei ganz in der
Nähe, als er die Hand hob. 6 Und als Jesus sagte: „Das bin ich!", kam da
so eine Kraft rüber, dass sich die Security-Leute und die Soldaten fast in
die Hose machten und dabei zu Boden gingen. 7 Er fragte sie dann noch
mal: „Wen suchen Sie jetzt?", und wieder war die Antwort: „Jesus, der

aus Nazareth stammt.“ [8] „Mann, ich hab doch eben schon mal gesagt,
dass ich das bin! Wenn Sie mich suchen, lassen Sie die andern aber
gehen!“ [9] Damit wurde seine Vorhersage auch wahr, dass keiner von
seinen Leuten dabei ’ne Klatsche abkriegen würde. [10] Simon Petrus wur-
de plötzlich total wütend. Er zog seine Waffe und fuchtelte damit wie
blöd rum. Dabei löste sich ein Schuss und traf Malchus, einen Diener
vom Oberpriester, am rechten Ohr. [11] Jesus reagierte sofort: „Petrus,
steck sofort die Waffe weg! Es gibt keine Abkürzung für mich, ich muss
da durch. Gott will das von mir!“ [12] Die Soldaten und die Security-Leute
legten Jesus Handschellen an und verhafteten ihn. [13] Dann brachten sie
ihn zum Hannas, dem Schwiegervater vom Kaiphas. Der war nach dem
Rotationssystem in diesem Jahr mit dem Job des obersten Priesters an
der Reihe. [14] Kaiphas war auch der Typ, der zu den Juden gesagt hatte:
„Besser, wenn einer für alle stirbt.“

Für Petrus ist es peinlich, zu Jesus zu gehören

[15] Petrus und ein anderer Typ gingen mit der Truppe, die Jesus verhaf-
tet hatte. Dieser Typ hatte eine Connection zu den Oberpriestern und
konnte deswegen durch die bewachte Tür bis in den Innenhof vom Pa-
last kommen. [16] Petrus blieb aber draußen vor dem Eingang. Schließlich
kam der Typ zurück und bequatschte die Türsteherin so lange, bis sie
Petrus auch reinließen. [17] Die Türsteherin fragte Petrus: „Gehören Sie
nicht auch zu dem engeren Freundeskreis von dem dort?“ „Nein, auf
keinen Fall!“, antwortete Petrus hektisch. [18] Die Security und die Sol-
daten hatten eine Feuertonne angemacht, weil es langsam kalt wurde.
Sie standen drum herum und wärmten sich. Petrus stellte sich dazu,
weil ihm auch ziemlich kalt war. [19] Inzwischen hatte das öffentliche Ver-
hör von Jesus begonnen. Der Oberpriester stellte Fragen zum Umfeld
und zur Theologie von Jesus. [20] Jesus sagte: „Was ich erzähle, wissen
alle Leute hier. Ich habe regelmäßig Vorlesungen in den Synagogen
und auch in unserm Tempel gehalten. Öffentlich, nicht geheim hinter
verschlossenen Türen! [21] Warum fragen Sie mich, fragen Sie doch die
Leute, die mich gehört haben! Die können Ihnen genaue Auskunft da
drüber geben!“ [22] Nachdem Jesus das gerade ausgesprochen hatte,
schlug ihm einer von den Security-Leuten vom Tempel voll in die Fresse
und brüllte: „Ist das die Art, wie man mit dem Oberpriester redet, he?!“
[23] Jesus antwortete: „Wenn ich Blödsinn erzählt habe, dann tritt erst mal
den Beweis dafür an, bevor du mich schlägst! Und wenn ich die Wahr-
heit sage, warum schlägst du mich dann?“ [24] Hannas ließ Jesus erst mal
wieder die Handschellen anlegen, und dann wurde er zu Kaiphas, dem
Oberpriester, abgeführt. [25] Petrus stand die ganze Zeit an der Feuer-

tonne, um sich zu wärmen. Wieder fragte ihn jemand: „Entschuldigung,
gehören Sie nicht auch zu den Freunden von diesem Jesus?" „Nein, da
muss eine Verwechslung vorliegen!", log Petrus rum. 26 Aber einer der
Angestellten vom Oberpriester (der mit dem Typen verwandt war, dem
Petrus ein Ohr abgeschossen hatte) fragte ihn: „Hab ich Sie nicht auch
in diesem Park mit diesem Jesus zusammen gesehen?" 27 Das verneinte
Petrus wieder, und im selben Augenblick krähte ein Hahn.

Das Verhör durch Pilatus

28 Das erste Verhör durch Kaiphas dauerte die ganze Nacht und endete
erst früh am Morgen. Anschließend wurde Jesus zum Amtssitz des
römischen Gouverneurs gebracht. Die Juden, die Anzeige erstattet hat-
ten, blieben draußen, weil sie sich nach ihren religiösen Richtlinien nur
durch das Betreten schon dreckig gemacht hätten. Sie hätten dann nicht
an der Passaparty teilnehmen dürfen, die zu der Zeit überall abging.
29 Aus Rücksicht kam Pilatus deswegen vor die Tür und fragte sie: „Also,
wie lautet jetzt die Anzeige gegen diesen Mann?" 30 „Wir hätten ihn nie
und nimmer verhaften lassen, wenn es sich nicht um einen Schwer-
verbrecher handeln würde!", war die Antwort. 31 „Okay, warum führt
ihr ihn dann nicht selber ab und verurteilt ihn nach euren Gesetzen?"
„Weil unsere Gesetze es nicht gestatten, jemandem die Todesstrafe zu
verpassen!" 32 Genau das hatte Jesus ja schon vorausgesagt, er hatte
ja angedeutet, wie er sterben würde. 33 Pilatus kehrte erst mal in den
Gerichtssaal zurück. Dann ließ er Jesus wieder vorführen und fragte
ihn: „Sind Sie der Präsident von den Juden?" 34 „Sind Sie von alleine auf
die Idee gekommen, das zu fragen, oder hat Ihnen das irgendjemand
gesteckt?", fragte ihn Jesus. 35 „Entschuldigung, bin ich etwa ein Jude?
Ihre eigenen Leute, Ihre obersten religiösen Führer haben Sie an mich
ausgeliefert! Was ist da los? Was haben Sie Schlimmes verbrochen?"
36 Jesus antwortete: „Das Land, in dem ich das Sagen habe, ist auf die-
ser Erde nicht zu finden. Wenn es hier wäre, dann hätten mich meine
Leute bis aufs Blut verteidigt, damit ich an die Juden nicht ausgeliefert
werden könnte. Aber das Land, in dem ich das Sagen habe, können Sie
auf dieser Erde nicht finden, es ist anders." 37 Pilatus fragte noch mal
nach: „Also sind Sie doch ein Präsident?" „Richtig, ich bin ein Präsident.
Ich bin geboren worden, um in dieser Welt für die Wahrheit einzutreten.
Wer bereit dazu ist, auf die Wahrheit zu hören, der wird auch begreifen,
was ich sage, und sein Leben da drauf ausrichten." 38 „Was ist das über-
haupt, die Wahrheit?", meinte Pilatus. Er ging dann aber erst mal zurück
zu den Juden, die draußen warteten. „Also, wenn Sie mich fragen, ist
der Mann da unschuldig! 39 Bei euch gibt es doch so eine Tradition, dass

ich jährlich zum Passafest einen Gefangenen freilassen kann. Wie wäre
es denn diesmal mit diesem ‚Präsident der Juden'?" 40 Alle im Raum
rasteten plötzlich total aus und brüllten: „Nein, bloß nicht Jesus freilas-
sen, gib uns den Barabbas!!" Barabbas war ein Typ, der wegen ‚Raub in
Tateinheit mit schwerer Körperverletzung' im Knast saß.

19

Das Urteil: Tod durch Kreuzigung

1 Pilatus unterschrieb dann erst mal den Befehl, Jesus abzuführen und
auszupeitschen. 2 Die Soldaten machten aus Stacheldraht eine Krone
und drückten die Jesus auf den Kopf. Dann legten sie ihm einen roten
Samtumhang um die Schultern 3 und machten sich über ihn lustig: „Oh,
euer Majestät, der Präsident der Juden!" Dabei schlugen sie ihm immer
wieder mit der Faust ins Gesicht. 4 Pilatus ging nach einer Zeit wieder
vor die Tür zu den Leuten. „Ich will ihn noch einmal vorführen lassen,
ich will, dass eins klar ist: Für mich ist er unschuldig!" 5 Jesus kam dann
wieder raus, mit der Krone aus Stacheldraht auf und dem Samtumhang
auf den Schultern. Pilatus rief zu den Leuten: „Da ist er, seht euch die-
sen Menschen an!" 6 Als die Oberpriester und die bezahlten Security-
Leute Jesus sahen, fingen die sofort an zu brüllen: „Todesstrafe, Todes-
strafe!" „Okay, das müsst ihr dann schon verantworten", sagte Pilatus,
„für mich ist dieser Mann unschuldig!" 7 „Nach unseren Gesetzen hat
er die Todesstrafe verdient. Er hat sich selbst als Gottes Sohn bezeich-
net!", riefen die Juden als Antwort zurück. 8 Als Pilatus das hörte, be-
kam er noch mehr Angst, als er eh schon hatte. 9 Er ging wieder zurück
in das Gerichtsgebäude und befragte dort noch mal Jesus: „Sagen Sie
mal, wer sind Sie eigentlich?" Aber Jesus gab keine Antwort. 10 „Reden
Sie jetzt nicht mehr mit mir, oder was? Haben Sie nicht kapiert, dass
ich genug Einfluss habe, Sie zu befreien oder aber Sie hinrichten zu
lassen?" 11 Dazu sagte Jesus dann: „Sie hätten überhaupt keine Macht
über mich, wenn Sie die nicht von oben zugeteilt bekommen hätten.
Darum trifft den auch mehr Schuld, der mich an Sie ausgeliefert hat."
12 Pilatus unternahm dann noch einen Versuch, Jesus freizulassen, aber
die Juden brüllten nur zurück: „Wenn Sie den laufen lassen, dann haben
Sie ein Problem mit dem Kaiser. Jeder, der sich selbst zum Präsidenten
ausruft, ist ein Staatsfeind!" 13 Als Pilatus das hörte, befahl er, Jesus vor
die Menschen zu bringen. Er setzte sich auf den Stuhl, von dem die Ge-
richtsurteile immer gefällt wurden. Die Stelle, wo der stand, nannte man
auch „Steinpflaster" oder auf Hebräisch „Gabbata". 14 Das Ganze war
gegen Mittag kurz vor dem Passafest. Um die Zeit war die Vorbereitung
dafür in vollem Gange. Pilatus meinte zu der Menge: „Hier, das ist euer

Präsident!" 15 „Hau ihn weg!", brüllten die Leute. „Hau ihn weg, Todes-
strafe, Todesstrafe!" Pilatus fragte noch mal nach: „Soll ich wirklich
euren Präsidenten hinrichten lassen?" „Wir haben keinen Präsident, nur
der Kaiser ist unser Präsident", schleimten die Oberpriester los. 16 Also
gab Pilatus nach. Er unterschrieb den Vollstreckungsbefehl: Tod durch
Kreuzigung. Die Soldaten packten Jesus und führten ihn ab.

Jesus wird hingerichtet

17 Jesus musste sein Kreuz selbst zum Hinrichtungsort tragen. Der hieß
Golgatha, was zu Deutsch „Ort, wo die Totenschädel liegen" bedeutet.
18 Da nagelten sie Jesus an ein Holzkreuz und stellten es auf. Neben Je-
sus wurden noch zwei andere hingerichtet, jeweils rechts und links von
ihm. 19 Pilatus hatte ein Schild anfertigen lassen, das wurde über das
Kreuz gehängt. Auf diesem Schild stand: „Jesus aus Nazareth, Präsident
von den Juden". 20 Der Ort der Hinrichtung war ganz in der Nähe der
Stadt. Viele Juden kamen vorbei und konnten das Schild lesen. Man hatte
es extra in allen drei gängigen Sprachen draufgeschrieben, in Hebräisch,
Lateinisch und in Griechisch. 21 Die Oberpriester der Juden waren des-
wegen etwas angenervt. Sie verlangten von Pilatus: „Das Schild sollte
geändert werden. Dass dort steht: ‚Der Präsident der Juden', ist nicht
korrekt. Es müsste heißen: ‚Er hat behauptet, der Präsident der Juden
zu sein.'" 22 Pilatus wollte da aber nichts dran ändern. „Es bleibt da jetzt
so stehen, wie ich es geschrieben hab. Basta!" 23 Die Soldaten, die Jesus
an das Kreuz genagelt hatten, zockten sich die Klamotten von Jesus und
teilten sich die untereinander. Sie teilten alles durch vier, jeder bekam ein
Kleidungsstück. Nur das T-Shirt war übrig, und wenn man das zerschnei-
den würde, wäre es nutzlos. 24 So wurde beschlossen, mit Würfeln da-
rum zu spielen. Dass so was passieren würde, wurde schon in den alten
Schriften vorhergesagt. Da steht nämlich: „Sie teilten meine Klamotten
unter sich auf und würfelten um mein T-Shirt." Genau das passierte dort.
25 Unter dem Kreuz, an das sie Jesus genagelt hatten, waren seine Mutter
und ihre Schwester sowie Maria, die Frau von Klopas, und Maria Mag-
dalena. 26 Als Jesus seine Mutter dort sah und auch den einen Freund,
den er besonders lieb hatte, sagte er zu ihr: „Er soll jetzt dein Sohn sein!"
27 Und zu seinem Freund sagte er: „Sie ist jetzt deine Mutter, okay?" Von
diesem Zeitpunkt an wohnte Maria mit in dem Haus von diesem Freund.

Jesus stirbt

28 Jesus war sich jetzt im Klaren darüber, dass er seinen Job getan hatte.
Um das zu tun, was in den alten Schriften schon vorhergesagt wurde,
sagte er: „Ich habe Durst!" 29 In der Nähe stand ein großer Becher mit

Eistee*, da tauchte einer einen Schwamm rein, steckte ihn auf einen
langen Stab und hielt ihn an den Mund von Jesus. [30] Nachdem Jesus
kurz davon getrunken hatte, schrie er plötzlich: „Es ist alles getan!“
Dann sackte er in sich zusammen und starb. [31] Das alles war ja einen
Tag vor dem Passafest passiert. Damit die Toten nicht ausgerechnet
auch noch an diesem Tag am Kreuz hängen bleiben würden, beantragte
die Führungsriege der Juden bei Pilatus, den Menschen, die am Kreuz
hingerichtet wurden, die Beine zu brechen. So würden sie nämlich
wesentlich schneller sterben. Erst dann konnte man sie ja auch vom
Kreuz runternehmen. [32] Pilatus willigte ein und beorderte Soldaten, den
Männern die Beine mit einer Keule zu brechen. [33] Als sie aber bei Jesus
ankamen, sahen sie, dass der schon tot war. Darum wurden seine Beine
nicht zerbrochen. [34] Aber einer von den Soldaten stach mit einem lan-
gen Speer noch einmal in den Bauch von Jesus. Sofort flossen Wasser
und Blut daraus, ein sicheres Zeichen, dass der Gekreuzigte bereits tot
war. [35] Ich war übrigens selbst dabei und habe alles mit eigenen Augen
gesehen. Alles, was ich hier erzähle, stimmt hundertprozentig. [36] Das ist
alles passiert, damit die Ansage aus den alten Schriften erfüllt worden
ist. „Nicht ein Knochen wird ihm gebrochen.“ [37] Genauso steht da auch:
„Sie werden auf einen sehen, der durchstochen worden ist.“

Jesus wird vom Kreuz losgemacht und beerdigt

[38] Als alles vorbei war, stellte Josef, der aus Arimathäa stammte, einen
schriftlichen Antrag zur „Herausgabe und Überführung der Leiche“. Josef
war ein heimlicher Freund von Jesus, er hatte aber Angst vor den führen-
den Juden. Pilatus genehmigte den Antrag, und so ging Josef dorthin und
verfrachtete die Leiche. [39] Nikodemus, der Jesus mal einen Nachtbesuch
abgestattet hatte, kam auch vorbei und brachte ungefähr dreißig Kilo Myr-
rhe und Aloe Vera mit. [40] Die zwei wickelten die Leiche in ein Tuch, das
mit diesen Sachen eingerieben war. Das war bei einem echten jüdischen
Begräbnis so üblich. [41] Um die Ecke von dem Ort, wo die Hinrichtung
stattgefunden hatte, lag ein Garten. In diesem Garten war ein leeres Grab
in einem Hügel, das noch frei war. [42] In dieses Grab legten sie Jesus. Sie
beeilten sich dabei, weil der Feiertag kurz bevorstand.

20

Jesus hat gegen den Tod gewonnen!

[1] Sonntag, ganz früh morgens noch vor dem Sonnenaufgang, kam Ma-
ria Magdalena zum Grab von Jesus. Plötzlich sah sie, dass der Stein, der
vor dem Eingang gelegen hatte, weg war. [2] Voll panisch lief sie zu Simon

---

* Im Original steht dort so etwas wie *ein Essiggetränk*. Das diente damals zur Erfrischung.

Petrus und dem anderen Freund, den Jesus besonders lieb hatte. Sie
erzählte ihnen: „Stellt euch vor, sie haben die Leiche vom Meister aus
dem Grab geklaut. Ich hab keine Ahnung, wo sie ihn jetzt hingebracht
haben!" 3 Sofort rannten Petrus und der andere Freund zum Grab. 4 Der
Freund legte voll den Sprint hin und war als Erster da. 5 Er sah kurz rein,
und da lagen tatsächlich nur die Tücher rum, er ging aber nicht rein.
6 Als Petrus dann nachkam, ging er in das Grab, sah da aber auch nur
ein paar von den Tüchern, sonst nichts. 7 Das Tuch, mit dem der Kopf
von Jesus eingewickelt worden war, lag ordentlich zusammengefaltet
auf der Seite. 8 Jetzt traute sich auch der andere Freund von ihm in die
Grabkammer, und als er das leere Teil gesehen hatte, fing er auch an
zu glauben, dass Jesus nicht mehr tot war, sondern lebte. 9 Sie hatten
es bis zu dem Zeitpunkt nämlich noch nicht begriffen, was in den alten
Schriften dazu gestanden hatte, dass Jesus zwar sterben würde, aber
dann den Tod besiegen und in einer völlig neuen Form lebendig werden
würde. 10 Dann gingen die Freunde wieder zurück nach Jerusalem.

Jesus trifft Maria Magdalena

11 Maria war auch noch mal zum Grab gegangen, weil sie um Jesus
trauern wollte. Als sie da ankam, musste sie erstmal voll losheulen.
Dabei bückte sie sich in das Grab 12 und entdeckte plötzlich zwei Engel,
komplett in Weiß gestylt, die genau an der Stelle, wo die Leiche gelegen
hatte, saßen. Einer am Kopf- und der andere am Fußende. 13 „Was ist
los, warum heulst du?", fragten die Engel. „Na, weil sie die Leiche von
meinem Jesus verschleppt haben, und ich hab keine Ahnung, wohin!"
14 Als sie sich umdrehte, stand da plötzlich Jesus, aber sie erkannte ihn
nicht sofort. 15 „Was geht, warum weinst du?", fragte er sie. „Warum bist
du überhaupt hier, wen suchst du?" Sie dachte zuerst: „Oh, der Gärtner
ist auch da!" „Mein Herr, wenn Sie die Leiche weggebracht haben, dann
sagen Sie mir bitte, wo sie jetzt liegt. Dann geh ich dahin, um sie zu
holen." 16 „Maria!", sagte Jesus. Da drehte sie sich um und rief erschro-
cken: „Mein Meister!" 17 „Fass mich nicht an!", warnte sie Jesus. „Ich bin
noch nicht zu Gott, meinem Vater, zurückgegangen. Bitte richte aber
meinen Freunden und Geschwistern aus, dass ich jetzt zu meinem, also
zu unserem Vater gehen werde! Ich geh zu meinem und unserem Gott!"
18 Maria Magdalena rannte sofort zu seinen Freunden und erzählte de-
nen brühwarm, was sie gerade erlebt hatte: „Leute, ich hab gerade Jesus
getroffen!" Dann sagte sie ihnen, was er ihr aufgetragen hatte.

Jesus, total verändert, trifft seine Freunde das erste Mal

19 An diesem Sonntag hatten die Freunde von Jesus ein Treffen organi-
siert. Weil sie große Angst hatten, von den Juden verfolgt zu werden,

traf man sich heimlich hinter verschlossenen Türen. Plötzlich stand
da Jesus mitten im Raum und sagte: „Peace, hallo Jungs! Alles klar bei
euch?“ [20] Nach dieser Begrüßung zeigte er ihnen erst mal die Wunden
an seiner Hand und in der Rippengegend. Die Freunde rasteten total
aus, sie freuten sich so sehr, dass er wieder da war und lebte! [21] Jesus
sagte noch einmal: „Frieden, Leute! Also, so wie Gott der Vater mich
losgeschickt hat, so schicke ich euch jetzt auch los!“ [22] Dann pustete
er sie an und meinte dabei: „Hier, nehmt das. Das ist die Kraft, die von
Gott kommt, sein heiliger Geist! [23] Ab jetzt gilt: Wenn ihr jemandem sei-
ne Schuld verzeiht, dann ist sie auch für Gott vergessen. Und wenn ihr
sie ihm nicht verzeiht, dann klebt sie weiter an ihm.“ [24] Thomas, einer
von den zwölf engen Freunden (er wurde auch der Zwilling genannt),
war gerade nicht da, als sie dieses Treffen mit Jesus hatten. [25] Später
erzählten sie ihm: „Hey, Jesus war da!“ Er konnte das aber echt nicht
glauben. „Also, erst wenn ich seine Wunden mit eigenen Augen gese-
hen habe und sie auch anfassen konnte und wenn ich dann noch die
Wunde an seinem Brustkorb checken kann, dann würde ich das glau-
ben.“ [26] Acht Tage später hingen die Freunde wieder zusammen, und
diesmal war Thomas auch mit am Start. Plötzlich steht Jesus mitten im
Raum, und das, obwohl die Tür verschlossen war! Er begrüßte sie: „Hey,
Freunde! Ich wünsch euch Frieden!“ [27] Dann ging er zu Thomas und
meinte: „Na, dann fass mal auf diese Stelle hier und check auch noch
meine Hände. Und dann kannst du von mir aus auch noch mal meinen
Brustkorb testen. Zweifel nicht mehr, fang an zu glauben!“ [28] Thomas
war total platt und sagte nur: „Mann, Meister, du bist es ja, du bist mein
Gott!“ [29] Jesus’ Reaktion war nur: „Tja, du glaubst das jetzt, weil du das
mit deinen eigenen Augen sehen konntest. Gut drauf kommen die, die
das nicht können, es aber trotzdem glauben!“ [30] Die Freunde von Jesus
kriegten noch einige andere Wunder mit, die ich jetzt nicht in diesem
Buch alle aufschreiben konnte. [31] Aber alle Sachen, die ich hier geschrie-
ben habe, sind dafür da, dass ihr das glaubt: Jesus Christus ist wirklich
der Sohn von Gott, und nur durch den Glauben an ihn wird es möglich,
ewig zu leben!

21

Jesus trifft noch einmal seine Freunde am See Tiberias

[1] Später traf Jesus seine Freunde noch einmal am See von Tiberias. [2] Si-
mon Petrus, Thomas (den sie auch „den Zwilling“ nannten), Nathanael
(der aus Kana in Galiläa stammte), die Söhne vom Zebedäus und noch
zwei andere Freunde hingen da zusammen rum. [3] Simon Petrus meinte
dann: „Also, ich geh jetzt ’ne Runde fischen!“ „Wir sind dabei“, sagten

die anderen. Alle stiegen in das Boot und fuhren raus. Sie konnten aber
die ganze Nacht nicht einen Fisch an Deck ziehen. [4] Frühmorgens, es
wurde gerade hell, stand Jesus da plötzlich am Ufer. Die Freunde ka-
pierten aber nicht, dass es Jesus war. [5] Jesus rief ihnen zu: „Na, habt
ihr ein paar Fische für mich?" „Leider nicht, wir haben keinen einzigen
gefangen!", war die Antwort. [6] „Probiert es noch mal, aber diesmal auf
der anderen Seite vom Boot, dann werdet ihr auch was fangen!", war
sein Tipp. [7] Der Typ, den Jesus immer besonders lieb hatte, sagte zu
Petrus: „Hey Mann, das ist doch Jesus!" Als Petrus das hörte, zog er
sich schnell was über (er trug bei der Arbeit nämlich nur seine Unter-
hose), sprang ins Wasser und schwamm an das Ufer. [8] Die anderen
Freunde blieben beim Boot, das noch etwa hundert Meter vom Strand
entfernt lag. Sie schipperten hinter Petrus her und zogen dabei ein prall
gefülltes Netz im Schlepptau hinter sich her!!! [9] Als sie an Land waren,
war da schon ein kleiner Grill aufgebaut, mit ein paar leckeren Fischen
drauf. Auch für frisches Brot war gesorgt. [10] „Bringt mal ein paar von
den Teilen her, die ihr gerade gefangen habt!", meinte Jesus. [11] Simon
Petrus ging zurück zum Boot und zog das Netz an Land. Da waren satte
hundertdreiundfünfzig große Fische drin! Und obwohl es so sehr viele
waren, hielt das Netz das aus und zerriss nicht! [12] „Kommt endlich! Und
guten Appetit!" Keiner von den Freunden traute sich zu fragen: „Wer
bist du eigentlich?", aber unausgesprochen war jedem klar: Es war ihr
Jesus! [13] Jesus begrüßte sie und nahm dann das Brot und den Fisch und
verteilte es an alle. [14] Das war jetzt das dritte Mal, dass Jesus sich seinen
Jüngern zeigte, nachdem er den Tod besiegt hatte.

Eine wichtige Frage an Petrus

[15] Nach diesem Frühstück sagte Jesus zu Petrus: „Simon, ja genau du!
Ich hab mal 'ne Frage an dich: Liebst du mich mehr als die anderen
hier?" „Ja klar, du weißt genau, wie lieb ich dich habe!" „Dann pass auf
meine Schafe auf!" [16] Kurze Zeit später fragte Jesus das Gleiche noch
mal: „Simon, sag mal, liebst du mich?" „Ja klar, du weißt doch genau,
wie sehr ich dich liebe!", antwortete Petrus noch mal. „Dann pass auf
meine Schafe auf!" [17] Und dann fragte Jesus noch mal: „Simon? Ja, ich
meine dich! Liebst du mich?" Petrus hatte das Gefühl, Jesus würde ihm
nicht glauben, darum wurde er sehr traurig. „Mann, Jesus, du weißt
doch sowieso alles! Und du weißt auch, dass ich dich sehr, sehr liebe!"
Jesus sagte wieder: „Dann pass auf meine Schafe auf! [18] Ich sag dir jetzt
mal was: Als du noch jung warst, da konntest du tun, was du wolltest,
und hingehen, wohin du wolltest. Aber wenn du alt bist, dann wird dich
jemand anderes an der Hand führen müssen. Und zwar an einen Ort,

wo du nicht wirklich sein willst.“ [19] Jesus machte damit ’ne Andeutung, wie Petrus später mal sterben würde. Selbst dabei würde Gott groß rauskommen. Und nachdem er das gesagt hatte, meinte er zu ihm: „Tu das, was ich auch getan habe. Folge mir.“ [20] Petrus drehte sich um und sah hinter sich diesen Freund sitzen, den Jesus sehr lieb hatte. Das war der Typ, der beim letzten Abendessen neben Jesus gesessen und ihm die Frage gestellt hatte: „Wer wird dich denn verraten?“ [21] Petrus wollte von Jesus wissen: „Und was ist mit dem da?“ [22] „Das soll dir doch egal sein, Petrus! Wenn ich das wollte, dass er so lange lebt, bis ich wieder da bin, na und! Hauptsache, du lebst mit mir und tust das, was ich von dir möchte.“ [23] Das war der Grund, warum sich unter den ersten Christen das Gerücht verbreitete, dass dieser Freund von Jesus nicht sterben würde. Aber das hatte Jesus gar nicht gesagt, er meinte nur: „Wenn ich das wollte, dass er noch lebt, bis ich wiederkomme, soll dir doch egal sein!“ [24] Es geht hierbei nämlich um den, der dieses Buch geschrieben hat. Er war Zeuge der ganzen Geschichte, und alles, was er geschrieben hat, ist hundertprozentig wahr.

The End

[25] Da gibt es noch viele andere große Sachen, die Jesus getan hat. Ich denke, das wäre zu viel, um das alles hier aufzuschreiben. Dafür würde bestimmt das Papier der ganzen Welt nicht ausreichen!

Die Geschichte von den Aposteln

1

Was bei den Aposteln* so los war

1 Lieber Theophilus! Also, in meinem ersten Bericht hab ich dir ja schon
erzählt, was mit Jesus so alles abging und was er so erzählt hat. 2 Und
zwar vom ersten Event an, bis er dann schließlich nach oben versetzt
wurde zu Gott. Bevor er dann Richtung Himmel abgezogen ist, hat er
sich von Gott noch zeigen lassen, wer von seinen Leuten das Sagen
haben sollte. Diesen Männern, die wir jetzt Apostel nennen, hat er dann
erzählt, was für Aufgaben sie ab jetzt haben würden. 3 Genau bei den
Leuten ist er auch mehrmals aufgetaucht, nachdem er fertig gemacht
wurde und gestorben ist. Damit ist eindeutig bewiesen: Er ist wirklich
nicht mehr tot, er lebt! Ganze vierzig Tage hing er noch mit seinen
Freunden ab und redete mit ihnen über das neue Reich, wo Gott das Sa-
gen hat**. 4 Als sie da zusammen waren, sagte Jesus voll ernst: „Ihr dürft
auf keinen Fall aus Jerusalem abhauen! Ihr müsst hier so lange aushal-
ten, bis das Ding passiert, was Papa schon vor Ewigkeiten versprochen
hat – ich habe euch schon davon erzählt und sag es euch jetzt noch
mal: 5 Johannes hat mit euch diese Taufe nur mit Wasser durchziehen
können. Aber wartet ab, bald werdet ihr mit dem heiligen Geist, mit der
Power, die von Gott kommt, getauft werden!"

Jesus geht zu Gott dem Vater

6 Als sie da so mit ihm zusammen waren, fragten seine Leute: „Meister,
wirst du denn jetzt eine Revolution anzetteln, Israel befreien und es
ganz nach vorne bringen?" 7 „Das soll euch erst mal egal sein. Gott wird
schon das richtige Timing dafür haben. 8 Aber ihr werdet von der Kraft
Gottes, dem heiligen Geist, noch richtig angezappt und abgefüllt wer-
den. Durch die Kraft, die er euch gibt, werdet ihr in der Lage sein, euch
für mich vor allen Leuten in Jerusalem grade zu machen, und auch in
Judäa, in Samarien und überall auf der ganzen Erde!" 9 Nachdem er das
gesagt hatte, zog er zu Gott. Eine Wolke kam auf ihn runter, und direkt
vor ihren Augen verschwand er plötzlich. 10 Als sie da total verdattert

---

* Apostel: So wurden die 12 Freunde von Jesus genannt, als er weg war. Sie hatten eine besondere Begabung und Power von Gott. Das Wort heißt auch Gesandter und könnte auch mit Bote, Botschafter, Konsul oder so ähnlich übersetzt werden.

** Der Begriff bedeutet etwas ganz Konkretes, nämlich ein Gebiet, wo alles auf Gott ausgerichtet ist. Hinter dem Begriff stand auch die Hoffnung, dass Gott eine neue Zeit anbrechen lässt, in der er das Sagen hat und alles gut wird.

rumstanden, tauchten plötzlich zwei Typen auf, die mit weißen Anzügen gestylt waren. [11] „Hey, ihr Leute aus Galiläa, was steht ihr hier so rum und glotzt zum Himmel? Gott hat Jesus jetzt wieder zu sich nach Hause geholt. Aber keine Sorge, es wird der Tag kommen, da taucht er genau so wieder auf, wie er gerade verschwunden ist."

Es wird ein neuer Apostel gewählt
[12] Schließlich gingen sie vom Ölberg in Richtung Jerusalem, das war ungefähr einen Kilometer weiter weg. [13] Sie zogen sich zurück in das Haus, wo sie auch sonst immer zusammen abhingen, um gemeinsam zu beten. Mit dabei waren: Petrus, Johannes, Jakobus, Andreas, Philippus, Thomas, Bartholomäus, Matthäus, Jakobus, der Sohn von Alphäus, Simon (der Ex-Terrorist) und Judas, der Sohn von Jakobus.
[14] Dann waren da auch noch ein paar Frauen dabei, Maria zum Beispiel, die Mutter von Jesus, und auch seine Brüder. [15] An einem Tag waren ungefähr hundertzwanzig Leute da, als Petrus plötzlich aufstand, um eine Rede zu halten: [16] „Hallo, ihr lieben Geschwister! Alles, was in dem alten Buch steht, ist wirklich wahr geworden! Zum Beispiel das, was über Judas da drin steht, der Jesus angezeigt und an seine Feinde verraten hat! Das hatte Gott schon vor Ewigkeiten gewusst und durch David mal eine Ansage da drüber gemacht. [17] Judas gehörte zu unserer Clique und hatte dieselben Aufgaben, wie wir sie auch bekommen hatten. [18] Von der Kohle, die er dafür bekommen hatte, den Unschuldigen zu verraten, hat er sich ein Feld gekauft. Auf dem ist er dann kopfüber gefallen und seine Wampe ist aufgesprungen, wobei seine Innereien herausplatzten! [19] Das hat sich mittlerweile in ganz Jerusalem rumgesprochen, und alle nennen dieses Feld jetzt ‚das Feld, an dem Blut klebt'. [20] Das war ja schon in dem Buch aus den alten Schriften vorhergesagt worden. In den Psalmen steht zum Beispiel: ‚Was ihm gehört, wird vergammeln, niemand wird da wohnen wollen!' Und an einer anderen Stelle steht auch: ‚Die Sachen, die er vorher gemacht hat, soll ein anderer übernehmen.' [21] Darum müssen wir für Judas einen Nachfolger finden. Es wäre cool, wenn das jemand wäre, der von Anfang an mit Jesus dabei war, [22] von der ersten Zeit, wo Jesus bei Johannes aufgetaucht und getauft worden ist, bis zu dem Tag, wo er zu Gott ging. Er sollte genauso wie wir ein Augenzeuge gewesen sein, dass Jesus wieder lebendig wurde und den Tod besiegt hat." [23] Sie organisierten eine Wahl, wo sich zwei Leute aufstellen durften. Das war einmal Josef Justus, dem man auch den Spitznamen Barsabbas gegeben hatte, und Matthias. [24] Anschließend sagten sie alle zu Gott: „Herr, du hast die totale Ahnung, was Menschen angeht. Du musst uns jetzt zeigen, wen

du von den beiden dabeihaben willst. Wer soll die Sachen machen,
die Judas vorher erledigt hat? 25 Denn Judas hat es ja nicht gebracht,
er hat sein Ding nicht bis zu Ende durchgezogen. Er ist jetzt da, wo er
hingehört." 26 Schließlich holte einer eine Münze raus, Kopf oder Zahl,
und am Ende war Matthias derjenige, der ab da zu den zwölf Aposteln
gehörte.

2

Pfingsten: Jetzt geht's ab!
Die Kraft von Gott, der heilige Geist, mischt alles auf

1 Als das große Erntefest der Juden gerade losging, waren alle Freunde
von Jesus zusammen in einem Raum. 2 Plötzlich kam von oben runter
ein Wind auf, alle hörten ein ganz seltsames Rauschen, fast so, als wenn
ein Orkan mitten in dem Haus wäre, in dem sie sich befanden. 3 Dann
sahen sie, wie sich plötzlich bei allen so eine Art Feuer auf die Köpfe
setzte. 4 Und dann wurden alle total abgefüllt mit dem heiligen Geist!
Einige fingen dabei an, in irgendeiner fremden Sprache zu reden, einer
Sprache, die ihnen der Geist einfach aufspielte. 5 Zu dem Fest waren
tierisch viele gläubige Juden aus der ganzen Welt nach Jerusalem ge-
kommen. 6 Sehr viele Leute aus der Stadt kriegten das irgendwie mit,
von überall kamen sie angerannt. Was keiner von den Ausländern auf
die Reihe kriegen konnte, war, wie die Apostel in ihrer eigenen Sprache
reden konnten! 7 „Das geht ja gar nicht!", riefen die total fertig. „Das
sind doch alles Leute aus Galiläa, 8 das kann doch gar nicht angehen,
dass die unsere Muttersprache auf einmal draufhaben? Egal ob wir aus
Persien stammen, Meder sind oder Elamiter. 9 Ein paar von unseren
Männern kommen aus Mesopotamien, Judäa, Kappadozien, Pontus
und aus der Gegend von Asien. 10 Aus Phrygien, Pamphylien und aus
Ägypten, und aus der Gegend von Kyrene in Libyen, ja sogar aus Rom
kommen ein paar. Wir sind Juden oder zumindest zählen wir uns zu den
Leuten, die jüdisch glauben, 11 und dann sind da noch ein paar Kreter
und Araber. Und trotzdem hören wir jeder in unserer Sprache, wie diese
Typen da von den großen Sachen erzählen, die Gott macht!" 12 Völlig
verdattert konnten sie überhaupt nicht kapieren, was da gerade los war:
„Was hat das zu bedeuten?" 13 Ein paar Leute verarschten sie aber auch
und meinten: „Die sind doch alle völlig bekifft!"

Petrus sagt allen was Sache ist, und erzählt von Jesus

14 Schließlich standen alle Apostel auf, und Petrus schrie der versam-
melten Masse zu: „Hey, ihr Leute aus Judäa, hört mir alle mal zu! Auch
die Leute, die hier in Jerusalem wohnen, ich will euch erzählen, was hier

gerade abgeht! [15] Diese Leute hier sind nicht total breit, auch wenn das
einige von euch glauben wollen. Mann, ist doch gerade mal erst neun
Uhr morgens! [16] Was hier gerade passiert, hat der Prophet Joel schon
vor langer Zeit vorausgesagt. Er machte nämlich die Ansage: [17] ‚Wenn
es zu Ende geht mit der Welt, sagt Gott, dann werde ich alle Menschen
mit meinem Geist ausstatten. Eure Kinder werden meine Stimme hören
und das weitergeben, was ich ihnen gesagt habe. Eure Jungs und auch
die Alten werden in ihren Gedanken Botschaften und Bilder von mir
aufgespielt bekommen, durch die ich zu euch reden werde. Und auch
nachts werde ich euch durch Träume Dinge klar machen. [18] Alle Män-
ner und Frauen, Jungs und Mädchen, alle, die mir dienen, werden mit
meinem Geist ausgerüstet werden, und sie werden für mich sprechen.
[19] Am Himmel und auf der Erde werdet ihr seltsame Zeichen sehen;
Blut, Feuer und sehr viel Qualm. [20] Es wird eine totale Sonnenfinsternis
geben und der Mond wird anders aussehen, so rot wie Blut. Und dann
kommt der große Tag, das große Comeback von Gott. [21] Und es soll
so laufen, dass alle, die zu Jesus gehören und zu ihm um Hilfe rufen,
durchkommen werden!‘ [22] Passt gut auf, ihr Leute aus Israel! Ihr habt
alle mitbekommen, dass Jesus, der aus Nazareth kam, heftige Sachen
und echte Wunder bei euch getan hat. Klar, dass Gott da seine Finger
mit im Spiel hatte! [23] Jesus wurde aber auf mieseste Art verraten. Ihr
habt ihn sogar mit Hilfe der Römer, die überhaupt nichts von unserem
Gott wissen wollen, hinrichten lassen, indem ihr ihn an ein Kreuz gena-
gelt habt. Doch Gott wusste schon lange vorher, dass das so passieren
wird. [24] Jesus ist aber stärker als der Tod! Gott konnte durch ihn den Tod
besiegen! Er ist wieder lebendig geworden! [25] Schon der Präsident David
hat von Jesus gesprochen, als er schrieb: ‚Ich habe die ganze Zeit mei-
nen Gott vor der Linse, er passt auf mich auf, damit ich nicht abstürze.
[26] Ich raste total aus vor Freude, ich muss das rausschreien, selbst wenn
ich sterbe, wird es mir gut gehen. [27] Denn du wirst dafür sorgen, dass
ich nicht einfach vergammeln werde, wenn ich tot bin, ich gehöre ja zu
dir! [28] Du hast mir gesagt, wo es längsgeht im Leben, du hast mir fett
Freude geschenkt, schon alleine, weil du da bist.‘ [29] Also liebe Leute, ich
will euch hier keine Märchen erzählen! Unser Vater David ist auf jeden
Fall gestorben, und wer will, kann auch gleich heute noch sein Grab
besichtigen. [30] Gott hat ihm aber auf sicher versprochen, dass einer aus
seiner Familie, der nach ihm lebt, mal als Präsident auf seinem Chef-
sessel sitzen wird. [31] Dieses Versprechen hat er mit Jesus Christus ein-
gelöst, der den Tod besiegt hat und wieder lebendig geworden ist. Er
meinte nämlich ihn, als er damals aufgeschrieben hat: ‚Er wird nicht tot
bleiben, und sein Körper wird nicht vergammeln.‘ [32] Gott hat Jesus aus

dem Tod rausgeholt! Wir haben das alle mitbekommen und stehen da-
für grade. 33 Jetzt hat Gott Jesus auf den Stuhl des Kapitäns des ganzen
Universums gesetzt. Er bekam von Gott alle Vollmachten ausgestellt.
Von dort hat er auf uns die Power Gottes, seinen heiligen Geist übertra-
gen, wie es ja schon vorher angekündigt wurde. Das ist genau das, was
ihr hier jetzt gerade abgehen seht. 34 David selbst ist ja nicht zum Him-
mel hochgezogen worden, aber er sagte ja: ‚Gott sagte zu meinem Chef:
Setz dich auf die Ehrentribüne im Himmel direkt neben mich, 35 bis alle,
die gegen dich sind, geschlagen wurden und dir die Füße küssen.‘ 36 Nie-
mand kann jetzt in Israel noch etwas dagegen sagen: Der Jesus, den
ihr hingerichtet habt, den hat Gott zum obersten Chef erklärt, zu dem
Typen, der uns alle aus dem Dreck rausholen wird, zu dem Christus*.“
37 Als die Leute das hörten, waren sie alle total fertig und wollten unbe-
dingt wissen, was sie denn jetzt tun sollten. 38 „Lebt nicht länger so, wie
ihr jetzt lebt! Macht es anders und lebt in Gottes Richtung!“, meinte Pe-
trus nur. „Ihr müsst dieses neue Ritual machen, diese Taufe. Und zwar
sollt ihr auf den Namen von Jesus Christus getauft werden. Dann gehört
ihr ihm, und Gott wird euch die Sachen vergeben, wo ihr total neben
Gottes Willen gelebt habt. Und außerdem bekommt ihr dann die Power
von Gott, den heiligen Geist, aufgespielt. 39 Das ist euch und denen, die
nach euch noch leben werden, und allen Menschen in der ganzen Welt
versprochen worden, allen, die Gott dazurufen wird.“ 40 Das war nur ein
Auszug aus einer von vielen Reden vom Petrus. Immer wieder warnte
er die Leute: „Diese Gesellschaft ist auf einem voll verkehrten Weg!
Lasst euch aus da rausretten!“ 41 Sehr viele von den Leuten, die Petrus
zuhörten, ließen sich anschließend sofort taufen. Ungefähr dreitausend
kamen an diesem Tag zu der Jesus-Familie dazu!

Die erste große Christen-Familie

42 Diese allerersten Christen hingen jeden Tag zusammen, hörten den
Predigten von den Aposteln zu und lebten in einer großen WG. Sie aßen
zusammen, so wie sie es mit Jesus, kurz bevor er starb, auch getan
hatten (das nannte man ab jetzt das Abendmahl), und beteten auch
viel miteinander. 43 Alle hatten großen Respekt vor Gott. Der wiederum
bestätigte die Apostel durch heftige Wunder, damit alle sehen konnten,
dass sie die Wahrheit erzählten. 44 Die Jesus-Leute hielten ganz fest
zusammen, jeder teilte alles, was er hatte, mit den anderen. 45 Wenn je-
mand der Besitzer von einem Stück Land war, dann verkaufte er das Teil

---

* Der „Christus“ war ein Schlagwort für alle Juden damals. Es war so ein Typ, auf den viele Generationen schon lange warteten und von dem gesagt wurde, dass er die Leute aus der Scheiße rausholt. Die Prophetentypen hatten von dem schon lange vorher gesprochen.

und gab die Kohle den Jesus-Leuten, denen es dreckig ging. [46] Jeden Tag
hingen sie im Tempel ab und feierten auf ihren Buden zusammen das
Abendmahl. Oft trafen sie sich, um zusammen zu essen, was immer
superfröhlich und mit einer guten Einstellung abging. [47] Alle waren be-
geistert von Gott, was wohl auch ein Grund dafür war, dass man in der
ganzen Stadt gut über sie redete. Die Gemeinde, so wie man die Jesus-
Familie jetzt nannte, wurde immer größer, vor allem weil Gott jeden Tag
viele Menschen dazurettete.

3

Gott tut ein Wunder an einem Behinderten
[1] An einem Tag, so um drei Uhr rum, beschlossen Petrus und Johannes
zum Tempel zu gehen und 'ne Runde zu beten, wie sie es sonst auch
immer getan hatten. [2] Gleichzeitig schleppte man so einen Typen an
eine der Türen vom Tempel, der seit seiner Geburt an den Beinen ge-
lähmt war. Sie setzten ihn an einer Tür ab, die man auch „das schöne
Tor“ nannte, wo er jeden Tag Geld schnorren konnte. [3] Als Petrus und
Johannes den Tempel betreten wollten, fragte er sie auch: „Habt ihr mal
'nen Euro?“ [4] Die beiden blieben stehen, sahen ihn fest an, und Petrus
meinte: „Schau uns in die Augen!“ [5] Der Typ dachte gleich, die beiden
würden ihm jetzt Geld geben. [6] Petrus sagte aber zu ihm: „Ich hab keine
Kohle für dich, mein Freund, aber was ich habe, will ich dir gerne geben.
Im Auftrag von Jesus Christus, der aus Nazareth stammt: Steh auf, Al-
ter! Geh mal 'ne Runde um den Block!“ [7] Dabei griff er nach der rechten
Hand von dem Mann und zog ihn nach oben. Und in derselben Sekun-
de konnte er tatsächlich seine Füße und Beine bewegen! [8] Er sprang
hoch, ging ein paar Schritte und folgte dann Petrus und Johannes in
den Tempel. Dort rastete er vor Freude total aus, pogte überall rum und
schrie: „Danke, Gott! Danke!“ [9] Alle, die gerade im Tempel waren, sa-
hen, wie er rumtanzte und sich bei Gott bedankte. [10] Jeder kapierte so-
fort, dass das der Typ von der „schönen Tür“ war. Und sie kriegten das
nicht gebacken, wieso der plötzlich gehen konnte! [11] Sehr viele kamen
aus dem ganzen Tempel in die Halle gelaufen, wo das Wunder passiert
war. Das war die so genannte „Halle Salomos“. Total aufgeregt umzin-
gelten sie Petrus, Johannes und den Ex-Behinderten, der die beiden
nicht mehr weglassen wollte.

Petrus hält 'ne Rede im Tempel
[12] Petrus sah die gute Gelegenheit, gleich mal 'ne Runde zu predigen,
und legte los: „Hallo, ihr Leute aus Israel! Warum kriegt ihr das anschei-
nend nicht auf die Reihe, was hier gerade passiert ist? Und warum seht

ihr dabei die ganze Zeit uns so schräge an? Ihr glaubt doch nicht im Ernst, wir hätten diesen Behinderten geheilt, weil wir so geil drauf sind oder so besonders religiös leben? 13 Der Gott, zu dem schon Abraham und Isaak und Jakob, unsere Vorfahren und Urväter, gebetet haben, genau der hat das getan! Er wollte durch dieses Wunder klar machen, dass sein Sohn Jesus der Held ist, nur der hat so was drauf! Genau der Jesus, den ihr verraten und verkauft habt, und das, obwohl der Richter Pilatus sogar auf Freispruch plädiert hatte. 14 Den Mann, der nichts ausgefressen hatte und der total gottmäßig drauf war, den habt ihr fertig gemacht und ermordet, während der wirkliche Mörder freigelassen wurde. 15 Ihr habt dabei ausgerechnet den ermordet, der das ganze Leben mal gemacht hat! Gott war aber stärker als der Tod, und er ist wieder lebendig geworden, das können wir hier alle unterschreiben, wir haben es selber erlebt! 16 Weil wir zu diesem Jesus beten und ihm vertrauen, darum ist dieser Mann gerade gesund geworden. Ihr kennt den Typen alle sehr gut, ihr wisst, dass er eine starke Behinderung hatte und nicht gehen konnte. Aber jetzt kann er wieder gehen, weil das felsenfeste Vertrauen, was wir in Jesus haben, gewirkt hat. 17 Mir ist schon klar, dass ihr damals keine Peilung hattet, was ihr und eure Chefs da gerade anstellen. 18 Gott hatte aber dafür gesorgt, dass das passiert, was schon die Propheten vor langer Zeit vorausgesagt haben, nämlich dass der Retter ganz üble Sachen durchmachen muss. 19 Heute habt ihr die Chance, euer Leben total umzukrempeln. Hört auf, Mist zu bauen, damit Gott euch die ganzen Schulden, die ihr bei ihm habt, heute erlassen kann! 20 Dann wird endlich eine geile Zeit für euch anbrechen, eine Zeit, in der Gott euch zeigen kann, wer wirklich der Retter ist, auf den ihr schon so lange wartet: Jesus! 21 Er sitzt jetzt erst mal im Himmel, aber irgendwann wird er wiederkommen, und dann wird alles neu gemacht. Davon hat Gott schon vor langer Zeit durch die Propheten zu uns geredet. 22 Schon Mose hat gesagt: ‚Irgendwann wird Gott jemanden, der so drauf ist wie ich, zu euch schicken, und dann wird alles gut. Auf den müsst ihr hören. 23 Wer das aber nicht tut, der fliegt raus.‘ 24 Auch Samuel und die anderen Propheten, die danach da waren, haben diese Ansage gemacht. 25 Was diese Männer gesagt haben, das ist auch für euch wichtig. Denn auch für euch gilt derselbe Vertrag, den Gott mit euren Vorfahren gemacht hat. Denn Gott meinte zu Abraham: ‚Von deinen Kindern werden alle Menschen auf der Erde mal fett profitieren.‘ 26 Gott hat den Mann, der genau das getan hat, was er wollte, nämlich Jesus, bei euch vorbeigeschickt. Durch ihn bietet er uns eine neue Chance an, indem wir aufhören, Mist zu bauen, und unserem Leben eine neue Richtung geben, eine Richtung zu Gott hin.“

4

Petrus und Johannes werden im Knast verhört

1 Als Petrus und die anderen Apostel noch am Reden waren, kamen
plötzlich ein paar von den religiösen Führern, von den Priestern und
den Sadduzäern sowie der Chef von der Tempel-Polizei durch die
Menschenmasse durch. 2 Sie motzten rum, weil Petrus und Johannes
am Beispiel von Jesus allen Leuten klar machten, dass irgendwann alle
Menschen vom Tod wieder zurück ins Leben kommen werden. 3 Darum
verhafteten sie Petrus und Johannes und steckten die beiden erst mal in
den Knast, weil es inzwischen dunkel geworden war. 4 Trotzdem waren
viele von dem, was die Apostel erzählt hatten, total angerührt und be-
gannen an Jesus zu glauben. Ungefähr 5 000 Leute zählten ab dann zu
den Christen, und die Frauen waren da noch gar nicht mitgerechnet!
5 Am nächsten Morgen wurde ein Meeting am Gericht der Juden in Je-
rusalem abgehalten. 6 Hannas, der Chef der religiösen Führung, war da,
dazu Kaiphas, Johannes, Alexander und ein paar andere Jungs aus der
Familie vom Hannas. 7 Schließlich wurden Petrus und Johannes vor-
geführt. Als Erstes fragten sie die beiden: „Wer hat Ihnen eigentlich die
Order gegeben und dazu auch die Vollmacht, diese Wundersachen zu
tun?“ 8 Abgefüllt mit der Kraft Gottes, dem heiligen Geist, sagte Petrus:
„Also, ihr Leiter und Älteste von unserer Gesellschaft, 9 wir stehen hier
im Gerichtssaal und wurden angezeigt, weil wir nichts weiter getan ha-
ben als einen Kranken zu heilen. 10 Wenn Sie wissen wollen, wie dieser
Typ hier wieder gesund geworden ist, dann kann ich nur eine Ansage
dazu machen, und das will ich vor Ihnen und allen Leuten in Israel ger-
ne tun. Dass dieser Behinderte gesund geworden ist, kommt nur durch
die Kraft von Jesus Christus, der aus Nazareth stammt. Er ist der Mann,
den ihr hingerichtet habt. Aber er ist nicht mehr tot, er ist wieder leben-
dig geworden! 11 Jesus ist das Beton-Fundament, von dem schon in dem
alten Buch geredet wurde. ‚Was von den Bauarbeitern als total wertlos
betrachtet wurde, darauf ist nun alles gebaut worden.‘ 12 Nur Jesus kann
die Menschen aus ihrem Dreck rausholen und retten. Niemand anders
ist dazu in der Lage, nur er!“ 13 Die anwesenden Leute vom Gericht wa-
ren total platt darüber, wie mutig und frei sie ihre Sache rüberbrachten.
Denn sie wussten, dass die beiden keine gute Bildung genossen und
auch nie Theologie studiert hatten. Aber es war allen schon klar, dass
beide mit Jesus unterwegs gewesen waren. 14 Dass der Typ wirklich ge-
heilt worden war, daran bestand auch kein Zweifel. Der war ja anwesend
und stand aufrecht vor ihnen. 15 Sie wollten sich erst mal alleine beraten
und ließen die zwei wieder abführen. 16 „Was machen wir jetzt bloß mit

diesen Jesus Freaks?“, fragten sie sich. „Sie haben echt ein Wunder ge-
tan, dagegen können wir nichts mehr sagen. Wir sind ja sogar Augen-
zeugen davon. [17] Vielleicht sollten wir den beiden einfach unter Strafe
verbieten, dass sie weiter in der Stadt von Jesus reden, damit sie nicht
noch mehr Schaden anrichten können.“ [18] Dann riefen sie die Apostel
wieder in den Saal und verboten ihnen unter Strafe, noch einmal irgend-
wo was über Jesus zu erzählen. [19] Petrus und Johannes meinten dazu
nur: „Sie glauben doch nicht im Ernst, dass wir Ihnen mehr gehorchen
als unserm Gott? [20] Das geht gar nicht, dass wir nichts darüber erzäh-
len, was Gott für gute Sachen gemacht hat! Wir haben es ja selber er-
lebt!“ [21] Schließlich kamen sie mit einer Verwarnung davon. Sie hatten
einfach keinen richtigen Anklagepunkt und der Richter hatte auch Panik,
es würde sonst eine Riesendemo geben. Denn alle Leute in Jerusalem
waren total begeistert von Gott, der durch Petrus und Johannes so ein
geiles Wunder getan hatte. [22] Der Behinderte, der geheilt wurde, war im-
merhin schon vierzig Jahre alt und seit seiner Geburt gelähmt gewesen.

Die Jesus-Familie betet zusammen

[23] Nachdem Petrus und Johannes entlassen worden waren, rannten sie
sofort zu den anderen Christen und erzählten, was mit den Oberpries-
tern und den Ältesten der Stadt abgegangen war. [24] Sie fingen sofort an
zu beten und riefen gemeinsam zu Gott: „Meister, du hast den ganzen
Himmel und die Erde und das Meer gemacht, und dazu alles, was
sonst noch lebt. [25] Du hast schon vor langer Zeit durch unseren Urvater
David, der dir gedient hat, unter Mithilfe vom heiligen Geist, zu uns
gesagt: ‚Warum machen die Leute, die nichts von Gott wissen wollen,
so einen Aufstand? [26] Die Mächtigen dieser Welt rüsten auf und alle tun
sich zusammen, um gegen Gott zu kämpfen und gegen seinen Chris-
tus*.‘ [27] Und genau das passiert hier gerade, in dieser Stadt! Herodes,
Pilatus und die ganze Bande haben sich zusammengetan, um deinem
besonderen Sohn Jesus, den du auserwählt hast, den Kampf anzusagen!
[28] Und was sie jetzt tun, hast du auch schon lange vorher gewusst und
beschlossen. [29] Jetzt Gott, achte auf das, was sie uns androhen, und gib
jedem von uns die Freiheit, die wir brauchen, um den Leuten das zu
sagen, was du von uns willst! [30] Zeig jetzt, was du drauf hast! Sorg dafür,
dass Leute gesund werden und dass derbe Wunder passieren durch
den Namen von deinem Sohn Jesus.“ [31] Als sie das gebetet hatten, gab
es plötzlich ein Erdbeben unter dem Haus, in dem sie sich getroffen
hatten! Alle wurden augenblicklich total abgefüllt mit der Kraft Gottes,

* Christus: Siehe Kommentar im 2. Kapitel, Vers 36

dem heiligen Geist! Sie zogen los und erzählten, ohne Angst zu haben,
überall von Gott.

Die Jesus-Familie geht ab

32 Alle Leute, die zur Jesus- Familie gehörten, waren total eng befreun-
det. Es gab keinen, der das, was ihm gehörte, als seinen privaten Besitz
betrachtete, irgendwie gehörte alles allen. 33 Total begeistert predigten
die Apostel überall darüber, dass Jesus nicht mehr tot ist, sondern lebt.
Alle erlebten hautnah, wie sehr Gott die Menschen liebt. 34 Keiner kam
in der Gemeinschaft zu kurz. Die Leute, die ein Haus oder ein Grund-
stück besaßen, verkauften es. 35 Die Kohle, die sie dafür bekamen, ga-
ben die Apostel dann an die Leute weiter, die es nötiger hatten. 36 Einer
der Leute, die viel Geld gaben, war Josef. Der kam ursprünglich aus
Zypern und war aus dem israelischen Stamm der Leviten. Die Apostel
hatten ihm auch den Spitznamen Barnabas gegeben, was so viel heißt
wie „einer, der die Leute tröstet“. Dieser Josef hatte seinen Grundbesitz
verkauft und das ganze Geld den Aposteln gegeben.

5

Hananias und Saphira versuchen Gott zu bescheißen

1 Ein Typ, den sie Hananias nannten, verkaufte mit seiner Frau Saphira
ein Grundstück. 2 Das Geld, was er dafür bekam, gab er dann nur zum
Teil bei den Aposteln ab, seine Frau wusste aber davon und war einver-
standen. 3 Petrus hatte aber den Durchblick und sprach ihn darauf an:
„Hananias, warum bist du nur auf den Satan reingefallen? Warum hast
du versucht, den heiligen Geist abzulinken? Warum hast du nur einen
Teil von der Kohle zurückgebracht und so getan, als wäre es alles, um
den Rest selber einzusacken? 4 Keiner hat dich gezwungen, das Land zu
verscherbeln! Du hättest mit der Kohle machen können, was du willst.
Wie bist du bloß so draufgekommen? Du hast nicht nur versucht Men-
schen zu belügen, du betrügst Gott damit!“ 5 Petrus hatte gerade das
letzte Wort ausgesprochen, da sackte Hananias in sich zusammen und
starb. Alle, bei denen das die Runde machte, waren echt fertig, als sie
das hörten. 6 Einige der jungen Leute trugen die Leiche raus, nachdem
sie ein Tuch drübergelegt hatten, um ihn unter die Erde zu bringen.
7 Drei Stunden später kam seine Frau Saphira vorbei. Sie hatte keinen
blassen Schimmer von dem, was da gerade passiert war. 8 Petrus fragte
sie: „Ist das hier alles gewesen, was ihr für euer Grundstück bekommen
habt?“ – „Ja“, war ihre Antwort, „das war alles.“ 9 „Wie konntet ihr nur so
draufkommen, dass ihr dachtet, man kann mit dem heiligen Geist sol-
che Spielchen spielen?“, sagte Petrus. „Die Männer, die gerade deinen

Ehemann beerdigt haben, werden dich auch gleich abholen.“ 10 Sofort
brach auch sie tot zusammen. Als die Jungs sie dort liegen sahen, nah-
men sie Saphira auch mit und beerdigten sie neben ihrem Mann. 11 Die
ganze Gemeinde und auch alle anderen waren echt platt, als sie davon
hörten.

Gott bestätigt fett seine Apostel

12 Durch die Apostel passierten heftige Wunder bei den Menschen, die
dort lebten. Die ganze Gemeinde hing oft im Tempel in der Halle von
Salomo rum, sie hielten ganz fest zusammen durch ihren gemeinsamen
Glauben an Jesus. 13 Einige hatten Schiss, sich ihnen anzuschließen,
aber alle hatten großen Respekt vor den Jesus-Leuten. 14 Immer mehr
Leute fingen an mit Jesus zu leben, Männer wie auch Frauen. 15 Da gab
es so Szenen, da schleppte man die Betten und Isomatten mit Men-
schen auf die Straße, damit wenigstens der Schatten von Petrus über
die Kranken streifen würde. 16 Selbst aus den Dörfern um Jerusalem
herum kamen die Leute angelaufen. Sie brachten die kranken Menschen
vorbei und die Leute, die fiese Geister in sich hatten, und wirklich alle
wurden gesund!

Die Apostel müssen wieder in den Knast

17 Der Oberpriester und seine Parteifreunde von den Sadduzäern waren
total eifersüchtig auf den Erfolg der Jesus-Leute. Darum beschlossen
sie etwas dagegen zu unternehmen. 18 Sie ließen ihre Beziehungen spie-
len und sorgten so dafür, dass die Apostel wieder verhaftet und in den
Knast gesteckt wurden. 19 Nachts kam aber ein Engel von Gott vorbei,
der heimlich die Gefängnistür aufmachte und sie da wieder rausholte.
20 Der Engel sagte zu ihnen: „Ihr müsst wieder in den Tempel gehen und
dort allen die Nachricht erzählen, dass man mit Jesus ein neues Leben
anfangen kann.“ 21 Frühmorgens machten sich die Apostel sofort auf
die Socken und predigten im Tempel ganz öffentlich. Zeitgleich saßen
die Oberpriester mit ihren Leuten zusammen im jüdischen Gerichtshof.
Dort hatten sie mit den Leitern des Volkes ein Meeting. Schließlich woll-
ten sie die Apostel zum Verhör reinholen. 22 Die Apostel waren ja aber
schon lange nicht mehr da. Die Angestellten von den Oberpriestern,
die geschickt worden waren, kamen also wieder zurück und machten
Meldung: 23 „Die Gefangenen sind ausgebrochen. Die Stahltür war zwar
vollkommen zu und auch nicht kaputt, und auch die Wachen waren alle
an ihrem Platz. Aber als wir nachgesehen haben, war keiner mehr da.“
24 Die Tempelpolizei und die Oberpriester waren alle total fertig, als sie
das hörten. „Was geht da ab? Wie soll das enden?“ 25 Plötzlich stürmte

jemand in den Raum rein und meldete: „Die Typen, die Sie in den Knast
gebracht haben, die sind schon wieder im Tempel und erzählen von
Jesus!“ 26 Sofort zog der Obermacker der Tempelpolizei mit seiner Abtei-
lung zum Tempel und holte die Apostel wieder ab. Diesmal taten sie das
aber, ohne Gewalt anzuwenden, weil sie Angst hatten, die Menschen-
menge würde sie sonst verprügeln und mit Steinen nach ihnen schmei-
ßen. 27 Die Apostel wurden in den Gerichtssaal gebracht, wo sie der
Oberpriester wieder verhören wollte. 28 „Ich habe Ihnen doch mit allen
Mitteln untersagt, jemals wieder von diesem Jesus in der Öffentlichkeit
zu reden! Mittlerweile redet die ganze Stadt Jerusalem nur noch von
ihm! Und wegen Ihnen sind sie alle sauer auf uns und wollen uns sogar
lynchen, weil sie uns für den Tod von Jesus verantwortlich machen wol-
len.“ 29 Petrus und die anderen Apostel sagten dazu nur eins: „Wir den-
ken, es ist besser, das zu tun, was Gott von einem will, als das zu tun,
was Menschen von einem wollen. 30 Der Gott, zu dem die Generationen
vor uns schon gebetet haben, hat Jesus, den ihr am Kreuz hingerichtet
und ermordet habt, wieder lebendig werden lassen. 31 Gott hat ihn durch
die uneingeschränkte Vollmacht, über die er verfügt, zum obersten Chef
gemacht, zu dem, der alles wieder gutmachen wird. Er hat dafür ge-
sorgt, dass sich alle Menschen aus Israel total ändern können und dass
der Mist, den sie gemacht haben, vergeben werden kann. 32 Wir haben
das alles erlebt, bezeugen es und stehen dafür grade. Und seine Power,
sein heiliger Geist, bestätigt das ja auch. Gott hat ihn jedem zur Ver-
fügung gestellt, der das tut, was Gott will.“ 33 Diese Predigt sorgte dafür,
dass die Mitglieder vom Gerichtshof total angefressen auf die Apostel
waren. Sie beschlossen, die so bald wie möglich umzubringen.

Gamaliel hat eine gute Idee

34 Schließlich stand Gamaliel in dem Meeting auf. Er war ein Pharisäer
und kannte sich in der Bibel tierisch gut aus. Die Leute hielten große
Stücke auf ihn. Er befahl, die Apostel mal eben vor die Tür zu verfrach-
ten, 35 und dann redete er zu der gesamten Versammlung: „Ihr Leute
aus Israel, passt bloß auf und strengt euer Hirn an, was auch immer ihr
gegen diese Männer unternehmen wollt. 36 Vor einiger Zeit gab es schon
andere Typen, die glaubten irgendwie special zu sein. Erinnert ihr euch
an Theudas? Vierhundert Fans hatte er in kurzer Zeit zusammen. Aber
er wurde irgendwann umgebracht und seine Anhänger sind in alle Win-
de zerstreut, kein Schwein redet heute mehr über ihn. 37 Zu der Zeit, als
wir Volkszählung hatten, da war so ein Typ, der hieß Judas, der kam aus
Galiläa, glaub ich, und versuchte auch eine kleine Revolution anzuzet-
teln. Viele Leute fanden ihn total gut und sind ihm nachgelaufen. Aber

er ist auch umgebracht worden, und heute redet keiner mehr von ihm.
38 Darum mein Tipp: Lasst diese Leute in Ruhe! Wenn sie ihren eigenen
Ideen hinterherlaufen und sich dafür einsetzen, werden sie irgendwann
scheitern. 39 Wenn aber das Ganze wirklich Gottes Ding ist, dann könnt
ihr sowieso nichts dagegen machen. Oder habt ihr Lust, gegen Gott
zu kämpfen?“ 40 Das traf den Nagel auf den Kopf. Die Apostel wurden
wieder reingeführt, und nachdem man sie noch mal mit einer Peitsche
mehrfach geschlagen hatte, verbot man ihnen einfach, weiter über Jesus
in der Öffentlichkeit zu reden. Dann wurden sie freigelassen. 41 Super
drauf verließen die Apostel den Gerichtssaal! Sie fühlten sich von Gott
ernst genommen, weil sie dafür, dass sie zu Jesus gehörten, Verachtung
und Schmerzen ertragen mussten. 42 Und ab jetzt gingen sie erst recht
jeden Tag in den Tempel, und auch in privaten Häusern in der Stadt
erzählten sie überall, dass Jesus der Retter der Menschen ist, auf den
sie schon so lange gewartet hatten.

6

Sieben Sozialarbeiter werden gewählt

1 Die Gemeinschaft wuchs in dieser Zeit wahnsinnig schnell. Irgend-
wann gab es mal Probleme zwischen den Gemeindemitgliedern, die
Aramäisch sprachen, und denen, die aus Griechenland kamen. Die
griechischen Juden beschwerten sich darüber, dass die alleinstehenden
Frauen bei der Essensausgabe, die jeden Tag organisiert wurde, zu kurz
kamen. 2 Darum machten die Apostel erstmal ein Meeting und sagten:
„Es ist nicht okay, wenn wir das ganze Essenszeug auch noch verteilen
sollen, anstatt zu predigen und von Gott zu erzählen, was ja unsere
eigentliche Aufgabe ist. 3 Wir haben da eine Idee: Lasst uns aus der
Gemeinde sieben Leute aussuchen, die sich nur für diese Aufgabe zur
Verfügung stellen, Männer, denen ihr vertraut und die ihren Lebensjoy-
stick voll in die Hände des heiligen Geistes gegeben haben. Die sollen
das dann regeln. 4 Wir wollen uns voll weiter auf das Gebet stürzen und
predigen.“ 5 Alle fanden diese Idee sehr geil. Zuerst wählten sie den Ste-
phanus, einen Mann, der einen Glauben wie eine Eiche hatte und total
abgefüllt war mit dem heiligen Geist. Dann kamen noch Philippus, Pro-
chorus, Nikanor, Timon, Parmenas und Nikolaus aus Antiochien dazu
(der war erst zum jüdischen Glauben gewechselt und danach Christ
geworden). 6 Diese sieben wurden dann ganz offiziell den Aposteln vor-
gestellt. Die beteten für die Truppe, legten ihnen die Hände auf und
segneten sie. 7 Die neue Nachricht von Gott breitete sich überall aus.
Vor allem in Jerusalem wuchs die Menge der Jesus-Leute immer mehr.

Auch viele von den jüdischen Priestern wurden Christen und fingen an,
das zu tun, worauf Gott Bock hat.

Stephanus wird vor den Kadi gezerrt

8 Stephanus war superheftig unterwegs, er tat durch Gottes Kraft irre
Wunder bei den Menschen, weil Gott sehr stark an seiner Seite war.
9 An einem Tag verstrickten ihn ein paar Mitglieder von einer jüdischen
Gemeinde in eine derbe Diskussion. Mit dabei waren Leute von den
so genannten „Freigelassenen", neben Leuten aus Kyrene, Alexandria,
Zilizien und aus der Provinz Asien. 10 Keiner von den Männern konnte
aber mit den powervollen Argumenten mithalten, die Stephanus direkt
vom heiligen Geist aufgespielt bekommen hatte. 11 Schließlich mischten
die religiösen Führer ein paar Leute unter die Menge, die das Gerücht
verbreiten sollten, Stephanus hätte totalen Blödsinn über Mose und
auch über Gott geredet. „Wir haben das gehört", behaupteten sie. 12 Sie
verbreiteten dieses Gerücht überall, sodass die Leute und auch die Leiter der Gemeinde und die Lehrer, die sich mit dem jüdischen Gesetz
auskannten, supersauer auf Stephanus waren. Sie ließen ihn verhaften
und schleppten ihn vor den Gerichtshof. 13 Für die Verhandlung organisierten sie falsche Zeugen, die für Kohle gegen Stephanus aussagten:
„Dieser Typ erzählt die ganze Zeit totalen Blödsinn über Gott, und er
macht Witze über den heiligen Tempel und auch über die Gesetze von
Gott. 14 Wir haben ihn dabei belauscht, wie er sogar sagte: ‚Jesus aus
Nazareth wird den Tempel abreißen, und er wird gegen die Gesetze
kämpfen und sie ändern, die wir mal von Mose bekommen haben.'"
15 Alle im Gerichtssaal starrten voll gespannt auf Stephanus. Dessen
Gesicht leuchtete in diesem Augenblick wie ein Scheinwerfer, er war so
hell, wie ein Engel leuchten würde.

7

Stephanus' Rede vor den Priestern

1 Die Obersten der Priestersippe interviewten Stephanus: „Entspricht
das der Wahrheit, was hier von Ihnen gesagt wird?" 2 Und dann legte
Stephanus los: „Hört mal gut zu, liebe Geschwister und liebe Väter!
Gott, der große Held, der allen Applaus abbekommen soll, der ist ja
schon bei unserm Urvater Abraham in Mesopotamien aufgekreuzt. Das
war, bevor Abraham nach Haran abgezogen ist. 3 Gott machte die Ansage: ‚Geh mal mit deiner Familie aus deinem Vaterland raus, ich zeig dir,
wo du hingehen sollst!' 4 Abraham zog dann los und wohnte erst mal in
Haran, bis sein Papa gestorben war. Dann hat Gott ihn hierher gebracht,
dahin, wo ihr jetzt wohnt. 5 Aber Gott gab ihm keinen Zentimeter von

dem Land, obwohl er ihm mal versprochen hatte, dass seine Kinder
oder die Kinder seiner Kinder alles mal besitzen sollten. Zu diesem Zeit-
punkt hatte Abraham noch gar keine Kids! 6 Gott meinte zu ihm: ‚Deine
Kinder und die Kinder deiner Kinder werden Ausländer in einem frem-
den Land sein. Vierhundert Jahre wird man sie bluten lassen, sie werden
viele Probleme kriegen.' 7 Aber Gott machte Abraham auch die Ansage:
‚Die Leute, die eurem Volk so derbe mitspielen, werden von mir volle
Breitseite kriegen. Dann werden deine Kinder aus Ägypten abhauen,
und sie werden hier für mich da sein.' 8 In der Zeit machte Gott einen
Deal mit Abraham, und als Zeichen für diesen Vertrag kürzen wir bis
heute die Vorhaut der Jungs mit einem Messer. Isaak war als Erster
dran. Als er geboren wurde, schnitt sein Vater ihm die Vorhaut ab und
zog diesen Deal damit durch. Auch Isaak und auch sein Sohn Jakob
taten das, genauso wie die zwölf Söhne von Jakob, die ja unsere Ur-
Stammväter sind. 9 Weil die Söhne von Jakob oberneidisch auf ihren
kleinen Bruder Josef waren, haben sie ihn dann als Sklaven nach Ägyp-
ten verhökert. Gott stand aber auf Josef, er hielt zu ihm. 10 Immer wenn
es ihm richtig dreckig ging, war Gott am Start. Josef konnte sich sogar
beim ägyptischen Obermacker einschleimen, dem Pharao. Weil Josef in
allen Dingen den Überblick hatte, machte er Karriere in seinem Betrieb
und stieg irgendwann sogar zum obersten Verwalterposten über das
ganze Land Ägypten auf. 11 Dann kam eine Zeit, wo es nichts zu fressen
gab und alle tierischen Hunger hatten. Die Situation war so krass, dass
selbst unsere Leute nichts zu essen hatten. 12 Als Jakob davon Wind
bekam, dass es in Ägypten noch viel Getreide gab, sagte er seinen Söh-
nen, sie sollten sich mal dort hinbegeben. 13 Später machten sie dann
noch einen zweiten Besuch, und dann kapierten sie auch so allmählich,
dass Josef ihr Bruder war. Und auch der Obermacker, dieser Pharao,
kapierte nun langsam, aus welchem Land Josef eigentlich kam. 14 Josef
holte seine ganze Familie, seinen Vater und alle Verwandten nach Ägyp-
ten, das waren insgesamt fünfundsiebzig Leute. 15 Das war der Grund,
warum Jakob und seine Leute in Ägypten gelebt haben, und dort sind
sie auch gestorben. 16 Später wurden die Leichen nach Sichem überführt
und dort unter die Erde gebracht, und zwar in genau das Grab, was
Abraham von der Familie von Hamor gekauft hatte. 17 Irgendwann war
es dann so weit, dass Gott seinen Teil des Deals, den er mit Abraham
gemacht hatte, erfüllen wollte. Die Familie von Josef war mittlerweile in
Ägypten sehr groß geworden. 18 Schließlich war irgendwann ein neuer
Pharao am Start, der Josef nicht mehr kannte. 19 Er unterdrückte und
folterte unsere Leute, für den war nichts zu schlimm. Er befahl sogar,
dass die Kinder ausgesetzt werden mussten. So sind viele von denen

gestorben. 20 Genau in dieser Zeit wurde dann Mose geboren. Mit ihm
hatte Gott einen ganz besonderen Plan. Seine Eltern versteckten das
Baby drei Monate in ihrem Haus. 21 Als sie ihn dann doch weggeben
mussten, wurde er aber zum Glück von der Tochter des Pharaos gefun-
den. Sie behandelte ihn wie ihren eigenen Sohn und zog ihn auf. 22 Mose
bekam die beste Ausbildung, er studierte an der Uni und wurde von den
besten Wissenschaftlern unterrichtet. Alles, was Mose tat, kam total gut
an. Und er hatte Einfluss durch die Dinge, die er tat. 23 Mit seinem vier-
zigsten Lebensjahr begann Mose sich mehr und mehr um seine Leute,
das Volk der Israeliten, zu kümmern. 24 An einem Tag wurde er Augen-
zeuge, wie ein Ägypter einen Israeliten verprügelte. Superwütend packte
er sich den Typen und polierte dem so die Fresse, bis der tot war.
25 Mose dachte irgendwie, seine Leute müssten langsam peilen, dass
Gott ihn ausgesucht hatte, um das Volk Israel zu befreien. Aber sie ka-
pierten das irgendwie nicht. 26 Am nächsten Morgen bekam Mose mit,
wie sich zwei Israelis tierisch in der Wolle hatten. Er ging hin, um den
Streit zu schlichten. Er sagte zu den zweien: ‚Hey, was macht ihr? Ihr
spielt doch im selben Team? Warum habt ihr Stress miteinander?‘ 27 Der
aber den Streit angefangen hatte, stieß ihn zurück und rief: ‚Warum
machst du hier überhaupt den Lauten? 28 Willst du mich etwa auch tö-
ten, wie du es mit dem Ägypter gestern gemacht hast?‘ 29 Mose war
total fertig, als er das hörte. Er verschwand erst mal sofort aus Ägypten
und ging nach Midian, wo er Asyl beantragte. Da bekam seine Frau zwei
Söhne. 30 Vierzig Jahre später passierte dann am Berg Sinai etwas total
Heftiges. Er hatte dort ein Treffen mit einem Engel von Gott. Der sprach
durch ein Feuer mit ihm, was in einer Hecke mit Dornen brannte.
31 Mose kriegte das erst nicht gebacken, als er diese brennende Hecke
sah. Dann sah er sich das Ganze mal aus der Nähe an, und als er das
tat, hörte er, wie Gott plötzlich zu ihm redete. 32 ‚Ich bin der Gott von
deinem Vater und dem Vater deines Vaters, der Gott von Abraham,
Isaak und Jakob.‘ Mose war erst mal voll fertig und hatte große Angst,
genauer hinzusehen. 33 Aber Gott redete weiter mit ihm: ‚Zieh deine
Schuhe aus, das Land, auf dem du gerade stehst, ist was ganz Besonde-
res, es ist heilig. 34 Ich hab alles mitbekommen, was da mit euch abgeht
und wie schlecht man euch behandelt. Ich habe auch zugehört, als sie
zu mir gebetet haben. Darum bin ich jetzt hier, um sie da rauszuholen.
Geh wieder zurück nach Ägypten!‘ 35 Gott suchte sich also sogar einen
Typen zum Helden aus, mit dem seine Leute vorher nichts zu tun haben
wollten. Sie hatten ja zu ihm gesagt: ‚Warum machst denn gerade du
hier den Lauten?‘ Gerade den hatte Gott dafür ausgesucht, seine Leute
aus dem Dreck zu holen. Das tat er, als er mit ihm durch den Engel

geredet hat. 36 Und Mose zog dann los mit seinen Leuten, raus aus
Ägypten. Wo er war, passierten die heftigen Wunder. In Ägypten, am
Roten Meer und auch in den vierzig Jahren in der Wüste. 37 Mose war
auch der Typ, der zu dem Volk ging und die Ansage machte: ‚Irgend-
wann wird euch Gott einen Propheten vorbeischicken, einen, der auch
aus eurem Volk stammt.‘ 38 Mose wurde so was wie der Klassenspre-
cher, der zwischen unsern Leuten und dem Engel vermitteln musste –
diesem Engel, der ihm auf dem Berg Sinai die großen Regeln Gottes,
seine Gesetze, übergab. Mose hatte die Aufgabe, unseren Leuten zu
sagen, worauf Gott Bock hat und worauf nicht. Denn nur dadurch wer-
den wir gut leben. 39 Aber unsere Väter hatten oft keinen Plan und ge-
horchten den Gesetzen nicht. Sie fingen sogar an, sich wieder nach
Ägypten zu sehnen, und einmal wollten sie sogar eine Revolution gegen
Mose anzetteln, als der gerade mal wieder auf dem Berg Sinai war.
40 Und von seinem Bruder Aaron wollten sie sogar, dass er ihnen so ein
paar unechte „Plastikgötter“ basteln sollte, damit sie zu denen beten
könnten. ‚Die können wir dann vor uns hertragen, wenn wir irgendwo
hingehen, sie werden uns führen. Mose hat uns bequatscht, Ägypten zu
verlassen, aber jetzt weiß ja niemand, wo der überhaupt geblieben ist ...‘
41 Sie sammelten ihr ganzes Gold zusammen und bauten sich daraus
eine kleine Kuh. Das sollte jetzt ihr neuer Gott sein. Als sie damit fertig
waren, machten sie vor Freude erst mal ’ne kleine Opferparty. 42 Gott
war total traurig und drehte sich erst mal um. Sollten sie ihren Scheiß
doch alleine machen. Das Volk fing sogar an, zur Sonne, dem Mond und
zu den Sternen zu beten. Genau so hatte es ja schon der Prophetentyp
Amos gesagt. Gott sagte durch ihn: ‚Haben die Leute aus Israel in den
vierzig Jahren, wo sie durch die Wüste gewandert sind, etwa einmal ’ne
Party für mich gefeiert? 43 Nein, aber ihr habt mit den selbst gebastelten
falschen Göttern Moloch und Räfan gefeiert und zu denen gebetet.
Darum werdet ihr alle unfrei sein, und zwar werdet ihr in dem Gebiet
jenseits von Babylon festsitzen.‘ 44 Die ganze Zeit, als unsere Väter
durch die Wüste marschiert sind, trugen sie ein Zelt mit sich rum, das
für sie wie ein Tempel war. Gott hatte ihnen gesagt, sie sollten sich so
ein Zelt bauen, und zwar genau nach dem Schnittmuster, wie Gott es
Mose gezeigt hatte. 45 Die nächste Generation erbte dann dieses Zelt,
und als Josua später das ganze Land einnahm und die Leute, die dort
gewohnt hatten, da rausgeschmissen hatte, war das Zelt die ganze Zeit
dabei. Und es ist auch noch da gewesen, als der Präsident David am
Start war. 46 Präsident David war irgendwie ein Liebling von Gott. David
war auch der Typ, der bei Gott anfragte, ob er nicht dieses fette Haus für
Gott, diesen Tempel, bauen dürfte. 47 Aber erst Salomo zog das dann

durch. 48 Der fetteste und größte Gott wohnte aber nicht in vier Wän-
den, die ihm irgendwelche Menschen gebaut hatten. Schon der Prophet
Jesaja meinte einmal: 49 ‚Der Himmel ist mein Chefsessel, und die Erde
ist mein Kuschelkissen, auf das ich meine Füße legen kann. Was für ein
Haus wollt ihr mir da eigentlich noch bauen? 50 Ich habe schließlich das
ganze Universum gemacht!' 51 Ihr Spießer und Nonchecker, immer wie-
der tut ihr das, worauf Gottes Geist überhaupt keinen Bock hat! Ihr seid
genauso drauf wie eure Vorfahren. 52 Nennt mir nur einen einzigen Pro-
pheten, den eure Väter nicht fertig gemacht haben! Sie haben sie alle
ermordet, alle, die die Ansage gemacht haben, dass einer vorbeikom-
men wird, der uns aus dem ganzen Dreck rausholt. Ihr habt diesen
Mann, der alleine richtig und total gut war, umgebracht! 53 Gott hat euch
durch seinen Engel klare Anweisung gegeben, aber euch war das
scheißegal."

Stephanus wird gesteinigt

54 Diese Rede, die Stephanus gehalten hatte, war zu krass für die Zuhö-
rer. Alle waren sehr sauer auf ihn. 55 Stephanus, der abgefüllt war mit
dem heiligen Geist, sah nach oben und konnte dort plötzlich Gott se-
hen, wie der voll von Licht und Wärme strahlte. Neben Gott aber stand
Jesus! 56 „Ich kann in den Himmel sehen!", rief Stephanus, „und da sehe
ich Jesus, als den Chef der Menschen, wie er auf der Ehrentribüne sitzt,
auf dem Chefsessel gleich neben Gott!" 57 Jetzt flippten sie alle total aus,
sie hielten sich die Ohren zu, um seine Worte nicht mehr hören zu müs-
sen. Schließlich packten sie ihn bei seinen Klamotten 58 und schleiften
ihn vor die Ortsgrenze. Dort schnappten sie sich ein paar große Steine
und bewarfen ihn damit so lange, bis er tot war. 59 Stephanus betete
dabei laut: „Jesus, hier hast du meine Seele!" 60 Dann kniete er sich hin
und schrie: „Gott, verzeih den Leuten, dass sie das jetzt tun!" Das wa-
ren seine letzten Worte, bevor er starb.

8

Die Christen aus Jerusalem werden gejagt und fertig gemacht

1 Saulus verfolgte diesen Mord an Stephanus und war mit allem ein-
verstanden. Am gleichen Tag begann die große Jagd in Jerusalem auf
alle, die sich zu den Christen zählten. Die ganze Gemeinde floh in das
Umland in die Dörfer in der Gegend von Judäa und Samarien. Nur die
Apostel blieben in der Stadt. 2 Stephanus wurde von ein paar der ganz
gläubigen Männer beerdigt. Alle waren total traurig über seinen Tod.
3 Saulus war weiter sehr aggromäßig unterwegs, er wollte um jeden
Preis die Christen vernichten. Er überfiel ganze Familien, ließ die Frau-

en und Männer verhaften und in den Knast werfen. 4 Die Christen, die
aus Jerusalem abgehauen waren, erzählten aber überall von der guten
neuen Nachricht, die es über Jesus zu erzählen gab. 5 Einer von denen
war ein Typ, der Philippus hieß. Der hing in der Stadt Samaria rum und
erzählte dort allen von Jesus. 6 Die Leute, die da wohnten, waren total
offen für das, was er zu sagen hatte. Sie hörten ihm zu und konnten
sehen, was für fette Wunder er tat. 7 Viele, die Probleme mit dreckigen
Dämonen hatten, wurden davon befreit. Die Dämonen verschwanden
mit einem Schrei aus den Leuten, wenn er für sie betete. Auf dieselbe
Art wurden auch viele Behinderte total gesund. 8 In der Stadt freuten
sich alle da drüber.

Gottes Power ist nicht käuflich

9 In Samaria lebte so ein Ober-Esoteriker, der Simon genannt wurde,
der konnte fette Wunder tun. Viele waren deshalb sehr beeindruckt von
ihm. Dieser Typ hielt sich auf alle Fälle für was Besseres. 10 Jeder, der ihn
in Aktion erlebte, sagte: „Der ist voll von einer übernatürlichen großen
Kraft, die von Gott kommen muss!“ 11 Tierisch viele waren echt ab-
hängig von ihm, da er ihnen schon seit so langer Zeit was vorgezaubert
hatte. 12 Weil sie jetzt aber an Jesus glaubten, so wie es Philippus ihnen
beigebracht hatte, wollten alle getauft werden, Männer und Frauen.
13 Sogar dieser Simon wurde Christ und ließ sich taufen. Danach hing
er noch mit Philippus ab und konnte es gar nicht auf die Reihe kriegen,
was für heftige Wunder der tat. 14 Die Apostel hörten irgendwann von
den Geschichten, die in Samaria passierten. Darum schickten sie Petrus
und Johannes los. 15 Als sie da waren, beteten die zwei erst mal dafür,
dass alle vom heiligen Geist angezappt werden. 16 Diese Erfahrung hatte
nämlich noch keiner von ihnen gemacht, obwohl sie auf den Namen
von Jesus getauft worden waren. 17 Die Apostel legten anschließend ihre
Hände auf sie, und – zwosch! – wurden die auch gleich mit der Kraft
von Gott abgefüllt. 18 Simon fuhr da drauf total ab. Immer wenn die
Apostel den Leuten ihre Hände auf den Körper legten, wurden die vom
heiligen Geist abgefüllt. Deshalb knallte er den Aposteln ziemlich viel
Kohle auf den Tisch und schlug ihnen einen Deal vor: 19 „Machen Sie
doch bitte, dass wenn ich den Leuten die Hände auf den Körper lege,
der heilige Geist auch in sie reinkommt, ja?“ 20 Petrus war davon total
angefressen und meinte nur: „Ihre Kohle soll mit Ihnen zur Hölle fahren.
Gott ist nicht käuflich. 21 Diese Kraft gehört Ihnen nicht und wird Ihnen
auch nie gehören, weil Sie Ihre Denke nicht ändern wollen. 22 Hören Sie
auf, so einen Blödsinn zu glauben, und bitten Sie Gott, dass er Ihnen
diese ätzenden Gedanken vergibt. 23 Ich kann in Ihrem Herz so viel Gift

erkennen und dass Sie eigentlich noch total link drauf sind.“ [24] Simon
war echt fertig. „Bitte beten Sie für mich. Ich will nicht, dass das pas-
siert, was Sie gerade gesagt haben!“ [25] Als sie ihren Predigtjob erledigt
hatten, verdünnisierten sich Petrus und Johannes wieder Richtung Jeru-
salem. Auf dem Weg ließen sie keine Gelegenheit aus, in jedem Dorf die
gute Nachricht zu verbreiten, dass nämlich Jesus der Sohn von Gott ist
und jeder durch ihn frei werden kann.

Philippus trifft auf den Finanzminister von Äthiopien

[26] Irgendwann redete mal ein Engel von Gott mit Philippus: „Geh mal
bitte die Straße von Jerusalem nach Gaza Richtung Süden.“ [27] Philippus
tat es sofort. Auf dem Weg wurde er beim Trampen von so einem Ty-
pen aus Äthiopien mitgenommen, der war dort Finanzminister von der
äthiopischen Präsidentin Kandake. In seinem Land hatte er ganz schön
was zu sagen. [28] Weil er einen eigenen Fahrer hatte, saß er gemütlich
hinten im Wagen und las gerade in dem alten Teil von Gottes Buch ein
Kapitel aus Jesaja. [29] Der Geist von Gott flüsterte zu Philippus: „Geh mal
zu diesem Wagen und pflanz dich mal da hin.“ [30] Gesagt, getan – Philip-
pus lief hin und bekam dabei mit, wie der Typ laut aus Jesaja vorlas. Da-
rum fragte er ihn: „Kapieren Sie überhaupt, was Sie da lesen?“ [31] „Keine
Chance, es sei denn, ich finde jemanden, der mehr Peilung hat als ich!“
Dann fragte er Philippus, ob er nicht Lust hätte, ihm Gesellschaft zu
leisten. [32] Es ging gerade um die Sätze: „Wie ein Schaf, das geschlachtet
werden soll, genau so hat man ihn abgeführt. Und wie ein Lamm, das
sich einfach nicht wehrt, wenn man es schert, so hat er alles mit sich
machen lassen. [33] Er wurde fertig gemacht, er bekam ein ungerechtes
Urteil. Wer wird von seinen Kindern was erzählen können? Keiner. Denn
man hat sein Leben auf diesem Planeten vernichtet.“ [34] Der Finanzmi-
nister fragte Philippus: „Von wem redet der da? Von sich selbst oder von
jemand anderem?“ [35] Philippus legte sofort los und erklärte ihm die gan-
ze Sache mit Jesus. Er nahm diese Stelle aus dem Buch als Hilfe dafür.
[36/37] Irgendwann kamen sie an einer Wasserstelle vorbei. „Da ist Wasser!
Warum können Sie mich nicht gleich auch taufen?“ [38] Dann sagte er
zum Chauffeur, er sollte mal ’ne Pause machen. Beide stiegen aus und
gingen ins Wasser. Und dann taufte Philippus den Typen. [39] Nachdem
sie aus dem Wasser raus waren, wurde Philippus plötzlich durch Gottes
Geist weggebeamt. Der Äthiopier konnte ihn nicht mehr sehen, aber er
war jetzt total happy und reiste vergnügt weiter. [40] Philippus wurde in
Aschdod gesichtet. Er machte von da aus ’ne Tour, besuchte jede Stadt
bis hin nach Cäsarea und erzählte überall von der guten neuen Sache
mit Jesus.

9

Saulus ändert sein Leben und wird Christ
1 Saulus hasste die Christen immer noch wie blöd. 2 Er ließ sich von
den zuständigen Behörden jede Vollmacht ausstellen, die ihm erlaubte,
die Jesus-Leute, Männer und Frauen, sofort zu verhaften und nach Je-
rusalem abführen zu lassen. 3 Als er nach Damaskus zu Fuß unterwegs
war, passierte etwas voll Heftiges: Wie ein 1000-Watt-Halogenstrahler
leuchtete es plötzlich mitten aus dem Himmel auf ihn runter. 4 Er warf
sich sofort platt auf den Boden, als er plötzlich eine Stimme aus dem
Off hörte, die zu ihm sagte: „Hey Saul, warum bist du hinter mir her?“
5 „Wer redet da mit mir?“, fragte er mit zitternder Stimme zurück. „Ich
bin es, Jesus. Der Jesus, den du verfolgst! 6 Steh auf und geh in die
Stadt. Da wird man dir sagen, was jetzt passieren soll.“ 7 Die Leute,
die mit Saulus unterwegs waren, kriegten auch voll den Schock. Sie
hatten die Stimme zwar auch gehört, aber niemanden gesehen. 8 Sau-
lus stand dann wieder auf, konnte aber ab dem Zeitpunkt nichts mehr
sehen. Seine Kollegen mussten ihn wie einen Blinden nach Damaskus
führen. 9 Drei Tage lang war das so. Er wollte in dieser Zeit auch nichts
essen oder trinken, so fertig war er. 10 In Damaskus lebte ein Christ,
der Hananias hieß. Bei dem kam Gott auch vorbei und gab ihm eine
Vision. Er hörte, wie Gott seinen Namen sagte: „Hananias?“ – „Ja, ich
bin da“, antwortete er. 11 „Geh in die Gerade Straße in das Haus von
Judas. Da musst du nach Saulus fragen, der aus Tarsus kommt. Der ist
da gerade beim Beten. 12 Er hat eine Vision gehabt von einem Typen,
der Hananias heißt und der zu ihm kommt. Dann hat er in der Vision
gesehen, wie der ihm die Hände auflegt und er wieder sehen kann.“
13 „Ja, aber von diesem Saulus hab ich schon ganz miese Geschichten
gehört. Der hat deine Leute in Jerusalem fertig gemacht. 14 Und wir
haben auch gehört, dass er von höchster Ebene die Vollmacht hat, je-
den in den Knast zu stecken, der dir vertraut.“ 15 Aber Gott antwortete
nur: „Nun mach mal alles so, wie ich es dir gesagt habe, okay? Ich hab
einen besonderen Plan mit diesem Typen, er soll allen Menschen auf
der Erde, sogar den Oberchefs, und auch den Leuten aus Israel meine
Sache klar machen. 16 Ich werde ihm auch sagen, wie viel er für mich
noch durchmachen muss.“ 17 Hananias gehorchte Gott. Er ging in das
Haus, legte Saulus die Hände auf und sagte zu ihm: „Lieber Bruder
Saulus, ich komm von Jesus, der mit dir schon unterwegs geredet hat.
Du sollst wieder sehen können und abgefüllt werden mit dem heiligen
Geist.“ Und dann legte er ihm noch die Hände auf den Kopf. 18 Im sel-
ben Augenblick war es so, als würde jemand die Rollläden bei Saulus

hochziehen, und er konnte wieder sehen. Sofort stand er auf und ließ sich gleich taufen. [19] Nachdem er erst mal was gefuttert hatte, ging es ihm gleich besser. Er blieb dann noch ein paar Tage bei den Leuten von Jesus in Damaskus.

Aus dem (Christen-)Jäger wird der Gejagte

[20] Sofort nachdem er getauft worden war, begann er in den Synagogen loszulegen. Er hielt überall große Reden und erzählte den Leuten, dass Jesus der Sohn von Gott ist. [21] Die Zuhörer konnten es einfach nicht begreifen. Sie fragten sich gegenseitig: „Ist das nicht der Typ, der noch vor kurzem die Christen gnadenlos fertig gemacht und in den Knast geworfen hat? Ist er nicht genau deswegen sogar hierher gekommen, um die zu verhaften und an die Oberpriester auszuliefern?" [22] Saulus konnte in seinen Reden aber voll gut argumentieren und den Beweis erbringen, dass Jesus der lang erwartete Retter ist, den sie den „Messias" nannten. Er tat das so gut, dass keiner was dagegen sagen konnte. [23] Darum verabredeten sich ein paar Leute, um Saulus umzubringen. [24] Als der das spitzbekam, beschlossen er und die andern Christen, es wäre besser für ihn zu verschwinden. Weil überall Wachen aufgestellt waren, [25] wurde er heimlich in einem Korb an der Stadtmauer runtergelassen.

Saulus hängt bei den Christen in Jerusalem ab

[26] Saulus ging erst mal nach Jerusalem und plante sich da den Jesus-Leuten anzuschließen. Die hatten aber alle tierisch Angst vor ihm. Keiner wollte ihm das wirklich abkaufen, dass er jetzt Christ geworden war. [27] Barnabas gab ihm schließlich 'ne Chance und kümmerte sich um ihn. Er organisierte ein Meeting mit den anderen Aposteln und erzählte denen, was auf der Reise von Saulus in Damaskus mit ihm abgegangen war. Dass er dort Jesus auf dem Weg getroffen hatte und seitdem radikal allen Leuten erzählte, dass Jesus ab sofort das Sagen hat. [28] Erst dann wurde Saulus von den Christen in Jerusalem akzeptiert. Ab da zog er in Jerusalem um die Häuser und erzählte überall die coolen Sachen über Jesus. [29] Mit den Juden, die Griechisch sprachen, führte er dabei große Diskussionen. Die schmiedeten irgendwann Pläne, wie sie ihn am besten umbringen könnten. [30] Als das durchsickerte, brachten ihn seine Jesus-Geschwister nach Cäserea, weil er da erst mal sicher war. Von dort aus zog er dann los in seine Heimatstadt Tarsus. [31] Den Jesus-Leuten in Judäa, Galiläa und Samarien ging es sehr gut. Sie wurden total stark und wuchsen in ihrem Vertrauen zu Gott, sie lebten radikal für Jesus. Und durch die Wirkung vom heiligen Geist wurden sehr viele neue Leute auch Christen.

Petrus ist in der Stadt Lydda

32 Petrus war ab jetzt ständig und überall auf Tour. Irgendwann kam
er auch mal bei den Jesus-Leuten in Lydda vorbei. 33 Er lernte da einen
Typen kennen, der Äneas hieß. Äneas war seit acht Jahren querschnitts-
gelähmt und lag den ganzen Tag im Bett. 34 Petrus quatschte ihn an
und meinte: „Hey Äneas, Jesus Christus hat Bock drauf, dich wieder
gesund zu machen! Du kannst jetzt aufstehen und dein Bett machen!“
Und das Unglaubliche passierte, der stand sofort auf und konnte wie-
der gehen! 35 Die Leute aus Lydda und auch aus den anderen Dörfern
drum herum kapierten so langsam, was da abgegangen war. Alle, die
das mitkriegten, wurden Christen und setzten ihr Vertrauen auf Jesus.
36 In Joppe war zu der Zeit eine Christin, die Tabita hieß. Der Name
heißt so viel wie „Reh“. Tabita war super drauf und half vielen Leuten,
besonders denen, die keine Kohle hatten. 37 In der Zeit, in der Petrus in
Lydda war, wurde sie plötzlich sehr krank und starb. Die Leiche wurde
auf dem Dachboden verstaut, um dann in Ruhe das Begräbnis vor-
zubereiten. 38 Joppe war gleich um die Ecke von Lydda. Die Christen
aus Joppe schickten zwei Leute zu Petrus mit der Anfrage: „Du musst
sofort nach Joppe kommen!“ 39 Petrus machte sich gleich auf den Weg.
Als er da war, ging er in das Zimmer, wo die Leiche lag. In dem Raum
hingen total viele Frauen ab, deren Mann schon gestorben war und
denen Tabita total viel geholfen hatte. Sie flennten vor Petrus rum,
zeigten ihm die Klamotten, die Tabita für sie gemacht hatte und so.
40 Petrus war etwas genervt und schickte sie alle erst mal raus. Dann
kniete er sich hin und redete mit Jesus über die Sache. Schließlich
quatschte er die Tote einfach an: „Tabita! Aufstehen!“ Sofort öffnete sie
ihre Augen, sah Petrus an und versuchte aufzustehen. 41 Petrus gab ihr
die Hand und half ihr dabei. Na, und dann rief er die Christen und die
Witwen rein. 42 Das war die News des Tages! Alle redeten darüber in
Joppe, und viele begannen deswegen ihr Vertrauen auf den lebendigen
Jesus zu setzen. 43 Danach blieb er noch ’ne ganze Weile in Joppe bei
einem Schuster, der Simon hieß.

10

Ein Offizier von der römischen Armee wird Christ

1 In dem Ort Cäserea war so ein Typ, der in der römischen Armee ein ho-
hes Tier war. Der hieß Kornelius und war der Chef von der so genannten
„Italienischen Truppe“. 2 Er war total gläubig, seine ganze Familie war das.
Er half oft kaputten Leuten finanziell weiter. Und er redete auch viel mit
Gott. 3 Dieser Typ hatte am Nachmittag plötzlich ein Treffen mit einem
Engel. Der redete mit ihm und sagte: „Hey Kornelius!“ 4 Voll panisch sah

Kornelius den Engel an und fragte zurück: „Was willst du?“ Na, und der
antwortete ihm: „Gott hat ein Ohr für dein Anliegen. Er hat mitbekom-
men, dass du gut drauf bist und Leuten hilfst, das ist nicht an ihm vorbei-
gegangen! 5 Darum befiehl ein paar von deinen Leuten, mal nach Joppe
zu wandern. Wenn sie da sind, sollen sie mal die Lauscher aufmachen
und rauskriegen, wo Simon Petrus wohnt. 6 Der hat ein Zimmer in einem
Haus am Strand gemietet. Der Typ, dem das gehört, heißt übrigens
Simon, der ist von Beruf Schuster. Dieser Petrus soll mal bei dir vorbei-
kommen!“ 7 Sofort nachdem der Engel abgedampft war, holte er sich zwei
von seinen Angestellten und einen Soldaten, der auch offen für Gott war
und zu seinen Leibwächtern gehörte. 8 Er erzählte ihnen, was für ’ne derbe
Sache ihm gerade passiert war, und dann schickte er sie los nach Joppe.

Petrus hat einen Traum von Gott

9 Als die drei am nächsten Tag schon kurz vor der Stadtgrenze waren,
hatte Petrus in der Zeit plötzlich Bock auf Beten. Er suchte sich einen
ruhigen Platz dafür auf dem Flachdach vom Haus. 10 Die Uhr ging ge-
rade auf zwölf, da bekam Petrus tierischen Kohldampf. Als die im Haus
schon am Kochen waren, hatte er plötzlich einen Traum von Gott. 11 Pe-
trus sah da drin, wie irgendwas aus dem Himmel runtergelassen wurde.
Und zwar lag das auf einem großen weißen Tuch, das an jeder Ecke an
eine Schnur geknotet war. 12 In dem Tuch waren viele Sachen, die für die
Juden total eklig waren, zum Beispiel Schweine, aber auch Schlangen
und so – alles Sachen, die man als Jude nicht essen darf. 13 Und dann
hörte er eine Stimme aus dem Off, die zu ihm sagte: „Guten Appetit,
Petrus, bedien dich!“ 14 „Never! Vergiss es, Gott!“, sagte Petrus, „ich hab
noch nie was gegessen, was für dich dreckig und nicht in Ordnung ist,
da mach ich heute auch keine Ausnahme!“ 15 Aber die Stimme ließ nicht
locker: „Was soll das? Was für Gott okay ist, sollte für dich auch okay
sein.“ 16 Von dem Film gab es drei Wiederholungen. Am Ende wurde das
Tuch wieder in den Himmel gezogen. 17 Petrus schnallte null, was Gott
ihm damit sagen wollte. Plötzlich klingelte es an der Tür. Die Jungs von
Kornelius waren da! 18 „Hier soll so ein Typ wohnen, der Simon Petrus
heißt, stimmt das?“ 19 Petrus war immer noch am Grübeln darüber, was
dieser seltsame Traum nun bedeuten sollte, als schließlich der Geist von
Gott zu ihm redete. Er sagte: „Hey Petrus, da stehen gerade drei Typen
vor deiner Haustür. 20 Düse mit denen nach Cäsarea. Du brauchst keine
Angst zu haben, denn die Jungs kommen direkt von mir.“ 21 Petrus ging
runter zur Tür und begrüßte sie: „Ihr wollt zu mir? Was geht?“ 22 „Der
Hauptmann Kornelius hat gesagt, wir sollen uns bei dir melden. Der
Kornelius ist wirklich gut drauf, er glaubt ganz fest an Gott, das sagen

sogar alle Juden die da wohnen. Vor einiger Zeit hatte er ein Treffen mit einem Engel. Der hat gesagt, er soll dich mal einladen und genau das machen, was du ihm sagen wirst." [23] Petrus holte die Männer erst mal rein und gab ihnen ein Zimmer zum Wohnen. Am nächsten Morgen machte er sich aber sofort auf den Weg. Einige Christen aus Joppe kamen mit ihm. [24] Kornelius hatte schon ein Meeting angesetzt, seine Verwandten und Freunde waren alle da und warteten gespannt. [25] Bevor Petrus überhaupt zur Tür reinkam, hatte sich Kornelius bereits demütig auf die Knie begeben. [26] Petrus hatte da nicht so Bock drauf: „Stehen Sie auf, ich bin nicht besser als Sie!", sagte er und streckte ihm die Hand hin. [27] Schließlich gingen sie ins Haus rein. Da hingen sehr viele Leute rum, die auf ihn gewartet hatten. [28] Also legte Petrus gleich los: „Ihr wisst hoffentlich, dass ich total Ärger kriegen würde, wenn das rauskommt, weil es für einen Juden streng verboten ist, sich mit Nichtjuden abzugeben geschweige denn bei ihnen zu wohnen. Aber Gott hat mir klar gemacht, dass ich niemanden diskriminieren darf. [29] Darum bin ich auch sofort losgezogen und zu euch gekommen, als ihr die Anfrage gestartet hattet. Aber was genau wollt ihr denn nun von mir?" [30] Kornelius erzählte dann erst mal seine Geschichte: „Vor vier Tagen hatte ich eine Gebetszeit in meiner Hütte. Ungefähr gegen drei, also genau wie heute um dieselbe Zeit, stand plötzlich ein Typ in meinem Zimmer, der hatte Klamotten an, die leuchteten wie Phosphor. [31] Und dann redete er mit mir und sagte: ‚Kornelius, Gott will das tun, worum du ihn gebeten hast. Er weiß, dass du gut drauf bist. [32] Darum will er von dir, dass du ein paar deiner Jungs nach Joppe schickst, die sollen diesen Petrus suchen und zu dir bringen. Er wohnt in einem Haus am Strand, das dem Schuster Simon gehört. Seinem Befehl sollst du gehorchen.' [33] Darum hab ich ein paar von meinen Untergebenen sofort losgeschickt. Ich freu mich sehr, dass Sie jetzt da sind! Wir sind jetzt alle da, Gott ist da, und alle warten nur darauf, dass Sie loslegen. Wir wollen hören, was Gott uns zu sagen hat." [34] Petrus legte los: „Ich hab jetzt erst richtig begriffen, dass Gott Bock auf jeden Menschen hat, egal aus welcher Familie er kommt, aus welcher Schicht, Religion oder sonst woher. [35] Er liebt einfach jeden, der sein Leben und sein Vertrauen auf ihn setzt und das tun will, was er möchte. [36] Ihr habt von dem Friedensangebot gehört, das Gott allen Leuten durch Jesus gemacht hat, erst mal den Israelis und jetzt allen Leuten. Und Jesus ist ja der Chef von allem! [37] Ihr habt auch davon gehört, was in Judäa abgegangen ist, als Johannes, der die Leute getauft hat, allen gesagt hat, sie sollten ihr Leben ändern. [38] Jesus, der aus der Stadt Nazareth kommt, war auf Tour. Er ist überall rumgezogen und hat viele geile Sachen gemacht. Er hat viele Dämonen aus Leuten raus-

geschmissen und dadurch Leute befreit. Seine Power kam dabei direkt
von Gott. Sie war sehr stark in ihm. 39 Wir, die Apostel, sind Augenzeu-
gen davon, wir haben das alles mitbekommen und gesehen, was er in
Jerusalem bei den Juden alles gerissen hat. Die haben dann aber Jesus
getötet, indem sie ihn an ein Kreuz genagelt haben. 40 Drei Tage später
kam dann aber sein fettes Comeback! 41 Er ist wieder lebendig geworden
und hing noch eine Weile mit seinen Leuten zusammen. Wir sind Zeu-
gen davon, wir haben sogar mit ihm noch was gegessen und getrunken.
42 Er gab uns dann die Order, dass wir allen Menschen erzählen sollen,
dass Gott ihn zum Oberchef erklärt hat und dass jeder, egal ob tot oder
lebend, sich eines Tages vor ihm für sein Leben verantworten muss. Er
wird wie ein Richter dann ein Urteil fällen. 43 Schon die alten Propheten
haben das gewusst und die Vorhersage gemacht, dass alle, die ihr Ver-
trauen auf Jesus setzen, heil davonkommen werden. Der ganze Mist,
den sie gemacht haben, wird ihnen verziehen, wenn sie an ihn glauben."

Zum allerersten Mal werden Nichtjuden mit in die Familie von Gott aufgenommen

44 Petrus war noch nicht mal mit seiner Rede ganz fertig, da kam die
Kraft von Gott plötzlich auf das ganze Meeting runter. Alle wurden
abgefüllt mit dem heiligen Geist! 45 Die Juden aus der Gemeinde, die
mit Petrus da waren, kriegten das überhaupt nicht auf die Reihe. Dass
Nichtjuden den Geist von Gott bekamen, das war echt abgefahren!
46 Sie hörten, wie die Leute Gott sagten, wie cool er ist und wie sehr sie
ihn liebten, und zwar auf die gleiche Art und Weise, wie das mit ihnen
Pfingsten auch passiert war. Petrus sagte sofort: 47 „Hey, wer soll jetzt
noch was dagegen haben, wenn ihr auch getauft werdet? Ihr habt genau
wie wir dieselbe Kraft von Gott, seinen heiligen Geist, bekommen!"
48 Und sofort organisierte er eine riesen Taufsession. Alle, die sich dort
in dem Haus von Kornelius getroffen hatten, wurden auf den Namen
von Jesus Christus getauft. Anschließend fragten sie Petrus, ob er noch
ein paar Tage bei ihnen bleiben könnte.

11

Petrus sagt, warum es okay ist, auch Nichtjuden zu taufen

1 Schließlich bekamen die anderen Christen und auch die Apostel spitz,
dass jetzt auch Menschen, die nicht aus dem jüdischen Volk kamen,
das tun wollten, worauf Gott Bock hat. 2 Als Petrus wieder in Jerusalem
ankam, machten die jüdischen Christen voll den Aufstand: 3 „Du hast
dich mit Heiden zusammengetan, du hast sogar mit ihnen gegessen?!"
4 Petrus erklärte ihnen also erst mal der Reihe nach, was in Joppe pas-

siert war: 5 „Als ich da angekommen bin, hatte ich beim Beten plötzlich
eine Vision. Ich konnte ein riesiges Tuch vor meinem inneren Auge
sehen, das wurde von vier Ecken aus dem Himmel runtergelassen. 6 Da
drinnen lagen voll eklige Tiere drin, Schlangen, Regenwürmer, wilde
Tiere, alles so ein Zeugs, was wir nach unseren Gesetzen nicht essen
dürfen. 7 Ich hörte dann eine Stimme aus dem Off, die befahl mir: ‚Gu-
ten Appetit, Petrus, bedien dich!' 8 ‚Never', hab ich dann zu Gott gesagt,
‚in meinen Mund sind noch nie Sachen gekommen, auf die du keinen
Bock hast, und das wird auch so bleiben.' 9 Trotzdem sagte die Stimme
noch mal: ‚Wenn Gott sagt, es ist okay, wer bist du, dass du sagst, es
wäre nicht okay?' 10 Der Film lief dreimal hintereinander. Am Ende wurde
das Tuch samt Inhalt wieder zum Himmel gezogen. 11 Im selben Augen-
blick kamen drei Typen bei meinem Haus an. Die waren aus Cäsarea
von jemandem geschickt worden. 12 Der heilige Geist sagte zu mir, ich
sollte keine Angst haben und mit den Männern losziehen. Ich nahm mir
noch diese sechs Freunde mit, zur Sicherheit. Schließlich kamen wir
bei der Hütte von dem Typen an, der die Männer geschickt hatte. 13 Der
erzählte uns dann eine ganz irre Geschichte: Er hätte ein Treffen mit
einem Engel gehabt. Der hätte ihm befohlen, er sollte ein paar seiner
Jungs losschicken, um mich zu holen. 14 Die Ansage war: ‚Dieser Petrus
wird dir sagen können, wie du zu Gott kommen kannst – und das gilt
auch für alle Leute aus deinem Haus.' 15 Als ich gerade dabei war, ihnen
was zu erzählen, da kam ganz plötzlich die Kraft Gottes, sein Geist, auf
sie runter, und zwar genauso, wie er es damals Pfingsten bei uns auch
gebracht hat! 16 In dieser Sekunde wurde mir plötzlich klar, was Jesus
damit gemeint hat, als er mal sagte: ‚Johannes hat mit Wasser getauft,
ihr sollt dafür mit dem heiligen Geist, der Kraft Gottes, getauft werden.'
17 Weil diese Typen, die keine Juden waren, auch an Jesus Christus glau-
ben, hat Gott wohl beschlossen, ihnen das gleiche Geschenk zu machen
wie uns. Was nehme ich mir da raus, wenn ich glauben würde, Gott
Vorschriften machen zu müssen?!" 18 Diese Rede von Petrus hatte ge-
sessen. Alle waren total aufgeregt und begeistert von Gott. Sie sagten:
„Gott hat beschlossen, allen Menschen die Möglichkeit zu geben, ihr
Leben in eine neue Richtung zu leben. Auf dem einzigen Weg, der zum
Leben führt: Jesus!"

In der Stadt Antiochia startet eine Jesus-Gemeinde

19 Die Jesus-Leute bekamen überall Ärger und wurden verfolgt. Nach-
dem Stephanus gesteinigt worden war, wurde es immer gefährlicher,
und sie mussten von dort fliehen. Darum zogen sie über Phönizien,
Zypern und über Antiochia umher, und überall, wo sie waren, erzählten

sie die gute Nachricht, was mit Jesus so abgeht. Das taten sie aber nur
den Juden gegenüber. [20] Nur ein paar Leuten aus Zypern und Kyrene,
die mit ihnen mitgekommen waren, erzählten den Nichtjuden, die in
Antiochia lebten, auch die obergeile Neuigkeit, was Jesus für alle ge-
tan hatte. [21] Gott war aber bei ihnen voll dabei, und tierisch viele Leute
fingen an, Jesus zum Chef ihres Lebens zu machen. [22] Als die Gemeinde
in Jerusalem das mitkriegte, was in Antiochia abging, schickten sie Bar-
nabas vorbei. [23] Und als der in der Stadt war und alles mitbekam, was
Gott da getan hatte, rastete er vor Freude echt aus! Barnabas feuerte die
Leute an, sie sollten weiter mit Gott durchziehen und ganz fest bei Jesus
bleiben. [24] Barnabas war ein echtes Vorbild für viele, er wurde ganz stark
vom heiligen Geist gebraucht, und sein Glaube war enorm. Auf diese
Art und Weise begannen damals viele Menschen mit Jesus Christus zu
leben. [25] Von Antiochia machte sich Barnabas auf, um nach Tarsus zu
reisen, weil dort Saulus war. [26] Zusammen trampten sie dann zurück
nach Antiochia. In dieser Stadt hingen sie noch ein volles Jahr mit den
Leuten ab und zeigten ihnen, was wichtig ist, wenn man mit Jesus lebt.
In Antiochia war es auch das erste Mal, dass man sie „die, die zu Chris-
tus gehören" oder eben „Christen" nannte. [27] Zur selben Zeit kamen
auch ein paar Prophetentypen aus Jerusalem vorbei. [28] Als sie zusam-
men ein Treffen hatten, wo es vor allem darum ging, Zeit mit Gott zu
verbringen, hatte Agabus ein Wort von Gott im Ohr. Er sagte, es würde
bald eine schlimme Zeit kommen, wo viele großen Hunger hätten.
Diese Zeit würde überall in der Welt abgehen. Das hatte ihm der heilige
Geist geflüstert. Das passierte dann auch tatsächlich später, nämlich als
der Kaiser Claudius das Sagen hatte. [29] Darum war es sofort mehrheits-
fähig, dass man den Christen in Judäa helfen sollte. Alle legten ordent-
lich Kohle zusammen, [30] und der gesamte Betrag wurde von Barnabas
und Saulus an die Leiter der Gemeinde in Jerusalem überwiesen.

12

Petrus kommt in den Knast, aber wird dort von Gott wieder rausgeholt

[1] Zur selben Zeit war der Präsident von Jerusalem voll agro gegen die
Christen. Er steckte viele von ihnen in den Knast und ließ sie dort foltern.
[2] Jakobus, dem Bruder von Johannes, ließ er sogar den Kopf abschlagen.
[3] Weil Herodes mitkriegte, dass er dadurch bei den jüdischen Leitern voll
angesagt war, ließ er während eines religiösen Festes, dem Passa, Petrus
auch noch festnehmen. [4] Sie warfen den Apostel in den Knast und stellten
ein paar Spezial-Wachen ein, die rund um die Uhr auf ihn aufpassen soll-
ten, mit Schichtwechsel alle sechs Stunden. Herodes wollte Petrus me-
dienwirksam nach der Passafeier in einer öffentlichen Verhandlung fertig

machen. 5 Die Jesus-Leute in Jerusalem hingen aber Gott damit perma-
nent in den Ohren, dass der ihn beschützt sollte. 6 Eine Nacht vor der Ver-
handlung schlief Petrus seelenruhig in seiner Knastzelle. Zwei Soldaten,
an die er mit Ketten gefesselt war, lagen neben ihm, ein dritter hielt vor
der Tür Wache. 7 Plötzlich kam ein Engel mitten in die Zelle! Es war so der-
be viel Licht da, als hätte jemand einen 1 000-Watt-Halogenstrahler ange-
macht. Der Engel weckte Petrus auf und sagte ihm: „Hey Petrus, schnell,
steh auf!" In derselben Sekunde wurden die Handschellen aufgesprengt!
8 „Zieh deine Klamotten an, nimm deine Jacke, und geh mir nach", sagte
der Engel zu ihm. 9 Petrus ging hinter ihm langsam aus der Zelle raus,
aber es kam ihm die ganze Zeit so vor, als würde er immer noch pennen
und das Ganze nur träumen. 10 Sie gingen, ohne dass jemand was mitbe-
kam, einfach durch die Wachleute durch, einer nach dem anderen, bis sie
schließlich an ein schweres Eisentor kamen. Das öffnete sich von alleine,
sie gingen durch und landeten auf einer engen Straße. Und zack, war der
Engel auch schon wieder verschwunden. 11 Jetzt schnallte Petrus erst, was
da gerade abgegangen war. „Ich habe nicht geträumt! Gott hat tatsäch-
lich einen Engel vorbeigeschickt, um mich hier rauszuholen! Die Juden
können lange warten, bis ich hingerichtet werde!" 12 Petrus machte erst
mal einen Plan, was er jetzt als Nächstes tun sollte. Dann ging er zu dem
Haus, in dem Maria wohnte, die Mutter von dem Johannes Markus. Dort
waren gerade viele Christen aus der Gemeinde und beteten zusammen.
13 Petrus klingelte an der Tür, und ein Mädchen, das Rhode hieß, kam an,
um zu sehen, wer da war. 14 Sie erkannte Petrus sofort an seiner Stimme
und freute sich wie verrückt! Dabei vergaß sie glatt die Tür aufzuschlie-
ßen, sie rannte zurück und rief laut: „Es ist Petrus! Wie geil! Petrus steht
vor der Tür!" 15 „Schwachsinn!", blökten die anderen nur rum. „Das geht
gar nicht, du spinnst!" Sie blieb aber dabei. Jetzt ging das große Spekulie-
ren los. Einige meinten: „Ist bestimmt ein Engel." 16 Petrus klingelte weiter
ständig an der Tür. Endlich machte Rhode ihm auf. Als die anderen ihn
erkannten, rasteten alle erst mal total aus, weil sie sich so sehr freuten.
17 Petrus machte nur eine Geste mit der Hand, und dann hörten ihm alle
ruhig zu. Er erzählte allen die Geschichte von seiner Befreiung aus dem
Knast. „Ihr müsst diese Sache auch unbedingt Jakobus und auch den
anderen weitererzählen!" Danach verschwand Petrus erst mal, er ging aus
Jerusalem raus, um sich irgendwo zu verstecken. 18 Am nächsten Morgen
waren die Soldaten na klar total verstört, als sie sahen, dass Petrus un-
bemerkt abgehauen war. Es war einfach nicht zu erklären. 19 Herodes war
angefressen deswegen, und nachdem der Gefangene nicht aufzufinden
war, machte er kurzen Prozess mit den Wachen, nachdem er sie längere

Zeit polizeilich verhört hatte. Danach verschwand Herodes aus Judäa und
ging für einige Zeit nach Cäsarea.

Herodes' Zeit ist abgelaufen

20 Herodes schob voll den Hass auf die Städte Tyrus und Sidon, jeder
wusste das. Bevor er gegen sie Krieg führen konnte, schickten die ein
paar Botschafter zu ihm. Diesen Leuten gelang es, den Finanzverwalter
von Herodes, der Blastus hieß, auf ihre Seite zu bringen. Sie wollten unbedingt eine Lösung der Krise, denn die Lebensmittel die sie brauchten
kamen von Herodes. 21 Nachdem die Verträge klar waren, zog Herodes
seinen spitzen Anzug an und hielt von seinem Chefsessel aus eine Rede
an alle. 22 Die Menschen waren anschließend völlig aus dem Häuschen,
sie sagten: „So kann nur Gott zu uns reden, so redet kein Mensch!"
23 Aber in dieser Sekunde kam plötzlich ein Engel vorbei und gab ihm
die Rechnung dafür. Weil er sich als Gott anbeten ließ, kamen plötzlich
von überall Würmer her und zerfraßen ihn. Er starb einen schlimmen
und ätzenden Tod. 24 Und immer mehr Leute vertrauten auf das, was
Gott den Menschen klar machen wollte.

Paulus und Barnabas machen die Düse. Sie werden Botschafter für Gottes Sache

25 Barnabas und Paulus gingen dann, nachdem sie ihr Ding in Jerusalem
durchgezogen hatten, wieder zurück nach Antiochia. Johannes Markus
war dabei auch am Start.

13

1 In der Gemeinde in Antiochia waren ein paar Propheten und auch Lehrer am Start. Dazu gehörten Barnabas, der Afrikaner Simon, Luzius aus
Kyrene, Manaën (der als Jugendlicher mit dem Präsidenten Herodes zusammen exklusiven Privatunterricht genossen hatte) und Saulus. 2 Diese
Leute hatten eine intensive Gebetssession, und währenddessen sprach
der heilige Geist zu ihnen: „Ich möchte, dass Saulus und Barnabas radikal für mich arbeiten und Dinge tun, für die ich sie ausgesucht und begabt habe." 3 Daraufhin fasteten sie erst mal und beteten viel. Schließlich
schickten sie Barnabas und Saulus los, damit sie vielen Leuten von Jesus
erzählen sollten. Man nannte das ab dann auch den „Missionsdienst".

Auf Zypern geht der Punk ab

4 Nachdem sie direkt vom heiligen Geist die Order bekommen hatten
loszuziehen, zogen Saulus und Barnabas zuerst nach Seleuzia, um
von dort mit einem Boot nach Zypern zu schippern. 5 Sofort nach der

Landung legten sie in den Synagogen los und erzählten überall die gute
Nachricht über Jesus. Johannes Markus war als Lehrling auch dabei.
[6] Als sie am anderen Ende der Insel angelangt waren, trafen sie einen
Typen, der ein Jude war und ganz übel okkulte Sachen am Start hatte.
Er wurde Barjesus genannt und hatte sich dazu selber noch den Titel
„Prophet“ verliehen. [7] Dieser Typ hing viel mit dem Gouverneur Sergius
Paulus ab, der als ziemlich intelligent galt. Der Gouverneur lud Saulus
und Barnabas ein, mal auf Besuch bei ihm vorbeizukommen, weil er mit
ihnen über Gott labern wollte. [8] Der okkulte Zaubertyp, der sich auch
Elymas nannte (das bedeutet „Magier“), wollte um jeden Preis ver-
hindern, dass der Gouverneur Christ wird. [9] Saulus, der sich übrigens
inzwischen Paulus nennen ließ, war total vom heiligen Geist erfüllt und
sah dem Typen nur ganz fest in die Augen. [10] Dann sagte er zu ihm: „Du
Missgeburt, du Sohn vom Satan, du redest nur Dünnsinn und bist mies
unterwegs! Hör endlich auf damit, Gottes gute Sache zu verdrehen und
schlecht zu machen! [11] Gott wird mit dir abrechnen: Du wirst für einige
Zeit nichts mehr sehen können.“ Sofort war der Typ blind! Völlig fertig
tapste er durch die Gegend, er brauchte sogar Hilfe beim Gehen. [12] Total
beeindruckt von der Power Gottes wurde der Gouverneur Christ, er fing
an, sein Vertrauen auf Jesus zu setzen.

In Antiochia und Pisidien werden viele Leute Christen

[13] Schließlich verdünnisierten sich Paulus und seine Jungs von da. Von
Paphos aus fuhren sie mit einem Schiff nach Perge in Pamphylien. Dort
trennten sie sich von Johannes Markus, der wieder nach Jerusalem ging.
[14] Barnabas und Paulus zogen aber noch weiter in Richtung Antiochia in
Pisidien. Am Sabbat, dem religiösen Feiertag der Juden, gingen sie zum
Gottesdienst in die Synagoge. [15] Nachdem dort, wie es normal war, auch
Sachen aus dem Buch vom Mose und von den Propheten vorgelesen wur-
den, schickten die Synagogenchefs ihnen eine Nachricht: „Hallo Brüder!
Wenn ihr Lust habt, könnt ihr nachher auch noch was sagen, wenn es uns
irgendwie glaubensmäßig nach vorne bringt.“ [16] Das ließ sich Paulus nicht
zweimal sagen. Er stand auf, hob einmal die Hand und legte los: „Hallo
Leute aus Israel, hallo alle anderen, die ihr auch an denselben Gott glaubt,
hört mir mal eben zu! [17] Der Gott von den Israeliten hat unser Volk schon
vor Ewigkeiten zu etwas ganz Besonderem gemacht. Er hat dafür gesorgt,
dass wir uns in Ägypten tierisch vermehrt haben. Durch seinen Einfluss
und seine Power konnte unser Volk dann aus diesem Land fliehen. [18] Dann
hingen sie erst mal vierzig Jahre in der Wüste rum. [19] Und erst als Gott
die Völker in Kanaan fertiggemacht hatte, konnten wir dieses Land ein-
nehmen. [20] Nach ungefähr vierhundertfünfzig Jahren organisierte er Rich-

tertypen, der letzte davon war Samuel. Samuel war voll ein Prophet von
Gott. 21 Das Volk wollte irgendwann unbedingt einen Präsidenten haben.
Also gab ihnen Gott Saul, der ein Sohn von Kisch war und aus der Familie
von Benjamin stammte. Saul hatte vierzig Jahre das Sagen. 22 Gott hatte
irgendwann keinen Bock mehr auf ihn, und David, der Sohn von Isai, zog
das große Los: ‚David ist gut drauf, er wird tun, was ich von ihm will.‘ 23 Ein
Ur-ur-ur-und-so-weiter-Enkel von David war dann Jesus. Er ist der Typ, der
uns von Gott mal versprochen wurde, der uns Israelis aus dem ganzen
Dreck rausholen soll. 24 Er tauchte auf, nachdem Johannes alle Leute ge-
warnt hatte, sie sollten nicht länger rumsündigen und sich stattdessen
taufen lassen. 25 Johannes hat sein Ding durchgezogen und dabei immer
die Ansage gemacht: ‚Ich bin nicht der, für den ihr mich haltet. Da kommt
noch jemand nach mir, der bringt es noch viel mehr als ich, dem kann ich
noch nicht mal den Koffer tragen.‘ 26 Hey, ihr Leute, die ihr aus dieser Fami-
lie von Abraham kommt, die ihr auf Gott setzt und ihn toll findet, das Ding
gilt für euch! 27 Die Einwohner von Jerusalem und die Mächtigen in der
Stadt haben nicht kapiert, wer Jesus überhaupt ist. Und damit tun sie ge-
nau das, was die Propheten schon ewig vorher wussten und was an jedem
Sabbat im Gottesdienst vorgelesen wird. 28 Sie haben ihn hingerichtet,
obwohl keine der Anklagen bewiesen werden konnte. Sie verlangten von
Pilatus, dass Jesus sterben muss. 29 Das war aber alles genau nach Plan,
die alten heiligen Bücher hatten das schon vorausgesagt. Sie haben ihn
dann von dem Holzkreuz runtergenommen und ihn beerdigt. 30 Gott hat
ihm aber ein fettes Comeback organisiert, er wurde wieder lebendig! 31 In
den Tagen darauf hat er noch oft mit seinen Jüngern abgehangen. Sie sind
Zeugen dafür, dass Jesus der Sohn von Gott ist. 32 Wir erzählen euch jetzt
diese gute Nachricht weiter! Das Versprechen, was Gott unseren Leuten
vor Ewigkeiten gegeben hat, 33 das hat er jetzt eingelöst, dadurch dass er
Jesus wieder lebendig gemacht hat. Schon im zweiten Psalm steht: ‚Du
bist mein Sohn. Heute werde ich dich zum Chef machen.‘ 34 Gott hatte ja
schon in der alten heiligen Schrift die Ansage gemacht, dass Jesus nicht
lange tot sein wird, dass er nie vergammeln würde. Er sagt da: ‚Ich werde
voll zu euch stehen, so wie ich es David versprochen habe.‘ 35 In einer
anderen Bibelstelle steht sogar: ‚Du wirst es nicht zulassen, dass dein Aus-
erwählter vergammeln wird.‘ 36 Damit konnte nicht der Präsident David
gemeint sein. Er ist ja abgekratzt, nachdem er seinen Job für Gott getan
hatte. Er wurde begraben und ist jetzt nur noch Erde. 37 Der, der tot war
und den Gott dann wieder lebendig gemacht hat, ist nicht vergammelt!
38 Und damit ist bewiesen, Kollegen, dass Jesus der Typ ist, der in der
Lage ist, euren Mist zu vergeben. 39 Jeder, der sein Vertrauen auf ihn setzt,
muss für seinen Mist nicht mehr bezahlen. Das alte Programm von Mose,

sein Gesetz, konnte das nicht leisten. 40 Passt auf, dass ihr nicht so drauf-
kommt, wie die Propheten das beschrieben haben: 41 ,Ihr miesen Lügner!
Kommt aus eurer Total-egal-Haltung raus, es geht um euer Leben! Denn in
eurer Zeit werde ich die derbsten Sachen tun, Dinge, die ihr kaum nachvoll-
ziehen könnt.'" 42 Nachdem Paulus und Barnabas aus dem Gottesdienst
abgehauen waren, bekamen sie eine Anfrage, ob sie am nächsten Sabbat
noch mal die gleiche Rede halten könnten. 43 Viele von den Juden, aber
auch andere Leute, die zu der Zeit in der Synagoge abhingen, gingen mit
Paulus und Barnabas. Die Apostel machten ihnen klar, dass sie auf jeden
Fall bei der Sache bleiben müssen und diese Chance, dass Gott sie so liebt
und annimmt, nicht an sich vorbeiziehen lassen sollten.

Ärger mit den Juden

44 Am nächsten Sabbat waren alle Leute aus der Stadt wieder am Start,
um zu hören, was Gott zu sagen hat. 45 Als die Juden mitkriegten, was für
einen Erfolg die Christen hatten, wurden sie voll neidisch. Sie versuchten
Paulus zuzulabern und rissen dabei ein paar schlechte Witze. 46 Aber
Paulus und Barnabas blieben ganz locker. Sie sagten zu ihnen: „Ihr Juden
seid eigentlich als Erste an der Reihe gewesen, die Message von Gott zu
hören. Weil ihr aber keinen Bock drauf hattet und damit auch klar wurde,
dass euch das neue unendliche Leben total egal ist, darum reden wir ab
jetzt auch zu den anderen Völkern. 47 Gott hat uns diese Order gegeben:
,Ich hab dafür gesorgt, dass du die Richtung vorgibst für alle Völker, die
auf der Erde leben, damit du ihnen sagst, wo es langgeht.'" 48 Als die Leu-
te, die keine Juden waren, das hörten, freuten sie sich total und bedank-
ten sich bei Gott für diese Neuigkeit! Und alle, die schon vorher von Gott
dafür ausgesucht wurden, fingen an, ihr Vertrauen auf ihn zu setzen.
49 So sprach sich die Message von Gott überall rum, weit über die Gren-
zen der Stadt hinaus. 50 Die Juden kriegten es aber hin, so lange gegen
Paulus und Barnabas abzulästern, bis alle Frauen und Männer, die in der
Stadt was zu sagen hatten, keinen Bock mehr auf die beiden hatten. Sie
organisierten so einen Dauerstress, dass die beiden schließlich die Stadt
verließen. 51 Frei nach dem Motto „Nach uns die Sintflut" verschwanden
sie in Richtung Ikonium. 52 Die Jesus-Leute, die in Antiochia blieben,
waren aber alle total abgefüllt mit dem heiligen Geist.

14

Ab nach Ikonium

1 In Ikonium hingen Paulus und Barnabas erst mal wieder in der Syna-
goge rum. Dort hielten sie so derbe Predigten, dass viele von den Juden
und den Griechen anfingen zu glauben. 2 Diejenigen Juden, die über-

haupt nicht offen für die neue Nachricht von Gott waren, verbreiteten
dagegen voll die Gerüchte über die neue Christen-Familie. 3 Paulus und
Barnabas war das aber ziemlich schnurz, sie blieben noch einige Zeit
da und predigten ohne Angst zu allen Leuten. Gott stellte sich zu dem,
was die beiden sagten, indem er fette Wunder durch Paulus und Bar-
nabas geschehen ließ. 4 Die Leute in der Stadt bildeten zwei Parteien.
Die einen waren auf der Seite der jüdischen Leitung, die anderen hielten
zu den Aposteln. 5/6 Irgendwann wurde es ihnen aber zu bunt. Als klar
wurde, dass sowohl Juden wie Nichtjuden in Zusammenarbeit mit den
Behörden entschlossen waren, die nächste Gelegenheit zu nutzen, um
sie kaputtzumachen und zu töten, verdünnisierten sie sich aufs Land in
das Gebiet von Lykaonien. 7 Sie bauten ihr Lager in den Städten Lystra
und Derbe auf, um von dort die ganze Gegend mit der neuen guten
Nachricht bekannt zu machen. 8 In Lystra wohnte so ein Typ, der mit
einer Behinderung geboren wurde, er hatte steife Fußgelenke. Noch nie
hatte er auch nur einen Schritt zu Fuß gehen können. 9 Dieser Mann
war bei einer Rede vom Paulus dabei. Paulus bemerkte sofort, dass er
genug Vertrauen hatte, geheilt zu werden. 10 Er rief zu ihm rüber: „Hey,
steh auf! Komm schon!“ Und der Typ sprang auf und konnte gehen!
11 Die Leute, die das mitbekamen, waren voll angerührt. Sie quatschten
in ihrer Muttersprache miteinander und sagten: „Die Götter sind als
Menschen auf Besuch bei uns!“ 12 Sie gaben Barnabas den Spitznamen
„Zeus“, und Paulus nannten sie „Hermes“, weil er die großen Reden
schwang. Beides Namen von griechischen Göttern. 13 Die Priester-
typen von dem Tempel, wo Zeus angebetet wurde (der lag außerhalb
der Stadt), kamen mit einem Stier vorbei und ein paar Blumen, weil sie
für die Apostel gleich so ein religiöses Opferritual durchziehen wollten.
14 Als Paulus und Barnabas bemerkten, was da abging, waren sie total
fertig, zerrissen ihre Klamotten vor ihren Augen und versuchten sie da-
von abzubringen, diesen Mist zu veranstalten. 15 „Was soll der Blödsinn,
Leute! Wir sind auch nur Normalos, genauso wie ihr! Das ist genau das
Gegenteil von dem, was wir von euch wollten! Ihr müsst diesen toten
Göttern den Rücken zudrehen und anfangen, mit dem lebendigen Gott
zu leben, dem Gott, der alles gemacht hat, diese Erde, das Meer, das
Universum! 16 Bis heute hat er die Menschen machen lassen, was sie
wollten. 17 Trotzdem hätten alle kapieren können, dass er existiert, weil
er so viele gute Sachen tut. Er sorgt dafür, dass es genug regnet, dass
wir genug zu essen haben. Alles, was gut ist, kommt von ihm!“ 18 Diese
Ansprache hatte so gerade eben den Effekt, dass die Leute mit diesem
beknackten Opfern aufhörten. 19 Kaum war das erledigt, kamen die
Juden aus Antiochia und Ikonium. Sie veranstalteten so eine Hetzkam-

pagne gegen die Apostel, dass Paulus auf der Straße so lange mit Steinen
beschmissen wurde, bis er fast tot war. Weil die Leute dachten, er wäre
gestorben, schleiften sie dann seine „Leiche“ aus der Stadt raus. 20 Als die
Jesus-Leute sich aber um ihn stellten, wachte er auf und ging wieder in die
Stadt. Am nächsten Tag zog er mit Barnabas weiter nach Derbe.

Paulus und Barnabas gehen noch mal nach Antiochia, das in Syrien liegt

21 Nachdem die Apostel in Derbe überall die gute Nachricht verbreitet
hatten und viele dort Christen geworden waren, machten sie wieder die
Düse und gingen zurück nach Antiochia. 22 Da angekommen, bauten
sie erst mal die Christen auf, die noch nicht so lange dabei waren. Sie
ermutigten sie, mit Gott voll durchzuziehen. Sie erinnerten sie auch
noch einmal da dran, dass der Weg, der in das Land führt, in dem Gott
das Sagen hat, echt hart ist und auch viel Schmerzen mit sich bringen
kann. 23 Paulus und Barnabas bestimmten in jeder Gemeinde ein paar
Chefs, die dort Christen geworden waren. Für diese Leute beteten sie
mit allem, was sie hatten. 24 Anschließend reisten sie durch das Gebiet
von Pisidien und Pamphylien. 25 In der Stadt Perge erzählten sie die
guten Nachrichten von Jesus vielen Leuten. 26 Von der Hafenstadt At-
talia segelten sie dann wieder nach Antiochia. Dort hatte man für sie
gebetet, bevor sie losgezogen waren, und ihnen die Order gegeben, die
sie gerade erledigt hatten. 27 Gleich nachdem sie angekommen waren,
veranstalteten sie ein Meeting mit der Gemeinde. Die Apostel erzählten
von den coolen Sachen, die Gott während ihrer Reise getan hatte, und
wie Gott jetzt auch mit den Nichtjuden glaubensmäßig am Start war.
28 Paulus und Barnabas blieben noch eine Weile bei den Christen in
Antiochia.

15

Eine schwere Entscheidung und das „Apostelstock“ in Jerusalem

1 Irgendwann kamen ein paar Jesus-Leute aus Judaä bei den Gemein-
den in Antiochia an und machten voll den Lauten. Sie stellten die steile
These auf: „Wer sich nicht, wie bei den Juden Tradition, die Vorhaut
abschneiden lässt, ist nicht mehr dabei.“ 2 Paulus und Barnabas hatten
da eine total andere Meinung, und während die großen Diskussionen
abgingen, beschloss die Leitung der Gemeinde, dass Paulus und Barna-
bas mit ein paar anderen zu den Aposteln und den anderen Führern der
Gemeinde in Jerusalem gehen sollten, um diese Sache klar zu kriegen.
3 Nachdem sie abgehauen waren, zogen sie durch die Gegend von Phö-
nizien und Samarien. Egal, wo sie gerade waren, überall erzählten sie
davon, wie auch die Nichtjuden einen Draht zu Gott gefunden hatten,

und alle fanden das total geil. 4 In Jerusalem freute man sich sehr, als
die beiden endlich da waren. Die Apostel und die anderen Leiter waren
alle vor Ort. Auch denen erzählten sie brühwarm, was für geile Sachen
Gott mit den Nichtjuden gebracht hatte. 5 Aber auch hier gab es ein
paar von den Christen (vor allem, die früher mal zu den superfrommen
Pharisäern gehört hatten), die meinten: „Sie müssen sich auch die Vor-
haut abschneiden und sie müssen auch einen Schwur auf das alte Buch,
die Gesetze von Mose, ableisten!“

Für Gott ist das längst abgeklärt

6 Schließlich trafen sich die Apostel und die Leiter der Gemeinde zu
einem Meeting, um das Ding zu klären. 7 Alle waren heftig am Diskutie-
ren, bis irgendwann Petrus aufstand und ein Machtwort sprach: „Liebe
Geschwister! Euch ist hoffentlich klar, dass Gott mir schon vor einiger
Zeit gesagt hat, ich sollte auch zu den Leuten gehen, die keine Juden
sind, und ihnen die gute neue Nachricht von Jesus erzählen. Denn auch
sie sollten davon hören. 8 Gott, der jeden Menschen ganz genau kennt,
hatte da anscheinend Bock drauf. Er hat ja die Nichtjuden genauso wie
uns mit seiner besonderen Kraft, dem heiligen Geist abgefüllt. 9 Gott
ist es anscheinend total egal, ob du ein Jude bist oder nicht, er befreit
jeden von seinem Dreck, der ihn von Gott trennt. Und zwar, sobald man
anfängt, das Vertrauen auf ihn zu setzen. 10 Wollt ihr Gott jetzt heraus-
fordern, oder warum ist es euch so wichtig, den Leuten von Jesus noch
ein paar Regeln aufzudrücken, die noch nicht einmal wir oder unsere
Vorfahren wirklich gepackt haben? 11 Wir sind uns ganz sicher: Nur weil
Gott uns liebt, können wir es schaffen! Er ist einfach gnädig mit uns.“
12 Alle hatten die Lauscher auf und hörten Barnabas und Paulus gut
zu, als sie von den Wundern erzählten, die Gott unter den Nichtjuden
durch die beiden getan hatte. 13 Irgendwann wurde es still, und Jakobus
nutzte die Gelegenheit, um was zu sagen: „Also Leute, hört mal gut zu!
14 Simon Petrus hat uns gerade erzählt, wie Gott höchstpersönlich ge-
rade dabei ist, sich aus den anderen Völkern, die keine Juden sind, eine
Truppe zusammenzustellen. 15 Die Propheten hatten da ja schon mal 'ne
Ansage dazu gemacht: 16 ‚Anschließend werde ich wieder Zeit haben für
meine Leute. Das kaputte Haus von David, und alles, was noch zerstört
ist, werde ich wieder in Ordnung bringen. 17 Alle, die überlebt haben,
sollen sich auf die Suche nach Gott machen, auch alle, die nicht zu mei-
nem Volk gehören, alle Heiden. 18 Das sagt Gott, der das Ding schon vor
langer Zeit beschlossen hat.‘ 19 Darum ist meine Meinung folgende: Wir
sollten es den Nichtjuden, die mit Jesus leben wollen, nicht noch un-
nötig schwer machen. Unsere jüdischen Gesetze müssen sie nicht be-

folgen. 20 Sie sollten schon die Finger davon lassen, irgendwelchen an-
deren Götter zu dienen, außerdem sollten sie in Sexsachen okay leben
und sich an die eine Essensregel halten: Nur Fleisch von Tieren essen,
was nach unsern Vorgaben geschlachtet wurde, und sie sollen auch kein
Blut zu sich nehmen. 21 Das sind ja die Teile, von denen eh jeder weiß,
und daran haben sich sowieso alle schon gehalten. Die werden ja auch
am Sabbat immer in der Synagoge vorgelesen."

Abstimmung mit 2/3-Mehrheit

22 Als sie mit der Thematik durch waren, beschlossen die Apostel und
die Ältesten mit der ganzen Jesus-Familie noch ein paar Leute auszu-
wählen, die mit Paulus und Barnabas nach Antiochia gehen sollten.
Bei der Abstimmung wurden Judas, den sie auch Barsabbas nannten,
und Silas ausgewählt. Beide waren für alle glaubensmäßig weit vorne
und hatten einen guten Ruf. 23 In dem Brief, den sie dann mitbekamen,
stand Folgendes: „Hallo, liebe Leute aus Antiochia, Syrien und Zilizien,
die ihr keine Juden seid, aber jetzt zu Jesus gehört! Wir, die Apostel und
Leiter aus Jerusalem, grüßen euch ganz herzlich. 24 Uns ist zu Ohren ge-
kommen, dass es da ein paar Typen gibt, die – ohne dass wir es wollten,
geschweige denn was davon gewusst hätten – euch komische Sachen
erzählt haben über das Leben mit Gott und ihr darum ganz unsicher
geworden seid. 25 Darum haben wir einstimmig beschlossen, euch mit
unseren lieben Brüdern Barnabas und Paulus noch zwei weitere Leute
vorbeizuschicken. 26 Beide sind gut drauf und haben ihr Leben voll der
Sache von Jesus Christus, der unser Chef ist, verschrieben. 27 Es handelt
sich um Judas und Silas. Sie werden euch auch erzählen, was wir in den
Diskussionspunkten beschlossen haben. 28 Wir haben uns vom Geist
Gottes zeigen lassen, dass es am coolsten wäre, euch keine weiteren
Regeln zu geben, um euch das Leben nicht schwerer zu machen. 29 Wir
fänden es nicht so geil, wenn ihr Fleisch von Tieren essen würdet, das
für irgendwelche okkulten Götzenrituale benutzt wurde. Außerdem
sollt ihr die Finger von Tieren lassen, die nach dem Schlachten nicht
richtig ausgeblutet sind, und ihr sollt auch kein Blut essen oder trinken.
Passt auf, dass ihr nicht mit Nutten ins Bett steigt und auch so sex-
mäßig okay lebt. Wenn ihr so lebt, ist alles prima. Bis dann und schöne
Grüße!" 30 Der Besuch aus Jerusalem wurde noch zur Tür gebracht und
verabschiedet. Als sie in Antiochia ankamen, wurde erst mal ein Treffen
mit der Gemeinde angesetzt, wo der Brief vorgelesen werden sollte.
31 Als das passiert war, waren alle total happy und voll ermutigt. 32 Judas
und Silas, die beide auch oft Eindrücke von Gott hatten, bauten die
Gemeinde durch ihre Reden und Predigten voll auf. 33 Sie hingen noch

eine Weile in Antiochia, bis sie sich dann aber irgendwann wieder verabschieden mussten, Richtung Jerusalem. [34] Silas wollte noch ein bisschen dableiben, [35] und auch Paulus und Barnabas hatten da Bock drauf. Sie predigten in dieser Zeit echt viel und erklärten den Leuten die Sachen aus der Bibel, auf die Gott steht.

Paulus und Barnabas gehen weiter auf Tour

[36] Nach ein paar Tagen meinte Paulus zu Barnabas: „Wäre es nicht 'ne geile Idee, mal zu den ganzen Orten hinzugehen, wo wir den Leuten die gute Nachricht über Jesus erzählt haben? Es wäre doch cool, mal abzuchecken, was da jetzt so geht?" [37] Barnabas war begeistert und wollte noch Johannes Markus mit dabei haben. [38] Da hatte Paulus aber überhaupt keinen Bock drauf, vor allem, weil der Typ die beiden in Pamphylien im Stich gelassen hatte. Er war einfach abgehauen und hatte sie mit der Arbeit alleine gelassen. [39] Die beiden kriegten sich darüber total in die Wolle. Irgendwie ging da dann nichts mehr, und sie beschlossen getrennte Wege zu gehen. Barnabas ging mit Markus Richtung Zypern, [40] Paulus suchte sich mit Silas einen neuen Lehrling. Durch eine fette Gebetszeit mit der Gemeinde wurden sie total aufgebaut, dann zogen sie schließlich los. [41] Zuerst ging es durch Syrien und Zilizien, wo sie die Jesus-Leute voll aufbauen konnten.

16

Timotheus wird von Paulus angestellt

[1] Irgendwann kam Paulus auch mal nach Lystra, nachdem er in Derbe zu Besuch war. Dort hing er viel mit Timotheus rum, einem jungen Christen. Seine Mutter, die auch mit Jesus lebte, war Jüdin, der Vater aber ein Grieche. [2] In den Gemeinden in Lystra und Ikonion hatte Timotheus voll den guten Ruf. [3] Paulus fragte ihn deswegen, ob er nicht Lust hätte, ihn auf seinen Reisen zu begleiten. Weil es bekannt war, dass der Vater von Timotheus zwar ein Grieche war, seine Mutter aber Jüdin, machte Paulus mit ihm ein jüdisches Ritual, indem er seine Vorhaut abschnitt. Er tat das aus Rücksicht auf die Juden. [4] In jeder Stadt, wo sie vorbeikamen, informierten sie die Leute über den Beschluss der Apostel und der Leiter aus Jerusalem, wonach sich die Christen dann richten sollten. [5] Die Gemeinden wurden immer stabiler in ihrem Glauben, und jeden Tag kamen neue Leute dazu.

Der heilige Geist sagt: „Ab nach Mazedonien!" – Ein Reisebericht

[6] Nachdem sie in Lystra eine Zeit abgehangen hatten, zogen sie weiter durch die Gegend von Phrygien und Galatien. Der heilige Geist zeig-

te ihnen dann aber, dass in der Provinz Asien die gute Nachricht von
Gott noch nicht angesagt war. [7] Als sie nach Mysien gingen und dann
weiter Richtung Norden ziehen wollten, um in der Provinz Bithynien zu
landen, machte der heilige Geist auch dort ganz klar, dass er das nicht
wollte. [8] Darum zogen sie weiter durch Mysien, bis sie in Troas, einer
Hafenstadt, ankamen. [9] Während Paulus nachts pennte, hatte er dort
einen Traum von Gott. Er sah darin einen Typen, der eindeutig aus Ma-
zedonien kam. Der sagte zu ihm: „Komm nach Mazedonien! Hilf uns!"
[10] Damit war das Ding ganz klar: Gott hatte wohl Bock drauf, dass wir in
Mazedonien die guten Nachrichten weitererzählen! Sofort organisierten
wir eine Fähre.

In Philippi wird die erste Christengemeinde in Europa an den Start gebracht

[11] Im Hafen von Troas nahmen wir die nächste Fähre und fuhren damit
auf kürzestem Weg zur Insel Samothrake. Am nächsten Tag ging es
dann weiter nach Neapolis, [12] um dann zu Fuß nach Philippi, der bedeu-
tendsten römischen Kolonie in diesem Teil von Mazedonien, zu wan-
dern. [13] Am Sabbat* verdünnisierten wir uns aus der Stadt, um an den
Strand vom Fluss zu gehen. Wir vermuteten, dass zu dieser Zeit dort
eine kleine jüdische Gemeinde war, um zu beten. Wir pflanzten uns zu
ihnen und quatschten 'ne Runde mit den Frauen, die gerade da waren.
[14] Eine von denen hieß Lydia, die vor einiger Zeit zum jüdischen Glau-
ben gewechselt hatte. Sie kam ursprünglich aus Thyatira und dealte mit
special Purpurstoffen. Irgendwie sorgte Gott dafür, dass sie ihre Ohren
richtig aufsperrte und verstand, dass Paulus ihr was Wichtiges zu sagen
hatte. Sie fing dort an, ihr Vertrauen auf Jesus zu setzen, [15] und ließ sich
mit ihrer ganzen Familie gleich taufen. Anschließend lud sie uns alle
zum Essen zu sich nach Hause ein. „Wenn ihr wirklich glaubt, dass ich
Christin geworden bin, dann müsst ihr mich auch besuchen!", nervte sie
so lange, bis wir einwilligten.

Paulus und Silas kommen in den Knast

[16] Als wir losgingen, um uns mit den anderen zum Beten zu treffen, tra-
fen wir auf eine Sklavin, die ganz schlimm drauf war. Irgendeine dunkle
Macht hatte ihr die Fähigkeit gegeben, die Zukunft vorauszusagen. Klar,
dass sie dadurch zu einem gewinnträchtigen Unternehmen für ihren
Besitzer geworden war. [17] Die Frau latschte die ganze Zeit hinter uns her
und brüllte wie blöd: „Diese Leute gehören zu dem größten Gott über-

---

* Sabbat war der religiöse Feiertag der Juden (noch mal zur Erinnerung ...). Siehe auch Erklärungen dazu in dem Bericht vom Matthäus in Kapitel 12, Vers 1.

haupt! Sie haben die Peilung, wo es längsgeht!“ [18] Irgendwie hatte sie ’ne Schramme auf der Platte und wiederholte das Ding ständig und jeden Tag. Paulus ging das tierisch auf die Nerven, und irgendwann rastete er aus. Er ging zu ihr hin und befahl der dunklen Macht in ihr, diesem Dämon: „Im Auftrag von Jesus Christus: Hau ab aus dieser Frau!“ In derselben Sekunde war das Ding erledigt und die Sklavin war von dem Dämon befreit. [19] Als die Besitzer das mitkriegten, dass sie so mit ihr ja keine Kohle mehr verdienen konnten, griffen sie sich Paulus und Silas und schleppten die beiden auf den Marktplatz. Hier sollten sie polizeilich verhört werden. [20] „Diese Typen machen voll den Alarm in unserer Stadt“, war dann die Anklage. „Außerdem sind es Juden! [21] Sie wollen, dass wir alle so leben wie sie, und sie verlangen, dass wir mit unsern guten alten römischen Traditionen brechen!“ [22] Die aufgehetzte Meute war total von der Rolle. Die Oberchefs rissen Paulus und Silas die Kleidung runter und peitschten sie erst mal aus. [23] Nachdem man sie so brutal misshandelt hatte, warf man die beiden auch noch ins Gefängnis und gab den Wärtern die Order, auf die beiden ganz besonders aufzupassen. [24] So wurden sie also in den Sicherheitstrakt eingesperrt und zusätzlich noch mit einer Fußschelle gefesselt. [25] Gegen Mitternacht fingen Paulus und Silas an, eine ganz fette Gebetssession zu starten. Sie sagten Gott danke, sangen ihm Lieder, und alle anderen Gefangenen hörten dabei zu. [26] Plötzlich gab es ein heftiges Erdbeben. Das ganze Gefängnis inklusive der Grundmauern fing an zu wackeln, alle Türen sprangen auf, und die Ketten der Gefangenen explodierten förmlich.

Der Gefängnisaufseher wird Christ

[27] Der Gefängniswärter wachte auf, und als er sah, dass die Zellentür sperrangelweit offen stand, war er total fertig. Weil er Schiss hatte, dass die beiden geflohen wären, wollte er mit einem Messer sofort Selbstmord begehen. [28] „Mach keinen Blödsinn!“, rief Paulus laut. „Wir sind alle immer noch hier!“ [29] Der Wärter holte sich eine Lampe und leuchtete in die Gefängniszelle. Dann schmiss er sich völlig fertig erstmal platt auf den Boden vor Paulus und Silas. [30] Schließlich führte er die beiden aus der Zelle raus und fragte währenddessen: „Was muss ich tun, um ein Christ zu werden?“ [31] „Du musst dein Vertrauen ganz auf Jesus setzen und an ihn glauben, dann werden du und deine Familie gerettet sein“, antworteten sie. [32] Paulus und Silas erzählten seiner ganzen Familie die Geschichte von Jesus und wie er jeden aus seinem Dreck rausretten kann. [33] Der Gefängnisaufseher nahm Paulus und Silas mit zu sich, versorgte ihre Wunden, und dann ließ er sich und mit ihm seine ganze Familie taufen. [34] Dann lud er die beiden noch zu sich auf seine Bude

zum Essen ein. Er und seine Leute warten total froh, Jesus gefunden zu
haben. [35] Frühmorgens schickten die römischen Justizbeamten die Ge-
richtsdiener zu ihm mit der Order: „Lass die Leute laufen!“ [36] Der Ge-
fängnisaufseher überbrachte die Nachricht gleich Paulus und Silas: „Die
Stadträte lassen euch jetzt laufen. Ihr könnt jetzt ohne Angst die Stadt
verlassen.“ [37] Aber Paulus hatte da keinen Bock drauf: „Erst machen sie
uns in der Öffentlichkeit an, sperren uns in den Knast, ohne dass wir
überhaupt ein faires Gerichtsverfahren gehabt hätten, peitschen uns
aus, obwohl ich einen römischen Pass habe, und jetzt wollen sie uns
ganz plötzlich möglichst schnell loswerden, oder wie? Aber nicht mit
mir! Die Leute, die dafür die Verantwortung tragen, sollen höchstper-
sönlich ankommen und uns aus dem Gefängnis entlassen!“ [38] Mit dieser
Ansage kamen die Gerichtsdiener wieder bei den Richtern an. Als die
hörten, dass sowohl Paulus als auch Silas einen römischen Pass hatten,
kriegten sie etwas die Paranoia [39] und liefen sofort zum Gefängnis. Tau-
sendmal baten sie die beiden um Entschuldigung und schleimten ein
bisschen rum, ob sie jetzt vielleicht die Stadt verlassen würden. [40] Die
beiden gingen aber erst mal in das Haus von Lydia. Dort war ein Treffen
von der ganzen Gemeinde. Die Apostel bauten alle total auf und sagten,
sie sollten stabil und fest bleiben in ihrem Glauben an Jesus.

17

Paulus und Silas sind in Thessalonich

[1] Paulus und Silas düsten dann über Amphipolis und Apollonia nach
Thessalonich. In der Stadt gab es auch eine Synagoge. [2] Wie normal
auch, ging Paulus erst mal dort hin und laberte an drei aufeinander fol-
genden Sabbattagen mit den Leuten. [3] Er erklärte ihnen aus der Bibel,
was die Propheten vorausgesehen hatten, nämlich dass der Auserwählte,
der Messias, übel leiden muss, aber nach drei Tagen den Tod besiegen
würde: „Und dieser auserwählte Retter, dieser Messias, ist Jesus, von
dem ich euch erzählt habe.“ [4] Ein paar von den Juden begriffen das und
standen hinter Paulus und Silas. Dazu gesellten sich auch noch ein paar
Griechen, die zum jüdischen Glauben übergewechselt waren. Außerdem
kamen noch ein paar der angesagtesten Frauen dazu. [5] Dieser Erfolg pass-
te einigen Juden null, sie waren superneidisch. Sie organisierten mit ein
paar Schlägertypen von der Straße eine Prügelei und sorgten auch dafür,
dass in der Stadt alle voll verpeilt waren. Schließlich zogen sie vor das
Haus von Jason, in dem Paulus und Silas wohnten, und brachen dort ein.
Sie hatten geplant, die beiden vor allen Leuten fertig zu machen. [6] Die
Apostel waren aber gerade unterwegs, darum schnappte man sich Jason
und ein paar von den Christen, die gerade da waren, und schleppte sie

vor den römischen Verwalter der Stadt. „Diese Mistkerle bringen überall alles durcheinander!", schrien sie. [7] „Und jetzt sind sie auch noch bei uns und pennen bei Jason. Alles, was der Kaiser sagt, ist ihnen total egal, und sie behaupten, ein anderer hätte jetzt das Sagen, und der heißt Jesus."
[8] Die Menschenmenge und die verantwortlichen Beamten rasteten völlig aus, als sie das hörten. [9] Erst nachdem Jason und die anderen eine hohe Kaution bezahlt hatten, ließ man sie wieder laufen.

Probleme in Beröa

[10] Noch in dieser Nacht organisierten die Christen in Thessalonich die Abreise von Paulus und Silas nach Beröa. Als sie dort waren, marschierten die beiden pauschal erst mal in die Synagoge. [11] Die Juden in Beröa waren offen für die Worte von Gott, mehr als die Juden in Thessalonich. Sie hörten den beiden genau zu und checkten alles, was Paulus und Silas sagten, mit der heiligen Schrift ab. [12] Viele von ihnen fingen an, ihr Vertrauen auf Jesus zu setzen. Nicht nur einige Juden, auch viele von den angesagten griechischen Frauen und Männern taten das. [13] Irgendwann bekamen die Juden aus Thessalonich mit, dass Paulus jetzt auch in Beröa am Start war und allen von der Sache mit Gott erzählte. Darum gingen sie auch in diese Stadt und verbreiteten üble Gerüchte über die Apostel. [14/15] Die Christen in Beröa passten aber auf und schickten Paulus sofort aus der Stadt. Sie brachten ihn dann über die Küste bis nach Athen. Silas und Timotheus blieben aber noch da, sollten aber „... so schnell es geht nachkommen!", ließ Paulus durch seine Begleiter ausrichten. Die hatten sich in Athen von ihm abgeseilt und waren wieder nach Beröa zurückgekehrt.

Paulus ist in Athen

[16] Während Paulus in Athen auf Silas wartete, kriegte er voll den Hass auf die zig Götter aus Holz und Metall, die dort überall rumstanden. [17] Er hielt in der Synagoge eine Rede vor den Juden und auch vor den zum jüdischen Glauben übergewechselten Griechen. Außerdem predigte er täglich auf dem Marktplatz zu allen Menschen, die gerade dort waren.
[18] In so einer Situation gab es einmal voll den Streit mit ein paar Philosophen aus der Richtung der Epikuräer und Stoiker. Einige vertraten die Ansicht, er wäre nur so eine Labertasche, einer, der nur Blödsinn erzählt. Andere sagten: „Der erzählt eben von einer anderen Religion!" Denn Paulus hatte von Jesus erzählt und dass der den Tod besiegt hat und wieder lebendig geworden ist. [19] Die Philosophen waren echt angezeckt von dem, was er sagte, und wollten unbedingt mehr wissen. Darum nahmen sie ihn zu einem Treffpunkt mit, der mitten in der Stadt lag, dem so ge-

nannten Areopag. „Erzähl uns mehr davon“, 20 meinten sie, „wir finden es
voll interessant, was du zu sagen hast, und wollen alles wissen!“ 21 Das
war in dieser Stadt schon normal, alle, die da lebten, und auch die Gäste
waren immer sehr offen für irgendwelche neuen Ideen, um darüber zu
diskutieren. 22 Paulus ließ sich das nicht zweimal sagen und redete zu der
versammelten Mannschaft im Areopag: „Hey, Leute aus Athen! Ich hab
schon mitbekommen, dass ihr hier ganz besonders auf religiöse Sachen
abfahrt. 23 Vor der Stadt stehen ja Tausende von kleinen Altären, wo man
Göttern etwas geben kann. Auf einem davon stand drauf: ‚Für den Gott,
den keiner kennt.‘ Und genau von dem will ich euch jetzt erzählen, von
dem Gott, den ihr nicht kennt und zu dem ihr trotzdem betet. 24 Das ist
nämlich der Gott, der diese Erde und alles, was da drauf ist, gemacht hat.
Dieser Chef vom ganzen Universum und von dieser Erde, der passt nicht
in so einen kleinen Tempel rein, den irgendwelche Menschen gebaut
haben. 25 Das geht auch gar nicht, dass man ihm irgendwelche Sachen
opfert oder sogar was zu essen hinstellt oder so, das hat er nicht nötig.
Er hat schließlich das ganze Leben entstehen lassen und jedem Leben
das gegeben, was es braucht. 26 Er hat aus einem Menschen ganze Volks-
gruppen und Nationen entstehen lassen, die jetzt auf der Erde leben. Er
hat auch festgelegt, wo und wie lange die Menschen leben sollen. 27 Er
hat das alles so organisiert, weil es sein Plan war, dass die Menschen
sich auf die Suche nach ihm machen würden. Und dass sie die Möglich-
keit haben, ihn auch zu finden. Hey, und er ist uns jetzt wirklich ganz
nahe! 28 Weil er wirklich so drauf ist, können wir überhaupt erst leben!
Einige von euern Rappern haben ja schon einen Song da draus gemacht:
‚Wir sind alle seine Kinder.‘ 29 Weil Gott also unser Vater ist, ist es totaler
Schwachsinn zu glauben, dass wir Gott mit solchen Statuen und Bildern,
egal ob aus Gold oder Silber, gut rüberbringen können. Die basteln wir
ja nur mit unseren begrenzten Begabungen und Vorstellungen, anders
kriegen wir es nicht hin. 30 Bis jetzt hat das noch niemand so richtig ge-
schnallt, und Gott hat viel Geduld mit den Leuten. Jetzt macht er aber zu
allen Menschen eine neue Ansage: ‚Ändert euer Leben total!‘ 31 Denn das
Date, wo wir alle für unser Leben zur Verantwortung gezogen werden, ist
schon festgemacht. Wer dann unser Richter sein wird, steht auch schon
ohne Zweifel fest. Den hat er vom Tod wieder lebendig werden lassen.“
32 Als Paulus dieses Thema von der Auferstehung der Toten anschnitt,
fingen einige sofort an, gegen ihn abzulästern. Andere aber meinten:
„Super interessant, da wollen wir später mehr von hören.“ 33 Paulus
haute dann von der Versammlung auf dem Areopag wieder ab. 34 Eini-
ge der Typen, die der Rede von Paulus zugehört hatten, fingen an, ihr
Vertrauen auf Jesus zu setzen, und gingen mit ihm. Dionysius, der am

Gericht angestellt war, eine Frau, die Damaris hieß, und noch ein paar andere waren auch dabei.

18

In Korinth geht es ab!

1 Kurze Zeit später verschwand Paulus aus Athen und ging in die Stadt
Korinth. 2 Dort lernte er Aquila kennen, einen Juden, der aus der Gegend von Pontus kam. Er war erst vor einiger Zeit mit seiner Frau Priszilla aus Italien nach Korinth gezogen, weil der Kaiser Claudius alle Juden aus
Rom rausgeschmissen hatte. 3 Paulus wohnte bei ihnen, zumal er und Aquila denselben Job hatten, sie waren nämlich beide von Beruf Zelt-
macher. 4 Am Wochenende predigte Paulus immer in der Synagoge, und tierisch viele von den Juden und den Griechen wurden von dem, was er
sagte, überzeugt. 5 Als dann Silas und Timotheus aus Mazedonien dort ankamen, kündigte Paulus seinen Job und arbeitete fulltime als Prediger. Er wollte den Juden klar machen, dass Jesus der Retter ist, den Gott
ihnen schon lange versprochen hatte. 6 Die Juden fingen aber immer die derben Diskussionen an und verarschten ihn sogar. Irgendwann hatte Paulus keinen Bock mehr da drauf: „Ich habe euch jetzt schon einige Zeit die gute Botschaft von Gott erzählt, aber ihr habt sie nur abgelehnt. Ich hab keine Schuld mehr daran, wenn ihr euer Leben verbockt. Ab jetzt werde ich nur noch den Völkern, die keine Juden sind, also den Heiden,
von Gott erzählen.“ 7 Ab da wohnte er bei Titius Justus zur Untermiete. Dieser Typ vertraute Gott, auch wenn er kein Jude war. Sein Haus lag
direkt neben der Synagoge. 8 Irgendwann kam dann sogar Krispus, der Chef von der Synagoge, inklusive seiner ganzen Familie zum Glauben an Jesus. Andere Korinther, die Paulus ebenfalls reden gehört hatten, fingen
auch an mit Jesus zu leben und ließen sich taufen. 9 In einer Nacht hatte Paulus einen Traum, in dem Gott zu ihm sprach: „Hab keinen Schiss,
predige weiter! Raus damit! 10 Ich stehe voll hinter dir, niemand kann dir was anhaben, niemand wird dich verprügeln können. Da sind noch
viele Leute in der Stadt, die zu mir gehören.“ 11 Darum hing Paulus noch anderthalb Jahre in Korinth ab und redete viel von der neuen Nachricht
über Jesus. 12 Als irgendwann Gallio der Gouverneur von Achaja wurde, nutzten die Juden die Gelegenheit, um Paulus anzuzeigen und vor den
Kadi zu zerren. 13 Ihre Anklage lautete: „Dieser Mann missbraucht die Menschen. Er versucht ihnen ein Leben mit Gott schmackhaft zu machen, und zwar so, dass es im krassen Gegensatz zu unserem Gesetz
steht.“ 14 Bevor Paulus überhaupt eine Antwort geben konnte, meinte Gallio zu den Juden: „Wenn es sich um einen Gesetzesverstoß oder um ein Schwerverbrechen handeln würde, das mit unseren Gesetzen geahn-

det werden könnte, wäre es ja okay, das hier zu verhandeln. 15 Da es aber
nur um irgendwelche religiösen Streitfragen bei euch geht, kann ich euch
auch nicht helfen. Das müsst ihr schon selber klar kriegen, ich halte auf
jeden Fall meine Finger da raus!" 16 Und dann schickte er alle wieder aus
dem Saal. 17 Aber die fingen dann sofort an, den neuen Synagogenchef
Sosthenes zu belabern, bis sie ihm schließlich total aufgebracht sogar
vor Ort noch die Fresse polierten. Gallio war das aber egal, er kümmerte
sich einfach nicht weiter darum.

Wieder in Antiochia

18 Paulus hing noch 'ne Weile in Korinth ab. Dann verabschiedete er
sich aber von den Christen und schipperte mit Priszilla und Aquila in
Richtung Syrien. Vorher hatte er sich noch in Kenchreä 'ne Glatze ra-
sieren lassen und dann einen Schwur bei Gott abgeleistet. So war das
bei den Juden normal. 19 Nachdem sie in Ephesus angekommen waren,
blieben Priszilla und Aquila in der Stadt, während Paulus in die Synago-
ge ging. Dort redete er mit den Juden. 20 Obwohl sie ihn darum baten,
noch etwas länger dazubleiben, musste er irgendwann gehen: 21 „Wenn
Gott Bock drauf hat, werde ich später noch mal wiederkommen." Dann
verschwand er aus Ephesus mit einem Schiff. 22 Von Cäsarea aus zog
er weiter Richtung Jerusalem. Dort stoppte er kurz, um die Gemeinde
da mal zu besuchen. Schließlich ging es dann weiter nach Antiochia.
23 Aber hier hielt ihn auch nichts lange fest, er ging quer durch Galatien
und Phrygien und besuchte alle Christengemeinden, um sie aufzubauen
und sie in ihrem Glauben anzufeuern.

Die dritte Tour vom Paulus beginnt

24 In der Zwischenzeit war Apollos, ein Jude aus Alexandria, nach Ephe-
sus gekommen. Er war Fachmann in Sachen Gottes Wort und hatte in
Rhetorik 'ne Eins. 25 Von der Sache mit Jesus hatte er schon gehört und
sprach voll geflasht überall von ihm. Und das, obwohl er nur die Taufe
von Johannes erlebt hatte. 26 Apollos predigte sehr mutig in den Synago-
gen von Jesus. Dabei hörten ihm auch Priszilla und Aquila zu. Die luden
ihn dann mal zum Essen ein und erklärten ihm noch genauer, wie es
sich mit der Sache von Jesus verhielt. 27 Als Apollos vorhatte, nach Acha-
ja in Griechenland zu fahren, organisierten die Christen ihm ein nettes
Empfehlungsschreiben. In Achaja konnte Apollos mit seiner Redebega-
bung den Christen ein große Hilfe sein. 28 Denn in öffentlichen Diskussi-
onen konnte er sehr geschickt die Argumente der Juden widerlegen und
bewies unter Verweis auf die heiligen Schriften, dass Jesus der verspro-
chene Retter, der Auserwählte, ist.

19

Paulus ist in Ephesus

1 Während Apollos in Korinth am Start war, machte Paulus ’ne Tour durch das kleinasiatische Hochland und kam so nach Ephesus. Dort traf er ein paar Jünger, die damals durch Johannes, der die Leute getauft hat, Christen geworden waren. 2 „Habt ihr eigentlich den heiligen Geist, die Power von Gott, auch bekommen?“, wollte er von denen wissen. „Nö“, sagten sie. „Was ist das denn, der ‚heilige Geist‘? Nie was davon gehört!“ 3 „Wie ist denn damals dieses Ritual bei euch durchgezogen worden, diese Taufe?“ „Wir sind auf die Art von Johannes getauft worden“, antworteten sie. 4 „Wer die Taufe von Johannes gemacht hat, wollte damit ein Statement abgeben, dass er einen Neustart mit Gott hinlegen will“, erklärte Paulus. „Johannes hat aber immer die Ansage gemacht, dass er erst die Vorschau vom Hauptfilm ist, dass man auf den sein Vertrauen setzen soll, der nach ihm kommt. Und das war Jesus!“ 5 Als sie das gehört hatten, ließen sie sich sofort auf Jesus taufen. 6 Und als Paulus für sie betete und ihnen die Hände dabei auf den Kopf legte, kam die Kraft von Gott, der heilige Geist, auf sie runter. Sie redeten plötzlich in einer fremden Sprache, die Gott ihnen aufspielte. 7 Es waren insgesamt an die zwölf Männer dabei.

Was Paulus noch in Ephesus getan hat

8 Paulus ging von da an oft in die Synagoge. Drei Monate erzählte und predigte er dort volles Rohr über die Sache von Gott. 9 Einige Leute hatten aber überhaupt keinen Bock darauf, die waren überhaupt nicht offen dafür. Sie lästerten sogar über die Sache total ab. Irgendwann verließ Paulus mit den anderen Christen die Synagogen. Ab dann predigte er jeden Tag in einem Lehrsaal, der einem Typ mit dem Namen Tyrannus gehörte. 10 Das ging über zwei Jahre, so lange, bis alle, die in der Provinz Asien lebten, egal, ob es Juden oder Griechen waren, irgendwie mal die Botschaft von Jesus gehört hatten. 11 Gott tat wirklich derbe Sachen durch Paulus! 12 Manchmal legten die Leute sogar Handtücher und Klamotten von Paulus auf die kranken Menschen, damit sie gesund und die fiesen Geister aus ihnen rausgeschmissen wurden. Und es funktionierte.

Spiritisten heilen Menschen durch den Namen von Jesus

13 Ein paar nicht sesshafte jüdische Spiritisten versuchten fiese Geister so aus den Menschen zu vertreiben, indem sie den Namen von Jesus dazu als Hilfe benutzten. Zum Beispiel sagten sie dann: „Verschwindet! Im Auftrag von Jesus, über den der Paulus immer redet!“ 14 Die Typen,

die das so machten, waren die Söhne eines jüdischen Oberpriesters, der Skevas hieß. [15] Doch der Dämon verarschte sie nur: „Jesus? Den kenn ich! Paulus? Von dem hab ich mal gehört! Aber wer seid ihr denn, bitte schön?!" [16] Danach warf sich der Typ, in dem der Dämon steckte, auf sie, haute sie um und zerriss ihre Klamotten, bis sie alle nackend und mit blauen Flecken am ganzen Körper fluchtartig das Haus verlassen mussten. [17] Diese Story sprach sich schnell in ganz Ephesus rum. Bald wussten alle, Juden und Griechen, was da abgegangen war. Alle kriegten Riesenrespekt vor Gott, als sie davon hörten, und viele sagten, dass der Name von Jesus voll geil sei. [18] Viele von den Christen standen jetzt plötzlich ganz offen zu den ätzenden Sachen, die sie früher so verbockt hatten. [19] Einige brachten okkulte Zauberbücher, die tierisch teuer gewesen waren, und verbrannten sie in aller Öffentlichkeit. [20] So wurde klar, was für eine Kraft in den Worten von Gott steckte, und immer mehr Leute fingen an, Jesus zu vertrauen. [21] Irgendwann beschloss Paulus, weiter über Mazedonien und Achaja nach Jerusalem zu ziehen, um sich dann in Richtung Rom abzusetzen. [22] Er schickte zwei seiner Mitarbeiter vor, und zwar Timotheus und Erastus. Er selbst wollte noch ein bisschen in der Provinz Asien arbeiten.

Probleme in Ephesus mit dem Silberschmied Demetrius

[23] Ungefähr in derselben Zeit gab es in Ephesus voll den Aufstand wegen den Sachen, die Paulus überall erzählt hatte. [24] Es fing alles mit einem Typen an, der Demetrius hieß, der hatte einen Job als Silberschmied vor Ort. Er fertigte Mini-Tempel an, die so aussahen wie der Tempel von der griechischen Göttin Artemis. Er war damit nicht alleine, viele Händler verdienten fett Kohle damit. [25] Irgendwann veranstaltete er ein Meeting mit den Kollegen und sagte: „Ihr wisst genauso gut wie ich, dass wir alle eine Schweinekohle mit den Mini-Tempeln aus Silber verdienen. [26] Vermutlich habt ihr auch schon gehört, dass dieser Paulus jetzt die Ansage macht, alle von Menschen gemachten Götter kann man in die Tonne drücken. Das erzählt er nicht nur in Ephesus, nein, überall im Land verbreitet er diese Sache, und viele Leute hören auf ihn. [27] Jetzt besteht ja nicht nur die Gefahr, dass unser Job voll den schlechten Ruf dadurch kriegt, auch der Tempel von unser großen Göttin Artemis, die man ja nicht nur in Kleinasien, sondern überall verehrt, wird damit lächerlich gemacht!" [28] Supersauer schrien die Zuhörer: „Artemis ist die Größte!" [29] Plötzlich war die ganze Stadt auf den Beinen. Alle trafen sich im Freilufttheater und schleppten Gajus und Aristarch, die beide auch mit Paulus unterwegs waren, gleich mit. [30] Paulus wollte selber im Freilufttheater alle Fragen beantworten, aber seine Jesus-Geschwister

verhinderten das. [31] Auch ein paar von den Beamten von höchster Stelle,
die mit Paulus befreundet waren, warnten ihn sehr, sich der Öffentlich-
keit zu stellen. [32] Bei diesem großen Treffen war das totale Chaos am
Start, einer schrie irgendetwas wie blöd, der andere wieder was anderes.
Viele hatten überhaupt keinen Schnall, worum es überhaupt ging. [33] Die
Juden versuchten nun Alexander ins Spiel zu bringen. Als der versuchte,
mit einem Handzeichen die Menge zum Schweigen zu bringen, [34] ras-
teten die Leute noch mehr aus, weil sie merkten, dass er auch ein Jude
war. Darum schrien sie über zwei Stunden die ganze Zeit: „Groß ist Ar-
temis aus Ephesus!“ [35] Der höchste Beamte am Ort schaffte es schließ-
lich, alle ein bisschen runterzuholen. Er rief: „Liebe Leute aus Ephesus!
Jeder in der Stadt weiß doch, dass wir auf den Tempel der großen Arte-
mis aufpassen und auf ihr Bild, das vom Himmel gefallen ist. [36] Daran
gibt es nichts zu rütteln, dem wird auch keiner widersprechen. Darum
sag ich nur: Ruhig Blut, Leute, checkt die Sachen vorher genau ab, bevor
ihr irgendwas tut. [37] Diese Männer haben weder den Tempel ausgeraubt
noch unsere Göttin in den Dreck gezogen. [38] Wenn Demetrius und seine
Kollegen irgendwas gegen sie in der Hand haben, sollen sie ganz or-
dentlich Anzeige erstatten. Dafür haben wir schließlich einen Gerichts-
hof und die Polizei. Dort soll die Sache geregelt werden. [39] Und wenn ihr
noch irgendetwas anderes habt, was über so ’ne Anzeige hinausgeht,
dann muss das in einer ganz ordentlichen Volksversammlung vorge-
tragen werden. [40] Ich hab ein wenig Schiss, dass die Römer uns sonst
wegen einer unangemeldeten Demo ans Bein pinkeln. Und wir können
auch im Ernst keinen wirklichen Grund für diese Demo nennen.“

20

Paulus verschwindet aus Ephesus und startet seine Tour durch Mazedonien und Griechenland – Ein Reisebericht

[1] Nachdem die Demo abgeblasen war, holte Paulus die ganze Gemein-
de noch mal zusammen, um sie etwas aufzubauen. Als er sich dann
schließlich verabschiedet hatte, düste er Richtung Mazedonien ab. [2] Auf
dem Weg schaute er mal bei den ganzen neuen Christengemeinden
vorbei und nahm sich viel Zeit, um sie glaubensmäßig stark zu machen
und ihnen zu sagen, wo es längsgeht. [3] So kam er dann nach Griechen-
land, wo er über drei Monate war. Als er gerade dabei war, sich für die
Schiffsfahrt klarzumachen, erzählte man ihm, dass die Juden vorhatten,
ihn auf der Reise zu ermorden. Darum beschloss er, über Land nach
Mazedonien zurückzufahren. [4] Mit dabei waren einmal Sopater (der
Sohn von Pyrrhus), der aus Beröa stammte, Aristarch und Sekundus
aus Thessalonich, Gajus aus Derbe, Timotheus und dann noch Tychikus

und Trophimus, die aus der Provinz Asien kamen. [5] Die waren alle schon vorher losgegangen und wollten in Troas auf uns warten. [6] Der Rest von uns haute erst nach der Passafete aus Philippi ab und kam per Boot fünf Tage später in Troas an. Dort sind wir dann eine Woche geblieben.

Eutychus wird wieder lebendig

[7] Sonntagabend hingen wir noch ein bisschen zusammen ab und feierten „das Abendessen" (oder „das Abendmahl", dieses Ritual, was Jesus uns vor seinem Tod vorgemacht hatte). Paulus hielt noch 'ne lange Predigt. Weil er schon am nächsten Tag weiterwollte, nahm er sich sehr viel Zeit und laberte bis nach Mitternacht durch. [8] Der Raum, in dem wir zusammen abhingen, war im dritten Stock, und wegen der vielen Öllampen konnte man die Luft schon fast schneiden. [9] Ein Jugendlicher, der Eutychus, saß die ganze Zeit auf der Fensterbank. Nachdem Paulus schon eine ganze Weile am Reden war, wurde er total müde und pennte immer wieder ein. Irgendwann verlor er plötzlich das Gleichgewicht, fiel durch das offene Fenster drei Stockwerke tief und knallte auf dem steinharten Boden auf. Die Männer, die dann sofort zu ihm runterliefen, konnten nur noch seinen Tod feststellen. [10] Paulus lief sofort runter. Er beugte sich über den toten Jungen und nahm ihn ganz fest in die Arme. Dann sagte er zu den Leuten: „Keine Panik! Er ist okay!" [11] Paulus ging wieder nach oben, und dann wurde zusammen „das Abendessen" gefeiert. Er nahm sich noch viel Zeit für die Leute, und erst als die Sonne schon aufging, haute er irgendwann wieder ab. [12] Alle waren aber total happy, denn Eutychus war wieder gut drauf und quicklebendig.

Paulus fährt nach Milet

[13] Wir anderen waren inzwischen auf das Schiff gegangen und nach Assos gesegelt. Paulus wollte unbedingt zu Fuß dahin latschen. [14] In Assos nahmen wir ihn dann mit auf das Schiff und segelten Richtung Mitylene. [15] Die nächsten Tage schipperten wir über Chios und Samos rüber nach Milet. [16] Weil Paulus unbedingt Pfingsten in Jerusalem am Start sein wollte, sparte er sich die Reise nach Ephesus.

Paulus sagt: „Auf Wiedersehen, Ephesus"

[17] In Milet schickte Paulus einen Typen los, der in Ephesus schon mal ein Meeting mit den Leitern der Gemeinde klarmachen sollte. [18] Als sie zusammen dort in einem Raum waren, sagte er: „Ihr habt alle mitbekommen, was ich bei euch gerissen hab, vom ersten Tag an bis heute. [19] Dass ich ohne Rücksicht auf Verluste radikal für Jesus gelebt habe, oft mit Ärger und Verfolgung an den Hacken. [20] Ihr wisst auch, dass ich nie

mein Maul halten konnte, ich hab immer alles rausgehauen und euch
erklärt, wie man jesusmäßig lebt, in der Öffentlichkeit, aber auch bei
euch privat zu Hause. 21 Egal ob das nun Juden oder Griechen waren,
ich hab allen Leuten eine klare Ansage gemacht, dass sie nicht so weiter
leben können wie bisher und dass sie ihr Vertrauen auf Jesus Christus
setzen sollen. 22 Ich hab jetzt aber das Gefühl, der heilige Geist will,
dass ich nach Jerusalem gehe. Was da dann abgehen wird, hab ich kei-
nen blassen Schimmer. 23 Ich weiß aber mittlerweile, dass die mich dort
mit Sicherheit in den Knast stecken werden und dass es mir dreckig
gehen wird. Der heilige Geist hat nämlich durch Propheten in allen Ge-
meinden, in denen ich war, so eine Ansage gemacht. 24 Mein Leben ist
dabei echt egal, solange ich es hinkriege, die Order, die Jesus Christus
mir gegeben hat, auszuführen. Er will nämlich von mir, dass ich die gute
Nachricht davon verbreite, dass Gott alle Menschen tierisch liebt und
ihnen ihre Schuld verzeihen will. 25 Ich weiß von Gott, dass keiner von
euch mich wiedersehen wird, und damit mein ich die Leute, die meine
Message gehört haben und bei denen ich gelebt habe. 26 Ich will, dass
ihr das unbedingt begreift: Ich bin dafür nicht mehr verantwortlich,
wenn einer von euch wieder vom Glauben abkommt! 27 Ich hab euch
alles erklärt, was ich weiß, ich hab euch die ganze Sache von Gott er-
zählt und davon, wie er es geplant hat, alle Menschen aus ihrem Dreck
rauszuholen. 28 Ab jetzt müsst ihr auf euch selbst aufpassen und auf die
ganze Gemeinde. Ihr seid für die wie ein Trainer, der vom heiligen Geist
angestellt wurde. Ihr sollt auf die Gemeinde aufpassen wie auf ein Team.
Sie sind für euch von Gott teuer eingekauft worden, sein Sohn hat mit
seinem Leben dafür bezahlt! 29 Ich warne euch jetzt schon: Sobald ich
hier weg bin, kommen irgendwelche komischen Spacken an, die euch
Lügen erzählen werden. Die sind wie Agenten, die euch mit Knebelver-
trägen abwerben wollen. 30 Sogar unter eurer Truppe wird es Männer
geben, die sich bei den Jesus-Leuten einschleimen wollen und Halb-
wahrheiten unters Volk bringen. 31 Passt tierisch auf, Leute! Vergesst
nicht, ich habe drei Jahre tagsüber und auch nächtelang mit allem, was
ich hatte, bis zur Schmerzgrenze euch genau erzählt, wie man mit Gott
lebt. 32 Jetzt bleibt mir nur noch, euch Gott zu überlassen und zu glau-
ben, dass er auf euch aufpassen wird. Er hat die Möglichkeiten dazu.
Er kann dafür sorgen, dass eure Beziehung zu Gott weiter wächst und
kann die Erbschaft ausbezahlen, die euch als seinen Kindern zusteht.
33 Ich wollte nie von euch dafür irgendwie Kohle oder andere Bezahlung
sehen. 34 Ihr habt mitbekommen, dass ich für alles was ich zum Leben
brauchte, und auch für die Leute die mit mir waren, selber gejobbt habe,
um mir den Unterhalt mit meinen eigenen Händen zu verdienen. 35 Ich

wollte euch damit klar machen, dass man arbeiten muss, um mit dem
Geld Armen zu helfen. Das hat Jesus uns so beigebracht, er sagte im-
mer: ‚Leuten was zu geben macht mehr Spaß, als nur zu bekommen.‘
36 Ich fände es cool, wenn wir uns jetzt noch alle hinknien und ’ne Runde
mit Jesus reden würden.“ 37 Für viele klang das wie eine Abschiedsrede.
Sie küssten Paulus zum Abschied und umarmten ihn, und viele fingen
an tierisch zu weinen, 38 weil er ihnen gesagt hatte, sie würden sich nicht
mehr wiedersehen. Dann brachten sie ihn noch auf das Schiff.

21

Reisebericht: Paulus fährt nach Jerusalem

1 Nach der intensiven Verabschiedung verschwanden wir aus Ephesus
und fuhren mit dem Schiff Richtung Kos weiter. Am nächsten Tag lande-
ten wir in Rhodos und danach in Patara. 2 Von da aus ging es weiter mit
einem anderen Schiff, das nach Phönizien segelte. 3 Irgendwann konnte
man auf der Fahrt schon die Insel Zypern sehen, wir segelten aber an
der Nordseite daran vorbei und fuhren in Richtung der syrischen Ha-
fenstadt Tyrus, wo die Ladung des Schiffes gelöscht wurde. 4 In Tyrus
hingen wir dann noch mit den Jesus-Leuten eine Woche ab. Die Christen
von da warnten Paulus davor, nach Jerusalem zu gehen, das hatten sie
vom heiligen Geist so gezeigt bekommen. 5 Trotzdem nahmen wir doch
das Schiff Ende der Woche. Die ganze Gemeinde, inklusive der Frauen
und Kinder, begleitete uns bis vor die Stadt. Am Strand knieten wir uns
noch hin und hatten eine heftige Gebetszeit. 6 Nachdem wir uns ver-
abschiedet hatten, gingen wir auf das Schiff, die anderen gingen wieder
zurück in die Stadt. 7 Unsere weitere Reise ging dann über Tyrus nach
Ptolemaïs. Dort hingen wir auch noch einen Tag bei den Christen. 8 Von
Ptolemaïs ging es weiter zu Fuß Richtung Cäsarea. Da wohnten wir in
der Hütte vom Philippus, der voll die Begabung hat, Menschen zu Jesus
zu führen. Er war einer von sieben Leuten, die den Job hatten, Men-
schen besonders zu dienen, man nannte das auch ‚Diakon‘. 9 Er hatte
vier Töchter, die allesamt nicht geheiratet hatten. Die Töchter hatten alle
die geistliche Begabung, Worte von Gott zu bekommen, also prophe-
tisch zu reden. 10 Als wir schon ein paar Tage bei Philippus waren, kam
der Agabus vorbei. Agabus stammte aus Judaä. Er war voll der Prophet,
bekam Einsichten und Worte direkt von Gott aufgespielt. 11 Einmal
nahm der sich plötzlich den Gürtel von Paulus und fesselte sich damit
seine Hände und Füße. Und dann meinte er: „Der heilige Geist sagt dir:
Der, dem der Gürtel gehört, wird in Jerusalem von den Juden gefesselt
und dann so an die Römer abgegeben werden.“ 12 Als uns klar war, was
er damit sagen wollte, redeten wir und die anderen wie blöd auf Paulus

ein, er sollte auf keinen Fall nach Jerusalem fahren. 13 Er war aber nicht
davon abzubringen und sagte nur: „Leute, heult nicht rum, damit macht
ihr es nur noch schwerer für mich, als es eh schon ist. Ich bin zu allem
bereit, egal, ob sie mich in Jerusalem abführen, in den Knast werfen
oder ermorden, solange es nur für Jesus Christus ist.“ 14 Wie sie ihn
auch belaberten, er war nicht umzustimmen. Also sagten sie schließ-
lich: „Was Gott will, soll auch passieren!“

Paulus soll beweisen, wie straight er die Regeln der Juden befolgt

15 Kurz darauf fuhren wir alle Richtung Jerusalem. 16 Ein paar aus der
Christen-Familie aus Cäsarea waren auch dabei. Die brachten uns zu
einem Typen, der Mnason hieß und einer der ersten Christen war. Er
kam aus Zypern und hatte ein fettes Haus, wo wir pennen konnten.
17 Die Christen-Familie in Jerusalem begrüßte uns superfreundlich.
18 Am Tag nach unserer Ankunft ging Paulus zu Jakobus, wo auch die
anderen Leiter aus der Gemeinde waren. 19 Paulus begrüßte erst mal
alle und dann erzählte er ausführlich, was Gott gerade mit den anderen
Völkern am Start hatte und was da so passierte. 20 Alle freuten sich sehr
über diese News und bedankten sich bei Gott dafür. Dann meinten sie
aber: „Bruder, du weißt hoffentlich, dass auch Tausende von den Juden
jetzt mit Jesus leben und sich Christen nennen, und die befolgen immer
noch superstreng die Gesetze, die Mose aufgestellt hat. 21 Es gibt das
Gerücht, du würdest den Juden, die nicht in Israel leben, sagen, sie kön-
nen diese Regeln links liegen lassen. Sie brauchen zum Beispiel den jun-
gen Männern nicht mehr die Vorhaut abschneiden zu lassen, und auch
die anderen Gesetze wären jetzt wurschtegal. 22 Was sollen wir jetzt
deiner Meinung nach tun? Die kriegen das auf jeden Fall spitz, dass du
hier bist. 23 Wir haben da eine Idee gehabt. Und zwar sind hier diese
vier Männer, die müssen ein Versprechen, was sie Gott gegeben haben,
einlösen. 24 Zieh mit denen los und erfüll diese ganzen geforderten Re-
geln, die Waschrituale, dass man sich die Haare abrasieren muss und so
weiter. Übernimm am besten auch die Kosten, die da anfallen, und zwar
für euch alle. Damit könntest du den Leuten das Maul stopfen, die be-
haupten, die Gesetze der Juden wären dir egal. 25 Wie die Christen leben
sollen, die keine Juden sind, das haben wir ja alles schriftlich festgehal-
ten. Wir hatten damals gesagt, sie sollen die Finger von Fleisch lassen,
das für bestimmte Opferrituale von irgendwelchen Göttern benutzt
wurde. Außerdem sollen sie kein Blut essen und auch nichts von Tieren,
die nach dem Schlachten nicht richtig ausgeblutet sind. Und natürlich
müssen sie sich sexmäßig korrekt verhalten.“

Paulus kommt in Jerusalem in den Knast

26 Paulus willigte in den Vorschlag ein. Am nächsten Tag ging er mit ein
paar Leuten in den Tempel. Es ging darum, eine Meldung zu machen,
dass sie jetzt die Sachen machen würden, die für die Juden wichtig
waren, ein Opfer zu bringen und so. 27 Die sieben Tage, die dafür vor-
geschrieben sind, waren schon fast vorbei, als ein paar von den Juden
aus Kleinasien Paulus im Tempel erkannten. Sie machten sofort voll den
Aufstand und hetzten ein paar Leute gegen ihn auf. Sie griffen ihn am
Ärmel und schrien wie blöd: 28 „Wir brauchen Hilfe! Das ist der Mann,
der die ganze Welt gegen uns hetzt, gegen unsere Religion, sogar gegen
unseren Tempel! Aber das Schlimmste ist: Er hat sogar ein paar von den
dreckigen Griechen in den Tempel mitgebracht, damit ist hier ja alles
verunreinigt!“ 29 Sie hatten Paulus nämlich mit dem Griechen Trophi-
mus, der aus Ephesus kam, in der Stadt gesehen. Jetzt glaubten sie,
Paulus hätte ihn auch mit in den Tempel genommen. 30 Die ganze Stadt
Jerusalem war völlig durch. Sie schnappten sich Paulus und schubsten
ihn aus dem Tempel raus. Hinter ihm wurden die Türen sofort ver-
schlossen. 31 Die Menschenmasse war drauf und dran, Paulus zu ermor-
den, bis der Kommandant der römischen Armee 'ne Meldung bekam:
„Die ganze Stadt macht Krawall!“ 32 Der schickte dann sofort eine Ab-
teilung von seiner Truppe los, Richtung Tempelplatz. Als die Menschen-
ansammlung die Soldaten sah, ließen sie Paulus sofort los. 33 Paulus
wurde verhaftet und mit Handschellen abgeführt. Der Kommandant
führte anschließend eine Befragung unter der Bevölkerung durch, wer
dieser Typ überhaupt war und was er verbrochen haben sollte. 34 Die
Leute waren aber alle so durch, der eine schrie das, der andere jenes,
dass er letztendlich am Ende genauso schlau war wie vorher. Darum
befahl er, Paulus erst mal in die Kaserne zu bringen. 35 Als die Männer
Paulus abführten und zur Kaserne brachten, mussten sie ihn teilweise
sogar tragen, weil die Masse so einen Alarm machte und ihn sonst ge-
lyncht hätte. 36 Die Menschen brüllten wie blöd: „Tötet das Schwein, weg
mit ihm!“. 37 Kurz bevor Paulus mit dem Kommandanten in der Kaserne
angekommen war, fragte er: „Kann ich kurz mit Ihnen reden?“ – „Sie
sprechen Griechisch?“, meinte der total überrascht. 38 „Dann sind Sie
also gar nicht dieser Ägypter, der auf unserer Fahndungsliste steht, weil
er 'ne Revolte mit viertausend Leuten angezettelt hat? Der sammelt sich
gerade mit seinen Leuten in der Wüste.“ 39 „Nein“, sagte Paulus, „ich
bin ein Jude und komme ursprünglich aus Tarsus. Mein Pass wurde in
Zilizien ausgestellt, von der Gegend haben Sie bestimmt schon gehört.
Bitte geben Sie mir 'ne Chance, ich will gerne zu den Leuten sprechen!“
40 Der Kommandant erlaubte es ihm. Also postierte sich Paulus auf der

obersten Treppe und hob seine Hand, damit er was sagen konnte. Nach
'ner Weile wurden alle etwas ruhiger, und dann fing er mit seiner Rede
an, und zwar hielt er sie in Hebräisch.

22

Paulus sagt den Juden, warum er so drauf ist

1 „Liebe Leute, bitte hört mir jetzt mal zu, ich möchte mich gerne ver-
teidigen." 2 Als die Juden mitkriegten, dass Paulus sogar ihre Sprache
draufhatte, wurden sie mucksmäuschenstill, und er konnte in Ruhe
weiterreden. 3 „Ich bin ein Jude, wurde in Tarsus geboren, einer Stadt,
die in Zilizien liegt. Aufgewachsen bin ich aber hier in Jerusalem. Ich
war ein Schüler von Gamaliel, der mir beigebracht hat, total genau nach
unseren Gesetzen zu leben, die uns von unseren Vorfahren übermittelt
wurden. Ich war radikal da drin, nur das zu tun, was Gott will. 4 Das war
auch der Grund, warum ich diese neue Religion, die von diesen Leuten
ins Leben gerufen wurde, aufs Schlimmste bekämpft habe. Egal ob
es Männer oder Frauen waren, ich hab jeden, den ich kriegen konnte,
fertig gemacht und ins Gefängnis werfen lassen. 5 Dafür gibt es genug
Zeugen von den Oberpriestern und auch vom Hohen Rat. Ich hatte mir
von denen sogar eine schriftliche Vollmacht für die jüdische Gemeinde
in Damaskus geben lassen. Ich wollte dafür sorgen, dass alle Christen,
die in der Stadt waren, in Handschellen abgeführt, nach Jerusalem ge-
bracht und bestraft würden. 6 Nun war ich gerade unterwegs Richtung
Damaskus, als ich ganz unerwartet ein einschneidendes Erlebnis hatte,
kurz bevor ich dort angekommen bin. Und zwar war es so gegen Mit-
tag, als ich plötzlich von einem sehr hellen Licht angestrahlt wurde. 7 Ich
fiel flach auf den Boden und war total geschockt. Und dann redete auch
noch eine Stimme mit mir, die sagte: ‚Saul, Saul, warum bist du hinter
mir her?' 8 Völlig fertig fragte ich zurück: ‚Wer sind Sie, mein Herr?'
Die Antwort kam prompt: ‚Ich bin's, Jesus, der aus Nazareth stammt.
Der Mann, dem du die ganze Zeit hinterherjagst und den du zerstören
willst.' 9 Die Leute, die mit mir unterwegs waren, konnten nur das Licht
sehen, die Stimme hörten sie aber nicht. 10 ‚Was soll ich denn jetzt ma-
chen, Gott?', fragte ich zurück. Die Antwort war dann: ‚Steh auf und geh
nach Damaskus. Dort wirst du weitere Instruktionen über deine zukünf-
tige Aufgabe erhalten.' 11 Das Licht war so hell, dass ich davon total ge-
blitzt war und nichts mehr sehen konnte. Die Jungs, die bei mir waren,
mussten mich an der Hand nach Damaskus führen. 12 Da hab ich dann
den Hananias kennengelernt. Hananias ist ein gläubiger Mann und
radikal mit Gott unterwegs, er tut immer genau das, was der von ihm
will. Er hat bei allen Juden in Damaskus einen sehr guten Ruf. 13 Dieser

Typ ging auf mich zu und sagte: ‚Mein lieber Kollege Saul, ab jetzt sollst
du wieder den Durchblick haben!‘ Und sofort konnte ich wieder sehen.
14 Danach hat er mich erst mal voll getextet. Er sagte: ‚Der Gott, an den
schon die Generationen vor uns geglaubt haben, hat dich ausgesucht.
Du sollst begreifen, was er will, du sollst seinen Sohn erkennen, du
sollst auch in der Lage sein, seine Stimme zu hören. 15 Du wirst jedem
Menschen klar machen können, dass Jesus lebt, weil du ihn selber ge-
sehen und gehört hast. 16 Und darum sag ich nur: Jetzt geht's los! Lass
dich sofort taufen! Dadurch, dass du vor Jesus alles auspackst und
deine ganzen Sünden bekennst, wird der ganze Dreck von dir abgewa-
schen.‘ 17 Dann ging ich wieder zurück nach Jerusalem. Eines Tages hing
ich im Tempel ab, um zu beten, als ich plötzlich eine Vision vor meinem
inneren Auge hatte. 18 Gott redete da mit mir und sagte: ‚Geh schnell
weg aus Jerusalem, hier gibt es nichts zu holen für dich, keiner wird
dir glauben.‘ 19 ‚Aber, Boss, hier wissen doch alle, dass ich früher die
Christen in den Knast gesteckt und in den Synagogen hab auspeitschen
lassen. 20 Erinnerst du dich? Ich hab sogar den Stephanus, der immer
für deine Sache gestanden hat, töten lassen und dabei noch genüsslich
zugesehen. Ich hab nebenbei auf die Sachen von seinen Mördern aufge-
passt.‘ 21 Doch Gott sagte nur: ‚Mach dich auf den Weg, ich will dich bei
den nichtjüdischen Völkern, den Heiden, benutzen.‘“

Paulus bringt seinen römischen Pass mit ins Spiel

22 Bis zu diesem Zeitpunkt hatten alle Paulus noch zugehört. Doch jetzt
gingen sie total ab: „Macht den Typen alle! Er soll sterben!“ 23 Völlig
durch fingen sie sogar an, ihre Klamotten zu zerreißen, und wirbelten
dabei voll den Staub auf. 24 Schließlich erteilte der Kommandant den
Befehl, Paulus in den Knast zu bringen und ihn dort erst mal auszupeit-
schen und zu verhören. Er wollte irgendwie rauskriegen, warum die Leu-
te so sauer auf Paulus waren und unbedingt seinen Tod wollten. 25 Als
sie Paulus bereits Handschellen angelegt hatten und gerade anfangen
wollten ihn auszupeitschen, meinte Paulus beiläufig: „Herr Offizier,
sagen Sie, seit wann ist es eigentlich bei Ihnen erlaubt, Leute mit rö-
mischem Pass ohne ordentliche Verhandlung auszupeitschen?“ 26 Leicht
geschockt lief der Offizier sofort zum Kommandanten: „Der Typ ist rö-
mischer Bürger! Was jetzt?“ 27 Der Kommandant konnte das kaum glau-
ben und frage Paulus selber: „Stimmt das? Sind Sie römischer Bürger?“
„Yo, das ist richtig“, sagte Paulus. 28 „Unglaublich, ich hab sehr viel Geld
für dieses Bürgerrecht abgedrückt“, sagte der Kommandant. „Ich wurde
da reingeboren“, meinte Paulus trocken. 29 Sofort banden die Soldaten
ihn wieder los. Der Kommandant hatte Angst, er würde tierisch Ärger

kriegen, weil auf seine Order hin ein römischer Bürger ausgepeitscht wurde.

Paulus vor Gericht

30 Der Kommandant wollte wissen, was die Juden Paulus eigentlich vorzuwerfen hatten. Darum setzte er am nächsten Tag ein Meeting an, wo die Oberpriester und das Gericht zusammenkommen sollten. Paulus wurde dazu aus dem Knast rausgeholt, man nahm ihm die Handschellen ab und brachte ihn dorthin.

23

1 Total cool sah Paulus die Leute vom obersten Gerichtshof an und be-
gann seine Story zu erzählen: „Verehrte Zuhörer! Was meine Person be-
trifft, kann ich mit ruhigem Gewissen nur versichern, dass ich bis heute
immer nur das getan habe, was Gott gut findet.“ 2 Hananias, der Ober-
priester, wurde wütend und befahl seinen Leuten, Paulus aufs Maul
zu hauen. 3 Da rief Paulus laut: „Sie mieser Schleimer, Gott wird Ihnen
dafür schon die Rechnung präsentieren! Sie tun so, als würden Sie sich
immer nach den Gesetzen, die Gott aufgestellt hat, richten, und dabei
brechen Sie sie selber, indem Sie mich hier schlagen lassen!“ 4 Einige
kriegten das nun gar nicht auf die Reihe: „Wie kannst du es wagen, den
Oberpriester zu beleidigen!“ 5 „Sorry, Leute“, sagte Paulus, „schon klar,
dass in den heiligen Büchern steht: ‚Du sollst den Chef von deinen Leu-
ten nicht beleidigen.‘“ 6 Weil Paulus wusste, dass unter den Anwesenden
sowohl Vertreter der Sadduzäer-Partei als auch der Pharisäer waren,
versuchte er die beiden gegeneinander auszuspielen. „Brüder, ich ge-
höre ja zu den Pharisäern wie viele aus meiner Familie, und jetzt werde
ich hier verklagt, weil ich daran glaube, dass die Toten wieder lebendig
werden!“ 7 Durch diese Ansage wurde ’ne große Diskussion ins Rollen
gebracht, und die Leute spalteten sich in zwei Lager. 8 Denn im Gegen-
satz zu den Pharisäern glaubten die Sadduzäer nicht, dass ein Mensch
nach seinem Tod wieder lebendig wird, und sie glaubten auch nicht an
Engel oder an Geister. 9 Die Diskussion wurde immer lauter. Völlig von
der Rolle sprangen ein paar von den Theologen der Pharisäer-Partei auf
und schrien: „Der Mann ist total in Ordnung! Es gibt keinen Grund, ihm
irgendwas anzuhängen. Vielleicht hat ja wirklich ein Geist oder ein Engel
mit ihm gesprochen!“ 10 Die Diskussion wurde immer lauter und drohte
umzukippen. Der römische Kommandant hatte Angst, er könnte bald
nicht mehr für den Schutz von Paulus garantieren. Darum befahl er sei-
nen Soldaten, Paulus wieder abzuführen und in den Knast zu bringen.
11 In der nächsten Nacht hatte Paulus dort ein Treffen mit Gott: „Du

brauchst keine Angst mehr zu haben, Paulus. So wie du mich in Jerusalem vertreten hast, wirst du es auch in Rom tun."

Attentat auf Paulus

12 Am nächsten Morgen trafen sich heimlich ein paar Juden. Sie machten einen Vertrag miteinander, dass sie nichts mehr essen und trinken würden, bis einer von ihnen Paulus ermordet hätte. 13 Über vierzig Leute hatten da unterschrieben. 14 Danach gingen sie zu den Oberpriestern und zu den Leitern des Volkes und sagten denen: „Wir haben einen Vertrag unterzeichnet, dass wir nichts mehr essen wollen, bis wir Paulus ermordet haben. 15 Ihr müsst dafür sorgen, dass wir ihn irgendwie noch mal vor die Flinte kriegen. Organisiert noch ein Verhör beim Kommandanten. Ihr könnt ja behaupten, es ginge noch einmal um ‚ein genaueres Verhör in der Sache Paulus'. Den Rest machen wir. Wir sorgen dafür, dass er gar nicht erst ankommt." 16 Ein Neffe vom Paulus bekam aber Wind von dem geplanten Attentat. Er rannte zum Gefängnistrakt und erzählte Paulus alles, was er gehört hatte. 17 Paulus rief einen von den Offizieren zu sich und fragte den: „Können Sie diesen Jungen mal bitte beim Kommandanten vorsprechen lassen? Er hat eine wichtige Mitteilung für ihn!" 18 Der Offizier führte den Jungen zum Kommandanten und machte Meldung: „Der Gefangene Paulus hat mich rufen lassen, Sir. Er hat darum gebeten, dass ich diesen jungen Mann bei Ihnen vorsprechen lasse, Sir. Er hat eine Nachricht für Sie, Sir." 19 Der Kommandant schnappte sich den Jungen und fragte ihn: „Und, was hast du mir zu erzählen?" 20 „Die Juden haben einen Plan gegen Paulus ausgeheckt. Sie werden bald ankommen und eine einstweilige Verfügung einreichen. 21 Sie dürfen nicht darauf hören, ja? Da gibt es nämlich vierzig Männer, die nur darauf warten, ihn zu töten. Sie haben einen Vertrag unterschrieben, dass sie nichts essen und trinken wollen, bis Paulus tot ist. Sie warten nur noch auf Ihre Anweisung, dann legen sie los." 22 Der Kommandant redete auf ihn ein, er sollte auf keinen Fall irgendjemandem von der Sache erzählen. Dann verpieselte sich der Junge wieder aus dem Gefängnis.

Paulus wird nach Cäsarea gebracht

23 Sofort rief der Kommandant zwei Offiziere zu sich. Er gab ihnen folgende Order: „Stellt für heute Nacht eine Truppe von zweihundert Soldaten bereit. Dazu noch siebzig Reiter und zweihundert Soldaten mit leichten Waffen. 24 Organisiert auch Transportmittel für den Gefangenen, und dann bringt ihr ihn sicher nach Cäsarea zum Gouverneur Felix." 25 Dazu gab es noch einen Brief mit folgendem Inhalt: 26 „Sehr

geehrter Herr Gouverneur Felix, [27] dieser Mann wurde von einigen Juden festgenommen. Als sie ihn gerade umbringen wollten, kam ich noch rechtzeitig dazwischen und habe ihn unter Anwendung von Gewalt befreit. Grund: Es war mir zu Ohren gekommen, dass der Festgenommene im Besitz eines römischen Passes ist. [28] Zum Zweck eines Verhörs, da ich den Grund der erfolgten Festnahme eruieren wollte, brachte ich ihn vor den Untersuchungsausschuss am Gerichtshof. [29] Dort stellte sich heraus, dass der Angeklagte keine Straftat begangen hat, die eine Verurteilung zum Tod rechtfertigen würde. Es wurde sogar festgestellt, dass die Verhaftung seitens der Behörden ohne gesetzliche Grundlage erfolgt ist. [30] Da mir ein Informant die Nachricht zukommen ließ, dass ein Mordanschlag gegen diesen Mann bereits in Planung ist, hielt ich es in diesem Fall für angebracht, ihn sofort zu Ihnen zu bringen. Ebenfalls wurde die Seite der Ankläger von seiner Verlegung unterrichtet und schriftlich aufgefordert, ihre Anzeige gegen den Mann bei Ihnen einzureichen. Hochachtungsvoll, Klaudius Lysias.“ [31] Die Soldaten brachten Paulus noch in derselben Nacht nach Antipatris. [32] Am nächsten Tag gingen die Soldaten, die zu Fuß waren, wieder nach Jerusalem. Die Soldaten auf Pferden blieben aber noch beim Paulus. [33] In Cäsarea übergab man den Brief und den Gefangenen an den Gouverneur. [34] Der Gouverneur fragte Paulus, nachdem er den Brief gelesen hatte, aus welcher Gegend er denn stammen würde. „Ich bin Zilizianer“, antwortete Paulus. [35] „Sobald die Seite der Ankläger eingetroffen ist, beginnen wir mit der Verhandlung“, entschied der Gouverneur Felix. Auf seinen Befehl wurde Paulus dann in den Gefangenentrakt im Palast vom Präsidenten Herodes verlegt.

24

Paulus wird angeklagt und verbringt viel Zeit mit Felix, dem Gouverneur

[1] Fünf Tage später trabten dann der Oberpriester Hananias, ein paar wichtige Leute, die was zu sagen hatten, und der Staatsanwalt Tertullus an. Sie erhoben Anklage gegen Paulus. [2] Nachdem Paulus in den Gerichtssaal geführt wurde, begann Tertullus mit dem Verlesen der Anklageschrift: „Sehr geehrter Herr Felix! Voller Dankbarkeit erkennen wir Juden an, dass wir durch Euer Gnaden endlich ein Leben in Frieden führen können und dass Sie viele Dinge nur zu unserem Wohl geschaffen haben. [3] In diesem Punkt sind wir Ihnen zu tiefstem Dank verpflichtet, geehrter Herr Felix. [4] Ich möchte Ihnen heute nicht allzu lange zur Last fallen, darum fasse ich mich kurz. [5] Dieser Mann ist auf unerträgliche Weise wie eine ansteckende Krankheit bei uns eingefallen und hat überall im Römischen Reich Leute mit seinen widerwärtigen

Lehren krank gemacht. Er hat eine Revolution unter den Juden angezettelt. Er ist selber ein Anführer dieser neuen Nazarener-Sekte. 6 Als er vor kurzem versucht hat, unseren heiligen Tempel zu beschmutzen, haben wir ihn festgenommen und wollten ihn sofort nach unseren Gesetzen verurteilen. 7 Zu diesem Zeitpunkt kam der Kommandant Lysias dazwischen und ließ ihn von seinen Soldaten abführen. 8 Sein anschließender Befehl lautete dann, die Anklage direkt bei Ihnen einzureichen. Wenn Sie ihn verhört haben, werden Sie feststellen, dass unsere Aussage der Wahrheit und nichts als der Wahrheit entspricht.“ 9 Die andern Juden unterstützten die Anklage in allen Punkten und bestätigten ihren Wahrheitsgehalt.

Paulus verteidigt sich selber vor Felix

10 Auf ein Zeichen des Gouverneurs stand Paulus auf und sagte: „Da ich weiß, dass Sie seit vielen Jahren bereits das Amt eines Richters für diese Leute haben, will ich gerne was zu meiner Verteidigung sagen. 11 Sie können ohne weiteres überprüfen, dass es nicht mehr als zwölf Tage her ist, seit ich nach Jerusalem gegangen bin, um dort im Tempel mit Gott zu reden. 12 In dieser Zeit habe ich weder in den Synagogen noch generell irgendwelche Diskussionen mit Menschen in der Öffentlichkeit geführt, geschweige denn eine Demonstration oder eine Revolte angezettelt. 13 Darum gibt es auch keine Beweise für die Anklagepunkte, die gegen mich vorgebracht werden. 14 In einer Sache bekenne ich mich allerdings in jedem Punkt für schuldig: Mein Leben gehört dem Gott, an den unsere Vorfahren schon geglaubt haben, und ich lebe meinen Glauben in der Art und Weise, wie sie mir hier als sektenmäßig vorgeworfen wird. Ich bin überzeugt von all dem, was in dem Regelwerk, den Gesetzen von Mose, steht, und auch an die ganzen Sachen, die von den Propheten geschrieben wurden, glaube ich ganz fest. 15 Genauso wie die Leute, die mich hier angezeigt haben, hab ich die Hoffnung, dass alle Menschen, egal, ob sie das getan haben, was Gott will, oder eben nicht, irgendwann nachdem sie gestorben sind, einmal aus ihrem toten Zustand wieder herausgeholt werden. 16 Dafür übernehme ich die volle Verantwortung, da hab ich mir auch nichts vorzuwerfen. 17 Ich war nun die letzten Jahre im Ausland unterwegs und bin extra nach Jerusalem zurückgekommen, um mit einer Geldspende meinem Volk zu helfen und um Gott, wie unsere Religion es vorsieht, ein paar Opfer im Tempel zu bringen. 18 Ich war gerade dabei, ein spezielles Reinigungsopfer zu machen, da erkannten mich ein paar Juden, die aus der Provinz Asien stammen. 19 Sie müssten jetzt eigentlich hier mit auf der Anklägerseite stehen, wenn sie nur tatsächlich irgendetwas vorzubringen hätten.

[20] Sonst können Sie sich ja wenigstens von den Leuten, die jetzt hier
sind, erzählen lassen, was mir alles dort vor dem jüdischen Gerichts-
hof vorgeworfen wurde. [21] Es kann sich eigentlich nur um diesen einen
Satz handeln: Ich glaube daran, dass die Toten irgendwann mal wieder
lebendig werden. Darum werde ich hier und heute angeklagt!" [22] Felix,
der sich mit der neuen christlichen Religion schon ganz gut auskannte,
vertagte daraufhin erst mal die Sitzung auf morgen. „Wenn der Kom-
mandant Lysias hier ist, werde ich ein Urteil fällen!" [23] Paulus blieb erst
mal weiter im Knast. Aber Felix ordnete an, die Haftbedingungen zu er-
leichtern. Außerdem durften Angehörige und Freunde Paulus besuchen
kommen.

Felix macht es sich nicht leicht, Paulus zu verurteilen

[24] Nach ein paar Tagen ließen Felix und seine Frau Drusilla (die Jüdin
war) den Gefangenen Paulus zu sich holen. Sie waren superneugierig
geworden und wollten mehr über das Leben mit Jesus hören. [25] Als
Paulus dann aber von der radikalen Seite des Christseins sprach, da-
von, dass man nicht mehr mit jedem rummachen soll und dass wir uns
alle irgendwann einmal für das, was wir tun, verantworten müssen, ge-
riet er etwas in Panik. Er brach das Gespräch ab und meinte: „Es reicht
fürs Erste! Wenn ich mehr Zeit habe, will ich noch mal mehr von Ihnen
hören." [26] Eigentlich hatte er gehofft, noch ein bisschen Bestechungs-
Kohle von Paulus abzocken zu können. Darum ließ er ihn auf jeden Fall
öfters mal holen. [27] Nach zwei Jahren wurde Felix dann abberufen, und
Porzius Festus wurde der neue Gouverneur. Um den Juden am Ende
noch einen Gefallen zu tun, überließ er den Gefangenen Paulus seinem
Nachfolger.

25

Gerichtsverhandlung mit Festus

[1] Drei Tage nachdem Festus sein Amt angetreten hatte, fuhr er von Cä-
sarea nach Jerusalem. [2] Kaum war er da, kamen schon die Oberpriester
und die „Richtig-wichtig-Juden" an, um Paulus dort anzuzeigen. [3] Um
Festus indirekt die Gelegenheit zu geben, sich mit ihnen gut zu stellen,
fragten sie, ob Paulus nicht nach Jerusalem überführt werden könnte.
Ihr Plan war aber, auf dem Weg dahin einen Überfall zu starten und Pau-
lus dabei zu ermorden. [4] Festus kapierte aber sofort, was sie vorhatten,
und lehnte ab. Er sagte: „Paulus bleibt in Cäsarea, und ich selbst fahre
sowieso demnächst zurück. [5] Wenn er sich wirklich etwas zuschulden
hat kommen lassen, können die Leute, die die Anzeige erstattet haben,
ja mitkommen und ihn da verklagen." [6] Nach ungefähr acht bis zehn

Tagen setzte er einen neuen Verhandlungstermin an. [7] Als sie Paulus in den Saal gebracht hatten, drängelten sich die Juden aus Jerusalem um Paulus und beschuldigten ihn, sehr schlimme Sachen gemacht zu haben. Aber Beweise dafür konnte keiner bringen. [8] Paulus verteidigte sich, so gut er konnte. „Ich habe weder gegen das Gesetz der Juden verstoßen noch habe ich den Tempel verdreckt oder irgendein staatliches Gesetz gebrochen."

Paulus legt Berufung beim Kaiser ein

[9] Festus wollte sich auch bei den Juden etwas einschleimen. Darum fragte er Paulus: „Geht das für Sie in Ordnung, wenn wir die Verhandlung unter meiner Leitung in Jerusalem weiterführen?" [10] „Für mich ist sowieso ein Gerichtsurteil vom Kaiser notwendig. Sie wissen genauso gut wie ich, dass ich gegen das jüdische Gesetz nicht verstoßen habe. [11] Wenn ich gegen irgendein Gesetz verstoßen habe, worauf die Todesstrafe steht, dann bin ich bereit dafür zu sterben. Ist das aber nicht der Fall und ich bin zu Unrecht von den Juden angeklagt worden, dann darf ich auch nicht an sie ausgeliefert werden. Ich bestehe darauf: Ich möchte, dass meine Angelegenheit vor dem obersten Gerichtshof direkt vom Kaiser in Rom verhandelt wird!" [12] Nach einer kurzen Beratung mit den Beisitzern verkündete Festus: „Sie haben sich auf den Kaiser berufen, Sie werden vor den Kaiser gebracht werden!"

Festus hat ein Meeting mit dem Präsidenten Agrippa über den Fall Paulus

[13] Ein paar Tage später kam Präsident Agrippa mit seiner Schwester Berenike nach Cäsarea, um sich mit Festus zu treffen. [14] Während dieser Zeit quatschte Festus mit dem Präsidenten auch über den Fall Paulus. „Ich hab da von meinem Vorgänger so einen Mann als Gefangenen übernommen. Das Urteil wurde noch nicht gefällt. [15] Gleich nachdem ich nach Jerusalem gekommen war, kamen die Oberpriester vorbei und die Leiter der Juden. Sie pochten auf eine Verurteilung. [16] Ich machte ihnen klar, dass wir Römer nach unserm Strafrecht erst jemanden verurteilen, wenn er sich einem ordentlichen Gerichtsverfahren unterzogen hat, um sich auch verteidigen zu können. [17] Ich hab dann sofort nach ihrer Ankunft einen Verhandlungstermin angesetzt. Dort hab ich den Gefangenen vorführen lassen. [18] Ich hatte mir das schon vorher gedacht, ich konnte ihm beim besten Willen kein Verbrechen anhängen, nichts, was die Anklageseite befriedigt hätte! [19] Es geht in der Sache lediglich um Fragen, die ihr religiöses Gesetz betreffen, und um irgendeinen Jesus, von dem Paulus behauptet, er wäre am Leben. [20] Ich bin auf dem Gebiet dieser Religion absoluter Laie, darum hab ich Paulus vorge-

schlagen, er sollte einen Verhandlungstermin in Jerusalem beantragen.
21 Paulus wollte aber die Sache gleich direkt vor dem Kaiser klären. Er
beantragte das offiziell, darum hab ich ihn erst mal in Untersuchungs-
haft genommen, bis ich ihn zum Kaiser bringen kann.“ 22 „Diesen Herrn
würde ich gerne einmal kennenlernen!“, sagte Agrippa. „Das können
wir gleich morgen organisieren“, antwortete Festus. 23 Am nächsten Tag
spazierten der Präsident Agrippa und seine Schwester Berenike in den
Gerichtssaal. Eskortiert wurden sie von ein paar Offizieren mit höchs-
tem Dienstgrad, und ein paar feine Pinkel aus der Stadt waren auch
dabei. Auf ein Zeichen von Festus wurde Paulus in den Saal geführt.
24 Festus legte los: „Sehr verehrter Präsident Agrippa! Verehrte Anwe-
sende! Vor Ihnen steht der zurzeit meistgehasste Mann in Jerusalem.
Alle wollen seinen Tod. 25 So wie ich die Sache sehe, hat er aber nichts
verbrochen, was ein Todesurteil rechtfertigen würde. Er hat Berufung
beim Kaiser eingelegt, und darum werde ich ihn jetzt auch nach Rom
bringen lassen. 26 Ich hab allerdings keine Ahnung, was ich dem Kaiser
als Anklage vorlegen soll. Darum hab ich diesen Mann zu Ihnen, Präsi-
dent Agrippa, geschickt, weil ich Ihre Hilfe bezüglich der Formulierung
dringend benötige. 27 Es wäre ja totaler Unsinn, einen Gefangenen zum
Kaiser vorzuladen, ohne sagen zu können, was gegen ihn vorliegt.“

26

Paulus verteidigt sich vor dem Präsidenten

1 Agrippa forderte Paulus schließlich auf: „Sie dürfen jetzt etwas zu
Ihrer Verteidigung sagen!“ Paulus machte ein Zeichen und begann seine
Rede: 2 „Ich bin sehr froh, verehrter Präsident Agrippa, dass ich mich
gegen die von den Juden vorgebrachten Anschuldigungen hier und heu-
te verteidigen kann. 3 Besonders freut mich, dass Sie ein guter Kenner
der jüdischen Bräuche und Traditionen sind. Ich bitte um etwas Geduld,
damit meine Ausführungen vollständig vorgebracht werden können.
4 Es ist allgemein bekannt, dass ich sehr genau und von Kind auf an
nach den Regeln meines Volkes in Jerusalem unterwegs gewesen bin.
5 Ich bin dort seit Ewigkeiten bekannt als einer der Radikalsten unserer
Glaubensrichtung, der, solang ich denken kann, als so genannter Pha-
risäer gelebt hat. 6 Ich bin hier heute angeklagt, weil ich daran glaube,
dass Gott die Versprechen, die er unserem Volk einmal gegeben hat,
einlösen wird. 7 Ein Versprechen, auf das unser Volk mit seinen zwölf
Stämmen jeden Tag hofft, wofür es kämpft und arbeitet. Weil ich die-
selbe Hoffnung habe, darum bin ich heute hier von den Juden angeklagt
worden. 8 Warum können Sie sich nur so schwer vorstellen, dass Gott
in der Lage ist, Tote wieder lebendig zu machen? 9 Sie müssen wissen,

dass ich lange Zeit selber auf der Jagd nach diesen Leuten war, ich war
gegen alles, was dieser Jesus aus Nazareth an den Start gebracht hatte.
10 Selbst in Jerusalem habe ich viele der ausgewählten Leute verhaften
und einsperren lassen, nachdem ich mir alle Vollmachten von den Ober-
priestern besorgt hatte. Selbst wenn es darum ging, sie zu töten, war ich
immer ganz vorne dabei. 11 In den Synagogen folterte ich sie und zwang
sie unter Gewaltandrohung, ihren Jesus lächerlich zu machen. Ich war
so voll Hass, dass ich sie sogar bis ins Ausland verfolgt habe. 12 Wäh-
rend einer Reise, in der ich mit Papieren, vom Oberpriester höchstper-
sönlich unterzeichnet, auf dem Weg nach Damaskus war, 13 passierte
etwas total Heftiges mit mir. Herr Präsident, stellen Sie sich vor, am
helllichten Tag kam plötzlich ein ganz helles Licht, ein Licht, was heller
war als die Sonne, plötzlich auf mich und meine Reisebegleitung runter!
14 Wir legten uns alle platt auf den Boden. Plötzlich hörte ich eine Stim-
me aus dem Off zu mir reden, die sagte: ‚Saul, Saul, warum willst du
mich fertig machen? Du wirst es nicht hinkriegen.‘ 15 Ich sagte nur: ‚Wer
sind Sie, mein Herr?‘ Die Stimme antwortete nur: ‚Ich bin Jesus, den du
versuchst kaputtzumachen. 16 Steh jetzt auf. Ich bin dir deswegen er-
schienen, damit du ein Vertreter und Zeuge von mir wirst, dadurch dass
du mich hier und heute gesehen hast. 17 Ich habe dich ausgesucht aus
deinem Volk, ich will dich zu den Menschen in der Welt schicken. 18 Du
sollst ihnen sagen, wo es längs geht. Sie sollen eine neue Richtung für
ihr Leben bekommen. Nicht mehr in die Richtung der Dunkelheit sollen
sie leben, sondern in eine Richtung, wo es hell ist. Sie sollen aus dem
Einfluss des Bösen rauskommen, sie sollen von Gott beeinflusst wer-
den. Der vergibt ihnen den ganzen Mist, den sie verbockt haben, er hat
mit ihnen noch sehr viel vor. Er hat sogar etwas, das er an sie vererben
will, und zwar an alle, die ihr Vertrauen auf mich setzen.‘ 19 Ihr müsst
verstehen, verehrter Präsident Agrippa, da musste ich einfach gehor-
chen. 20 Ich fing also an, zuerst in Damaskus, dann in Jerusalem und an-
derswo, den Menschen zu erzählen, dass sie ihr Leben ändern müssen.
Sie müssen ihr Leben in Ordnung bringen und eine neue Richtung für
sich einschlagen, eine Richtung zu Gott hin. 21 Darum haben die Juden
mich in unserem Tempel festnehmen lassen, und darum haben sie ver-
sucht mich umzubringen. 22 Nur weil Gott mir so sehr geholfen hat, bin
ich jetzt in der Lage, hier und heute von den Sachen zu erzählen, von
denen schon die Propheten und auch Mose geredet haben. 23 Nämlich
dass es dem Auserwählten, dem Christus, dreckig gehen würde, dass er
aber der Erste ist, der vom Tod wieder lebendig werden würde. Dadurch
wird es hell bei uns, hell für das jüdische Volk genauso wie für alle ande-
ren Völker.“ 24 An dieser Stelle fiel Festus Paulus völlig entnervt ins Wort:

„Das ist ja der totale Schwachsinn, den Sie da erzählen, Herr Paulus!
Haben Sie vom vielen Nachdenken nicht mehr alle Tassen im Schrank?“
25 Paulus blieb aber ganz cool: „Ich bin nicht durchgeknallt, Herr Festus!
Alles, was ich sage, hat Hand und Fuß. 26 Der Präsident, dem ich das
hier ganz locker erzähle, kann das doch eigentlich alles bestätigen. Ich
bin mir ganz sicher, Sie haben von der ganzen Story schon vor einiger
Zeit gehört. Ist ja schließlich nicht heimlich in irgendeinem Kuhdorf
passiert. 27 Wie steht es denn mit Ihrem Vertrauen auf das, was die Pro-
pheten geschrieben haben? Sie glauben ihnen, stimmt's? Da bin ich mir
ganz sicher!“ 28 „Wenn Sie so weitermachen, dann werde ich im Hand-
umdrehen auch noch ein Christ!“, meinte Agrippa. 29 „Ich bete wie ver-
rückt dafür, dass genau das passiert – und nicht nur bei Ihnen, sondern
ich wünschte mir auch für alle anderen hier, dass sie genauso draufkom-
men wie ich, bloß ohne die Handschellen.“ 30 Schließlich standen der
Präsident, der Gouverneur und Berenike von ihren Plätzen auf. 31 Nach-
dem sie sich über den Fall besprochen hatten, waren sie einstimmig der
Meinung: Dieser Mann ist in allen Punkten freizusprechen. Er hat die
Todesstrafe nicht verdient, noch nicht mal eine Haftstrafe. 32 „Wir könn-
ten diesen Mann heute entlassen“, sagte Agrippa zum Festus, „aber weil
er sich jetzt auf den Kaiser berufen hat, geht das leider nicht mehr.“

27

Reisebericht: Auf dem Weg nach Rom

1 Nachdem es beschlossene Sache war, dass wir nach Italien segeln
sollten, wurde Paulus mit einigen anderen Häftlingen dem Offizier Ju-
lius übergeben, der aus einem Regiment direkt vom Kaiser stammte.
2 Wir gingen auf ein Schiff, das aus Adramyttium kam und das auf sei-
ner Fahrt noch ein paar kleinere Häfen in Kleinasien ansteuern sollte.
Als das Schiff ablegte, war noch Aristarch aus Thessalonich (das lag in
Mazedonien) mit am Start. 3 Am nächsten Morgen legten wir mit dem
Schiff in Sidon an. Der Offizier Julius war superfreundlich zu Paulus. Er
erlaubte ihm sogar, seine Freunde zu besuchen. Die brachten ihm alles
für die Reise mit an Bord. 4 Weil der Wind aus einer total ungünstigen
Richtung kam, segelten wir in der Nähe der Küste, immer im Wind-
schatten der Inseln Zypern. 5 Als wir dann schließlich vor Zilizien und
Pamphylien kreuzten, erreichten wir über das offene Meer Myra, das in
der Provinz Lyzien liegt. 6 Dort entdeckte unser Offizier ein Schiff aus
Alexandria, das zufällig auch nach Italien segelte. Mit diesem Schiff
trampten wir dann weiter. 7 Es ging dann nur sehr langsam vorwärts.
Wir brauchten ewig, um nach Knidos zu kommen. Wir hatten die ganze
Zeit voll den Gegenwind und konnten so nur südlich Richtung Kreta

segeln. Erst mal hielten wir auf das Kap Salmone zu. [8] Entenmäßig schipperten wir an der Küste längs, bis wir in einer Bucht Halt machten, die „Guter Hafen" hieß und in der Nähe von Lasäa lag. [9] Es dauert echt ewig. Mittlerweile war es schon fast Oktober durch, und die Seefahrt wurde immer gefährlicher. Paulus warnte die Seeleute schon: [10] „Hey Leute, wenn wir wirklich weitersegeln, dann passiert ein Unglück! Ich hab den Eindruck von Gott, dass Riesenärger auf uns wartet. Probleme nicht nur für das Schiff, sondern auch für alles, was da jetzt drauf ist, inklusive unser Leben." [11] Der Offizier hatte aber keinen Bock, auf Paulus zu hören. Für ihn war die Einschätzung des Kapitäns reeller, und auch der Besitzer vom Schiff wollte unbedingt weiterfahren. [12] Zudem war der Hafen auch nicht so der Hit, um da den Winter zu verbringen. Darum waren die meisten Leute dafür, weiterzufahren. Es sollte versucht werden, auf jeden Fall bis Phönix zu kommen. Dort könnte man ja dann sein Lager über den Winter aufschlagen. Dieser Hafen auf der Insel Kreta war nämlich total gut, was die Windbedingungen anging. Er war nur nach Nordwesten und Südwesten offen, man war dort besser geschützt.

Eine ganz derbe Schifffahrt im Sturm

[13] Als Südwind aufkam, hatten alle noch mehr Bock drauf, endlich weiterzufahren. Sie holten den Anker ein und segelten los, blieben dabei aber dicht an der Küste von Kreta. [14] Kurz darauf änderte sich das Wetter aber ganz plötzlich. Es kam der berüchtigte Nordwind auf, [15] der das Schiff immer weiter auf das offene Meer rausdrängte, obwohl die Mannschaft alles gab, um den Kurs zu halten. Wir konnten nichts dagegen machen, der Wind und das Meer hatten uns in ihrer Gewalt. [16] Als wir etwas durch die Insel Kauda geschützt wurden, versuchten wir das Rettungsboot einzuholen, was wir so gerade eben hinbekamen. [17] Um den vorderen Teil des Schiffes zu verstärken, organisierten die Seeleute ein paar Seile, die um den Rumpf gebunden wurden. Dann brachten sie den Treibanker aus, der das Schiff abbremste, weil sie Schiss hatten, auf eine Sandbank vor der afrikanischen Küste aufzulaufen. [18] Der Sturm wurde so heftig, dass die Besatzung am nächsten Tag Teile der Ladung ins Wasser schmiss. [19] Am nächsten Tag folgte sogar die Schiffsausrüstung. [20] Tagelang kriegten wir weder Sonne noch Sterne zu sehen. Der Orkan war so heftig, dass keiner mehr daran glaubte, irgendwie gerettet werden zu können. [21] In der ganzen Zeit hatte keiner Lust auf Essen. Paulus sagte dann zu der Besatzung: „Hey Leute! Ich will ja nichts sagen, aber wenn ihr auf mich gehört hättet und wir in Kreta geblieben wären, hätten wir uns den ganzen Mist ersparen können. [22] Aber jetzt kann ich

euch echt nur ermutigen. Gebt nicht auf! Niemand wird etwas passie-
ren! Nur das Schiff wird wohl kaputtgehen. 23 Denn letzte Nacht hatte
ich ein Treffen mit einem Postboten von Gott, einem Engel. Der kam
von dem Gott, in dessen Mannschaft ich spiele, für den ich alles gebe.
Und der hat folgende Ansage zu mir gemacht: 24 ‚Hab keine Angst, Pau-
lus. Du wirst noch beim Kaiser landen. Gott wird das tun, worum du ihn
gebeten hast. Und den anderen wird auch nichts passieren. Nicht einer
wird eine Schramme abkriegen.‘ 25 Darum, Leute, habt keine Angst,
Gott hat alles unter Kontrolle, ich vertrau ihm voll und ganz. Es wird
genau so passieren, wie er es mir gesagt hat. 26 Wir werden auf einer
Insel landen.“ 27 Vierzehn Nächte trieben wir jetzt schon im Adriatischen
Meer im Sturm. Gegen Mitternacht meinte ein Matrose, er hätte das
Gefühl, die Küste würde immer näher kommen. 28 Man nahm ein Mess-
gerät und stellte fest, dass zu dem Zeitpunkt das Wasser noch vierzig
Meter tief war. Aber kurz darauf nur noch dreißig. 29 Jetzt bekamen sie
Panik, man würde auf Grund laufen. Hinten wurden deshalb vier Anker
ausgeworfen. Alle warteten darauf, dass es endlich hell werden würde.
30 Frühmorgens versuchten die Matrosen, einfach heimlich abzuhauen.
Mit der Ausrede „Wir müssen vorne noch mal eben am Anker was che-
cken!“ versuchten sie das Rettungsboot klarzumachen. 31 Paulus redete
aber dem Offizier und den Soldaten ins Gewissen: „Wenn die Besat-
zung nicht vollständig auf dem Schiff bleibt, kann ich für nichts mehr
garantieren.“ 32 Also schnitten die Soldaten die Taue durch und ließen
die Boote einfach ins Wasser plumpsen. 33 Als die Sonne langsam auf-
ging, meinte Paulus zu den Leuten: „Ihr habt jetzt vierzehn Tage nichts
gegessen. 34 Wenn ihr hier überleben wollt, dann esst jetzt endlich was!
Ihr könnt euch echt entspannen. Keiner wird auch nur ’ne Schramme
abkriegen, versprochen!“ 35 Nachdem Paulus zu Ende geredet hatte,
nahm er ein Brot in die Hand, dankte Gott so laut dafür, dass alle es
mitkriegten, und dann fing er an zu essen. 36 Irgendwie waren dadurch
alle ermutigt und nahmen sich auch was zu essen. 37 Insgesamt waren
zweihundertsechsundsiebzig Leute auf dem Schiff. 38 Als alle fertig wa-
ren, wurde der Rest an Getreidesäcken, der noch auf dem Schiff war,
rausgeschmissen, um das Schiff etwas leichter zu machen.

Die Rettung!

39 Am nächsten Morgen wusste keiner der Seeleute, was für eine Küste da
vor ihnen lag. Sie sahen aber eine Bucht mit einem flachen Strand. Das
war jetzt das nächste Ziel. 40 Sie schnitten alle Taue los und versuchten
ohne Anker das Steuerruder klarzumachen. Schließlich wurde das Vorse-
gel gehisst, mit dessen Hilfe man unter dem aufkommenden Wind auf

das Land zusteuern konnte. 41 Kurze Zeit später war das Schiff dann auf
eine Sandbank aufgelaufen. Da der vordere Teil im Sand festsaß, wurde
der hintere Teil von den Wellen zerdrückt. 42 Jetzt wollten die Soldaten
alle Gefangenen töten. Sie wollten verhindern, dass irgendeiner an Land
schwimmen und fliehen konnte. 43 Der Hauptmann Julius stellte sich aber
dazwischen, weil er Paulus retten wollte. Zuerst befahl er den Leuten, die
schwimmen konnten, ins Meer zu springen, um das Ufer zu erreichen.
44 Die Nichtschwimmer sollten sich ein paar Bretter schnappen und so
versuchen, ans Land zu kommen. So wurden am Ende alle gerettet.

28

Auf Malta

1 Als wir uns ins Trockene gebracht hatten, wurde klar, dass wir auf Mal-
ta gelandet waren. 2 Die Leute, die dort wohnten, waren voll nett zu uns.
Sie machten sofort ein Feuer, und wir konnten sogar bei ihnen pennen.
Es fing auch schon wieder an zu regnen, und es war auch saukalt. 3 Pau-
lus sammelte für das Feuer trockene Zweige und Holz zusammen und
warf sie ins Feuer. Durch die Flammen aufgescheucht, schnellte eine
Giftschlange aus einem Büschel und biss sich an seiner Hand fest. 4 Die
Leute von der Insel kriegten voll die Panik, als sie die Schlange an seiner
Hand sahen. Sie schrien: „Der Typ hat es bestimmt verdient zu sterben,
er ist ein Mörder. Zuerst überlebt er den fiesen Sturm, und jetzt rächen
sich die Götter doch noch an ihm!" 5 Aber Paulus schmiss das Teil ins
Feuer und machte einfach weiter, so als wenn nichts geschehen wäre.
6 Die Einwohner starrten ihn alle gespannt an: Wann würde er endlich
einen dicken Arm kriegen und tot umfallen? Als aber auch nach Stunden
nichts mit ihm passierte, schlug die Meinung plötzlich ins Gegenteil
um. „Er ist ein Gott!", war die einhellige Ansicht. 7 Ganz in der Nähe der
Küste war das Grundstück des obersten Regierungsbeamten von Malta.
Der Typ hieß Publius. Er nahm uns sehr freundlich auf, und wir konnten
uns drei Tage bei ihm aufhalten. 8 In der Zeit bekam der Vater von Pub-
lius heftiges Fieber und erkrankte an der Ruhr. Paulus ging zu ihm hin,
redete mit Jesus, legte die Hände auf seinen Körper, und dann war er
wieder fit. 9 Das machte sofort die Runde, und alle möglichen Kranken
der Insel kamen vorbei, um sich heilen zu lassen. 10 Die Leute machten
uns superviele Geschenke, und bei der Abfahrt gaben sie uns alles mit,
was wir so brauchten.

Endlich in Rom

11 Nach drei Monaten segelten wir endlich weiter. Wir bekamen eine
Mitfahrgelegenheit in einem ägyptischen Schiff, das aus Alexandria kam

und den Winter über in Malta lag. Vorne am Schiff war eine Galionsfigur angebracht, die die griechischen Zwillings-Schutzgötter der Schifffahrt darstellte. [12] Wir liefen Syrakus an und blieben dort drei Tage. [13] Entlang der Küste schipperten wir von da dann weiter nach Rhegion. Von dort ging es schneller vorwärts, mit dem günstigen Südwind im Rücken erreichten wie Puteoli in nur zwei Tagen. [14] Dort trafen wir geilerweise auf ein paar Christen. Die haben uns dann eingeladen, noch 'ne Woche bei ihnen zu bleiben, was wir gerne taten. Aber dann ging es ab Richtung Rom! [15] In Rom hatte sich unsere Reise unter den Christen schon rumgesprochen. Einige kamen uns schon beim Appiusmarkt und den „Drei Kneipen" entgegen. Als Paulus die Leute sah, war er wieder gut drauf und bedankte sich bei Gott.

Paulus in Rom

[16] In Rom durfte Paulus sogar in einer eigenen Wohnung leben, mit einem Wachmann vor der Tür, der auf ihn aufpassen sollte. [17] Drei Tage nachdem er angekommen war, organisierte er ein Treffen mit einigen Leitern der jüdischen Gemeinde bei sich zu Hause. Als alle da waren, sagte Paulus: „Hallo, ihr lieben Geschwister! Ich will hier nur noch mal eins klar machen: Ich hab nichts gegen unser Volk, und ich steh auch total auf die Sachen, die wir von unseren Vätern schon vor Ewigkeiten übernommen haben. Trotzdem wurde ich in Jerusalem verhaftet und an die römischen Behörden übergeben. [18] Die Römer haben mich polizeilich verhört, fanden aber nichts, weswegen sie mich zum Tod verurteilen konnten. Darum wollten sie mich freilassen. [19] Die Juden hatten aber was dagegen. Darum musste ich beim Kaiser in Berufung gehen. Es geht mir nicht darum, mein Volk irgendwie in den Dreck zu ziehen. [20] Ich wollte das hiermit einfach klarstellen, darum wurdet ihr heute eingeladen. Ich trage diese Handschellen, weil ich an den Retter glaube, den Messias, auf den ja alle in Israel total die Hoffnung setzen." [21] Die Juden meinten zu Paulus: „Bisher hat niemand schlecht über Sie geredet. Wir haben auch keinen bösen Brief von irgendjemandem bekommen, auch nicht von den Leuten aus dem Hohen Rat. [22] Wir sind aber heiß drauf, von Ihnen zu hören. Denn überall wird zurzeit über diese neue Religion kontrovers diskutiert." [23] Sie machten eine Veranstaltung klar, und viele Juden kamen in die Bude vom Paulus. Dann erklärte er ihnen ausführlich, wie man von Gott ein neues Leben bekommen und so aus dem Dreck gerettet werden kann. Ohne Ende, von morgens bis abends, hielt er Reden über Jesus und warum er überhaupt da war. Er erklärte auch, wie das mit den alten Büchern von Mose zusammenhängt und dass die Propheten das schon vor Jahren vorausgesagt hatten.

[24] Ein paar von den Leuten fanden das voll gut, was er erzählte, andere aber auch nicht. [25] Was sie total durcheinanderbrachte und voll die Diskussion anstieß, war der Spruch: „Die Kraft von Gott, sein besonderer Geist, hatte es ja schon immer gewusst. Schon euren Vorfahren ließ er durch den Propheten Jesaja ausrichten: [26] ‚Los jetzt, geh zu diesen Leuten und rede mit ihnen: Sie werden dir zuhören, aber nichts kapieren, sie werden zusehen, aber blind bleiben. [27] Denn diese Leute sind innerlich hart geworden. Sie sind augen- und ohrenmäßig nicht auf Empfang geschaltet, sie wollen bloß nichts hören und bloß nichts sehen. Sonst würden sie ihr Leben ändern, sie würden in meine Richtung gehen, und ich könnte sie gesund machen.‘ [28/29] Eins muss Ihnen klar sein: Die gute neue Sache, diese Rettung, die durch Gott jetzt möglich wird, die wird auch anderen Völkern angeboten werden. Und die werden sie dankbar annehmen!“ [30] Der Apostel Paulus war noch weitere zwei Jahre in seiner Wohnung. Jeder, der Lust hatte, konnte ihn dort besuchen. [31] Er konnte in dieser Zeit machen, was er wollte. Darum predigte er überall und ohne Hemmung von der neuen Zeit, die durch Jesus angebrochen war. Und dass Jesus der Chef von allem, der Oberboss schlechthin, ist.

Ein Brief von Paulus an die Christen, die in Rom leben

1

Anschrift und Grüße

[1] Absender: Paulus, der voll zu Jesus Christus gehört und der alles für
Jesus gibt. Gott hat mit seinem Finger auf mich gezeigt und gesagt: Du
bist jemand, durch den ich meine guten Nachrichten weiterleiten kann,
du bist ein Apostel. [2] Diese Nachricht wurde schon vor Ewigkeiten an-
gekündigt, und zwar durch seine Botschafter, die Propheten. Die haben
schon im alten Buch da drüber eine Ansage gemacht. [3] Es geht hier um
Jesus, den Sohn von Gott. Er wurde als Mensch geboren und gehörte zu
der Familie vom David. [4] Dass er der große Held und Sohn von Gott ist,
der über allen steht, wurde schon alleine dadurch klar, dass er durch die
derbe Kraft, die direkt von Gott kommt, den Gegner „Tod" ausgeschal-
tet hat. [5] Durch Jesus Christus habe ich die Chance und den Auftrag
erhalten, ganze Nationen umzukrempeln durch das, was ich von ihm
erzähle! Alle sollen anfangen, ihr Leben auf Gott zu schmeißen und das
zu tun, was er von ihnen möchte. [6] Das betrifft auch euch, liebe Leute
aus Rom, die ihr jetzt ja alle zur Familie gehört, zu den Leuten, die
jetzt mit Jesus Christus leben. [7] Gott hat euch tierisch lieb! Er hat das
immer schon gewollt, dass ihr bei ihm seid. Ich wünsche euch, dass ihr
versteht, wie sehr Gott euch mag und dass ihr abgefüllt seid mit dem
Frieden, den Gott in euch installiert!

Ich wäre jetzt voll gerne bei euch

[8] Zuerst möchte ich Gott einmal danke dafür sagen, dass es jeden Einzel-
nen von euch gibt. Überall in der Welt redet man darüber, dass ihr Chris-
ten geworden seid. [9] Gott ist mein Zeuge, ich bete ohne Ende für euch!
Ich tu alles für ihn, ich verbreite die richtig geile Nachricht von seinem
Sohn, wo ich nur kann. [10] Hey, ich bete wie blöd darum, endlich bei euch
zu sein, wenn Gott nur Bock da drauf hätte! [11] Ich brenne darauf, euch
endlich mal richtig kennenzulernen! Ich würde euch supergerne mit den
Begabungen helfen, die mir Gott gegeben hat, um euer Vertrauen in ihn
zu stärken. [12] Ich glaube aber, das Ermutigen wird auf beiden Seiten ab-
gehen: Ich werde durch euch gut draufkommen und ihr auch durch mich.
[13] Also, ihr Lieben, bitte glaubt mir, ich hatte schon ewig vor, endlich auch
mal bei euch aufzuschlagen, aber bis jetzt ist immer was dazwischen-

gekommen. Ihr sollt auch mal von den Sachen profitieren können, die ich bei anderen Völkern an den Start gebracht habe. [14] Ich will den Griechen und auch den Leuten, die von woanders her kommen, die guten News von Gott erklären. Genauso wie zu den schlauen Leuten, die tierisch viel gelernt haben, möchte ich auch zu denen gehen, die eher nicht so intelligent sind, ich will einfach jeden erreichen. [15] Darum hab ich schon lange vor, mal zu euch nach Rom zu kommen, um euch diese supergeile Nachricht noch mal ausführlich zu erklären.

Wie man vor Gott wieder klarkommt

[16] Diese Sache ist mir übrigens null peinlich! Die neue Nachricht von Gott ist das Powervollste, was geht, sie ist in der Lage, wirklich jeden aus seinem Dreck rauszuholen, wenn er sie nur glaubt. „Jeden" meint wirklich jeden. Gott hat aber zuerst bei den Juden angefangen diese Nachricht rüberzubringen - logisch, ist ja sein erwähltes Volk - aber jetzt gilt sie für jeden Menschen der ganzen Welt. [17] Sie macht ganz deutlich, wie man mit Gott wieder klarkommen kann. Und zwar nur dadurch, dass man sein Vertrauen auf Gott setzt. Es steht ja schon in dem alten Buch: „Wer sein Vertrauen auf Gott setzt, wird leben." [18] Gott wird ein vernichtendes Statement abgeben, er wird klar machen, was er über den ganzen Mist denkt, über die Ungerechtigkeit und darüber, dass viele keinen Bock auf die Wahrheit haben. [19] Und dabei kann sich keiner rausreden: Das, was man von Gott begreifen kann, hätten schon alle Leute seit langem begreifen können , wenn sie ihre Augen mal richtig aufgemacht hätten. [20] Auch wenn Gott unsichtbar ist, so wird er doch sichtbar durch die Natur, die er gemacht hat. Daran können auch alle erkennen, wie er drauf ist. Und deshalb kann sich am Ende auch keiner rausreden. [21] Obwohl jeder wusste, dass Gott existiert, hatten sie keinen Bock, ihm die Ehre dafür zu geben und ihm mal danke zu sagen. Stattdessen kamen sie auf echt durchgeknallte Ideen, und sie wurden total benebelt und verrückt. [22] Und dabei ließen sie noch den Weisen raushängen, obwohl sie total irre waren. [23] Anstatt dem einzig echten Gott zu sagen, wie gut er ist, hatten sie nichts Besseres zu tun, als mit irgendwelchen toten Göttern zu labern, die wie Menschen aussehen oder noch besser wie Vögel, Schlangen oder irgendwelche anderen Tiere, die ja irgendwann mal sterben müssen!

[24] Darum hat Gott sie schließlich sich selbst überlassen. Die sind dann total abgegangen mit ihrem ätzenden dreckigen Lebensstil, verloren sich in heftige Leidenschaften, in ungute Sexsachen und so. [25] Irgendwann fing man an, nicht mehr Gott anzubeten, sondern Dinge, die er gemacht hatte. Manchmal schnitzte man sich einen Götzen aus einem Stück Holz, man verehrte die Sonne oder betete einen Menschen als Gott an.

Das war ganz schön verpeilt, denn Gott hatte diese Dinge ja alle selbst
geschaffen. So ist es und nicht anders [Amen]! Dadurch wurde etwas
Richtiges gegen etwas völlig Falsches ausgetauscht. 26 Deshalb hat Gott
sie irgendwann ihren ätzenden Leidenschaften überlassen – und damit
sich selbst. Frauen fingen an mit Frauen rumzumachen. 27 Auch Männer
hatten keinen Bock mehr auf Frauen, wie es normalerweise ja der Fall ist.
Stattdessen waren sie nun total scharf auf andere Männer. Dadurch, dass
sie es dann miteinander trieben, ging es ihnen letztendlich auch total be-
schissen. Das ist, als wenn sie dafür schon jetzt eine angemessene Strafe
bekommen würden. 28 Sie hatten offensichtlich keinen Bock auf Gott, da-
rum hat Gott sie sich selbst und ihren ganz schrägen Gedanken überlas-
sen. So kam es dazu, dass sie das tun, was nie beabsichtigt war und was
auch nicht okay ist. 29 Was sie alles so bringen, ist einfach zum Kotzen,
sie sind link zu anderen, wollen Kohle scheffeln, bis der Arzt kommt, sie
sind superneidisch, streiten sich ständig, ermorden Menschen, betrügen
und lügen, was das Zeug hält. Sie reden hinterm Rücken schlecht über
andere. 30 Sie stehen nicht zueinander, sie hassen Gott, sie sind groß-
kotzig, stolz, riskieren in einer Tour 'ne dicke Lippe, verpassen keine Ge-
legenheit, um Mist zu bauen, und ihre Eltern sind ihnen egal. 31 Sie sind
starrsinnig, machen sich nicht gerade, sie halten ihre Versprechen nicht
ein, sie sind total lieblos und ohne Herz. 32 Sie haben längst kapiert, dass
das total uncool ist und dass Gott auf so was überhaupt keinen Bock
hat (er wird ihnen sogar dafür die Todesstrafe verpassen, das hat er klar
gesagt). Trotzdem finden sie es ganz toll, wenn andere genauso krank
draufkommen wie sie.

2

Keiner kann sich mal eben eine reine Weste besorgen

1 Es gibt echt keinen, der sich da irgendwie rausreden könnte. Wenn du
andere für ihre Sachen kritisieren und verurteilen willst, dann verurteilst
du dich damit auch selber, denn du bist genau so wie die, über die du
gerade ein Urteil fällst. 2 Gott wird für jeden ein gerechtes Verfahren
anzetteln, das ist mal sicher. 3 Du Mensch glaubst doch nicht im Ernst,
Gott wird nur andere für ihr Leben zur Rechenschaft ziehen – und du, der
genauso wie die lebst, willst ohne Konsequenzen davonkommen? 4 Ist dir
das egal, wie lieb Gott mit dir umgeht und mit wie viel Geduld er sich um
dich kümmert? Kapierst du nicht, dass Gott mit seiner Liebe dich dazu
bewegen will, dein Leben zu ändern? 5 Du bist so verpeilt, du willst um
jeden Preis so weitermachen wie bisher. Und dadurch trägst du dazu bei,
dass Gott immer mehr den Hals kriegt. Am letzten Tag bei der großen
Abrechung wird er über die ganze Welt ein Urteil fällen. 6 Alle Leute müs-

sen sich für ihr Leben verantworten. 7 Die, die immer getrieben davon
waren, so zu sein, wie Gott es will, und die durchgezogen haben, die
werden ewig leben können. 8 Die Leute, die immer nur ihr eigenes Ding
gemacht haben, die Gottes Worten (der Wahrheit) nicht geglaubt haben,
die stattdessen lieber Lügen glauben und link sind, die werden von Gott
ganz übel einen draufkriegen. 9 Panik und Angst wird das Lebensgefühl
der Leute sein, die das tun, worauf Gott keinen Bock hat. Zuerst gilt das
für das Volk der Juden, dann aber auch für alle anderen Menschen. 10 Die-
jenigen, die gute Sachen machen, werden von Gott fett belohnt werden,
sie werden gut drauf sein und groß rauskommen. Auch das gilt zuerst
für die Juden, dann aber auch für alle anderen Menschen. 11 Denn Gott
ist nicht wie ein bestechlicher Schiedsrichter, der die einen bevorzugt
und die anderen linkt. 12 Wer Scheiße baut, ohne die Regeln von Gott zu
kennen, die er damals den Israelis gegeben hatte, bekommt trotzdem ein
schlechtes Gewissen – und deswegen wird er von Gott verurteilt werden.
Erst recht aber werden die, die die Regeln von Gott kannten, nach diesem
Gesetz verurteilt. Fazit: Alle, also Juden und Heiden, sind für Gott nicht
okay. 13 Es ist nicht genug, nur seine Regeln zu kennen. Um für Gott okay
zu sein, muss auch danach gelebt werden. 14 Es ist doch so, dass viele
Menschen irgendwie automatisch wissen, was gut ist und was nicht. Sie
tun genau das, was die alten Regeln vorschreiben. 15 Weil sie so leben,
kann man doch ganz klar sehen, dass diese Regeln irgendwie unbewusst
auf ihre Festplatte geschrieben wurden. Wenn sie irgendwas machen,
schlägt das Gewissen sofort an und bestätigt oder verklagt sie. 16 Irgend-
wann wird einmal abgerechnet werden, und alles, was so abgegangen ist,
ob ganz geheim oder für jeden sichtbar, kommt auf den Bildschirm. Das
passiert an dem Tag, an dem Jesus Christus die große Gerichtsverhand-
lung für alle Menschen steigen lässt. Darum geht es mir, das sind die
Dinge, die ich den Menschen erzählen soll.

Juden haben keinen Vorsprung

17 Wenn du ein Jude bist, dann verlässt du dich doch auf die alten Ge-
setze und findest dich besonders gut. 18 Du denkst, du hast einen ganz
besonderen Draht zu Gott, weil du seine Regeln in- und auswendig
kennst und weißt, was man tun darf und was nicht. 19 Und deshalb
kennst du den richtigen Weg und kannst ihn auch anderen zeigen, die
sich verirrt haben. 20 Du glaubst echt, du könntest denen 'ne Anleitung
zum Leben geben, die es nicht geschnallt haben. Du willst den Kindern
sagen, wo es längs geht. Denn du hast die alten Regeln verstanden und
weißt, was die Wahrheit ist. 21 Also, wenn du ein Lehrer für Leute sein
willst, warum lässt du dich nicht selbst auch belehren? Du hältst nur

große Reden. Du sagst, es ist nicht okay, zu klauen, aber dabei bist du
selber wie blöd am Klauen. 22 Du sagst, man soll seiner Frau treu sein,
aber bist du denn selber auch treu? Du sagst, es ist total verkehrt, an-
deren Göttern zu dienen, bedienst dich aber ungeniert an den Sachen,
die dabei für dich abfallen. 23 Du sagst Leuten, es gibt nichts Geileres,
als Gottes Gesetze zu kennen, und auf der anderen Seite ziehst du seine
Gesetze in den Dreck, weil sie dir offensichtlich selber total egal sind!
24 Schon im alten Buch kann man lesen: „Weil ihr so seid, macht die
ganze Welt Witze über den Namen Gottes." 25 Dieser jüdische Brauch,
dass kleinen Jungs die Vorhaut abgeschnitten wird*, bringt nur dann
was, wenn du auch das tust, was in den Gesetzen von Gott steht. Wenn
du das nicht tust, ist es total egal, ob du beschnitten bist oder nicht.
26 Jemand, der diesen Brauch nicht kennt, aber trotzdem genau nach
den Regeln Gottes lebt, der ist doch auch bei Gottes Familie dabei, oder
etwa nicht? 27 Hey, es wird sogar so weit kommen, dass solche Leute
über die Juden Urteile fällen werden, denn sie haben ja die Gesetze von
Gott und richten sich danach, euch sind sie aber offensichtlich total
egal. 28 Denn ein wirklicher Jude wird man nicht durch seinen Stamm-
baum und auch nicht durch irgendwelche religiösen Rituale. 29 Nein, ein
echter Jude ist jemand, der in seinem Herz jüdisch drauf ist, und das
bedeutet, dass sein Verhältnis zu Gott okay ist. Er will nicht von Men-
schen gelobt werden, sondern von Gott.

3

Gott tut, was er sagt

1 Jetzt fragst du dich vielleicht: Was bringt es denn eigentlich noch,
ein Jude zu sein? Was soll denn dieses Beschneidungsritual überhaupt
noch? 2 Nun, es hat viele Vorteile, Jude zu sein, vor allem aber kann man
sich darüber freuen, dass Gott den Juden seine Worte anvertraut hat.
3 Und glaub bitte nicht, nur weil einige Juden untreu waren, wird Gott
jetzt auch nicht mehr treu zu ihnen stehen. 4 So ist Gott nicht! Gott ist
cool unterwegs, er steht hundertprozentig zu den Sachen, die er mal
gesagt hat – ganz im Gegenteil zu den Menschen. Es steht ja schon in
dem alten Buch: „Gott, du wirst gut dastehen, du wirst Recht behalten,
egal, was man dir vorwirft, du wirst der Sieger sein." 5 Dann könnte
man ja eigentlich sagen: Wenn also der Mist, den wir bauen, erst richtig
zeigt, dass Gott total gut und gerecht ist, dann ist es doch ziemlich un-
gerecht, wenn er uns noch dafür bestraft, oder? 6 Nein, totaler Quatsch!
Wenn Gott nicht gerecht ist, wer dann? Wer sollte sonst über die Welt

---

* Die Juden haben so ein Ritual, wo den kleinen Jungen die Vorhaut abgeschnitten wird. Das ist die Beschneidung.

eine Gerichtsverhandlung abhalten können? 7 Manche Leute sagen
immer wieder: „Eigentlich tu ich Gott ja sogar einen Gefallen, wenn ich
die Dinge mache, die er nicht gut findet. Denn damit gebe ich ihm ja die
Chance, noch viel besser dazustehen. Und dann ist es doch total unge-
recht, dass er mich dafür verurteilt." 8 Hey, wer so denkt, könnte genau-
so gut sagen: „Ich kann ja so viel Mist bauen, wie ich will, es wird ja am
Ende doch was Gutes dabei rumkommen!" Wer so einen Schwachsinn
redet, wird zu Recht von Gott eins auf die Mütze kriegen. Das wird auch
denen passieren, die mir so eine Aussage zuschieben wollen.

Vor Gott haben alle Menschen Dreck am Stecken

9 Wie ist das denn jetzt? Haben wir Juden einen Freifahrtschein von Gott
bekommen? Ich sage: Nein! Ich hab gerade klar gemacht, dass alle Men-
schen (egal, ob sie nun Juden sind oder nicht) unentwegt Mist bauen
und auch gar nicht anders können, ob sie es nun wollen oder nicht. 10 Im
alten Buch steht schon drin, ich zitiere: „Es gibt keinen Menschen, der es
auf die Reihe kriegt, nicht einen einzigen." 11 „Es gibt keinen Menschen,
der so viel Grütze im Kopf hat, dass er sich auf die Socken macht, um
mich wirklich zu suchen. 12 Keiner packt es wirklich, niemand kann Got-
tes Ansprüche zufrieden stellen." 13 „Sie labern nur Dünnsinn, es stinkt
nach Leiche, wenn sie den Mund aufmachen, man kann ihnen nicht ver-
trauen." „Ihre Worte sind wie Zyankali." 14 „Aus ihrem Mund kommen
nur Flüche und miese Intrigen." 15 „Sie sind sofort dabei, wenn es darum
geht, Menschen zu töten. 16 Wo sie stehen und gehen, alles wird kaputt
gemacht. 17 Sie haben überhaupt nicht verstanden, wie sich Frieden über-
haupt anfühlt." 18 „Ihnen ist alles egal, sogar Gott." 19 Wir wissen ganz
genau, dass alles, was in den alten Gesetzen steht, für die Leute gilt,
denen es gegeben wurde. Keiner hat jetzt noch eine Ausrede parat, auch
ihr Juden nicht. Alle Menschen auf dieser Welt haben Dreck am Stecken,
alle sind schuldig. 20 Keiner wird sich bei Gott damit rausreden können, er
hätte die Regeln alle befolgt, wie Gott es will. Das ist nämlich noch kei-
nem gelungen und wird auch keinem gelingen. Diese Regeln, die Geset-
ze, sind dazu da, dass wir begreifen, wie weit wir von Gott entfernt sind.

Wer wird von Gott für seinen Mist freigesprochen?

21 Gott hat jetzt aber eine neue Möglichkeit geschaffen, einen Weg, wie
wir – unabhängig von den Regeln – für Gott okay werden können. Dieser
Weg ist durch das alte Buch, durch die Sachen, die die Propheten ge-
sagt haben und die in den Gesetzen von Mose stehen, klar beschrieben
worden. 22 Gott löscht nämlich alle Schulden, er vergibt den Mist, den
man verbockt hat, wenn wir unser Vertrauen auf Jesus Christus setzen.

So kann ausnahmslos jeder überleben! [23] Alle Menschen haben irgendwie Mist gebaut, und alle haben dadurch das Recht verloren, mit Gott zusammen zu sein. [24] Was keiner verdient hätte, das tut Gott einfach so, umsonst. Er akzeptiert uns, weil wir durch Jesus wieder okay für ihn sind. [25] Gott hat Jesus zu uns geschickt, damit er für unsere Schulden die Rechnung bezahlt. Wir werden von Gott angenommen, wenn wir daran glauben, dass Jesus für uns am Kreuz verblutet ist. Weil Gott Geduld mit den Menschen hatte, hat er sie bis zu diesem Zeitpunkt noch nicht bestraft. [26] Das gilt auch für die, die schon vorher Mist gebaut haben. Er ist auch heute gut zu uns, er reißt für jeden, der an Jesus glaubt, den Schuldschein in lauter kleine Schnipsel. [27] „Also, können wir jetzt den Dicken raushängen lassen und uns ganz toll fühlen?“, kommt jetzt bestimmt ... Nein, Leute, auf keinen Fall! Das hat ja alles nichts damit zu tun, was wir für tolle Sachen getan haben, damit Gott uns auch akzeptiert. Wie geht das denn nun? Vielleicht durch Gottes Regeln, durch seine Gesetze? Dass wir von ihm akzeptiert werden, weil wir die geforderte Leistung bringen? Nein! Nur durch ein Geschenk, nämlich dadurch, dass wir Gott vertrauen können. [28] Ich fass noch mal zusammen: Nicht weil ich so toll gelebt habe, werden meine Schulden bezahlt, die ich bei Gott hatte, sondern nur weil ich mein Vertrauen auf Jesus Christus setze. [29] Und gilt das jetzt nur für die Juden? Oder gilt dieses Angebot auch allen andern Menschen? – Natürlich gilt das für alle, Gott ist ja schließlich für alle Menschen da! [30] Es existiert nur ein Gott. Und es gibt auch nur einen Weg, wie man zu ihm kommen kann, wie man von ihm akzeptiert wird. Nur weil wir an ihn glauben, spricht er die Menschen von ihren Schulden frei, egal, ob man Jude ist oder nicht. [31] Wenn wir das Vertrauen auf Gott nun so betonen, sagen wir damit, dass wir die alten Regeln und Gesetze in die Tonne kloppen können? Auf keinen Fall! Dadurch, dass wir Gott vertrauen, wird das Gesetz ja nur bestätigt.

4

Abraham war cool unterwegs

[1] Nur um das noch klarer zu machen: Wie ist das denn mit unserem Urvater Abraham? Wie ist das denn bitte gekommen, dass der gerettet wurde? [2] Hat er sich bei Gott eingeschleimt, weil er so viele gute Sachen gemacht hat? Garantiert nicht! Denn sonst würde er sich ja was darauf einbilden können. Aus Gottes Perspektive gab es dafür echt keinen Grund. [3] Im alten Buch steht drin: „Abraham vertraute felsenfest auf Gott, und Gott machte klar, dass Abraham okay ist.“ [4] Wenn Menschen malochen, bekommen sie die Kohle dafür nicht als Geschenk, sie haben sie sich durch ihre Arbeit verdient. [5] Dass jemand für Gott okay ist, kann man sich aber

nicht mit Taten verdienen, allein das Vertrauen zählt bei ihm. [6] Der Präsident David hat in einem Lied schon mal dasselbe Thema gehabt. Da geht es darum, dass jemand total darauf abgeht, dass Gott ihn ohne irgendeine Gegenleistung angenommen hat. [7] „Gut drauf kommt, wer freigesprochen wird, obwohl er gegen die Regeln verstoßen hat. [8] Gut drauf kommt, wer seine Schulden bei Gott nicht mehr bezahlen muss!“ [9] Meint er damit ausschließlich die Juden oder meint er auch andere damit? Wir hatten ja festgestellt, dass Abraham okay für Gott war, weil er ihm vertraut hat. [10] Wie ist das denn genau abgegangen? Wie hat ihm sein Vertrauen geholfen? Passierte das, als er dieses Beschneidungsritual hinter sich hatte oder noch davor? Die Antwort ist klar: Für Gott war Abraham okay, bevor er das gemacht hatte. [11] Dieses Ritual war ja im Grunde nur ein äußeres Zeichen für etwas, was in Abrahams Herz schon vorher passiert war, nämlich dass er Gott vertraute und Gott ihn angenommen hatte. Damit ist Abraham zum Vorläufer für alle geworden, die ihr Vertrauen auf Gott setzen, ohne dieses Beschneidungs-Ritual gemacht zu haben. Gott nimmt sie an, wie sie sind, weil sie ihm vertrauen. [12] Abraham ist natürlich auch der Vater von den ganzen Leuten, die dieses Ritual mal gemacht haben und Gott genauso vertrauen, wie das Abraham auch getan hat.

Die Regeln Gottes und das Vertrauen

[13] Gott hatte Abraham ein großes Versprechen gegeben, nämlich dass seiner Familie mal die ganze Erde gehören sollte. Die Grundlage dafür war aber nicht ein bedingungsloser Kadavergehorsam gegenüber den Regeln, die Gott aufgestellt hatte. Sie beruhte alleine auf der Tatsache, dass Abraham für Gott okay war, weil er ihm vertraut hatte. [14] Wenn dieses Versprechen nur für Leute gilt, die strikt nach den Regeln von Gott leben, dann kann das ja folgerichtig nur heißen, dass das Vertrauen, das man auf Gott setzt, total wertlos ist und nichts bringt. Und außerdem ist damit auch Gottes Verheißung, die ja auf dem Vertrauen gründet, nicht mehr gültig. Gott hätte sich damit ja selbst ausgetrickst. [15] Wenn nämlich jemand gegen die Regeln verstößt, ist Gott tierisch sauer, wenn es aber keine Regel gibt, kann auch nicht gegen sie verstoßen werden. [16] Darum gibt das Vertrauen den Ausschlag, denn nur so wird das Ganze zu einem Geschenk, das man sich nicht verdienen kann. Dieses Geschenk gilt für jeden, der – genau wie Abraham – sein Vertrauen auf Gott setzt. Er ist das große Vorbild in Sachen Vertrauen. [17] Im alten Buch steht ja auch: „Ich habe dich zum Vorbild und zu einem Vater für viele Menschen gemacht.“ Das ist alles abgegangen, weil Abraham seinem Gott vertraut hat, dem Gott, der in der Lage ist, Tote wieder lebendig zu machen. Jetzt gehören auch Menschen, die vorher nicht dabei waren, zu seinen Leuten.

[18] Als Gott Abraham die Ansage machte, er würde einmal zu einem Vor-
bild und Vater für tierisch viele Menschen werden, glaubte ihm Abraham
und ließ sich durch nichts davon abbringen, obwohl seine Situation mehr
als hoffnungslos war. Gott hatte gesagt: „Deine Familie wird echt giga-
groß werden." [19] Abrahams Vertrauen auf Gott war sehr fett, und das, ob-
wohl er mit fast hundert Jahren schon echt alt war. Zudem war seine Frau
Sara eigentlich unfruchtbar, sie hatten keine Kinder bis dahin. [20] Abraham
ließ sich durch nichts davon abbringen, auf Gottes Versprechen zu set-
zen. Sein Vertrauen war gigantisch und wurde in dieser Situation sogar
noch größer! Das fand Gott total gut! [21] Er war sich ganz sicher: Gott hält,
was er verspricht. [22] Weil Abraham dieses Vertrauen hatte, machte Gott
eins klar: „Du bist okay!" [23] Und das hat Gott nicht nur zu ihm gesagt.
[24] Diese Zusage wurde durch das alte Buch auch an uns weitergegeben.
Wir sind für Gott auch okay, wenn wir unser Vertrauen auf Jesus setzen,
der tot war und dann durch Gott wieder lebendig gemacht wurde. [25] We-
gen dem Mist, den wir gemacht hatten, musste Jesus sterben, damit wir
mit Gott im Leben wieder klarkommen können. Gott hat Jesus wieder
lebendig gemacht, damit wir total cool relaxed sein können, wenn Gott
sein letztes großes gerechtes Gerichtsverfahren über jeden Menschen
eröffnet. Wer an Jesus glaubt, kriegt dann in jedem Fall einen Freispruch.

5

Mit Gott ist alles okay

[1] Wenn wir keine Schulden mehr bei Gott haben, weil wir unser Vertrau-
en auf ihn setzen, ist der Weg jetzt ja frei! Wem haben wir das zu ver-
danken? Jesus! [2] Durch ihn haben wir den PIN-Code für das Türschloss
zum Himmel, auf diesen abgefahrenen Augenblick können wir uns jetzt
schon tierisch freuen! [3] Auch jetzt können wir uns schon freuen, sogar
wenn man versucht, uns ans Bein zu pinkeln, wenn es Probleme gibt
und so. Denn jedes Problem wird zur Herausforderung, wir können
dadurch lernen, eine Sache durchzuziehen. [4] Wer so entspannt ist, hat
auch eine gute Art, mit Dingen anders umzugehen. Und wer mit Dingen
anders umgehen kann, hat auch immer die Hoffnung, bei Gott okay zu
sein. [5] Und wer bei Gott okay ist, der wird nie enttäuscht werden. Eins
ist für uns hundertprozentig sicher: Gott liebt uns! Sonst hätte er uns
nicht den Anschluss an seine Kraft, den heiligen Geist*, spendiert. Wenn

---

* Der heilige Geist ist eine andere Form von Gott, so wie Wasserdampf eine andere Form von Wasser ist. Er gehört zu Gott dem Vater genauso wie Jesus. Der O-Ton benutzt für ihn auch Worte wie „Kraft" oder „Energie". Darum wurde in der Volxbibel der heilige Geist mal als Power, dann wieder als Kraft, dann wieder als Geist übersetzt, ja nachdem, wie es im Zusammenhang Sinn machte.

der in uns ist, dann sind wir abgefüllt mit seiner Liebe! [6] Jesus, der Aus-
erwählte*, kam ja bei uns vorbei, als wir noch hoffnungslos im Dreck
steckten. Und er ist für uns gestorben, als Gott uns noch total egal war.
[7] Mal ehrlich, wer hat von uns denn schon Bock, bloß für einen einzigen
guten Menschen zu sterben? [8] Gott ist aber noch derber drauf als das,
er starb für uns, obwohl wir sogar total dreckig und schlecht waren.
[9] Wir brauchen keinen Schiss mehr vor Gott und seiner Verurteilung zu
haben, er ist nicht mehr sauer auf uns! Durch den Tod von Jesus ist alles
bezahlt! [10] Wir waren seine Feinde, aber damit ist es jetzt vorbei. Das
war nur möglich, weil sein Sohn für uns gestorben ist. Und jetzt sind wir
sogar seine Freunde, und weil Jesus lebt, können wir auch leben. [11] Wir
rasten alle total aus, wenn wir uns darüber klar werden, dass wir wieder
mit Gott befreundet sein können! Das ist alles erst durch Jesus möglich
geworden.

Adam brachte den Tod, Jesus das Leben

[12] Adam, der erste Mensch, war auch der Erste, der die Sache mit Gott
verbockt hat. Und die Menschen nach ihm waren nicht besser. Deswe-
gen müssen alle Leute irgendwann mal sterben. Jeder hat nämlich in
seinem Leben schon mal Mist gebaut. [13] Diese Trennung war schon da,
bevor Gott die Regeln aufgestellt hatte. Ohne Regel gibt es allerdings
keine Regelverstöße, die bestraft werden müssten. [14] Der Tod war die
ganze Zeit wie eine unsichtbare Macht überall da und hatte alles im
Griff. Von Adam bis Mose, alle mussten irgendwann mal sterben, auch
wenn sie nichts gegen Gott getan hatten. Adam hatte allerdings wirklich
Dreck am Stecken. Er ist übrigens ein Hinweisschild für Jesus gewesen.
[15] Der Vergleich Jesus/Adam hinkt natürlich, denn Jesus hat uns ja den
Weg zu Gott freigesprengt. Trotzdem: Durch den Fehler und die Sünde**
von einem Typen wurden wir quasi alle zum Tod verurteilt. Und durch
den einen Jesus ist uns das total geile Geschenk gemacht worden, dass
wir wieder mit Gott in Kontakt treten und leben können. Und dieses
Geschenk ist viel größer als alles, was Adam getan hat. [16] Und mit die-
sem Geschenk ist das nicht so, wie es mit der Bestrafung war, die durch
den einen Typen kam, der Mist gebaut hatte. Die Folgen der Trennung
von Gott (bewirkt durch die ätzenden Sachen, die die Menschen ver-

* „Der Auserwählte" ist in Anlehnung an den Film „Matrix" als Begriff gewählt worden. „Christus", wie es im Text heißt, war damals ein stehender Begriff, unter dem sich die Leute was ganz Konkretes vorgestellt hatten, einen Retter, auf dem die Hoffnung lag, dass er alle Menschen aus ihrem Dreck rausholen würde.

** Sünde kommt von dem Wort „Sund", was im alten Deutsch so was wie Graben heißt. Sünde ist also der ganze Mist, alles, was zwischen Gott und Menschen steht, ein Graben zwischen uns, über den Jesus eine Brücke gebaut hat.

bockt hatten) hätten für uns nämlich den richtigen ewigen Tod bedeu-
tet, einen Tod, der niemals aufhört. Jetzt werden wir aber, obwohl wir
genauso viel Mist gebaut haben, von Gott gerettet. Ohne dass wir es
verdient haben, übernimmt er die Schulden für uns! 17 Dadurch, dass ein
Mensch Mist gebaut hat, bekamen wir alle die Todesstrafe. Doch durch
einen anderen Menschen, nämlich Jesus Christus, werden alle wieder
richtig leben können! Und das gilt für jeden, der dieses Geschenk seiner
giga-großen Liebe angenommen hat. Er wird über den Dingen stehen
können durch Jesus. 18 So wie durch den Mist, den einer gebaut hat,
alle verdammt wurden, so wurden alle wieder durch die gute Aktion von
einem anderen okay gemacht. Und das bedeutet, dass wir wirklich leben
können. 19 Nur weil einer keinen Bock auf das hatte, was Gott will, wur-
den alle von Gott getrennt. Und weil wiederum ein anderer Bock drauf
hatte. zu tun, was Gott will, sind wir wieder mit Gott verbunden. 20 Die
Regeln, waren im Grunde nur dafür da, damit jeder merkt, dass er von
Gott getrennt ist. Als der Berg zwischen Gott und den Menschen immer
größer wurde, wurde auch die Gnade und Liebe von Gott immer größer.
21 Anstelle der Trennung, die zwischen Menschen und Gott bestand und
damit alles beeinflusste, gibt es jetzt eine Beziehung zu Gott, die uns
einfach so geschenkt wurde. Durch Jesus wird Gottes Liebe für alle ganz
deutlich sichtbar.

6

Wie Christen mit ihrem Mist am besten umgehen

1 Wie ist das jetzt? Können wir jetzt einfach weiter rumsündigen, weil
das ja eh nur Gott die Gelegenheit gibt, uns seine Liebe zu beweisen?
2 Schwachsinn! Wir sind für das Thema Sünde einfach nicht mehr zu
haben. Warum sollten wir uns diesen Mist wieder ans Bein binden? 3 Ist
euch klar, dass ihr mit der Taufe zeigt, dass ihr ganz zu Jesus gehört?
Und dass ihr deshalb auch was davon habt, dass er für euch gestorben
ist? 4 Ihr seid im Grunde dadurch mit ihm unter die Erde gebracht wor-
den, Exitus. Und genauso wie Jesus durch die große Power von Gott
wieder lebendig wurde, so sind wir jetzt auch in der Lage, ein anderes
Leben zu führen. 5 Weil wir glauben, sind wir mit seinem Tod verbunden,
und darum werden wir auch mit ihm wieder lebendig werden. 6 Was wir
früher waren und gemacht haben, ist mit Jesus zusammen abgestor-
ben. Nur so konnte der Einfluss, den dieser ganze Mist auf unser Leben
hatte, gestoppt werden. Jetzt müssen wir keinen Mist mehr bauen, wir
sind frei! 7 Gegen Tote kann man nämlich keine Anzeige erstatten, die
sind frei. 8 Wenn wir mit Jesus gestorben sind, das auf sicher, werden
wir auch mit ihm zusammenleben. 9 Wir wissen, dass Jesus Christus tot

war und dann wieder lebendig geworden ist. Er wird nie mehr sterben.
Der Tod hat gegen ihn verloren, für immer. 10 Jesus ist gestorben, damit
diese Trennung und die Macht, die hinter der Sünde steht, ein für alle
Mal besiegt wurde. Und Jesus ist für Gott wieder lebendig geworden.
11 Macht es genau so! Ihr könnt jetzt einfach davon ausgehen, dass wir
für die schlechten Sachen, die Sünde, einfach nicht mehr zu erreichen
sind. Lebt einfach nur noch für Jesus, lebt für Gott! 12 Die Sünde, diese
Kraft, die euch von Gott trennt, hat in euerem Leben nichts mehr zu
melden. Macht das auch deutlich! 13 Eure Körperteile sollten nicht vom
Satan, vom Bösen, benutzt werden können, damit irgendwas zwischen
dich und Gott kommen kann. Ihr seid Menschen, die tot gewesen wa-
ren und wieder lebendig geworden sind! Stellt euch deswegen voll Gott
zur Verfügung, mit allem, was ihr habt, damit er euch benutzen kann,
um selber groß rauszukommen. 14 Die Sünde, diese trennende Macht
zwischen Gott und euch, hat ihre Kraft verloren. Ihr gehorcht jetzt nicht
mehr dem Regelwerk, den alten Gesetzen, ihr seid jetzt der Liebe von
Gott unterstellt. 15 „Wie jetzt, können wir einfach weiter Mist bauen, weil
nur noch die Liebe zählt und nicht mehr die Gesetze?" – Auf keinen Fall!
16 Versteht ihr nicht, dass ihr immer das tun müsst, was der Chef euch
sagt, wenn ihr irgendwo angestellt seid? Ihr könnt wählen, ob die Sünde
euer Chef sein soll oder ob ihr das tun wollt, was der Chef sagt, der euch
Gerechtigkeit verspricht. 17 Danke, Gott! Früher wart ihr noch so unter-
wegs, dass ihr der Sünde (dieser Macht, die euch von Gott getrennt hat)
gehorchen musstet. Aber zum Glück seid ihr jetzt frei davon, ihr seid in
der Lage, das zu tun, was euch von Gott beigebracht wurde. 18 Ihr seid
frei und müsst nicht mehr so leben, ihr seid jetzt von der guten Seite
angestellt. 19 Ich nehme dieses Bild mit dem Angestellten, weil es leicht
zu verstehen ist. Früher wart ihr in einer andern Firma angestellt, hattet
echte Knebelverträge und musstet ätzende Sachen tun, die Gott total
uncool findet. Jetzt habt ihr euch für einen neuen Chef entschieden, für
ein Leben, das gut und in Ordnung ist. 20 Früher wart ihr bei der Firma
Sünde angestellt, ihr hattet keine Ahnung, was gut ist und was nicht.
21 Und was hat euch das gebracht? Ihr habt Sachen getan, die euch jetzt
superpeinlich sind, und die Folge von alldem war letztendlich der Tod.
22 Jetzt seid ihr aber von dieser Macht befreit! Ihr könnt als Angestellte
bei Gott viele gute Sachen machen, die euch helfen werden, ein saube-
res Leben zu führen, eins, wo Gott drauf steht. Und die Hauptsache ist:
Ihr werdet als Gratiszugabe obendrauf für immer leben können. 23 Denn
das, was dabei rumkommt, wenn man die Sachen macht, die Gott nicht
gut findet, ist der Tod. Gott aber schenkt ein ewig geiles Leben durch
Jesus Christus, der unser Chef ist.

7

Wie Gottes Regelprogramm funktionieren sollte und wie nicht

1 Liebe Leute! Also, ihr kennt doch das alte Programm (unsere Gesetze)
des Lebens ganz gut. Eigentlich müsstet ihr doch schon längst kapiert
haben, dass dieses Programm nur so lange funktioniert, wie man lebt.
2 Mit einer Frau ist es doch beispielsweise so, dass sie durch das Gesetz
vom Staat nur so lange mit ihrem Mann verheiratet ist, wie der lebt.
Stirbt ihr Mann, ist sie nicht mehr an das Gesetz gebunden und kann
wieder heiraten, wen sie will. 3 Wäre diese Frau in der Zeit der Ehe mit
einem anderen fremdgegangen, würde man sie zu Recht als Ehebre-
cherin beschimpfen. Ist ihr Mann aber gestorben, ist sie frei, sie muss
sich nicht mehr an das Ehegesetz halten. Keiner würde sie Ehebreche-
rin nennen, wenn sie jetzt einen anderen Typen heiraten würde. 4 So
ungefähr läuft das bei euch auch ab. Ihr seid wie an einen „Ehemann"
eigentlich an das alte Programm verschrieben, das sind die Gesetze,
nach denen ihr ticken müsstet. Aber dadurch, dass Christus am Kreuz
für euch gestorben ist, seid ihr frei davon. 5 Als wir Christus noch nicht
kannten, lief es bei uns noch voll nach dem alten Schema ab. Das alte
Programm bestimmte unser Leben, wir waren total unfrei und bauten in
einer Tour nur Mist, was uns am Ende total kaputtgemacht hat. 6 Aber
jetzt müssen wir nicht mehr nach diesem Schema leben, wir sind frei,
denn dieses Programm ist ein für alle Mal abgestürzt. Jetzt können wir
durch den heiligen Geist mit Gott in einer total anderen Dimension
leben, nicht mehr so, wie es das alte Programm vorgeschrieben hatte.

Der Mensch und die Gesetze oder das Lebensprogramm von Gott

7 Will ich damit sagen, dass das alte Programm Gottes zwischen mir
und Gott steht? So ein Quatsch! Ohne das alte Programm, was mir
gesagt hat, was Gott geil findet und was nicht, hätte ich nie erfahren,
worauf er wirklich Bock hat, und hätte auch nicht erfahren, was mich
von ihm trennt. Wenn dort nicht stehen würde: „Du sollst nicht ständig
hinter irgendwas her sein", wäre mir nie klar geworden, dass Gott das
nicht will und das nicht gut für mich ist. 8 Diese Sachen, die uns von
Gott trennen, werden fast wie kleine nimmersatte Monster in uns. Wenn
es dieses alte Programm nicht gäbe, wüssten wir gar nichts von dieser
negativen Macht. 9 Früher haben wir ganz ohne irgendein Programm ge-
lebt. Erst seitdem wir das Programm mit all seinen Regeln kennen, wur-
de in uns der Drang, Mist zu bauen, so richtig lebendig. 10 Wir dagegen
waren so mies unterwegs, dass wir praktisch tot waren. So hat uns das,
was Gott eigentlich von uns wollte und was uns zu einem wirklichen

coolen Leben führen sollte, letztendlich den Tod gebracht. 11 Denn was
uns von Gott trennt, wurde wie ein Monster in uns, das uns betrügen
wollte und uns umbrachte, anstatt uns Leben zu geben. 12 Das alte Pro-
gramm entspricht zu 100 Prozent Gottes Willen. Jedes einzelne Gebot
geht voll und ganz in Ordnung. 13 Kann denn das, was eigentlich voll
in Ordnung ist, uns den Tod bringen? Nein, natürlich nicht! Es ist das
Schlechte, das uns umbringt – die Sünde. Da mir die Regel aber zeigt,
was gut ist und was nicht, beweist das alte Programm, dass ich schuldig
bin, denn es macht deutlich, wie ätzend es ist, nicht das zu tun, was
Gott vorgeschrieben hatte. 14 Das alte Programm ist von Gottes Geist
geschrieben worden, das wissen wir genau. Ich bin aber ein Mensch
und meinem Menschsein total ausgeliefert, ich muss einfach irgend-
wie Mist bauen. 15 Ich kapier oft selber nicht, was da in mir abgeht: Die
guten Sachen, die ich eigentlich tun will, tu ich nicht. Stattdessen mach
ich bloß das, worauf ich eigentlich überhaupt keinen Bock habe. 16 Wenn
ich aber dabei zugebe, dass es totaler Mist ist, den ich ständig baue,
dann gebe ich ja damit auch zu, dass das Programm Gottes gut ist.
17 Das würde aber bedeuten, dass nicht ich wirklich den Mist verbocke,
sondern das, was mich von Gott trennt, diese Macht in mir, die mich
dazu treibt. 18 Ich bin mir schon im Klaren darüber, dass der Mensch
von Natur aus nicht gut drauf ist. Darum kann ich tun, was ich will, am
Ende kommt nichts Gutes dabei rum. 19 Ich will zwar immer wieder das
Gute tun, aber dann baue ich doch wieder Mist. Das, worauf ich eigent-
lich total keinen Bock habe, genau das mach ich. 20 Wenn ich also immer
wieder das tu, was ich eigentlich nicht will, ist das doch eindeutig diese
negative Macht, das, was mich von Gott trennt, diese Sünde, die mich
zum Schlechten verführt. 21 So was passiert mir andauernd: Das, was
gut ist, will ich eigentlich tun, aber stattdessen bau ich nur Mist. 22 Ich
selber in mir drin möchte das tun, was Gott von mir will. 23 Und doch
handle ich nach einem anderen Programm, das bei mir abläuft. Ich bin
total darin gefangen, ich bin nicht frei davon. 24/25 Ich fass es noch ein-
mal zusammen: In mir drin will ich das tun, was Gott will, ich will nach
seinem Programm und seinen Gesetzen leben. Aber so wie ich lebe,
tu ich genau das Gegenteil und mach genau das, was mich von Gott
fern hält. Hilfe! Wer wird mich aus dieser Zwickmühle befreien? Danke,
Gott!! Jesus Christus hat uns da schon rausgeholt!

8

Leben nach Gottes Programm

1 Wer nun zu Jesus Christus gehört, der ist bei Gott niemals für immer
raus. 2 Denn für ihn stimmt das Programm nicht mehr, auch wenn du

Mist gebaut hast und verdient hättest zu sterben. Ab jetzt läuft ein Up-
date, eine neue Software, das Programm von Gottes Geist, das dir durch
Jesus Christus hilft zu leben. 3 Denn das alte Programm, das Gesetz,
konnte uns nicht dazu bringen, so zu leben, wie Gott es geil findet. Es
war nicht in der Lage, gegen das schlechte alte Leben anzukommen.
Deswegen schickte Gott seinen Sohn vorbei, der das alte Programm
hackte und es umschrieb, indem er den ganzen Dreck auf sich nahm und
auch die Strafe dafür bezahlte. 4 Jetzt läuft das neue Programm Gottes
in uns und nicht mehr die alte menschliche schlechte Software. Deshalb
können wir unserem Leben eine völlig neue Richtung geben. 5 Denn wer
nach dem menschlichen Programm tickt, bleibt letztendlich im Dreck
stecken, wer aber durch das neue Programm Gottes bestimmt wird, der
will auch das tun, was Gott cool findet. 6 Das alte sündige Programm
macht uns nur fertig und bringt uns den Tod; das neue Programm
aber bringt uns Frieden und Leben. 7 So wie wir Menschen von Natur
aus drauf sind, haben wir eigentlich keine Lust auf Gott. Das liegt auch
da dran, weil wir nicht so leben können, wie Gott es von uns will. Und
irgendwie wollen wir auch gar nicht so leben. 8 Weil wir so sind, kann
Gott eigentlich keinen Bock mehr auf uns haben. 9 Jetzt läuft allerdings
Gottes neues System auf eurer Festplatte, ihr müsst keinen Mist mehr
bauen. Wer aber nicht mit Gottes Software – seinem Geist – lebt, gehört
auch nicht zu ihm. 10 Wenn ihr also mit Jesus Christus lebt, dann ist euer
Körper zwar wegen dem Mist, den ihr verbockt habt und auch immer
weitertun werdet, wie tot. Durch Gottes Programm wird euch aber ein
neues Leben geschenkt, weil er euch in seine Familie mit aufgenommen
hat. 11 Läuft das Programm Gottes in euch, durch dessen Kraft auch
Jesus aus dem Tode rausgeholt wurde, wird er damit auch euren Körper,
der irgendwann tot sein wird, wieder lebendig machen können. Denn
die Kraft von Gott, sein Geist, lebt ja auch in euch. 12 Darum, liebe Leute,
müssen wir nicht länger nach unserem alten Wahn leben, der dem alten
Programm gefolgt ist. 13 Denn wer so abgeht, wird sterben! Wenn ihr
aber durch seinen Geist in der Lage seid, auf die Stimme Gottes zu hö-
ren, und tut, was er euch sagt, wird das alte Programm gelöscht werden.
Das war dafür verantwortlich, dass ihr ständig Mist gebaut habt. 14 Alle,
die nach dem neuen Programm laufen, haben das Ticket in der Tasche,
um in Gottes Familie dabei zu sein. 15 Denn das neue Programm zwingt
euch zu nichts und macht euch nicht abhängig, nein, es sorgt dafür, dass
ihr freiwillig in die Familie Gottes aufgenommen werdet. Jetzt könnt ihr
ohne Angst zum großen Gott kommen, ihr könnt ihn jetzt sogar Papi
nennen, wenn ihr wollt. 16 Denn durch Gottes Geist in uns sind wir uns
hundertprozentig sicher, dass wir Teil seiner Familie sind. 17 Weil wir zu

seiner Familie gehören, will uns unser Vater auch beschenken. Es kann
zwar durchaus passieren, dass man uns heftige Schwierigkeiten macht,
weil wir jetzt zu Jesus gehören, aber zum Schluss werden wir mit ihm
ganz groß rauskommen. [18] Ich bin mir ganz sicher, dass die ganzen
Schwierigkeiten, durch die wir jetzt gehen müssen, ein Witz sein werden
gegenüber der riesengroßen Party, die wir dann am Ende noch feiern
werden. [19] Die ganze Natur ist schon ganz heiß auf den Tag, an dem Gott
seine Kinder groß rausbringen wird. [20] Ohne dass sie was dafür kann, ist
die gesamte Natur mit den Tieren und Pflanzen zum Tod verurteilt. Aber
es gibt Hoffnung. [21] Denn sie wird ein großes Comeback feiern, sie wird
befreit werden von dem Zwang sterben zu müssen. Genauso wie Gott
seine Leute auch vom Tod befreit hat für ein neues wunderbares Leben.
[22] Denn wir sehen ja, wie die Tiere und Pflanzen voll leiden und die ganze
Natur im Grunde depressiv auf einen Neustart wartet. [23] Auch wir, die
wir schon als Erstes mit seiner Power – seinem Geist – ausgerüstet sind,
sind total heiß drauf, dass Gott uns als Teil seiner Familie zu sich holt
und auch unseren Körper so neu macht, dass der nicht mehr kaputt-
gehen kann. [24] Doch darauf können wir erst mal nur hoffen und warten.
Hoffen heißt aber, dass wir es noch nicht haben, denn was man schon
hat, darauf braucht man auch nicht mehr zu hoffen. [25] Obwohl wir aber
auf etwas hoffen, das wir noch nicht sehen können, sind wir dennoch
ziemlich sicher, dass wir es auch bekommen. [26] Gottes Geist – seine
besondere Power – hilft uns dabei: nämlich da, wo wir zu schlaff sind.
Wenn wir zum Beispiel nicht beten können, wie es eigentlich angesagt
wäre, dann hilft uns diese Kraft und betet für uns auf eine Art, wie wir es
mit unseren eigenen Worten nie könnten. [27] Gott aber, der uns in- und
auswendig kennt, versteht, worauf der heilige Geist hinauswill. Der legt
nämlich für uns ein gutes Wort ein. [28] In einem sind wir uns aber ganz si-
cher. Für alle, die Gott lieben, gilt: Alles muss letzten Endes immer zum
Besten laufen, denn Gott will das so und hat uns dazu auch ausgesucht.
[29] Wen Gott nämlich in sein Team berufen hat, auf den hat er vorher
auch schon ein Auge geworfen und der soll auch seinem Sohn ähnlich
werden, dem ersten Bruder neben vielen anderen Brüdern. [30] Und wen
Gott dazu ausgecheckt hat, den hat er auch dazu gerufen, mit ihm ewig
abzuhängen. Wen er aber dazu berufen hat, mit ihm abzuhängen, den
hat er auch von seinem Dreck befreit. Und wen er von seinem Dreck
befreit hat, der weiß schon jetzt sicher, dass er mal ganz groß rauskom-
men wird. [31] Was kann man dem noch hinzufügen? Wenn Gott in unserer
Mannschaft spielt, wo sind die Gegner? [32] Gott, der sogar für uns seinen
Sohn hat abschlachten lassen, warum sollte er uns nicht alles schenken?
[33] Wer will es wagen, die Familie Gottes noch irgendwie anzuzählen?

Gott hat sich auf ihre Seite geschlagen und sie freigesprochen! [34] Wer will es wagen, uns fertig zu machen? Niemand, denn Jesus ist für uns ermordet worden, er hat dann später sogar den Tod besiegt und lebt heute bei Gott, wo er ein gutes Wort für uns bei ihm einlegt. [35] Was kann dann überhaupt noch zwischen uns und die Liebe von Christus kommen? Probleme? Depressionen? Dass Leute uns verfolgen und in den Knast stecken wollen? Nichts zu futtern? Keine Kohle? Panik oder Mord? [36] Bestimmt nicht! Es steht ja schon im alten Vertrag*: „Weil wir zu dir gehören, sind wir ständig in Todesgefahr. Wir werden angesehen wie Schafe, die man bedenkenlos abschlachten kann.“ [37] Trotzdem gilt: Wir werden den fetten Sieg einfahren, weil Jesus Christus uns so geliebt hat. [38] Denn eins steht für mich fest: Weder Tod noch Leben, ob es Engel oder Monster aus der Hölle sind, ganz egal, ob etwas gerade jetzt abgeht oder später abgehen wird, auch nicht irgendwelche spirituellen Mächte, [39] weder Himmel noch Hölle noch sonst irgendetwas kann zwischen uns und Gottes Liebe kommen! Er hat sie uns bewiesen durch das, was er durch Jesus Christus – unseren großen Chef – für uns gebracht hat.

9

Israel ist für Gott ein ganz besonderes Volk

[1] Leute, ich schwör und Jesus ist mein Zeuge! Ich erzähl euch keinen Blödsinn! Die Power von Gott, sein extremer Geist, ist da total einig mit mir. [2] Ich bin oft total fertig und kann darüber nur heulen, [3] wenn ich an meine Leute denke, meine jüdischen Geschwister. Ich wäre bereit dazu, von Gott gedisst zu werden, wenn ich dadurch erreichen könnte, dass sie gerettet werden! [4] Die Israelis sind sein ganz besonderes Volk, Gott hat fett Bock auf sie, er hat sich ihnen ganz besonders gezeigt. Er hat mit ihnen SpeziavVerträge gemacht, er hat ihnen sein Programm – sein Gesetz – gegeben. Sie waren auch die Einzigen, die ihn richtig angebetet haben, und er hat ihnen ganz derbe Sachen versprochen. [5] Ihre Vorfahren waren diese Berühmtheiten wie Abraham, Isaak und Jakob. Und auch Jesus Christus stammt aus diesem Volk. Er ist jetzt unser Gott, er hat das Sagen über alles und wir wollen, dass er immer und überall groß rauskommt, er ist der Held ! Yo, so isses [Amen]!

Wer gehört dazu und wer nicht?

[6] Was Gott gesagt hat, stimmt immer noch. Nicht alle, die in eine jüdische Familie reingeboren wurden, sind automatisch wirkliche Juden.

---

* Der alte Vertrag. Damit ist ein alter Bund oder eben Vertrag gemeint, den Gott mal mit den Menschen geschlossen hat. Er steht im alten Buch (im Alten Testament, was so viel heißt wie Vertrag oder Vermächtnis).

7 Abraham hat ja auch nicht alle seine Kinder als Erben eingesetzt. In
dem alten Buch steht: „Nur wer von deinem Sohn Isaak abstammt, ist
ein Nachkomme von dir und soll auch dazugehören.“ 8 Damit ist ge-
meint, dass die leiblichen Nachkommen von Abraham nicht auch gleich
Kinder von Gott sind. Die wirklichen Kinder von Abraham sind nämlich
nur die, die Gott Abraham versprochen hatte, und ihre Nachkommen
auch. 9 Gott hatte nämlich Abraham gesagt: „Nächstes Jahr um diese
Zeit rum werde ich wieder kommen, und dann wird deine Sara einen
Sohn kriegen.“ 10 Und das ist nicht nur bei Sara so abgegangen, auch
Rebekka ist noch von unserem Urahnen Isaak mit Zwillingen schwanger
geworden. 11 Schon bevor die Kinder überhaupt geboren wurden, also
bevor sie überhaupt Mist bauen oder irgendwas Gutes machen konnten,
hatte Gott Rebekka ’ne Ansage gemacht. Das war so, weil Gott da ein-
fach Bock drauf hatte, er hatte sich dafür so entschieden. 12 Das hatte
nichts damit zu tun, dass sie so toll gelebt haben oder so. Er sagte zu
Rebekka: „Die Kinder deines älteren Sohnes werden von den Kindern
deines jüngeren Sohns irgendwann mal angestellt werden.“ 13 In dem al-
ten Buch steht: „Auf Jakob bin ich tierisch abgefahren, auf Esau hatte ich
null Bock.“ 14 Was soll man dazu jetzt noch sagen? War das ungerecht
von Gott? Nein, null! 15 Er hat ja schon zu Mose gesagt: „Ich suche mir
aus, mit wem ich ’ne Beziehung haben will. Ich weiß schon, mit wem
ich besonders viel Mitleid habe.“ 16 Es kriegt also nicht jeder von Gott
einen Garantieschein. Es hängt von Gott ab, von seiner Entscheidung,
von seiner Liebe, wen er haben will. 17 Im alten Buch steht, dass Gott
zu dem Chef der Ägypter, dem Pharao, gesagt hat: „Ich habe vor, an
deiner Person beispielhaft klar zu machen, was ich draufhabe. Ich will,
dass dadurch mein Anliegen deutlich wird und dass man in der ganzen
Welt darüber redet.“ 18 Daran kann man gut beweisen, dass Gott in
der Lage ist, die Entscheidungen eines Menschen zu beeinflussen. Die
einen sehen dann Sachen sofort ein, andere wieder null. 19 Jetzt kommt
bestimmt gleich das Argument: „Warum ist Gott dann überhaupt noch
sauer auf die Menschen, wenn es sowieso unmöglich ist, etwas zu tun,
was er nicht will?“ 20 Gegenfrage: Wie kommst du überhaupt dazu, diese
Frage zu stellen? Du bist nur ein kleiner Mensch und glaubst, du musst
dich mit Gott anlegen? Seit wann kann sich denn das Brot beim Bäcker
beschweren: „Warum hast du mich so gemacht?“ 21 Wenn ein Töpfer
aus Ton eine Schüssel formt, ist es nicht seine Sache, was er daraus
macht? Ist es dann nicht seine Entscheidung, ob er jetzt ’ne Schüssel für
die feinste Party macht oder nur eine für den Hausgebrauch? 22 Genau-
so wollte Gott an den Ägyptern seine Wut und auch seine Power zeigen.
Und dabei hatte er noch voll Geduld mit denen gehabt, was letztendlich

dann ja umsonst war. [23] An den Israeliten wollte Gott ganz klar machen,
was er alles so kann und wie liebevoll er eigentlich ist. [24] Und diese Ein-
stellung hat Gott auch uns gegenüber, den Juden und den Menschen
aus dem Rest der Welt. [25] Gott hatte ja schon durch den Propheten Ho-
sea die Ansage gemacht: „Ich werde die adoptieren, die nicht zur Fami-
lie gehört haben, ich werde die lieben, die ich vorher noch nicht lieben
konnte.“ [26] Bei Hosea steht auch noch das: „Früher hat man zu euch
gesagt: ‚Ihr gehört nicht dazu.‘ Doch jetzt sagt man zu euch: ‚Ihr seid
aufgenommen in die Familie vom lebendigen Gott.‘“ [27] Jesaja hat über
Israel gesagt: „Selbst wenn es so viele Israelis gäbe, wie Sandkörner am
Strand liegen, wird doch nur eine kleine Anzahl gerettet werden. [28] Gott
lügt nie, er wird es durchziehen, aber er wird nicht ganz streng durch-
greifen.“ [29] Woanders im alten Buch steht noch bei Jesaja: „Wenn Gott
nicht ein Auge zugedrückt hätte, wären alle dabei kaputtgegangen, so
wie in den Städten Sodom und Gomorra.“

Der falsche Weg zu Gott

[30] Was bleibt mir noch zu sagen? Die Leute aus den anderen Völkern
können für Gott okay werden, wenn sie ihr Vertrauen auf Jesus setzen
und ihm glauben. [31] Die Juden aber, die durch ein striktes Leben genau
nach dem Programm vor Gott cool dastehen wollten, haben ihr Ziel
nicht erreicht. [32] Warum das nicht? Weil sie versucht haben, durch ihre
eigenen guten Taten Gott zu beeindrucken, indem sie nach dem alten
Programm gelebt haben, anstatt alleine auf ihn zu vertrauen. Darum
sind sie über Jesus auch ins Stolpern geraten. [33] Dazu sagt das alte Buch
ja auch: „Ich lege in Jerusalem einen Stein auf den Weg, über den viele
Menschen stolpern und auf die Fresse fallen werden. Aber wer sein Ver-
trauen auf ihn setzt, wird cool draufkommen.“

10

Jesus hat das alte Programm geknackt

[1] Liebe Freunde in Rom, ich hab so eine derbe Sehnsucht danach und
bete wie verrückt dafür, dass mein Volk den richtigen Weg zu Gott
findet! [2] Ich schwör, die sind alle voll auf der Suche nach dem Weg, sie
dienen Gott mit allem, was sie haben, sie haben es bloß noch nicht
geschnallt, wie man zu ihm kommt! [3] Sie haben noch nicht kapiert, wie
das abgeht, dass Gott die Menschen in Ordnung bringt. Stattdessen
gehen sie ihren eigenen Weg, sie versuchen Gott zu beeindrucken, in-
dem sie nach seinem Regelprogramm leben. Doch damit liegen sie total
daneben. [4] Denn durch Jesus Christus ist dieses Programm überholt
worden. Wer sein Vertrauen auf Jesus setzt, der ist für Gott in Ordnung.

5 Mose hat ja beschrieben, wie man in Ordnung kommen kann, wenn
man nach dem alten Programm lebt: „Der Mensch, der sich danach
richtet, wird gut leben können.“ 6 Durch das Vertrauen auf Gott durch
Jesus wird man aber anders von ihm angenommen. Dann kann man
sagen: „Du brauchst dich nicht mehr in den Himmel hocharbeiten, um
mit Jesus zu leben.“ 7 Und man kann behaupten: „Du brauchst dich
nicht in die Unterwelt hinunterzubuddeln, um da Jesus zu finden.“
8 Denn das alte Buch sagt: „Gott hat eine gute Nachricht für dich und
die hängt auch nicht in einer Warteschleife, sie ist in deinem Mund
und in deinen Gedanken.“ Das ist die Nachricht, dass wir aus unserem
Dreck gerettet werden, weil wir unser Vertrauen auf Jesus setzen.
9 Wenn du dich öffentlich dazu stellst, dass Jesus der Chef vom Ganzen
ist, und wenn du in dir drin ganz sicher bist, dass er wirklich existiert
und dass Gott ihn wieder lebendig gemacht hat, dann bist du dabei!
Dann bist du in Sicherheit! 10 Wenn du das glaubst, bist du für Gott
okay. Wenn du öffentlich dazu stehst, wirst du von ihm gerettet. 11 Im
alten Buch kann man auch nachlesen: „Wer sein Vertrauen auf ihn setzt,
dem kann nichts mehr passieren.“ 12 Das stimmt für alle, sowohl für
Juden wie Nichtjuden. Er ist für alle der Gott, und er macht es für jeden
möglich, mit ihm zu labern. 13 Um noch einmal den Propheten Joel zu
zitieren: „Denn jeder, der ihn persönlich kennt und einen Hilferuf an
seine Adresse abschickt, der wird am Ende gerettet werden.“

Die Israelis nehmen dieses Angebot von Gott nicht an

14 Wie sollen denn die Menschen mit Gott reden können, wenn sie nicht
an ihn glauben? Und wie sollen sie an ihn glauben, wenn sie nie von
ihm gehört haben? Und wie sollen sie überhaupt von ihm hören, wenn
da keiner am Start ist, der es ihnen erzählt? 15 Und wie sollte jemand zu
ihnen hingehen und ihnen die Sache von Gott erzählen, wenn keiner den
Auftrag dazu erhalten hat? Das war übrigens damit gemeint, wenn im
alten Buch steht: „Es ist so cool, zu erleben, wenn da Leute ankommen
und die gute Message verbreiten!“ 16 Aber nicht alle akzeptieren diese
neue Ansage, das hat ja der Prophet Jesaja auch schon gewusst, ich zi-
tiere: „Gott, wer hat unseren Reden geglaubt?“ 17 Und doch schafft man
es erst, sein Vertrauen auf Gott zu setzen, wenn man diese Worte auch
gehört hat. Und diese Worte kommen von Jesus, dem Auserwählten.
18 Was geht denn nun mit den Juden ab? Haben die denn die Einschläge
nicht gehört? Doch, haben sie, ich zitiere noch mal was: „Die Message
spricht sich überall rum, überall reden sie da drüber!“ 19 Haben sie es
auch wirklich gerafft? Ja, das haben sie. Schon Mose hat getextet: „Ich
will, dass mein Volk voll eifersüchtig wird, ich will Leute zu mir lassen, die

bisher außen vor standen, und ihr werdet sauer sein auf die Menschen,
die bisher noch keine Ahnung von mir hatten.“ [20] Und Jesaja setzt noch
einen drauf: „Ich habe dafür gesorgt, dass Menschen mich finden, die
gar nicht nach mir gesucht haben. Ich hab mich den Leuten vorgestellt,
die gar nichts von mir wissen wollten.“ [21] Und über das Volk Israel meinte
Gott: „Den ganzen Tag stand ich mit offenen Armen vor ihnen, aber sie
wollten nicht auf mich hören, sie wollten ihr eigenes Ding durchziehen.“

11 [1] Eine Frage hab ich noch: Was meint ihr, hat Gott kein Bock mehr auf
sein Volk? Null, auf keinen Fall! Hey, ich bin ja auch Jude, ich komm aus
der Familie vom Abraham, aus der Sippe von Benjamin. [2] Gott hat auf je-
den Fall viel Bock auf sein Volk, schließlich hat er sie ja von Anfang an für
was Besonderes ausgesucht. Denkt doch mal an das Buch, das über Elia
geht! Da reicht der ’ne Beschwerde über sein Volk bei Gott ein: [3] „Gott,
sie haben deine Propheten ermordet, haben deine Häuser abgerissen.
Ich bin der Einzige, der noch übrig ist. Und jetzt wollen sie mir auch noch
ans Leder.“ [4] Und was hat Gott dazu gesagt? Er antwortete: „Du bist
nicht alleine! Ich hab noch siebentausend andere gesehen, die sich nicht
vor dem ätzenden Götzenbild von Baal hinschmeißen!“ [5] Heute haben
wir dieselbe Situation. Es werden noch einige von den Israelis gerettet,
weil Gott sie so sehr liebt. [6] Wenn er das aber tut, weil er sie so sehr liebt
und gnädig mit ihnen ist, dann tut er das eben nicht wegen ihrer guten
Lebensführung. Es ist ein freies und unverdientes Geschenk von ihm.
[7] Was soll das jetzt heißen? Die Juden sind bei Gott unten durch, obwohl
sie es mit allen Mitteln versucht haben. Nur die, die von Gott ausgesucht
wurden, haben es gepackt. Doch der Rest zeigt Gott die kalte Schulter.
[8] In den alten Büchern steht auch passend dazu: „Gott hat ihnen wohl
Valium verpasst, sie sind zu tranig, um ihn zu sehen, sie sitzen auf
ihren Ohren und hören bis heute nicht, was er zu sagen hat.“ [9] Und der
Präsident David meinte mal: „Sie handelten frei nach dem Motto: Bloß
kein neues Programm aufspielen, wenn das alte noch irgendwie läuft.
Und damit haben sie das Beste verpasst. Sie haben sich selber in eine
Falle begeben und sind dort gefangen. [10] Mach, dass sie es einfach nicht
schnallen, und lass sie unter den Gesetzen leiden.“

Passt auf, dass ihr nicht großkotzig werdet

[11] Hat Gott dieses Volk denn jetzt aufgegeben, weil er ihnen den Rücken
zugedreht hat? No, never! Aber weil dieses Volk nicht auf Gott gehört
hat, wurde es erst möglich, allen anderen Völkern die coole Nachricht
zu bringen, dass man mit Gott leben kann. Das sollen ihnen die Israelis
jetzt mal nachmachen. [12] Wenn man sich das mal reinzieht, was das Ver-

sagen des Volkes Israel für gute Sachen für andere Völker gebracht hat,
wie geil wird es erst dann, wenn sie jetzt selbst auch noch anfangen wür-
den, mit Jesus zu leben! 13 Ihr, die ihr ja keine Juden seid, sollt das wissen.
Ich habe von Gott einen Auftrag für euch bekommen. Ich betone das nur,
14 um die Juden neidisch auf euch zu machen. Ich möchte versuchen, so
viele es geht zu retten. 15 Wenn man sich reinzieht, dass ihre verpasste
Chance zu einer Riesenchance für die ganze Welt wurde, mit Gott wieder
Frieden zu schließen, was wird dann erst gehen, wenn sie die Chance
auch nutzen werden? Dann werden sehr viele Menschen, die im Grunde
tot waren, wieder lebendig werden. 16 Denn wenn die Wurzel des Baums
gut ist, dann ist auch der Rest gut. 17 Wenn aber einige Zweige abge-
schnitten und stattdessen neue Zweige eingepfropft wurden, leben die
neuen von den Wurzeln des alten Baums, sie versorgen sich mit Nähr-
stoffen und Kraft. 18 Mach also nicht den Lauten gegen den Baum! Ver-
giss nicht, dass du nur eingepflanzt wurdest, du wirst nur getragen von
der Wurzel. 19 Vielleicht wirst du jetzt dagegen sagen: „Die Zweige sind ja
extra abgeschnitten worden, damit ich dort rankann!" 20 Das stimmt, sie
sind tatsächlich abgeschnitten worden, weil sie Gott nicht mehr vertraut
haben. Und ihr seid da jetzt, weil ihr euer Vertrauen auf Gott gesetzt
habt. Trotzdem solltet ihr besser Respekt haben. 21 Wenn Gott die natür-
lichen Zweige nicht verschont hat, kann er es mit dir genauso tun.

Danke, Gott! Es gibt Hoffnung für Israel!

22 Versteht ihr, wie Gott drauf ist? Er geht streng mit den Leuten um,
denen egal ist, was Gott will. Und er geht liebevoll mit den Leuten um,
die sich auf seine Liebe verlassen. Wenn du das nicht tust, bist du bei
ihm unten durch. 23 Sobald die Juden endlich anfangen, Gott zu ver-
trauen, sind sie auch wieder dabei. Gott kann sie wieder in den Baum
einpfropfen. 24 Wenn das schon möglich ist, dass von einem fremden
Baum etwas dort reingepflanzt werden kann, dann doch noch viel eher
mit einem Zweig, der sogar ursprünglich von dem Baum stammte.

Gott hält, was er verspricht

25 Freunde, ich möchte, dass ihr dieses Geheimnis kapiert, damit ihr
nicht arrogant werdet. Viele Juden peilen das Ganze noch nicht, aber
das wird nur so lange gehen, bis die Menge der Leute aus anderen Völ-
kern für Jesus klargemacht wurde. 26 Und dann wird das ganze Volk der
Israelis gerettet werden. Diese Ansage kann man auch bei den Prophe-
ten nachlesen: „Ein Held wird aus Jerusalem kommen und er wird ganz
Israel aus dieser Situation rausholen, dass sie von Gott getrennt sind.
27 Dann werden neue Verträge gemacht, ich werde ihren ganzen Dreck

wegnehmen.“ 28 Viele Juden haben zwar überhaupt keinen Bock auf
diese neue Nachricht, das ist für euch nur gut, denn so seid ihr ja überhaupt
erst dazu gekommen. Aber weil Gott den Stammvätern Abraham,
Isaak und Jakob das versprochen hat, sind sie nach wie vor Gottes besonderes
Volk. 29 Denn die Sachen, die Gott einmal schenkt, die nimmt
er nicht wieder weg. Und wenn er jemanden für etwas ausgesucht hat,
dann bereut er das nicht, das gilt für immer. 30 Früher war euch total
egal, was Gott von euch wollte. Doch weil die Juden nichts mit Jesus zu
tun haben wollten, habt ihr jetzt ’ne Chance bei ihm bekommen. 31 So
sind jetzt die Juden diejenigen, die sich gegen Gott entschieden haben,
weil er sich für euch entschieden hat. Aber irgendwann werden sie mit
Gott wieder klarkommen. 32 Gott hat nämlich erst mal alle Menschen,
egal ob Jude oder nicht, sich selbst überlassen, aber jetzt hat er für
jeden das gleiche Angebot seiner Liebe parat. 33 Wie cool ist Gott doch
unterwegs! Wie gigantisch groß sind seine Möglichkeiten! Wie rätselhaft
seine Entscheidungen! Es ist unmöglich, wirklich voll zu checken, warum
er bestimmte Sachen einfach tut. 34 „Wer kann schon wirklich seine
Denke durchschauen? Wer sollte sein Lehrer werden können? Wer ist
eingeweiht in seine Pläne? 35 Wer hat Gott schon mal zu viel gegeben,
dass der Schulden bei ihm hätte?“ 36 Absolut alles ist von ihm gemacht
worden, alles kann auch nur existieren, weil es ihn gibt, und alles existiert
nur, damit er dadurch groß rauskommt. Er soll den Applaus bekommen,
jetzt und immer wieder neu! Yeah! So soll es ablaufen [Amen]!

12

Alles, was ihr tut, sollte für Gott sein

1 Weil Gott euch so total und ohne Ende liebt, sage ich euch das jetzt:
Setzt euch auch radikal für Gottes Sache ein! Es sollte so laufen, dass
ihr euch total Gott zur Verfügung stellt, dass ihr so lebt, dass Gott sich
darüber freut! Das ist doch nur eine normale Sache, Gott jetzt radikal zu
dienen, oder? 2 Orientiert euch nicht an dem, wie die Welt drauf ist, und
daran, was die für richtig und falsch hält, sondern lasst euch von Gott
eine neue Denke geben. Dann könnt ihr auch kapieren, was er von euch
will, was gut ist und worauf er Bock hat. 3 Mit der Vollmacht im Hintergrund,
die ich von Gott bekommen habe, warne ich euch: Überschätzt
euch nicht, bleibt bescheiden und markiert in Glaubenssachen nicht
den dicken Macker! 4 Euer Körper hat viele Körperteile, und da hat jedes
Teil seine eigene Funktion. 5 Genauso ist das auch mit der Familie von
Jesus. Wir gehören alle zum selben Körper, weil wir zu Jesus gehören,
aber jeder hat eine andere Aufgabe. Und weil wir alle zu Jesus Christus
gehören, brauchen wir auch einander. 6 Gott hat durch seine Power ein-

fach jedem eine andere Begabung gegeben. Einer kann zum Beispiel
voll gut prophetische* Worte von Gott hören; das sollte er nutzen, wenn
er sicher ist, dass diese Worte auch echt von Gott kommen. 7 Jemand
anderes hat vielleicht die Begabung, anderen ganz praktisch zu helfen,
also soll er das tun. Kann einer gut geistliche Sachen erklären, dann los
damit. 8 Und wenn jemand eine Begabung darin hat, Leute zu ermuti-
gen, sollte er auch damit durchstarten. Wer kohletechnisch fett geseg-
net ist, sollte davon abgeben – aber sich bloß nichts darauf einbilden.
Wenn jemand gut organisieren kann, sollte er sich mit dieser Gabe voll
für die Gemeinde einsetzen. Und wer kranken und alten Menschen hilft,
sollte dabei immer gut gelaunt bleiben.

So draufkommen, dass Gott durch einen wirken kann
9 Leute, so eine Pseudoliebe ist doch total ätzend. Auf gute Sachen sollt
ihr ruhig abfahren, aber auf böse Sachen sollt ihr kotzen. 10 Liebt euch
gegenseitig, tut das ehrlich und ohne dabei zu lügen. Freut euch, dass
ihr euch überhaupt kennt, und respektiert den anderen. 11 Ihr sollt nicht
schlaff werden, wenn es ums Beten geht, lasst euch von Gottes Kraft ab-
füllen. Und macht euch immer gerade für Gott. 12 Freut euch auf Gottes
Sache, auf die Dinge, die er noch für euch hat. Entspannt euch, wenn es
mal derbe zugeht. Und vor allem gilt: Nie aufhören, mit Gott zu labern,
ja?! 13 Wenn andere Jesus-Leute Probleme kriegen, dann seid parat und
helft ihnen. Und lasst auch mal Leute bei euch pennen oder ladet sie
zum Essen ein. 14 Wenn ihr selbst mal in Schwierigkeiten kommt, weil
ihr Christen seid, dann schiebt keine Hasskappe gegen die, die hinter
euch her sind. Betet für sie, segnet sie! 15 Wenn Leute gut drauf sind,
dann freut euch mit ihnen. Und wenn sie depressiv sind, dann weint
mit ihnen. 16 Streitet euch nicht und versucht euch nicht vor anderen
in den Chefsesseln zu flezen, sondern macht auch mal den Abwasch.
Und glaubt nicht, ihr habt die Weisheit mit Löffeln gefressen. 17 Wenn
jemand mies zu euch war, gebt die Rachegedanken auf. Versucht immer
gut zu sein, wo das geht. 18 Was eure Seite angeht, versucht mit allen
Leuten Frieden zu haben, soweit das euch möglich ist. 19 Liebe Freunde,
versucht alles, was ihr tun könnt, um mit den anderen Menschen klar-
zukommen. Und wenn jemand link zu euch war, dann überlasst es Gott,
die Rechnung zu bezahlen. In den alten Büchern steht dazu: „Überlasst
mir die Rache, ich werd die Rechnung begleichen, sagt Gott." 20 Statt-
dessen seid besser voll nett zu diesen Leuten. Da steht nämlich auch:
„Wenn dich jemand total blöd findet, dann bring ihm was zu essen,

* Prophetische Worte sind Worte, die Gott auf übernatürliche Art zu Menschen redet. Es gibt Leute, die eine besondere Begabung dazu haben. Die nennt man in der Bibel Propheten.

wenn er Hunger hat. Und wenn er Durst hat, bring ihm was zu trinken.
Und dann wird es ihm voll Leid tun, was er dir angetan hat.“ 21 Das Mie-
se soll keine Chance gegen dich haben, schlag das Böse mit dem Guten!

13

Wie sich Jesus-Leute dem Staat gegenüber verhalten können

1 Was die Regierung sagt, solltest du auch tun. Die ist nämlich nicht um-
sonst da, Gott hat schließlich dafür gesorgt, dass sie im Amt ist. 2 Wer
die Gesetze von einem Land bricht, der ist auch Gott gegenüber un-
korrekt und wird nicht so mal eben davonkommen. 3 Wer immer richtig
lebt und die Gesetze befolgt, braucht auch keinen Schiss vor den Bullen
zu haben. Das musst du aber, wenn du dich nicht an die Regeln hältst.
Darum: Mach, was für die in Ordnung geht, und du wirst einen guten
Ruf bei denen haben. 4 Die Bullen sind letztendlich auch nur für Gott da,
und jeder hat was davon, dass es sie gibt. Wenn du aber Gesetze brichst,
musst du Angst davor haben, dass man dich verfolgt und bestraft. Die
Bullen sind dann im Grunde wie ein verlängerter Arm Gottes, um die zu
bestrafen, die Mist bauen. 5 Es gibt also zwei Gründe, das zu tun, was die
Regierungen beschließen. Einmal, um einer eventuellen Strafe zu entge-
hen. Zum anderen, damit du keine Schuldgefühle haben musst. 6 Das ist
auch der Grund, warum es cool ist, Steuern zu bezahlen. Denn der Staat
braucht ja die Kohle, damit es im Land nicht drunter und drüber geht.
Bezahlt alles, wo jemand was für euch arbeitet. Zahlt auch eure Steuern.
7 Jeder soll das kriegen, was ihm gehört, ob das nun das Finanzamt oder
der Zoll ist. Respekt steht jedem in der Gesellschaft zu.

Einander lieben ist das Wichtigste, wo gibt

8 Schulden sollt ihr immer zurückzahlen. Nur in einer Sache werdet ihr
dem anderen immer was schuldig bleiben, das geht gar nicht anders: in
der Liebe. Davon kann man nie genug geben. Wer andere liebt, hat be-
griffen, worum es Gott eigentlich geht. 9 Alle Gesetze sind in dem einen
Ding enthalten. Nicht die Ehe zerstören, keine Leute ermorden, nicht
klauen, nicht neidisch sein, das ist alles zusammengefasst in dem Befehl
von Gott: „Liebe jeden, der in deiner Nähe ist, genau so, wie du dich sel-
ber liebst.“ 10 Die Liebe will dem anderen keinen Schaden zufügen. Alle
Regeln von Gottes Programm sind in der Liebe zusammengefasst.

Immer so leben, als wäre heute der Tag der Abrechnung

11 Seid immer so drauf, als wenn morgen der Tag der großen Ab-
rechnung kommen würde. Scheiß-Egal-Haltung ist echt nicht mehr
angesagt. Jesus Christus feiert bald sein großes Comeback, dann sind

wir endlich ganz frei. 12 Nach jeder Nacht kommt der Tag. Am Tag sind
alle Sachen zu sehen, die wir lieber nur im Dunkeln machen würden,
wo keiner zugucken kann. Also sollen wir jetzt immer so leben, dass
es ruhig Tag werden kann und wir uns nicht schämen müssen für
unser Leben und die Sachen, die wir so tun. 13 Wir sollten so leben,
dass andere uns als Vorbilder nehmen wollen, ehrlich sollten wir
natürlich auch immer sein. Auf Partys, wo gesoffen und rumgedrogt
wird, sollten wir uns nicht blicken lassen. Wir müssen unseren Ehe-
partnern ganz treu sein und sexmäßig nicht dreckig abgehen. Und
geht auch unnötigem Streit aus dem Weg, lasst euch nicht auf irgend-
welche Eifersuchtsgeschichten ein. 14 Bleibt straight bei Jesus Christus,
er ist der Boss. Er soll auf dem Chefsessel in eurem Leben sitzen.
Lasst euch nicht gehen, passt auf, dass eure Wünsche keine Macht
über euch haben und ihr von eurer Geilheit kontrolliert werdet.

14

Zusammenhalten ist angesagt

1 Kümmert euch um die Leute, die geistlich schwach auf der Brust sind.
Bringt sie nicht durch irgendwelche Diskussionen auch noch schräge
drauf. 2 Wenn einer zum Beispiel glaubt, es wäre für Gott okay, alles zu
essen, worauf man Bock hat, meint der andere wieder, das würde er
gewissenstechnisch gar nicht auf die Reihe kriegen. 3 Jeder soll den an-
deren so akzeptieren, wie der ist, und ihn nicht gleich peinlich finden.
Gott ist ja genau so unterwegs und akzeptiert euch, so wie ihr seid.
4 Was ist los, dass du meinst, du könntest über einen anderen urteilen
und über die Sachen, die er tut? Er muss sein Leben eh allein vor Gott
klarkriegen! Darum lass Gott das mal machen, das ist nicht dein Ding.
Gott ist auch in der Lage, dem anderen zu zeigen, wo es längs geht.
5 Es gibt Leute, für die bestimmte Tage eine bestimmte Bedeutung
haben. Für andere ist das wieder total egal. Das kann jeder machen,
wie er Bock drauf hat. 6 Wenn jemand sich einen speziellen Tag aus-
sucht, um da mit Gott ganz viel zu reden, dann soll er das für Gott tun.
Wenn jemand mal aufs Essen verzichtet, um sich total aufs Beten zu
konzentrieren, soll er das auch für Gott tun. Und wenn jemand ganz
normal essen will, kann er das auch mit einer dankbaren Haltung ma-
chen. 7 Ist doch klar: Unser Leben dreht sich nicht mehr um uns selbst
– und unser Tod auch nicht. 8 Wir leben nur noch für Jesus und sterben
tun wir auch nur für ihn. Egal wie du es auch drehst, wir haben unser
Leben radikal an Gott verschrieben. 9 Jesus Christus, unser Held, ist ja
gestorben und dann wieder lebendig geworden, damit er die Regler von
allen Menschen in die Hände bekommt – und zwar von allen, den to-

ten und den lebendigen Menschen. [10] Was machst du, wenn du andere disst? Wie kommst du dazu, arrogant auf andere runterzugucken? Wir werden bei der großen letzten Gerichtsverhandlung alle mal auf der gleichen Ebene vor Gott stehen! [11] In den alten Büchern steht die Ansage: „Irgendwann werden sich alle mal vor mir hinschmeißen müssen, und jeder wird dann sagen: ‚Du bist der Gott!'" [12] Auf sicher, jeder wird mal mit Gott 'ne Abrechnung für sein Leben machen müssen.

Sich für den anderen gerade machen

[13] Darum hör auf, über die anderen zu lästern oder sie zu verurteilen, und fass dich an die eigene Nase! Lebe so, dass du niemanden dabei behinderst, wenn er seinen Weg mit Gott geht. [14] Ich bin mir hundertprozentig sicher, dass alles, was Gott geschaffen hat, auch cool für die Menschen ist. Nur wenn jemand von sich aus etwas als nicht okay für Gott einstuft, dann ist es auch nicht okay für ihn. [15] Wenn du aber irgendwas öffentlich tust, das für jemanden anderen ein Verstoß gegen die Gesetze wäre, dann bringst du ihn ja schlecht drauf. Du tust das mit einer miesen Motivation, wenn du weißt, dass es den andern stört, und es trotzdem tust. Muss ja nicht sein, dass wegen dir jemand auch noch Mist verzapft. Jesus ist für denjenigen genauso da, wie er für dich da ist. [16] Passt einfach auf, dass nicht durch solche piddeligen Kleinigkeiten die ganze Sache in den Dreck gezogen wird. [17] Es geht alleine um die neue Zeit*, die jetzt angebrochen ist. Und außerdem geht es um das, was jetzt mit Gott abgeht. Essen und Trinken sind da nicht so wichtig. Gott hat Bock auf alle Menschen. Jeder, der bei ihm ankommt, kann abgefüllt werden mit seiner Kraft, mit einem inneren Gefühl von Frieden und mit Freude bis zum Abwinken! [18] Wenn du so lebst und das tust, was er möchte, dann hat Gott auch viel Freude mit dir. Und auch die Leute um dich rum werden dich respektieren. [19] Lass uns also versuchen, so peacig wie möglich mit den anderen Menschen umzugehen und zu versuchen, uns gegenseitig im Leben mit Gott anzufeuern! [20] Religiöse Essensregeln sind blöd und bringen nur alles durcheinander. Da musst du aufpassen. Es stimmt zwar immer noch, dass nichts verboten ist, aber wie gesagt, wenn dein Handeln jemand gewissenstechnisch schlecht draufbringt, dann lass es sein. [21] Es ist okay, kein Fleisch zu essen, keinen Wein zu trinken oder auf irgendwas anderes zu verzich-

---

* Die neue Zeit, in der Gott das Sagen hat (auch Reich Gottes genannt), war ein stehender Begriff, mit dem die Leute damals was Bestimmtes verbanden. Wenn Gottes Reich an den Start kommt, dann hat eine neue Zeit begonnen, dann gibt es einen Machtwechsel. Jesus hat oft darüber gepredigt. Der Begriff wird in der Volxbibel oft durch „die Zeit/das Reich, in dem Gott das Sagen hat" ersetzt.

ten, wenn das jemand von der Jesus-Familie nicht abkann. 22 Vertraust
du Gott? Dann bleib dabei und lebe so, wie du glaubst, dass es für ihn
okay ist, und leg nicht den gleichen Maßstab bei anderen an wie bei
dir selbst. Gut drauf kommen die Leute, die nur das tun, was sie vor
sich selbst verantworten können, und sich wegen nichts selber fertig
machen. 23 Wenn jetzt aber einer was isst, wo er glaubt, dass er es nicht
essen sollte, und isst es trotzdem mit schlechtem Gewissen, dann tut er
nicht mehr das, was von seinem Glauben her richtig ist. Und etwas zu
tun, was dem nicht entspricht, trennt einen von Gott, denn man ver-
traut ihm nicht mehr.

15

Jesus ist unser Held und Vorbild

1 Gerade wir, die voll den engen Draht zu Gott haben, sollten Rücksicht
auf die Unsicherheit von den anderen Jesus-Leuten nehmen, die noch
nicht so leben wie wir. 2 Wir sollten so leben, dass es anderen hilft und
dass wir ein Vorbild für die anderen sind. 3 Jesus Christus hat ja auch
nicht den Egofilm gefahren. In den alten Büchern steht: „Wenn Leute
ätzend zu dir sind, sind sie auch zu mir ätzend." 4 Das hat einer vor sehr
vielen Jahren aufgeschrieben, damit wir davon lernen können. Es sollte
uns Hoffnung geben und ermutigen, damit wir mit Gott durchziehen
und nicht auf halber Strecke schlappmachen. 5 Gott ist immer entspannt,
und er feuert euch an. Er wird euch dabei helfen, gut miteinander klarzu-
kommen, so wie Jesus euch das auch beigebracht hat. 6 Ihr könnt dann
wie mit einer Stimme Gott zusammen Danke sagen, könnt ihm sagen,
wie geil er ist, und ihn loben. 7 Akzeptiert euch gegenseitig, so wie Gott
euch auch akzeptiert hat. Das zeigt, wie klasse er ist. 8 Nicht vergessen:
Jesus Christus ist nicht als der Mega-Held in Glanz und Gloria zu den Ju-
den gekommen, sondern als kleines Licht. Er wollte damit die Vorhersa-
gen aus den alten Büchern erfüllen. Wieder ein Beweis, dass Gott jedes
Versprechen, das er mal gegeben hat, auch erfüllt. Man kann sich hun-
dertpro auf ihn verlassen. 9 Gott ist durch Jesus noch mal bei uns vorbei-
gekommen, um die anderen Menschen, die keine Juden sind, aus ihrem
Dreck rauszuholen. Dadurch ist mal wieder bewiesen, dass er eben alle
liebt. 10 Mose hat gesagt: „An alle Völker, die nicht zu Israel gehören:
Freut euch!" 11 Einer von den Typen, die die Psalmen geschrieben haben,
meinte ja auch schon: „Nicht nur die Israelis, sondern alle Völker sollen
Gott loben." 12 Der Prophetentyp Jesaja meinte auch: „Der Auserwählte
wird aus der Familie von Isai sein. Er wird die Vollmacht bekommen
über alle Menschen, auch über die, die keine Juden sind. Alle setzen ihre
Hoffnung auf ihn." 13 Ich rede mit Gott darüber und bitte ihn darum, dass

ihr durchhaltet, dass ihr dabei immer durch euren Glauben fröhlich seid.
Dann werdet ihr fett gesegnet sein, immer voll Hoffnung haben können,
weil die Power von Gott, sein Geist, in euch wirkt.

Warum ich euch überhaupt schreibe

14 Leute, wenn ich euch so ansehe, bin ich mir hundert Pro sicher, dass
ihr das alles kapiert habt! Ihr habt verstanden, worum es geht, und ihr
seid auch in der Lage, euch gegenseitig zu sagen, wo es längs geht.
15 Ich habe mich in diesem Brief hier und da ein bisschen krass aus-
gedrückt, damit ihr die wichtigsten Sachen auch kapiert. 16 Weil Gott
mich wohl so sehr mag, darf ich nicht nur alles für ihn geben, ich darf
sogar sein ganz besonderer Botschafter sein, der zu allen Menschen
reden darf. Ich erzähl euch eine sehr gute Nachricht, und das tu ich, so
gut ich nur irgend kann. Ich möchte, dass ihr durch seine Kraft anders
und anständig lebt, damit sich Gott darüber freuen kann. 17 Es gibt für
mich so monstermäßig viele Gründe, stolz zu sein, schon alleine weil
Jesus Christus mich für seine Sache so sehr benutzt hat. 18 Ich würde es
nicht wagen, auf irgendetwas anderes so abzugehen, nur auf Jesus. Er
hat mich dazu benutzt, andere Völker mit Gott in Kontakt zu bringen.
19 Das ist mir vor allem darum so gut gelungen, weil ich mit seiner Kraft
echt irre Wunder getan habe. Das war sein Beweis für die Leute, dass
ich keinen Scheiß rede und dass Gott dahintersteht. Und so hab ich das
Ding überall durchgezogen, von Jerusalem bis nach Illyrien. 20 Ich wollte
dabei immer dort sein, wo noch niemand vorher was von Jesus Christus
gehört hatte und wo auch noch keine Gemeinde war. 21 Ich hab mich
dabei an die Worte von Jesaja gehalten, der meinte: „Gerade die sollen
dabei sein, die keine Einladung bekommen hatten. Die noch nie was von
Gott gehört haben, werden es verstehen."

Paulus auf Tour

22 Weil ich damit total busy war, hab ich es leider noch nicht geschafft,
mal bei euch reinzuschneien. 23 Jetzt bin ich aber mit meinem Ding hier
endlich durch und kann nach all den Jahren auch noch mal bei euch
aufschlagen. Da freu ich mich total drauf! 24 Ich plane gerade 'ne Spa-
nien-Tour und werde auf dem Weg dahin in Rom einen Zwischenstopp
einlegen. Und wenn wir erst mal eine richtig entspannte Zeit zusammen
hatten, könnt ihr mich ja irgendwann wieder weiterschicken. Ich werde
euch voll genießen! 25 Erst mal muss ich aber noch nach Jerusalem,
um den Jungs dort etwas unter die Arme zu greifen. 26 Die Christen in
Griechenland haben eine Spendensammlung veranstaltet für die Leute
in Jerusalem, die keine Kohle haben. 27 Sie hatten das Gefühl, es wäre

mal „Pay-back- Time“ angesagt! Schließlich haben sie ja durch die Leute
aus Jerusalem das erste Mal von Jesus gehört. Darum geht das voll in
Ordnung, wenn sie denen jetzt finanziell unter die Arme greifen. 28 So-
bald ich genug Geld zusammenhab und das überweisen kann, mach
ich mich auf den Weg nach Spanien und komme auf der Tour bei euch
vorbei. 29 Und eins verspreche ich euch: Wenn ich komme, dann wird es
ganz tierisch jesusmäßig abgehen. 30 Bitte, Leute, wenn euch was an mir
liegt, dann steht voll hinter mir und unterstützt mich, wo ihr nur könnt!
Betet für mich, damit ich durchhalte in dem Kampf, den ich kämpfen
muss. 31 Betet auch dafür, dass ich in Judäa beschützt werde vor den
Leuten, die mich fertig machen wollen. Und dass ich eine coole Zeit in
Jerusalem mit den Jesus-Leuten dort habe. 32 Dann werde ich total ab-
gehen, wenn ich endlich bei euch bin! Und wir werden eine gute Zeit
zusammen haben, versprochen! 33 Gott, der für Frieden sorgt, soll bei
euch immer am Start sein! Genau [Amen]!

16

1 PS: Die Frau, die euch diesen Brief geben wird, ist auf jeden Fall okay.
Sie heißt Phöbe und arbeitet in der Gemeinschaft von Kenchreä mit.
2 Bitte kümmert euch um sie, wie es normal sein sollte, wenn man zu
Jesus Christus gehört. Steht hinter ihr und gebt ihr, was sie so braucht.
Sie war mir immer eine große Hilfe. 3 Schöne Grüße an Priska und
Aquila, meine Kollegen im Auftrag von Jesus! 4 Die haben alles für mich
riskiert, sogar ihr Leben. Dafür kann ich ihnen nie genug danken, und
so geht es auch den anderen Gemeinden. 5 Schöne Grüße auch an die
Hauskreisgemeinde und an meinen Freund Epänetus. Er war der erste
Typ, der in Kleinasien zum Glauben an Jesus gekommen ist. 6 Grüße an
Maria, die immer viel für euch tut. 7 Und Andronikus und Junia, die ge-
nau wie ich Juden sind und mal mit mir zusammen im Knast waren. Die
beiden haben unter den Aposteln voll den guten Ruf. Beide waren auch
schon vor mir Christen. Die müsst ihr auf jeden Fall auch noch grüßen.
8 Ja, dann noch den Ampliatus, mit dem ich mich durch Gottes Liebe
voll eng verbunden fühle, 9 Urbanus, der auch für Gott unterwegs ist,
und den lieben Stachys nicht zu vergessen. 10 Apelles, der Gott immer
treu ist, und den Leuten aus dem Haus von Aristobul müsst ihr auch
noch Hallo von mir sagen. 11 Hey Herodion, du bist auch ein Jude wie
ich! Hallo an alle aus dem Haus von Narzissus, die Jesus vertrauen!
12 Grüße an Tryphäna und Tryphosa, die was für Gott reißen, Persis, die
ich sehr mag und die auch viel für Gott schuftet! 13 Grüße an Rufus, ein
ganz besonderer Typ für Gott. Und an seine Mutter auch – die ist für
mich zu so was wie ’ner Ersatzmutti geworden. 14 Grüße an Asynkritus,

Phlegon, Hermes, Patrobas, Hermas und die Leute, die bei ihm abhän-
gen. 15 Gebt auch noch Grüße weiter an Philologus und Julia, Nereus
und seine Schwester, an Olympas und all die anderen ganz besonderen
Christen. 16 Geht gut miteinander um und umarmt euch mal gegensei-
tig. Alle Gemeinden, die mit Jesus am Start sind, grüßen euch. 17 Noch
ein paar Worte zum Schluss: Passt auf, wenn irgendwelche Typen anfan-
gen, komische Lehren zu verbreiten, und dadurch zum einen die Ge-
meinschaft auseinander treiben und zum anderen auch das Vertrauen
in Gott dadurch anzecken. Sie erzählen euch was total anderes als das,
was ihr beigebracht bekommen habt. 18 Solche Typen sind total schräge
unterwegs, mit netten Argumenten und ganz tollen Beispielen versu-
chen sie, die einfachen Menschen zu verführen. Die tun nicht das, was
Jesus will. 19 Es hat sich überall rumgesprochen, wie cool ihr mit Gott
unterwegs seid, dass ihr sehr straight lebt, genau wie Gott es möchte.
20 Gott, der immer Frieden will, wird euch bald einen fetten Sieg geben
über Satan, den Chef vom Bösen. Gott liebt euch und verzeiht euch al-
les, das stimmt für immer. 21 Ich soll noch Grüße ausrichten von Timo-
theus, der bei mir angestellt ist. Auch von Luzius, Jason und Sosipater,
ebenfalls Landsleuten von mir, soll ich euch grüßen! 22 Auch ich, Teritus,
schreibt hier noch ein paar Grüße hin. Ich hab diesen Brief für euch
sauber abgetippt. 23/24 Gajus, bei dem ich zurzeit penne und in dessen
Haus die Jesus-Leute abhängen, grüßt euch auch. Erastus, der Finanz-
beamte der Stadt, lässt euch auch schön grüßen, genauso wie Quartus,
der auch an Jesus glaubt.

Gott soll groß rauskommen

25 Gott soll groß rauskommen! Er kann uns durch diese neue Nachricht
immer wieder voll ermutigen. Diese Sache macht deutlich, wie Gott
eigentlich drauf ist. Das haben die Menschen bisher noch nie so gehört.
26 Aber jetzt ist das anders. Sie hören davon, wie es die Prophetentypen
schon vor langer Zeit vorhergesagt hatten. Gott wollte es so, er will,
dass alle Menschen das wissen, damit sie ihr Vertrauen auf Jesus Chris-
tus setzen. 27 Gott weiß alles! Er hat den Überblick! Er soll groß raus-
kommen durch Jesus Christus! Genau so ist es [Amen]!
Euer Paulus

Der erste Brief an die Christen aus Korinth

1

Adresse und Einleitung

1 Absender: Paulus, Apostel. In sein Amt als Botschafter durch Gott ein-
gesetzt. Sowie Sosthenes, ein Mitarbeiter. 2 An: die Familie von Jesus-
Leuten in Korinth. Hallo ihr! Eins erst mal vorweg, Gott hat euch ganz
speziell ausgesucht! Er hat genau euch gemeint, als er euch gerufen hat!
Ihr gehört jetzt zu ihm! Gott hat mit euch was Bestimmtes vor, genau-
so wie mit jedem anderen, der zu Jesus betet, egal, wo der auch auf der
Welt gerade abhängt. 3 Ich wünsche euch alles Gute, dass ihr mit Gott
peacig unterwegs seid und dass ihr versteht, wie sehr er euch liebt. Von
ihm, dem väterlichen Gott, und von Jesus Christus, dem Chef, kommt
echt alles Gute! 4 Ich kriege jedes Mal voll den Flash, wenn ich anfange
Gott dafür zu danken, was für coole Sachen er mit euch durch Jesus
gemacht hat! 5 Von ihm seid ihr fett beschenkt worden, einmal durch
die guten Sachen, die euch beigebracht wurden, zum anderen auch
dadurch, dass ihr sie überhaupt verstehen konntet. 6 Die Nachricht von
Jesus Christus ist bei euch voll eingeschlagen. 7 Ihr seid mit allen geist-
lichen Begabungen fett beschenkt worden. Und ihr lebt total in der Er-
wartung, dass Jesus bald wieder zurück auf die Erde kommt. 8 Jesus wird
euch die nötige Kraft geben, um bis zum Schluss durchzuziehen. Wenn
er wieder bei uns auftaucht, wird nichts zwischen euch und ihm stehen.
9 Gott ist treu! Man kann sich auf ihn verlassen. Er hat euch dazu ausge-
sucht, mit ihm und seinem Sohn, der unser Chef ist, zusammen zu sein.
10 Liebe Leute aus der Familie von Gott, ich hab eine dringende Bitte an
euch: Achtet darauf, dass ihr euch durch nichts auseinander bringen
lasst! Spaltung ist ätzend! Versucht Einigkeit zu kriegen in euren Zielen
und auch in dem, wie ihr so gemeinsam unterwegs seid. 11 Ihr Lieben,
von Verwandten der Chloë habe ich gehört, dass bei euch immer derbe
Diskussionen abgehen und ihr euch über theologische Sachen streitet.
12 Es wird erzählt, dass einige sagen: „Ich steh auf Paulus!“, andere aber
sagen, sie fänden Apollos geiler, und Dritte sagen wieder, sie würden
auf Petrus abfahren. Und die ganz Frommen sagen dann noch: „Ich
steh nur auf Christus!“ 13 Ich frage euch im Ernst, Leute: Was soll das?
Wollt ihr Christus wie einen Kuchen zerschneiden? Und bin ich, Paulus,
denn für euch hingerichtet worden, oder wie? Oder wurde irgendeiner

von euch auf meinen Namen getauft? [14] Ich bin im Nachhinein total froh, dass ich, mal abgesehen von Krispus und Gajus, keinen von euch getauft habe! [15] So kann wenigstens keiner mehr sagen, er wäre auf meinen Namen getauft worden. [16] Ach ja, die Familie vom Stephanas, die hab ich auch noch getauft, das war es aber auch schon, mehr war da nicht, garantiert! [17] Ich hab von Jesus Christus nicht die Order bekommen, Leute zu taufen. Von mir möchte er vor allem, dass ich über die Nachricht rede, dass man sein Leben mit Gott wieder in Ordnung bringen kann. Allerdings nicht mit supergelehrten Worten, sodass alle vor mir einen Riesenrespekt haben, denn es kommt nicht auf mich an, sondern auf Jesus. [18] Mir ist schon klar, dass diese Nachricht von der Hinrichtung eines Jesus Christus an einem Kreuz total schwachsinnig klingen muss für die, die es einfach nicht raffen und verloren gehen. Für uns, die wir dadurch gerettet wurden, ist sie aber ein Beweis für Gottes totale Kraft geworden. [19] Gott hat schon früher mal zu dem Thema gesagt: „Für mich ist es wurscht, wie intelligent einer ist, und selbst wenn jemand glaubt, die Weisheit mit Löffeln gefressen zu haben, da steh ich drüber!“ [20] Was sollen die schlauen Leute, die Professoren und die Philosophen dazu noch sagen? Gott hat sie furchtbar alt aussehen lassen, ihre Intelligenz bringt ihnen letztendlich überhaupt nichts. [21] Obwohl man überall sehen kann, wie genial Gott eigentlich ist, konnten sie ihn mit ihrem Hirn nicht begreifen. Gott hat eine Lektion, die allen total schwachsinnig erscheint, dazu benutzt, um alle zu retten, wenn sie nur daran glauben würden. [22] Die Juden sind scharf auf Wunder. Die Griechen wollen eine Antwort auf alle Fragen durch die Philosophie. [23] Wir behaupten aber einfach, dass der Sohn von Gott, Christus, für alle Menschen sterben musste! Egal, ob das jetzt für die Juden eine Gotteslästerung ist und für die Griechen einfach nur Blödsinn. [24] Die Leute aber, die von Gott ausgesucht wurden, für die steckt in dem am Kreuz hingerichteten Jesus die radikale Power Gottes und seine Weisheit obendrauf. [25] Was Gott da getan hat, übersteigt das menschliche Vorstellungsvermögen! Was bei ihm als schwach rüberkommt, ist in Wirklichkeit der Megablow schlechthin. [26] Seht euch doch selber mal an, Leute! Die wenigsten von euch können auf eine gute Schulbildung oder eine fette Karriere verweisen, bevor sie Christen geworden sind. [27] Gott hat Bock auf die Leute, die aus der Sicht von Nichtchristen keine besondere Stellung in der Welt haben. Er will die Leute alt aussehen lassen, die meinen, sie wären die Intelligenz schlechthin. Er hat die Loser gewählt, um den Siegern 'ne Niederlage zu verpassen. [28] Er hat Bock auf das, worauf die Welt keinen Bock mehr hat. Die Leute, auf die von allen runtergeguckt wird, sind ihm wichtig. Er will damit die Machtstrukturen auf den

Kopf stellen. 29 Niemand sollte mehr in der Lage sein, aufgrund seiner
Stellung in der Welt vor Gott den Lauten machen zu können. 30 Gott hat
die Möglichkeit geschaffen, dass ihr mit Jesus zusammenleben könnt.
Er hat aus Jesus die schlauste Geschichte überhaupt werden lassen!
Durch ihn werden wir wirklich frei, durch ihn sind wir okay für Gott trotz
unserem Dreck, und durch ihn kommen wir mit Gott überhaupt erst
wieder klar. 31 In dem alten Buch steht ja auch schon was da drüber. Ich
zitiere: „Wer sich was einbilden will, soll sich auf das was einbilden, was
Gott gemacht hat!"

2

Was Paulus sagt, das stimmt

1 Also, ihr Lieben, als ich neulich bei euch gewesen bin, hab ich ja nun
echt nicht den weisen Macker markiert oder versucht, euch mit guter
Rhetorik die Sachen von Gott zu erklären. 2 Mir war vor allem wichtig,
nur von Jesus zu reden und warum er an einem Kreuz hingerichtet
wurde. 3 Und dabei war ich echt mies drauf und hatte auch echt Panik.
4 Was ich euch dann gepredigt habe, war ziemlich einfach. Ich habe
nicht versucht, euch mit rhetorischen Mitteln weich zu klopfen. Was bei
euch funktioniert hat, war die Kraft, die durch den heiligen Geist gekom-
men ist. 5 Ich habe das absichtlich gemacht, denn ich wollte nicht, dass
eure Beziehung zu Gott auf menschlichem Gelaber gebaut ist. Ihr solltet
euer Vertrauen auf Gottes Power setzen. 6 Jeder, der ein bisschen von
Gott geschnallt hat, wird verstehen, wie gut diese Nachricht von Gott
ist, auch wenn die Mächtigen in der Welt davon nichts wissen wollen.
Diese Welt wird mit ihren ganzen Weisheiten aber irgendwann in der
Tonne enden! 7 Aber die Weisheit, von der wir hier reden, ist eine Weis-
heit, die direkt von Gott kommt! Sie war lange Zeit top secret. Keiner
wusste davon, bis Gott beschlossen hat, sie aufzumachen, damit wir
wieder in Kontakt mit ihm kommen. 8 Die Leute, die was zu sagen ha-
ben, haben null geschnallt, worum es dabei geht. Logisch, sonst hätten
sie Jesus, nie hingerichtet. 9 Es ist aber genauso passiert, wie es in dem
alten Buch schon drinstand: „Was niemand für möglich gehalten hat,
was keiner voraussehen konnte, das hat Gott am Start für alle, die ihn
lieben." 10 Wir dürfen das alles verstehen, weil Gott es uns durch seinen
Geist erklärt. Sein Geist hat die Peilung von allem, und er erlaubt uns
einen tiefen Einblick in Gottes Geheimnisse. 11 Genauso wie jeder nur
seine eigenen Gedanken wirklich kennt, so ist Gott auch der Einzige, der
seine eigenen Gedanken wirklich beurteilen kann. 12 Gott hat uns nicht
die Einstellungen verordnet, die man in der Welt so vorfindet. Er will,
dass wir durch seine Kraft in der Lage sind zu verstehen, was er uns al-

les geschenkt hat! [13] Alles, was wir euch beigebracht haben, konnten wir euch nicht etwa deshalb beipulen, weil wir so geil drauf sind und so gut reden können. Es war immer so, dass Gott uns durch seinen heiligen Geist die Worte aufgespielt hat. [14] Leute, die keine Ahnung von Gottes Kraft und seinem Geist haben, können so was gar nicht kapieren. Bei denen kommt nur Dünnsinn rüber. Nur die Menschen, die sich von Gott führen lassen, verstehen auch die Sachen, die Gott sagen will. [15] Wenn Gott uns durch den Geist führt, lernen wir zu unterscheiden, und wir werden dabei total unabhängig von dem, was andere über uns sagen. [16] Jesaja hat ja schon mal die Ansage gemacht: „Wer schnallt überhaupt, wie Gott drauf ist, wer könnte ihm Unterricht geben?“ Wir sind aber so drauf wie er, wir haben auch seine Kraft in uns.

3

Passt auf vor Spaltung, jeder braucht jeden!

[1] Ihr Lieben, als ich bei euch zu Besuch war, konnte ich nicht so mit euch umspringen, wie ich es mit Leuten tue, die schon ein bisschen länger mit Jesus am Start sind. Es war eher die „Baby-Nummer“, die ich bei euch durchgezogen habe. [2] Ich habe euch eher mit Milch versorgt als mit Schwarzbrot, denn davon hättet ihr nur Bauchschmerzen bekommen. Und jetzt sieht's auch noch nicht viel besser aus. [3] Ihr seid echt so drauf, als würdet ihr Jesus noch gar nicht kennen und immer noch euer eigenes Ding machen. Dass ihr euch immer wieder streitet und eifersüchtig auf den anderen seid, ist für mich der Beweis. [4] Wenn einer erklärt: „Ich bin ein Paulus-Fan“, und der Nächste sagt: „Ich steh auf Apollos“, dann seid ihr echt so drauf wie Leute, die keine Ahnung von Jesus haben. [5] Wer ist denn bitte schon Apollos? Und wer ist übrigens Paulus? Wir sind doch nur Angestellte von Gott, durch die ihr Christen geworden seid, weiter nichts. [6] Meine Aufgabe bestand darin, Samen in euer Herz zu streuen, Apollos hat Wasser darüber gegossen, aber Gott hat es alles wachsen lassen, das war nicht unser Ding. [7] Ist eigentlich egal, wer jetzt den Samen in die Erde gebracht hat und wer ihn begossen hat, wichtig ist nur, dass Gott euer Vertrauen in ihn wachsen lässt. [8] Derjenige, der gesät hat, und auch der Typ, der Wasser darüber gegossen hat, ziehen ja beide am selben Strang! Jeder wird irgendwann mal seine Bezahlung für seinen Job kriegen. [9] Wir haben bei uns so was wie Teamwork. Ihr seid sozusagen das Ackerfeld von Gott und ihr seid damit seine Arbeit, nicht unsere. [10] Weil Gott so gut zu mir ist, durfte ich bei euch ein Fundament gießen. Das habe ich so schlau angestellt, wie es eben ging. Jetzt bauen aber andere auf diesem Fundament weiter und jeder, der dabei ist, muss aufpassen, dass er so gut weiterbaut,

wie es geht. 11 Keiner kann ein geileres Fundament abgeben als Jesus
Christus selbst. Überhaupt ist er das einzige Fundament, was man sich
vorstellen kann, wenn man glaubensmäßig irgendetwas reißen will.
12 Jetzt kann natürlich jeder so bauen, wie er Bock hat, um weiter in die-
sem Bild zu sprechen. Man kann zum Beispiel richtig cooles Material
nehmen, Gold oder Silber oder Diamanten, aber auch Sachen wie Stroh
oder Holz kann man verwenden. 13 An dem Tag, an dem die letzte große
Abrechnung abgehen wird, muss sich alles in einem Feuer beweisen.
Das Feuer wird dann zeigen, was eine gute Bauweise ist und was schrot-
tig ist. 14 Was im Feuer nicht verbrennt, dafür wird man fett absahnen.
15 Wenn ein Lebenswerk aber im Feuer verkohlen sollte, wird das ganz
schön ätzend sein, auch wenn man selbst noch mit dem Leben davon-
kommt. 16 Habt ihr nicht geschnallt, dass ihr so was wie eine Kirche für
Gott seid? Ihr seid wie seine Bude und sein Geist wohnt in euch drin.
17 Wenn jemand die Wohnung von Gott versifft, dann wird er von Gott
auch versifft werden. Denn da, wo Gott wohnt, ist kein Platz für ätzende
Sachen, er ist perfekt. Und Gott wohnt in euch, Leute! 18 Linkt euch
doch nicht selber ab! Falls sich jemand für besonders schlau hält, dann
muss er erst mal dumm werden, damit Gott ihn auf seine Art richtig
schlau machen kann. 19 Denn das, was die Welt für besonders intelligent
hält, ist aus Gottes Sicht totaler Schwachsinn. Zitat: „Gott schlägt die
Leute, die meinen, die Weisheit mit Löffeln gefressen zu haben, mit
ihren eigenen Waffen." 20 An einer anderen Stelle aus dem alten Buch
heißt es: „Gott weiß genau, was in den Gedanken der Schlaumeier vor-
geht, und er lacht darüber." 21 Keiner soll den Lauten machen, wenn er
sich mit andern vergleicht. 22 Egal, ob er jetzt Paulus heißt oder Apollos
oder Petrus. Alles liegt euch zu Füßen, die ganze Welt, das Leben und
der Tod, die Vergangenheit und die Zukunft! 23 Ihr gehört zu Jesus Chris-
tus und gehört damit zu Gott!

4

Die Apostel müssen sich vor Gott gerade machen

1 Ich würde mir wünschen, dass wir Apostel für euch so was wie Ange-
stellte von Jesus sind, die die Aufgabe von ihm haben, Aufklärungsarbeit
für seine Sache zu betreiben. 2 Von einem Angestellten wird hundertpro-
zentige Zuverlässigkeit erwartet. 3 Wie ist das bei mir? Also, mir ist es
ehrlich gesagt total egal, was Leute über mich denken. Außerdem finde
ich, dass ich mich nicht in eigener Sache beurteilen sollte. 4 Ich hab
zwar ein reines Gewissen, aber auch das ist nicht entscheidend. Was
Gott über mich denkt, darauf kommt es letztendlich an! 5 Niemand hat
das Recht, das Leben von jemandem zu bewerten, bevor Jesus wieder-

kommt und den Maßstab festlegt. Gott weiß, was in einem so abgeht,
er kennt die geheimen Gedanken und Motive, warum wir bestimmte
Sachen so und so gemacht haben. Und dann wird Gott jeden so loben,
wie es angesagt ist. 6 Freunde, ich wollte am Beispiel von mir und Apol-
los noch mal klar machen, worum es geht und wie man so herausfindet,
was Gott will. Es geht mir echt auf die Nerven, wenn ihr versucht uns
gegeneinander auszuspielen. 7 Wer sorgt denn dafür, dass man besser
ist als jemand anderes? Alles, was du hast, hast du doch von Gott ge-
schenkt bekommen. Da hast du gar keine Aktien drin und kannst da
auch gar nicht stolz drauf sein! 8 Mann, ihr seid so lasch geworden, ihr
glaubt, ihr hättet schon alles, was geht. Und das, so glaubt ihr, habt ihr
alles ganz ohne unsere Hilfe erreicht. Schön wär's ja, dann hätten wir
ja unser Ziel erreicht, müssten nicht mehr kämpfen und hätten das Sa-
gen in dieser Welt. 9 Ich bin allerdings der Meinung, dass Gott für uns
Apostel einen anderen Platz vorgesehen hat. Nämlich ganz hinten, kurz
vor dem Tod. Wir machen uns für viele Leute echt zum Hampelmann in
dieser Welt, für Menschen, aber auch für Engel. 10 Weil wir so radikal mit
Jesus leben, reißen die Leute Witze über uns. Ihr tut aber so, als hättet
ihr die Weisheit mit Löffeln gefressen. Wir sind die Blödmänner und
ihr die Schlaumeier. Ihr gehört zur High Society, wir zum Abschaum
der Welt. 11 Selbst heute haben wir nichts zu essen im Haus, wir haben
Durst, und unsere Klamotten reichen noch nicht mal für die Altkleider-
sammlung. Wir werden ständig verprügelt und leben wie die letzten
Penner. 12 Wir sind uns nicht zu schade, für unser Essen auch noch zu
arbeiten. Wenn Leute uns verarschen, segnen wir sie, wenn man uns
übel mitspielt, lassen wir es mit uns machen. 13 Wir sind nett zu den
Menschen, die über uns ablästern. Und trotzdem behandelt man uns
wie den letzten Dreck, die Leute kotzen sich über uns aus. 14 Ich will ja
nicht, dass euch das jetzt oberpeinlich ist. Aber ich muss euch mal auf
die richtige Spur setzen, ihr Lieben, passt auf! 15 Selbst wenn ihr zehn-
tausend Lehrer hättet, die euch Sachen über Jesus Christus beibringen
würden, 'nen geistlichen Vater habt ihr nur einen. Ich bin für euch so
was wie ein Vater durch Jesus Christus, weil ich der Erste war, der euch
die neue Nachricht über Gott erzählt hat. 16 Darum hab ich eine Bitte an
euch: Folgt meinem Beispiel! 17 Ich habe jetzt den Timotheus zu euch
geschickt, damit er euch dabei hilft. Timotheus hat es voll drauf, und
ich liebe ihn sehr. Er kann euch daran erinnern, was für Ansagen ich
euch und auch den anderen Gemeinden gemacht habe. Dafür hat mir
ja Jesus Christus den Auftrag erteilt. 18 Ich habe gehört, es gibt ein paar
Spacken bei euch, die sich ziemlich aufplustern, weil sie nicht damit
rechnen, dass ich demnächst bei euch vorbeikomme. 19 Ich komme bald

vorbei, sobald Jesus es mir erlaubt. Ich bin gespannt, ob die Kritiker bei
euch nur dumme Sprüche machen können oder ob auch was dahinter
ist. 20 Denn da, wo Gott das Sagen hat, geht es derbe ab, dort zählen
powervolle Zeichen und nicht nur dünnes Gelaber. 21 Ihr könnt euch
ja überlegen, was ihr wollt. Soll ich mit einem Maßnahmenkatalog bei
euch aufkreuzen und euch bestrafen oder soll ich nett und liebevoll mit
euch umgehen?

5

Was die Korinther mit jemandem tun sollen, der konstant Mist baut

1 Leute, ich hab es zuerst null auf die Reihe gekriegt, als man mir von
den ätzenden Sachen erzählt hat, die bei euch abgehen! So ätzende,
eklige Sachen, so was geht ja noch nicht mal bei den Nichtchristen! Ich
hab gehört, dass bei euch in der Gemeinde ein Typ ist, der mit seiner
Stiefmutter Sex hat. Was geht denn da bitte ab? 2 Und ihr lasst dabei
noch voll den Geistlichen raushängen ... Es sollte euch total peinlich
sein, dass so was bei euch abgeht! Warum habt ihr diesen Typen nicht
aus eurer Jesus-Familie rausgeschmissen? 3 Ich bin jetzt ja nicht körper-
lich bei euch, aber in Gedanken hab ich mit dem Typen schon verhan-
delt. 4 Wenn ihr das nächste Mal mit Jesus abhängt, dem Chef dieser
Welt, dann werde ich in Gedanken bei euch sein. Und Gottes Power ist
dann auch voll dabei. 5 Dann solltet ihr den Typen aus der Gemeinde
rausschmeißen und ihn damit dem Bösen schutzlos ausliefern. Dadurch
wird er zur Vernunft kommen und so hoffentlich gerettet werden an
dem Tag, wo wir alle einmal Rechenschaft für unser Leben ablegen wer-
den. 6 Ist schon echt schlimm, dass ihr auf der einen Seite geistlich so
abgeht und stolz darauf seid und auf der anderen Seite solche Sachen
bei euch passieren. Merkt ihr nicht, dass so etwas immer alle angeht,
auch wenn nur einer von euch Mist baut? 7 Schmeißt diesen Typen raus,
damit er die Atmo bei euch nicht verseuchen kann! Ihr habt doch reine
Luft zum Atmen, weil Jesus durch seinen Tod die Luft rein gemacht hat.
8 Geht dem Dreck in dieser Welt aus dem Weg, ernährt euer Hirn nicht
von dem Zeug, was die Welt anbietet, sondern ernährt euch von den
guten, reinen, wahren Sachen, die Gott euch anbietet. 9 Ich hab euch
schon vor einiger Zeit mal geschrieben, dass ihr den Leuten, die mit
allem und jedem im Bett landen, aus dem Weg gehen solltet. 10 Ich habe
damit nicht die Leute gemeint, die eh nicht mit Gott leben, die sowieso
ohne Hemmungen mit jedem im Bett landen, die legal oder illegal nur
hinter Kohle her sind, die ihre Karriere oder das Auto oder auch den
Partner zu ihrem Gott gemacht haben! Wenn ihr solchen Menschen aus
dem Weg gehen wollt, dann müsstet ihr ja auf den Mond ziehen! 11 Was

ich meinte, war, dass ihr so Leute aus eurer Gemeinschaft rausschmeißen solltet, also Menschen, die sich als Christen bezeichnen, aber doch nur hinter der Kohle her sind oder irgendwelche ätzende Sexsachen am Start haben, die in okkulten Sachen drinstecken, ständig betrunken sind oder andere aus der Gemeinschaft abzocken. Mit solchen Leuten solltet
ihr euch echt nicht abgeben. 12 Ist jetzt nicht unser Ding, Leute zu verurteilen, die nicht zur Gemeinde gehören, trotzdem seid ihr ganz klar dafür verantwortlich, gegen solche Leute, die bei euch mitmachen und
solche Sachen bringen, auch vorzugehen. 13 Die sowieso nicht dazugehören, wird sich Gott am Ende eh vorknöpfen. Trotzdem steht auch schon im alten Buch, ich zitiere: „Die miesen Typen solltet ihr bei euch rausschmeißen."

6

Es ist nicht okay, einen aus der Jesus-Familie vor den Kadi zu zerren

1 Wie kann das angehen, dass ihr als Christen eure Probleme nicht alleine geregelt kriegt und dafür sogar eine Gerichtsverhandlung mit
einem Richter braucht, der noch nicht einmal Jesus kennt? 2 Habt ihr
nicht geschnallt, dass wir Christen irgendwann die Gerichtsverhandlung für den Rest der Welt organisieren werden? Mann, da müsstet ihr doch
allemal in der Lage sein, eure Probleme selber zu regeln, oder? 3 Euch
ist vermutlich gar nicht bewusst, dass wir irgendwann sogar ein Urteil über die Engel fällen müssen!? Da muss doch was gehen, wenn wir hier
auf der Erde mal einen Streit haben! 4 Aber ihr geht mit solchen Sachen
gleich zum Anwalt und erstattet Anzeige bei der Polizei!" 5 Ich schreibe
das hier, damit euch das mörderpeinlich ist! Gibt es wirklich keinen bei euch, der genug Peilung hat, um so was zu regeln? 6 Stattdessen zerrt
ihr euch gegenseitig vor den Kadi, sogar die Nichtchristen kriegen das
mit. 7 Schlimm genug, dass ihr euch überhaupt streitet! Warum könnt ihr nicht so drauf sein, dass es euch egal ist, wenn Christen mies mit
euch umgehen, ja euch sogar abzocken? 8 Ihr rächt euch, indem ihr mit
den Geschwistern genau dasselbe tut wie sie mit euch! 9 Habt ihr schon
wieder vergessen, dass Leute, die nicht gerecht mit andern umgehen, im Land, wo Gott das Sagen hat*, nichts zu suchen haben? Darauf könnt ihr wetten, Leute, keiner, der sexmäßig Mist baut, der irgendwelche Dinge oder Ideen zu seinem Gott macht, der fremdgeht, Stricher, 10 Diebe,
Leute, die nur hinter Kohle her sind, Drogensüchtige, Alkis, Menschen,

---

* Gottes Reich oder Reich Gottes. Ein religiöser Fachbegriff, mit dem die Menschen damals ganz konkrete Erwartungen verbunden haben. Es ging um eine Zeit, in der Gott das Sagen hat, wo alles dufte ist. Dieses Reich breitet sich da aus, wo Christen sind, weil Jesus dann mitten dabei ist.

die ständig ablästern oder Banken überfallen, keiner von denen wird bei Gott im Paradies dabei sein, wenn er so weiterlebt. [11] So waren einige von euch früher mal drauf, jetzt ist der ganze Dreck aber von euch abgewaschen worden. Gott hat euch gerufen, er hat euch frei gemacht, durch Jesus Christus und durch den Geist Gottes seid ihr jetzt mit Gott unterwegs.

Auch unser Körper gehört Gott

[12] „Wir dürfen alles" ist so ein Spruch, den man von euch hört. Das stimmt ja auch, aber trotzdem tut euch nicht alles gut. Dieser Spruch „Wir dürfen alles" darf nicht dazu missbraucht werden, dass dich irgendetwas plötzlich kontrolliert und du davon süchtig wirst! [13] Bei euch gilt die Ansage: „Essen ist für den Magen und der Magen ist für das Essen da, und irgendwann wird beides mal vergammeln." Stimmt, das heißt aber noch lange nicht, dass wir mit unserem Körper jetzt rumsündigen können. Auch unser Körper ist für uns von Gott gemacht worden. Darum ist es Gott eben nicht egal, was wir damit machen! [14] Gott wird mit seiner irren Power jeden von uns aus dem Tod rausholen. Hat er ja mit Jesus auch gemacht. [15] Habt ihr nicht kapiert, dass euer Körper jetzt zu Jesus Christus gehört? Habt ihr wirklich Bock darauf, dass dieser Körper versifft wird durch den Sex mit einer Nutte? Never! [16] Oder habt ihr das noch gar nicht verstanden, dass, wenn man mit einer Nutte schläft, man mit ihr verschmilzt und eins wird? In dem alten Buch kann man ja auch nachlesen: „Beide werden ineinander verschmelzen!" [17] Wenn ihr mit Jesus lebt, dann verschmilzt euer Wesen auch mit ihm und seinem Geist. [18] Darum kann ich euch echt nur warnen: Passt auf mit Sexsachen, die für Gott nicht okay sind! Damit ist nicht zu spaßen, denn keine Sünde hat so sehr was mit deinem Körper zu tun wie die! Ihr handelt damit im Grunde direkt gegen euch selbst, gegen euren Körper. [19] Habt ihr vergessen, dass euer Körper wie eine Kirche für die Power von Gott, seinen heiligen Geist, ist? Ja genau, der Geist, der jetzt in euch eingezogen ist, der euch geschenkt wurde! Ihr habt ihm euer Leben gegeben, ihr gehört euch nicht mehr selbst! [20] Gott hat fett bezahlt, damit das so ist. Er hat alles für euch gegeben! Hey, geht mit eurem Körper so um, dass Gott dabei groß rauskommt und er sich darüber freut.

7

Soll man heiraten oder Single bleiben?

[1] Jetzt noch mal zu den Fragen, die ihr mir in dem Brief geschrieben habt. Also: Klaro ist es für einen Mann besser, nicht zu heiraten und auf Sex ganz zu verzichten. [2] Weil aber mit Sexsachen so viel Mist passiert,

sollte besser jeder Mann eine Frau haben und jede Frau einen Mann.
[3] Wenn ein Typ verheiratet ist, sollte er mit seiner Frau schlafen, auch
wenn er zu diesem Zeitpunkt keinen Bock auf Sex hat. Das gilt natürlich
auch umgekehrt! [4] Die Ehefrau und auch der Ehemann haben das Recht
an ihrem Körper an den anderen abgetreten. [5] Beide sollten nicht „Nein"
sagen, wenn einer mal Lust auf Sex hat. Ausgenommen, sie haben sich
so abgesprochen, dass sie für eine Zeit abbeten wollen und Sex sie
dabei nur ablenken würde. Danach solltet ihr aber wieder miteinander
schlafen, sonst werdet ihr nur gigascharf und Satan hat leichtes Spiel
mit euch, verführungstechnisch. [6] Das ist jetzt nur ein Tipp von mir,
damit ihr es leichter habt, kein Befehl. [7] Ich fänd es sehr geil, wenn alle
ohne zu heiraten so leben könnten, wie ich es tue. Wir sind aber nicht
alle gleich, und für einige ist es eine gute Sache, verheiratet zu sein,
für andere besser, ohne Partner zu bleiben. [8] Die jetzt keinen Partner
haben, auch die, bei denen der Ehepartner gestorben ist, denen würde
ich aber echt raten, Single zu bleiben. [9] Wenn die es aber sexmäßig nicht
auf die Reihe kriegen, sollten sie besser heiraten. Verheiratet zu sein ist
immer noch besser, als den ganzen Tag an Sex zu denken und davon
kontrolliert zu werden.

Wenn Eheleute Probleme miteinander haben

[10] Für die Leute, die verheiratet sind, hab ich 'ne Ansage, die nicht von
mir, sondern von Jesus selbst kommt: Eine Frau soll sich von ihrem
Typen nicht scheiden lassen. [11] Wenn sie ihn aber trotzdem verlässt, soll
sie auf keinen Fall wieder heiraten. Am besten, sie verträgt sich wieder
mit ihrem Ex. Ein Ehemann soll seine Frau auch nicht rausschmeißen!
[12] Jetzt kommt noch mal 'ne Ansage von mir, die ist nicht von Jesus:
Wenn ein Christ eine Ehefrau hat, die nicht mit Jesus lebt, und für sie
sein Glaube okay ist, dann darf er sie auch nicht in den Wind schießen.
[13] Wenn umgekehrt eine Christin einen Typ als Mann hat, der nicht mit
Jesus lebt, er das aber okay findet, dass sie mit Jesus lebt, dann darf
sie ihn auch nicht wegschicken. [14] Ihr braucht keine Angst zu haben,
dass ein Nichtchrist seine christliche Frau irgendwie runterzieht. Ganz
im Gegenteil, die Frau färbt dann eher auf den Mann ab. Umgekehrt
gilt das natürlich auch für einen christlichen Mann und seine nicht-
christliche Frau. Das ist wichtig, weil sonst eure Kinder auch außen vor
ständen, doch dadurch sind eure Kinder automatisch auf eurem Level.
[15] Falls aber der Ehepartner, der nicht an Jesus glaubt, darauf besteht,
sich scheiden zu lassen, dann gebt dem auch nach. Der Christ in der
Ehe muss dann nicht krampfhaft daran festhalten – Gott will nicht, dass
ihr deswegen Stress mit anderen Menschen habt. [16] Es kann ja keine

Frau dafür garantieren, dass sich ihr Ehemann auch irgendwann für Jesus entscheidet. Und die Ehemänner wissen das genauso wenig von ihren Ehefrauen. [17] Wenn ihr verheiratet wart, als ihr Christen geworden seid, dann bleibt verheiratet. Und wenn ihr Single wart, lebt als Single weiter. Das ist meine Order an alle Gemeinden. [18] Das Gleiche gilt übrigens auch für dieses Beschneidungsritual*. Ist das bei jemandem abgegangen, bevor er gläubig geworden ist, wäre es Quatsch, das wieder rückgängig machen zu wollen. Wenn jemand auf der anderen Seite noch nicht beschnitten war, bevor er Christ geworden ist, dann soll das auch so bleiben. [19] Es ist letztendlich total egal, ob jemand beschnitten ist oder nicht. Wichtig ist, dass du das tust, worauf Gott Bock hat! [20] Ihr braucht eure Lebensumstände nicht dick zu verändern, nachdem ihr Christen geworden seid! [21] Also, wenn du vorher ein Sklave warst, dann mach dir keinen Kopf deswegen. Wenn du aber die Chance hast freizukommen, dann nutz die auch. [22] Ist doch klar, wenn du ein Sklave warst und Gott dich gerufen hat, dann bist du aus Gottes Perspektive jetzt ein total freier Mensch. Ja, und wenn du vorher ein freier Mensch warst, dann bist du jetzt irgendwie ein Sklave von Jesus, oder? [23] Gott hat derbe viel für euch bezahlt, es hat ihn alles gekostet, deshalb werdet jetzt nicht abhängig von Menschen, sondern nur abhängig von Gott. [24] Darum, Leute, bleibt an dem Ort, wo ihr gewesen seid, bevor ihr angefangen habt, mit Gott ganze Sache zu machen. Genau dort sollt ihr für ihn am Start sein. [25] Was die Singles angeht, da hat Gott mir keine genaue Order gegeben. Aber ich hab einen guten Tipp für sie. Also, ihr könnt mir schon vertrauen, schließlich hab ich ja von Gott 'ne Menge Schnall. [26] Da bald große Probleme auf uns zukommen, glaub ich, es wäre keine gute Idee, jetzt zu heiraten. [27] Wenn du schon 'ne Frau hast, dann steh zu ihr. Wenn du noch keine hast, dann such dir auch keine. [28] Wenn du dich jetzt aber doch dazu entschließt, zu heiraten, ist das total okay für Gott. Und wenn ein Mädchen heiratet, ist das auch okay. Ich fände es allerdings schon besser, wenn ihr den Problemen, die dadurch entstehen, aus dem Weg gehen könntet. [29] Ihr Lieben, eins sag ich euch auf sicher: Wir haben nicht mehr viel Zeit! Darum wäre es cooler, wenn die Männer durch die Ehe nicht von dem Wichtigsten abgelenkt werden. [30] Egal, ob dir nach Heulen zumute ist oder ob du gerade super drauf bist, ob du fett in Kohle schwimmst oder nicht: Absolut nichts soll uns davon abhalten können, für Gott zu leben! [31] Fahrt nicht ab auf Sachen, die aus dieser Welt kommen! Nicht sie sollen euch beherrschen, sondern ihr sie. Diese Welt wird bald kaputt und am Ende sein. [32] Ich wünsche

* Dieses Ritual wurde bei den Juden mit jedem Jungen durchgezogen. Man schnitt ihm die Vorhaut ab, um ihn so okay für Gott zu machen.

mir, dass ihr, egal, was bei euch abgeht, total frei seid von dem, was an
ätzenden Sachen in der Welt so passiert. Wenn jemand unverheiratet
ist, kann er sich voll auf die Sachen von Gott konzentrieren, er kann sich
voll darüber 'nen Kopf machen, wie er Gott 'ne Freude machen kann.
33 Für einen verheirateten Mann ist das viel schwerer. Er muss sich auch
um seine Frau kümmern und für sie sorgen, er kann sich so nur mit
halber Kraft für Gott gerade machen. 34 Eine Frau, die nicht geheiratet
hat, kann radikal und frei alles für Gott geben. Wenn sie aber verheiratet
ist, will sie ja auch ihrem Mann gefallen. 35 Hey, es geht mir nicht da-
rum, jetzt irgendwelche Gesetze aufzustellen, ich will euch nur helfen,
Entscheidungen zu treffen. Ich möchte, dass ihr ein cooles Leben habt,
das für Gott auch okay ist, und dass ihr euer Ziel nicht aus den Augen
verliert, nämlich radikal für Gott zu leben. 36 Also, wenn jemand glaubt,
er sollte seine Verlobte besser heiraten, weil es ihm sonst schwer fal-
len würde, keinen Sex mit ihr zu haben, dann soll er das machen, es
ist okay. 37 Wenn er aber den Drive dazu hat, Sachen in der Regel auch
durchzieht und meint, Heiraten wäre nicht angesagt für ihn, dann soll
er das machen. 38 Wenn also jemand heiraten will, ist das eine gute Ent-
scheidung. Wenn jemand nicht heiraten will, ist es die bessere Entschei-
dung. 39 Eine Frau ist so lange mit ihrem Typen verheiratet, bis der stirbt.
Wenn er stirbt, kann sie sich einen neuen Mann suchen. Es sollte aber
eine Ehe sein, die für Gott cool ist, er sollte schon Christ sein! 40 Wenn
die Frau mich fragen würde, ich müsste ihr raten, alleine zu bleiben. Das
ist jetzt meine persönliche Meinung, aber ich hab schließlich Gottes
Vollmacht für so 'ne Ansagen bekommen.

8

Über den Umgang mit Fleisch, das vorher bei einem Opferritual für Götzen benutzt wurde

1 Jetzt nun noch mal zum Thema, ob es als Christ okay ist, Fleisch zu
essen, das für irgendwelche Götzenopfer benutzt wurde. Ehrlich, ich
trau euch zu, dass ihr da voll den Schnall habt und dass ihr das deshalb
so machen könnt, wie ihr das für richtig haltet. Aber Wissen kann dafür
sorgen, dass man arrogant wird. Nur Liebe baut die Leute wirklich auf.
2 Wenn jemand behauptet, er habe für alles eine schlaue Antwort parat,
hat er kaum geschnallt, worauf es wirklich ankommt. 3 Nur wer Gott so
richtig liebt, hat es wirklich verstanden! 4 Also, wie ist das jetzt mit dem
Opferfleisch für Götzen? Geht das in Ordnung, davon zu essen, oder
nicht? Hey, ist doch kein Geheimnis, dass diese Götzen nur Pseudogöt-
ter sind. Es gibt nur einen wirklichen Gott! 5 In der Phantasie von den
Menschen existieren viele „Götter", die im Himmel wohnen oder auf

der Erde. Es gibt ja auch tatsächlich viele spirituelle Kräfte und geistige Mächte in dieser Welt. 6 Wir wissen aber, dass es nur einen einzigen echten Gott gibt! Den Vater, der alles gemacht hat und für den wir alles geben! Und es gibt auch nur einen echten Chef, Jesus Christus, durch den Gott alles machen konnte. Nur durch ihn leben wir überhaupt! 7 Das ist allerdings nicht allen Christen klar. Die sind noch etwas unsicher und haben das noch nicht so begriffen. Die dachten irgendwie die ganze Zeit, es gibt auch noch andere Götter neben Gott. Wenn die jetzt von diesem speziellen Fleisch essen, kommen die schlecht drauf und kriegen ein schlechtes Gewissen. 8 Total richtig, wenn ihr dagegenhaltet. Wir könnten Gott mit unserem Essverhalten eh nicht beeindrucken. 9 Trotzdem wäre es cool, wenn ihr darauf achten würdet, mit eurem Verhalten nicht die Leute runterzuziehen, die dadurch ein schlechtes Gewissen kriegen würden. Ihre Beziehung zu Gott würde darunter leiden, und das wäre blöd. 10 Es könnte ja passieren, dass dadurch ein Christ, der im Glauben noch etwas schwach auf der Brust ist, mitkriegt, wie du in einem Götzentempel abhängst und da in Ruhe Mittag isst. Für dich kann das ja total okay sein, aber die könnten es als Versuchung empfinden und gegen ihr Gewissen dann auch was von dem Zeug essen. 11 So kann es kommen, dass diese Freiheit, die du dir damit rausnimmst, dass du deinen eigenen Glauben auf diese Art auslebst, deinen schwächeren Bruder schlecht draufbringt. Dabei ist Jesus Christus auch für ihn genauso gestorben wie für dich. 12 Wenn du das Gewissen von deinem Glaubensbruder verletzt, dann verletzt du auch Jesus. 13 Ich fass noch mal zusammen: Wenn die Chance besteht, dass durch mein Verhalten jemand dazu verführt wird, Mist zu bauen, weil ich ohne nachzudenken Opferfleisch esse, dann will ich lieber für den Rest meines Lebens auf Fleisch ganz verzichten, als ihm das anzutun!

9

Paulus verzichtet auf sein Recht, Kohle für seinen Job zu kriegen

1 Um mal mich als Beispiel zu nehmen: Leute, ich bin immerhin ein Apostel*! Ich hatte eine derbe Begegnung mit Jesus, konnte ihn mit eigenen Augen sehen! Und alles, was bei euch mit Jesus geht, ist ein Ergebnis meiner Arbeit! 2 Auch wenn andere mich nicht für einen Apostel halten, für euch bin ich auf jeden Fall einer. Ihr seid ja der Beweis dafür, dass ich von Gott so eine Berufung habe. 3 Meinen Kritikern kann ich

---

* Apostel heißt übersetzt so viel wie Gesandter, Postbote, jemand, der eine Botschaft hat. Es war ein stehender Begriff für ein paar wenige Christen, die eine spezielle Begabung und Berufung von Gott bekommen hatten. Siehe auch „Was bei den Aposteln so los war". Apostelgeschichte 1,1

echt nur das sagen: 4 Meine Mitarbeiter und ich haben bei dem, was
wir malochen, doch eigentlich echt einen Anspruch da drauf, von der
Jesus-Gemeinschaft wenigstens unsere Spesen bezahlt zu bekommen!
5 Hätten wir nicht sogar einen Anspruch da drauf, unsere Ehefrauen auf
Kosten der Gemeinschaft auf unsere Tour mitzunehmen? Die anderen
Apostel tun das, die Brüder von Jesus auch, genauso Petrus. 6 Warum
müssen Barnabas und ich eigentlich für unseren Unterhalt auch noch
selber sorgen? 7 Es gibt ja auch keinen Soldaten, der sich selber den
Lohn auszahlt. Und ein Bauer kann auch seine eigenen Früchte ernten.
Und ein Hirte kann auch von seinen Tieren die Milch trinken, das ist
doch wohl logisch. 8 Das ist übrigens nicht nur allgemein so üblich, Gott
hat in den alten Schriften schon 'ne Ansage dazu gemacht. 9 In den Ge-
setzen von Mose steht zum Beispiel: „Der Ochse, der dir bei der Feld-
arbeit hilft, sollte auch was zu fressen kriegen!“ Glaubt ihr, Gott hatte
dabei nur an Ochsen gedacht, als er das gesagt hat? 10 Meinte er damit
nicht vielleicht auch uns? Natürlich meinte er uns, er sagt da ja auch,
dass alle, die beim Ernten helfen, was von der Ernte abkriegen sollen.
11 Wir haben bei euch die geistlichen Samen ausgestreut, indem wir
über Gott geredet haben. Ist doch nicht zu viel verlangt, wenn ich euch
um was zu essen und ein paar Klamotten bitte, oder? 12 Ihr spendet ja
auch für andere Leute, die bei euch predigen, und das ist auch okay.
Trotzdem haben wir erst recht einen Anspruch da drauf. Wir haben von
diesem Recht bisher nie Gebrauch gemacht, vor allem weil wir keinen
Bock darauf hatten, dass Kohle und solche Sachen der guten Nachricht
von Jesus im Weg stehen könnten. 13 Wisst ihr eigentlich nicht, dass alle,
die im Tempel arbeiten, was von dem Geld bekommen, das der Tempel
einnimmt? Und die Priester, die am Altar zu tun haben, dürfen sich le-
bensmitteltechnisch an den Opfersachen bedienen. 14 Gott hat genauso
die Order rausgegeben, dass die Leute, die für Gottes coole Nachricht
arbeiten, auch anständig dafür bezahlt werden. 15 Ich hab aber von
dieser Möglichkeit nie Gebrauch gemacht, nur um das noch mal klar-
zustellen. Ich schreib das jetzt auch nicht, weil ich euch jetzt irgendwie
hintenrum dazu auffordern will. Lieber sterbe ich, als mir den Orden,
dass ich mich gerade mache, ohne Kohle dafür zu verlangen, wieder
klauen zu lassen! 16 Dass ich die coole Nachricht von Gott überall erzäh-
le, ist kein Grund für mich, den Dicken raushängen zu lassen. Ich kann
gar nicht anders, ich muss das tun, sonst geht es mir mies! 17 Wenn
ich das tun würde, weil ich mich aus freiem Willen dazu entschlossen
habe, dann wäre es okay, Kohle dafür zu verlangen. Aber ich wurde von
Gott extra dafür ausgesucht! Er wollte das von mir, ich konnte gar nicht
anders. 18 Wie krieg ich denn jetzt meine Bezahlung? Die besteht da

drin, dass ich die Nachricht von Gott den Leuten weitererzähle, und zwar kostenlos. Und sie besteht auch da drin, dass ich auf mein Recht verzichte.

Radikal ohne Ende

19 Ich bin frei und total unabhängig, obwohl ich mich auf der anderen
Seite zum Hampelmann für alle gemacht habe. Ich wollte einfach so
viele Menschen wie möglich erreichen. 20 Damit ich die Juden für Jesus
begeistern kann, lebe ich radikal nach den Regeln eines Juden, obwohl
ich das eigentlich gar nicht mehr muss. Ich möchte sie eben für Jesus
begeistern. 21 Wenn ich aber bei Leuten abhänge, die diese religiösen
Gesetze nicht kennen, dann lebe ich so wie sie, weil ich auch sie für
Jesus begeistern möchte. Das heißt jetzt nicht, dass mir dann die Geset-
ze von Gott völlig egal sind. Ich lebe strikt nach den Sachen, die Jesus
gesagt hat. 22 Bin ich bei Leuten, die noch nicht so lange mit Jesus leben
und glaubensmäßig noch etwas schwach auf der Brust sind, dann pass
ich sehr darauf auf, sie nicht zu verwirren. Bei wem ich auch gerade bin,
ich stell mich immer wieder neu auf die Situation ein, um möglichst vie-
le für Jesus zu retten. 23 Das tue ich, um mich für Gottes Sache gerade
zu machen, damit möglichst viele davon hören. Ich nehme so Anteil da
dran, und das finde ich cool. 24 Habt ihr schon mal so einen 10000-Me-
ter-Lauf in einem Stadion beobachtet? Es gibt da immer nur einen, der
am Ende ganz oben auf dem Siegertreppchen steht! So müsst ihr auch
drauf sein. Lauft so, dass ihr am Ende da oben steht! 25 Wenn einer in
einem Wettrennen der Sieger sein will, muss er alles dafür geben! Ein
Sportler verzichtet auf alles Mögliche, nur um am Ende zu siegen. Und
dabei vergisst man so einen Sieger nach ein paar Tagen schon wieder.
Wir sind aber bei einem Rennen am Start, wo der Preis unvergesslich
ist! 26 Ich hab einen genauen Plan, wofür ich kämpfe. Ich laufe nicht wie
blöd irgendetwas hinterher. Wenn ich kämpfe, dann geht es richtig ab.
Ich bin dann fast wie ein Boxer, der nie daneben haut. 27 Ich konzentriere
mich wie ein Leistungssportler voll auf das Ziel. Ich zwinge dabei auch
meinen Körper, mir unbedingt zu gehorchen. Ich habe nämlich keinen
Bock anderen zu erzählen, wie man radikal als Christ leben kann, und
dann selber nur lasch rumzuhängen.

10

Warum die Israelis schlecht draufgekommen sind

1 Ihr Lieben, ich möchte nicht, dass ihr verdrängt, was unsere Vorfah-
ren alles mit Gott in der Wüste erlebt haben. Er ging damals immer
in einer Wolke vorweg. Er führte sie ganz sicher, sogar durch das Rote

Meer hat er sie gebracht. 2 Das ganze Volk wurde dort auf dem Weg durch das Meer auf Mose eingeschworen, er war ihr Führer. 3 Alle aßen in der Zeit auch dieselben Sachen, die Gott ihnen auf übernatürliche Art anlieferte. 4 Auch mit Getränken wurden sie von Gott versorgt, durch diesen Felsen, aus dem Wasser sprudelte. Dieser Felsen, dessen Wasser sie am Leben erhielt, ist übrigens ein erstes Zeichen für Jesus gewesen. 5 Trotzdem hatte Gott keinen Bock auf ihren Lebensstil, die meisten von ihnen sind in der Wüste verreckt. 6 Das ist eine fette Warnung für uns! Wir sollten uns auf falsche Sachen nicht einlassen! 7 Wir sollten auf keinen Fall zu irgendwelchen linken Göttern beten! An dem Punkt sind die ja auch gescheitert. Ich zitiere noch mal die alten Schriften: „Das Volk feiert derbe Partys, nach dem Motto: Saufen und spachteln, bis der Arzt kommt.“ 8 Das Gleiche gilt für ätzende Sexsachen. Lasst bloß die Finger davon, das haben einige von denen auch gebracht! Dadurch sind nach den alten Berichten an nur einem einzigen Tag dreiundzwanzigtausend Menschen gestorben. 9 Wir sollten mit Gott auch keine Spielchen spielen, das haben sie damals auch gemacht, und dann sind sie von Schlangen gebissen worden und gestorben. 10 Rebellion gegen Gott ist echt nicht angesagt, Leute. Gott hat die Menschen, die damals so drauf waren, mit einem Todesengel um die Ecke gebracht. 11 Diese ganzen Geschichten sollen uns was beibringen. Sie wurden für uns aufgeschrieben, damit wir gewarnt sind. 12 Alle, die meinen, sie hätten es drauf, sollen aufpassen, dass ihnen nicht die gleichen Sachen passieren. 13 Hey, alles, was eure Beziehung zu Gott bisher auf die Probe gestellt hat, war doch noch voll im Rahmen! Auf Gott kann man sich auf jeden Fall verlassen. Er ist nicht link. Die ganzen Prüfungen, durch die ihr durchkommen sollt, werden machbar sein, versprochen. Wenn er euch mal testet, dann wird es immer eine Möglichkeit geben, den Test auch zu bestehen.

Die Götzen soll man in die Tonne kloppen

14 Also, Freunde, passt auf, dass ihr nicht irgendwelchen Göttern dient, ja? 15 Als Christen wisst ihr doch, worum es eigentlich geht. Rede ich nur Blödsinn, oder ist das wahr, was ich sage? 16 Wenn wir zusammen so ein Essen veranstalten, wie das Jesus mit uns gemacht hat, dieses „Abendmahl“, dann sind wir ja alle irgendwie bei Jesus angeschlossen. Wir erinnern uns dann daran, dass unsere Schulden bei Gott einfach weg sind, weil Jesus für uns gestorben ist. Indem wir aus dem Becher Wein trinken und das Brot zusammen essen, werden wir Teil von Jesus und seinem Körper. 17 Beim Abendmahl spachteln wir alle vom selben

Brot, um deutlich zu machen, dass wir ganz eng zusammengehören.
[18] Als Beispiel kann man dafür auch gut das Volk der Israelis nehmen
und was bei denen im Gottesdienst abgeht. Alle, die da zusammen
von den geopferten Tieren essen, hängen zusammen auch mit Gott
ab. [19] Was will ich damit sagen? Vielleicht, dass es andere Götter gibt,
die doch irgendeine Bedeutung haben, und dass es was bringt, denen
zu opfern? [20] Null! Ganz im Gegenteil! Aber man opfert da eben nicht
Gott, sondern irgendwelchen Dämonen. Und ich hab echt null Bock
da drauf, dass ihr irgendwas mit Dämonen zu tun habt! [21] Ihr könnt
euch nicht gleichzeitig bei Gott bedienen und bei Dämonen. Ihr könnt
auch nicht gleichzeitig mit Gott essen und sein Abendmahl feiern und
gleichzeitig mit Dämonen dasselbe machen. [22] Oder wollen wir Gott
vielleicht eifersüchtig machen, so wie es das Volk Israel auch gebracht
hat? Oder glauben wir vielleicht, wir wären stärker als er? [23] Ihr lebt
nach dem Motto: „Alles ist für Gott okay!" Dazu gehört meiner Mei-
nung nach: „Es ist aber nicht alles gut für mich!" [24] Fahrt nicht die
ganze Zeit nur den Egofilm, denkt auch mal da dran, wie es den an-
deren geht und was man für die machen kann, so dass es ihnen auch
gut geht. [25] Mein Tipp, was diese Opfersache angeht: Kauft einfach auf
dem Markt das Fleisch ein, so wie ihr Bock habt, und fragt nicht extra
nach, ob es von so einem Ritual kommt oder nicht. Dann braucht ihr
euch auch keinen Kopf drüber zu machen und euer Gewissen zu be-
lasten. [26] Denn, ich zitiere: „Die Erde und alles, was auf ihr so lebt, ge-
hört Gott." [27] Also, wenn ihr mal 'ne Einladung zum Essen bekommt,
dann könnt ihr sie ruhig annehmen. Esst einfach los, ohne euch den
Kopf drüber zu machen, woher das Fleisch jetzt kommt, das ist dann
okay. [28] Wenn aber jemand die Ansage macht, das Fleisch käme von
einem Opferritual für Götzen, dann lasst die Finger davon, vor allem
aus Rücksicht auf die Leute, die euch gewarnt hatten. [29] Für euch wäre
das wahrscheinlich kein großes Ding, aber für andere schon, und da-
rum geht es mir. Warum soll ich meine persönliche Freiheit einschrän-
ken, nur weil jemand gewissenstechnisch ein Problem damit hat?
[30] Wenn ich Gott für ein Essen voll dankbar bin und es auch mit dieser
Haltung genüsslich verspeise, wo liegt da das Problem für andere
Leute? [31] Egal, bei welcher Frage, und egal, was ihr tut, wichtig ist nur,
dass wir es tun, damit Gott dabei groß rauskommt. [32] Darum versucht
so zu leben, dass die Menschen, egal ob Juden oder Christen, sich nie
über euch ärgern müssen, ja? [33] Ich lebe auch nach diesem Motto. Ich
versuche so zu leben, dass ich überall beliebt bin. Dabei geht es mir
nicht darum, der coole Macker zu sein, ich will, dass möglichst viele
Menschen durch Jesus Christus gerettet werden.

11

Wie es in der Gemeinde in Korinth beim Beten abgehen soll (und wie nicht)

1 Nehmt mich als Vorbild, so wie ich mir Jesus als Vorbild nehme. 2 Ich finde es tierisch geil, Leute, dass ihr mich nicht vergessen habt, dass ihr immer versucht das zu tun, was ich euch beigebracht habe. 3 Das gilt hoffentlich auch für eine Sache, die ich euch noch sagen will. Und zwar ist für mich nach dem Willen von Gott ein Ehemann Jesus Christus direkt unterstellt, eine Ehefrau ist ihrem Mann direkt unterstellt, Jesus Christus ist Gott direkt unterstellt. 4 Wenn ein Typ jetzt öffentlich betet oder ein prophetisches Wort weitergibt und dabei einen Hut aufhat, ist das vor Gott extrem peinlich. 5 Für eine Frau gilt das Gegenteil: Wenn sie kein Kopftuch beim Beten aufhat oder beim prophetischen Reden, ist das für ihren Ehemann extrem peinlich, denn das ist praktisch so, als ob sie 'ne Glatze hätte. 6 Echt jetzt, wenn sich eine Frau weigert ein Kopftuch zu tragen, könnte sie sich gleich 'ne Glatze rasieren. Das wäre echt peinlich für sie, darum sollen Frauen im Gottesdienst was auf dem Kopf haben. 7 Männer sollen im Gottesdienst aber nichts auf dem Kopf haben. Männer sind dafür da, Gott groß rauskommen zu lassen, Männer haben Gott als Vorbild. Frauen sind aber für den Mann da. 8 Als Gott die Welt gemacht hat, war der Mann nämlich zuerst an der Reihe. 9 Der Mann wurde auch nicht für die Frau gemacht, sondern die Frau für den Mann. 10 Darum sollen von den Frauen Kopftücher im Gottesdienst getragen werden, die Engel stehen da auch drauf. 11 Nicht vergessen, Leute, Gott hat es so im Sinn gehabt, dass die Frau den Mann braucht und der Mann die Frau! 12 Auch wenn es heißt, dass die erste Frau aus einem Stück vom Mann gemacht wurde, wurden anschließend alle Männer von Frauen geboren. Alle Menschen kommen letztendlich von Gott. 13 Was meint ihr? Glaubt ihr, es ist okay, wenn eine Frau in der Öffentlichkeit betet, ohne dabei ein Kopftuch zu tragen? 14 Empfindet ihr das nicht auch als total ätzend, wenn Männer lange Haare haben? 15 Für Frauen ist das aber total cool. Lange Haare sind fast wie so eine Art Schmuck für sie. 16 Wenn jemand jetzt große Lust dazu verspürt, aus dem Thema eine derbe Diskussion vom Stapel zu brechen, dann sollte er vorher wissen, dass wir einfach diese Regeln nicht haben und die anderen Gemeinden diese Sache genauso handhaben wie wir.

Regeln für das Abendmahl

17 Jetzt zum nächsten Punkt, nämlich dem Thema Gottesdienst. Ich hab das Gefühl, eure Gottesdienste ziehen euch eher runter, als dass sie euch aufbauen. 18 Erst mal hat man mir erzählt, ihr würdet bei euch voll die Cliquenwirtschaft haben, und um ehrlich zu sein, ich glaube das

auch. [19] So wie ihr drauf seid, ist das auch kein Wunder. Dadurch kann man erkennen, wer es begriffen hat und wer nicht. [20] Ich werde das Gefühl nicht los, dass euer „Abendmahl“ gar kein echtes Abendmahl ist. [21] Man hat mir erzählt, dass bei euch eher so ein Picknick veranstaltet wird. Jeder bringt seinen eigenen Kram mit, und am Ende sind einige pappsatt, nämlich die, die viel Kohle haben und sich ’ne Menge zum Spachteln mitgebracht haben. Andere haben noch Hunger, und ein paar von euch sind sogar total besoffen. [22] Stimmt das echt? Könnt ihr denn nicht zu Hause was spachteln? Warum müsst ihr die alt aussehen lassen, die nicht so viel Kohle haben? Soll ich das auch noch geil finden? Tut mir leid, da komm ich nicht mit. [23] Die Order, die der Chef Jesus selber gesagt hat, war so: In der Nacht, in der er verraten wurde, nahm er das Brot, [24] bedankte sich bei Gott dafür und zerteilte es. Dabei sagte er: „Das ist mein Körper, der wird für euch hingerichtet und zerstört. Das müsst ihr immer wieder tun, um euch daran zu erinnern.“ [25] Danach nahm er noch das Weinglas und sagte: „Dieses Glas ist wie ein neuer Vertrag, den Gott mit den Menschen abgeschlossen hat. Er wurde mit meinem Blut unterschrieben. Das müsst ihr immer tun, um euch daran zu erinnern.“ [26] Jedes Mal, wenn ihr von diesem Brot esst und wenn ihr von diesem Wein trinkt, dann ist das wie eine Predigt, dass Jesus für die Menschen gestorben ist. [27] Wenn das Abendmahl also zu so einem Picknick verkommt, dass sich da der eine oder andere betrinkt und pappsatt nach Hause geht, während andere noch hungrig sind, und auf diese Weise ohne drüber nachzudenken von dem Brot isst und aus dem Glas von Gott trinkt, der tut so, als würde der Tod von Jesus für ihn egal sein. [28] Darum kann ich jedem nur raten, sich selbst genau zu checken, bevor er aus diesem Glas trinkt und von dem Brot isst. [29] Denn wer sich davon bedient, ohne geschnallt zu haben, dass es hier um den Körper von Jesus geht, der liefert sich damit gleich selbst an das Gericht von Gott aus. [30] Das ist auch ein Grund, warum viele von euch so schwach auf der Brust sind und krank, gar nicht zu reden von denen, die schon abgekratzt sind. [31] Wenn wir uns selber aber immer wieder abchecken, dann brauchen wir auch keinen Schiss vor der Gerichtsverhandlung mehr haben. [32] Wenn uns Gott aber bestraft, dann tut er das als Erziehungsmaßnahme. Er will nicht, dass wir mit dem Rest der Welt dumm dastehen bei der letzten großen Gerichtsverhandlung. [33] Darum meine Bitte, ihr Lieben, wartet aufeinander, wenn ihr euch trefft, um das Abendmahl zu feiern. [34] Wenn ihr echt mördermäßigen Hunger habt, dann esst vorher was zu Hause. Sonst bringt euch dieses special Erinnerungsmahl nichts Gutes, es handelt euch eher Probleme ein. In den andern Fragen will ich euch ’ne Ansage machen, wenn ich bei euch bin, okay?

12

Gott gibt seinen Leuten unterschiedliche geistliche Begabungen

1 Und jetzt, ihr Lieben, will ich noch ein wenig über die besonderen Fähig-
keiten schreiben, die der Geist von Gott uns schenkt. 2 Ihr habt hoffentlich
nicht vergessen, dass ihr als Nichtchristen noch wie blöd dazu getrieben
wurdet, mit den toten Götzen rumzumachen. 3 Auf diesem Hintergrund
möchte ich euch noch mal klar machen, wie man auseinander halten
kann, was von Gott kommt und was eben nicht. Also niemand, der den
Geist von Gott hat, ist in der Lage zu sagen: „Jesus soll verflucht sein!"
Auch kann niemand die Ansage machen: „Jesus ist der Chef über allem!",
wenn ihm das nicht der heilige Geist gezeigt hätte. 4 Es gibt nun verschie-
dene geistliche Begabungen, trotzdem werden sie alle von dem einen hei-
ligen Geist zugeteilt. 5 Genau so sind uns die unterschiedlichen Aufgaben,
die in der Gemeinde am Start sind, alle von einem Gott zugeteilt worden,
dem Gott, dem wir gehören. 6 Gott handelt auf unterschiedliche Art und
Weise an uns, es ist trotzdem immer derselbe Gott. 7 Jeder bekommt
irgendeine Fähigkeit von Gott, die allen in der Gemeinde helfen kann.
8 Der eine bekommt von Gott die Begabung, besonders gute Ratschläge
zu geben. Ein anderer bekommt Peilung von dem, was Gott genau von
einem will. 9 Einer bekommt die Begabung, voll viel Glauben zu haben,
der Nächste die Fähigkeit, Kranke zu heilen – und alles kommt vom
selben Geist! 10 Ein anderer bekommt von ihm special Kräfte, um fette
Wunder zu tun, und dann bekommt wieder jemand anderes die Fähigkeit,
prophetische Worte zu empfangen. Der Nächste kriegt vielleicht die Fä-
higkeit abzuchecken, ob das, was da gesagt wurde, von Gott kommt oder
nicht. Kann auch sein, dass einer die Begabung bekommt, in fremden
Sprachen Sachen von Gott zu sagen, und ein anderer versteht das auch
und kann es übersetzen. 11 Diese ganzen unterschiedlichen Sachen kom-
men aus ein und derselben Kraft, nämlich von seinem besonderen Geist.
Er verteilt die Gaben so, wie er Bock drauf hat. 12 Um mal in einem Bild zu
sprechen: Der Körper von einem Menschen hat viele Teile und Organe.
Trotzdem gehört alles zusammen zu einem Menschen. Genauso ist das
bei der Familie von Jesus Christus auch. 13 Einige von uns sind Juden, an-
dere Nichtjuden, ein paar sind Sklaven, andere wieder sind frei. Trotzdem
haben wir alle dieselbe Kraft, denselben Geist, von Gott bekommen. Wir
gehören zur selben Familie, durch die Taufe sind wir sogar ein Teil vom
Körper von Jesus geworden. 14 Ein Körper besteht ja auch aus vielen ver-
schiedenen Teilen, nicht nur aus einem. 15 Angenommen, der Fuß könnte
reden, er würde doch nicht sagen: „Hallo, ich gehöre nicht dazu, ich bin ja
nicht die Hand!", oder? Er gehört dazu, ob er will oder nicht. 16 Oder wenn

das Ohr jetzt seine Unabhängigkeit ausrufen würde: „Ich gehöre nicht
dazu, ich bin ein Ohr und kein Auge!“, würde es trotzdem dazugehören.
17 Jetzt stellt euch mal vor, euer ganzer Körper besteht nur aus Augen, wie
könnt ihr dann noch hören? Oder anders, der ganze Körper besteht nur
noch aus Ohren, was geht dann noch mit Riechen? 18 Gott hat uns aus
unterschiedlichen Teilen zusammengesetzt und jedem Teil seine Aufgabe
gegeben, so wie er Bock drauf hatte. 19 Das wäre ja auch voll der seltsame
Körper, wenn er nur aus einem Körperteil bestehen würde! 20 Er hat uns so
gebaut, dass ein Körper aus vielen Teilen besteht. 21 Das Auge kann nicht
zur Hand gehen und sagen: „Ich brauch dich nicht!“ Und der Kopf kann
auch nicht zum Fuß sagen: „Ich hab keinen Bock auf dich!“ 22 Tatsächlich
sind die eher nicht so prallen Körperteile genau die, die so wichtig sind.
23 Was bei unserem Körper eher ungeil aussieht, das verstecken wir ganz
gerne. Über die Teile, die nicht so schön sind, ziehen wir irgendwas drü-
ber. 24 Andere Körperteile haben das wieder null nötig. Gott hat den Kör-
per so zusammengestellt, dass die Teile, die hintenanstehen, besonders
viel Applaus abkriegen. 25 So halten die Teile besser zusammen und strei-
ten sich nicht ständig. 26 Geht es einem Körperteil mies, dann leiden alle
mit. Wenn ein Teil gelobt wird, dann freuen sich auch alle anderen Teile
mit ihm. 27 Ich wollte euch damit klar machen, dass ihr alle zusammen
wie ein Körper von Jesus seid, jeder von euch ist dabei und gehört dazu.
28 Gott hat jedem seinen von ihm bestimmten Platz und seine Aufgabe
gegeben. Einer ist ein Apostel, der Nächste wieder ein Prophet, der Dritte
ein Lehrer. Dann gibt es Leute, die Wunder tun können, andere haben die
Begabung, Menschen zu heilen, und dann gibt es wieder welche, die eine
Begabung haben, Menschen zu helfen. Besondere Leitungsbegabung
oder in fremden Sprachen Sachen von Gott zu reden sind auch noch zwei
Begabungen, die Gott gibt. 29 „Wie jetzt, ist jeder ein Apostel?“ Nein,
natürlich nicht! „Ist jeder denn ein Prophet?“ Nein! „Sind alle Lehrer?
Hat jeder diese Power, Wunder zu tun? 30 Haben nicht alle die Begabung,
Menschen zu heilen? Haben nicht alle die Begabung in einer fremden
Sprache Sachen von Gott zu reden? Können die nicht alle auch auslegen?“
Nein, natürlich nicht! 31 Bemüht euch aber auf jeden Fall um die fetten
Begabungen von Gott! Zu einer Sache, die noch viel wichtiger ist als die,
komme ich jetzt:

13

Ein Lied über das Wichtigste: die Liebe

1 Ohne Liebe geht gar nichts! Selbst wenn ich perfekt alle Sprachen
die es auf der Welt gibt, sprechen könnte, auch die Sprache der Engel,
aber in all dem, was ich darin reden würde, wäre keine Liebe, dann wä-

ren meine Worte wie Müll, sie wären ohne Bedeutung, hohl und leer.
2 Selbst wenn ich in einer Tour prophetische Worte von Gott bekommen
würde, wenn er mir alle geheimen Fragen über die Welt beantwortet hät-
te und ich so ein Vertrauen auf Gott haben würde, dass Berge auf mein
Gebet hin verschwinden, aber ich würde all das ohne Liebe tun, dann
wäre das immer noch nichts, es würde nichts bedeuten. 3 Und selbst
wenn ich alles, was mir gehört, an Obdachlose und Penner verschenken
würde, ja selbst wenn ich mein Leben für andere riskieren und dabei
sterben würde, aber ich würde das nicht aus Liebe machen, es wäre für
die Tonne und umsonst. 4 Liebe ist entspannt, sie mag Menschen, sie
ist nett zu Leuten. Neid ist für sie ein Fremdwort, sie sieht nicht von
oben auf andere runter, angeben hat sie nicht nötig und sie markiert
auch nie den dicken Macker. 5 Liebe will Leute nie fertig machen, und
sie will auch nicht das fetteste Stück vom Kuchen haben. Liebe lässt
sich nicht so schnell aus der Ruhe bringen, und sie verzeiht, wenn man
link zu ihr war. 6 Sie hat keinen Bock drauf, wenn jemand abgelinkt und
ungerecht behandelt wird. Sie feiert, wenn die Wahrheit siegt und alles
gerecht zugeht. 7 Die Liebe ist nicht totzukriegen, sie hört nie auf zu ver-
trauen, sie verliert nie die Hoffnung, sie übersteht jede Krise. 8 Prophe-
tische Worte von Gott, die Fähigkeit in fremden Sprachen zu reden, das
Wissen – das alles wird mal vorbei sein. Aber die Liebe wird nie zu Ende
sein, sie hält durch und gibt nicht auf. 9 Bis jetzt haben wir nur wenig ka-
piert, und auch unsere Fähigkeit, prophetische Worte zu bekommen, ist
sehr begrenzt. 10 Wenn es aber abgeht und Gottes neue Zeit voll da ist,
dann wird es keine halben Sachen mehr geben. 11 Als Kind war ich auch
in meiner Denke ein Kind, ich beobachtete und bewertete die Welt aus
dieser Perspektive. Als ich dann erwachsen wurde, wollte ich kein Kind
mehr sein. 12 Aus jetziger Sicht ist uns vieles noch total unklar, wir ver-
stehen Sachen nicht, fast so, als wären wir benebelt. Aber irgendwann
werden wir Gott deutlich vor uns sehen und dann wird uns vieles klar
werden. Was ich bis jetzt verstanden hab, ist unvollständig, dann werde
ich aber den totalen Durchblick haben, so wie Gott jetzt schon über
mich den totalen Durchblick hat. 13 Die Sachen, die immer bleiben wer-
den, sind der Glaube, die Hoffnung und die Liebe. Am fettesten kommt
aber die Liebe, sie steht über allem.

14

Gott hat Bock auf Klarheit

1 Liebe soll bei euch allen höchste Priorität haben! Aber seid auch heiß
auf die besonderen Begabungen, die Gott durch den Geist geben möch-
te! 2 Wenn jemand zum Beispiel diese Sprachenbegabung auslebt, dann

redet er ja dabei nicht mit Menschen, er spricht mit Gott. Ist doch klar,
keiner kapiert, was er da ablabert, aber Gott versteht es! 3 Das ist aber
bei der Prophetenbegabung anders. Wenn jemand die hat, dann hilft er
ja damit den anderen, im Glauben weiterzukommen. Er bringt sie gut
drauf und baut sie damit auch auf. 4 Wenn jemand die Sprachenbega-
bung hat, dann wird er dadurch vor allem selber geistlich aufgebaut. Bei
der prophetischen Begabung ist das allerdings anders, damit wird ja die
ganze Gemeinschaft ermutigt. 5 Ich fände es supercool, wenn jeder von
euch diese Sprachenbegabung von Gott hätte, wichtiger wäre aber für
mich, dass ihr prophetisch reden könntet. Diese Begabung, prophetische
Worte zu bekommen, ist superwichtig, es bringt einfach mehr, als nur in
fremden Sprachen reden zu können. Ausgenommen natürlich, jemand
ist am Start, der diese Sprache übersetzen und auslegen kann. Dann ha-
ben alle was davon. 6 Leute, mal im Ernst, was würde das bringen, wenn
ich jetzt bei euch wäre, und ich würde in einer fremden Sprache losbrab-
beln? Was doch viel mehr geht, ist, wenn ich euch Sachen verständlich
beibringen würde, wenn ich Dinge erzähle, die Gott mir gezeigt hat, was
er mit euch vorhat oder so. 7 Ein guter Vergleich dazu sind Musikins-
trumente. Eine Flöte oder ein Klavier muss man beherrschen können.
Wenn man nicht da drauf spielen kann, kommen nur schräge Töne dabei
rüber. 8 Wenn ein Trompeter von einer Armee nicht gut und laut trom-
peten kann, wird es keiner rallen, wenn er den Startschuss zum Angriff
gibt. 9 Das stimmt auch für eure Situation. Wenn ihr in einer Sprache zu
Leuten redet, die sie null verstehen, wie sollen die denn schnallen, was
ihr sagen wollt? Dann könnt ihr genauso gut mit der Wand reden. 10 Es
gibt tierisch viele Sprachen auf der Welt, und jede Sprache ist dafür da,
dass man sich in ihr unterhalten kann. 11 Ich kann die meisten davon aber
nicht verstehen, und darum kann ich auch nicht mit jedem labern. Und
die verstehen mich natürlich auch nicht. 12 Weil ihr ja so heiß auf diese
übernatürlichen Begabungen seid, fragt doch mal bei Gott an, ob er nicht
die bei euch an den Start bringt, von denen alle was haben. 13 Und wer
in einer anderen Sprache reden kann, sollte bei Gott auch anfragen, die
Fähigkeit zur Übersetzung der Sprache gleich mitzubekommen. Damit
kann er dann das Gesagte auch erklären. 14 Wenn ich nämlich so bete,
dann redet der Geist von Gott in mir. Ich kann das nicht mit meinem
Verstand regeln. 15 Was ist also zu tun? Am besten beides! Ich bete in
einer fremden Sprache und ich bete normal, sodass mich jeder versteht.
Ich singe in einer Sprache, die Gott durch seinen Geist mir aufspielt,
und dann singe ich wieder so, dass mich alle verstehen können. 16 Hey,
wie sollte denn sonst jemand am Ende von deinem Gebet ehrlich dazu
„Amen“ sagen können, wenn er null verstanden hat, wofür du Gott ge-

rade danke gesagt hast? [17] Das Gebet kann dann noch so supergeistlich klingen, es bringt den anderen nichts. [18] Ich bin Gott voll dankbar, dass ich mehr als ihr alle diese Begabung auslebe und in einer anderen Sprache mit Gott laber. [19] Aber wenn die ganze Gemeinde zusammenkommt, rede ich lieber fünf verständliche Worte, die Leuten helfen, als zehntausend Worte in einer fremden Sprache, die keiner versteht. [20] Liebe Leute, seid bitte nicht kindisch, ihr versteht doch mein Anliegen, oder? Ihr könnt kindlich bleiben, wenn es um fiese Sachen geht, aber in solchen Dingen schaltet mal euren Verstand ein und regelt das wie Erwachsene! [21] In den alten Schriften kann man auch was zu dem Thema nachlesen. Da sagt Gott: „Ich habe vor, mit meinen Leuten in anderen Sprachen zu reden. Doch sie werden nicht auf mich hören.“ [22] Daran kann man auch erkennen, dass diese Begabung ein Zeichen für Leute ist, die nicht an Gott glauben. Die Begabung, prophetische Worte von Gott zu kriegen, ist vor allem für die Jesus-Leute gedacht. [23] Wenn jetzt allerdings mal jemand in euren Gottesdienst kommt, der nicht an Gott glaubt, und er hört euch alle in einer fremden Sprachen brabbeln, der wird doch denken, ihr seid total durchgeknallt! [24] Wenn jetzt allerdings mal der Fall eintritt, dass bei euch prophetische Worte im Gottesdienst ausgesprochen werden, und irgendein Nichtchrist kommt gerade zufällig rein – also, dann würde den das Wort vielleicht umhauen, es würde ihn total treffen können. [25] Die Sachen, bei denen er sich immer selber einen vorgemacht hat, würden ihm plötzlich deutlich werden, und er würde auf die Knie gehen und zu Gott beten. Er würde bestimmt sagen: „Gott ist bei euch voll dabei!“

Wie es im Gottesdienst abgehen sollte (und wie nicht)

[26] So, Freunde, jetzt werden wir noch mal praktisch. Wenn ihr also zusammen einen Gottesdienst macht, dann kann jeder seinen Teil dazu beitragen. Einige könnten einen Song zum Besten geben, andere predigen und bringen den anderen was über Gott bei, dann hat vielleicht jemand eine Prophetie, wieder jemand redet in einer anderen Sprache, und ein anderer hat die Übersetzung und legt es aus. Alles aber so, dass ihr gut draufkommt. [27] Wenn jetzt jemand in einer anderen Sprache was von Gott hat, soll er es sagen, aber höchstens zwei oder drei Stück von der Sorte, und bitte nacheinander. [28] Einer sollte dann in der Lage sein, die Sachen auch zu übersetzen und zu deuten. [29] Auch was die Prophetennummer angeht, würde ich sagen, so zwei bis drei pro Gottesdienst sind okay. Die anderen sollten das Gesagte dabei dann abchecken. [30] Wenn jemand zwischendrin ein prophetisches Wort von Gott kriegt, sollten die anderen erst mal den Mund halten. [31] Auf die Art ist jeder mal an der Reihe, aber eben nacheinander. So werden alle ermutigt und können was davon lernen. [32] Wenn

jemand prophetische Worte von Gott bekommt, hat er immer volle Kont-
rolle da drüber. Er kann also auch abwarten, bis er an der Reihe ist. 33 Gott
hat keinen Bock auf ein totales Durcheinander, er steht auf Frieden, und
so geht er auch mit den anderen Jesus-Gemeinden im Land um. 34 Frauen
sollten im Gottesdienst nicht im Hintergrund rumpalavern. Sie sollten
sich beim Mitmachen im Gottesdienst unter Kontrolle haben und bereit
sein, auf Gott zu hören – wie es auch der alte Vertrag sagt. 35 WWer noch
Fragen hat, soll sie später mit jemand besprechen, der sich auskennt. Im
Gottesdienst wird aber nicht dazwischengequasselt! 36 Oder glaubt ihr,
ihr in Korinth hättet da mehr Schnall von Gott als andere Christen? Dünn-
sinn! 37 Jeder, der von sich sagt, er wäre ein Prophet, oder generell glaubt,
in einer besonderen Weise vom heiligen Geist angezappt zu sein, muss
das verstehen, was ich euch geschrieben hab. Es ist eine Order direkt
von Gott! 38 Jeder, der keinen Bock auf diese Order hat, auf den hat Gott
auch keinen Bock mehr. 39 Also, ihr lieben Geschwister, kämpft darum, die
Begabungen von Gott zu bekommen, besonders die der Prophetie, und
verbietet niemandem, in fremden Sprachen zu reden. 40 Aber passt auf,
dass alles in geregelten Bahnen abläuft.

15

Jesus ist nicht mehr tot, er lebt!

1 Leute, die coolste Nachricht, die Grundlage, auf der euer Glaube steht,
die will ich euch jetzt noch mal klar machen! Was ich euch damals
schon erzählt habe und worauf ihr auch total abgegangen seid, darum
geht es. 2 Durch diese Nachricht werdet ihr es packen, ihr werdet am
Ziel Gottes ankommen, so wie ich es euch erzählt habe. Es war doch
nicht alles umsonst, oder? 3 Ich hab euch die Sachen ausgerichtet, die
einfach superwichtig waren und die mir auch jemand mal erzählt hat.
Jesus Christus ist für unseren Dreck gestorben. Genau so, wie es in dem
alten Buch gesagt wurde. 4 Man hat ihn in eine Grabhöhle gebracht,
aber nach drei Tagen ist er wieder lebendig geworden. Er hat jetzt ein
ganz neues Leben bekommen, dass stand auch schon im alten Buch
drin. 5 Petrus hat ihn gesehen, die zwölf Apostel auch. 6 Anschließend
haben ihn noch mal fünfhundert von der Jesus-Familie gesehen, die
meisten leben noch heute. Ein paar sind davon aber auch schon tot.
7 Später hatte er noch ein Treffen mit Jakobus und dann auch mit den
anderen Aposteln. 8 Und der Letzte, der ihn gesehen hat, war ich, und
das, obwohl ich es null verdient hätte. 9 Ich bin nämlich der allerletzte
von allen Aposteln, eigentlich hab ich diesen Titel echt nicht verdient,
weil ich ja die Christen früher gejagt und verfolgt habe. 10 Was jetzt aus
mir geworden ist, hab ich echt nur Gottes Liebe und seiner Gnade zu

verdanken. Und ich habe versucht, ihm alles zurückzugeben, ich hab
mich krumm gemacht wie blöd, viel mehr als die anderen Apostel. Das
ging aber auch nur, weil Gott mir die Kraft dazu gegeben hat, einfach so,
weil er mich so liebt. [11] Ist völlig egal, ob jetzt die anderen Apostel oder
ich die Sachen erzählen. Wichtig ist, dass ihr so zum Glauben an Jesus
gekommen seid.

Auferstehung, was ist das?

[12] Sagt mal, wie kommen einige von euch darauf, dass wir nicht von den
Toten wieder auferstehen? Wir haben euch doch genau das Gegenteil
beigebracht! [13] Wenn diese Sache mit der Auferstehung nicht funktio-
niert, dann müsste Christus ja auch immer noch tot sein! [14] Und wenn
der immer noch tot ist, dann war doch alles, was wir erzählt haben, und
auch euer Vertrauen auf Gott für den Arsch!? [15] Also genau genommen
haben wir Apostel euch dann wohl einen Bären aufgebunden, oder
was? Unsere Ansage war doch immer, dass Jesus Christus von Gott aus
dem Tod rausgeholt wurde und ihn ein für alle Mal besiegt hat. Das
kann dann ja nur gelogen sein, wenn das mit der Auferstehung nicht
funktioniert. [16] Ich sag es noch mal, wenn die Toten nicht wieder auf-
erstehen, dann geht das mit Christus ja auch nicht, oder? [17] Wenn dem
so ist, dann habt ihr euch die ganze Zeit was eingebildet, und dann seid
ihr auch immer noch schuldig, was Gott angeht. [18] Wenn das stimmt,
haben wir alle keine Chance mehr, dann war's das. Und für die aus der
Jesus-Family, die schon gestorben sind, gilt das erst recht. [19] Wenn
unser Glaube nur auf den Jesus gebaut hat, der uns im Hier und Jetzt
hilft, dann sind wir die Ober-Loser schlechthin. [20] Jesus Christus hat es
aber als Erster gepackt, er hat den Tod besiegt und ist wieder lebendig
geworden! [21] Genauso wie mit einem Menschen der Tod in die Welt kam
(ich meine jetzt den Adam), so kam durch einen Menschen, Jesus Chris-
tus, der Durchbruch in Sachen Auferstehung. [22] Die Menschen müssen
alle mal sterben, weil sie mit Adam verwandt sind. Und mit Christus
werden alle wieder lebendig gemacht, die mit ihm eine echte Beziehung
haben. Sie bekommen eine neue Chance zu leben. [23] Das geht aber alles
hübsch der Ordnung nach. Den ersten Schritt hat Christus gemacht.
Wenn der dann wieder da ist, kommen die Leute an die Reihe, die zu
ihm gehören. [24] Und dann wird es zu Ende sein mit der Welt. Er wird
seinem Vater den Joystick für diese Welt in die Hand drücken, er über-
gibt ihm jede Vollmacht, die er vorher von ihm bekommen hat. Dann
wird alles niedergemacht werden, was sich gegen ihn gestellt hat. [25] In
einem Psalm aus dem alten Buch steht ja auch drin, dass er so lange
da sein wird, bis alle Feinde niedergemacht wurden. [26] Der letzte Feind

wird dann nur noch der Tod selber sein, der wird dann auch noch ver-
nichtet. 27 Ich zitier noch mal: „Christus bekommt jede Vollmacht über
alles ausgestellt.“ Wenn er jetzt über alles das Sagen hat, dann schließt
das Gott den Vater nicht ein. Der steht immer noch über allem, denn
er hat ihm ja die Vollmacht ausgestellt. 28 Wenn Jesus Christus also der
Chef von allem ist, dann wird er sich als Sohn dem Vater Gott unterstel-
len. So hat Gott am Ende über alles das Sagen. 29 Ich hab gehört, dass
einige von euch sich stellvertretend für ihre toten Freunde taufen las-
sen? Das würde es doch gar nicht bringen, Leute, wenn die nicht wieder
auferweckt würden! 30 Und wieso bin ich eigentlich so bescheuert und
setz mich jeden Tag Todesgefahren aus, wenn ich nicht wüsste, es gibt
eine Auferstehung? 31 Ehrlich, Freunde, kein Witz, es vergeht kaum ein
Tag, wo ich nicht mein Leben riskiere! Aber ihr seid die Belohnung für
den ganzen Ärger, wenn ich sehe, was Jesus bei euch gemacht hat. 32 In
Ephesus hab ich mich voll in Lebensgefahr begeben! Das konnte ich
nur, weil ich davon wusste, dass es ein Leben nach dem Tod gibt. Wenn
dem nicht so wäre, könnten wir ja nach dem Motto weiterleben: „Lass
uns ohne Ende Party machen und uns breit hauen, morgen sterben wir
sowieso!“ 33 Wenn jemand so drauf ist, macht einen Bogen um ihn! Da
kann man nur antworten: „Mit solchen Leuten abzuhängen bringt dich
schlecht drauf.“ 34 Hört endlich auf mit dem Mist, mit Sünde ist nicht zu
spaßen! Es wird euch megapeinlich sein, aber es gibt ein paar bei euch,
die wissen überhaupt nicht, wie Gott drauf ist.

Wie es mit der Auferstehung abgehen wird

35 Jetzt kommt bestimmt bei euch gleich die Frage auf: „Wie geht das
denn ab bei der Auferstehung? Wie wird unser Körper dann aussehen?“
36 Dummbatz! Das wird so sein wie mit Samenkörnern. Die sterben
auch erst mal, bevor sie dann aufgehen und wachsen. 37 Wir legen ja
nicht eine fertige Pflanze in den Boden, es sind ja nur kleine Körner,
Weizen zum Beispiel oder anderes Saatgut. 38 Aus jedem Korn lässt Gott
eine neue Pflanze wachsen, ganz nach seinem Plan. 39 Genau wie es un-
terschiedliche Samen und Pflanzen gibt, so gibt es auch Unterschiede
im Äußeren von Menschen und Tieren oder Vögeln und Fischen.
40 Auch die Planeten sind ganz anders gemacht worden als die Pflanzen
oder Tiere, jedes Ding ist unvergleichlich schön. 41 Die Sonne leuchtet
ganz anders als der Mond, und jeder Stern sieht irgendwie anders aus,
sie strahlen irgendwie anders. 42 Genauso könnt ihr euch das auch
vorstellen, wenn die Toten wieder auferstehen. Unser Körper ist wie
ein Samenkorn, das irgendwann mal vergammeln wird. Wenn er aber
wieder aufersteht, dann wird er für immer existieren. 43 Unser Körper ist

zurzeit ja eher nicht so perfekt, aber wenn wir dann wieder anders le-
bendig werden, dann wird er voll derbe schön werden! 44 Unser mensch-
licher Körper kommt unter die Erde, aber wenn wir auferstehen, werden
wir mit einem Körper am Start sein, der mit Gott abgefüllt ist. Ist doch
klar, wenn wir einen Körper hier auf der Erde haben, werden wir dort
auch einen besitzen. 45 In den alten Büchern kann man auch nachlesen,
dass „der erste Mensch Adam zu einem lebendigen Wesen wurde".
Aber Jesus Christus, die erste Ausgabe eines nagelneuen Modells, sorgt
für eine neue Form von Leben. 46 Von Natur aus hat man erst mal einen
normalen Körper, dann aber einen geistlichen. 47 Der erste Mensch, also
Adam, wurde ja aus einem Klumpen Erde gemacht. Der zweite aber,
Christus, ist direkt aus dem Himmel. 48 Jeder Mensch hat einen norma-
len Körper, so einen, wie Adam auch hatte. Dann haben wir aber einen
geistlichen Körper, so wie Jesus ihn auch hat seit seiner Auferstehung.
49 Zurzeit kann man bei uns einen Körper sehen, der mal vergammeln
wird, der genau so ist wie der von Adam. Aber irgendwann werden
wir so aussehen wie Jesus. 50 Was ich damit sagen will, ist Folgendes:
Ihr Lieben, unser Körper, alles, was aus Fleisch und Blut ist, hat keine
Chance, ewig bei Gott leben zu können. 51 Ich verrate euch jetzt mal ein
Geheimnis, was Gott uns gesagt hat: Nicht alle von uns werden sterben,
aber Gott wird jeden von uns total verwandeln. 52 Das wird ganz plötz-
lich abgehen, von einer Sekunde auf die nächste werden wir durch ein
lautes Signal Bescheid wissen, dass Jesus als der Chef über die ganze
Welt zurückgekommen ist. Dieses Signal wird so laut sein, dass man
es überall hören kann. Dann werden alle Toten aufgeweckt werden und
auch wir, die leben, werden plötzlich einen neuen Körper haben. 53 Das
muss sein, denn alles, was mal vergammeln wird, muss ausgetauscht
werden gegen etwas, was nicht mehr vergammeln kann.

Vorfreude auf den Tag, wo wir den Tod überleben werden

54 Wenn das mit uns abgegangen ist, diese Verwandlung von einem
Körper, der vergammelt, zu einem guten neuen Körper, der unverwüst-
lich ist, dann ist die Ansage aus den alten Schriften erfüllt worden. Da
heißt es nämlich: „Das Leben hat den Tod besiegt!" 55 „Tod, was ist nun
mit deinem Sieg? Und Tod, wie willst du uns jetzt noch Angst machen?"
56 Denn der Mist, den wir bauen, die Sachen, die uns von Gott fern hal-
ten, die sorgen dafür, dass wir sterben. Und die Regeln aus dem alten
Buch sorgen dafür, dass sich die Power vom Tod schon jetzt in unserem
Leben breit macht, weil wir daran merken, dass wir die Dinge tun, die
für Gott nicht okay sind. 57 Danke, Gott! Durch Jesus ist uns der Sieg
über dieses Problem sicher! 58 Darum, Leute, bleibt dabei und lebt euren

Glauben radikal aus! Gebt alles für die Sache von Jesus! Eins ist sicher:
Nichts von dem ist umsonst getan!

16

Spendensammlung für die Jesus-Leute in Jerusalem

1 Ich möchte zum Schluss noch was zum Thema Spenden für die Chris-
ten in Jerusalem sagen. Und zwar fände ich es am besten, ihr würdet
euch an die Order halten, die ich auch den Christen in Galatien gegeben
habe. 2 Und zwar sollte immer sonntags jeder von euch so viel Koh-
le, wie gerade geht, zurücklegen, um sie dafür bereitzuhalten. Dann
braucht ihr mit der Spendensammlung nicht erst loslegen, wenn ich da
bin. 3 Sobald ich da bin, sollten dann ein paar von euren Männern, auf
die hundert Prozent Verlass ist, die Steine nach Jerusalem bringen. Die
erforderlichen Papiere bekommen sie von mir. 4 Wenn es sein muss, bin
ich auch bereit mitzufahren.

Wo Paulus noch hinreisen will

5 Ich bin dann bei euch, sobald ich mit den Gemeinden in der Gegend
von Mazedonien fertig bin. Ich will da nicht allzu lange bleiben, 6 damit
ich länger bei euch abhängen kann, vielleicht sogar den ganzen Winter?
Wenn ihr Lust habt, könntet ihr mich danach ja noch zu meinem nächs-
ten Reiseziel begleiten. 7 Ich will nicht wie letztes Mal nur kurz bei euch
reinschneien, um mich dann gleich wieder zu verpieseln. Diesmal will
ich eine ganze Zeit bei euch bleiben, wenn Gott da auch Bock drauf hat.
8 Erst mal bleibe ich bis Pfingsten noch in Ephesus. 9 Gott hat mir hier
irre Möglichkeiten gegeben, tierisch vielen Leuten die guten Nachrich-
ten von Jesus zu erzählen. Es sind aber auch viele Menschen hier, die
da überhaupt keinen Bock drauf haben. 10 Wenn Timotheus bei euch
aufschlägt, seid nett zu ihm! Er schuftet auch wie blöd für Jesus, ge-
nauso wie ich. 11 Niemand soll ihn dissen oder unterschätzen, nur weil
er noch so jung ist! Passt auf ihn auf, er soll gut wieder bei uns landen,
wenn er zurückkommt. Wir freuen uns schon auf ihn! 12 Jetzt noch zu
unserem Freund Apollos. Ich hab ihn schon zigmal gebeten, mal bei
euch reinzuschneien, aber er meint, dass das grad nicht so angesagt ist.
Sobald sich das ändert, wird er aber kommen, versprochen. 13 Passt auf,
Leute, seid stabil und cool unterwegs in eurem Glauben. 14 Egal was ihr
macht, Hauptsache, euer Grundmotiv ist die Liebe. 15 Ihr habt alle von
Stephanas und seiner Familie gehört? Sie waren die Ersten, die bei euch
in der Gegend Christen geworden sind. Sie leben jetzt alle echt hard-
coremäßig für Jesus und geben alles, damit es den anderen Christen gut
geht. 16 Bitte richtet euch nach solchen Leuten, die sich grade machen

für Gott, nehmt sie als Vorbild. [17] Ich freu mich schon tierisch auf Stephanas und Fortunas und auch Achaikus, die ihr Bestes geben, euch zu ersetzen. [18] Die haben uns schon so oft wieder gut draufgebracht, vermutlich genauso wie euch. Nehmt solche Leute ernst! [19] Schöne Grüße soll ich euch von der Gemeinde hier in der Provinz Asien ausrichten! Auch Aquila und Priska, die hier so 'ne Art Hauskirche gestartet haben, richten Grüße aus. [20] Die anderen Christen von hier haben mich gebeten, auch Grüße auszurichten, was ich hiermit tue. Nehmt euch zur Begrüßung mal in den Arm! [21] Und jetzt schreibe ich noch mal was mit meiner eigenen Klaue. [22] Wer keinen Bock auf Jesus hat, der soll bleiben, wo der Pfeffer wächst – von mir aus in der Hölle. Jesus, komm bitte bald wieder! [23] Die grenzenlose Liebe, die Jesus für uns hat, soll euch immer begleiten! [24] In dieser Liebe sind wir für immer connected!
Euer Paulus

Der zweite Brief, den Paulus an die Christen in Korinth schrieb

1

Absender, Adresse, Grüße

1 Absender: Paulus, der durch Jesus zum Apostel gemacht worden ist,
und Timotheus, ein Mitarbeiter vom Paulus. An: die Gemeinde in Korinth
und alle anderen Christen bei euch in der Gegend. 2 Hallo ihr! Leute,
Gott steht voll hinter euch, denn er hat Frieden mit euch geschlossen! Er
ist wie ein Vater für uns, und Jesus Christus ist unser Chef. 3 Gott ist der
Größte! Der Vater von Jesus Christus ist die Quelle totaler Liebe, er ist
der Gott, der uns tröstet, wenn es uns beschissen geht. 4 Egal, wie derbe
die Probleme auch sind, er ist immer da und ermutigt uns. Dadurch sind
wir auch in der Lage, andere zu trösten. Wenn andere Leute Probleme ha-
ben, können wir sie so aufbauen, wie Gott uns auch mal aufgebaut hat.
5 Eins ist sicher: Je mehr ätzende Sachen wir durchmachen müssen, weil
wir Christen sind, desto mehr wird er auch für uns da sein und uns hel-
fen. 6 Wenn wir auch durch die vielen Probleme deprimäßig draufkom-
men, werden wir dann aber immer wieder von Gott voll ermutigt. Weil
wir euch das vorleben, könnt ihr von uns lernen, wie man in ätzenden
Situationen entspannt bleibt. 7 Wir sind uns sehr sicher, dass Gott euch
hilft bei den schlimmen Problemen, die gerade bei euch abgehen! 8 Ihr
Lieben, wir haben hier in der Provinz Asien auch gerade üble Probleme
am Start! Wir waren noch vor kurzem völlig fertig und am Ende, im Grun-
de haben wir sogar damit gerechnet, zu sterben. 9 Das Ding war schon
so gut wie in Tüten, wir standen auf der Abschussliste und wären fast
gestorben. Das ist wohl passiert, damit wir nicht auf unsere Fähigkeiten
bauen, sondern auf Gott setzen, der in der Lage ist, Tote auferstehen
zu lassen. 10 Und tatsächlich hat er uns diesmal aus einer lebensgefähr-
lichen Situation befreit! Er wird das immer wieder tun, auf sicher! 11 Ihr
betet ja schließlich auch für uns, das heißt, nicht nur wir alleine freuen
uns über diese Rettung, sondern wir alle danken Gott dafür, stimmt's?!

Paulus' Motive sind korrekt

12 Leute, ich kann mit gutem Gewissen sagen, dass mein Lebensstil voll
auf Gottes Linie ist. Wir haben euch da keine Geschichten erzählt, nur
dass das klar ist. Ich tue das nicht, weil ich der Oberheld bin, sondern
weil Gott mir das geschenkt hat. 13 Wenn ich euch Briefe geschrieben

hab, waren die immer korrekt und ohne Hintergedanken. Ich hoffe sehr,
dass ihr das irgendwann auch checken werdet. 14 Einige von euch wissen
das ja auch. Wenn Jesus dann mal wiederkommt, können wir uns gegen-
seitig auf die Schulter klopfen. 15 Weil ich wusste, wie ihr drauf seid, hab
ich gehofft, ich könnte euch mit meinen zwei Besuchen eine doppelte
Freude machen. 16 Ich hatte geplant, auf dem Weg nach Mazedonien
und auch auf dem Rückweg jeweils einmal bei euch aufzuschlagen.
Dann hätten ein paar von euch mir noch Gesellschaft während der Tour
leisten können. 17 Jetzt fragt ihr euch bestimmt, warum das doch nicht
geklappt hat. Hab ich mal wieder den Mund zu voll genommen? Oder
gehöre ich zu den Typen, die alles abnicken, aber dann doch nichts
durchziehen können? 18 Gott ist mein Zeuge, dass ich alles, was ich
sage, in der Regel durchziehe, ich rede keinen Scheiß! 19 Jesus, der Sohn
von Gott, war auch nicht so drauf. Wir (also Silvanus, Timotheus und
ich) haben euch von ihm erzählt. Er sagte nie „ja" und meinte damit
„nein". Jesus hat immer gehalten, was er versprochen hat. 20 Die ganzen
Versprechen, die Gott gegeben hat, wurden durch Jesus erfüllt. Er wird
es auch zu Ende bringen, damit Gott groß rauskommt. 21 Gott hat dafür
gesorgt, dass wir auf Jesus Christus bauen können, und von ihm haben
wir auch einen Auftrag erhalten. 22 Er hat uns seine Unterschrift dazu
gegeben, indem er uns seine besondere Kraft, den heiligen Geist, ge-
schenkt hat. Das ist fast wie ein Garantieschein, dass er uns sogar noch
mehr schenken wird! 23 Gott ist mein Zeuge, ich erzähl euch keinen
Schwachsinn! Ich bin nur deswegen nicht nach Korinth gekommen, weil
ich euch sonst ganz hart rangenommen hätte. 24 Ich will jetzt nicht den
dicken Macker raushängen lassen und euch sagen, wie genau ihr euren
Glauben ausleben sollt. Unser Ziel ist, dass wir gemeinsam erarbeiten,
wie ihr mehr Freude in eure Gemeinde kriegt. Dass ihr stabil seid im
Glauben, davon geh ich jetzt erst mal aus.

2 1 Ich hab mir darum vorgenommen, nicht noch einmal bei euch reinzu-
schneien. Ich wollte nicht, dass ihr durch mich schlecht draufkommt.
2 Wenn ich euch schon so runterziehe, wer ist dann noch übrig, der mich
dann gut draufbringen kann? 3 Darum hab ich mir gesagt: „Schreib noch
mal einen Brief." Da können mich die Sachen aus der Distanz nicht mehr
so berühren, wie sie es tun würden, wenn ich bei euch wäre. Eigentlich
müsstet ihr mich ja super draufbringen. Ihr freut euch doch hoffentlich
auch, wenn ich mich freue, oder? 4 Der letzte Brief, den ich euch ge-
schrieben habe, ist mir echt schwer von der Hand gegangen. Ich hatte
richtig Herzschmerzen beim Schreiben und musste tierisch abheulen.
Ich wollte euch auf keinen Fall verletzen, sondern es sollte rüberkom-

men, wie sehr ich euch liebe. 5 Ich lehn mich jetzt nicht zu weit aus dem
Fenster, aber wenn bei euch einer Probleme macht, dann hat er ja nicht
mir, sondern vor allem euch wehgetan! 6 Dieser Typ, um den es da ging,
hat dann ja auch einiges einstecken müssen, lasst es damit mal gut sein.
7 Jetzt müsst ihr ihm einfach vergeben und ihn wieder aufbauen, damit
er keine Depressionen kriegt, von denen er sich nicht mehr erholt. 8 Ich
möchte, dass ihr ihm jetzt zeigt, dass alle ihn lieb haben. 9 Durch meinen
Brief wollte ich auch testen, ob ihr das auch umsetzt, was ich euch sage.
10 Wenn ihr diesem Typen vergeben habt, werde ich es auch tun – wenn
es überhaupt etwas gibt, das ich zu vergeben habe. Ich stehe dabei vor
Gott, 11 damit der Satan euch nicht übers Ohr hauen kann. Wir wissen
genau, wie seine Taktik funktioniert. 12 Als ich in Troas aufgeschlagen
bin, hatte ich alle Hände voll zu tun. Es gab tierisch viele Möglichkeiten,
die Sache von Jesus Christus Leuten zu erzählen. 13 So richtig locker bin
ich aber nie geworden, weil ich die ganze Zeit auf Timotheus gewartet
habe, der mir von euch erzählen sollte. Darum hab ich mich dann von
da verpieselt und bin in Richtung Mazedonien aufgebrochen, damit
ich ihn dort treffen würde. 14 Ich bin Christus so superdankbar, dass wir
seine Siege miterleben und mit ihm feiern! Egal wo wir hinkommen, wir
erzählen überall die gute Nachricht von dem neuen Leben mit Jesus! Das
ist so, als ob einem ein richtig guter Duft in die Nase steigt. Stellt euch
mal vor, jemand schmeißt eine Gartenparty und wirft ein paar Holz-
fällersteaks auf den Grill. Für die meisten ist das echt ein guter Geruch.
15 Bei uns kommt dieser köstliche Geruch durch unser Leben mit Jesus
zustande. Und Gott steht total da drauf! Aber nicht alle finden diesen
Duft gleich toll. 16 Wenn ein Schwein, das sich hinterm Zaun im Schlamm
wälzt, den Geruch von Holzfällersteaks in die Nase kriegt, ist das ein
Zeichen, dass es bald selbst als Kotelett in der Pfanne enden wird. Ge-
nauso riecht dieser Duft, den wir als Christen verbreiten, für manche
richtig nach Tod. Und für die Leute, denen Jesus die Rettung bedeutet, ist
das wie ein schöner Frühlingsgeruch, der klar macht, wo das Leben längs
geht. 17 Also, wir scheffeln auf jeden Fall nicht – wie viele andere – die di-
cke Kohle durch unseren Predigtjob. Wenn wir predigen, machen wir das
superehrlich und mit der Power, die Jesus Christus uns gegeben hat. Wir
tun das auch immer mit dem Bewusstsein, dass Gott uns dabei zusieht.

3

1 Machen wir – also der Timotheus und ich – jetzt eigentlich voll den
Lauten? Bräuchten wir etwa irgend 'ne Referenz von jemandem, so
wie das andere anscheinend nötig haben? 2 Die einzige Referenz, die
wir euch bieten können, die seid ihr selber! Dass es euch gibt, müsste

eigentlich als Referenz reichen. So wie ihr drauf seid, das ist für uns wie
ein Zeugnis, das in unser Herz geschrieben wurde. Jeder, der will, kann
das gerne lesen. [3] Um mal in dem Bild zu bleiben, ihr seid im Grunde
ein Jesus-Brief, den wir geschrieben haben. Und zwar nicht mit Tinte,
sondern mit der Power vom heftigen Gott wurde der Brief geschrieben,
und auch nicht auf Papier, sondern in das Herz von Menschen. [4] Was
das angeht, sind wir so supersicher, weil wir durch Jesus einfach ein
derbes Vertrauen in Gott haben. [5] Wir glauben echt nicht, dass wir es
jetzt nun so großartig bringen würden. Alles, was bei euch gegangen
ist, hat letztendlich Gott gemacht. [6] Nur durch ihn sind wir in der Lage,
euch von dem neuen Vertrag zu erzählen, den Gott mit den Menschen
geschlossen hat. Dieser Vertrag beruht nicht mehr auf schriftlich ver-
fassten Gesetzen, sondern auf der Kraft, die von Gott kommt. [7] Die
alten Gesetze hätten das Todesurteil für uns bedeutet, obwohl sie so
einen derben Start hingelegt haben. Erinnert euch: Als Mose diese Ge-
setze von Gott seinen Leuten brachte, leuchtete sein Gesicht so stark,
dass ihn keiner ansehen konnte! Aber wie schnell war dieses Leuchten
wieder futsch! [8] Das Leuchten von der Kraft Gottes, also seinem Geist,
muss dann ja noch viel derber sein, oder? [9] Wenn schon die alten Ver-
träge, die uns ja letztendlich zum Scheitern verurteilt haben, so derbe
abgingen, wie wird das dann erst mit dem neuen Vertrag sein? Durch
den neuen Vertrag werden wir sogar von unseren Schulden freigespro-
chen! [10] Verglichen mit dem neuen supergeilen Vertrag ist der alte echt
ein Joke! [11] Ich wiederhole es noch mal: Wenn der alte Vertrag, der ja
schon gegessen ist, so viel Power hatte, wie viel heftiger wird dann
der neue Vertrag sein?! [12] Dieser neue Vertrag gibt uns unheimlich viel
Vertrauen in die Zukunft, wegen ihm brauchen wir ab jetzt keine Angst
mehr zu haben. [13] Wir müssen nicht wie Mose ein Tuch über den Kopf
ziehen, der das damals getan hat, damit das Volk der Israelis nicht mit-
kriegte, wie das Leuchten langsam nachließ. [14] Dieses Tuch, so scheint
mir, hat Gott da irgendwie liegen gelassen. Die sind so blind und
schnallen es einfach nicht. Immer wenn aus den alten Schriften vorge-
lesen wird, kapieren sie nur Bahnhof. Dieses Tuch kann echt nur durch
den Glauben an Jesus Christus weggenommen werden. [15] Das ist ja bis
heute noch so. Immer wenn aus dem Buch vom Mose vorgelesen wird,
haben sie Tomaten auf den inneren Augen. [16] Wenn sie aber anfangen,
sich auf die Suche nach Gott zu machen, dann würde dieses Tuch auch
verschwinden, so wie Mose sich auch das Tuch vom Kopf zog, wenn er
mit Gott redete. [17] Mit Gott ist hier jetzt die Power von Gott gemeint,
sein Geist. Wenn der in uns wohnt, haben die alten Gesetze nichts mehr
zu sagen. [18] Als Christen sind wir so eine Art Spiegel für dieses Leuchten

von Gott. Und seine Power sorgt dafür, dass man dieses Leuchten bei
uns immer besser sieht.

4

Wenn es jetzt auch ätzend ist, wir werden am Ende fett absahnen

1 Gott und niemand sonst hat uns die Order gegeben, diesen Job zu tun.
Darum kommen wir auch nie so schlecht drauf, dass wir den Mut ver-
lieren. 2 Wir haben null Bock auf irgendwelche Psychotricks, wir wollen
auch niemanden mit tollen Argumenten überzeugen oder nur 'ne halbe
Sache über Gott erzählen. Was wir sagen, ist die reine Wahrheit! Jeder,
der nicht link drauf ist, kann das auch bestätigen! 3 Gottes coole Nach-
richt kann nur von den Leuten nicht begriffen werden, die eh verloren
sind. 4 Satan, der ja in dieser Welt das Sagen hat, kann die Gedanken
von den Leuten, die Gott nicht vertrauen, total verwirren. Er hat dafür
gesorgt, dass sie überhaupt nicht begreifen, wie toll Gott ist. So können
sie überhaupt nicht begreifen, was abgeht, wenn wir von unserer sup-
erneuen Neuigkeit reden, dass Jesus wirklich Gott ist, der zu uns auf
die Erde runtergekommen ist. 5 Es dreht sich nicht um uns, wenn wir
predigen, sondern alleine um Jesus Christus, er ist der Chef! Wir wol-
len hiermit nur noch mal klar machen, dass wir uns für euch echt den
Arsch aufreißen, weil wir euch so tierisch lieb haben! 6 Gott hat das mal
befohlen: „Im Dunkel soll es hell werden." So hat er es auch in unseren
Gedanken hell gemacht. Deshalb können wir jetzt kapieren, wie toll und
groß Gott ist und dass Jesus wirklich sein Sohn ist.

Ohne Gott würde Paulus abschmieren

7 Diesen derben Schatz haben wir in uns armselige Würstchen hinein-
gelegt bekommen, in einen Körper, der so leicht zu zerstören ist. So
merkt jeder, dass alles Gute, was von uns kommt, eigentlich von Gott
ausgeht. 8 Alle wollen was von uns, überall gibt es Probleme, aber wir
halten das aus. Wir wissen oft nicht mehr, wo es längs geht, und geben
trotzdem nicht auf. 9 Menschen jagen uns, aber Gott ist immer für uns
da und beschützt uns. Wir werden fertig gemacht, aber wir rappeln uns
wieder auf. 10 Weil wir uns jeden Tag für Gott gerade machen, durchleben
wir dasselbe, was Jesus auch durchlebt hat. Wir kapieren, was der Tod
für ihn bedeutet hat. Und so erfahren wir auch körperlich, welche Kon-
sequenzen es hat, mit Jesus zu leben. 11 Ja, Leute, so sieht's aus. Weil wir
für Jesus alles geben, sind wir auch ständig Todesgefahren ausgesetzt.
Aber genauso wird an uns auch deutlich, dass Jesus den Tod besiegt hat.
12 Wir leben also immer im Bewusstsein, jederzeit sterben zu können. Bei
euch haben wir aber für einen Durchbruch zu einem echten neuen Leben

gesorgt! 13 Trotzdem werden wir nie aufhören, weiter Predigten über Gott
zu halten. Wir sind nämlich genauso drauf wie einer von den Typen, die
die Psalmen geschrieben haben. Der sagt ja: „Ich vertraue Gott, darum
muss ich davon erzählen." 14 Wir sind uns total sicher, dass Gott – genau-
so wie er Jesus aus dem Tod rausgeholt hat – uns da auch mal rausholen
wird. Und dann werden wir alle zusammen bei Gott abhängen. 15 Die
ganzen ätzenden Sachen, die wir jetzt durchmachen müssen, ertragen
wir für euch. Denn je mehr Leute anfangen, mit Jesus zu leben, desto
fetter wird die Anzahl der Leute, die Gott dann laut Danke sagen und ihn
groß rauskommen lassen! 16 Darum sind wir nicht kleinzukriegen! Klaro,
das Ganze geht nicht spurlos an mir vorbei. Aber wenn ich auch körper-
lich immer schwächer werde, wirkt das Leben, was ich jetzt in Gott habe,
jeden Tag neu und erfrischend für mich. 17 Die ganzen Probleme, die wir
jetzt durchmachen müssen, werden ein Witz sein im Vergleich zu der
ewig geilen Party, die wir mit Gott feiern werden! 18 Darum lassen wir uns
von den Sachen, die gerade ätzend laufen, nicht runterziehen. Wir sehen
lieber nach vorne auf das, was vor uns liegt, auch wenn das noch weit
entfernt scheint! Denn die ganzen Probleme werden bald vorbei sein,
unsere Freude wird aber ewig anhalten.

5

Paulus freut sich auf den Himmel

1 Es ist echt sicher, dass die Tage für uns hier auf dieser Welt gezählt
sind. Wenn unser Leben hier zu Ende ist, dann ist das so, als ob wir aus
einem alten löcherigen Zelt ausziehen und in einem neuen festen Haus
wohnen, einem Haus im Himmel, das nie abgerissen werden kann.
2 Wir haben jetzt schon voll Bock, dort zu sein! Dieses ganze kaputte
Leben auf der Erde nervt, wir wollen endlich den neuen Körper anzie-
hen, der im Himmel gemacht wurde. 3 Dort werden wir nämlich nicht
nackt sein, wir werden einen neuen Körper bekommen, einen Körper
von der Marke „Himmel". 4 Jetzt sind wir genervt von unserem mensch-
lichen Körper, wir würden am liebsten sofort umziehen und stattdessen
den ewigen Körper haben. 5 Wir werden da aber noch hinkommen, denn
Gott hat schon alles dafür klargemacht. Er hat uns schon eine Anzah-
lung dafür gegeben: nämlich seine Kraft, seinen Geist. 6 Nur deswegen
bin ich in der Lage, meinen Job durchzuziehen. Ich weiß zwar: Solange
ich in diesem Körper lebe, bin ich von Gott getrennt. 7 Noch leben wir ja
in der Zeit, wo wir vertrauen und glauben müssen, ohne dass wir es so
richtig erleben könnten. 8 Ich bin auf jeden Fall gut drauf, ich würde am
liebsten jetzt schon meinen Körper verlassen und bei Jesus sein, dann
wäre ich endlich at home! 9 Aber egal, ob ich jetzt schon bei ihm bin

oder nicht, ich will auf jeden Fall radikal das tun, worauf Gott Bock hat.
[10] Jeder muss irgendwann mal zur großen Gerichtsverhandlung vor Gott
antreten. Da kommt alles raus, auch die geheimen Sachen. Und dann
kriegt jeder das Urteil für sein Leben, was er verdient hat – je nachdem,
wie er hier auf der Erde drauf war.

Gott hat den Menschen durch Jesus Christus ein Angebot gemacht

[11] Weil ich weiß, dass ich mich vor Gott irgendwann für mein Leben ver-
antworten muss, ist es mein Ziel, viele Leute für ihn zu gewinnen. Gott
weiß, dass wir nicht rumlügen. Und wenn ihr ehrlich seid, wisst ihr es
eigentlich auch. [12] Versuch ich jetzt schon wieder, den Dicken raushän-
gen zu lassen? Nein, null! Ich will euch nur ein paar Argumente in die
Hand geben gegen die Leute, die nur auf Äußerlichkeiten abfahren, aber
im Herzen total unehrlich drauf sind. So könnt ihr denen sagen, warum
ihr stolz auf uns seid. [13] Wenn ich mal total abdrehe, also sozusagen im
siebten Himmel schwebe und mich Gott ganz nah fühle (so was kommt
auch bei mir mal vor), dann geht das nur Gott etwas an. Wenn ich bei
euch war, dann war ich aber immer ganz klar in der Birne! Ich hab zu
euch nur ganz entspannt und klar geredet. [14] Alles, was wir an Start
bringen, machen wir nur, weil die Liebe von Jesus Christus uns dazu
treibt. Ich will nie vergessen, dass einer für alle gestorben ist. Und weil
Jesus stellvertretend für alle gehandelt hat, sind auch alle gestorben.
[15] Er ist für jeden Menschen gestorben, damit jeder, der an ihn glaubt,
ein neues Leben von ihm bekommt. In diesem neuen Leben sollen wir
nicht unser Ding durchziehen, sondern wir sollen für Jesus leben, der
extra dafür gestorben ist und dann wieder auferstanden ist. [16] Ich kann
jetzt auch bei niemandem mehr einen ganz normalen menschlichen
Maßstab anlegen. Auch wenn ich das früher bei Jesus gemacht habe,
geht das jetzt nicht mehr. [17] Wenn jemand mit Jesus Christus ein neu-
es Leben angefangen hat, dann geht wirklich was total Neues los. Der
ganze alte Schrott ist weg, es hat ein neues Leben angefangen! [18] Diese
neue Chance haben wir alleine von Gott bekommen, er hat uns durch
Christus zu sich zurückgeholt. Und Gott möchte, dass wir auch ande-
re Menschen zu ihm bringen, damit ihr Verhältnis mit Gott wieder in
Ordnung kommt. Das ist jetzt unser Job. [19] Ja, das ist doch genau die
Message: Durch Jesus Christus hat Gott eingegriffen, er hat sich mit
den Menschen wieder vertragen. Er hat ihnen ihren Mist verziehen und
alle Schulden bezahlt. Das ist die supergeile Nachricht, um die es sich
dreht: Gott verträgt sich wieder mit den Menschen! Diese Nachricht
dürfen wir weitererzählen. [20] Wir sind die Vertreter für Jesus Christus
in dieser Welt und Gott benutzt uns, er spricht durch uns zu den Men-

schen. Und in seinem Auftrag sagen wir allen: „Bleibt keine Feinde von
Gott! Lehnt das Friedensangebot nicht ab!“ 21 Gott hat Jesus verurteilt,
obwohl wir eigentlich das Urteil verdient hätten. Jesus hatte keine Schul-
den bei Gott, er hatte nichts ausgefressen und starb trotzdem für un-
sern Mist, damit wir durch ihn mit Gott klarkommen können.

6

Wir haben unseren Auftrag von Gott durchgezogen

1 Als Leute, die in Gottes Team spielen, haben Timotheus und ich noch
eine wichtige Ansage für euch: Passt auf, dass diese voll gute Tatsache,
nämlich dass Gott euch ohne Ende liebt, auch zu Konsequenzen in eu-
rem Leben führt! 2 Gott hat mal gesagt: „Es wird eine Zeit geben, da höre
ich auf deine Gebete, einen Tag, da werde ich dir meine Liebe zeigen.“
Und dieser Tag ist heute: Gott hat Bock, euch hier und heute zu helfen.
3 Wir versuchen, so zu leben, dass sich keiner unnötig aufregen muss, da-
mit kein schlechtes Licht auf die Sache von Gott fällt. 4 Wir sind in einer
Dienstbeziehung zu Gott, wir bleiben entspannt bei den ganzen Proble-
men, die man uns so macht, und ziehen unser Ding einfach durch. 5 Man
hat uns schon verprügelt und in den Knast geworfen. Wir standen einmal
hilflos einer aufgehetzten Meute gegenüber. Wir haben malocht bis zum
Umfallen, nächtelang nicht gepennt und nix gegessen. 6 Trotzdem haben
wir immer durchgezogen. Wir hatten nie irgendwelche Hintergedanken,
wir haben die Sache mit Jesus wirklich verstanden, wir waren nett zu
allen Leuten, haben die Menschen auch echt geliebt, wir waren geduldig
und immer gut drauf. Und das ging nur, weil Gottes Kraft, seine echte
Liebe, in uns gewirkt hat. 7 Wir haben nichts als die Wahrheit gepredigt,
und die Power von Gott war immer dabei. Deshalb waren wir überhaupt
in der Lage, die gute Nachricht von Jesus weiterzusagen. 8 Wir ziehen
unser Ding durch, egal, ob Leute uns toll, crazy oder peinlich finden, ob
man uns lobt oder Witze über uns macht. Selbst wenn Menschen be-
haupten, wir wollten nur ablinken: Wir haben es immer ehrlich gemeint.
9 Für die Menschen sind wir Nobodys, aber Gott kennt unsere Namen.
Wir haben oft unser Leben riskiert und sind trotzdem quicklebendig.
Wir wurden derbe verprügelt, aber wir sind wieder aufgestanden. 10 Man
poliert uns die Fresse, und wir sind trotzdem voller Freude, wir haben
keine Kohle und machen trotzdem andere Menschen oberreich, wir be-
sitzen nix – und trotzdem gehört uns irgendwie alles.

Wir lieben euch!

11 Also, liebe Freunde aus Korinth, wir haben uns gerade echt vor euch
geöffnet und euch gezeigt, wie sehr wir euch lieben. 12 Das beruht wohl

nicht auf Gegenseitigkeit, aber ihr habt auf sicher einen Platz in unseren
Herzen! 13 Ich rede mit euch so, als wärt ihr meine leiblichen Kinder.
Bitte vertraut mir! 14 Zieht nicht am selben Strang mit Leuten, die Gott
nicht kennen! Es gibt keine Gemeinsamkeiten zwischen den Leuten,
die ihr Leben mit Gott in Ordnung gebracht haben, und den Leuten, für
die Gottes Regeln total egal sind. Das ist wie Feuer und Wasser: Das
geht einfach nicht zusammen. 15 Es gibt ja auch keine Gemeinsamkeiten
zwischen Jesus Christus und dem Satan, oder? Was hat denn jemand,
der sein Vertrauen auf Gott setzt, mit einem gemeinsam, der Gott nicht
vertraut? 16 Welche Gemeinsamkeiten kann es überhaupt geben, wenn
man an den Ort denkt, wo Gott angebetet wird, und ihn vergleicht mit
dem Ort, wo zu Pseudogöttern gebetet wird? Hey Leute, in uns wohnt
der lebendige Gott! Er hat mal die Ansage gemacht: „Ich werde bei
ihnen sein und bei ihnen leben. Ich will ihr Gott sein, und sie sollen zu
mir gehören.“ 17 Und dann hat Gott zu seinen Leuten gesagt: „Passt auf,
dass niemand schlechten Einfluss auf euch ausübt. Macht euch dann
sofort aus dem Staub. Mit solchem Dreck sollt ihr nichts zu tun haben.
Ich will mit euch zusammen sein. 18 Ich werde euer Vater sein, und ihr
seid meine Kinder!“ Das sagt Gott, dem nichts unmöglich ist.

7

1 Ihr Lieben, weil Gott uns diese fetten Versprechen gegeben hat, wollen
wir uns von ätzenden Sachen fern halten, damit wir unsere Gedanken
und unseren Körper nicht mit irgendeinem Mist total versiffen. Wir ha-
ben fetten Respekt vor Gott und wollen deshalb so leben, wie er es von
uns möchte. 2 Bitte, Leute, vertraut uns! Wir haben niemanden von euch
abgelinkt, wir haben auch keine Verwirrung gestiftet oder jemanden
bevorzugt. 3 Ich will euch ja nicht fertig machen, ich hab ja schon ge-
schrieben, dass wir total Bock auf euch haben und euch sehr lieben. Wir
gehören zusammen, ganz egal, was da noch kommt. Versprochen! 4 Ich
glaube fest an euch, ich bin stolz auf euch und rede auch nur gut über
die Gemeinde. Ich bin gut drauf, und das trotz dieser Mega-Probleme.
5 In Mazedonien hatten wir eine schlimme Zeit. Alle Leute wollten was
von uns, es gab ständig Ärger, und wir waren auch innerlich nicht gut
drauf. 6 Aber Gott hilft immer, wenn man das Gefühl hat, es geht nicht
mehr weiter. Als Titus bei uns aufgeschlagen ist, waren wir voll froh.
7 Schon seine Anwesenheit hat uns echt ermutigt. Aber als er mir dann
erzählt hat, was bei euch so abgeht, wie sehr ihr mit mir fühlt und wie
sehr ihr euch für mich einsetzt, das hat echt gut getan. Und auch, dass
ihr euch auf meinen Besuch freut, und wie Leid euch tut, was passiert
ist, das war einfach total gut zu hören! 8 Mir tut es auch nicht mehr

Leid, dass ich euch diesen ersten Brief geschrieben hab, obwohl es am
Anfang schon 'ne Zeit lang so war. Mir war klar, dass es erst ätzend für
euch sein würde, das alles zu lesen. 9 Jetzt bin ich aber froh, dass ich
ihn doch abgeschickt habe. Nicht, weil er euch wehgetan hat, sondern
weil er am Ende dafür gesorgt hat, dass ihr euer Leben ändern konntet.
10 Gott kann sogar ätzende Gefühle benutzen, damit wir unser Leben
ändern und wieder alles gut wird. Nur die ätzenden Gefühle, die uns
nicht dazu bringen, unser Leben zu ändern, die bringen uns irgendwann
um. 11 Überlegt doch mal, was bei euch dann abgegangen ist! Auf ein-
mal habt ihr Ernst gemacht, ihr habt plötzlich durchgezogen und hattet
voll Bock auf Gottes Sache. Die Sehnsucht, die ihr nach mir hattet, und
die ganze Begeisterung, die plötzlich aufkam – das lag daran, dass ihr
euch wieder zu Gott umgedreht habt. Und auch dass derjenige bestraft
wurde, der bei euch Mist gebaut hat, das kam alles daher. Ihr habt diese
Sache damit aus der Welt geschafft, sehr geil! 12 Ich hab euch übrigens
nicht geschrieben, um festzustellen, wer da jetzt nun Schuld hat und
wem Unrecht getan wurde. Ich wollte nur, dass ihr ein klares Statement
bei Gott abgeben könnt, dass ihr auf meiner Seite steht. 13 Dass dies
nun klar ist, hat uns echt gut getan. Außerdem hat es uns echt gut
getan, zu sehen, wie Titus bei euch aufgenommen wurde. Er ist durch
euch wieder voll gut draufgekommen! 14 Ich hatte ihm gesagt, wie stolz
ich auf euch bin, und ihr habt mich echt nicht enttäuscht. Danke! Meine
Lobeshymnen haben sich also bewahrheitet, wie ich auch euch immer
die Wahrheit gesagt habe. 15 Er liebt euch wie blöd, weil er mitbekom-
men hat, mit wie viel Respekt ihr ihn aufgenommen habt. 16 Ich freu
mich sehr, dass man sich hundertpro auf euch verlassen kann!

8

Spendenaufruf für die Christen in Jerusalem

1 Also, ihr Lieben, ich will euch noch kurz erzählen, was für geile Sachen
Gott in den Gemeinden in der Provinz Mazedonien auf die Beine stellt.
2 Obwohl sie echt fiese Probleme hatten, sind sie voll gut drauf. Und
obwohl sie selbst auch keine Kohle haben, haben sie eine Menge ge-
spendet. 3 Ich bin Zeuge, sie haben echt weit mehr als das gegeben, was
sie eigentlich entbehren konnten. Und das total freiwillig, ohne Druck.
4 Die haben mir das Geld förmlich aufgedrängt, sie fanden, es wäre
geradezu ein Privileg, sich an dieser Spendensammlung für die Jesus-
Leute in Jerusalem zu beteiligen. 5 Die haben sogar weitaus mehr getan,
als wir eigentlich erwartet hatten. Sie haben sich einfach radikal an Gott
verschrieben, sie gaben sich Gott hin – und auch an uns. 6 Nach dieser
guten Erfahrung mit dem Spendensammeln hab ich Titus gesagt, er

sollte das bei euch auch mal bringen. Er hat damit ja schon angefangen
und wird das bestimmt auch bis zum Ende durchziehen. 7 Ihr seid in so
vielen Dingen fett gesegnet worden, in der Art eures Glaubens und mit
euren Predigern. Und dass ihr so viel von Gott geschnallt habt, ist auch
ein echter Segen. Es wäre cool, wenn ihr von diesem Segen jetzt was an
die Christen in Jerusalem zurückgeben könntet. 8 Ich will euch zu nichts
zwingen, ja? Wenn man sich aber die Bereitschaft reinzieht, die andere
Gemeinden in Sachen Spenden an den Tag legen, wäre das eine echte
Chance zu beweisen, wie groß eure Liebe für die anderen ist. 9 Seid so
drauf wie Jesus. Er war mega-reich, aber wegen euch ist er bettelarm
geworden, nur damit ihr dadurch fett gesegnet werdet! 10 Also, wenn
ihr mich fragt, dann fangt mit der Spendensammlung gleich heute an
und bringt sie diesmal auch zu Ende (nicht so wie letztes Jahr ...). Die
Idee dazu kam ja schließlich von euch. 11 Es soll ja nicht immer bei den
Vorsätzen hängen bleiben, gebt also so viel wie geht, ja? 12 Wenn eure
Einstellung dabei okay ist, dann ist es eigentlich egal, was am Ende
bei rumkommt. Gott weiß genau, wie viel Kohle ihr habt, und er wird
den richtigen Maßstab für jeden ansetzen. 13 Es wäre nicht gut, wenn
ihr dadurch finanzielle Probleme bekommt. Es geht mir nur um eine
gerechtere Verteilung. 14 Zurzeit habt ihr ja mehr als genug und könnt
locker was an die anderen abgeben. Das nächste Mal können die sich
dann vielleicht bei euch revanchieren. So kriegt jeder, was er braucht.
15 Erinnert ihr euch, was zu dem Thema in dem alten Buch bei Mose
steht? „Der viel hatte, hatte nicht zu viel, und der wenig hatte, hatte
nicht zu wenig.“

Titus ist gut drauf

16 Ich bin total froh über Titus! Er hat von Gott die gleiche Begeisterung
bekommen über das, was bei euch abgeht, wie ich sie auch habe. 17 Er
war sofort bereit, wieder bei euch vorbeizukommen, ich musste ihn gar
nicht groß darum bitten. 18 Dazu haben wir noch einen Typen als Be-
gleitung geschickt, der auch bei vielen Gemeinden voll den guten Ruf
hat, weil er sehr gut predigen kann. 19 Er wurde uns von der Gemeinde
aufgedrückt, als Begleitung und Schutz für den Geldtransport nach
Jerusalem. Wir wollten das auch, vor allem damit Gott am Ende groß
rauskommt und 20 keiner glauben könnte, wir wollten die Kohle irgend-
wie abzocken. Ist immerhin ein ganz schöner Batzen! 21 War uns einfach
wichtig, dass alles in Ordnung und korrekt abgeht, vor Gott und auch
vor den Menschen. 22 Ein anderer Typ ist auch noch dabei, den haben
wir gründlich abgecheckt, auf ihn könnt ihr euch echt verlassen. Er freut
sich da drauf, zu euch zu kommen, er vertraut euch total. 23 Wenn je-

mand Fragen zu Titus hat, könnt ihr sagen, er gehört zu mir und wäre
mein Mitarbeiter, er will euch helfen. Die Begleiter wurden von den Ge-
meinden hier aus der Gegend geschickt, und sie stehen auch total auf
Jesus. [24] Seid nett zu ihnen und zeigt damit, dass es richtig war, euch so
derbe zu loben.

9

[1] Über die Spendenaktion für die Jesus-Leute in Jerusalem muss ich
nichts Dickes mehr sagen, oder? [2] Mir ist schon klar, dass ihr immer
Bock darauf habt zu helfen. Das hab ich auch schon den Freunden in
Mazedonien erzählt. Hab denen gesagt, dass ihr schon seit einem Jahr
förmlich heiß drauf seid – und das hat andere wieder voll motiviert.
[3] Die Leute, die ich jetzt vorbeischicke, können das dann ja auch ab-
checken. Sie sollen bezeugen, dass ich keinen Blödsinn geredet hab, als
ich von eurer großen Spendenbereitschaft erzählt habe. [4] Es wäre super-
peinlich, sowohl für mich als für euch, wenn das jetzt nicht klappen
würde. Peinlich auch vor den Leuten aus Mazedonien, wenn ich denen
erzählen müsste, ich hätte in diesem Punkt wohl zu sehr den Lauten
gemacht. [5] Darum dachte ich, es wäre vielleicht eine gute Idee, die Jungs
vorzuschicken, um so dafür zu sorgen, dass die versprochene Spende
auch wirklich da ist. Ich möchte auf jeden Fall, dass ihr die Kohle frei-
willig spendet, nicht weil ihr euch unter Druck gesetzt fühlt. Und am
besten ist es, wenn ihr dabei nicht so geizig seid, sondern ordentlich
was springen lasst.

Geld spenden macht Freude

[6] Eins ist echt sicher: Wenn jemand nur ein paar Samen auf ein Feld sät,
dann wird er auch nur ein paar Pflanzen daraus wachsen sehen. Wenn
jemand aber fett Samen ausstreut, der wird auch eine fette Ernte ein-
fahren. [7] Jeder bei euch soll echt selber entscheiden, was er spenden
möchte. Spendet nichts, wenn ihr nicht wirklich wollt oder nur weil ihr
manipuliert wurdet. Gott steht auf Leute, die einfach so spenden, weil sie
es gerne tun. [8] Er wird euch sowieso mit allem, was ihr braucht, reichlich
versorgen. Ihr werdet sogar was übrig haben, womit ihr anderen wieder
'ne Freude machen könnt. [9] Im alten Buch steht ja auch schon was zu
dem Thema: „Er hat gesät, er hat den Leuten, die keine Kohle haben,
was gegeben, er ist immer fair." [10] Gott gibt einem Bauern genug Samen
und versorgt ihn. Und genauso wird er auch euch genug geben. Er wird
dafür sorgen, dass eure Spendenbereitschaft sich fett auszahlen wird.
[11] Ihr werdet immer genug haben, um Sachen dann auch weitergeben zu
können. Und wenn wir dann eure Spende an Leute weitergeben, die es

brauchen, werden sie sich bei Gott voll dafür bedanken. 12 Eure Spende
würde dann zwei Fliegen mit einer Klappe schlagen. Sie würde den Men-
schen helfen, die die Kohle dringend brauchen, und außerdem würden
viele Gott dafür Danke sagen. 13 Weil ihr so fett gegeben habt, werden die
Empfänger Gott loben, weil ihr die Sache mit der neuen Nachricht von
Jesus Christus ernst genommen und allen geholfen habt, ohne an euch
selbst zu denken. 14 Die beten da auch sehr für euch und haben voll die
Sehnsucht, euch mal wieder zu treffen, weil man bei euch Gottes totale
Liebe so spüren kann. 15 Danke Gott! Du hast uns echt so fett gesegnet!

10

Nachtrag: Zu den Leuten, die über mich ablästern

1 Ich will auf diesem Weg noch mal eine persönliche Sache mit euch
abklären. Ich hoffe sehr, dass wir das friedlich und entspannt regeln
können, ganz nach dem Vorbild von Jesus Christus. Man wirft mir vor,
ich würde nur laff drauf sein, wenn ich bei euch bin. Sobald ich aber
wieder weg bin, käme ich immer voll hart bei euch rüber. 2 Bitte zwingt
mich nicht dazu, die harte Schiene mit euch durchzuziehen, wenn ich
bei euch bin! Ich werde den Leuten auf jeden Fall volle Breitseite geben,
die mir irgendwelche falschen menschlichen Motive und Verhaltenswei-
sen unterstellen. 3 Natürlich bin ich auch nur ein Mensch, aber es geht
mir null darum, hier nur mein Ding durchziehen zu wollen! 4 Die Mittel,
mit denen ich arbeite, sind wie Waffen, die Gott mir gegeben hat. Ich
benutze sie, um menschliche, das heißt falsche Vorstellungen zu be-
kämpfen. 5 Wir können damit alles weghauen, was sich in den Köpfen
mancher Menschen an Lügen über Gott und seine Wahrheit aufgebaut
hat; einfach alles, was die Betreffenden davon abhält, zu schnallen, wie
Gott drauf ist! Mit dieser Waffe kriegen wir es hin, dass Jesus Christus
alle Gedanken gefangen nimmt, die sich gegen ihn richten. 6 Ich bin fest
entschlossen, diejenigen von euch, die nicht spuren, zur Verantwortung
zu ziehen – allerdings erst dann, wenn der Rest von euch gelernt hat,
Gott zu gehorchen.

Ein Wort zu den Kritikern

7 Passt mal auf, ist doch klaro, dass wir genauso zu Jesus gehören wie
die Leute bei euch, die das auch von sich behaupten. 8 Vielleicht denkt
ihr ja auch, ich lass zu sehr meine Vollmacht raushängen, die Gott mir
gegeben hat. Hey, diese Power hat Gott mir für euch gegeben, damit
ihr weiterkommt im Glauben! Nicht um euch fertig zu machen oder so.
Aber ich werde nicht zulassen, dass meine Arbeit bei euch kaputtge-
macht wird. 9 Ich will euch jetzt keinen Schiss mit diesem Brief machen.

[10] Denn wie gesagt, einige haben ja behauptet: „Per Brief macht Paulus
den Lauten, aber wenn er hier ist, dann ist er total laff unterwegs!“
[11] Den Leuten kann ich jetzt nur sagen, sie werden sich umgucken, wenn
ich da bin. [12] Ich würde niemals wagen zu behaupten, dass ich so wich-
tig bin wie die Typen, die das immer wieder von sich sagen. Die haben
anscheinend einen Wichtig-Wettbewerb am Start, voll peinlich! [13] Timo-
theus und ich schätzen uns und unsere Stellung realistisch ein, nicht
so wie die. Wir wollen nur so bewertet werden, wie Gott uns sieht, und
dazu gehört auch, dass wir einen Auftrag für euch hatten und den erfüllt
haben. [14] Deshalb sind wir keine durchgeknallten Spinner, wenn wir be-
haupten, ihr hättet von der Sache mit Jesus zuallererst von uns gehört.
Denn das stimmt ja wirklich. [15] Wir wollen kein Applaus für irgendetwas,
was wir nicht getan haben. Wir hoffen aber, dass ihr stabil im Glauben
werdet und wir dadurch noch mehr Möglichkeiten bekommen, Sachen
für Gott zu machen. [16] So könnten wir dann noch mehr Leuten von der
coolen Nachricht von Jesus erzählen, Menschen, die noch weiter weg
wohnen und wo noch niemand das vorher tun konnte. Wir reißen uns
auch überhaupt nicht darum, irgendwo zu arbeiten, wo schon jemand
da gewesen ist, um uns dann mit fremden Federn zu schmücken. Dann
kann auch niemand behaupten, er wäre schon vor uns da gewesen. [17] Im
alten Buch steht dazu: „Wenn jemand den Lauten macht, soll er das nur
mit den Sachen tun, die Gott gemacht hat.“ [18] Wenn jemand allen Leu-
ten erzählt, wie toll er ist, kannst du es eh echt vergessen. Wenn aber
Christus den Leuten erzählt, wie toll jemand ist, das bringt es total!

11

Paulus verteidigt sich gegen ein paar Pseudoapostel

[1] Ich hoffe, ihr könnt das ab, wenn ich jetzt noch ein wenig Schwachsinn
laber. [2] Ich hab euch nämlich total lieb und bin genauso eifersüchtig wie
Gott. Ihr seid wie eine Jungfrau, die ich nur einem Typen versprochen
habe, nämlich Jesus. [3] Zurzeit habe ich aber voll Schiss, das irgendwas
dazwischenkommen könnte, dass ihr von der coolen und gesunden Art
mit Jesus zu leben wieder wegkommt, dass ihr genauso verführt werdet,
wie Eva von der Schlange verführt worden ist. [4] Ihr scheint so drauf zu
sein, dass ihr ohne großes Nachdenken alles glaubt, was euch die Leute
so erzählen – selbst wenn sie völlig verrückte Sachen über Jesus erzäh-
len. Auch wenn sie versuchen, euch mit einem anderen Geist abzufüllen
als dem, den ihr damals bekommen hattet, nämlich der Power von Gott
selbst, scheint es euch egal zu sein. [5] Ich finde, ich bin null weniger wert
als diese ganzen „Mega-Apostel“, vor denen ihr so fett Respekt habt.
[6] Vielleicht hab ich nicht so die Rhetorik drauf wie die, aber ich weiß,

wovon ich rede, und das hab ich euch mehr als einmal auch beweisen
können. 7 War es vielleicht ein Fehler, dass ich so demütig drauf war
und euch extra kostenlos meine Hilfe in Sachen Predigen angeboten
hatte? 8 Andere Gemeinden mussten finanziell voll bluten, damit ich
bei euch gratis am Start sein konnte. 9 Als ich bei euch war und mir
die Kohle ausging, um Essen zu kaufen, hab ich nicht rumgenervt. Die
Geschwister aus Mazedonien haben mich in der Zeit versorgt, ich hab
keinen Cent von euch bekommen, und das will ich auch in Zukunft so
halten. 10 So sieht's aus, Leute. Und was ich in eurer Gemeinde geleistet
habe, macht mir bei euch in der Gegend so schnell keiner nach! 11 Ihr
fragt jetzt vielleicht, warum ich das tue? Womöglich, weil ich euch nicht
liebe? Hey Leute, Gott ist mein Zeuge, ich liebe euch total! 12 Trotzdem
werde ich auch in Zukunft keine Kohle von euch annehmen. Ich will
einfach keinem die Gelegenheit zu der Behauptung geben, er wäre so
drauf wie ich! 13 Diese Jungs sind total link und sie tun, als ob sie echte
Apostel von Jesus wären. Dabei sind sie voll die Pseudo-Apostel. 14 Mich
kann eh nichts mehr schocken. Schließlich verkauft sich ja sogar Satan
als guter Engel. 15 Ist also kein Wunder, wenn seine Leute ihm das nach-
machen und sich als Leute von Jesus tarnen. Wenn alles vorbei ist, wer-
den sie die Rechnung dafür kriegen.

Paulus zieht durch, egal, wie mies es ihm geht

16 Ich wiederhole das noch mal: Glaubt bitte nicht, ich wäre jetzt total
durchgeknallt, wenn ich euch das sage. Und selbst wenn, dann hört mir
trotzdem zu, vielleicht so, wie ihr auf jemanden hört, der Schwachsinn la-
bert, um ein wenig anzugeben. 17 Gott hat keinen Bock auf Angeber, aber
ich tue jetzt einfach mal so, als wäre ich total durchgeknallt, ja?! 18 Wenn
andere die Angebertour fahren, dann will ich das jetzt auch mal tun. 19 Ihr
seid ja so schlau, dass ihr jeden Schwachsinn glaubt, den man euch er-
zählt. 20 Ist ja anscheinend total okay für euch, wenn sie euch ausbeuten
und ein paar Knebelverträge aufdrücken, man muss bei euch nur selbst-
bewusst auftreten und euch nebenbei auf die Fresse hauen. 21 Tut mir
leid, aber so was bring ich einfach nicht. Aber weil ich jetzt ja hier den Di-
cken raushängen lassen wollte, sag ich dazu Folgendes: 22 Die sagen, sie
kämen aus dem Volk von Gott? Das bin ich auch! Die sagen, sie hätten
einen israelischen Pass? Den hab ich auch! Die sagen, sie wären aus der
Familie vom Abraham? Das bin ich auch! 23 Die sagen, sie geben alles für
Jesus? (Ich weiß, das hört sich echt durchgeknallt an, was ich jetzt hier
mache.) Ich habe viel mehr gegeben als sie! Ich hab alles gegeben, wurde
öfter in den Knast geworfen, tierisch oft wurde ich ausgepeitscht, mein
Leben stand echt oft auf der Kippe. 24 Fünfmal haben die Juden mich zu

neununddreißig Schlägen durch die Peitsche verurteilt. 25 Dreimal wurde
ich mit Stöcken verprügelt, einmal haben Leute versucht, mich mit Steinen zu töten. Dreimal habe ich eine Havarie mit einem Schiff überlebt.
Eine ganze Nacht und einen Tag hab ich auf einem Stück Holz auf dem
Meer überlebt. 26 Viele derbe Reisen liegen hinter mir, tierisch oft hatte
ich dabei mit Problemen zu kämpfen. Ob nun durch eine Flut oder weil
Ganoven mich überfallen wollten. Egal, ob es jetzt meine Landsleute
waren oder Fremde, ob in der Stadt oder auf dem Land oder auf dem
Meer, und manchmal auch durch Typen, die sich als Jesus-Leute ausgaben. 27 Es gab Situationen, wo ich echt total durch und alle war, wo mir
alles wehtat und ich nicht mal pennen konnte. Oft hab ich Kohldampf
geschoben und hatte Durst. Ich habe oft freiwillig nichts gegessen, um
stattdessen zu beten. Es gab Nächte, wo ich in der Eiseskälte pennen
musste. 28 Und das ist noch lange nicht alles. Jeden Tag mach ich mir
tierische Sorgen um die Gemeinden, die ich betreuen darf. 29 Sagt mir
jemanden, der jesusmäßig schlecht drauf ist, dann betrifft es mich auch.
Sagt mir jemanden, der verführt wurde, ätzende Sachen zu machen, und
ich bin sofort auf 180. 30 Wenn ich mich schon mal selbst gut darstellen
will, dann sag ich immer nur, wie schwach ich eigentlich bin. 31 Gott ist
mein Zeuge, er hat das Recht auf jeden Applaus, der Vater von Jesus ist
der Größte! 32 Als ich in Damaskus festsaß, hatte der Bürgermeister (der
direkt vom Präsidenten Aretas beauftragt wurde) die Order gegeben, die
ganze Stadt dichtzumachen, damit sie mich weghaften könnten. 33 Mir
gelang jedoch die Flucht durch ein Fenster in der Stadtmauer. Dort haben mich Freunde in einem großen Korb runtergelassen.

12

Gott kommt groß raus, wenn wir es nicht bringen

1 Dieser Angeberfilm ist echt flach, trotzdem will ich damit weitermachen. Hab ich schon von meinen Visionen geredet, von den Sachen, die
ich direkt von Gott bekommen hab? 2 Vor vierzehn Jahren bin ich mal in
eine andere Dimension, in den dritten Himmel, versetzt worden. Keine
Ahnung, ob das nur in einer Vision war oder ob ich auch körperlich dort
gewesen bin. Allein Gott weiß das genau. 3 Ich weiß auch nicht, wie ich
da überhaupt hingekommen bin, aber Gott weiß das. 4 Aber ich bin mir
ganz sicher, dass ich im Paradies war und dass ich dort irre Worte gehört habe, Dinge, die Menschen normalerweise gar nicht sagen können.
5 Mit dieser Geschichte könnte ich bestimmt Eindruck schinden, aber
das werde ich gar nicht erst versuchen. Ich bin nur stolz drauf, eigentlich nichts draufzuhaben. 6 Ich hätte echt viele Gründe abzuheben, und
es wäre noch nicht mal dumm – es würde ja der Wahrheit entsprechen.

Aber ich will das nicht. Ich möchte nicht, dass ihr besser von mir denkt.
Ihr solltet mich beurteilen nach dem, was ich predige und wie ich lebe.
7 Gott hat dafür gesorgt, dass ich mir nichts einbilde auf diese irre Vi-
sion, die ich hatte. Und ich hab da auch so ein Problem, das mir echt zu
schaffen macht. Ist fast so, als würde ein Bote vom Satan mir ständig in
die Fresse hauen, damit ich nicht total abspacke. 8 Dreimal hab ich Gott
schon gebeten, mir dieses Problem wegzunehmen. 9 Er sagt dann aber
immer: „Alles, was du brauchst, ist in meiner Liebe zu dir vorhanden.
Ich kann am besten durch Leute wirken, die wissen, dass sie mich brau-
chen." Wenn ich also mit irgendwas angebe, dann damit, dass ich nichts
gebacken kriege, wenn ich auf mich allein gestellt bin. Denn das bedeu-
tet, dass Jesus mir mit seiner Kraft hilft. 10 Darum gefällt es mir, wenn
ich schwach bin, wenn man mich schlägt, wenn es Probleme gibt, man
mich verarscht oder verfolgt. Denn wenn ich schwach bin, kann Gott
wirklich zeigen, was er draufhat.

Ich wünsch mir so sehr, dass ihr mich liebt

11 Jetzt habt ihr dafür gesorgt, dass ich wie ein Blödmann vor euch ste-
he, weil ich mich selbst so derbe gelobt hab. Ich sollte besser mein Maul
halten und darauf warten, dass ihr mich lobt. Ich weiß natürlich, dass
ich im Vergleich zu den Hyper-Aposteln die letzte Wurst bin, trotzdem
kann ich – da bin ich mir echt sicher – voll gut mithalten mit dem, was
ich so tue. 12 Als ich bei euch war, hab ich doch bestimmt klar gemacht,
dass ich ein echter Apostel bin, der seinen Auftrag von Gott bekommen
hat. Das wurde schon durch die vielen heftigen Wunder deutlich, die
ich bei euch getan habe. 13 Es gibt nur eine Sache, worin mein Besuch
bei euch sich von den Besuchen in anderen Gemeinden unterscheidet.
Und das ist, dass ich euch kohletechnisch nicht auf der Tasche gelegen
hab. Das müsst ihr mir wohl noch „vergeben" ... 14 Bald komme ich zum
dritten Mal vorbei – wieder kostenlos. Eurer Geld ist mir echt egal, es
geht mir um euch! Außerdem versorgen in der Regel nicht die Kinder
die Eltern, sondern umgekehrt. 15 Für euch würde ich echt alles geben!
Sogar mein Leben, wenn es sein muss! Ich find das ziemlich strange: Je
mehr ich euch liebe, desto weniger Liebe kommt von euch zurück. 16 Ist
auch egal! Ich hab von euch auf jeden Fall keinen Cent bekommen! Hab
ich euch denn vielleicht irgendwo anders ausgetrickst? 17 Wie soll ich
das denn bitte angestellt haben? Hat irgendeiner von den Typen, die ich
geschickt habe, euch abgelinkt? 18 Als Titus mit diesem andern Bruder
bei euch war, hat der euch vielleicht betrogen? Nein, auf keinen Fall!
Leute, unser Herz schlägt doch für dieselbe Sache, ja derselbe Geist
wirkt in uns, und wir arbeiten für dasselbe Ziel.

Paulus hofft, dass die Korinther noch die Kurve kriegen

19 Vermutlich denkt ihr jetzt, wir schreiben diesen Brief, um uns zu
verteidigen. Null, das wollen wir echt nicht! Als Christen sind wir nur
Gott Verantwortung schuldig. Und vor ihm steht fest: Wir wollen euch
mit alldem nur Mut machen, damit es in eurer Gemeinde gut läuft!
20 Ich hab halt einfach Angst, ich komme zu euch und ihr habt euch in
der Zwischenzeit irgendwie verändert, ihr seid anders drauf, als letztes
Mal. Und dann werdet ihr von meiner Reaktion genauso enttäuscht
sein. Hoffentlich ist dann nicht Streit, Eifersucht oder Egoismus und
Lästerkram am Start – eben ein großes Durcheinander. 21 Ich hab echt
Angst, ich muss vielen Leuten einen reindrücken. Leuten, die von ihrem
ätzenden Lebensstil keinen Abstand genommen haben, die sich durch
ihr haltloses, unreines Leben von Gott entfernen und nicht bereit sind,
wieder auf ihn zuzugehen.

13

Ein Wunsch zum Schluss und Grüße

1 Ist jetzt ja das dritte Mal, dass ich bei euch auflaufe. Im alten Buch
steht: „Durch die Aussage von zwei oder drei Zeugen soll jede Sache
entschieden werden.“ 2 Ich hatte schon die Ansage gemacht, dass die
mit Konsequenzen rechnen müssen, die bei euch Mist bauen. Wenn
ich wieder da bin, werde ich das auch durchziehen. 3 Ich werde allen
beweisen, dass Jesus Christus durch mich redet. Das tut er sehr krass
und völlig ohne Wischiwaschi. 4 Obwohl Jesus total schwach war, als er
am Kreuz hingerichtet wurde, lebt er jetzt durch die Power Gottes. Wir
sind auch schwach drauf, haben aber Gottes Power, und das wird Gott
euch beweisen. 5 Checkt euch selber, wie stark ist euer Glaube? Wenn
ihr wirklich nicht mehr sagen könntet, dass Jesus Christus bei euch lebt,
dann wärt ihr ja durchgefallen. 6 Hoffentlich kapiert ihr, dass ich die
Prüfung auf jeden Fall bereits bestanden habe. 7 Wir, also Timotheus
und ich, bitten Gott, dass ihr keinen Mist baut. Und das tun wir nicht,
weil wir jetzt gut dastehen wollen, sondern weil wir wollen, dass ihr das
Richtige tut, selbst wenn wir dadurch schlechter aussehen. 8 Was Gott
gesagt hat, steht sowieso felsenfest, da können wir eh nix gegen ma-
chen. Aber wir können seine Sache gut nach außen vertreten. 9 Ist für
uns okay, wenn wir es nicht bringen, Hauptsache ist, dass ihr es packt!
Und dafür beten wir auch, dass ihr euer Leben vor Gott klarkriegt. 10 Ich
hab euch diese ganzen Sachen jetzt als Vorbereitung auf mein Kommen
geschrieben. Ich habe nämlich keine Lust, erst mal nur rummeckern
zu müssen, wenn ich da bin. Gott hat mir, wie ihr wisst, eine Riesen-
Vollmacht ausgestellt. Und die will ich nicht dazu nutzen, um euch

runterzumachen, sondern um euch aufzubauen! [11] Noch ein paar Sätze zum Abschluss: Ihr habt echt 'nen Grund, euch zu freuen, also tut das auch!! Hört auf, Mist zu bauen! Nehmt die Sachen ernst, die ich euch geschrieben habe! Ihr müsst zusammenhalten! Und vertragt euch gut miteinander! Dann wird Gott, der die Liebe in Person ist und der peacig unterwegs ist, immer bei euch sein! [12] Bei der Begrüßung könnt ihr euch mit einem besonderen Kuss Hallo sagen! Schöne Grüße von allen Jesus-Leuten! [13] Ich wünsche euch, dass ihr wisst, dass Jesus Christus euch angenommen hat, er ist unser Chef! Und dass Gottes Liebe bei euch ist, und dass ihr zusammenkommt durch die Kraft von Gott, seinen heiligen Geist.
Euer Paulus

Brief an die Christen, die in Galatien wohnen, auch bekannt als „Galaterbrief"

1

Absender, Empfänger, Grüße

1 Absender: Paulus, in seiner Funktion als Apostel, der von Jesus Chris-
tus ausgesucht wurde – nicht von irgendwelchen Menschen – und
damit auch von Gott, dem Vater, der Jesus ein für alle Mal aus dem Tod
rausgeholt und wieder lebendig gemacht hat, 2 sowie alle Mitarbeiter,
die gerade bei mir sind. An: die Jesus-Leute in Galatien. 3 Hallo Leute!
Ich wünsche euch Frieden und die Liebe, die man von Gott durch Jesus
Christus bekommt. Der steht über allem! 4 Jesus hat sich für uns ab-
schlachten lassen; er ist für den ganzen Dreck gestorben, der uns von
Gott trennt. So wollte es Gott, der unser Vater ist. Sein Plan war, dass
wir dadurch aus dieser Welt gerettet werden können, in der wir zurzeit
leben und die mit Gott nichts zu tun haben will. 5 Dass er das getan hat,
ist einfach nur geil, dafür kann man ihm nie genug Danke sagen! Auf
sicher [Amen]!

Es gibt nur einen Weg zu Gott

6 Leute, ich kriege es echt nicht gebacken, dass ihr euch von den Sa-
chen, die ich euch erzählt habe, anscheinend so schnell wieder abge-
wendet habt! Gott hat euch die Möglichkeit geschenkt, wieder mit ihm
klarzukommen. Aber kaum dreht man sich um, wechselt ihr eure Theo-
logie wie ein altes Hemd! 7 Diese neue Lehre, von der ihr erzählt, klingt
ja erst mal ganz toll, aber sie ist echt Müll! Sie kommt von Leuten, die
euch schräg draufbringen wollen, indem sie die gute Lehre über Jesus
Christus völlig umdrehen. Leute, man kann sich die gute Nachricht
von Jesus doch nicht einfach so zurechtbasteln, wie man's gerne hätte.
Es gibt nur eine einzige gute Nachricht! 8 Wer auch immer euch etwas
anderes erzählen will als den Weg zu Gott, den wir euch beschrieben
haben, selbst wenn es irgendwelche Engel aus dem Himmel wären oder
sogar wir selbst: Der wird schon seine Strafe bekommen! 9 Ich schreib
das jetzt noch mal, weil es so wichtig ist: Derjenige, der euch eine
andere Lehre erzählt als die, die ihr für euch akzeptiert habt, der soll
die Krätze kriegen! 10 Hey Leute, schreibe ich das jetzt nur, damit mich

Menschen anschließend ganz toll finden? Null, es geht mir nur darum,
dass Gott mich toll findet! Wenn ich dafür leben würde, Applaus von
Menschen zu bekommen, dann wäre ich nicht bei Jesus angestellt und
würde ihm nicht dienen.

Wie Paulus zu Jesus gekommen ist

11 Freunde, eins ist sicher: Die gute Nachricht, die ich von Gott erzähle,
hab ich mir nicht selbst ausgedacht. 12 Sie wurde mir übrigens auch
nicht von irgendwelchen Leuten beigebracht. Nein, Jesus Christus sel-
ber hat sie mir erzählt! 13 Ich hoffe, ihr habt nicht vergessen, dass ich
als Hardcore-Jude unterwegs war. Ich habe sogar wie blöd alle Christen
gejagt, ich wollte sie um alles in der Welt kaputtmachen. 14 Ich war so
drauf, dass ich in jedem religiösen Wettbewerb den ersten Platz ge-
macht hätte. Ich tat alles dafür, um so zu leben, wie es die alten Gesetze
vorschreiben, nach denen schon unsere Vorfahren gelebt haben. 15 Gott
hatte aber einen anderen Plan mit mir, schon lange bevor ich überhaupt
geboren wurde. 16 Ich durfte seinen Sohn Jesus kennenlernen. Er wollte,
dass ich allen Menschen erzähle, wie man durch Jesus ein neues Leben
bekommen kann. Ich habe seinen Plan sofort durchgezogen, ohne mich
da vorher beraten zu lassen. 17 Ich bin nicht gleich zu den Aposteln
hingegangen, die damals in Jerusalem waren, um mich mit denen zu
beraten. Stattdessen bin ich erst mal nach Arabien gezogen und ging
dann wieder nach Damaskus zurück. 18 Nach drei Jahren bin ich dann
nach Jerusalem gegangen, um den Petrus zu treffen und mit ihm Zeit zu
verbringen. Ich bin damals zwei Wochen bei ihm geblieben. 19 Von den
anderen Aposteln hab ich bisher keinen kennengelernt, außer Jakobus,
der ein Bruder von Jesus ist. 20 Alles, was ich hier schreibe, ist die volle
Wahrheit und nichts als die Wahrheit, Gott ist mein Zeuge. 21 Nachdem
ich Petrus besucht hatte, bin ich dann Richtung Norden weitergezogen,
in die Gebiete Syrien und Zilizien. 22 Die Jesus-Leute in Judäa kannten
mich noch nicht persönlich. 23 Die hatten nur das Gerücht gehört: „Der
Typ, der uns Christen früher polizeilich verfolgt hat und uns vernichten
wollte, der erzählt jetzt überall von Jesus!" 24 Alle haben Gott sehr für
die Sachen gedankt, die bei mir abgegangen sind.

2

Paulus hat 'ne Predigt-Lizenz von den anderen Aposteln bekommen

1 Erst vierzehn Jahre später bin ich wieder nach Jerusalem zurückge-
gangen, diesmal in Begleitung von Barnabas und Titus. 2 Gott hatte mir
vorher persönlich gesagt, dass ich das machen sollte. Dort erzählte ich
dann meine ganze Geschichte und was ich den Menschen, die keine

Juden sind, über Jesus sage. Ich wollte einfach sichergehen, dass nicht
alles umsonst ist, was ich tue, und dass die anderen Apostel hinter mir
stehen. 3 Alle Verantwortlichen waren mit meiner Arbeit einverstanden.
Es wurde nicht einmal verlangt, dass mein Freund Titus, der aus Grie-
chenland kommt, dieses Beschneidungsritual durchziehen musste.
4 Diese ganze Diskussion über diese „Beschneidung“ wäre vermutlich
gar nicht erst aufgekommen, wenn nicht ein paar Pseudos aufgekreuzt
wären. Die schleimen sich zuerst mal richtig ein, um uns dann mit ihren
Lehren die Freiheit wieder zu klauen, die wir in Jesus gerade bekommen
haben. Sie wollen nur, dass wir uns ihren religiösen Gesetzen total
unterwerfen. 5 Wir sind aber unserer Linie treu geblieben und haben die-
sen Leuten keine Sekunde nachgegeben. Wir wollten, dass alles bei euch
weiter so bleibt, wie es der guten Nachricht entspricht, die ich euch
erzählt habe. 6 Alle, die in Jerusalem was zu sagen haben (unabhängig
davon, was sie früher mal waren, das ist für Gott eh egal), waren mit
den Sachen einverstanden, die ich so erzähle. 7 Ja, mehr noch, sie waren
sich sogar einig, dass Gott mir einen Spezial-Auftrag gegeben hat, näm-
lich den Menschen, die keine Juden sind, die gute Nachricht von Jesus
Christus zu verklickern. Ganz im Gegensatz zu Petrus, der von Gott
zwar den gleichen Job bekommen hat – aber eben für die Juden. 8 Es
war für alle offensichtlich, dass Gott mich zu den nichtjüdischen Völkern
schickt, wie er Petrus zu den Juden geschickt hat. 9 Als Petrus, Johannes
und Jakobus klar wurde, dass Gott höchstpersönlich mich für diesen Job
besonders begabt hat, umarmten sie mich und Barnabas. Dann wurde
verabredet, dass sie sich nach wie vor darum kümmern sollen, die gute
Nachricht von Jesus unter den Juden weiterzuerzählen, und wir das bei
den andern Nationen tun. 10 Nur eine Sache war ihnen noch wichtig:
dass wir uns auch um die Jesus-Leute in Jerusalem kümmern, die keine
Kohle haben. Das tu ich auch, so gut ich kann.

Diskussion mit Petrus über den Zusammenhang vom Glauben und den Gesetzen

11 Als Petrus dann in Antiochia war, musste ich ihm in einer Diskussion
erst mal heftig widersprechen. Er hatte sich meiner Ansicht nach in
einer Sache total falsch verhalten. 12 Am Anfang hatte er sich nämlich
erst mal ganz normal mit den nichtjüdischen Christen unterhalten und
mit ihnen was gegessen. Aber als dann ein paar Freunde von Jakobus
ankamen, war es ihm anscheinend superpeinlich. Er hatte Schiss, diese
jüdischen Christen würden ihn deswegen dissen. 13 Und dann fingen
die anderen Juden auch plötzlich an rumzuheucheln, sogar Barnabas
war durch die Situation plötzlich total komisch unterwegs. 14 Als mir

klar wurde, dass sie durch diese linke Tour nicht nach der wahren Lehre lebten, die Gott uns beigebracht hatte, stellte ich Petrus öffentlich zur Rede. Ich sagte ihm: „Wenn du ein Jude bist, der jetzt aber nicht mehr nach den jüdischen Vorschriften lebt, also im Grunde wie ein Nichtjude, warum erwartest du dann von den Nichtjuden, dass sie die jüdischen Gesetze befolgen, obwohl du sie ja selber hinter dir gelassen hast?
[15] Mann, wir sind beide als Juden geboren worden, nicht so wie die Na-
tionen ohne Gott. [16] Aber wir haben doch inzwischen kapiert, dass wir
Gott mit unseren tollen Taten und durch ein striktes Leben nach den Gesetzen nicht beeindrucken können, oder?! Warum willst du denn jetzt plötzlich, dass die Nichtjuden auch nach den Gesetzen leben sollen? Nicht weil wir uns so straight an die Gesetze gehalten haben, sind wir für Gott okay geworden, sondern nur dadurch, dass wir an Jesus Chris-
tus glauben! Auf andere Art kann es doch keiner schaffen!“ [17] Als wir
Christen geworden sind, haben wir geschnallt, dass wir nur deswegen für Gott okay sind, weil wir unser Vertrauen auf Jesus Christus setzen. Und wir haben uns mit den Nichtjuden zum Essen an einen Tisch gesetzt, weil wir begriffen haben, dass Jesus das von uns so wollte. Warum sind wir dann wieder rückfällig geworden? Hat uns Jesus damals extra was Falsches gesagt, damit wir richtig rumsündigen, ohne das zu
merken? So ein Blödsinn! [18] Nicht Jesus, sondern ich selber liege total
daneben, wenn ich versuche, das alte System künstlich am Leben zu
halten. [19] Unser altes Gesetz hat mir nichts mehr vorzuschreiben. Weil
Jesus Christus für mich gestorben ist, gilt für mich die gute Nachricht,
dass ich für Gott okay bin. [20] Was das alte Gesetz betrifft, bin ich tot,
und das, was jetzt in mir lebt, ist Jesus Christus. Ich lebe zwar noch in diesem Körper und in dieser Welt, aber ich lebe dabei total im Vertrauen auf den Sohn Gottes, der mich liebt und der alles für mich gegeben hat.
[21] Ich bin keiner von der Sorte, die Gottes Gnade einfach zurückweisen.
Ist doch klar, wenn es möglich gewesen wäre, durch die Gesetze gerettet zu werden, dann hätte Jesus Christus auch nicht sterben müssen.

3

Du wirst nur durch Vertrauen okay für Gott – nicht durch Taten

[1] Oh Mann, ihr verpeilten Galater! Wer hat es geschafft, euch so zu ver-
wirren? Ihr hattet doch schon längst kapiert, dass wir es nur durch den Tod von Jesus am Kreuz wirklich packen können! Das hatte ich euch doch
deutlich gesagt! [2] Ich stell euch noch mal 'ne Frage: Wie habt ihr denn die
Kraft von Gott bekommen, wie kam das eigentlich bei euch mit seinem Geist? War das, weil ihr so straight nach den Gesetzen gelebt habt? Oder hatte das mehr damit zu tun, dass ihr angefangen habt, Gott zu vertrau-

en? 3 Seid ihr echt so verpeilt? Nachdem ihr geistlich angefangen habt,
macht ihr jetzt so mal eben aus eigener Kraft weiter? 4 Ihr habt so derbe
Sachen mit Gott erlebt, war das alles umsonst? Das kann doch echt
nicht wahr sein! 5 Ich frag jetzt noch mal: Hat Gott euch seinen Geist ge-
schenkt und dann so derbe Sachen bei euch gemacht, weil ihr so radikal
nach den Gesetzen vom Mose lebt? Oder hat Gott das getan, weil ihr ein-
fach den Sachen glaubt, die ihr über Jesus Christus gehört habt? 6 Wisst
ihr, beim alten Abraham war das ganz ähnlich. „Abraham hat Gott ge-
glaubt, darum wurde er für Gott okay.“ 7 Die wirklichen Kinder vom Abra-
ham sind die Leute, die Gott vertrauen. 8 Das alte heilige Buch hatte über
diese Zeit schon ’ne Ansage gemacht: Es sollte eine Zeit kommen, in der
auch die Nichtjuden durch das Vertrauen, was sie in Gott setzen, gerettet
werden. Das hatte Gott schon Abraham angekündigt; er meinte schon
vor Ewigkeiten zu ihm: „Alle Nichtjuden werden von dir profitieren, wenn
sie so glauben wie du!“ 9 Darum werden alle, die ihr Leben auf Jesus
Christus bauen, für Gott okay sein, genau wie Abraham für Gott okay war.
10 Alle, die es aber über die Gesetzesschiene probieren und durch ihre tol-
len Taten Gott beeindrucken wollen, sind weg vom Fenster. In den alten
Schriften steht ganz klar: „Alle, die nicht jeden Punkt des Gesetzes befol-
gen, sind für immer unten durch.“ 11 Ist doch total klar, dass es niemand
nur durch das Befolgen von Regeln bei Gott packen kann. In den alten
Schriften steht auch bei dem Propheten Habakuk: „Nur durch das Ver-
trauen auf Gott kann man bei Gott klarkommen.“ 12 Das Gesetz schert
sich um den Glauben aber herzlich wenig, das sagt nur: „Wer diese Re-
geln befolgt, der wird durch sie leben.“ 13 Jesus hat für uns einen Ausweg
organisiert, damit wir bei Gott nicht für immer verloren haben. Er hat die
Strafe für uns übernommen, da steht ja auch: „Wer an einem Holzkreuz
hängt, der ist verflucht!“ 14 Das Versprechen, das Gott Abraham gegeben
hat, sollte durch den Tod von Jesus am Kreuz für alle Menschen zugäng-
lich gemacht werden. Dadurch, dass sie Gott wirklich vertrauen, werden
sie auch die Kraft von Gott, seinen heiligen Geist, bekommen, das hat er
ja versprochen!

Die Gesetze und das Versprechen

15 Freunde, ich will euch das noch mal an einem alltäglichen Beispiel
erklären: Wenn jemand vor seinem Tod ein Testament geschrieben hat
und damit zum Notar gegangen ist, dann ist das Testament rechtsgültig
und keiner kann was daran ändern oder es sogar für ungültig erklären.
16 Wenn wir uns die Sachen mal genauer ansehen, die Gott Abraham
und seiner Familie versprochen hat, dann stellen wir Folgendes fest:
Dort steht nicht, dass dieses Versprechen seinen Kindern galt, also

mehr als einer Person, dort steht „seinem Kind“, und mit diesem Kind ist Jesus gemeint! [17] Und das ist genau meine These: Dieser Vertrag, den Gott mit Abraham geschlossen hatte, konnte nicht vierhundertdreißig Jahre später plötzlich aufgehoben werden, als Gott Mose das Gesetz gab. Sonst hätte Gott ja sein Versprechen gebrochen. [18] Wenn wir also die Sachen von Gott nur erben, wenn wir die Gesetze nicht brechen, dann wäre Abrahams Vertrag mit Gott ja total egal. Aber Gott hatte Abraham dieses Versprechen gegeben, ohne es an irgendwelche Bedingungen zu knüpfen.

Warum gab es die Gesetze der Juden überhaupt?

[19] Was bringen denn nun diese ganzen Gesetze, was soll das? Die Gesetze waren dafür da, um den Menschen klar zu machen, dass sie es ohne Gott einfach nicht packen. Die Gesetze, die ein paar Engel an Mose weitergaben, der sie dann den Menschen mitteilte, sollten so lange funktionieren, bis Jesus am Start war. [20] Als Gott Abraham sein Versprechen gab, war das eine Sache zwischen einem Menschen und dem einen Gott. Deshalb war da auch kein Vermittler notwendig. [21] Widerspricht sich das nicht? Das Versprechen, das Gott uns gibt, und die Sachen, die im Gesetz stehen? Null, natürlich nicht! Widersprechen würde es sich, wenn es da im Gesetz eine Zusage geben würde, die uns ein neues Leben garantiert und uns von unserer Schuld freispricht. Tut es aber nicht, denn dann würden wir tatsächlich nur durch das Gesetz mit Gott klarkommen können. [22] In den alten Schriften steht aber eindeutig, dass wir alle im Knast der Sünde stecken. Wir sind unfrei und kommen da nur raus, wenn wir unser Vertrauen auf Jesus Christus setzen. [23] Das Gesetz sorgte dafür, dass wir in diesem Knast saßen, bis Jesus kommen sollte und mit ihm ein neuer Weg, wie wir für Gott okay werden können. [24] Ich will es noch mal anders sagen: Die Gesetze haben im Grunde die Route festgelegt, sie haben uns mit ihren strengen Regeln beigebracht, wo es längs geht. [25] Seitdem jetzt das Ding mit dem Glauben funktioniert, müssen wir dieser streng festgelegten Route nicht mehr folgen. [26] Denn durch den Glauben an Jesus Christus sind wir alle Teil der Familie von Gott geworden, wir sind seine Kinder. [27] Alle, die auf diesen Namen von Jesus getauft wurden, gehören jetzt zu ihm, und das soll sich auch in ihrem Leben zeigen. [28] Ein paar Sachen existieren für uns einfach nicht mehr: zum Beispiel der Unterschied zwischen Jude und Nichtjude, zwischen Arbeiter und Unternehmer oder zwischen Mann und Frau. Wir sind jetzt alle eins, weil wir zu Jesus Christus gehören. [29] Und alle, die zu Jesus gehören, gehören auch zur Familie vom Abraham und sind damit sozusagen Erben. So ist das einfach.

4

Nicht mehr in den Knast durch die Gesetze, sondern frei
[1] Ich nehm noch mal ein Beispiel: Stellt euch vor, ein ziemlich reicher
Vater stirbt und seinen ganzen Reichtum erbt ein kleines Kind. Bis das
Kind erwachsen ist, hat es aber nichts davon, in diesem Augenblick
ist es genauso reich wie ein Sozialhilfeempfänger. [2] Es bekommt dann
einen Vormund vom Staat zugeteilt und muss tun, was der sagt, bis es
so alt ist, wie es der Vater im Testament festgelegt hat. [3] Genauso ging
das auch bei uns, bevor Jesus da war. Wir waren total unfrei. [4] Als aber
der Termin gekommen war, an dem Gott das geplant hatte, schickte
Gott seinen Sohn bei uns vorbei. Der wurde ganz normal als Mensch
geboren und ließ sich sozusagen freiwillig in den Knast einschließen,
in dem wir gefangen waren. [5] Sein Auftrag war: uns aus diesem Knast
rauszuholen, in dem wir durch das Gesetz festsaßen. Gott wollte uns
als Kinder in die Familie aufnehmen. [6] Und weil wir seine Kinder sind,
hat Gott uns seine Kraft gegeben, seinen Geist. Das ist derselbe Geist,
den sein Sohn Jesus auch hatte! Und darum können wir jetzt auch
beim Beten „lieber Papa" zu ihm sagen. [7] Ihr seid nicht mehr im Knast
der Gesetze, ihr seid jetzt Kinder von Gott geworden. Und als Kinder
habt ihr auch ein Recht bekommen, alles von ihm zu erben, alles, was
Gott mal versprochen hat! [8] Als ihr noch keine Ahnung von Gott hattet,
habt ihr euch in irgendwelchen anderen Religionen getummelt und zu
andern Göttern gebetet. Das waren in Wirklichkeit nur so Ersatzgötter,
die sich irgendwelche Menschen ausgedacht hatten. [9] Jetzt habt ihr Gott
aber kennengelernt (oder besser gesagt, er hat euch kennengelernt). Ich
krieg das echt nicht gerallt, was ihr jetzt noch von diesen armen Lu-
schen-Göttern wollt, die diese Welt euch anbietet? [10] Was soll das, dass
ihr euer Leben nach bestimmten Tagen oder Jahreszeiten oder nach
irgendwelchen Festen ausrichtet? [11] Ich mach mir ehrlich Sorgen um
euch! Ich hab echt keinen Bock, dass die ganze Arbeit, die ich mit euch
hatte, umsonst war. [12] Liebe Freunde, tut mir den Gefallen: Macht es so
wie ich! Ihr habt mich ja nie alt aussehen lassen und tut das jetzt doch
auch nicht, oder? [13] Könnt ihr euch daran erinnern, dass es mir echt
ätzend ging, als ich das erste Mal bei euch über die guten Nachrichten,
die durch Jesus gekommen sind, gepredigt habe? [14] Obwohl es für euch
nicht so cool war, mich krank zu erleben, habt ihr mich nicht abgelehnt.
Ihr habt mich sogar bei euch wohnen lassen und mich versorgt, fast so,
als wäre ich ein Engel von Gott, oder sogar, als wäre ich Jesus höchst-
persönlich! [15] Und was ist da jetzt mit euch los? Damals hättet ihr euch
für mich einen Arm ausgerissen, wenn das nötig gewesen wäre. [16] Bin

ich denn jetzt plötzlich euer Feind, nur weil ich euch die Wahrheit sage?
17 Wahrscheinlich hat das doch mit diesen falschen Typen zu tun, die
sich bei euch einschleimen und so tun, als wollten sie euer Bestes. Da-
bei wollen sie nur etwas zwischen uns treiben und dafür sorgen, dass
ihr das tut, was sie sagen. 18 Ich finde das ja erst mal sehr geil, dass ihr
alles für Gott geben wollt, auch wenn ich gerade nicht da bin. 19 Hey,
meine Kinder, ich hab euch echt lieb! Es ist fast so, als müsste ich noch
mal die ganzen Schmerzen einer Geburt mit euch durchmachen. Das
wird wohl auch nicht aufhören, bis Jesus ganz von euch aufgesogen
wurde und euer Leben ganz kontrolliert. 20 Das wäre ein Traum, wenn
ich nur bei euch sein könnte! Dann müsste ich auch nicht so mit euch
schimpfen! Aber im Augenblick weiß ich mit euch echt nicht mehr
weiter.

Was war mit den zwei Söhnen vom Abraham?

21 Ich schreib noch mal was zu den Leuten bei euch, die unbedingt nach
dem Gesetz leben wollen. Habt ihr eigentlich echt kapiert, was in den
alten Büchern überhaupt drinsteht? 22 In den alten Schriften steht doch
die Story von Abraham. Der hatte zwei Söhne, einen von einer Sklavin,
den zweiten von seiner richtigen Frau. Diese andere Frau war keine
Sklavin, sondern sie war frei zur Welt gekommen. 23 Der Sohn von der
Sklavin wurde geboren, weil Abraham die Einlösung des Versprechens,
was Gott gegeben hatte, mit menschlichen Mitteln erzwingen wollte.
Gott hatte ihm ja vorher mal eine große Familie versprochen. Der ande-
re Sohn von der freien Frau wurde geboren, weil Gott sein Versprechen
einlösen wollte. 24 Diese zwei Frauen sind ein Bild für die zwei Verträge,
die Gott mit den Menschen abgeschlossen hat. Der eine war mit der
Sklavin Hagar. Er steht für den Vertrag vom Mose, der am Berg Sinai
abgeklärt wurde. Nach diesem Vertrag sind wir auch Sklaven und total
abhängig von dem Gesetz. 25 Hagar ist übrigens der arabische Name
für den Berg Sinai. Er steht für unser heutiges Jerusalem, für die Juden,
die strikt an den Gesetzen kleben und nie wirklich frei werden, weil sie
Jesus nicht vertrauen wollen. 26 Sara aber, die andere Frau, die keine
Sklavin war, steht aber für die City, das neue Jerusalem im Himmel, für
den neuen Vertrag, den Gott mit den Menschen durch Jesus geschlos-
sen hat. 27 Der alte Prophet Jesaja hatte auch schon davon gesprochen:
„Du kannst echt glücklich sein, du Frau, die keine Kinder kriegen kann!
Freuen soll sich die Frau, die nie ein Baby haben wird! Denn obwohl du
alleine bist, wirst du mehr Kinder haben als die Frau, die einen Mann
abbekommen hat.“ 28 Das stimmt doch auch für euch, liebe Freunde,
oder? Isaak kam auf die Welt, weil Gott Abraham einen Sohn verspro-

chen hatte, und genauso verdankt ihr euer Leben dem Versprechen, das
Gott gegeben hat. 29 Trotzdem wurde Isaak (mit dem das Versprechen
eingelöst wurde) von Ismael (dem Sohn der Sklavin) verfolgt. Und das
ist heute auch noch der Fall. 30 Was sagen nun die alten Schriften dazu?
Ich zitiere: „Du sollst die Sklavin und ihren Sohn rausschmeißen, denn
der Sohn von der Sklavin soll sich nicht gemeinsam mit dem Sohn von
der freien Frau das Erbe teilen.“ 31 Ihr Lieben, hier ist eine Super-Nach-
richt: Wir sind keine Kinder einer Sklavin. Wir sind Kinder von der Frau,
die total frei war, und Gott akzeptiert uns, wenn wir ihm einfach nur
vertrauen.

5

Kämpft um die Freiheit, die Jesus euch geschenkt hat

1 Erst durch Jesus Christus sind wir wirklich ganz frei geworden. Kämpft
jetzt darum, diese Freiheit nicht wieder zu verlieren! Ihr braucht nicht
mehr unter der Fuchtel von den Gesetzen stehen. 2 Ich (Paulus) geb
euch Brief und Siegel: Wenn ihr euch wieder auf das einlassen würdet,
was das jüdische religiöse Gesetz euch vorschreibt, wenn ihr euch die
Vorhaut abschneiden lasst und so, dann ist alles, was Jesus für euch
getan hat, für’n Arsch. 3 Ich sag’s noch mal: Wer diese Beschneidung
bei sich machen lässt, ist verpflichtet, alles zu tun, was die Gesetze ihm
vorschreiben! Echt alles, von A bis Z! 4 Wenn ihr euch dafür entscheidet,
dass ihr lieber durch das Befolgen der Gesetze mit Gott klarkommen
wollt, dann steht das dermaßen zwischen euch und Jesus, als hättet ihr
überhaupt nichts mehr mit ihm zu tun. Dann seid ihr total raus aus dem
Liebes-Vertrag, den er mit euch geschlossen hat. 5 Wir glauben doch,
dass wir nur durch das auf Jesus gesetzte Vertrauen von Gott akzeptiert
werden. Durch seinen Geist, seine Power, wurde uns das ja erst klar,
jetzt ist das zu unserer berechtigten Hoffnung geworden. 6 Für Jesus
ist es echt egal, ob wir nun an der Vorhaut beschnitten sind oder nicht.
Jesus geht es nur darum, dass wir ihm absolut vertrauen. Und dieses
Vertrauen zeigt sich in einer Liebe, die sich selbst nicht mehr so wichtig
nimmt. 7 Mann, ihr habt doch so einen Traumstart hingelegt! Was ist da
bei euch abgegangen, dass ihr so von der Strecke abgekommen seid?
8 Also, Gott hat da garantiert nichts mit zu tun, denn er will schließlich
eure Freiheit! 9 Ich hoffe, dass die wenigen, die bei euch falsch gepolt
sind, nicht gleich alle anderen anstecken. Nicht wie bei einer Grippe, zu-
erst ist einer krank und dann bald alle anderen im Freundeskreis auch.
10 Aber ich vertrau jetzt mal ganz auf Jesus, er wird schon dafür sorgen,
dass ihr die Kurve kriegt. Und macht euch keine Gedanken um so Ty-
pen, die euch durcheinanderbringen. Um die wird Gott sich kümmern

… 11 Ihr Lieben, ich hab das Gerücht gehört, dass Leute behaupten, ich
würde Christen dringend dazu raten, sich die Vorhaut abschneiden zu
lassen. Aber das ist völlig daneben, warum wären dann die Juden immer
noch hinter mir her? Dann brauchte sich ja auch keiner mehr darüber
aufzuregen, dass wir alle ausgerechnet durch einen gerettet werden, der
hingerichtet worden ist. 12 Von mir aus können sich diese Non-Checker
auch sonst noch was abschneiden.

Nur wer liebt, ist richtig frei!

13 Liebe Leute, Gottes Plan sieht für jeden von euch eine totale Freiheit
vor! Trotzdem solltet ihr diese Freiheit nicht missbrauchen, indem ihr
euch ätzenden Sachen ausliefert. Besser wäre, ihr nutzt sie, um euch
gegenseitig zu lieben und zu respektieren. 14 Man kann nämlich alle Ge-
setze von Gott in diesem einen Ding zusammenfassen: „Liebe die Men-
schen, mit denen du zu tun hast, genauso, wie du dich selber liebst!"
15 Wenn ihr aber wie wild gewordene Hooligans aufeinander losgeht,
passt bloß auf, dass ihr dabei nicht selber umgebracht werdet. 16 Darum
mein Tipp an euch: Gebt die Kontrolle über euer Leben radikal an die
Kraft Gottes, an seinen heiligen Geist, ab! Wenn er den Joystick eueres
Lebens voll in der Hand hält, habt ihr kein Problem mehr mit Versu-
chungen der üblen Sorte. 17 Denn unser altes Ich treibt uns förmlich
dazu, Mist zu bauen, ganz im Gegensatz zum heiligen Geist. Der heilige
Geist will das alte Ich unter Kontrolle bringen, er will uns zu Sachen
führen, die unser altes Ich eigentlich nicht will. Da geht voll der Kampf
ab in euch und ihr seid dabei total unfrei! 18 Wenn aber der heilige Geist
den Joystick eures Lebens in der Hand hält, dann steht ihr nicht mehr
unter der Fuchtel von diesen alten Gesetzen. 19 Gehorcht ihr aber eurem
alten Ich, dann kommt nur Mist dabei raus: dreckige Gedanken, abfeiern
ohne Grenzen einzuhalten und solchen Sex, auf den Gott keinen Bock
hat; 20 auf Sachen plötzlich so abfahren, dass sie viel wichtiger werden
als Gott, okkulte Praktiken, immer auf Ärger aus sein, „Nach mir die
Sintflut"-Einstellung, Intrigen anstiften, streiten ohne Ende, sich als Mit-
telpunkt der Welt fühlen, 21 anderen nichts Gutes gönnen, Alkoholismus,
Drogensucht, Esssucht und solche Sachen. Wer so drauf ist, hat im
Land, wo Gott das Sagen hat, nichts zu suchen. 22 Die Charaktereigen-
schaften, die bei euch entstehen, wenn der heilige Geist euern Joystick
in der Hand hat, sehen aber ganz anders aus: Liebe, Freude, Frieden,
Geduld, anderen verzeihen können, anderen Menschen Gutes gönnen
und sich dafür einsetzen, treu sein, 23 nett zu Menschen sein, auf Sa-
chen locker verzichten können und so weiter. Gegen all diese Dinge hat
das Gesetz ja auch nichts. 24 Alle, die zu Jesus Christus gehören, haben

ihr altes Ich (inklusive den ätzenden Sachen, die daraus hervorgehen)
am Kreuz hingerichtet. 25 Wenn wir jetzt wegen dem heiligen Geist über-
haupt erst richtig anfangen zu leben, dann sollte er auch wirklich alles in
unserem Leben unter Kontrolle haben. 26 Dass wir uns auf unsere tollen
Taten sonst was einbilden und uns dabei immer mit den anderen ver-
gleichen, also, Leute, das haben wir doch echt nicht mehr nötig!

6

Helft euch gegenseitig!

1 Also, Freunde, wenn mal einer aus euer Truppe in seinem Leben total
danebenliegt, dann ist es eure Aufgabe, diesen Menschen auf nette Art
wieder richtig draufzubringen. Ihr habt ja die Kontrolle von eurem Leben
komplett an Gott und seiner Kraft abgegeben und könnt das. Dabei
müsst ihr aber total aufpassen, damit ihr nicht selber abrutscht! 2 Helft
euch gegenseitig, wo ihr Probleme habt, und wo es mal hart auf hart
kommt, da seid für den anderen da. Das ist nämlich genau das, was
Jesus von euch will. 3 Wer meint, er wäre Mr. Richtig-Wichtig, der be-
scheißt sich nur selber. 4 Am besten wäre, wenn ihr euch ständig selber
abcheckt, ohne euch dabei mit anderen zu vergleichen. 5 Schließlich ist
jeder für sich selber verantwortlich. 6 Wenn es irgendwelche Leute bei
euch gibt, die anderen etwas beibringen, dann gebt ihnen auch dem-
entsprechend Kohle dafür oder auch mal Klamotten oder was zu spach-
teln. 7 Spackt nicht rum, Leute, wenn ihr echt glaubt, man könnte Gott
verarschen. Alles, was man tut, hat auch irgendwie Auswirkungen und
Konsequenzen! 8 Wer sein altes Ding weiter durchzieht und sich dabei
auf seine eigenen Fähigkeiten verlässt, der hat für immer sein Leben ver-
loren. Wer aber Gott und seiner Kraft die Kontrolle über sich anvertraut
und sich von Gott führen lässt, der wird ohne Ende leben können. 9 Da-
rum will ich euch echt anfeuern, weiter Sachen zu machen, die Gott geil
findet! Gebt nicht auf, irgendwann werdet ihr dafür fett absahnen, ver-
sprochen! 10 Solange das noch geht, lasst uns doch versuchen, für alle
Leute da zu sein und ihnen zu helfen, wo es geht. Und ganz besonders
natürlich unseren Freunden, die mit uns in der Familie von Gott dabei
sind.

Was wichtig ist

11 Wie ihr an der veränderten Klaue erkennen könnt, schreib ich den
Rest jetzt sogar selber. 12 Es gibt Leute, die wollen nur die Superstars
sein, und ausgerechnet die wollen euch bequatschen, sich aus religiö-
sen Gründen die Vorhaut abschneiden zu lassen. Aber ihre Motive sind
nicht okay, sie haben nur Angst, Probleme zu kriegen, wenn sie öffent-

lich bekennen, an Jesus Christus zu glauben und mit ihm zu leben.
13 Obwohl sie aus religiösen Gründen darauf bestehen, dass sich jeder die Vorhaut abschneiden muss, nehmen sie die religiösen Gesetze für sich selber nicht so genau. Vermutlich wollen sie nur selber den Dicken raushängen lassen, wenn sie euch dazu überreden konnten, das bei euch zu machen.
14 Ich werde nicht den dicken Macker markieren. Das Einzige, worauf ich echt stolz bin, ist, dass Jesus für mich am Kreuz gestorben ist. Durch seinen Tod ist die Welt für mich gestorben und ich bin auch tot für die Welt. Sie hat keine Ansprüche mehr an mich.
15 Für Gott ist es total egal, ob ich nun beschnitten wurde oder nicht. Wichtig ist nur, ob wir den Neustart mit Jesus erlebt haben!
16 Alle, die sich nach diesem neuen Maßstab ausrichten, sollen von Gott fett beschenkt werden, beschenkt nämlich mit Frieden und Liebe! Und das soll auch für das Volk der Leute aus Israel gelten, auf die er besonders steht!
17 Also Leute, haltet die Ohren steif und passt auf euch auf! Ich will mir nicht wieder so viel Sorgen um euch machen müssen, ja?! Ich hab schon genug Sachen für Jesus durchgemacht, die Narben an meinem Körper können das bezeugen.
18 Gottes Liebe, seine Gnade, die durch Jesus Christus deutlich wurde, soll euch immer begleiten! So soll's sein [Amen]! Bis dann, ihr Lieben!
Euer Paulus

Der Epheserbrief

1

Absender, Adresse, Begrüßung

1 Absender: Paulus in seiner Funktion als Apostel. Jesus Christus hat
ihn für diesen Job ausgesucht. An: alle in Ephesus, die ihr Vertrauen
auf Jesus Christus gesetzt haben. 2 Hallo Leute! Ich wünsch euch,
dass ihr die Liebe bei euch habt, mit der euch Gott angenommen hat,
und den Frieden, der von Gott kommt, unserem Vater, und von Jesus
Christus, dem Chef. 3 Danke, Gott, danke, Vater von Jesus Christus,
du bist der Beste! Leute, Gott hat uns durch Jesus alle möglichen
geistlichen Gaben geschenkt. 4 Schon bevor die Welt entstanden ist,
hat Gott uns extra ausgesucht. Er wollte, dass wir ihm ganz nahe
sind, dass wir etwas Besonderes sind, dass wir heilig und sauber bei
ihm sein können! 5 Es war sein Plan, dass wir durch Jesus seine Kin-
der werden können. Das wollte er so, weil er uns so sehr liebt. 6 Da-
rum freuen wir uns so sehr. Wir danken ihm für seine Liebe, mit der
er uns durch seinen Sohn Jesus freigesprochen hat. 7 Seine Liebe zu
uns ist so riesengroß, dass er bereit war, unsere Freiheit mit dem Tod
seines Sohnes zu bezahlen, damit wir unseren Dreck los sind. 8 Seiner
Liebe verdanken wir auch, dass wir überhaupt erst erfahren haben,
wie wir gerettet werden können, und dass wir verstanden haben, was
da geht. 9 Sein Plan war von Anfang an, Jesus zu uns zu schicken,
und alle, die ihr Vertrauen auf ihn setzen, haben das jetzt begriffen.
10 Gott hatte beschlossen, wenn die Zeit reif dafür ist, alles Jesus zu
geben, was auf der Erde und im Weltall existiert, damit er darüber das
Sagen hat. 11 Gott hatte schon immer geplant, dass wir jetzt unsere
Erbschaft von ihm bekommen sollen. Er hat sich die Leute ausge-
sucht, die diese Erbschaft antreten sollen. 12 Wir sollen durch das,
was wir tun und wie wir drauf sind, Gott am Ende groß rauskommen
lassen. Schließlich haben wir ja schon lange auf den Auserwählten
gewartet. 13 Das gilt jetzt auch für euch, die ihr diese Wahrheit gehört
habt, dass Gott euch aus dem Dreck rausholt. Weil ihr das geglaubt
habt, verspricht uns Gott, dass wir jetzt zu ihm gehören, und darum
habt ihr auch seine Kraft bekommen, die wie ein Versprechen von
ihm ist. 14 Der heilige Geist, seine besondere Kraft, ist die Garantie,
dass wir auch alles bekommen werden, was er uns versprochen hat.
Er beweist auch, dass wir jetzt radikal zu ihm gehören, damit er am
Ende die Ehre bekommt.

Jesus Christus steht über allem

15 Seitdem ich von eurem radikalen Vertrauen gehört habe und davon,
wie sehr ihr alle andern Christen liebt, 16 bin ich ständig dabei, mich bei
Gott dafür zu bedanken! Ich bete auch ganz oft für euch! 17 Ich sag dann
Gott, er soll euch helfen den Überblick zu behalten, damit ihr ihn immer
besser kennen lernt und er euch zeigt, was er von euch will. 18 Er soll
eure inneren Augen öffnen, damit ihr kapiert, auf was wir uns freuen
können. Er hat uns ausgesucht, er hat uns fette Sachen versprochen,
die er uns vererben will, nur weil wir ihm vertrauen. 19 Ihr sollt begreifen,
wie irre groß seine Möglichkeiten sind, Möglichkeiten, die alle in uns
stecken, weil wir ihm vertrauen. Da ist doch immerhin dieselbe Kraft in
uns, 20 mit der Jesus den Tod besiegt hat, dieselbe Kraft, die ihm den
Platz auf der Ehrentribüne gleich neben Gott sichern konnte. 21 Jetzt ist
er von Gott zum Chef über die ganze Welt gemacht worden. Er hat die
Macht über jede Regierung, über alles, was Macht ausübt, in dieser Welt
und in der, die noch kommen wird. 22 Gott hat Jesus zum Bestimmer
über alles gemacht. Er ist der Chef über die ganze Gemeinde geworden.
23 Und diese Gemeinde ist sein Körper, der von ihm, dem Auserwählten,
total abgefüllt ist. Und nicht nur das, Jesus füllt sogar das ganze Univer-
sum aus.

2

Eine neue Chance

1 Wie sah denn früher euer Leben aus? Ihr habt Sachen getan, auf die
Gott überhaupt keinen Bock hatte, und so wart ihr für ihn im Grunde
gestorben. 2 Der Dreck, der in der Welt abgeht, war auch euer Dreck. Ihr
habt ohne Gott gelebt und wurdet voll kontrolliert vom Satan. Der kon-
trolliert ja heute auch noch alle Menschen, die ohne Gott leben. 3 Wir
waren früher alle genauso drauf und haben unser eigenes Ding durch-
gezogen. Diese Dinge, die uns von Gott trennten, haben uns ein pseu-
dogutes Gefühl gegeben, und das hat unser Leben kontrolliert. 4 Aber
Gottes leidenschaftliche Liebe für uns ist riesig! 5 Darum hat er uns mit
Jesus ein wirklich neues Leben geschenkt, und das, obwohl wir durch
den ganzen Mist, den wir bauen, für ihn nicht akzeptabel sind! Haben
wir das irgendwie verdient? Null! Das ist einfach ein Geschenk, was Gott
uns macht! 6 Dadurch, dass wir unser Vertrauen auf Jesus setzen, hat er
uns jetzt schon mit Jesus aus dem Einfluss des Todes rausgeholt. Wir
gehören jetzt zu Jesus und sitzen mit ihm in seinem Himmelsland, ist
das nicht irre? 7 Gott will dadurch ein klares Statement abgeben, er will
uns durch Jesus seine wahnsinnig große Liebe beweisen, die er für uns
hat! 8 Wir haben es nämlich null verdient, dass wir aus dem Tod gerettet

wurden. Da haben wir auch nichts großartig zu beigetragen. Das wurde nur möglich, weil ihr angefangen habt, Jesus zu vertrauen, und selbst dieser Glauben ist ein Geschenk. [9] Dass ihr gerettet worden seid, hat also nichts mit euren tollen Taten zu tun. Das wäre ja auch komisch, dann könnte man sich ja was drauf einbilden. [10] Gott hat uns gemacht! Er hat uns durch Jesus einen kompletten neuen Anfang gegeben. Jetzt sind wir erst in der Lage, Gutes zu tun. Das hatte Gott schon lange so geplant.

Egal aus welchen Volk man kommt, durch Jesus gehören wir alle zusammen

[11] Vergesst bitte nicht, dass ihr nicht zu den jüdischen Leuten dazugehört. Von eurer Geburt her seid ihr eigentlich gar nicht dabei gewesen. Die Juden haben auf euch runtergesehen, obwohl dieses Beschneidungsritual ja nur von einem Menschen gemacht wird. Es ist ein äußerliches Zeichen, weiter nichts. [12] Als ihr damals ohne Jesus gelebt habt, wart ihr ausgeschlossen. Ihr hattet auch keine Ahnung von den Versprechen, die Gott seinem Volk gemacht hatte. Ziellos und ohne Hoffnung wart ihr in dieser Welt unterwegs. [13] Jetzt gehört ihr aber zu Jesus Christus. Ihr wart mal meilenweit entfernt von Gott, aber jetzt seid ihr, weil Jesus für euch gestorben ist ihm plötzlich sehr nahe. [14] Jesus hat uns endlich miteinander versöhnt. Er hat aus beiden Gruppen eine Einheit gemacht, aus Juden und Nichtjuden wurde eine Familie. Er hat die Mauer gesprengt, die zwischen uns und Gott war. Durch ihn haben wir Frieden. [15] Er hat mit dem Gesetz und seinen unendlich vielen Regeln Schluss gemacht. Dadurch können wir jetzt zusammenkommen. Er selbst hat für Frieden gesorgt, damit die Juden und Nichtjuden sich in ihm treffen können, und aus den beiden verfeindeten Gruppen ist durch ihn ein neuer Mensch entstanden. [16] Beide wurden zusammengetan zu einem Ding, um so mit Gott wieder klarzukommen. Das ging nur durch das, was am Kreuz passiert ist. Dort hat er durch seinen Tod die Feindschaft zwischen Juden und Nichtjuden und sogar die Feindschaft zwischen Gott und Menschen beendet. [17] Jesus ist zu uns gekommen, um uns zu erklären, wie man Frieden haben kann. Und das gilt jedem, egal, ob er ihm jetzt nahe war (so wie die Juden) oder eher fern. [18] Durch das, was Jesus Christus für uns getan hat, können wir jetzt alle, egal ob Jude oder nicht, zusammen durch dieselbe Kraft zu Gott kommen. [19] Ihr seid jetzt keine Ausländer mehr oder Leute ohne Staatszugehörigkeit, ihr gehört jetzt zum Volk von Gott, ihr seid jetzt Teil der Familie! [20] Wir sind wie ein Haus, das auf dem Lehrfundament seiner Botschafter, den Aposteln und den Propheten, gebaut wurde. Jesus ist dabei der

Grundstein, an dem sich alles ausrichtet und der alles zusammenhält.
21 Dieser Grundstein hält alles zusammen. Das ganze Gebäude wächst
zu einem neuen Haus, zu einem Tempel für Gott, zusammen. 22 Ihr ge-
hört auch zu diesem Bauwerk, und in diesem Gebäude wohnt Gott mit
seiner Kraft.

3

Was Gott von Paulus will

1 Weil ich euch, die ihr keine Juden seid, die guten Nachrichten über
Jesus erzählt habe, sitze ich jetzt im Knast fest. 2 Ist bei euch bestimmt
schon angekommen, dass Gott mir diese spezielle Order gegeben hat,
so Leuten wie euch von der Liebe zu erzählen, mit der er die Menschen
annimmt. 3 Ich hab ja oben schon mal kurz erwähnt, dass Gott mir
sein Geheimnis tatsächlich erklärt hat. 4 Beim Lesen werdet ihr mit-
kriegen, worum es dabei vor allem ging. 5 Früher hatten die Menschen
noch keinen Schnall von den Sachen, die Gott heute durch ausgesuchte
Menschen (wie zum Beispiel Apostel und Propheten) erklärt hat. 6 Dazu
gehört auch, dass wir durch Jesus Christus alle zusammen zu einer Fa-
milie gehören, Juden wie Nichtjuden, und dass die Nichtjuden genauso
einen Anspruch auf die ganzen Versprechen haben, die Gott seinem be-
sonderen Volk auch gegeben hat. 7 Diese Nachricht ist voll mein Ding,
dafür hat Gott mich eingesetzt. Mit voller Kraft, einfach so, weil er mich
liebt, hat er mich dazu ausgesucht. 8 Ausgerechnet mich, den letzten
von allen Leuten, die zu Jesus gehören, hat Gott ausgesucht, um diesen
Job zu erledigen, nämlich den anderen Menschen zu erzählen, was für
wahnsinnig fette Sachen durch Jesus möglich geworden sind. 9 Er hat
mich extra dafür ausgesucht, allen zu erklären, was Gott eigentlich von
den Menschen möchte. Das hatte er schon von Anfang an so geplant,
aber noch nicht allen erzählt. 10 Anhand von dem, was in der Gemeinde
abgeht, sollen alle Mächte, die im Universum was zu sagen haben, er-
kennen, mit was für einer Übersicht Gott alles im Griff hat. 11 Das hatte
Gott schon vor Ewigkeiten beschlossen, und diesen Plan hat Jesus jetzt
umgesetzt. 12 Weil wir unser Vertrauen auf ihn gesetzt haben, können
wir jetzt entspannt jederzeit zu ihm kommen. 13 Darum, Leute: Verliert
jetzt nicht den Mut, nur weil ich im Knast sitze! Dass ich wegen euch
ätzende Sachen durchmachen muss, sollte euch eher stolz machen.

Eine Bitte an Gott und ein Dankeschön

14 Ich kann immer nur auf den Knien zum Vater kommen, 15 der ja im
Grunde der Vater von allem Leben ist. 16 Ich bete dafür, dass Gott euch
durch seinen Geist innerlich stark macht, denn er kann aus dem Vollen

schöpfen. [17] Und ich bete dafür, dass Jesus durch das Vertrauen, das
ihr in ihn habt, ganz tief in euer Bewusstsein eindringt. Jesus liebt euch
total! In diesem Boden sollen die Wurzeln eures Glaubens wachsen.
[18] Denn nur so könnt ihr wirklich das ganze Ausmaß der Größe begrei-
fen, mit der Gott euch wirklich liebt. [19] Unser Hirn wird das nie schaffen
können, das wirklich ganz zu erfassen. Aber je mehr Gott uns erklärt,
wie gigantisch groß die Liebe von Jesus Christus für uns ist, desto mehr
kommt er mit seinen unvorstellbaren Möglichkeiten in unserm Leben
zum Zug. [20] Gott kann durch diese powervolle Kraft, die in uns ist, sehr
viel mehr tun als das, worum wir ihn bitten, ja sogar mehr, als wir uns
überhaupt vorstellen können. [21] Dafür können wir alle in der Jesus-Ge-
meinschaft Gott immer wieder und ohne Ende loben. So ist das richtig,
so sollte es sein [Amen].

4

Christen müssen zusammenhalten
[1] Eine Sache ist mir noch superwichtig: Lebt euer Leben so, wie es sich
für jemanden gehört, der von Gott extra ausgesucht wurde. Das sag ich
jetzt als jemand, der für Jesus im Knast sitzt. [2] Geht liebevoll mit den
andern um und gebt niemanden so mal eben auf. Helft den anderen,
ohne was dafür zurückbekommen zu wollen! [3] Die Kraft, die von Gott
kommt, hat euch zusammengeschweißt. Achtet darauf, dass das so
bleibt, indem ihr untereinander Frieden haltet. [4] Gott möchte, dass wir
alle zusammenhalten, so als ob wir nur ein einziger Mensch wären. Und
in diesem Menschen wirkt eine einzige Kraft, nämlich sein Geist, genau
wie wir zusammen auch nur eine einzige Hoffnung haben. [5] Es geht nur
um einen Meister, einen Glauben, eine Taufe, [6] um den einen Vater, der
alles im Blick hat, der in allem lebt und der in jedem von uns ist.

Gott gibt unterschiedliche Begabungen
[7] Jeder von uns wurde von Jesus mit einem neuen Leben beschenkt. Das
wird auch in besonderen Begabungen sichtbar, die er an uns ausgeteilt
hat. [8] Darum steht übrigens auch in den alten Schriften, ich zitiere: „Er
ist in den Himmel zurückgekommen, er hatte ein paar Gefangene dabei,
die sich gegen Gott gestellt hatten, und den Menschen hat er Geschen-
ke gemacht.“ [9] Wenn da steht: „Er ist in den Himmel zurückgekom-
men“, muss das ja bedeuten, dass er vorher hier bei uns auf der Erde
war. [10] Der zu uns runtergekommen ist, ist derselbe, der auch wieder zu
Gott zurückkehren konnte. Und jetzt steht er über allem. [11] Einigen hat
er die Begabung gegeben, Gemeinden zu starten (das sind die Apostel),
von anderen wollte er lieber, dass sie Worte, die direkt von Gott kom-

men, an andere weitergeben (Propheten). Es gibt wiederum Leute, die haben die Begabung, Nichtchristen von Gott zu erzählen (Evangelisten). Dann gibt es da auch Leute, die sollten Pastoren sein, Seminare geben und Predigten halten (Hirten und Lehrer). [12] Sie alle sollen die Christen für ihre Aufgabe fit machen, damit die Gemeinschaft der Leute, die mit Jesus leben, auch stark wird. [13] Auf diese Art und Weise werden wir auf der Basis unseres Glaubens immer mehr zusammenwachsen. Wir werden so auch Jesus immer besser verstehen. Unser Ziel sollte sein, starke kompetente Christen zu werden, die in seiner Gemeinschaft leben, damit wir so voll und ganz mit ihm durchstarten können und Christus in uns und der ganzen Gemeinde Gestalt gewinnt. [14] Dann sind wir auch keine Babychristen mehr, die sich ständig von irgendwelchen Leuten bequatschen lassen oder durch geschickte Täuschungsmanöver, die sich ein paar linke Menschen ausgedacht haben, reingelegt werden können. [15] Lass uns am besten immer bei der Wahrheit bleiben und uns durch die Liebe immer mehr an Jesus orientieren. Er ist ja schließlich der Kopf von unserer Gemeinschaft. [16] Durch ihn wird auch alles zusammengehalten. Jeder Teil erfüllt seine besondere Aufgabe, damit der ganze Körper überhaupt funktioniert. So bleibt er gesund und stärkt sich auch selbst, weil er von Liebe zusammengehalten wird.

Christen sollten anders leben

[17] Ich will euch noch mal ganz klar machen, dass ihr nichts mehr mit dem Lifestyle der Menschen zu tun haben sollt, die keinen Bock auf Gott haben! Die sind total schräge drauf. [18] Sie leben in Dunkelheit, ihre Gedanken sind finster. Sie haben keine Ahnung von dem Leben mit Gott, weil sie sich für ihn zugemacht haben. [19] Ihr Gewissen ist völlig abgestumpft, darum lassen sie sich total gehen, in jeder Hinsicht. Sie geiern förmlich danach, Mist zu bauen. Um diese Gier in sich zu befriedigen, tun sie alles. [20] Durch Jesus habt ihr aber gelernt, dass es auch anders geht. [21] Was Jesus wirklich möchte, habt ihr doch gehört und verstanden, oder? [22] Ihr sollt euch von den Sachen, die ihr früher gemacht habt, komplett verabschieden. Die ätzenden Dinge, die euch früher kaputtmachen wollten, mit denen habt ihr nichts mehr zu kriegen! [23] Gott will euch durch seinen Geist vollkommen anders draufbringen. [24] Ihr sollt euch einen komplett neuen Style zulegen. Dieser neue Style ist von Gott selber designed worden. Er ist gerecht und etwas ganz Besonderes, er ist eben heilig. [25] Hört auf rumzulügen, erzählt euch die Wahrheit! Wir gehören doch zusammen zu einer Familie. [26] Wenn ihr schlecht drauf seid, passt auf, dass da nichts zwischen euch und Gott kommen kann. Versucht euch noch am gleichen Tag wieder mit den

Leuten zu vertragen, mit denen ihr euch gestritten habt. 27 Gebt Satan
auf keinen Fall irgendeine Möglichkeit, euch auseinander zu bringen.
28 Wenn einer von euch früher krumme Dinger gedreht hat, soll er jetzt
damit aufhören. Er soll sich mal einen ordentlichen Job suchen, da-
mit er mit dem Geld, das er verdient, Leuten helfen kann, die es nötig
haben. 29 Hört auch auf, über andere Leute abzulästern! Wenn ihr was
sagt, sollen andere damit etwas anfangen können. Es ist immer besser,
Menschen zu ermutigen. 30 Ihr solltet auf keinen Fall den Geist von Gott
traurig machen! Er ist eure Garantie, dass ihr irgendwann im Himmel
landet. 31 Wenn ihr Leuten nicht vergeben könnt oder Angewohnheiten
habt wie plötzliche Ausraster, Rumlästern, Wutanfälle, Aggressionen,
Frust könnt ihr das alles getrost in die Tonne drücken. 32 Geht nett mit-
einander um, zeigt Mitgefühl und verzeiht euch gegenseitig, wenn ihr
euch mal verletzt habt. Hat Jesus ja auch gemacht!

5

1 Lebt am besten so, wie Gott es euch vorgemacht hat! Ihr seid seine
Kinder, die er wie verrückt liebt. 2 Liebe soll euer Leben bestimmen,
genauso wie das bei Jesus war. Er hat uns so sehr geliebt, dass er bereit
war sein Leben für uns zu geben. Und Gott hat das sehr gut gefallen.
3 Darum ist es doch irgendwie logisch, dass ihr euch solche Sachen wie
ein derbes Partyleben ohne Grenzen oder ätzende Sexsachen echt nicht
mehr geben könnt, oder? Das Gleiche gilt übrigens auch für Rumgeizen
und so. 4 Was dann auch nicht mehr zu euch passt, ist dummes dre-
ckiges Gelaber. Versucht es doch mal damit, Gott zu danken und ihm
zu sagen, wie gut er ist! 5 Hey, eins muss euch echt klar sein: In Gottes
Land hat keiner Platz, der nur auf Partyleben aus ist, der ständig feiern
geht, ohne eine Grenze einzuhalten. Auch für Pornofans oder Geiz-
kragen ist da nichts zu holen, denn das sind ja im Grunde Menschen,
die irgendwelche Dinge zu ihrem Gott machen. 6 Passt bloß auf, dass
ihr euch nicht von irgendeinem süßen Gelaber zu solchen Sachen ver-
führen lasst. Gott hat auf bestimmte Sachen überhaupt keinen Bock,
und jeder, der sie trotzdem tut, muss die Konsequenzen selber tragen.
7 Also macht einen großen Bogen um solche Leute, ja?! 8 Früher wart
ihr noch ziemlich finster drauf, aber jetzt ist das doch anders! Jesus hat
bei euch die Lampen auf hundert gedreht, 9 und dieses Licht, was jetzt
in euch strahlt, lässt ehrliche Liebe, einen Sinn für Gerechtigkeit und
eine Leidenschaft für die Wahrheit in euch wachsen. 10 Versucht doch
mal herauszufinden, was Gott eine Freude machen würde! 11 Lasst euch
nicht einen Zentimeter auf die dunkle Seite der Macht ein, lasst die Fin-
ger davon! Spielt auch nicht damit, sondern geht dagegen vor, bringt sie

an die Öffentlichkeit. 12 Ich kriege einen roten Kopf, wenn ich nur daran
denke, was Menschen so alles hinter verschlossenen Türen für Sachen
bringen! Furchtbar, ich mag das hier gar nicht aussprechen! 13 Wenn
Gott aber sein Licht da draufwirft, dann kommt alles irgendwann raus!
14 Wenn er solche Sachen aufdeckt, dann kann alles auch noch wieder
gut werden. Es gibt da ja auch so ein Lied, wo der Text sagt: „Wach auf,
penn nicht mehr so lange, komm von den Toten wieder zurück, dann
wird Christus für dich wie ein Licht sein." 15 Passt also ganz genau auf,
was ihr so alles bringt im Leben. Checkt euch ständig ab. Ihr sollt nicht
so draufkommen wie Menschen, die keine Ahnung von Gott haben. Ihr
kennt und liebt ihn! 16 Nutzt jede Minute eures Lebens voll aus, denn wir
leben in einer üblen Zeit. 17 Seid nicht so verpeilt. Versucht zu begreifen,
was Gott von euch möchte. 18 Hört auf, euch mit Alk breit zu hauen!
Damit macht ihr nur euer Leben kaputt. Lasst euch lieber mit dem hei-
ligen Geist abfüllen. 19 Das geht los, wenn ihr anfangt, Gott mit Liedern
und Gebeten danke zu sagen! Macht das mit Musik und macht das aus
vollem Herzen. 20 Bedankt euch immer und für alles bei Gott und tut
das im Namen von Jesus Christus.

Wie eine Ehe unter Christen laufen soll

21 In euren Ehen soll es so laufen, dass jeder über den anderen das
Sagen hat, und Christus soll über beide das Sagen haben. 22 Ich meine
damit, dass sich die Ehefrauen ihren Männern so unterordnen sollen,
als würden sie sich Christus unterordnen. 23 Der Mann soll der Chef in
der Ehe sein, auf die Art, wie Jesus der Chef seiner Gemeinde ist. Und
Jesus hat für seine Leute schließlich alles gegeben. 24 Genauso wie sich
die Gemeinde unter Jesus stellt, sollten sich die Ehefrauen auch unter
ihren Mann stellen. 25 Und allen Männern, die verheiratet sind, sag
ich nur: Liebt eure Frauen so, wie Jesus die Gemeinde liebt. Er hat für
die Gemeinde alles gegeben! 26 Er wollte, dass sie ganz zu ihm gehört,
sauber gewaschen wie durch eine Dusche mit seinen Worten. 27 Sein
Plan war, dass die Gemeinde wie seine geliebte Ehefrau sein sollte, so
schön wie ein Topmodel, ohne Falten und Pickel oder so was, eben ein-
wandfrei und gut. 28 Die Männer sind aber genau so gefragt, ihre Frauen
zu lieben, so, wie sie sich selbst lieben. Die beiden sind zusammenge-
schweißt, nichts kann sie mehr auseinander bringen. Wer seine Frau so
liebt, zeigt damit, dass er sich selber auch liebt. 29 Keiner ist so blöd und
hasst seinen eigenen Körper. Er passt auf ihn auf, und genauso passt
Jesus auch auf seine Gemeinde auf und sorgt für sie. 30 Wir gehören alle
total zu ihm. Wir sind miteinander verwachsen, so wie ein Arm zu sei-
nem Körper gehört. 31 In den alten Schriften steht ja auch: „Darum wird

ein Mann seine Eltern hinter sich lassen, er wird ausziehen und sich mit
seiner Frau zusammentun. Beide werden dann zu einer Einheit.“ 32 In
diesem ganzen Eheding steckt für mich voll ein Geheimnis. Ich sehe da
drin ein Bild für die Gemeinschaft zwischen Jesus und seinen Leuten.
33 Darum will ich hier noch mal festhalten: Jeder Ehemann soll seine
Frau so lieben, wie er sich selber auch liebt. Und für die Ehefrau sollte
das Ziel sein, Respekt vor ihrem Mann zu haben.

6

Beziehung zwischen Eltern und Kindern

1 Allen Kindern kann ich nur sagen: Hört auf das, was eure Eltern euch
sagen. Gott will das von euch. 2 „Du sollst deinem Vater und deiner
Mutter mit Achtung begegnen.“ Das ist ein wichtiges Gesetz, und Gott
gibt dazu auch gleich ein schönes Versprechen ab: 3 „Wenn du das tust,
dann wird es dir gut gehen, und du wirst lange leben.“ 4 Die Väter soll-
ten bei der Erziehung darauf achten, immer fair zu sein und keinen un-
gerecht zu behandeln. Das gibt nur böses Blut. Sie sollen ihren Kindern
lieber den Weg deutlich machen, den Gott mit ihnen gehen will.

Wie das Verhältnis zwischen Arbeitern und ihren Chefs sein sollte

5 Tut das, was die Chefs euch auftragen! Eure Einstellung ihnen gegen-
über soll von Respekt geprägt sein. Befolgt ihre Anweisungen loyal,
genauso wie ihr die Anweisungen von Jesus befolgt. 6 Gebt alles auf der
Arbeit, aber tut das nicht, um Menschen zu beeindrucken, sondern tut
das als Arbeiter von Jesus, dem ihr radikal dienen wollt. 7 Nicht verges-
sen, Leute: Ihr arbeitet letztendlich nicht für Menschen, sondern immer
für Gott. 8 Ihr werdet eine gerechte Bezahlung für das bekommen, was
ihr getan habt, egal, wie jetzt eurer Status in der Gesellschaft ist. 9 Das
Gleiche gilt übrigens auch für die Chefs. Droht euren Untergebenen
nicht ständig mit Strafen und so. Vergesst bitte nicht, dass ihr genau
denselben Chef im Himmel sitzen habt wie sie. Und der hat auch keine
Lieblingsmenschen.

Waffen für den Lebenskampf

10 Und was ich euch am Ende noch mal sagen will: Ihr müsst stark
werden durch Jesus, seine Kraft kann euch stark machen. 11 Legt euch
das ganze Waffenarsenal zu, das euch Gott zur Verfügung stellt. Damit
könnt ihr euch gegen die linken Attacken vom Satan wehren. 12 Wir
kämpfen ja nicht gegen Menschen, die ihre Muskeln und Fähigkeiten
gegen uns einsetzen, sondern gegen übernatürliche Mächte, gegen
böse Geister, linke Bazillen aus einer parallelen Dimension, gegen die

dunkle Seite der Macht, die diese Welt beherrscht. 13 Darum legt euch
das gesamte Waffenarsenal zu, das Gott für euch bereitgestellt hat.
Damit werdet ihr die linken Attacken der bösen Seite abwehren können,
wenn es mal zum Kampf kommt. 14 Als Waffengurt könnt ihr die Wahr-
heit Gottes anziehen und um den Oberkörper eine schusssichere Wes-
te, indem ihr euch immer bewusst macht, dass Jesus euch für Gott okay
gemacht hat. 15 An die Füße sollen die Boots, die dafür stehen, jedem
und überall die gute Nachricht erzählen zu wollen, dass Gott mit den
Menschen Frieden geschlossen hat. 16 Setzt euer Vertrauen in Gott wie
einen Schutzschild ein, der die Laserschüsse vom Feind Satan abfängt.
17 Euer Kopf kann durch einen guten Helm geschützt werden, dadurch
dass ihr wisst, ihr seid von ihm gerettet worden und darum sicher. Und
als Laserschwert könnt ihr die Worte von Gott benutzen. Sein Geist
stellt euch dieses Schwert zur Verfügung. 18 Hört nie auf zu beten, egal
wo ihr auch gerade seid. Betet ständig durch seine Kraft, pennt dabei
nicht ein und bleibt wachsam. Und betet auch für die andern Christen
in der Welt. 19 Und bitte betet auch mal für mich! Bittet Gott darum,
dass er mir die richtigen Worte gibt, wenn ich mich öffentlich zu Jesus
stelle und den Leuten die Sache mit Jesus erklären will. 20 Ich sitze jetzt
deswegen im Knast fest. Betet mit mir, dass ich meinen Job bald wieder
volles Rohr weitertun kann, so wie es Gott von mir möchte. 21 Tychikus,
ein guter Freund von mir, der auch mit zur Jesus-Familie gehört, wird
euch alles Weitere von mir erzählen. Er ist ein ganz treuer Mitarbeiter
und gibt alles für Gott. 22 Er hat den Auftrag von mir bekommen, euch
zu erzählen, was bei mir abgeht. Und er soll euch auch gut draufbrin-
gen. 23 Ich wünsche euch Frieden, liebe Freunde, Liebe und das Ver-
trauen, das von Gott kommt, dem Vater, und Jesus Christus, dem Chef.
24 Gottes Liebe wünsche ich allen, die Jesus Christus lieben!
Euer Paulus

Ein Brief an die Christen, die in Philippi wohnen

1

Absender und Anschrift

1 Absender: Paulus und Timotheus, beide für Jesus Christus unterwegs.
An: alle Christen in Philippi, die Leiter der Gemeinde und alle Mitarbei-
ter. 2 Hallo Leute! Wir wünschen euch Freude und den Frieden, den man
durch ein Leben mit Gott bekommt. Beides kommt von Gott, unserem
Vater, und von Jesus Christus.

Paulus betet für die Gemeinde

3 Jedes Mal, wenn ich an euch denke, bin ich Gott voll dankbar! 4 Ich
bete zurzeit ständig für euch, und immer wenn ich das tue, muss
ich mich erst mal echt freuen. 5 Das liegt wohl auch da dran, dass
ich bei euch sehen kann, wie ihr euch von Anfang an bis jetzt mit
mir zusammen für die gute Nachricht eingesetzt habt. 6 Ich bin mir
deswegen auch sehr sicher, dass Gott, so wie ihr am Anfang durch-
gestartet seid, sein Ding mit euch auch bis zum Ende durchziehen
wird, bis zu dem Tag, an dem Jesus sein Comeback feiern wird. 7 Ist
ja auch kein großes Ding, dass ich so von euch denke. Ihr liegt mir
einfach ganz besonders am Herzen. Daran wird sich auch so schnell
nichts ändern, egal, wie die Umstände gerade auch sind. Ich stecke
zurzeit im Knast und muss mich vor Gericht dafür verantworten, dass
ich die Neuigkeit von Jesus überall weitererzähle. Dadurch, dass ihr
für mich betet und hinter mir steht, bekommt ihr auch etwas von den
Sachen ab, die Gott mir geschenkt hat. 8 Hey, Gott ist mein Zeuge,
ich hätte so einen Bock, jetzt bei euch zu sein! Ich liebe euch mit der-
selben Liebe, die Jesus für euch hat! 9 Ich habe zu Gott gesagt, dass er
eure Liebesfähigkeit immer größer und tiefer werden lassen soll. Das
passiert in dem Maß, wie ihr peilt, was Gott von euch will, und euer
Leben danach ausrichtet. 10 Dann seid ihr auch in der Lage herauszu-
finden, was bei Gott wichtig ist, damit ihr an dem letzten Tag, wenn
wir alle vor Gottes Gericht stehen, astrein und ohne Dreck seid. 11 Alle
die guten Sachen, die Jesus in einem Leben bewirkt, das frei und ohne
Schuldbelastung ist, kann man bei euch vorfinden. Und das alles ist
da, damit Gott am Ende groß rauskommt, damit klar wird, dass er der
Beste ist.

Jeder soll hören, wie geil es ist, mit Jesus zu leben
12 Freunde, ihr sollt wissen, dass meine Untersuchungshaft sich letzt-
endlich als echte Chance rausgestellt hat, von Jesus zu erzählen. 13 Dass
ich hier im Knast festsitze, nur weil ich auf Jesus vertraue, ist inzwi-
schen den Römern, die mich gefangen halten, und auch allen anderen
hier klar geworden. 14 Außerdem haben dadurch, dass ich hier festsitze,
irgendwie viele Christen neuen Mut und neue Hoffnung bekommen.
Viele treten jetzt noch radikaler in der Öffentlichkeit für Jesus auf und
predigen überall von der Sache mit Gott, ohne Angst dabei zu haben.
15 Es gibt auch ein paar Leute, die das mit nicht so guten Motiven ma-
chen. Einige tun es, weil sie neidisch sind und mir eine erfolgreiche
Missionsarbeit einfach nicht gönnen. Andere tun das aber mit einer voll
guten Einstellung. 16 Die tun es nämlich aus Liebe, weil sie wissen, dass
ich gerade nicht kann, weil ich für meinen Glauben verhaftet worden
bin und hier festsitze. 17 Die anderen machen das aber vor allem, weil
sie die großen Helden sein wollen. Sie wollen mir beweisen, dass sie es
besser können als ich. Sie sind nicht gerade und wollen mich nur traurig
machen. 18 Ist mir aber letztendlich total egal! Hauptsache, es wird von
Jesus Christus erzählt. Wie das dann passiert, ob aus guten Motiven
oder nur um mal 'ne schöne Geschichte vom Stapel zu lassen, ist mir
wurscht. Ich möchte bloß, dass jeder davon hört, wer Jesus Christus
überhaupt ist! Da drüber freue ich mich, und immer, wenn das passiert,
werde ich mich auch in Zukunft freuen! 19 Weil ich weiß, dass ihr für
mich betet, und weil ich spüre, wie der heilige Geist bei mir ist, bin ich
mir sicher, dass hier alles für mich klargehen wird. 20 Ich hoffe sehr, dass
ich das hier durchziehe. Ich möchte aber frei und ohne Probleme so
wie früher dafür sorgen, dass Jesus groß rauskommt. Wie das passiert,
ist mir letztendlich egal, ob ich dafür nun sterben muss oder am Leben
bleibe. 21 Denn Jesus Christus bedeutet alles für mich. Er ist der Grund,
warum ich lebe, und selbst wenn ich sterbe, hab ich gewonnen, weil
ich dann bei ihm bin. 22 Wenn es aber so sein soll, dass ich hier auf der
Erde weiterlebe, dann nur deshalb, damit ich hier noch mehr für Jesus
reißen kann. Darum fällt es mir echt schwer, mich für eins von beiden
zu entscheiden. 23 Beide Möglichkeiten zecken mich irgendwie an. Auf
der einen Seite habe ich Lust zu sterben, um dann bei Jesus zu sein,
das wäre total schön! 24 Auf der anderen Seite denk ich dann aber auch
wieder an euch. 25 Ich bin mir aber ziemlich sicher, dass ich am Leben
bleiben werde. Ich soll euch weiter supporten, ich will dafür sorgen,
dass euer Vertrauen in Gott stark wird und ihr Spaß dabei habt. 26 Wenn
ich endlich wieder bei euch bin, werdet ihr erst recht auf Jesus Christus
abgehen können, weil er wieder so gute Sachen getan hat.

Ätzende Sachen für Gott durchmachen

[27] Passt auf, dass eure ganze Gemeinde so draufkommt, wie es Gottes
Sache entspricht! Egal ob ich bei euch leibhaftig vor Ort bin oder aus
der Entfernung zu euch rede, ich möchte auf jeden Fall, dass ihr total
zusammenhaltet! Ihr sollt gemeinsam dafür kämpfen, dass immer mehr
Leute ihr Vertrauen auf Jesus setzen! [28] Lasst euch kein Stück von den
Leuten einschüchtern, die euch ans Bein pinkeln wollen. So werden sie
kapieren, dass sie in der Hölle landen. Für euch ist es ein Beweis, dass
ihr von Gott gerettet worden seid. [29] Ihr habt nicht nur die Chance von
Jesus bekommen, mit ihm zu leben, ihr dürft für ihn auch ätzende Sa-
chen durchmachen. [30] So seid ihr in demselben Kampf drin wie ich. Und
wie der abgeht, habt ihr ja früher schon mal bei mir beobachten können.
Jetzt kann ich euch noch mal davon erzählen.

2

Jesus, unser Star und unser Vorbild

[1] Ihr seid doch so drauf, dass ihr euch gegenseitig aufbaut. Man kann bei
euch doch liebevoll getröstet werden, wenn man das mal braucht. Ihr
haltet doch zusammen, weil der heilige Geist das möglich macht. Und
ihr spürt das, wenn es anderen schlecht geht und sie Hilfe brauchen.
[2] Darüber freu ich mich auch! Total freuen würde ich mich aber, wenn ihr
alle dieselbe Denkweise bekommen würdet. Wenn ihr durch die Liebe
eng miteinander verbunden seid und ganz fest zusammenhaltet, das
wäre echt toll. [3] Wenn es am Ende doch immer nur um euch und eure
eigenen Interessen geht, dass ihr vielleicht sogar ein Star werden wollt,
das wäre nicht gut. Ganz im Gegenteil, Leute, nehmt euch selber nicht so
wichtig und lebt immer so, als wären alle anderen wichtiger als ihr selber.
[4] Denkt nicht immer zuerst an euren Vorteil, sondern lasst die anderen
Leute gut aussehen und helft ihnen. [5] Ihr sollt so draufkommen wie Je-
sus! [6] Obwohl er alle Möglichkeiten hatte, die einem Gott zur Verfügung
stehen, hat er da drauf verzichtet, diese Möglichkeiten auch voll auszu-
schöpfen. [7] Er gab sogar alle seine Rechte auf. Er wurde zu einem Nichts
und schlüpfte in die Rolle eines billigen Angestellten, nur um einer von
uns zu werden. [8] Er schmiss sich in den Dreck und gehorchte Gott bis
zum letzten Atemzug, bis zur Hinrichtung am Kreuz. [9] Darum hat Gott
ihn am Ende auch groß rausgebracht. Er hat ihm eine hohe Stellung ge-
geben, eine höhere gibt es nicht! [10] Alles wird sich einmal vor Jesus hin-
schmeißen, weil er die absolute Autorität ist. Alles, was aus der überna-
türlichen und natürlichen Welt kommt, wird das tun. Sogar alle, die sich
im Land der Toten aufhalten, [11] alle werden irgendwann bekennen, dass
Jesus Christus über allem steht! Gott der Vater soll geehrt werden.

Wie haben viel Grund, für Gott abzugehen

12 Also ihr Lieben, ihr habt ja immer alles umgesetzt, was ich euch emp-
fohlen habe. Egal ob ich bei euch vor Ort bin oder ob ich gerade nicht
da sein kann: Hört auf das, was ich euch sage! Tut was dafür, dass ihr
von Gott gerettet werdet! Von dem Gott, vor dem man zittern muss.
13 Aber dieser Gott sorgt ja für beides bei euch, einmal, dass ihr das
überhaupt wollt, und dann, dass ihr es überhaupt schaffen könnt, damit
er sich über euch freut. 14 Bei allem, was ihr so anpackt, versucht immer
gut drauf zu sein und passt auf, nicht ständig ins Grübeln und Zweifeln
zu kommen. 15 Dann wird euer Leben sauber und mit einer guten Ein-
stellung abgehen. Und das mitten in einer total verdrehten und perver-
sen Welt. Ihr werdet dann strahlen wie ein Stern in einer dunklen Nacht,
so sehr werdet ihr auffallen. 16 Dazu ist es wichtig, dass ihr an den Wor-
ten festhaltet, die euch den Weg zum Leben gezeigt haben. Wenn Jesus
dann wiederkommt, kann ich echt stolz auf euch sein. Die ganze Arbeit
mit euch hat sich echt gelohnt. 17 Selbst wenn ich bei der Arbeit für euch
umgebracht werden sollte und mein Blut sozusagen wie ein Opfer für
euch vergossen wird, freue ich mich. Ich freu mich nämlich, dass ihr
Jesus kennengelernt habt und jetzt mit ihm lebt! 18 Da drüber könnt ihr
übrigens auch mal 'ne Runde ausrasten und euch mit mir da drüber
freuen!

Auf Timotheus ist Verlass

19 Hoffentlich kann ich Timotheus bald bei euch vorbeischicken. Jesus,
bitte mach, dass das klappt! Dann könnte er mir erzählen, was bei euch
so abgeht, und mich ein bisschen ermutigen. 20 Es gibt echt keinen an-
deren Menschen, der in vielen Sachen genau so denkt und fühlt wie ich,
und Timotheus sorgt sich auch genauso um euch wie ich. 21 Überall will
jeder nur sein eigenes Ding machen, und keiner kümmert sich da drum,
was Jesus eigentlich will. 22 Ihr wisst ja, dass man sich auf Timotheus
verlassen kann. Wir haben fast eine Vater-Sohn-Beziehung, und genauso
treu unterstützt er mich, wenn ich die gute Nachricht überall verbreite.
23 Sobald ich endlich weiß, wie es hier weitergeht, schicke ich ihn mal
bei euch vorbei. 24 Ich vertraue Gott, dass es bald möglich sein wird,
persönlich bei euch aufzuschlagen. 25 Ich hatte das Gefühl, es wäre eine
gute Idee, den Epaphroditus wieder zu euch zurückzuschicken. Er war
hier eine große Hilfe für mich und ist mir als Glaubensbruder, Mitarbei-
ter und Mitkämpfer immer gut zur Hand gegangen. 26 Er hatte jetzt aber
wirklich Heimweh nach euch allen, schon alleine wegen der Sorgen,
die ihr euch wegen seiner Erkrankung gemacht habt. 27 Epaphroditus
war wirklich kurz davor, zu sterben, so krank war er! Aber Gott hat ihm

ganz lieb geholfen, im Grunde nicht nur ihm, sondern uns beiden. Ich
hätte bestimmt voll abgeheult und wäre noch trauriger geworden, als
ich eh schon bin. 28 Ich hab ihn jetzt, so schnell es geht, wieder zu euch
geschickt. Ich hoffe, ihr freut euch, wenn er wieder gesund bei euch
ankommt. Für mich bedeutet das auch, eine Sorge weniger zu haben.
29 Organisiert ihm einen netten jesusmäßigen Empfang und freut euch
mal, dass er kommt! So Leute wie er haben das echt verdient! 30 Er hat
für Jesus wirklich alles gegeben und sich für mich sogar einmal in Le-
bensgefahr begeben. Als ihr nicht da sein konntet, war er zur Stelle.

3

Nicht die Gesetze bringen es, sondern Jesus!
1 Ach übrigens, Leute: Freut euch an Jesus! Macht mir Spaß, euch
immer wieder das Gleiche zu schreiben! Vielleicht merkt ihr euch das
dann auch mal und werdet noch sicherer im Glauben. 2 Passt bloß auf
vor diesen Heinis, die bei euch alles kaputtmachen wollen! Sie sind
wie schlecht trainierte Bulldogs, die mit ihrer falschen Beschneidungs-
theologie auf euch losgelassen werden! 3 Glaubt denen kein Wort! Zu
Gottes Leuten gehört man nicht durch irgendein äußeres Beschnei-
dungsritual. Wir gehören zu ihm, weil er uns seinen heiligen Geist ge-
geben hat und wir ihm jetzt dienen. Das hat nichts mit unsern tollen
Taten zu tun! 4 Wenn jetzt jemand meint, das Beschneidungsding (und
alles, was damit zu tun hat) wäre nun die Sache schlechthin, auf die
es Gott alleine ankommt, dann hätte ich es ja schon lange gepackt!
5 Ich wurde exakt am achten Tag nach der Geburt an der Vorhaut be-
schnitten. Ich komme aus dem Volk Israel, und da sogar aus der Fami-
lie vom Benjamin. Ich bin seit meiner Geburt ein Jude, genau wie alle
meine Vorfahren das waren. Und dann gehörte ich auch noch zu den
streng religiösen Pharisäern, die es mit den Gesetzen von Gott immer
ganz genau nehmen. 6 Ich habe die Christen früher krass verfolgt und
immer alles getan, was die religiösen Gesetze vorgeschrieben haben.
Da hab ich nichts anbrennen lassen. 7 Aber alles, was mir früher sonst
wie wichtig gewesen ist, bedeutet für mich heute nur einen Haufen
Scheiße, wenn ich es mit dem vergleiche, was ich jetzt mit Jesus habe!
8 Mir ist echt klar geworden, dass im Vergleich mit den unbeschreib-
lichen geilen Sachen, die ich jetzt mit Jesus habe, mir alles andere in
der Welt echt am Arsch vorbeigeht. Solange ich Jesus habe, kannst du
mir alles andere echt schenken! 9 Ihm will ich mich radikal ausliefern!
Ich werde nicht gut durch das Befolgen von irgendwelchen religiösen
Gesetzen. Okay für Gott werde ich alleine dadurch, dass ich mein Ver-
trauen auf Jesus Christus setze. 10 Es geht mir nur um ihn. Ich möchte

immer besser kapieren, wie er drauf ist. Ich will ihn immer besser ken-
nenlernen, möchte immer mehr so werden wie er. Die Kraft, die durch
seine Auferstehung freigesetzt wurde, will ich auch erleben. Und auch
durch die ätzenden Sachen, die er erlebt hat, will ich etwas lernen. Ich
möchte sogar seinen Tod sterben und auch in dem Punkt so werden
wie er. 11 Ich möchte auf jeden Fall dabei sein, wenn alle Menschen, die
tot sind, wieder vom Tod auferstehen.

Auf dem Weg zum Ziel

12 Mir ist dabei total klar, dass ich noch lange nicht beim Ziel angekom-
men bin. Aber ich gebe echt alles, um dieses Ziel zu erreichen! Ich will
unbedingt den Preis bekommen, der auf den Sieg ausgeschrieben wur-
de! Der Preis soll mir gehören, genauso wie ich jetzt Jesus total gehöre.
13 Freunde, ich weiß natürlich, dass ich noch nicht am Ziel angekommen
bin. Aber eins kann ich euch versprechen: Ich vergesse alles, was hinter
mir liegt, und konzentriere mich nur noch auf dieses Ziel. 14 Ich gebe
echt alles und laufe mit voller Kraft auf das Ziel zu, um diesen Preis zu
bekommen. Dieser Preis, der im Himmel auf mich wartet, ist ein Leben
in der Nähe Gottes. Dafür hat Gott uns durch Jesus Christus ausge-
sucht. 15 Wir alle, die wir auf diesem Weg zum Ziel sind, wollen so leben.
Falls ihr anderer Meinung seid, wird Gott euch das schon erklären.
16 Was ihr jetzt schon im Leben mit Gott gepackt habt, müsst ihr euch
echt bewahren.

Auf Jesus ausrichten, nicht auf Sachen aus der Welt

17 Nehmt mich ruhig als euer Vorbild und schaut euch was ab von den
Menschen, die so leben wie ich. 18 Leute, ich muss echt heulen, wenn
ich euch das jetzt schreibe: Ich sag euch doch immer wieder, dass ihr
euch in Acht nehmen müsst vor diesen Pseudo-Christen! Sie gehören
zur anderen Seite und sind Feinde von dem, was Jesus am Kreuz für uns
getan hat. 19 Sie werden ihr Urteil kriegen, wenn sie tot sind. Solange sie
sich den Bauch voll schlagen können, ist ihnen alles andere egal. Und
auf die peinlichen Sachen, die sie bringen, sind sie sogar noch stolz!
Sie leben voll in der Dimension dieser Welt. 20 Wir leben aber in einer
anderen Dimension, wir haben einen Pass, auf dem unter der Rubrik
„Nationalität“ bei uns „Himmel“ steht. Aus dieser Position erwarten
wir unseren Helden, Jesus Christus, der uns gerettet hat! 21 Er wird dann
unseren alten Körper, der nur ein begrenztes Haltbarkeitsdatum hat,
verwandeln. Unser neuer Körper wird so werden wie der von Jesus, als
er aus dem Tod auferstanden ist. Jesus kann das, er hat das Sagen über
alles.

4

Wie Christen abgehen sollen

1 Also, ihr lieben Geschwister, ich habe echt so einen Bock, euch bald
mal wieder zu sehen! Ich freu mich voll über euch, ihr seid wie ein
Hauptgewinn für mich. Bitte zieht mit Jesus voll durch! 2 Evodia und
Syntyche sollen sich mal endlich einigen. Sie sind sich ja auch da drin
einig, Jesus zu vertrauen. 3 Vielleicht kannst du, mein Freund, zwischen
den beiden vermitteln? Auf dich konnte ich mich ja immer verlassen.
Du hast dich gemeinsam mit Klemens voll für die gute Nachricht von
Jesus eingesetzt. Gott hat eure Namen schon längst in sein Buch ge-
schrieben, wo alle drinstehen, die mit ihm leben werden. 4 Leute, ihr
könnt echt abgehen vor Freude, weil ihr mit Jesus lebt! Ich schreib das
jetzt noch mal: Geht ab vor Freude, weil ihr zu Jesus gehört! 5 Alle sol-
len mitbekommen, wie cool ihr mit den anderen Menschen umgeht,
dass ihr nett zueinander seid und so. Jesus kommt bald zurück! 6 Leu-
te, macht euch echt nicht über alles den Kopf! Wenn ihr ein Problem
habt, dann geht damit zu Gott. Man kann ihn echt um alles bitten und
sich auch bei ihm bedanken. 7 Gott kann euch ein entspanntes Leben
geben, einen Frieden, den man mit seinem Hirn nicht begreifen kann.
Dieser Frieden geht über den Verstand hinaus. Er sorgt dafür, dass wir
mit unseren Gefühlen und Gedanken bei Jesus bleiben. 8 Eine Sache
ist mir noch wichtig, liebe Geschwister: Wenn ihr Richtung in eurem
Leben braucht, orientiert euch an den Sachen, die ehrlich sind, gut und
gerecht, was für Gott okay ist, was von Liebe geprägt ist. Wenn etwas
diesen Richtlinien entspricht, kann man danach wirklich leben. 9 Die Sa-
chen, die ich euch beigebracht habe, alles, was ihr bei mir gesehen habt,
daran könnt ihr euch orientieren. Der Gott, der uns Frieden gebracht
hat, wird euch immer nahe sein.

Paulus freut sich über die Philipper

10 Ich hab mich echt voll über eure fette Spende gefreut! Ich weiß, ihr
wolltet mir ja schon die ganze Zeit etwas Geld überweisen, aber wegen
ungünstiger Umstände hat das bisher nicht geklappt. Danke, Jesus!
11 Ich will euch jetzt nicht rüberbringen, dass ich gleich wieder rumheu-
le. Hab im Lauf der Zeit echt gelernt, immer gut klarzukommen, wie
die Umstände auch sein mögen. 12 Pupsegal, ob ich jetzt fett Geld habe
oder gar nichts, ich kenne beide Situationen und komme so oder so klar.
Egal, ob ich jetzt immer genug zu essen habe oder hungern muss, ich
kann mich auf die jeweilige Situation gut einstellen. 13 Wie ich das ma-
che? Hey, mir ist nichts unmöglich, weil Jesus mich einfach stark macht!

[14] Trotzdem vielen Dank für eure Hilfe in dieser Situation. [15] Ihr wisst ja,
dass ihr die Einzigen wart, die mich damals finanziell unterstützt haben.
Als ich von Mazedonien loszog, um eine Predigttour zu starten, wart ihr
die Einzigen, von denen ich finanzielle Hilfe angenommen habe. Beruht
ja auch auf Gegenseitigkeit, ich hab euch ja schließlich auch was ge-
geben, oder? Die coole Nachricht über Jesus Christus! [16] Ihr standet ja
schon auf meiner Spenderliste, als ich noch in Thessalonich unterwegs
war. Da kam die erste Spende rein, später dann ja noch mehr. [17] Es geht
mir jetzt nicht um die Kohle, nur dass ihr Bescheid wisst. Ich möchte
bloß, dass es als ein Ergebnis meiner Arbeit bei euch angesehen wird.
[18] Alles, was ihr Epaphroditus mitgegeben habt, hab ich bekommen.
Hey, das war echt viel mehr, als ich wirklich gebraucht habe, vielen
Dank! Gott findet dieses Opfer, was ihr da gebracht habt, auch super-
geil! [19] Weil ihm einfach alles gehört, was es gibt, wird er euch auch alles
geben, was ihr so zum Leben braucht. So ist mein Gott einfach drauf.
[20] Er soll immer der Erste sein. Unser Vater ist der Größte, das war er
immer schon und wird er auch immer bleiben! So stimmt es [Amen]!

Grüße und Tschüs

[21] Schöne Grüße an all die Christen bei euch in Philippi! Ich soll euch
auch von den Glaubensbrüdern hier Grüße ausrichten! [22] Auch alle an-
dern Christen von hier richten Grüße aus, ganz besonders soll ich von
den Angestellten vom Kaiser grüßen. [23] Jesus Christus soll mit seiner
Freude und seiner Liebe euch ganz nahe sein.
Euer Paulus

Ein Brief an die Christen, die in Kolossä wohnen

1

Anschrift und Grüße
1 Absender: Paulus, ein von Gott beauftragter Botschafter für die Sa-
che von Jesus, und sein Mitarbeiter Timotheus. 2 An: die Christen in
Kolossä, die ihr Vertrauen auf Jesus gesetzt haben. Hallo Leute! Wir
wünschen euch, dass ihr Frieden und Freude unter euch habt. Beides
bekommt man von Gott, unserem Vater.

Wir beten auch für euch
3 Wenn wir zusammen für euch beten, dann müssen wir Gott, dem Vater
von Jesus, erst mal sehr für euch danken! 4 Man erzählt sich, dass ihr echt
gut mit Jesus Christus unterwegs seid und dass ihr sehr liebevoll mit allen
andern Christen umgeht. 5 Ihr habt anscheinend begriffen, dass man sich
auf den Himmel freuen kann! Von dieser Hoffnung habt ihr das erste Mal
gehört, als man euch die Wahrheit erzählt hat, nämlich die gute neue
Nachricht über Jesus. 6 Diese Neuigkeit hat sich ja mittlerweile in der
ganzen Welt rumgesprochen! Immer mehr Leute hören davon, und da-
durch wachsen viele gute Früchte. Menschen haben angefangen, Gott zu
vertrauen. Das war ja bei euch auch so. Schon vom ersten Tag an, als ihr
davon gehört hattet, wie sehr Gott die Menschen liebt und dass er ihnen
alles verzeihen will, seid ihr da drauf abgegangen. 7 Das erste Mal hat
Epaphras, ein Mitarbeiter von uns, den wir echt gern haben, euch davon
erzählt. Der ist Jesus immer ganz treu gewesen, und das war er auch bei
euch. 8 Er hat uns auch davon erzählt, dass ihr durch den heiligen Geist
ganz eng zusammengerückt seid und ihr euch gegenseitig echt liebt und
so. 9 Hey, seit wir die ganze Sache über euch gehört haben, beten wir ohne
Ende für euch! Wir bitten Gott immer, dass ihr kapiert, was er von euch
will, und dass sein Geist euch weise macht und euch hilft, den Durchblick
zu kriegen. 10 Dann könnt ihr so leben, wie Gott Bock drauf hat, und viele
gute Sachen für ihn machen. Ihr sollt ihn einfach immer besser kennen-
lernen. 11 Bei seiner Power könnt ihr immer wieder neu auftanken und so
euren Weg mit ihm gehen, ohne schlaff und genervt zu sein. 12 Ihr könnt
Gott übrigens echt dankbar sein, er hat euch schließlich schon einen An-
teil von seinem Erbe ausgezahlt! Ihr habt jetzt eine Platzreservierung für
sein neues Land in der Tasche. 13 Er hat uns aus der Gefangenschaft raus-

geholt und von den Handschellen befreit, die die dunkle Seite der Macht
angelegt hatte. Und jetzt stehen wir unter der Kontrolle seines geliebten
Sohnes Jesus. [14] Er hat uns befreit. Unsere Schulden wurden durch ihn
erlassen. Das ist doch echt geil, Leute, oder?

Was Jesus für uns bedeutet

[15] Jesus ist genauso drauf wie sein Vater. Wenn wir ihn ansehen, erkennen
wir auch seinen Vater, den man ja nicht wirklich sehen kann. Jesus war
schon da, bevor überhaupt alles in der Welt entstanden ist. [16] Durch Je-
sus ist sogar alles entstanden, was auf der Erde und im Himmel existiert!
Alles, was man sehen kann, und alles, was man nicht sehen kann, alle
Regierungen, jede Partei, jeder Regierungschef, jede Macht auf der Welt
ist durch ihn und für ihn gemacht worden. [17] Jesus Christus war der Erste,
der da war. Und nur weil er immer noch da ist, kann alles überhaupt wei-
terexistieren. [18] Er ist der Kopf der Gemeinschaft aller Christen, die sozu-
sagen sein Körper ist. Mit ihm hat alles angefangen; er war der Erste, der
gestorben und dann wieder vom Tod auferstanden ist. Und er soll überall
die Nummer eins sein. [19] Gott wollte in seinem Sohn komplett anwesend
sein. [20] Er wollte, dass Jesus dafür sorgt, dass alles wieder gut wird in der
Beziehung zwischen Gott und der Erde, dass alle Frieden mit ihm finden
können. Und das ist dadurch passiert, dass Jesus am Kreuz verblutet ist.
[21] Ihr hattet früher auch keine Peilung davon, wer Gott überhaupt ist. So
wie ihr damals drauf wart, mit den ganzen linken Sachen, die ihr ständig
gebracht habt, seid ihr seine Feinde gewesen. [22] Jesus hat zwischen Gott
und den Menschen für Frieden gesorgt. Weil er für uns hingerichtet wur-
de, können wir jetzt total sauber und frei von irgendwelchen Schulden zu
ihm kommen. [23] Lasst euch dieses Vertrauen in ihn auf keinen Fall wieder
wegnehmen! Bleibt fest und geht keinen Zentimeter von dieser Hoff-
nung weg. Ihr habt diese gute Nachricht gepredigt bekommen, und sie
gilt auch für alle anderen Menschen auf dieser Erde. Gott will auf jeden
Fall von mir, Paulus, dass ich genau das überall weitererzähle.

Paulus ist für Gott bei den Nichtjuden unterwegs

[24] Auch wenn ich teilweise echt ätzende Sachen erleben muss, mach ich
das gerne. Ich freu mich sogar darüber. Es wird bald noch mehr Sachen
geben, die ich für Jesus durchmachen muss, das weiß ich irgendwie. Ich
leide für seinen Körper (und damit meine ich seine Gemeinde). [25] Gott
möchte von mir, dass ich für seine Gemeinde da bin; ich soll ihr ohne
Ende und radikal die Worte von Gott erzählen. [26] Es geht dabei um ein
Geheimnis, von dem keiner wusste, schon solange die Welt besteht.
Dieses Geheimnis ist jetzt für euch Christen gelüftet worden. [27] Gott hat

euch gezeigt, was für ein großes und wunderschönes Geheimnis das ist. Es gilt für alle Menschen, die auf der Erde leben. Dieses Geheimnis ist, dass Jesus Christus lebt! Er ist aus dem Tod zurückgekommen und lebt jetzt in euch weiter. Er hat euch neue Hoffnung gegeben, und die sagt: Für Gott ist nichts unmöglich!! [28] Von diesem Jesus erzählen wir euch. Mit dem totalen Überblick, den ich von Gott über die Dinge bekommen habe, erkläre ich das jedem Menschen. Ich erzähle euch, worauf ihr aufpassen müsst, damit ihr alles bekommt, was Christus für euch hat. Ihr sollt einfach starke, reife Christen werden. [29] Darum geht es mir, dafür gebe ich alles. Ich kämpfe darum mit aller Kraft, die Gott mir zur Verfügung stellt.

2

Aufpassen vor Leuten, die nur Müll erzählen

[1] Ich möchte, dass ihr euch darüber im Klaren seid, wie sehr ich für euch kämpfe. Das stimmt übrigens auch für die Gemeinde in Laodizea und für alle anderen Gemeinden, wo ich persönlich noch nicht sein konnte. [2] Ich wünsch mir, dass Gott euch mutig macht und euch die Kraft gibt zusammenzuhalten! Die Kraft dazu kann man in der Liebe von Jesus finden. Ihr sollt begreifen und glauben, welche derben Sachen in diesem Geheimnis stecken. Und dieses Geheimnis ist Christus selber. [3] In Jesus finden wir die Antwort auf alle unsere Fragen, er ist die Weisheit selbst. [4] Ich schreib das hier noch mal ganz klar auf, damit euch keiner irgendeinen Schwachsinn erzählen kann. Damit mein ich so Sachen, die sich gut anhören, aber total falsch sind. [5] Ich bin zwar körperlich weit von euch entfernt, aber in Gedanken bin ich ganz nah bei euch. Ich freue mich voll, wenn ich sehe, wie radikal ihr mit Jesus abgeht und wie gut ihr zusammenhaltet. [6] Ihr habt Jesus kennengelernt und ihn als den Chef in euer Leben gelassen. Also lebt jetzt auch mit ihm und tut, was er euch sagt! [7] Wachst in ein Leben mit ihm rein, wie die Wurzeln eines Baumes in die Erde wachsen. Lasst euer Vertrauen in ihn immer stabiler und fester werden, wie die Wurzeln eines Baumes immer dicker und tiefer werden. So ist es euch ja beigebracht worden. Und vergesst dabei nicht, euch bei Gott für die geilen Sachen zu bedanken, die er euch gegeben hat! [8] Seht zu, dass euch niemand mit irgendeinem Dünnsinn belabert oder irgendeiner komischen Philosophie. Diese Theorien haben sich immer nur Menschen ausgedacht. Sie haben nur Ideen aus der Welt als Grundlage und keine Ideen von Christus. [9] Gott kann man nur in Jesus begreifen, denn Gott lebt in Jesus – mit allem, was ihn ausmacht. [10] Durch ihn lebt Gott auch in euch. Und Christus hat das Sagen über jede Macht, über alle Kräfte, die es so gibt. [11] Weil ihr euer Vertrauen auf Jesus gesetzt habt, konntet ihr euer

altes Leben aufgeben. Dadurch seid ihr im Grunde auch „beschnitten". Ich meine das jetzt nicht so wie diese Vorhaut-Beschneidung, die immer von den Juden durchgezogen wird. Es ist eine neue Form dieser „Beschneidung".
12 Bei der Taufe ist ja euer bisheriges altes Leben begraben worden. Und dann seid ihr mit Jesus auch wieder neu lebendig geworden. Das hat derselbe Gott gemacht, der ihn auch von den Toten zurück ins Leben geholt und zu einem neuen Leben auferweckt hat.
13 Durch den ganzen Mist, den ihr gebaut habt, wart ihr für Gott schon gestorben. Aber durch Jesus hat er euch wieder lebendig gemacht, er hat euch alle Fehler vergeben.
14 Da war noch eine fette Rechnung offen, aber er hat alle Schulden für uns bezahlt. Und diese Rechnung hängt jetzt am Kreuz.
15 So hat er den dämonischen Mächten ihre ganze böse Macht genommen. Gott hat sie furchtbar alt aussehen lassen, als Jesus am Kreuz den Sieg klargemacht hat!

Durch Jesus sind wir frei

16 Leute, lasst euch bitte nicht durch irgendwelche religiösen Typen schlecht draufbringen. Die wollen euch mit diesen Gesetzen (zum Beispiel, wann man was essen darf und wann nicht) nur ein schlechtes Gewissen machen.
17 Diese Regeln sind nur ein popeliger Ersatz für das, was auf uns mal wartet, diese Sachen, die in Jesus Christus für uns Wirklichkeit geworden sind.
18 Passt auf, dass euch niemand diesen Hauptgewinn wieder wegnehmen kann, und schon gar nicht solche Typen, die mit so einer Pseudo-Demutshaltung rumlaufen, die ganz toll zu Engeln beten und mit ihren Visionen den Dicken raushängen lassen. Solche Menschen haben wirklich keinen Grund, groß anzugeben.
19 Sie bauen ihr Leben nicht auf Jesus auf. Dabei ist er doch der Kopf der Gemeinde. Durch ihn wird der ganze Körper erst zusammengehalten! Alle Gelenke, Muskeln und Bänder wachsen durch Gott zusammen, so wie er es will.
20 Als ihr Christen geworden seid, habt ihr diese Welt und ihre Art zu leben hinter euch gelassen. Was wollt ihr dann bitte schön noch mit ihren gesetzlichen Forderungen anfangen? Haben die denn bei euch noch irgendwas zu melden?
21 „Anfassen verboten!" – „Essen verboten!" – „Berühren verboten!"
22 Dabei sind diese Nahrungsmittel zum Essen gemacht worden. Es handelt sich dabei nur um Gesetze, die Menschen sich ausgedacht haben.
23 Sie klingen vielleicht erst mal voll gut. Vielleicht geben sie den Leuten, die danach leben, auch so ein Gefühl von Weisheit und Coolness, und sie glauben dann, besonders fromm zu sein. Doch das kommt nur durch einen selbst gebastelten Glauben, es ist total wertlos! Weil sie mit ihrem Körper radikale Sachen machen, glauben sie, Gott wäre beeindruckt ... Dabei kitzeln sie nur ihr eigenes Ego und finden sich im Spiegel ganz toll.

3

Ein altes und ein neues Leben

1 Wenn ihr jetzt durch Jesus in ein neues Leben durchgestartet seid, streckt euch nur noch nach den Dingen aus, die direkt aus dem Himmel kommen. Sie kommen nämlich von Christus, der dort gleich neben Gott sitzt. 2 Sehnt euch nach den Sachen aus dem Himmel und nicht nach den Dingen von der Erde. 3 Ihr seid doch schon tot für diese Welt! Gott hat euch durch Jesus einen Gutschein für ein neues ewiges Leben in die Hand gedrückt, auch wenn man das jetzt noch nicht sehen kann. 4 Wenn Jesus Christus, durch den wir ja überhaupt erst leben, wiederkommt, dann werden alle Menschen ganz klar sehen können, dass ihr mit ihm gelebt habt.

Wie Christen drauf sein sollen

5 Also verabschiedet euch von den ganzen Dingen, die für diese Welt normal sind! Hört auf mit Pornos, solchen Sexsachen, die Gott nicht will, und ähnlichen Sünden. Auch mit so Sachen wie Profitgier, dass einem also Geld zum Gott wird. Lasst solche Sachen einfach sein! 6 Wer solche Sachen bringt, muss sich nicht wundern, wenn Gott sauer auf ihn ist. 7 Ihr wart ja früher auch so unterwegs. 8 Jetzt ist das aber zum Glück vorbei! Darum lasst auch so Dinge wie Wut und Aggression einfach hinter euch! Menschen ablinken, ablästern und rumfluchen soll bei euch nicht mehr vorkommen, klar?! 9 Hört auf, euch gegenseitig zu belügen. Das gehörte doch zu dem Leben, das ihr eigentlich komplett hinter euch habt, oder? Dieses alte Leben inklusive der Dinge, die ihr in der Zeit gemacht habt, habt ihr doch wie ein altes T-Shirt weggeworfen. 10 Jetzt habt ihr aber ein neues T-Shirt angezogen, weil ihr ganz neue Menschen geworden seid. Diese neue Art von Menschsein wird von Gott organisiert. Und für diesen neuen Mensch hat Gott selbst Modell gestanden. 11 Jetzt ist es wurscht, ob du Grieche oder Jude bist, ob bei dir dieses Beschneidungritual durchgezogen wurde oder nicht, ob du ein Penner bist oder ein Universitätsprofessor, ob du Unternehmer bist oder einfacher Arbeiter. Was wirklich alleine zählt, ist: ob du mit Jesus lebst und er in dir ist! 12 Weil Gott euch ausgesucht hat, weil ihr etwas ganz Besonderes seid und weil Gott euch ohne Ende liebt, könnt ihr auch anders miteinander umgehen! Ihr könnt euch wirklich lieben und nett zueinander sein. Ihr müsst euch selber nicht so wichtig nehmen. Achtet lieber darauf, dass andere nicht zu kurz kommen. Und geht entspannt und geduldig miteinander um! 13 Streitet euch nicht, und wenn euch jemand geärgert hat oder mies zu euch war, dann seid bereit, ihm

das zu vergeben. Das hat Jesus ja schließlich auch getan. [14] Hey, Leute,
am wichtigsten ist es echt, sich zu lieben! Wenn ihr die Liebe nicht habt,
dann fehlt euch das Beste. [15] Jesus hat euch ermöglicht, Frieden mit
Gott zu haben. Darum soll dieser Frieden euer ganzes Leben bestim-
men. Gott möchte, dass das bei eurer ganzen Gemeinde der Fall ist.
Dafür könnt ihr ihm echt danken. [16] Sorgt dafür, dass die gute Nachricht
von Jesus bei euch immer wieder erzählt wird. Lasst euch erklären, was
sie bedeutet. Macht euch gegenseitig Mut, indem ihr zusammen Lieder
zu Gott singt, Psalmen betet oder einfach Musik für Gott macht. Ihr
habt doch genug Grund dazu, oder? [17] Egal, was ihr macht, ob ihr jetzt
gerade redet oder irgendwas arbeitet, nehmt Jesus überallhin mit. Man
kann sich bei Gott durch Jesus auch so bedanken.

Ein Leben als Christ in der Familie

[18] Den Frauen kann ich nur den Rat geben, sich unter ihre Männer zu
stellen. Jesus will das so. [19] Und den Männern kann ich nur den Rat ge-
ben, ihre Frauen wirklich zu lieben. Lasst keine negativen Gefühle zwi-
schen euch kommen! [20] Für die Kinder gilt, dass sie das tun sollen, was
die Eltern ihnen sagen, und zwar in jedem Bereich. Gott möchte das
und freut sich darüber. [21] Den Vätern kann ich nur sagen, dass sie lie-
bevoll mit ihren Kindern umgehen sollen. Die Kinder brauchen nämlich
viel Selbstbewusstsein.

Mit Jesus im Beruf

[22] Wenn jemand einen Chef auf der Arbeit hat, sollte er nicht gegen den
aufmucken. Es geht nicht darum, sich bei dem einzuschleimen, sondern
darum, seine Arbeit ehrlich und immer im Blick auf Gott durchzuziehen.
[23] Wenn ihr irgendwas macht, dann tut es für Gott und nicht für Men-
schen. [24] Ihr werdet von Gott eine fette Bezahlung dafür bekommen,
nämlich das Erbe, das er versprochen hat – nur damit ihr Bescheid
wisst! Gebt alles für Jesus Christus! [25] Wer Mist baut, wird dementspre-
chend eine Rechnung präsentiert bekommen. Total egal, was für ein
toller Typ er jetzt gerade ist.

4

Beten ist wichtig

[1] Wer in einer Firma der Boss ist, sollte immer fair und gerecht mit sei-
nen Mitarbeitern umgehen. Er sollte nie vergessen, dass er über sich
auch noch einen Chef sitzen hat: Gott! [2] Egal, was passiert, hört nicht
auf zu beten! Bittet ihn und dankt ihm, wo immer es geht. [3] Bitte be-
tet auch mal für uns! Betet dafür, dass Gott uns Gelegenheit gibt, den

Menschen von Jesus zu erzählen. Wegen ihm sitze ich ja hier in U-Haft.
4 Und betet, dass ich ohne Probleme die Sachen erzählen kann, die ich
erzählen soll! 5 Denkt erst nach, bevor ihr mit einem Nichtchristen re-
det. Nutzt die Zeit, so gut es geht! 6 Wenn ihr euch unterhaltet, wäre es
gut, dabei immer nett zu bleiben. Trotzdem könnt ihr auch mal hier und
da ein paar gepfefferte Worte einstreuen, damit ihr für jeden die pas-
sende Antwort parat habt.

Grüße und so

7 Tychikus, der liebe Bruder, wird euch dann erzählen können, was bei mir
gerade abgeht. Ich bin total froh, dass ich ihn habe. Er ist ein guter Mitar-
beiter für meinen Job mit Gott. 8 Ich habe ihn bei euch vorbeigeschickt,
damit ihr erfahrt, was hier gerade mit uns los ist. Er kann euch wieder
gut draufbringen und euch helfen. 9 Onesimus ist auch mit am Start. Er
ist ebenfalls einer von der ganz treuen Sorte, ich liebe ihn sehr. Wie ge-
sagt, die beiden werden euch genau erzählen, was hier passiert ist. 10 Ich
soll noch ein paar Grüße ausrichten. Aristarch, mit dem ich zusammen
im Knast bin, richtet Grüße aus und genauso Markus, der Vetter von
Barnabas. Ich hab euch ja wegen ihm schon mal was geschrieben. Bitte
organisiert ihm einen Pennplatz und seid nett zu ihm, wenn er kommt,
ja?! 11 Von Jesus Justus soll ich euch auch Grüße ausrichten. Diese drei
(also Aristarch, Markus und Jesus Justus) sind die einzigen Juden, die mit
mir zusammenarbeiten. Sie helfen mir, wenn ich den Menschen von der
guten Nachricht erzähle, die es durch Jesus zu berichten gibt. 12 Epaphras,
der aus eurer Gegend stammt, lässt euch ebenfalls herzliche Grüße aus-
richten. Er lebt echt radikal mit Jesus und betet wie blöd für euch, damit
ihr stark in Gott werdet und voll erfüllt seid von dem, was er von euch
möchte. 13 Ich kann nur bestätigen, dass er wirklich alles gibt und sich mit
aller Kraft für euch und die Christen in Laodizea und Hierapolis einsetzt.
14 Dann soll ich noch von Lukas grüßen, unserem geliebten Arzt, und von
Demas. 15 Grüßt bitte auch noch die Glaubensgeschwister aus Laodizea
von mir, und da ganz besonders die Nympha und alle, die sich bei ihr zum
Hauskreis treffen. 16 Wenn ihr diesen Brief gelesen habt, wäre es prima,
ihr würdet ihn dann an die Gemeinde in Laodizea weitergeben. Ihr könnt
ja tauschen und den Brief lesen, den ich denen geschickt habe, okay?
17 Archippus könnt ihr dies hier noch mal ausrichten: „Hey du, guck dir
mal den Job an, den Gott dir gegeben hat! Und dann tu ihn auch!“ 18 Ich,
Paulus, schreib jetzt noch was mit meiner eigenen Klaue dazu: Bitte betet
dafür, dass ich bald wieder aus dem Knast rauskomme! Gott soll euch mit
seiner Liebe und Gnade ganz nahe sein!
Euer Paulus

Der erste Brief von Paulus an die Thessalonicher

1

Absender und Anschrift

1 Absender: Paulus, Silvanus und Timotheus. An: die Christen in Thessa-
lonich, die mit Gott dem Vater und mit Jesus Christus unterwegs sind.
Hallo Leute! Ich wünsch euch, dass Gott mit seiner Gnade und seinem
Frieden bei euch ist!

Die Thessalonicher haben es gepackt!

2 Immer wenn wir für euch beten, müssen wir Gott erst mal voll Danke
sagen! 3 Wir müssen immer wieder da dran denken, was bei euch der
Glaube an Jesus Christus alles bewirkt hat. Dass ihr zum Beispiel alles
da dransetzt, Menschen zu lieben, und dass ihr mit so viel Geduld da
drauf hofft, dass Jesus Christus bald wiederkommt. 4 Wir sind uns ganz
sicher, ihr Lieben, dass ihr etwas ganz Besonderes für Gott seid! 5 Das
kann man allein da dran erkennen, was Gott bei euch alles gebracht hat,
als wir euch damals von Jesus erzählt haben. Wir haben euch ja nicht nur
mit Worten überzeugt, nein, ihr konntet Gottes Power live erleben! Seine
Kraft kam zu euch runter, sein heiliger Geist, einen besseren Beweis gibt
es echt nicht! Ihr könnt euch da dran erinnern, wie wir drauf waren, als
wir bei euch zu Besuch waren, oder? 6 Jetzt habt ihr das umgesetzt, was
wir euch beibringen wollten, habt das getan, was Jesus auch getan hat.
Und das, obwohl ihr deswegen ätzende Sachen durchmachen musstet.
Ihr habt euch dabei sogar gefreut ... So was kann nur der heilige Geist
machen! 7 Alle Christen in Mazedonien reden voll gut über euch, und in
der Provinz Achaja habt ihr Heldenstatus. 8 Und nicht nur da habt ihr die
guten Nachrichten weitererzählt, überall reden die Leute über euer Ver-
trauen in Gott. Die meisten wissen davon schon, bevor wir es überhaupt
berichten können. 9 Die erzählen uns dann immer, wie offen und bereit
ihr uns aufgenommen habt. Sie erzählen, wie ihr Christen geworden
seid, wie ihr eure toten Götzenbilder in die Tonne gedrückt habt und
anfingt, an den lebendigen, echten Gott zu glauben. Zu dem gehört ihr ja
jetzt total. 10 Jeder weiß auch, wie sehr ihr da drauf wartet, dass Jesus, der
Sohn Gottes, endlich aus dem Himmel wiederkommt. Gott hat ihn aus
dem Tod rausgeholt, und nur durch ihn können wir bei der kommenden
letzten Gerichtsverhandlung vor Gott und seinem Zorn bestehen.

2

Wie alles anfing

1 Hey Leute, erinnert ihr euch noch, als wir das erste Mal bei euch ge-
predigt haben? Gottes Worte sind eingeschlagen wie eine Bombe, und
viele wurden danach Christen. 2 Kurz vorher waren wir in Philippi noch
gefoltert worden, es ging uns richtig schlecht. Trotzdem hat Gott uns
voll ermutigt und die Kraft gegeben, bei euch von seiner Sache zu er-
zählen, auch wenn sie hart umkämpft war. 3 Alles, was wir euch gesagt
haben, kam aus guten und reinen Motiven. Wir wollten niemanden
linken oder betrügen. 4 Gott hat uns für diese Aufgabe extra ausgesucht,
er hat uns seine guten Nachrichten anvertraut. Darum reden wir davon,
nicht weil wir irgendwelche Menschen damit beeindrucken wollen. Es
geht uns alleine um Gott, und er kennt unser Herz, er weiß, was in uns
abgeht. 5 Ihr wisst auch, dass wir nie versucht haben, uns irgendwie bei
euch einzuschleimen! Und es ging uns auch nicht um unseren eigenen
Vorteil, Gott ist da unser Zeuge! 6 Wir wollten auch nicht die großen
Helden sein, weder für euch noch für andere. 7 Hätten wir ja durchaus
machen können. Wir sind ja immerhin Apostel mit direkter Order von
Jesus Christus. Wir wollten aber eher wie eine Mutter bei euch rüber-
kommen, die zärtlich ihre Kinder verhätschelt. 8 Wir haben euch so
tierisch lieb, wir wollten euch nicht nur die Sache von Jesus erklären,
sondern wir wollten uns auch höchstpersönlich mit unserem Leben
ganz für euch einsetzen. 9 Liebe Geschwister, ihr erinnert euch doch
bestimmt daran, wie wir uns für euch abgeschuftet haben, oder? Tag
und Nacht waren wir unterwegs, wir haben gearbeitet wie blöd, nur um
niemandem zur Last zu fallen. 10 Gott hat das gesehen, genauso wie ihr.
Wir haben sehr jesusmäßig bei euch gelebt und sehr da drauf geachtet,
ein gutes Vorbild zu sein. 11 Ihr wisst auch, dass wir eher so eine Vater-
Kind-Beziehung zueinander haben, 12 ich habe euch getröstet und er-
zogen. Ich wollte, dass ihr in der Lage seid, ein Leben zu führen, auf das
Gott steht. Er hat euch dazu berufen, bei seiner Sache dabei zu sein, wir
sollen mit ihm zusammen sogar Macht ausüben.

Wenn Gott redet, passiert was

13 Hey Leute, wir müssen Gott immer wieder dafür danken, wenn wir da
drüber nachdenken, was unsere Worte bei euch bewirkt haben! Es war ja
nicht so, dass ihr das Gefühl hattet, hier labert gerade irgend so ein Typ,
sondern es war so, dass Gott persönlich zu euch redete. Worte von Gott
bewirken immer etwas, wenn man ihnen glaubt. 14 Ihr musstet ja auch
einiges an Verfolgung durchmachen. Genauso wie die Christen in Judäa,

die dort von ihren eigenen Leuten fertig gemacht werden. 15 Die Juden
haben Jesus umgebracht, genauso wie die Propheten vor vielen Jahren
von ihnen getötet wurden. Und jetzt sind sie auch hinter uns her! Sie
haben Probleme mit allen Seiten, mit den Menschen und auch mit Gott.
16 Jetzt wollen sie uns auch noch da dran hindern, den nichtjüdischen
Völkern von Gott zu erzählen, damit die auch gerettet werden. Damit
haben sie das Fass ihrer Sünden langsam zum Überlaufen gebracht.
Gott ist stocksauer auf sie.

Paulus möchte gerne mal wieder vorbeikommen

17 Liebe Geschwister aus der Jesus-Familie, wenn ich jetzt auch eine
ganze Zeit nicht bei euch sein konnte, haben wir trotzdem ganz viel an
euch gedacht. Weil wir auch endlich mal wieder persönlich bei euch
reinschneien wollen, haben wir wirklich alles probiert, um das möglich
zu machen. 18 Ich, Paulus, hatte mir das mehr als einmal fest vorgenom-
men. Aber dann kam immer der Satan dazwischen. 19 Wir haben das
aber noch immer auf dem Zettel. Schließlich seid ihr ja mal so was wie
unsere Visitenkarte, wenn Jesus wiederkommt. Wir können euch echt
stolz vorzeigen, als einen Preis für unsere Arbeit. 20 Ehrlich, wir sind echt
total stolz auf euch und freuen uns unheimlich über eure Gemeinde!

3

Timotheus hat von euch erzählt

1 Weil wir es einfach nicht länger ausgehalten haben, so ganz ohne die
neuesten News von euch, haben wir mal den lieben Timotheus bei euch
vorbeigeschickt. Wir konnten selber aus Athen leider nicht verschwinden.
2 Timotheus ist voll mit Gott unterwegs, er soll euch gut draufbringen
und euer Vertrauen in Gott stärken. 3 Wäre ja nicht so toll, wenn bei den
ätzenden Sachen, die ihr gerade erlebt, jemand schwach werden würde.
Ihr wisst ja, dass diese Schwierigkeiten für uns heutzutage dazugehö-
ren, wir sind richtiggehend dazu bestimmt. 4 Wir haben euch damals
schon vorgewarnt, als wir bei euch waren. Jetzt habt ihr es leider auch
selber erlebt. 5 Ich konnte es einfach nicht länger aushalten, darum hab
ich Timotheus losgeschickt. Ich wollte einfach wissen, ob ihr mit Jesus
trotz der Schwierigkeiten durchgezogen habt. Hätte ja auch sein können,
dass Satan euch derart anzeckt, dass unsere Arbeit umsonst gewesen
wäre. 6 War ja aber nicht so. Timotheus hat uns nach seiner Ankunft nur
Gutes über euch erzählt! Er hat geschwärmt von eurem Glauben, dass
ihr mit Gott durchzieht und bei euch Liebe ganz groß geschrieben wird.
Auch dass ihr uns nicht vergessen habt und ihr euch genauso nach uns
sehnt wie wir uns nach euch, hat uns total gefreut. 7 Ihr habt uns dadurch

wirklich ermutigt. Und das in unsrer harten Situation, in der wir zurzeit
stecken, echt toll! [8] Weil ihr so ein Vertrauen in Jesus habt, wurden wir
voll getröstet. [9] Wir können Gott echt nicht genug für euch danken! Ihr
bringt uns immer wieder gut drauf! [10] Ständig, eigentlich 24 Stunden
am Tag, bitten wir ihn darum, euch endlich mal wieder zu sehen. Wir
würden euch so gerne dabei helfen, mit Gott hundertprozentig an den
Start zu kommen. [11] Gott, der ein Vater für uns ist, und Jesus sollen uns
bald wieder zusammenbringen, ja? [12] Ich bete dafür, dass Gott bei euch
den Liebespegel zueinander ansteigen lässt. Das wünschen wir uns auch
für alle anderen Menschen, genau so eine Art von Liebe, wie wir sie auch
für euch empfinden. [13] Dadurch könnt ihr eine innere Stärke bekommen.
Ihr könnt sauber und ohne Fehler zu unserm Gott kommen, zu unserem
Vater. Und so können wir auch Jesus, der über uns das Sagen hat, begeg-
nen, wenn er begleitet von seinen Engeln am Ende der Welt wieder bei
uns landen wird. Yeah, so ist es [Amen]!

4

Wie Christen draufkommen sollen

[1] Also, es gibt da noch eine Sache, um die ich euch echt bitten möchte.
Ihr habt ja von uns gehört, wie man als Christ leben soll, um Gott eine
Freude zu machen. Wir wissen auch, dass ihr das so weit echt durch-
zieht. Trotzdem wollen wir euch anfeuern, damit noch nicht zufrieden
zu sein! [2] Ihr habt ja die Regeln bekommen, die wir euch von Jesus
weitererzählt haben. [3] Gott möchte, dass wir ganz radikal alleine ihm
gehören! Und da, wo Gott ist, ist für Pornos kein Platz mehr. Das gilt
auch für andere ungute Sexsachen. [4] Jeder soll nur mit seiner Ehefrau
rummachen und liebevoll mit ihr umgehen, so wie Gott es will. [5] Un-
kontrollierte Geilheit und Sexsucht sind Merkmale von Menschen, die
keine Ahnung von Gott haben. [6] Niemand sollte die Grenzen, die Gott
gesteckt hat, einfach übergehen. Das stimmt übrigens auch, wenn ihr
geschäftlich miteinander zu tun habt. Wir haben euch schon mal eine
Ansage zu dem Thema gemacht: Wer so was tut, muss mit einer harten
Gerichtsverhandlung bei Gott rechnen. [7] Gott hat uns schließlich nicht
dazu ausgesucht, ein hemmungsloses Leben ohne Grenzen zu führen.
Er möchte, dass wir ein besonderes Leben führen, etwas Außergewöhn-
liches, etwas, das ihm Freude macht. [8] Wem das scheißegal ist, der
macht sich nicht nur selber lächerlich, sondern auch Gott. Sein heiliger
Geist lebt ja schließlich in euch! [9] Dass wir uns als Christen untereinan-
der lieb haben sollen, muss ich hier jetzt nicht extra noch mal betonen,
oder? Das habt ihr schon begriffen, da hat Gott euch ja selber schon in
die Schule genommen. [10] Ihr seid ja bekannt dafür, dass ihr den ganzen

Glaubensgeschwistern in Mazedonien eure Liebe beweist. Trotzdem
könnt ihr da ruhig noch einen drauflegen. Man kann eigentlich nie zu
viel lieben. 11 Versucht doch mal, ein eher ruhiges und entspanntes Le-
ben zu führen. Seht zu, dass ihr eure eigene Arbeit erledigt. Das haben
wir euch auch schon immer gesagt. 12 So kann man euch nie etwas vor-
werfen und ihr seid auch unabhängiger von anderen Menschen.

Was nach dem Tod passiert

13 Ich will noch mal was zu dem Thema sagen, was mit den Leuten
passiert, die jetzt gestorben sind. Wir möchten auf keinen Fall, dass
ihr traurig seid wie die anderen Menschen, die keine Hoffnung auf ein
Leben nach dem Tod haben. 14 Wir sind fest davon überzeugt, dass Gott
alle Menschen aus dem Tod wieder rausholen wird, die ihr Leben auf
Jesus Christus gebaut haben. Genauso wie er, Jesus, es ja auch vorge-
macht hat. 15 Gott hat uns, was das angeht, eine klare Ansage gemacht:
Alle, die dann noch am Leben sind, wenn Jesus wiederkommt, werden
im Vergleich zu den Toten keinen Vorteil haben. 16 Sobald das Signal von
dem höchsten Engel überall zu hören ist, wird Jesus aus dem Himmel
auf die Erde kommen. Und dann werden zuerst die Toten wieder leben-
dig werden, die im Vertrauen auf Jesus Christus gestorben sind. 17 Da-
nach werden wir, die wir zu dem Zeitpunkt noch leben, Jesus in einer
Wolke begegnen und ihn empfangen. Und dann sind wir für immer bei
ihm! 18 Das könnt ihr ruhig weitererzählen und euch mit diesen Worten
wieder gut draufbringen, wenn es euch mal schlecht geht.

5

Wir warten auf Jesus

1 Wann das alles genau abgehen wird, also das Datum und die Uhrzeit,
braucht ihr jetzt nicht zu wissen, meine Lieben. 2 Ihr habt jetzt ja schon
länger gepeilt, dass Jesus dann wiederkommt, wenn absolut keiner da-
mit rechnen wird! Er kommt so überraschend wie ein Dieb, der nachts
in ein Haus einbricht. 3 Wenn die Menschen glauben, alles wäre in But-
ter und sie wären in Sicherheit, dann wird das Ende ganz plötzlich kom-
men, und die Fluchtwege sind dann alle verstellt. Das ist so, wie wenn
eine schwangere Frau plötzlich ihre Wehen kriegt. 4 Liebe Geschwister,
ihr lebt ja aber zum Glück nicht in der Dunkelheit! Ihr habt ja davon
gehört und seid vorbereitet. Euch kann dieser Tag nicht so überraschen.
5 Weil wir mit Jesus leben, gehören wir zu der Familie des Lichts. Wir
gehören nicht zur Nacht und zur Dunkelheit. 6 Also, pennt nicht rum
wie alle anderen Menschen, passt auf, bleibt wach und klar im Kopf!
7 Die Penner schlafen nachts und die Süchtigen hauen sich jede Nacht

den Kopf breit. [8] Wir wollen aber zu den Leuten gehören, die da leben, wo das Licht ist. Wir sind darum immer hellwach, nüchtern und kampfbereit. Für diesen Kampf brauchen wir eine schusssichere Weste, die wir durch das Vertrauen in Gott und in seine Liebe bereits anhaben. Die Hoffnung, dass wir von ihm gerettet worden sind, kann unseren Kopf wie ein Helm in einer Schlacht schützen. [9] Gott hat kein Interesse da dran, uns fertig zu machen, er möchte, dass es uns gut geht, dass wir gerettet werden durch Jesus Christus! [10] Jesus hat sich für uns hinrichten lassen, damit wir (egal, ob wir jetzt schon tot sind oder nicht) mit ihm für immer zusammenleben. [11] Das dürft ihr nie vergessen, ja? Erinnert euch gegenseitig da dran! Damit könnt ihr euch gegenseitig immer wieder hochziehen. Macht ihr ja auch immer, stimmt's?!

Ein paar Sachen, auf die man achten muss

[12] Liebe Geschwister, ich hab noch ein paar Bitten an euch. Ich möchte, dass ihr den Leuten, die bei euch Leitungsaufgaben in der Gemeinde übernommen haben, mit Respekt begegnet. Sie haben die Aufgabe bekommen, auf euch aufzupassen. [13] Weil sie echt viel für euch tun, könnt ihr ihnen wirklich dankbar sein und sie respektieren. Und streitet euch nicht, sondern habt Frieden untereinander! [14] Liebe Leute, tretet den Geschwistern bei euch mal auf die Füße, die ein unordentliches Leben führen und den ganzen Tag nur rumhängen. Bringt die Leute bei euch wieder gut drauf, die traurig sind. Unterstützt die Schwachen und geht geduldig miteinander um. [15] Keiner sollte so drauf sein, dass er sich rächt, wenn jemand ätzend zu ihm war. Besser ist es immer, da drum zu kämpfen, gut zu sein. Geht miteinander und auch mit jedem anderen Menschen von außerhalb gut um. [16] Seid einfach immer gut drauf! [17] Hört nur nicht auf, mit Gott zu reden! [18] Und vergesst dabei nicht, ihm für alles zu danken! Das möchte er von uns. [19] Lasst, der Kraft Gottes, seinem Geist, in euch freien Lauf! [20] Und wenn er durch einen Propheten zu euch redet, dann nehmt es ernst! [21] Scannt alles, löscht den Schrott und behaltet nur die guten Sachen. [22] Um linke und böse Dinge macht einen Riesenbogen.

Grüße und Tschüs

[23] Ich wünsche mir, dass der Gott, der für Frieden sorgt, euch ganz zu sich zieht. Er soll dafür sorgen, dass ihr ihm immer ähnlicher werdet, eben heilig. Er soll auf euch aufpassen, auf euer Innerstes, euren Geist und auch auf euren Körper. Ich möchte, dass ihr so in einem perfekten Zustand seid, wenn Jesus Christus, der das Sagen über alles hat, endlich wiederkommt. [24] Man kann sich auf ihn verlassen, er ist treu. Weil er

euch extra ausgesucht hat, wird er auch dafür sorgen. [25] Liebe Leute, bitte betet für uns, ja?! [26] Schöne Grüße an alle! Grüßt sie mit einem Kuss auf die Wange. [27] Ich will unbedingt, dass ihr diesen Brief allen vorlest, im Auftrag von Jesus Christus befehle ich euch das! [28] Gottes Liebe, seine Gnade, soll durch Jesus Christus bei euch sein.
Euer Paulus

Der zweite Brief an die Christen aus Thessalonich

1

Absender und Anschrift
1 Absender: Paulus, Silvanus und Timotheus. An: die Christen in Thessa-
lonich, die sich für Gott, unseren Vater, entschieden haben und mit Jesus
Christus leben, der in dieser Welt das Sagen hat. 2 Wir wünschen euch,
dass ihr die Gnade von Gott bei euch habt und auch seinen Frieden!
Beides bekommt ihr durch Jesus Christus!

Gott sorgt für Gerechtigkeit
3 Hallo ihr Lieben! Also, eins mal vorweg: Wir danken Gott ohne Ende für
euch, und das ist auch echt ganz normal! Euer Vertrauen in Gott wächst ja
immer mehr! Und ihr geht auch immer liebevoller miteinander um. 4 Wir
sind voll stolz auf euch und erzählen den anderen Gemeinden immer von
euch. Vor allem von eurem großen Vertrauen, das ihr in Gott habt, reden wir.
Und wir finden es auch echt beeindruckend, wie geduldig ihr seid, obwohl
man euch ständig verfolgt und hinter euch her ist, weil ihr Christen seid.
5 Das mit der Verfolgung ist übrigens ein gutes Zeichen. Da dran könnt ihr
erkennen, dass ihr richtig liegt. Gott wird euch die Eintrittskarte für sein Land
in die Hand drücken. Darum müsst ihr durch diese ätzenden Sachen jetzt
durch. 6 Gott ist gerecht. Er wird jedem mal die Rechnung präsentieren, der
euch jetzt wegen eurem Glauben Probleme macht. 7 Aber wartet ab, Leute!
Damit wird Schluss sein, wenn Jesus wiederkommt! Er wird sich dann als
der große Chef zeigen. Begleitet von ein paar powervollen Engeln wird er aus
dem Himmel kommen, und dann werdet ihr bei ihm richtig ausruhen kön-
nen. 8 Alles, was sich gegen Gott gestellt hat, wird er dann abfackeln. Alle, die
keinen Bock auf Jesus haben und nicht tun, was er will, werden abgestraft.
9 Sie werden eine ganz üble Strafe bekommen, denn sie müssen für immer
und ewig getrennt von Gott bleiben. Sie werden ausgeschlossen und bleiben
vor der Tür von seinem wunderschönen Land. 10 Den Menschen, die zu ihm
gehören, wird er sich dann in seiner ganzen Power zeigen. Ihr seid dann ja
auch dabei, ihr habt ja den Sachen geglaubt, die wir euch erzählt haben.

Wir beten für euch
11 Und darum beten wir für euch auch ohne Ende. Wir beten, dass ihr
so lebt, wie man es von Leuten erwarten kann, die Gott für etwas ganz

Fettes ausgesucht hat. Wir beten auch dafür, dass es bei euch nicht nur
bei guten Wünschen bleibt, sondern dass ihr die Sachen auch tut. Alles,
was ihr im Vertrauen auf Gott angefangen habt, sollt ihr auch mit Got-
tes Kraft durchziehen. 12 Dann wird Jesus am Ende auch groß rauskom-
men. Und ihr werdet gut dastehen, weil Gott euch durch Jesus Christus
bewiesen hat, wie sehr er euch liebt.

2

Der Feind von Jesus macht den Lauten

1 Also, was jetzt dieses Ding angeht, dass Jesus bald wieder auf die Erde
zurückkommt und wir ihm dann immer ganz nahe sein werden, da haben
wir noch eine Bitte an euch: 2 Liebe Geschwister, bitte lasst euch nicht
durcheinanderbringen und durch irgendwelche Gerüchte Angst machen.
Es gibt ja Leute, die behaupten, der letzte Tag dieser Erde steht schon
kurz bevor, das hätte Gott ihnen angeblich in einer Vision gezeigt. Und
dann sagen sie, wir hätten das in einem Brief auch geschrieben. 3 Lasst
euch von solchen Ansagen bloß nicht schräge draufbringen! Bevor das
abgehen wird, muss noch einiges passieren. Viele Menschen werden
Gott noch den Rücken zudrehen, bevor Jesus wiederkommt. Und dann
wird der Feind Gottes noch seinen Auftritt haben. Das wird ein Mensch
sein, der das Böse in Person ist. Er ist ein Kind aus der Hölle. 4 Er ist der
absolute Feind Gottes. Er wird so tun, als wäre er besser als Gott und
hätte mehr zu bieten als das, was Gott uns geben kann. Er wird sich
sogar im Gotteshaus selber anbeten lassen, so als wäre er Gott. 5 Könnt
ihr euch dran erinnern, dass ich euch da drüber schon mal was erzählt
habe, als ich bei euch war? 6 Wisst ihr noch, was diesen Feind Gottes
überhaupt aufhält, nicht jetzt schon den Lauten zu machen, bevor seine
Zeit gekommen ist? 7 Ich mein, man kriegt es schon überall mit, dass
sich hier und da die negativen Kräfte rühren, aber so richtig loslegen
können sie noch nicht. Sie werden noch aufgehalten. 8 Aber dann wird
der gesetzlose Feind Gottes seinen Auftritt haben. Jesus wird ihn aber
fertig machen, wenn er wiederkommt. Er pustet ihn einfach um, das
war's. 9 Gottes Feind, der Antichrist wird aber derbe drauf sein! Er wird
seine Power vom Satan bekommen und in der Lage sein, beeindrucken-
de Wunder zu tun. Wobei diese Wunder auf Lügen aufgebaut sind. 10 Weil
er die Menschen so gut bequatschen kann, werden viele auf seiner Seite
sein. Die sind dann verloren. Sie haben die Wahrheit nicht akzeptiert,
obwohl das ihre Rettung hätte sein können. 11 Weil sie sich für die Lügen
entschieden haben, überlässt sie Gott ihrem Wahnsinn. 12 So bekommt
jeder das, was er verdient. Die keinen Bock auf die Wahrheit hatten, aber
Spaß an der Lüge, müssen die Konsequenzen selber ausbaden.

Bleibt an der Sache mit Gott dran!

13 Ihr Lieben, wir können gar nicht anders, als uns bei Gott für euch immer wieder zu bedanken! Gott hat euch als Erste ausgesucht, damit ihr durch seine Kraft in der Lage seid, ein jesusmäßiges Leben zu führen. Darum seid ihr gerettet worden. 14 Weil wir euch diese gute Nachricht erzählt haben, hat Gott euch auch dafür ausgesucht, an der Größe von Jesus Christus Anteil zu haben, denn er hat dafür gesorgt, dass wir wieder mit Gott klarkommen. 15 Zieht euer Ding mit ihm durch! Bleibt stabil und fest und haltet euch an die Sachen, die wir euch durch Predigten oder durch Briefe beigebracht haben. 16 Jesus Christus, unser Held, und Gott, der ein Vater für uns ist, der uns sehr liebt und uns immer tröstet, wenn wir schlecht drauf sind, 17 wird euch ermutigen. Er wird euch innerlich Kraft geben, damit ihr euch durch gute Taten und Worte öffentlich zu Jesus bekennen könnt.

3

Wir brauchen Gebet

1 Übrigens, liebe Geschwister, es wäre cool, wenn ihr für uns beten würdet! Bittet Gott da drum, dass die gute Nachricht von Jesus nicht mehr aufzuhalten ist und überall das passiert, was bei euch auch abgegangen ist! 2 Bittet Christus auch darum, dass er uns vor Attacken von irgendwelchen linken Typen beschützt, die vom Glauben einfach nichts wissen wollen. 3 Gott ist aber treu, er hält zu uns. Und er wird euch auch immer wieder aufbauen und stark machen, um euch vor diesen Angriffen zu schützen. 4 Wir vertrauen Christus und auch euch. Ihr werdet schon dafür sorgen, dass ihr euch nach den Sachen richtet, die wir euch beigebracht haben, oder? 5 Jesus soll dafür sorgen, dass ihr die Liebe Gottes und die Geduld Christi immer besser begreift und euer Leben danach ausrichtet.

Arbeiten ist wichtig

6 Eine Sache, liebe Geschwister, ist uns noch superwichtig! Wir fordern euch hiermit zu etwas auf, und zwar kraft der Autorität, die Jesus uns gegeben hat: Gebt euch nicht mit Leuten in eurer Gemeinde ab, die nur rumhängen und nicht das tun, was wir euch beigebracht haben! 7 Ihr habt doch mitbekommen, wie wir es gemacht haben. Wir haben ja auch nie einfach nur rumgehangen, oder? 8 Haben wir jemals rumgeschnorrt und uns auf Kosten anderer durchgeschlagen? Null! Wir haben geschuftet wie blöd, tagsüber und im Nachtdienst haben wir gearbeitet, nur um niemandem auf der Tasche zu liegen. 9 Es wäre zwar voll in Ordnung gewesen, wenn wir von euch irgendeine Bezahlung verlangt hätten.

Aber wir wollten damit einfach ein Statement abgeben und ein Vorbild
für euch sein. 10 Wir haben damals schon immer zu euch gesagt: „Wer
nicht arbeiten will, soll auch nichts zu essen kriegen." 11 Jetzt haben
wir aber gehört, dass es ein paar Leute bei euch gibt, die wie Penner
leben, nicht arbeiten wollen und auch sonst nur Unsinn im Kopf haben.
12 Allen, die so drauf sind, befehlen wir hiermit kraft der Autorität von
Jesus Christus, sich einen Job zu suchen und für ihren Lebensunterhalt
selber zu sorgen! 13 Euch bitten wir aber, liebe Geschwister, weiter gute
Sachen für Gott zu machen und da auch nicht nachlässig zu werden!
14 Falls jemand bei euch sagt, es wäre ihm total egal, was wir euch hier
geschrieben haben, dann trefft euch nicht mehr mit dem. So wird ihm
sein mieses Verhalten hoffentlich bewusst. 15 Behandelt ihn aber nicht
so, als wäre er ein Feind. Er ist immer noch ein Bruder, der einfach eure
Hilfe braucht.

Grüße und Tschüs

16 Unser Gott, der ein Meister des Friedens ist, soll euch diesen Frieden
geben. Und zwar überall und auf jede erdenkliche Art und Weise! Gott
soll mit euch sein! 17 Jetzt schreib ich, Paulus, noch mal mit meiner eige-
nen Klaue einen Gruß drunter! Ich mach das mit allen Briefen, die von
mir kommen, damit ihr sicher wisst, dass die auch von mir sind. 18 Die
Gnade von unserem Meister Jesus Christus soll bei jedem von euch
sein.

Euer Paulus

Der erste Brief an Timotheus

1

Absender und Grüße

1 Absender: Paulus, Botschafter für die Sache von Jesus Christus. Ich bin im
Auftrag Gottes unterwegs, der uns gerettet hat, und im Auftrag von Jesus
Christus, der unsere Hoffnung ist. 2 An: Timotheus. Wir haben eine Vater-
Sohn-Beziehung, weil ich dich zu Jesus geführt habe. Lieber Timotheus! Ich
hoffe, es geht dir gut! Ich wünsche dir die Liebe und den Frieden, die von
Gott, unserem Vater, und von unserem Chef Jesus Christus kommen.

Pass auf vor den Lügnern!

3 Als ich nach Mazedonien gefahren bin, habe ich dich gebeten, in Ephe-
sus zu bleiben. Du solltest verhindern, dass diese falschen Theorien
über das Leben mit Gott weiter die Runde machen. 4 Die Leute, die
diesen Schwachsinn verbreiten, beschäftigen sich mit irgendwelchen
Märchen und Ahnenforschung und verlieren sich dabei total. Das Ganze
wirft eher Fragen auf, als welche zu beantworten. Es fördert auf jeden
Fall nicht gerade das Vertrauen in Gott. 5 Wenn man einen Strich unter
das Christentum machen will, so kommt am Ende immer die Liebe
raus! Sie sollte aus einer guten Einstellung, einem reinen Gewissen und
einem ehrlichen Glauben wachsen. 6 Es gibt da ein paar Leute, die sind
von dieser Tatsache weggekommen. Sie verlassen sich jetzt stattdessen
auf ihr dünnes Gelaber. 7 Sie machen einen auf Super-Bibellehrer. Dabei
verstehen sie nur Bahnhof und haben überhaupt keine Peilung von dem,
was sie da von sich geben! 8 Wir glauben ja, dass die Gesetze gut sind,
wenn man sie richtig anwendet. 9 Für wen gelten denn diese Gesetze?
Für die Leute, die sowieso schon mit Gott leben und für ihn okay sind?
Nein, sie sind für die Leute gedacht, die keinen Bock auf Gott haben, die
ohne irgendwelche Gesetze leben und immer gegen alles sind. Für so
Menschen, die immer das Gegenteil von dem tun, was Gott eigentlich
will, für unheilige Leute, die über Gott Witze machen, für Leute, die kein
Gewissen mehr haben, für Mörder und Gewalttätige, 10 Pornosüchtige,
Pädophile, für Leute, die mit Menschen handeln, für Lügner und Typen,
die andere rücksichtslos ausbeuten, für Leute, die einen Eid schwören
und sich dann nicht dran halten, oder Menschen, die keinen Bock auf
die gesunde Lehre über Gott haben. 11 So hat Gott es mir beigebracht.
Das ist die gute Nachricht, die ich von ihm, dem wahnsinnig coolen
Gott, gehört habe!

Danke, Gott, für deine Liebe!

12 Ich kann es manchmal echt nicht fassen und bin Gott so sehr dankbar,
dass ausgerechnet ich für seine Sache arbeiten darf. Er hat mich dafür
ausgerüstet und mir die Kraft dafür gegeben. 13 Früher habe ich über Jesus
ja nur abgelästert. Ich habe Jesus und seine Leute verfolgt, sie verprügeln
lassen und so. Gott hat mir aber seine Liebe gezeigt, er hat mir diese gan-
zen Sachen verziehen, weil ich nicht wusste, was ich da tat. Ich hatte ja
keine Ahnung. 14 Umso stärker hab ich dann seine grenzenlose Liebe er-
lebt, mit der er mich akzeptiert hat. Und mein Vertrauen zu Jesus ist auch
gewachsen. 15 Ihr könnt euch hundertprozentig darauf verlassen, dass
Jesus Christus zu uns in die Welt gekommen ist, um Menschen zu retten,
die ohne Gott leben! Ich bin da das beste Beispiel für. 16 Ich habe Gottes
Liebe live erlebt. Jesus Christus hat mit mir unendlich viel Geduld gehabt
und wollte damit ein Zeichen setzen, dass wirklich jeder wieder mit Gott
klarkommen kann, wenn er es nur will. Sein Angebot für ein Leben, das
nie aufhört, gilt allen. 17 „Gott, du bist der Größte, du hast das Sagen über
alles, du wirst immer da sein, du bist der einzige Gott. Wir wollen, dass du
groß rauskommst, wir wollen dich immer loben! Genau so ist es richtig!“
[Amen]! 18 Lieber Timotheus, du weißt, dass du für mich so wie ein echter
Sohn bist. Ich hab dich sehr lieb! Ich trau dir das zu, dass du für diese
Sache kämpfen wirst. Es gab da ja auch ein paar prophetische Worte, die
das bestätigen. 19 Halte an deinem Vertrauen in Gott fest und lass dich
durch nichts davon abbringen! Pass auf, dass du keinen Mist baust und
so gewissenstechnisch schlecht draufkommst! Wie du weißt, haben das
einige Leute nicht getan und sind so mit ihrem Glauben ziemlich auf der
Fresse gelandet. 20 Zwei davon sind Hymenäus und Alexander. Ich habe
sie aus der Gemeinde rausgeschmissen und sie so dem Satan schutzlos
ausgeliefert. Hoffentlich lernen sie da draus und hören jetzt endlich auf,
so einen Dünnsinn über Gott zu erzählen.

2

Beten ist wichtig

1 Eine Sache, Timotheus, ist superwichtig: Sorg dafür, dass die Ge-
meinde nicht aufhört zu beten! Damit meine ich, dass ihr Gott danken,
ihn um Sachen bitten und ihn sogar manchmal anbetteln sollt, wenn
ihr euch trefft. Betet auch für alle Menschen, 2 für die Regierung und
die Parteien, die gerade an der Macht sind. Dann können wir ein ent-
spanntes, ruhiges Leben führen, ein Leben, was die Leute respektieren
und wo Gott auch drauf steht. 3 Gott will das so, er findet das gut, und
er hat uns ja schließlich auch gerettet. 4 Gott will nämlich, dass alle
Menschen gerettet werden. Er möchte, dass alle die Wahrheit endlich

begreifen! 5 Es gibt nur einen einzigen Gott. Und es gibt auch nur einen
Einzigen, der zwischen ihm und den Menschen vermitteln kann. Jesus
Christus hat als Mensch für Frieden zwischen ihm und uns gesorgt.
6 Er hat sich für uns abschlachten lassen, damit wir alle frei sein können
und wieder mit Gott klarkommen. Damit hat Gott bewiesen, dass er alle
Menschen retten will, und auch den genauen Zeitpunkt hatte er vorher
beschlossen. 7 Für diesen Job hat Gott mich extra ausgesucht. Er hat mir
speziell die Order gegeben, diese Sache allen Menschen zu erklären, die
keine Juden sind. So ist das, Leute, das ist die Wahrheit, ich erzähle hier
keinen Schwachsinn.

Wie sich Männer und Frauen im Gottesdienst verhalten sollen

8 Ich möchte, dass die Männer jeden Streit geregelt haben, bevor sie im
Gottesdienst beten. Lasst auch die Zweifel einfach mal beiseite. Dann
könnt ihr eure Hände im Gebet zu Gott ausstrecken. 9 Die Frauen sol-
len sich nicht so aufdonnern, wenn sie zum Gottesdienst gehen. Sie
gehen ja schließlich nicht zur Modenschau! Das gilt übrigens auch für
die Frisur und den Schmuck, den sie tragen. 10 Was eine Frau wirklich
schön macht, ist sowieso etwas anderes. Ihre Ausstrahlung, die dadurch
kommt, dass sie gute Sachen für Gott macht, die macht sie eh viel
schöner. 11 Frauen sollen mal lernen, im Gottesdienst nicht die ganze
Zeit so rumzuquatschen. Sie sollen tun, was man ihnen sagt. 12 Ich will
nicht, dass Frauen öffentlich lehren, und sie sollen auch nicht über ihren
Mann bestimmen. Ich möchte, dass sie sich zurücknehmen. 13 Adam
war ja schließlich auch vor der Eva da. 14 Schließlich wurde ja auch nicht
Adam von der Schlange verführt, sondern Eva. Sie hat das getan, was
Gott nicht wollte. 15 Die Frau ist als Frau von Gott gemacht worden. Sie
kann ja auch Kinder kriegen, dadurch wird sie gerettet werden. Sie soll
ihr Vertrauen auf Gott setzen, in seiner Liebe bleiben, mit ihm radikal
durchziehen und ein Leben führen, was Gott gut findet.

3

Wie ein Leiter von einer Gemeinde drauf sein sollte

1 Eine Sache stimmt schon mal hundertpro: Wenn jemand eine Gemein-
de leiten will, dann geht es da um ein sehr cooles und hohes Amt. 2 So
ein Gemeindechef muss aber bestimmte Bedingungen erfüllen. Sein
Leben muss vor Gott voll okay sein, und er sollte nicht tausend Freun-
dinnen haben, sondern nur eine Frau. Er sollte nüchtern und entspannt
sein. Cool drauf sein und nicht schnell wütend werden, das ist auch eine
wichtige Eigenschaft. Er sollte freundlich mit Menschen umgehen und
auch gerne mal Gäste zu Hause aufnehmen. Und dass er Leuten was bei-

bringen kann, ist auch noch wichtig. [3] Es sollte kein Alkoholiker sein oder jemand, der sich mit anderen Sachen breit haut. Jemand, der nicht aggressiv und gewalttätig ist, sondern freundlich und nicht bei jedem Streit dabei. Und er sollte nicht geldgeil sein! [4] Er sollte seiner Familie zu Hause ein guter und ordentlicher Vater sein, der Kinder hat, die auch tun, was er sagt. [5] Hey, wenn einer es noch nicht mal hinkriegt, sein Familienleben zu regeln, wie soll er dann bitte eine ganze Gemeinde vor Gott regeln können? [6] Es sollte auch kein Frischling sein, der erst ganz kurz mit Jesus lebt, ist ja klar. Sonst bildet der sich auf den Job noch was ein und meint, er wäre jetzt sonst wie toll, und dann wird er bei nächster Gelegenheit vom Satan aufs Kreuz gelegt. [7] So ein Gemeindechef muss auch einen guten Ruf bei den Nichtchristen im Ort haben. So könnt ihr verhindern, dass man über ihn ablästert und er so dem Teufel auf den Leim geht.

Und die anderen Mitarbeiter?

[8] Auch die anderen Leute, die in eurer Gemeinde im Dienstleistungssektor arbeiten, sollen Menschen sein, die von allen respektiert werden. Sie sollten unbestechlich und ehrlich sein, keine Alkoholprobleme haben und auch nicht nur auf Kohle aus sein. [9] Es wäre wichtig, dass sie ihr Leben so führen, dass es zu der guten Nachricht von Jesus passt. [10] Sie sollten auch erst mal eine Probezeit haben, und nur wenn sie ihren Job gut hinkriegen, sollten sie den Dienst ganz übernehmen. [11] Die Frauen sollten auch so drauf sein, dass man sie respektieren kann. Sie sollten nicht überall rumtratschen, entspannt sein, und man sollte sich auf sie verlassen können. [12] Genauso wie die Gemeindeleiter sollten die Mitarbeiter nur mit einer Frau verheiratet sein. Und sie sollten ebenfalls ihre Familie gut im Griff haben. [13] Wer seinen Job gut macht, der wird auch genug Respekt von der Gemeinde bekommen. Und er selber wird immer eine coole Ausstrahlung haben, wie man sie bekommt, wenn man mit Jesus lebt.

Das Geheimnis im Leben mit Gott

[14] Lieber Timotheus, ich schreib dir das jetzt alles auf, obwohl ich ja stark hoffe, bald persönlich bei dir zu sein. [15] Falls sich das aber noch weiter hinauszieht, sollst du wenigstens wissen, wie man sich in der Familie von Gott, in seiner Gemeinde, benehmen soll. Die Gemeinde ist wie ein tragender Betonpfeiler in dem Haus der Wahrheit, in dem Haus von dem lebendigen Gott. [16] Jeder hat längst geschnallt, wie giga-groß und besonders dieses Geheimnis ist, das hinter dem Vertrauen in Gott steckt. Jesus Christus ist als ein Normalo in die Welt gekommen. Er wurde aber bestätigt durch die Kraft, die von Gott kommt, durch seinen heiligen Geist. Er wurde sogar von Engeln gesehen, und jetzt erzählen

wir auch den nichtjüdischen Menschen von Jesus. Überall setzen die
Menschen ihr Vertrauen auf ihn. Er ist jetzt wieder bei Gott in seiner
unbeschreiblichen Welt.

4

Man kann es auch übertreiben

1 Gottes Geist sagt uns immer wieder, dass noch viele ihm wieder den
Rücken zudrehen und nicht mehr mit ihm leben werden, bevor es mit
der Welt zu Ende geht. Das kommt vor allem daher, dass sie irgend-
welchen Pseudopropheten hinterherlaufen und Sachen glauben, die
direkt aus der Hölle kommen. 2 Diese Lügenheinis werden nur Dünn-
sinn verbreiten und sind dabei so verpeilt, dass sie noch nicht mal ein
schlechtes Gewissen kriegen. 3 Zum Beispiel verbieten sie zu heiraten
oder bestimmte Sachen zu essen. Dabei hat Gott doch alle Nahrungs-
mittel gemacht! Wir, die ihm total vertrauen und seine Wahrheit begrif-
fen haben, können das alles von ihm genießen! 4 Ist doch klar: Alles,
was Gott gemacht hat, ist erst mal nur gut! Und wenn wir das dankbar
von ihm annehmen, ist doch alles locker, oder? 5 Es wird dadurch gut,
dass Gott gesprochen hat, durch seine Worte. Und es wird dadurch gut,
dass wir ihm in einem Gebet dafür danken.

Was Timotheus in der Gemeinde machen soll

6 Lieber Timotheus, wenn du das der Gemeinde so weitersagst, machst
du einen guten Job für Jesus. Du hast dich immer an die Worte gehal-
ten, die ich dir beigebracht habe, nämlich Gott zu vertrauen. Und du
bist auch immer nach der Lehre vorgegangen, die wirklich gut ist. 7 Ver-
giss das dünne Gelaber von diesen Leuten einfach, ja? Zieh lieber ganz
unabhängig davon mit Gott voll durch! 8 Sich fit zu halten und auch mal
auf etwas zu verzichten ist ja vielleicht ganz nett, aber das zu tun, was
Gott will, bringt es erst wirklich! Gott hat uns versprochen, dass dann
unser Leben gelingen wird und er uns auch das ewige Leben schenkt.
9 Das ist hundertprozentig wahr, Leute, da könnt ihr euch drauf verlas-
sen! 10 Das treibt uns immer wieder an, dafür kämpfen wir! Wir haben
unsere Hoffnung auf den einen Gott gesetzt, der lebt. Er ist der Held
von allen Menschen, aber besonders natürlich der Leute, die ihm ver-
trauen. 11 Das musst du jedem in der Gemeinde verklickern!

Was Timotheus' Job sein soll

12 Timotheus, nur weil du ein Jugendlicher bist, hat keiner das Recht,
auf dich runterzusehen, ja? Trotzdem ist es wichtig, dass du für alle ein
astreines und vorbildliches Leben führst! Damit mein ich die Sachen,

die du so von dir gibst, und auch, wie du lebst. Geh immer liebevoll mit
allen Leuten um. Sei ein Vorbild in Glaubenssachen und lass dich nicht
auf irgendwelche Mädchengeschichten ein! 13 Mach weiter mit diesen
Leseabenden, wo du aus den alten Schriften vorliest. Ermutige die
Leute, indem du in Sachen Glauben Unterrichtsstunden gibst. Tu das
so lange, bis ich wieder da bin. 14 Leb diese Begabung voll aus, die Gott
dir gegeben hat! Gott hat sie dir schließlich durch ein prophetisches
Wort zugesagt, als die Ältesten in der Gemeinde für dich gebetet haben.
15 Mach dir mal da drüber den Kopf und setz diese Begabung ein, da-
mit alle mitbekommen, was für Fortschritte du mit Gott gemacht hast.
16 Pass auf diese Begabungen auf! Vergiss die Sachen nicht, die Gott dir
beigebracht hat. Wenn du so drauf bist, wirst nicht nur du gerettet wer-
den, sondern auch alle anderen, die dir zuhören.

5

Wie Timotheus mit älteren Gemeindemitgliedern umgehen soll ...

1 Wenn es ein Problem mit einem älteren Mann gibt, dann fahr ihn nicht
blöd an, sondern rede mit ihm so, als wäre er dein Vater. Mit jüngeren
Männern geh so um, als wären sie deine Brüder. 2 Ältere Frauen kannst
du so behandeln, als wären sie deine Mutter. Bei jüngeren Frauen soll-
test du ein bisschen aufpassen und Abstand halten, klar?

... und wie mit den Frauen, deren Männer gestorben sind

3 Wenn von einer Frau der Mann gestorben ist, geh respektvoll mit ihr
um. 4 Gibt es da aber noch Kinder oder Enkel, dann sollten die sich mal
um ihre Angehörigen kümmern. Gott steht da drauf, wenn man so seine
Dankbarkeit für das, was die getan haben, zeigt. 5 Es gibt ja auch solche
alleinstehenden Frauen, die ihre Einsamkeit nutzen, indem sie Tag und
Nacht zu Gott beten. Sie setzen ihre ganze Hoffnung auf ihn. 6 Diejeni-
gen, die dann erst mal richtig die Sau rauslassen und meinen, sie müss-
ten ihr Leben jetzt erst mal ordentlich genießen, haben nichts begriffen.
Sie sind im Grunde schon tot. 7 Warne die Witwen davor, so draufzu-
kommen, damit man ihnen nichts vorwerfen kann. 8 Wenn sich aber
jemand nicht um seine Familie kümmert und sie nicht versorgt, der
hat im Grunde Jesus verraten. Er verhält sich sogar schlimmer als ein
Nichtchrist! 9 Eine Witwe, die in das Witwenverzeichnis aufgenommen
werden soll, muss mindestens sechzig Jahre alt und darf nur mit einem
Mann verheiratet gewesen sein. 10 Außerdem sollte sie einen guten Ruf
bei euch haben. Hat sie ihre Kinder gut erzogen? War sie immer gast-
freundlich? Hat sie anderen Mitchristen praktisch geholfen und war sie
bereit dazu, auch mal den Boden zu wischen? Hat sie irgendwie Leuten

geholfen, denen es schlecht ging, ohne dabei an sich selbst zu denken? Hat sie sich da auch mal eingebracht, wo Hilfe nötig war? [11] Junge Witwen sollten erst mal nicht mit in diese Liste aufgenommen werden. Wenn sie irgendwann wieder heiß werden und Lust auf Männer bekommen, könnte die Sache nach hinten losgehen. Wenn sie dann nämlich irgendwann doch wieder heiraten wollen, bringt sie das letztendlich dazu, Jesus den Rücken zuzudrehen. [12] Man kann ihnen dann zu Recht vorwerfen, sie hätten ihr Treueversprechen Jesus gegenüber gebrochen. [13] Außerdem ist für sie dieses „Um-die-Häuser-Ziehen" gar nicht gut. Dort hängen sie rum und labern den ganzen Tag dummes Zeug. [14] Darum ist mein Wunsch, dass die jüngeren Frauen, deren Männer gestorben sind, wieder jemanden heiraten. Sie sollen normal Kinder kriegen, sich um den Haushalt kümmern und dem Teufel keine Chance geben. [15] Denn einige haben Jesus schon den Rücken gekehrt und laufen jetzt dem Satan nach. [16] Wenn eine Christin so eine Witwe in ihrer Verwandtschaft hat, dann soll sie sich auch um sie kümmern. Die Gemeinde soll nicht noch weiter belastet werden, sondern sich um die wirklichen Witwen kümmern, die sonst von keinem versorgt werden.

Wie sich die Gemeindeleitung verhalten soll

[17] Die Männer, die bei euch die Gemeindeleitung übernommen haben, haben doppelte Anerkennung verdient und sollten dafür auch finanziell entschädigt werden. Das betrifft besonders die Leute, die bei euch predigen und lehren. [18] In den alten Schriften steht ja auch: „Du sollst dem Trecker auch immer genug Benzin geben", oder: „Ein Ochse, der bei der Feldarbeit eingesetzt wird, soll dabei auch fressen können." Woanders steht auch: „Jeder, der arbeitet, hat es auch verdient, dafür bezahlt zu werden." [19] Wenn sich jemand bei dir über die Gemeindeleiter beschweren will, dann lass immer ein bis zwei Zeugen mit dazukommen. [20] Die Menschen, die bei euch Sachen tun, auf die Gott keinen Bock hat, kannst du vor allen anderen öffentlich anzählen. So sind die anderen Zuhörer auch gewarnt. [21] Lieber Timotheus, es ist super-super-wichtig, dass du, wenn so was passiert, keine Vorurteile hast und nicht parteiisch bist! Gott, Jesus und seine besonderen Engel sind meine Zeugen!

Ein paar Tipps an Timotheus persönlich

[22] Setz niemand zu schnell in einen Job in der Gemeinde ein! Sonst bist du mit schuld, wenn der Sachen macht, auf die Gott keinen Bock hat. Pass lieber auf dich selber auf, was Sünden angeht! [23] Und gegen deine Magenprobleme versuch mal, dein Trinkwasser mit etwas Wein zu vermischen. Dann bist du auch nicht mehr so oft krank! [24] Übrigens: Bei eini-

gen Menschen stinken ihre Sünden schon zehn Meter gegen den Wind.
Jeder kann sie sehen, bevor die Gerichtsverhandlung von Gott überhaupt
erst angefangen hat. Bei anderen kann man sie erst später entdecken.
25 Genauso ist das auch mit den guten Sachen, die Menschen so bringen.
Einiges davon kann man schon jetzt beobachten, anderes wieder nicht.
Aber auch diese Dinge werden nicht immer verborgen bleiben.

6

Chef oder Angestellter?

1 Alle, die irgendwo angestellt sind und einen Chef über sich haben,
sollten dem Respekt entgegenbringen. Ihr wollt ja nicht, dass die Sache
Gottes und unser christlicher Glaube irgendwie durch den Dreck ge-
zogen werden, ist doch klar, oder? 2 Das stimmt auch für den Fall, dass
dein Chef auch ein Christ ist und ihr da auf einer Ebene seid. Auch dann
sollt ihr alles geben und euch ihm voll unterordnen. Weil er auch an
Jesus glaubt und genauso von ihm geliebt wird, wird er auch bereit sein,
nett mit euch umzugehen. Das erkläre bitte den Leuten bei euch und
erinnere sie immer wieder da dran.

Warnung vor Geldgeilheit und Streit

3 Falls jemand versuchen sollte, euch etwas anderes beizubringen, könnt
ihr das getrost vergessen. Jeden, der sich nicht an die Sachen hält, die
Jesus Christus uns beigebracht hat, 4 kann man in die Tonne drücken.
Solche Leute sind nur total krank im Kopf, stehen auf endlos lange Dis-
kussionen und so. Bei solchen Gesprächen kommt immer nur das Glei-
che raus: Jemand wird neidisch auf die tollen Argumente, man streitet
sich nur und lästert rum, oder es kommen wilde Verdächtigungen auf,
die total unnötig sind. 5 Solche Menschen zoffen sich nur, man könnte
glauben, die sind total durchgeknallt! Haben die denn nie die Wahrheit
gehört? Die machen ja sogar aus Jesus noch eine Geschäftsidee, um
Kohle mit ihm zu scheffeln. 6 Mit Gott zu leben ist dabei eigentlich
schon ein Hauptgewinn, der sollte einem reichen! 7 Wir haben ja auch
schließlich nichts mit in diese Welt reingebracht, warum sollten wir sie
dann mit irgendetwas wieder verlassen? 8 Es sollte uns reichen, wenn
wir immer genug zu essen haben und anständige Klamotten zum An-
ziehen. 9 Die Menschen, die um jeden Preis reich werden wollen, fallen
oft so schnell auf die Tricks von Satan rein. Geld erzeugt nur uncoole
Wünsche, die einen Menschen letztendlich immer ins Unglück und den
Tod stürzen. 10 Geldgeilheit ist eine Ursache für das Böse. Einige sind da
drauf total abgegangen und irgendwann waren sie weg von Gott. Wie
viele ätzende Sachen hätten die sich ersparen können!

Ein paar Tipps
11 Timotheus! Du darfst da auf keinen Fall mitmachen! Versuche um je-
den Preis, anders draufzukommen als so! Dein Ziel sollte sein, ein Leben
zu führen, was Gott geil findet! Setz alles daran, dass dir nichts wichtiger
ist als Gott! Versuch immer im Vertrauen auf ihn zu leben! Liebe, Ge-
duld und Freundlichkeit sollen bei dir am Start sein. 12 Kämpfe den guten
Kampf und vertraue Gott! Es ist immer richtig, das zu tun. Pack das ewi-
ge Leben, was Gott für dich bereithält, mit beiden Händen. Er hat dich
dafür extra ausgesucht! Das hast du ja vor vielen Zeugen klar gemacht.
13 Eine Sache ist mir noch superwichtig, das ist fast ein Befehl, den ich dir
hiermit erteile. Und das tue ich mit Gott im Rücken, der alles gemacht
hat, und mit Jesus Christus, der sich sogar vor Pontius Pilatus zu Gott
bekannt hat: 14 Erledige deinen Job so sauber wie möglich! Halte durch,
so lange, bis Jesus wiederkommt! 15 Wann die Uhr dafür geschlagen hat,
wissen wir noch nicht, das weiß nur Gott. Er ist der Größte, der einzig
Gute, er hält den Joystick der Welt in seiner Hand. Er ist der Präsident der
Präsidenten, der Oberchef schlechthin! 16 Er ist der Einzige, der nie ster-
ben wird. Er wohnt an einem Ort, wo nur Licht ist. Dort kann niemand
hinkommen. Keiner hat diesen Ort jemals gesehen, und das wird auch
nie passieren. Es ist richtig, wenn alles nur ihm zujubelt. Er soll das Sa-
gen haben über alles, was es gibt! So soll es sein [Amen]!

Eine Warnung an die Leute, die viel Kohle haben
17 Den Leuten, die zurzeit viel Kohle haben, mach mal folgende Ansage:
Sie sollen sich bloß nichts auf ihren Reichtum einbilden, denn der ist
schneller weg, als sie laufen können. Verlassen kann man sich nur auf
Gott, und der hat alles reichlich zur Verfügung. Wir brauchen es nur
noch genießen! 18 Sie sollen aber einen anderen Reichtum erwerben,
indem sie einfach gute Sachen für Gott machen, anderen Menschen
gerne was von ihrem Geld abgeben und hilfsbereit sind. 19 So können sie
sich eine gute Grundlage aneignen, die in der Zukunft Bestand hat. Und
nur so kann man sich ein wirkliches Leben abgreifen.

Noch mal eine Warnung und Grüße
20 Mann, Timotheus, pass gut auf das auf, was Gott dir gegeben hat!
Mach einen riesen Bogen um die Leute, die nur dumm rumlabern und
sich ständig über diese so genannte „Neue Erkenntnis" und so streiten.
21 Einige haben ja schon gesagt, sie würden jetzt danach leben. Sie sind
vom Glauben an Jesus weggekommen. Also, mein Lieber, ich wünsch
euch allen die Gnade, die man durch ein Leben mit Gott bekommt!
Dein Paulus

Der zweite Brief von Paulus an Timotheus

1

Anschrift und Grüße

1 Absender: Paulus, Apostel von Jesus Christus. Ein Botschafter, der für
Gott unterwegs ist, weil er das so wollte. Gott hat mich beauftragt, von
dem Leben das nie aufhört zu erzählen, das wir durch Jesus Christus
haben. 2 An: Timotheus. Hallo Timotheus! Mann, ich hab dich echt so
lieb, als wärst du mein eigener Sohn! Ich wünsch dir die Gnade, die von
Gott kommt, Liebe und Frieden von unserem Vater und von unserm
Chef Jesus Christus.

Gott hat alles gegeben

3 Ständig muss ich an dich denken, und ich bete auch die ganze Zeit
für dich! Für Gott gebe ich alles, und ich diene ihm schon, solange ich
denken kann. 4 Wenn ich mich da dran erinnere, wie du bei unserem
Abschied geweint hast, dann möchte ich am liebsten gleich wieder um-
drehen und bei dir sein! Mann, das wäre so schön ... 5 Deine coole Art
mit Jesus zu leben werde ich nie vergessen! Dieses Vertrauen in Gott
hast du bestimmt von deiner Mutter Eunike, und die hat es von ihrer
Mutter, die hieß Lois. Ich bin mir ganz sicher, dass man diesen Glauben
auch in dir findet. 6 Wegen deiner Familienwurzeln will ich dich noch
mal da dran erinnern, dass du unbedingt diese Begabung, die Gott dir
gegeben hat, voll ausschöpfst! Die hast du ja bekommen, als ich dir die
Hände aufgelegt und für dich gebetet habe. 7 Diese Kraft, die Gott uns
gegeben hat, bewirkt ja nicht, dass wir Angst haben. Ganz im Gegen-
teil: Sein Geist bewirkt, dass wir mutig sein können. Er gibt uns Kraft,
ermöglicht uns zu lieben und hilft uns, alles im Griff zu haben. 8 Es
muss dir also nicht peinlich sein, vor anderen Menschen klarzustellen,
dass du an Jesus glaubst. Und es muss dir auch nicht peinlich sein, zu
mir zu gehören, auch wenn ich gerade im Knast sitze. Du kannst ruhig
mitleiden, wenn es um die gute Nachricht geht. In dieser Botschaft
steckt unheimlich viel Kraft. 9 Gott hat uns einfach gerettet. Er hat uns
rausgerufen und uns einen besonderen Auftrag gegeben. Da konnten
wir gar nichts für, und erarbeitet haben wir uns das auch nicht. Er hat
das einfach beschlossen, obwohl wir es nicht verdient hatten. Jesus
hat das für uns möglich gemacht, und das war schon lange vorher ge-

plant, bevor diese Welt überhaupt entstanden ist. [10] Jetzt ist das aber
tatsächlich passiert! Indem Jesus, unser Retter, zu uns gekommen ist
und den Tod besiegt hat, wurde das möglich! Er hat uns ein neues Le-
ben geschenkt, das nicht mehr vernichtet werden kann! [11] Und genau
um diese gute Nachricht geht es mir. Die soll ich vertreten und überall
erzählen. Ich bringe den Leuten bei, was das konkret bedeutet. [12] Das ist
auch der Grund, warum ich jetzt im Knast sitze und es mir dreckig geht.
Trotzdem ist mir das null peinlich! Ich weiß genau, auf wen ich mein
Vertrauen gesetzt habe, und ich bin mir ganz sicher, dass er auf mich
aufpassen wird. Er wird dafür sorgen, dass die Sachen, die er mir gege-
ben hat, nicht verloren gehen bis zu dem Tag, an dem er wieder auf die
Erde zurückkommt. [13] Bleibe straight bei den guten Sachen, die ich dir
beigebracht habe, Timotheus! Das waren ja alles Dinge, wo es um die
Liebe ging und das Vertrauen, was wir in Jesus Christus finden können.
[14] Pass auf diese wertvolle Lehre gut auf, die dir Gott durch seinen Geist
anvertraut hat, ja?

Nachrichten von Christen aus Asien

[15] Hast du davon gehört, dass die Christen aus der Provinz Asien keinen
Bock mehr auf mich haben? Selbst Phygelus und Hermogenes gehören
dazu! [16] Ich wünsche mir von Gott, dass er mit der Familie von Onesi-
phorus nett umgeht. Er hat mich früher oft so ermutigt, und es war ihm
auch nie peinlich, dass ich im Gefängnis sitze. [17] Ganz im Gegenteil: Er
hat mich in Rom so lange gesucht, bis er mich gefunden hat. [18] Ich bete
dafür, dass Gott ihn bei der letzten großen Gerichtsverhandlung nicht
verurteilt! Was er in Ephesus alles gerissen hat, weißt du ja noch besser
als ich ...

2

Durchziehen, auch wenn‘s Probleme gibt

[1] Mein lieber Sohn, ich wünsch mir, dass deine Glaubensmuskeln wach-
sen und du stark wirst durch Jesus Christus! [2] Das, was ich dir in Gegen-
wart von vielen Leuten beigebracht habe, kannst du jetzt an andere
zuverlässige Christen weitergeben. Am besten an Leute, die auch so was
wie 'ne Begabung dazu haben, Menschen etwas beizubringen. [3] Geh
bitte mit mir diesen schweren Weg, wie ein Soldat für Jesus. [4] Jeder Be-
rufssoldat darf sich nicht zu viel den Kopf machen über die Sorgen des
Alltags, wenn er einen guten Job in der Armee machen will. [5] Und auch
ein Profifußballer wird nie Meister werden, wenn er sich nicht an die
Spielregeln hält. [6] Und der Bauer, der vorher viel Arbeit in die Pflanzen
gesteckt hat, soll auch das Recht haben, als Erster von den Früchten zu

essen. [7] Denk mal drüber nach, was ich damit sagen will. Gott wird dir aber schon den Durchblick dafür geben. [8] Vergiss bitte eine Sache nicht: Jesus Christus, der Nachkomme vom Präsidenten David, war tot, aber Gott hat ihn aus dem Tod rausgeholt. Das ist kurz zusammengefasst die gute Nachricht, die ich zu erzählen habe! [9] Und dafür muss ich jetzt diesen ganzen Mist ertragen. Ich hänge hier im Gefängnis fest wie ein Schwerverbrecher. Die Worte von Gott kann man aber nicht einsperren, sie sind frei! [10] Für die vielen Menschen, die Gott noch retten will, nehme ich diese ganzen Probleme gerne auf mich. Ich wünsche mir einfach, dass noch viele durch Jesus Christus ein cooles neues Leben bekommen, ein Leben, das nie mehr aufhört! [11] Das Ding steht nämlich hundert Pro fest: Wenn unser altes Leben durch den Tod von Jesus abgestorben ist, dann werden wir auch mit ihm wieder leben. [12] Ertragen wir die ätzenden Sachen mit ihm hier auf der Erde, werden wir mal mit ihm zusammen das Sagen haben. Wenn wir aber so tun, als würden wir ihn nicht kennen, dann kennt er uns auch nicht mehr. [13] Aber wenn wir ihm nicht treu sind, dann bleibt er trotzdem uns gegenüber immer treu. So ist er einfach, und er wird sich auch nicht plötzlich ändern.

Passt auf vor den falschen Theorien über Gott!

[14] Das sind so Sachen, an die du deine Leute unbedingt erinnern musst! Sag ihnen auch, dass sie bitte nicht ständig in Gottes Namen rumdiskutieren sollen, ja? Das bringt nämlich gar nichts und verwirrt die Leute eher, als dass es Dinge klärt. [15] Kämpfe da drum, deine Sache gottesmäßig durchzuziehen. Lass dir nichts zuschulden kommen und arbeite so, dass du die Worte von Gott den Menschen richtig und deutlich erklärst. [16] Mach einen Bogen um Leute, die nur dumm rumlabern! Das führt auf Dauer nur zu einem schlechten Charakter, der einen von Gott entfernt. [17] Wenn die reden, dann breiten sich ihre Worte aus wie Krebs. Zwei, die so drauf sind, sind Hymenäus und Philetus. [18] Beiden leben nicht mehr so, wie es zu unserer wahren Lehre passt. Sie glauben, dass diese „Auferstehungskiste" schon lange passiert ist. Dadurch bringen sie einige davon weg, Gott so zu vertrauen, wie wir es tun. [19] Aber das stahlharte Fundament, was Gott gegossen hat, steht fest. Da drauf ist eingemeißelt: „Gott kennt alle Menschen, die zu ihm gehören!" Genauso steht da drauf: „Wer mit Jesus Christus lebt und zu ihm gehört, sollte ein Leben führen, was Gott gefällt." [20] Jetzt gibt es ja in jedem Haushalt unterschiedliches Geschirr. Es gibt edles Porzellan und Kristallgläser genauso wie Aldisachen aus Pappe und Plastik. Die einen braucht man, wenn man ein Geschäftsessen zu Hause hat, und die anderen für die Grillparty mit den Nachbarn. [21] Wer sich von solchen Labertaschen fern hält,

wird so ein edles Porzellan im Haus Gottes sein. Es ist gut und sauber, jederzeit einsatzbereit für den Eigentümer, wenn besondere Gäste kommen.
22 Pass auf vor den Sachen, auf die man besonders abfährt, wenn man jung ist! Mach einen Bogen um diese Dinge! Kämpfe lieber darum, dass du für Gott immer okay lebst, dass du ihm vertraust, dass du immer liebevoll mit Menschen umgehst, die eine ehrliche Beziehung zu Gott haben, und dass du dich mit niemandem streitest.
23 Wenn jemand mit einer dummen Frage kommt, die nur wilde Diskussionen auslösen würde, dann lass dich nicht da drauf ein.
24 Wer Gott wirklich dienen will, sollte entspannt drauf sein, er sollte freundlich mit allen Menschen umgehen. Er sollte gut Menschen etwas beibringen können und auch bereit sein, böse Sachen zu ertragen.
25 Leute, die ständig streiten wollen, sollte er locker und nett wieder auf die richtige Bahn bringen. Vielleicht ermöglicht Gott ja auch, dass die sich ändern wollen und die Wahrheit erkennen.
26 Solche Menschen können aus den Fallen, die Satan aufgestellt hat, befreit werden. In diesem Zustand waren sie ja gefangen und wurden nur für seine Zwecke missbraucht.

3

Wenn es mit der Welt zu Ende geht

1 Eine Sache soll dir aber klar sein: Wenn es mit dieser Welt zu Ende geht, werden ganz üble Zeiten anbrechen.
2 Die Menschen werden dann nur noch auf sich selbst und ihre Kohle abfahren. Jeder wird dann glauben, er wäre der Größte, und das überall raushängen lassen. Mann/Frau wird über alles ablästern und die Kinder werden ihren Eltern auf der Nase rumtanzen. Dankbarkeit wird ein Fremdwort für viele sein, und man wird das tun, worauf Gott überhaupt nicht steht.
3 Viele Leute werden sich nicht mehr lieben können und nur noch rumstreiten. Viele werden sich gegenseitig verraten, hemmungslos leben und in einem Streit einfach brutal zuschlagen. Man wird alles Gute hassen.
4 Verrat wird normal sein, Menschen geraten außer Kontrolle. Überall werden plötzlich irgendwelche aufgeblasenen Superspacken rumlaufen, die nur noch Bock auf Spaß haben und keinen Bock mehr auf Gott.
5 So Pseudo-Christen, die äußerlich superfromm, aber in Wirklichkeit total schlaff unterwegs sind. Mit solchen Leuten solltest du besser nichts zu tun haben, ja?
6 Das sind nämlich dieselben Typen, die nachts um die Häuser ziehen und versuchen, irgendwelche Weiber ins Bett zu kriegen, eben Frauen, mit denen man so was machen kann. Diese Frauen haben viel Dreck zwischen sich und Gott liegen und werden so ständig dazu getrieben, unbedingt irgendwie Sex haben zu wollen.
7 Die sitzen in jedem Seminar und Gottesdienst, um Predigten zu hören, aber lassen nichts

wirklich an sich ran, sie verstehen die Wahrheit auch nicht wirklich. 8 So
wie diese ägyptischen Magier Jannes und Jambres, die nicht auf Mose
hören wollten, so wollen diese Leute die Wahrheit auch nicht verstehen.
Diese Typen sind echt Psychos, sie haben eine miese Einstellung und
sind unfähig, Gott wirklich zu vertrauen. 9 Lange werden sie das aber
nicht durchhalten. Dass sie so verpeilt sind, wird bald jeder merken. Das
war ja bei diesen Magiern in Ägypten damals auch so.

Wer mit Jesus lebt, bekommt Probleme

10 Timotheus, du bist aber zum Glück nicht so. Du hast dich immer an
das gehalten, was ich dir beigebracht habe. Du hast das nachgemacht,
was ich dir vorgelebt habe. Du wolltest die Sachen, die ich auch wollte.
Du hast dieselbe Geduld und die gleiche Liebe, wie ich sie habe. Du
versuchst genauso geduldig zu sein wie ich. 11 Und das, obwohl ich so
schlimme Sachen in Antiochia, in Ikonion und Lystra durchmachen
musste. Oh Mann, wie übel haben die mich verfolgt! Gott hat mich da
zum Glück wieder rausgeholt. 12 Trotzdem: Alle, die radikal mit Jesus
Christus leben wollen, müssen damit rechnen, Probleme zu kriegen!
13 Linke Typen und Leute, die andere nur abziehen, werden mit der
Zeit immer schlimmer vorgehen. Sie werden Menschen verführen und
kriegen dabei gar nicht mit, dass sie selbst auch betrogen werden. 14 Ti-
motheus, zieh die Sachen durch, die du von mir gelernt hast, ja? Die
Dinge, von denen du überzeugt bist. Du weißt ja, von wem die kom-
men ... 15 Du hast dich ja schon als Kind mit den alten heiligen Schriften
beschäftigt. Du hast da draus gelernt, dass die einzige Chance gerettet
zu werden da drin besteht, sein Vertrauen auf Jesus Christus zu set-
zen. 16 Denn alle Schriften, die von Gott inspiriert worden sind, können
helfen. Sie sind wichtig, um uns Sachen beizubringen. Sie können uns
überführen, wenn wir im Leben mal danebenliegen. Sie zeigen uns den
richtigen Weg, sie helfen uns bessere Menschen zu werden, sie erziehen
uns, damit wir für Gott okay werden. 17 Seine Worte zeigen uns, wie wir
als Menschen für Gott perfekt werden können, um Dinge zu tun, die
Gott gut findet.

4

Was Paulus von Timotheus will

1 Timotheus, eine Sache ist mir wirklich superwichtig. Gott ist mein
Zeuge und auch Jesus Christus. Er wird einmal wiederkommen, um die
große Gerichtsverhandlung abzuhalten. Da kommen dann alle mal dran,
die Menschen, die dann noch leben, und die Leute, die schon gestor-
ben sind. Dann wird seine Zeit anbrechen. Also, ich befehle dir hiermit:

[2] Erzähle den Menschen überall und zu jeder Tageszeit die Sache von
Gott! Tu das mit allen Mitteln, die dir zur Verfügung stehen, überall
und zu jeder Zeit. Bedrohe die Leute, zeig ihnen den Weg, hab Geduld
dabei, bringe es ihnen einfach bei! [3] Denn pass auf, es wird eine Zeit
kommen, da werden die Menschen auf diese gesund machende, gute
Lehre keinen Bock mehr haben. Sie werden sich stattdessen aus dem
Supermarkt der Religionen nur noch das nehmen, was ihnen gerade in
den Kram passt. Sie werden nur noch auf das hören, was ihnen gerade
gefällt. [4] Und weil sie keinen Bock auf die Wahrheit haben, werden sie
sich davon abwenden und lieber irgendwelche Märchen und religiösen
Spinnereien glauben. [5] Bleib einfach immer locker drauf, ertrage die
ätzenden Sachen und erledige deine Aufgabe, wie es sich für einen
Prediger der guten Nachricht gehört. [6] Ich schreib dir das jetzt im Ange-
sicht des Todes. Ich rechne auf jeden Fall damit, bald getötet zu werden.
[7] Ich kann für mich behaupten, mein Ding mit Gott voll durchgezogen
zu haben. Ich habe meine Aufgabe erfüllt und mein Ziel erreicht, ich
bin Jesus immer treu geblieben. [8] Auf mich wartet ein fetter Pokal, der
Preis für den ersten Platz im Kampf um Gerechtigkeit. Der wird mir von
Gott, dem gerechten Richter, an diesem letzten Tag überreicht werden.
Und ich bin nicht der Einzige, der den absahnen wird. Alle, die wie ich
voll sehnsüchtig da drauf warten, dass er wiederkommt, werden den
kriegen.

Noch ein paar Sachen über Mitarbeiter

[9] Bitte komm ganz schnell zu mir! [10] Demas hat mich im Stich gelassen.
Mit Glauben hat er nichts mehr am Hut, und er ist nach Thessalonich
abgehauen. Kreszenz hat sich nach Galatien verpieselt, Titus nach Dal-
matien. [11] Nur noch der Lukas ist bei mir geblieben. Wenn du kommst,
nimm Markus unbedingt mit! Er ist mir immer eine große Hilfe. [12] Tychi-
kus hab ich gesagt, er soll mal nach Ephesus gehen. [13] Bitte bring mir mal
aus Troas meine Jacke mit, die ich bei Karpus vergessen habe. Auch die
Bücher und besonders die Zeitschriften kannst du mir mitbringen, ja?!
[14] Alexander, der Schmied, hat mich echt abgelinkt. Gott wird ihn dafür
angemessen bestrafen. [15] Pass vor dem Typen tierisch auf und mach
einen großen Bogen um ihn. Er hat unserer Sache sehr geschadet! [16] Bei
meiner ersten Gerichtsverhandlung war ich ganz alleine. Alle hatten
mich verlassen, aber Gott soll ihnen das verzeihen. [17] Jesus war aber die
ganze Zeit bei mir und hat mir echt geholfen. Er wollte, dass ich seine
gute Nachricht weitergebe, damit alle Menschen, die keine Juden sind,
davon hören. Er hat mich aus dieser lebensgefährlichen Lage rausgeholt.
[18] Gott wird mich jetzt auch aus dieser ätzenden Situation befreien, da

bin ich ganz sicher. Er wird mich zu sich nach Hause holen, in sein Land, da, wo er wohnt. Er soll groß rauskommen, er ist der Größte, das war schon immer so und wird auch immer so bleiben! Yeah, so isses [Amen]!

Grüße

19 Schöne Grüße an Priska und Aquila und auch an die Familie des One-
siphorus. 20 Erastus ist übrigens in Korinth geblieben. Trophimus muss-
te ich krank in Milet zurücklassen. 21 Es wäre einfach super, wenn du es
schaffst, vor dem Winter hier zu sein. Bitte beeile dich! Ich soll Grüße
von Eubulus und Pudens ausrichten, auch Linus und Klaudia und die
anderen Christen hier grüßen dich! 22 Der Meister Jesus Christus soll dir
ganz nahe sein. Und seine Liebe und Gnade soll euch begleiten!
Dein Paulus

Ein Brief an Titus

1

Anschrift und Absender

1 Absender: Paulus, ein Angestellter in Gottes Firma, ein Apostel für
Jesus Christus. Jesus hat mich beauftragt, den Leuten, die Gott aus-
gesucht hat, die wichtigen Sachen zu erzählen, damit sie Gott kennen-
lernen und die Wahrheit begreifen. 2 Denn wir haben die Hoffnung,
dass das Leben nach dem Tod erst richtig losgeht. Das hat Gott uns
vor Ewigkeiten schon versprochen, und der lügt nie. 3 Jetzt ist der Zeit-
punkt gekommen, wo alle Menschen von diesem Versprechen hören
sollen. Gott hat mir speziell die Order gegeben, da drüber überall zu
reden. 4 An: Titus. Hallo, lieber Titus! Dadurch, dass wir gemeinsam
unser Vertrauen auf Gott gesetzt haben, bist du für mich wie ein Sohn,
den ich sehr liebe. Ich hoffe, es geht dir gut! Ich wünsch dir, dass du
Frieden im Herz hast und eine Portion Freude obendrauf! Beides be-
kommst du von Gott, der unser Vater ist, und von Jesus Christus, der
uns gerettet hat.

Wie man drauf sein muss, um eine Gemeinde zu leiten

5 Ich hab dich ja auf Kreta alleine zurückgelassen, damit du das Ding
noch zu Ende bringst, was wir da an den Start gebracht haben. Dein
Job war es vor allem, in den jeweiligen Städten Leiter für die Gemein-
den zu organisieren. 6 Diese Männer sollten einen Lebensstil haben,
an dem man nichts zu meckern hat. Sie sollten nur einmal verheira-
tet sein. Wenn Kinder da sind, sollten die zuverlässig sein und nicht
den Ruf haben, ein extremes Partyleben zu führen. Die Kinder sollten
auch auf ihre Eltern hören und an Jesus glauben. 7 So ein Leiter sollte
in jedem Lebensbereich jesusmäßig drauf sein, er trägt ja schließlich
die Verantwortung für die Gemeinde von Gott. Darum sollte er nicht
immer nur an sich denken, auch nicht so schnell mal eben ausrasten,
wenn es Streit gibt. Er sollte kein Alkoholproblem haben und auch kein
Hooligan sein, der sich gerne mal prügelt. Es wäre auch wichtig, dass
er mit Finanzen gut umgehen kann und nicht geldgeil ist. 8 Dann sollte
er noch gerne Gäste haben, ein freundlicher Mensch sein und Gerech-
tigkeit für sich groß schreiben. Ach ja, und er sollte so leben, wie Gott
es will, und sich mit wenig zufrieden geben können. 9 Wichtig wäre
noch, wenn er sich radikal an die Sachen hält, die wir euch beigebracht
haben! Nur so ist er in der Lage, die Gemeinde auf dem richtigen Weg

zu halten und die Menschen in ihre Schranken zu weisen, die euch was
anderes erzählen wollen als wir.

Gegen die Leute, die Blödsinn reden

10 Hey Leute, es gibt echt viele Dummschwätzer, Betrüger und Voll-
spacken, besonders unter den religiösen Juden. 11 Denen sollte man am
besten mal das Maul stopfen. Die erzählen den größten Schwachsinn
und bringen damit ganze Familien total durcheinander. Und dann ver-
langen sie auch noch richtig Kohle dafür! 12 Einer von diesen Männern
hat mal geradezu prophetisch gesagt: „Die Menschen aus Kreta sind
totale Lügner! Und außerdem fett, faul und gefährlich." 13 Und damit
hat er recht. Darum musst du ihnen klare Sachen erzählen, damit ihr
Vertrauen auf Gott eine gesunde Basis bekommt. 14 Keiner soll diesen
jüdischen Märchen, diesen Reinheitsgeboten und Speisevorschriften,
glauben und auch nicht auf die Gesetze achten, die ja nur Menschen
gemacht haben. 15 Wer ein reines Gewissen hat, für den sind alle Sachen
erst mal okay. Wenn jemand aber ein schlechtes Gewissen hat und Gott
nicht vertraut, dem helfen die Gesetze und Regeln auch nicht mehr. Der
ist sowieso dreckig unterwegs und hat auch ein dreckiges Gewissen.
16 So 'ne Leute sagen, sie kennen Gott, aber die Sachen, die sie tun, sind
total gegen alles, was Gott will. Sie sind ätzend unterwegs, gehorchen
nicht und sind noch nicht mal in der Lage, irgendetwas Gutes zu tun.

2

Wie Christen draufkommen sollen

1 Titus, du musst dich unbedingt an die guten Sachen halten die dir
beigebracht worden sind! 2 Den Senioren in der Gemeinde sag mal,
sie sollten die Dinge sachlich beurteilen. Sie sollten sich mal locker
machen und so leben, dass man sie ehren kann. 3 Die älteren Frauen
sollten auch genauso drauf sein. Sie sollten sich so verhalten, wie es für
Menschen, die zu Gott gehören, angesagt ist. Sie sollten nicht rumtrat-
schen und sich auch nicht ständig mit Alkohol die Birne zuziehen. Ganz
im Gegenteil, sie sollten den Jüngeren gute Sachen beibringen. 4 Sie
könnten den jüngeren Frauen erzählen, dass sie ihre Männer wirklich
lieben sollen und auch ihre Kinder. 5 Sie sollten entspannt sein, sich
keine dreckigen Sexsachen leisten, ihren Haushalt gut im Griff haben,
sich auch so liebevoll verhalten und voll hinter ihrem Ehemann stehen.
So kann keiner mehr Witze über das machen, was Gott gesagt hat.
6 Den jungen Männern sag mal, sie sollen sich zusammenreißen. 7 Ti-
tus, du musst in allen Sachen versuchen, ein Vorbild zu sein, vorbildlich
in dem, was du tust, und in dem, was du sagst! 8 Alles, was aus deinem

Mund kommt, sollte der Wahrheit entsprechen und hilfreich sein. So
kannst du die Kritiker in ihre Schranken weisen, keiner kann uns dann
irgendwelche bösen Sachen unterstellen. [9] Allen Angestellten kannst
du ausrichten, dass sie sich in jeder Beziehung ihrem Chef unterordnen
sollen. Das sollten sie freiwillig tun, nicht unter Druck oder so. [10] Bei der
Arbeit sollte man keine Sachen abzocken, stattdessen aber einen guten
Job abliefern und immer zuverlässig arbeiten. So bekommt die Sache
Gottes, der uns gerettet hat, auch einen guten Ruf.

Gottes Liebe im normalen Leben

[11] Dass Gott alle Menschen so sehr liebt, ist für uns durch Jesus deutlich
geworden. [12] Seine Liebe bringt uns dazu, dass wir uns von den ganzen
Dingen distanzieren, die ohne Gott laufen. Wir haben keinen Bock mehr
auf die Sachen, die uns diese Welt anbietet, und leben stattdessen so,
wie Gott es geil findet. [13] Denn wir warten sehnsüchtig da drauf, dass
Jesus Christus, unser großer Gott, der uns aus dem Dreck rausgeholt
hat, endlich wiederkommt! Und wenn er kommt, dann kommt er fett,
mit seiner ganzen Schönheit und seiner Power. [14] Er hat sich für uns
abschlachten lassen, damit wir von den ganzen bösen Sachen und von
unserer Schuld befreit werden. So sind wir zu seinen Leuten geworden,
seinem Volk, und wir sind total bereit, alles für ihn zu geben. [15] Das
bring den Menschen mal bei, das ist superwichtig für jeden. Alle sollten
dich ernst nehmen!

3

Wie ein Christ sich in der Gesellschaft verhalten sollte

[1] Erinnere die Christen bei euch da dran, dass sie sich dem Staat und
seinen Organen unterordnen sollen. Außerdem sollen sie sich bei
sozialen Aktionen und anderen guten Aktivitäten beteiligen. [2] Keiner
sollte bei euch rumlästern oder sich gerne streiten. Stattdessen sollten
sie entspannt miteinander umgehen und immer geschmeidig bleiben.
[3] Wir waren ja früher kein Stück besser. Wir haben die Sachen getan,
auf die Gott überhaupt keinen Bock hat, und uns im Leben total verirrt.
Wie ferngesteuert haben wir uns von irgendwelchen Leidenschaften
und Wünschen kontrollieren lassen. Unser Leben war bestimmt von
Neid und egoistischen, linken Motiven. Wir hassten alle Menschen, und
Hass bestimmte auch unsere Beziehungen untereinander. [4] Und dann
begegnete uns Gott, und wir haben seine Liebe kennengelernt. Wir er-
kannten, wie sehr er die Menschen um uns herum liebt. [5] Er hat uns da
nicht rausgeholt, weil wir ein so tolles vorbildliches Leben geführt ha-
ben, sondern nur weil er uns liebt! Darum hat er uns diesen Neuanfang

geschenkt, dieses neue Leben durch die Kraft von Gott, seinem heiligen
Geist. 6 Diesen Geist hat er uns reichlich gegeben, durch Jesus Christus,
der uns gesund gemacht und befreit hat. 7 Ohne dass wir es verdient
hätten, hat Gott uns unseren Dreck vergeben! Plötzlich durften wir da
drauf hoffen, ein Leben zu bekommen, das nie aufhören wird. 8 Da drauf
können wir uns ab jetzt sogar hundert Prozent verlassen! Titus, ich will,
dass du diese Sache volles Rohr allen beibringst, damit die Menschen,
die Christen geworden sind, da drum kämpfen, einen guten Lifestyle zu
haben. Sie sollen sich dadurch auszeichnen, soziale Dinge für andere
zu tun. Das ist eine gute Sache, die allen etwas bringt. 9 Überall, wo nur
dumm rumgelabert wird und man wilde Diskussionen führt über irgend-
welche Ahnenforschung oder über Fragen der religiösen Gesetze, hast
du nichts zu suchen, ja?! Das bringt es nämlich in jeder Hinsicht null!
10 Wenn jemand drauf aus ist, die Gemeinde zu spalten, rede mit ihm
ein bis zwei Mal. Wenn es das nicht bringt, dann kümmere dich nicht
mehr um ihn. 11 Auf eine Sache kannst du dich verlassen: Menschen, die
so verbohrt und schräge drauf sind, haben durch ihren Dreck eine große
Distanz zwischen sich und Gott. Sie haben sich im Grunde schon selbst
verurteilt.

Ein Wort zum Schluss und Grüße

12 Sobald ich Artemas oder Tychikus zu dir geschickt habe, komm, so
schnell es geht, zu mir nach Nikopolis. Ich hab nämlich beschlossen,
hier erst mal zu überwintern. 13 Zenas, dem Rechtsanwalt, und auch
Apollos gib mal alle Sachen mit, die für die lange Reise nötig sind. Sie
sollen alles haben, was sie brauchen. 14 Ich möchte, dass wir unseren
Leuten beibringen, wie wichtig es ist, überall zu helfen, wo es geht.
Ihr Leben sollte Auswirkungen haben, es sollten gute Sachen da draus
entstehen. 15 Ich soll noch Grüße ausrichten von allen Mitarbeitern, die
gerade da sind. Schöne Grüße an alle, die uns lieben, weil wir denselben
Glauben haben! Gottes Liebe und Gnade soll euch ganz nahe sein.
Dein Paulus

Eine E-Mail an Philemon

Absender, Anschrift und Grüße

[1] Absender: Paulus (ich hänge zurzeit im Knast, wegen der Sache von
Jesus Christus) und Timotheus. An: Philemon, meinen Freund und lie-
ben Mitarbeiter. [2] CC: Schwester Aphia und Archippus, der auch für die
Sache von Jesus kämpft, und die Hausgemeinde von Philemon. [3] Hallo,
ihr Lieben! Wir wünschen euch, dass die Liebe und der Friede bei euch
sind. Beides kommt von Gott, von unserem Vater und von dem Meister
Jesus Christus!

Philemon ist jesusmäßig gut drauf

[4] Philemon! Ich muss Gott immer wieder Danke sagen, wenn ich für
dich bete! [5] Man hat mir erzählt, wie du für Jesus abgehst und wie liebe-
voll du zu den anderen Christen bist. [6] Ich bete dafür, dass das Vertrau-
en in Gott (was uns beide ja total verbindet) in dir immer stärker wird.
Er soll bewirken, dass du immer mehr kapierst, was für super Sachen
wir haben, weil wir mit Jesus Christus leben. [7] Mann, Philemon, als du
mir gezeigt hast, dass du mich wirklich liebst, hab ich mich echt voll
gefreut! Deine Liebe hat mich getröstet. Es war einfach super, zu sehen,
wie du andere Christen wieder gut draufgebracht hast.

Ein Wort für Onesimus

[8] Ich könnte dir von der Position her, die mir Jesus Christus gegeben hat,
eigentlich Befehle erteilen. Will ich aber nicht. [9] Trotzdem hab ich aber
eine Bitte an dich, sozusagen als dein dich liebender Opa Paulus, der
für Jesus im Knast festsitzt. [10] Es geht um deinen Sklaven Onesimus.
Ich habe ihn in der Zeit, die ich im Gefängnis sitze, zu Jesus geführt, er
ist sozusagen mein geistliches Baby. [11] Kann ja sein, dass er dir früher
auf die Nerven gegangen ist, obwohl sein Name ja „der Nützliche“ be-
deutet. Aber inzwischen hat er sich geändert, und jetzt ist er dir und
mir nützlich. [12] Ich schicke ihn jetzt zu dir zurück, und damit kommt
auch mein ganzes Herz zu dir. [13] Ich hätte ihn echt tierisch gerne noch
bei mir behalten, solange ich noch für die Sache von Jesus im Knast
sein muss. Er hätte mir helfen können, so wie du es auch tun würdest.
[14] Ich wollte ihn nicht einfach hier behalten, ohne dich vorher zu fragen.
Wenn man etwas Gutes tut, sollte das immer freiwillig sein und nie er-
zwungen. [15] Kann ja sein, dass er darum eine Zeit lang nicht bei dir sein
sollte, damit du ihn dann für immer behalten kannst. [16] Dann aber nicht
mehr als Sklaven, sondern als einen Bruder aus deiner Familie, den du

lieb hast. Das war er auf jeden Fall für mich, und das könnte er ja auch
noch viel mehr für dich werden. Bist ja schließlich nicht nur sein Bruder
als Mensch, sondern auch sein Bruder durch Jesus geworden. 17 Hey,
wenn ich dein Freund bin, dann behandle ihn so, wie du mich auch be-
handeln würdest, ja?! 18 Falls dir durch sein Fehlen irgendein Schaden
entstanden ist, dann kannst du mir dafür die Rechnung schicken. 19 Ich
bezahle dir echt alles, versprochen! Darauf hast du meine Unterschrift.
Ich brauch dir ja wohl nicht zu schreiben, wer hier eigentlich bei wem
noch Schulden hat. Wenn ich dir nichts von Jesus erzählt hätte ... aber
egal. 20 Lieber Philemon, ich möchte mich gern über dich freuen! Mach
mir doch mal eine echte Freude durch Jesus! 21 Ich habe dir diesen Brief
geschrieben, weil ich hoffe, dass du tust, was ich dir sage. Nein, ich bin
mir sogar sicher, dass du noch mehr für mich tun wirst als das. 22 Mach
schon mal ein Bett für mich klar, ja? Ich hoffe, dass eure Gebete erhört
werden und ich bald wieder bei euch sein kann. 23 Ich soll noch Grüße
von Epaphras ausrichten. Der sitzt mit mir wegen seinem Glauben an
Jesus Christus im Knast. 24 Markus, Aristarch, Demas und Lukas lassen
ebenfalls grüßen! 25 Die bedingungslose Liebe, die von Jesus Christus
kommt, soll euch ganz nahe sein! Bis dann!
Dein Paulus

Der erste Brief von Petrus

1

Absender und Anschrift

[1] Absender: Petrus, ein Botschafter von Jesus Christus. An: alle Christen,
die wie Ausländer überall in den Provinzen Pontus, Galatien, Kappa-
dozien, Asien und Bithynien verstreut leben. [2] Liebe Freunde! Ihr sollt
wissen, dass Gott der Vater euch extra schon von Anfang an ausgesucht
hat. Ihr seid seine Kinder. Das hat er gemacht, indem er euch – durch
die Kraft von seinem heiligen Geist – dazu gebracht hat, Jesus Christus
als euren neuen Chef für euer Leben zu akzeptieren. Weil er am Kreuz
für uns einen blutigen Tod gestorben ist, sind wir unseren Dreck auf
ewig losgeworden! Gott soll euch immer mehr von seiner Liebe zeigen,
es soll euch richtig gut gehen, das wünsche ich euch.

Warum Christen immer Hoffnung haben

[3] Danke, Gott! Du bist der Vater von unserem Helden Jesus Christus!
Weil er uns ohne Ende liebt, hat er uns eine neue Chance gegeben. Wir
können noch mal neu anfangen mit unserem Leben. Das wurde mög-
lich, weil Jesus Christus tot war, dann aber wieder auferstanden ist.
[4] Dieses Erbe wird uns keiner mehr wegnehmen können und es wird
ewig halten. Wir müssen es uns nur noch im Himmel abholen. [5] Bis es
so weit ist, wird Gott alle Kräfte aufbringen, um euch zu beschützen. Er
will, dass ihr es schafft und gerettet werdet, damit am Ende alle erken-
nen, dass Gott die Macht hat. [6] Darauf könnt ihr jetzt schon abgehen!
Auch wenn es gerade noch für eine kurze Zeit ätzend sein mag und ihr
hier und da ausgetestet werdet. [7] Das passiert nur, damit euer Vertrauen
in Gott immer fester und stärker wird. Es soll gereinigt werden, so wie
man Gold in einem Ofen zum Schmelzen bringt, um den Schmutz, der
da drin ist, zu verbrennen. Dadurch wird es gereinigt. Gott wird euch
dafür am letzten Tag loben, ihr werdet dafür einen Preis von ihm be-
kommen. [8] Leider konntet ihr Jesus ja nicht mehr live erleben. Trotzdem
seid ihr verknallt in ihn, ihr vertraut Jesus und glaubt ihm, obwohl ihr
ihn nicht mit euren eigenen Augen sehen könnt. Ihr werdet aber total
abgehen, [9] wenn ihr endlich am Ziel angekommen seid. Das bedeutet
nämlich, für immer in Sicherheit zu sein, gerettet durch Gott. [10] Schon
die alten Propheten wollten das und haben danach geforscht, wie man
das hinbekommt. Sie haben es ja schon vorausgesehen, dass Gott
diese Rettung aus Liebe möglich machen wird. [11] Der Geist Gottes, der

die Kraft von Jesus ist, hatte schon immer seine Finger mit im Spiel.
Die Propheten hatten kapiert, was für schlimme Sachen Jesus Christus
durchmachen muss. Und sie wussten auch schon, wie großartig er am
Ende dabei rauskommen würde. [12] Es wurde den Propheten klar gesagt,
dass sie nicht für sich selber da waren, sondern für euch. Und die Nach-
richt, die sie zu erzählen hatten, galt auch nicht ihnen. Jetzt ist euch
aber die gute Nachricht von einigen Leuten erzählt worden. Und diese
Leute haben das mit der Kraft und Vollmacht erzählt, die direkt aus dem
Himmel kommt. Was euch im Himmel erwarten wird, ist so irre, dass
sogar die Engel gerne mehr davon wüssten.

Ein Neustart

[13] Bereitet euch auf diesen Tag einstellungsmäßig vor. Macht euch nicht
mit irgendwelchen Sachen zu und peilt euer Leben voll auf diese Hoff-
nung aus. Gott bietet euch seine Liebe an, das wird sich spätestens
dann zeigen, wenn Jesus wiederkommt. [14] Weil ihr zu Gottes Familie ge-
hört und seine Kinder seid, tut genau das, was er euch sagt. Leute, lebt
nicht mehr so wie früher! Ihr müsst den schlechten Wünschen in euch
nicht mehr nachgeben, so wie das früher der Fall war, klar? [15] Ihr könnt
jetzt etwas ganz Besonderes sein und auch einen besonderen Lebens-
stil hinlegen, wie Jesus das ja auch getan hat. Er hat euch extra dafür
ausgesucht. [16] Genau das meint Gott auch mit dieser Ansage: „Ihr sollt
heilig sein, denn ich bin auch heilig!“ [17] Hey Leute, wenn ihr zu Gott,
eurem Vater, betet, macht euch mal klar, dass er jeden nach seinem Ver-
halten beurteilt. Ihm ist dabei egal, welche Stellung du hier in der Welt
hast. Darum passt auf und lebt radikal nach den Sachen, die er euch mit
auf den Weg gegeben hat. In dieser Welt sind wir wie Aliens unterwegs.
[18] Leute, vergesst das nicht: Für Gott war es nicht billig, euch von eu-
rem Dreck zu befreien! Eure Väter haben euch euren ätzend-sinnlosen
Lebensstil vorgelebt, aber davon seid ihr endlich freigekauft worden.
Bezahlt wurde nicht mit Dollars oder Aktien, [19] sondern mit dem Leben
von Christus. Ein wertvolles Leben, ohne Schulden, sauber und total
rein. [20] Dass Jesus für uns sterben musste, hatte Gott schon von Anfang
so geplant. Schon bevor die Welt überhaupt entstanden ist, war das klar.
Und genau jetzt war die Uhr abgelaufen, wegen euch ist er jetzt ge-
kommen. [21] Durch Jesus habt ihr angefangen, an Gott zu glauben. Gott
hat ihn aus dem Tod geholt und ihn ganz groß rausgebracht. Das hat er
getan, damit ihr eure ganze Hoffnung auf Gott setzt und ihm vertraut.
[22] Nachdem ihr jetzt angefangen habt, mit Jesus zu leben und das zu
tun, was er euch sagt, wurdet ihr dadurch ja auch befreit, um eure Ge-
schwister im Glauben zu lieben. Setzt das auch um, habt euch gegensei-

tig lieb – mit einer reinen Einstellung dabei. Und zieht das durch, lasst
euch durch nichts davon abbringen, ja? 23 Ihr habt ja einen kompletten
Neustart hingelegt, ihr seid wie neugeboren! Und diese neue Geburt
hatte ja nichts mit dem Samen von eurem Vater zu tun. Der Same kam
durch Worte, die Gott in euer Leben gesprochen hat, Worte, die immer
gelten, die lebendig sind und lebendig bleiben. 24 Ich zitier mal aus dem
alten Buch. Da steht: „Alles, was uns als Menschen ausmacht, ist wie
Gras. Und alles, was unser Leben ausmacht, ist wie die Schönheit einer
Blume. Gras vergammelt irgendwann und Blumen verblühen. 25 Aber die
Worte, die Gott spricht, bleiben für immer und ewig bestehen!" Und ge-
nau darum geht es in der guten Nachricht, die euch erzählt worden ist.

2

Die Christen sind was Besonderes

1 Hört auf damit, andere Menschen abzulinken! Auch so Sachen wie
Leute einfach abziehen, rumschleimen, immer neidisch auf andere sein
und ablästern, bis der Arzt kommt, das darf es bei euch echt nicht mehr
geben! 2 Wie ein Baby frische gute Milch zum Leben braucht, so braucht
ihr auch frische Worte von Gott. Dadurch könnt ihr geistlich gesund
wachsen und gerettet werden. 3 Ihr habt ja schon mal davon probiert und
gemerkt, wie lecker das ist und wie sehr Gott uns mag. 4 Bei Jesus kön-
nen wir immer ankommen. Die andern Menschen hatten keinen Bock
auf ihn, sie haben es nicht kapiert, wer er ist und welchen Wert er hatte.
Er war wie ein lebendiger Ziegelstein, den sie einfach weggeschmissen
haben. Aber Gott hatte gerade ihn ausgesucht, er war sehr, sehr wertvoll.
5 Ihr seid im Grunde auch so was wie lebendige Ziegelsteine. Gott baut
sich mit denen gerade ein ganz spezielles Haus. Gleichzeitig seid ihr die
Priester in diesem Haus. Wenn ihr Gott vertraut, dann ist das so, als ob
ihr für ihn so Opferrituale veranstaltet. Gott findet das gut, weil ihr das
wegen Jesus macht. 6 In den alten Schriften steht ja auch: „Passt auf, ich
lege einen sehr wertvollen Grundstein für dieses Haus, das ich Zion nen-
ne, und wer sein Vertrauen auf den Grundstein setzt, der ist in Sicher-
heit." 7 Für euch, die ihr mit ihm lebt und ihm vertraut, ist dieser Stein
superwertvoll. Für die Leute, denen das alles total egal ist, ist dieser Stein
wertlos. Ich zitiere mal: „Der Stein, den die Bauarbeiter weggeworfen
haben, der wurde zum Grundstein vom ganzen Haus. Alles musste sich
nach ihm ausrichten. 8 Er ist ein Stein, über den die Menschen stolpern,
sie werden sich über ihn totärgern!" Sie stolpern über diesen Stein, weil
sie nicht so leben, wie Gott es will, weil sie nicht auf das vertrauen, was er
sagt. So musste es ja auch kommen. 9 Aber ihr seid von Gott extra aus-
gesucht worden! Ihr seid seine Lieblingstruppe, ihr seid wie Priester und

Präsidenten, besondere Menschen, die nur ihm gehören! Er möchte von
euch, dass ihr die guten Sachen weitererzählt, die Gott getan hat. Er hat
euch aus einem Leben rausgeholt, in dem es nur finster und dunkel war.
Dann hat er euch ein neues helles Leben geschenkt, das mitten im Licht
ist. [10] Früher wart ihr gar nichts, man konnte euch noch nicht mal als
Normalos bezeichnen, und jetzt gehört ihr plötzlich zu Gottes Familie.
Früher hattet ihr keine Ahnung von Gottes Liebe zu euch, jetzt habt ihr
sie am eigenen Leib erfahren.

Wie sich Christen dem Staat gegenüber verhalten sollen

[11] Freunde, ihr wisst ja hoffentlich, dass ihr auf dieser Welt wie Aliens
seid. Darum passt auf, dass ihr euch nicht von den Versuchungen ver-
führen lasst und von den scheinbar leckeren Sachen, die euch diese
Welt ohne Gott anbietet. Sie kämpfen gegen eure Seele. [12] Stattdessen
sollt ihr so drauf sein, dass sich euer Lebensstil deutlich von den Men-
schen in der Welt unterscheidet. Weil ihr einfach anders seid, müssen
die Menschen das Maul halten, die euch ständig kritisieren, und Gott
am letzten Tag, wenn abgerechnet wird, groß rausbringen und ihn ver-
ehren. [13] Gott möchte, dass ihr euch den staatlichen Mächten unter-
ordnet und auch nach ihren Gesetzen lebt. Das gilt nicht nur für eure
Regierung, [14] sondern auch für die Polizei und die anderen Regierungs-
vertreter. Sie sollen die Leute bestrafen, die gegen ein Gesetz verstoßen
haben, und auf der anderen Seite sollen sie die Menschen fördern, die
sich sozial verhalten. [15] Gott will, dass ihr andere Menschen praktisch
unterstützt, damit dadurch allen Kritikern und den anderen Nonche-
ckern das Maul gestopft wird. [16] Das ist möglich, weil ihr jetzt durch
Jesus befreit worden seid. Nun soll aber bitte keiner diese Freiheit miss-
brauchen, um damit sein schlechtes Verhalten zu entschuldigen. Er hat
euch befreit, damit ihr anschließend bei ihm angestellt seid. [17] Werdet
nicht arrogant, geht mit andern Menschen respektvoll um. Liebt eure
Glaubensgeschwister. Vor Gott sollt ihr auch riesengroßen Respekt ha-
ben. Und respektiert auch die Regierung.

Unser großes Vorbild: Jesus

[18] Alle Angestellten und Arbeiter sollten ihren Chefs die nötige Achtung
entgegenbringen und tun, was sie sagen. Das betrifft jetzt nicht nur
die netten Chefs, sondern auch die Sorte, die etwas seltsam unterwegs
sind. [19] Es ist ein besonderes Geschenk, wenn jemand es schafft, trotz
schlechter Behandlung einfach still zu bleiben, und den schlechten
Umgang einfach erträgt. Und das nur, weil man sich Gott gegenüber
verantwortlich fühlt. [20] Also ehrlich, was ist daran so toll, wenn ihr Pro-

bleme bekommt, weil ihr Mist gebaut habt, und das dann einfach aus-
sitzt? Aber wenn ihr Probleme bekommt, weil ihr was Gutes gemacht
habt, dann ist das ein echtes Geschenk von Gott. [21] Gott will das von
euch, Jesus hat ja auch schlimme Sachen durchgemacht und es trotz-
dem gepackt. Macht es wie er! [22] Er hat nie Mist gebaut und kein ein-
ziges Mal gesündigt! Er hat auch nie gelogen oder so. [23] Als er getreten
und verarscht wurde, hat er nicht zurückgetreten oder sich verteidigt.
Er wusste einfach ganz sicher, dass Gott einmal ein gerechtes Urteil
fällen wird. [24] Jesus Christus hat unseren Dreck mit hochgenommen an
dieses Kreuz, und zwar alles, was uns von Gott trennt. Die Sünden sind
jetzt im Müll, sie sind tot und vorbei. Wir können wieder frei sein und so
leben, wie Gott es will. Diese Heilung kam durch seine tödlichen Verlet-
zungen am Kreuz. [25] Ihr hattet die Richtung verloren und auch so keinen
Schnall mehr vom Leben. Völlig ziellos seid ihr rumgelaufen, wie Schafe,
die keinen Hirten mehr haben. Aber jetzt habt ihr ihn wiedergefunden:
Jesus passt auf euer Innerstes auf, er beschützt eure Seelen.

3

Ein Wort über Frauen und wie es in der Ehe abgehen soll

[1] So wie wir uns Jesus Christus unterordnen, sollen die Frauen sich auch
ganz ihren Männern unterordnen und das tun, was die sagen. Auch
wenn einige von den Männern noch keine Christen sind, könntet ihr sie
dadurch zu Jesus hinziehen – ohne große Reden zu schwingen, einfach
durch euer Leben sollen sie überzeugt werden. [2] Wenn sie sehen, wie
cool ihr drauf seid und wie ihr mit Gott lebt, wird sie das überzeugen.
[3] Nicht durch Äußerlichkeiten, durch eine tolle Frisur, teuren Schmuck
oder schöne Klamotten werdet ihr hübsch. [4] Aber solche Sachen, die
man nicht sofort sieht, zum Beispiel gute Charaktereigenschaften,
freundlich und entspannt zu sein, das macht eine Frau erst wirklich
schön. Und für Gott ist das auch lecker. [5] Die Frauen von damals wur-
den dadurch hübsch: Sie haben ihre Hoffnung auf Gott gesetzt und
das getan, was die Männer von ihnen wollten. [6] Zum Beispiel war da
die Sara. Sie hat sich Abraham voll untergeordnet, sie nannte ihn sogar
ihren „Chef". Folgt ihrem Beispiel, indem ihr euch nicht von irgendwel-
chen Drohungen beeindrucken lasst und nur das tut, was gut ist. [7] Den
Männern kann ich nur noch mal sagen, dass sie im Haushalt einsichtig
mit den Frauen umgehen und immer locker bleiben sollen. Leute, die
Frauen sind schwächer als ihr, vergesst das nicht! Frauen haben das
Gleiche von Gott bekommen wie die Männer. Beide können glücklich
sein, dass Gott ihnen ein Leben geschenkt hat, was nie aufhören wird.

Und eins noch, liebe Frauen und Männer: Nichts darf verhindern, dass ihr zusammen betet.

Passt auf, dass ihr so lebt, wie Gott es will

8 Schließlich will ich euch noch eine Sache sagen: Haltet zusammen!
Fühlt mit den anderen, wenn einer mal Probleme hat! Liebt euch so,
wie man seine Geschwister liebt! Seid immer hilfsbereit und gebt nicht
so viel an. 9 Antwortet nicht auf linke Attacken, versucht immer, nett
und freundlich zu bleiben, selbst wenn man euch beleidigt. Wünscht
den anderen Christen lieber Gutes, dass Gott sie beschenkt. Gott will
euch schließlich auch noch viele gute Sachen geben, das hat er so be-
schlossen. 10 In den alten Schriften steht ja auch: „Alle, die das Leben
lieben und eine gute Zeit haben wollen, sollten aufpassen, was sie sa-
gen. Nicht, dass sie nachher von ihrer eigenen Zunge reingelegt werden.
11 Dreht euch um und ändert euer Leben, geht weg vom Bösen und hin
zum Guten. Kämpft mit allem was ihr habt um euren Frieden. 12 Gott
sieht auf die Leute, die okay für ihn leben, und er hört auf ihre Gebete.
Wer aber Sachen tut, die Gott nicht will, auf den hat er überhaupt kei-
nen Bock." 13 Keiner kann euch reinlegen, wenn ihr wirklich gute Sachen
machen wollt, oder? 14 Und selbst wenn es euch jetzt dreckig gehen
sollte, weil ihr so lebt, wie Gott es will, könnt ihr euch trotzdem glück-
lich schätzen. Habt keine Angst vor ihren Drohungen, und lasst euch
dadurch nicht durcheinanderbringen, ja?! 15 Jesus soll bei euch das Zen-
trum sein, er soll das Sagen haben. Seid immer dazu bereit, zu eurem
Glauben zu stehen und davon zu erzählen, wenn Menschen mal nach-
fragen. 16 Dabei könnt ihr immer locker drauf sein, vergesst aber nicht,
dass ihr euch zum Schluss vor Gott verantworten müsst. Passt da drauf
auf, immer ein reines Gewissen zu haben! Sollen die Typen, die Lügen
über euch verbreiten, an ihren Worten ersticken, wenn sie sehen, wie
vorbildlich ihr als Christen lebt! 17 Ist doch besser, wenn Gott Bock drauf
hat, dass ihr wegen wahren, richtigen Sachen Probleme kriegt als wegen
falschen, oder? 18 Jesus Christus hat auch für unseren Dreck ein für alle
Mal Schlimmes durchmachen müssen. Er, der nicht eine Sache gemacht
hat, die Gott nicht will, ist für uns gestorben. Und das, obwohl wir alle
so viele Fehler gemacht haben, die zwischen Gott und uns stehen. So
hat er es geschafft, euch zu Gott zu bringen. Sein Körper wurde getötet,
aber durch Gottes Kraft, durch seinen Geist, wurde er wieder neu leben-
dig. 19 Er ist sogar in die Welt der Toten abgetaucht und hat denen dort
erzählt, wie man frei werden kann. 20 Er hat das den Menschen erzählt,
die noch zu Lebzeiten von Noah auf der Erde waren. Die hatten damals
nicht getan, was Gott wollte, aber Gott hatte zum Glück Geduld mit den

Menschen. Er wartete auf sie, bis Noah mit der Arche fertig war. Damals
wurden nur acht Leute vor den Wassermassen gerettet. [21] Das war wie
ein Vorbild für die Taufe, die euch ja auch vor dem ewigen Tod gerettet
hat. Bei der Taufe geht es ja nicht um eine Reinigung des Körpers. Wir
bitten Gott damit, unser Gewissen zu reinigen, weil Jesus von den Toten
auferstanden ist. [22] Und jetzt sitzt er auf dem Chefsessel, gleich neben
Gott im Himmel. Er hat über alle Engel, alle übernatürlichen Mächte
und alle Regierungen das Sagen!

4

Alle müssen sich mal vor Gott für ihr Leben verantworten

[1] Weil Jesus mit seinem Körper schlimme Sachen für uns durchgemacht
hat, sollt ihr auch so draufkommen wie er. Wer körperlich leidet, hat
mit den Sachen abgeschlossen, die uns von Gott trennen. [2] Ihr solltet
die restliche Zeit, die ihr noch habt, dafür nutzen, das zu tun, was Gott
will. Ihr solltet nicht mehr das tun, was euer altes Leben von euch ver-
langt. [3] Ist ja schlimm genug, was ihr früher so alles gebracht habt. Da
wart ihr noch total ohne Gott unterwegs und habt das Partyding voll
durchgezogen. Rumkiffen, Alkohol bis zum Abwinken, Fresssucht, mit
Frauen oder Männern rummachen oder irgend so ein ekelhafter Got-
tesdienst für Dämonen. [4] Eure alten Freunde kriegen das jetzt natür-
lich null auf die Reihe, warum ihr von diesem alten Leben nichts mehr
wissen wollt. Darum verarschen sie euch auch. [5] Irgendwann werden
sie sich dafür aber rechtfertigen müssen. Jesus wird sie danach fragen,
wenn es zur letzten großen Gerichtsverhandlung kommt. [6] Übrigens
ist auch den Menschen, die schon gestorben sind, bereits die gute
Nachricht übermittelt worden. Nach menschlichen Maßstäben sind sie
bereits verurteilt worden. Aber Gott gibt ihnen die Chance zu einem
neuen Leben, das nie aufhört. [7] Es dauert nicht mehr lange, dann ist
es zu Ende mit dieser Welt. Darum passt auf, Leute, pennt nicht rum
und hört nicht auf zu beten. [8] Vor allem hört nicht auf damit, euch
gegenseitig zu lieben! Ist ja so, dass „die Liebe einen viele Fehler und
Sünden vergessen lässt". (Um mal aus dem alten Buch zu zitieren ...)
[9] Nehmt gerne Gäste bei euch auf und seid nett zu ihnen. [10] Jeder soll
bereit sein, anderen mit der Begabung zu helfen, die Gott einem gege-
ben hat. Geht damit einfach gut und korrekt um, ja? [11] Wenn Gott von
jemandem will, dass er predigt, dann soll Gott auch durch ihn spre-
chen können. Hat jemand die Aufgabe von Gott bekommen, anderen
Menschen zu helfen, dann soll er das aus der Kraft und den Möglich-
keiten tun, die Gott ihm gegeben hat. So kommt Gott am Ende immer
groß raus, er bekommt das Lob dafür durch Jesus Christus. Er ist der

Größte, für ihn ist nichts unmöglich, das war schon immer so und wird
auch immer so bleiben! Ganz sicher [Amen]!

Durchhalten, auch wenn es Schwierigkeiten gibt
12 Freunde, wundert euch nicht über die heftigen Hassattacken, die
gegen euch gefahren werden. Auch wenn das seltsam ist, haben sie
einen Zweck: Sie sollen euer Vertrauen in Gott auf die Probe stellen.
13 Hey Leute, fühlt euch geehrt, dass ihr für und mit Jesus leidet. Ihr
könnt dann auch abgehen vor Freude, wenn er sein fettes Comeback
feiern wird! 14 Ihr könnt euch sogar freuen, wenn man euch verarscht,
nur weil ihr Christen seid! Das ist nämlich ein gutes Zeichen dafür, dass
ihr richtig liegt. Der Geist von Gott ist mit euch. 15 Nicht so geil wäre
es, wenn ihr schlimme Sachen durchmachen müsst, weil ihr vielleicht
jemanden umgebracht habt, was geklaut habt oder solche Sachen. Das
gilt auch für jemanden, der sich ständig in fremde Angelegenheiten
einmischt. 16 Wenn einer aber leidet, weil er ein Christ ist, dann braucht
er sich echt nicht zu schämen. Er kann stolz darauf sein, zu Jesus zu
gehören. 17 Die Gerichtsverhandlung Gottes geht bald los, Leute! Und
Gott fängt bei seinen Leuten damit an. Wenn aber schon wir zum Ge-
richt müssen, wo wir doch seine Kinder sind, wie übel wird es dann erst
denen ergehen, die keinen Bock auf Gott hatten und sich nicht auf die
gute Nachricht einlassen wollten? 18 Wenn selbst diejenigen, die nach
Gottes Maßstab okay gelebt haben, so gerade eben durchkommen, wie
wird es dann den Leuten ergehen, die ohne Gott gelebt haben und die
ständig nur Mist gebaut haben? 19 Wer ätzende Sachen durchmachen
muss, weil Gott das so will, sollte sich nicht davon abbringen lassen,
gute Sachen zu tun. Er sollte unbedingt an Gott festhalten und ihm
weiter vertrauen!

5

Noch ein Wort an die Leiter der Gemeinde
1 Jetzt will ich zum Abschluss noch mal was für die Leiter eurer Gemein-
de schreiben. Ich habe ja den gleichen Job wie ihr. Ich kann bezeugen,
dass Jesus ganz schlimme Sachen durchmachen musste. Einen kleinen
Teil davon erlebe ich auch gerade, werde aber am Ende, wenn er wieder-
kommt, dafür auch einen Teil von seiner Riesen-Größe erleben, und da
freu ich mich schon drauf! 2 Ich hab eine Bitte an euch: Passt auf die
Gemeinde gut auf, ja? Sorgt für sie, wie sich ein guter Hirte um seine
Schafe kümmert. Tut das freiwillig, nicht weil euch irgendjemand dazu
zwingt, da steht Gott voll drauf! Es geht nicht darum, Kohle zu machen,
es geht um das Herz. 3 Spielt euch nicht als den großen Superleiter auf,

dem alle gehorchen müssen. Leitet dadurch, dass ihr ein Vorbild seid.
4 Dann werdet ihr auch den fetten Preis bekommen. Der Oberhirte wird
euch einen Orden umhängen, wo draufsteht: „Ewiges Leben“. 5 Den
Jugendlichen bei euch mach ich folgende Ansage: Tut das, was euch die
Leiter aus der Gemeinde sagen! Allen anderen sage ich das: Passt auf,
dass ihr nicht arrogant und überheblich werdet! Arrogante Menschen
werden bei Gott nichts erreichen. Demütige Leute liebt Gott besonders,
solche Menschen kommen bei ihm gut an. 6 Darum sag ich euch: Un-
terwerft euch Gott radikal, er hat die Macht! Dann wird er euch groß
rausbringen, wenn der Zeitpunkt dafür gekommen ist. 7 Schmeißt eure
Probleme und Sorgen auf Gott, er wird sich schon da drum kümmern.
8 Macht euch locker und bleibt dabei immer hellwach! Es gibt einen
echten Feind, den Teufel! Der schleicht um uns herum wie ein wildge-
wordener Kampfhund, jederzeit bereit, einen zu zerfleischen. 9 Wehrt
seine Angriffe ab, indem ihr fest bei eurem Vertrauen in Gott bleibt. Ihr
könnt euch damit trösten, dass alle Christen auf der Welt die gleichen
Sachen durchmachen müssen. 10 Gott, der euch unwahrscheinlich liebt,
hat euch durch Jesus eins versprochen: Diese üble Zeit, in der wir viel
leiden müssen, wird nur kurz sein. Dann wird er euch wieder aufbauen
und stärken, er wird euch Kraft geben, damit ihr perfekt werdet. 11 Denn
nur Gott hat die ewige Power, die nie aufhören wird. So ist das [Amen]!

Segen, Grüße und Tschüs

12 Silvanus war diesmal sozusagen meine Sekretärin, er hat die paar
Sätze für euch aufgeschrieben. Er ist ein treuer Glaubensbruder, ich
mag ihn sehr! Ich wollte euch mit diesem Brief ermutigen und euch
klar machen, dass Gott euch wirklich liebt und gnädig mit uns umgeht.
13 Ich soll euch schöne Grüße von der Gemeinde hier aus „Babylon“
ausrichten! Genauso von Markus, der wie ein Sohn für mich geworden
ist. 14 Ach ja, ihr könnt euch gegenseitig mit einem Kuss begrüßen, als
Zeichen, dass ihr zu einer Familie gehört und euch liebt! Ich wünsche
euch den Frieden, der von Gott kommt, weil ihr mit Christus lebt.
Euer Petrus

Der zweite Brief vom Petrus

1

Absender und Anschrift
[1] Absender: Simon Petrus, ein Diener und Botschafter von Jesus Chris-
tus. An: alle Leute, die genauso ihr Leben auf Gott gesetzt haben wie
wir, einen gerechten Gott, der uns durch Jesus aus unserem Dreck raus-
geholt hat! [2] Liebe Leute! Ich wünsch euch, dass die Liebe, die Gott für
euch hat, und sein Frieden bei euch vollkommen vorhanden sind. Bei-
des kommt dadurch, dass wir Gott immer besser kennen und verstehen
lernen. Das wird durch Jesus möglich, er ist unser Chef.

Gott hat alles perfekt gemacht, darum versucht auch perfekt zu leben!
[3] Alles, was wir zum Leben brauchen und um so drauf zu sein, wie Gott
es gut findet, hat Jesus uns schon lange zur Verfügung gestellt. Durch
ihn haben wir Gott kennengelernt. Er hat uns zu einem neuen Leben
bestimmt, durch seine unglaubliche Größe und Stärke. [4] So hat er
uns die fettesten und allerbesten Sachen versprochen. Er wollte, dass
wir bei seinem neuen göttlichen Leben dabei sind, indem wir vor den
schlechten Dingen aus der Welt, die uns nur kaputtgemacht haben,
fliehen. [5] Leute, zeigt Einsatz und kämpft! Seht zu, dass euer Glauben
dazu führt, dass euer Leben für Gott okay ist, und dass dieses Leben
dann dazu führt, dass ihr Gott immer besser kennen lernt. [6] Und das
hat dann die Konsequenz, dass ihr euch immer besser im Griff habt.
Und dann bekommt ihr einen langen Atem und müsst nicht immer
gleich aufgeben. So bekommt man auch eine echte Liebe zu Gott und
man hat mehr Respekt vor ihm. [7] Wer Gott liebt, wird auch seine Ge-
schwister lieben, und alle anderen Menschen werden diese Liebe auch
spüren. [8] Wenn ihr das wirklich durchzieht und diese Liebe unter euch
sogar immer mehr wird, dann wird es auch Auswirkungen haben. Ihr
werdet dann nämlich immer mehr von Jesus verstehen können. [9] Wer
aber nicht so drauf ist, hat vermutlich Dreck in der Linse. Er tappt im
Dunkeln und hat total vergessen, dass Gott ihn schon längst sauber
gemacht hat von seinem alten Mist, seinen früheren Sünden. [10] Darum
kann ich euch nur eins sagen, Leute, strengt euch an und hängt nicht
laff rum. Dass Gott euch ausgesucht hat, dürft ihr nicht vergessen,
hört ihr? Wenn ihr euch da dran haltet, dann bleibt ihr mit Sicherheit
immer auf der richtigen Spur. [11] Und dann kommt ihr auch sicher ir-
gendwann bei Gott an, die Tür wird euch sperrangelweit offen stehen,

und ihr werdet bei Jesus Christus sein, unserem Retter! 12 Ich empfinde
das als meinen Job, euch immer wieder an diese Sachen zu erinnern,
obwohl ihr das ja eigentlich schon lange wisst. Diese Wahrheit hat sich
ja bei euch schon rumgesprochen. 13 Trotzdem finde ich das wichtig,
euch immer wieder da dran zu erinnern. Und solange ich noch lebe,
werde ich euch damit auch weiter puschen. 14 Jesus hat mir schon klar
gemacht, dass ich bald sterben werde. 15 Es ist mir aber superwichtig,
dass ihr auch, wenn ich mal nicht mehr da bin, euch da dran erinnert
und nicht vergesst, was ich euch gesagt habe.

Wir sind Zeugen, dass das alles wahr ist

16 Hey, wir haben euch doch keine Lügen über Jesus erzählt. Es ist
wirklich wahr, dass er zu uns gekommen ist. Wir haben ihn mit eigenen
Augen gesehen, als er in seiner ganzen Stärke und unglaublichen Größe
vor uns stand. 17 Er hat von Gott, unserem Vater, alles bekommen, alle
Macht und alle Ehre. Er sagte zum ihm: „Das ist mein Sohn, ich liebe
ihn über alles, ich freue mich sehr über ihn.“ 18 Wir alle haben diese
Stimme aus dem Off gehört, direkt vom Himmel, als wir mit ihm auf
diesem heiligen Berg abhingen. 19 Umso mehr verlassen wir uns jetzt
auch auf die Sachen, die Gott durch seine Propheten versprochen hat.
Das solltet ihr mal auch tun. Diese Worte sind im Grunde wie eine Ta-
schenlampe, die uns im Dunkeln den Weg ausleuchtet. Sie leuchtet so
lange, bis es wieder Tag wird, bis der Morgenstern es hell macht in un-
seren Gedanken. 20 Die Sachen, die in den alten Schriften stehen, kann
man übrigens nicht so mal eben selber auslegen. 21 Das haben sich die-
se Propheten damals alles nie und nimmer selber einfallen lassen, das
war Gottes Geist, der da geredet hat. Menschen wurden vom heiligen
Geist angestiftet, Dinge auszusprechen, die Gott sagen wollte.

2

Kranke Lehren über Gott

1 Damals wie heute gab es immer schon irgendwelche falsche Prophe-
ten bei den Israelis, die kranke Lehren über Gott in die Welt setzen. Die
werden auch bei euch in der Gemeinde auftauchen. Sie streiten ab, dass
Jesus der Sohn Gottes ist, der für sie einen hohen Preis bezahlt hat.
Die Folgen davon werden sie bald zu spüren bekommen. 2 Trotzdem
werden vorher noch viele ihrem schlechten Beispiel folgen. Sie werden
deswegen viele Witze über das Leben mit Gott machen. 3 Weil sie scharf
auf eure Kohle sind, werden sie euch belügen und versuchen, euch auf
ihre Seite zu ziehen. Aber sie werden dafür bald vor dem letzten Gericht
abgestraft werden, sie werden da dran ersticken und bald am Ende sein.

4 Also, Gott hat noch nicht mal die Engel verschont, die sich gegen ihn
gestellt hatten. Sie wurden auch bestraft, indem sie in die Dunkelheit
geschmissen wurden, in die Hölle, wo sie für immer von Gott getrennt
sind. Dort sitzen sie mit Handschellen so lange, bis es zu dieser Ge-
richtsverhandlung kommt. 5 Die Menschen, die auf der Welt lebten, als
Noah noch da war, wurden ja auch nicht verschont. Nur Noah wurde
mit sieben anderen gerettet, als die große Flut über die Welt schwappte.
Alle anderen Menschen, die nicht mit Gott lebten, sind in den Fluten
ersoffen. 6 Und wie war das mit den Städten Sodom und Gomorra?
Beide wurden von Gott plattgemacht, um die Menschen, die ohne Gott
leben, damals wie heute zu warnen. 7 Da gab es nur einen, den Lot, der
so lebte, wie es für Gott okay war. Lot musste voll leiden wegen diesem
ätzenden, grenzenlosen Lebensstil, den die Menschen damals draufhat-
ten. 8 Lot, der Gott vertraute, musste sich das jeden Tag reinziehen. Er
litt unter den linken Sachen, die die Menschen damals gebracht haben.
9 Nicht vergessen, Leute: Gott weiß genau, wie er alle Menschen, die
das tun, worauf er Bock hat, aus Prüfungen retten kann. Er kann sie aus
der Gefahr und der Versuchung genauso rausholen, wie er die Leute
bei der letzten Gerichtsverhandlung bestrafen wird, denen es scheiß-
egal war, was er von den Menschen eigentlich wollte. 10 Damit meine
ich besonders die Leute, die sich voll von ihren Trieben und ihrer Lust
beherrschen lassen. Sie haben keinen Bock da drauf, dass es jemanden
gibt, der über sie das Sagen hat. Arrogant und dreist schrecken sie nicht
einmal davor zurück, über Engel abzulästern. 11 Die Engel sind da ganz
anders drauf. Obwohl sie ja viel stärker und mächtiger sind, würden sie
nie bei Gott über die Menschen ablästern oder sie verurteilen. 12 Diese
Typen, von denen ich eben geredet habe, sind wie dumme Viecher, die
nur aus dem Grund geboren wurden, um gefangen und geschlachtet
zu werden. Sie reden totalen Schwachsinn über Sachen, von denen sie
überhaupt keinen blassen Schimmer haben. Sie werden auch an ihrer
eigenen Schlechtigkeit ersticken. 13 Das wird auf jeden Fall die Folge
von ihrem miesen Lebensstil sein, der nichts mit Gott zu tun hat. Die
haben sich ja zum Hobby gemacht, schon morgens erst mal 'ne Party
zu feiern, und haben ihren Spaß da dran. Die lassen ja sogar noch ihre
komischen falschen Lehren vor allen Gästen vom Stapel, wenn sie bei
euch mal zum Essen eingeladen wurden. 14 Die flirten mit jeder Frau,
die ihnen vor die Nase kommt, und wollen am liebsten jede gleich ins
Bett kriegen. Die kriegen von Sünde anscheinend den Hals nicht voll.
Bei Leuten, die noch nicht so fest im Glauben stehen, schleimen sie erst
mal voll rum und versuchen sie negativ zu beeinflussen. Sie sind immer
gut da drin, ihre eigenen Interessen durchzusetzen. Ich verfluche solche

Leute! [15] Sie sind schon lange vom richtigen Weg abgekommen und haben sich total verirrt. Vergleichbar mit Bileam, der ein Sohn von Beor war. Der war ja auch immer für alle Schweinereien zu haben, solange die Kohle stimmte. [16] Und er wurde am Ende von einem Esel wegen seinem Mist angezählt! Der redete zu ihm mit einer menschlichen Stimme und verhinderte so, dass der Prophet um ein Haar riesengroßen Schwachsinn angestellt hätte. [17] Diese falschen Lehrer sind so nutzlos wie ein Wasserhahn, wo kein Wasser rauskommt, und so ohne Konturen wie eine Wolke im Sturm. Die finsterste Dunkelheit ist grade gut genug für sie, da gehören sie auf jeden Fall hin! [18] Denn sie reden wie Intellektuelle, aber am Ende kommt nur heiße Luft bei rüber. Sie ködern mit ihrem szenemäßigen lockeren Leben Christen an, um sie wieder zu den schlechten Dingen zu verführen, die sie gerade erst hinter sich gelassen hatten. [19] Sie versprechen anderen die totale Freiheit, sind aber selber völlig abhängig und süchtig. Wenn jemand von etwas total kontrolliert wird, dann ist er süchtig und abhängig davon. [20] Viele haben jetzt Jesus als ihren Chef und Befreier kennengelernt und damit dem ganzen Dreck aus dieser Welt den Rücken zugedreht. Wenn sie dann aber wieder an den alten Sachen naschen und sich da drin wieder verirren, dann wird alles noch viel schlimmer, als es vorher war. [21] Sie wären besser dran, wenn sie nie von Jesus gehört hätten! Sie haben Jesus erst mal kennengelernt und sich dann wieder von ihm getrennt. Damit wenden sie sich ja auch gegen die Sachen, die Jesus gesagt hat. Wie übel! [22] Auf die Leute trifft das Sprichwort voll zu: „Der Hund isst seine eigene Kotze!" Oder das hier: „Ein Schwein, frisch gewaschen, wälzt sich erst mal wieder im Schlamm!"

3

Jesus kommt wieder zurück, garantiert!

[1] Liebe Freunde, das ist jetzt ja schon mein zweiter Brief, den ich an euch schreibe. Ich wollte euch einfach wieder ein paar Sachen in Erinnerung rufen, damit ihr auch in Zukunft weiter mit Jesus straight durchziehen könnt. [2] Vergesst nicht, was die Propheten schon vor einiger Zeit angesagt hatten! Und vergesst nicht, was Jesus euch durch die Apostel klar machen wollte, ja? [3] Vor allem sollt ihr euch da drüber im Klaren sein, dass in dieser letzten Zeit, wo es zu Ende geht mit der Welt, Leute auftreten werden, die über alles und jeden Witze reißen und nur noch das tun, was sie selbst für richtig halten. [4] Sie werden sich einen Spaß aus euch machen und so Fragen stellen wie: „Na, wo ist er denn jetzt, euer Jesus? Sollte er nicht schon lange wieder da sein? Unser Opa hat ja auch schon immer auf ihn gewartet. Jetzt ist er tot,

und nichts hat sich verändert. Ist ja alles genau so, wie es von Anfang
an auch war ..." 5 Die Leute, die so was sagen, haben keine Ahnung
davon, wie es am Anfang auf der Erde ausgesehen hat. Da war näm-
lich nur der Himmel, die Erde und ganz viel Wasser. Und alles wurde
nur dadurch zusammengehalten, weil Gott das so gesagt hatte, durch
seine Worte. 6 Trotzdem wurde später die Welt durch ganz viel Wasser,
nämlich durch die Sintflut, wieder vernichtet. 7 Das ganze Universum,
wie es jetzt existiert, und auch die Erde wird nur so lange zusammen-
gehalten, wie dieses Wort, was Gott damals ausgesprochen hat, auch
wirkt. Beides wird so lange bestehen, bis der Tag kommt, an dem alles
im Feuer verbrannt wird. Dieses Feuer wirkt durch die letzte Gerichts-
verhandlung, wo alle Menschen, die ohne Gott gelebt haben, einmal
verurteilt werden. Sie werden dort drinnen verbrennen. 8 Eine Sache
soll euch dabei aber ganz klar sein. Für Gott ist ein Tag so lang wie für
uns tausend Jahre, und tausend Tage können bei ihm wie ein Tag sein.
9 Wenn Gott etwas verspricht, dann tut er das auch, da könnt ihr euch
drauf verlassen. Auch wenn es manchmal so aussieht, als würde er
alles verzögern. Gott hat Geduld, und er will auf jeden Fall verhindern,
dass irgendeiner von euch es nicht packt und verloren geht. Er möchte,
dass jeder ein neues Leben mit ihm anfängt.

Alles wird neu

10 Dieser Tag der letzten großen Gerichtsverhandlung wird total uner-
wartet kommen, fast so wie ein Dieb, der nachts plötzlich in eine Woh-
nung einbricht. Mit einem Riesenknall wird der Himmel dann explodie-
ren. Alle Bestandteile des Universums werden in der Hitze zerschmel-
zen. Die Erde und alles, was da drauf ist, wird sich im Feuer einfach
auflösen. 11 Wenn jetzt schon alles hier in der Welt zu Schrott geht, dann
müsst ihr gerade mit Gott durchziehen und jesusmäßig dagegenhalten.
12 Seid gespannt auf diesen Tag und lebt so, dass er auch so schnell wie
möglich kommen kann. Wie gesagt, an diesem Tag wird das ganze Uni-
versum verbrennen, und alle Bestandteile werden sich in diesem Feuer
einfach auflösen. 13 Wir haben aber alle schon total Bock auf diesen neu-
en Himmel, der dann kommen wird, und auch auf die ganz neue Erde
freuen wir uns wie verrückt! Gott hat uns das versprochen. Dann wird es
endlich gerecht zugehen in der Welt.

Was da draus folgt ...

14 Also, ihr Lieben, in der Zwischenzeit solltet ihr alles da dransetzen, ra-
dikal und ohne Fehler so zu leben, dass ihr kein schlechtes Gewissen zu
haben braucht. 15 Peilt doch endlich, dass Gott voll Geduld mit euch hat,

sonst würdet ihr ja nicht gerettet werden, oder? Das hat euch ja auch schon der liebe Bruder Paulus geschrieben, und der hat auch viel Weisheit von Gott bekommen. [16] Er schreibt davon ja immer wieder in allen seinen Briefen. Klar, einige Sachen, die er so schreibt, sind echt schwer zu verstehen. Die Leute, die noch nicht so fest stehen im Glauben und noch nicht so viel von Gott kapieren konnten, haben da ein paar Sachen durcheinanderbekommen. Ist ja typisch, machen sie ja auch mit den anderen Briefen und Büchern. Daran werden sie irgendwann noch mal ersticken! [17] Also, ihr seid da drauf jetzt ja vorbereitet und habt kapiert, wie irre diese Vollidioten drauf sind, die euch diesen Blödsinn erzählen wollten. Euch können sie nicht mehr so schnell umhauen und verführen. [18] Ich wünsche euch, dass ihr immer mehr begreift, wie sehr Gott euch liebt, auch wenn ihr es gar nicht verdient hättet. Das kommt durch unseren Retter Jesus Christus. Er soll der große Held sein, für immer! Genau, so passt es [Amen]!
Euer Petrus

Der erste Brief von Johannes

1

Wie alles bei uns anfing

1 Jesus Christus war schon immer da!! Jetzt haben wir ihn aber auch
reden gehört, wir haben ihn mit unseren eigenen Augen gesehen und
mit unseren eigenen Händen berühren dürfen. Er hat zu uns geredet
und Sachen erzählt, die uns den Weg zu einem neuen, echten Leben
zeigen konnten. 2 Wir haben das Leben in Person getroffen! Wir haben
alles gesehen und sind Augenzeugen von der ganzen Geschichte. Da-
rum erzählen wir euch, wie man dieses neue Leben bekommen kann,
dieses Leben, was nie aufhören wird. Dieses Leben kam von Gott dem
Vater, und es ist bei uns vorbeigekommen. 3 Wir erzählen euch das,
was wir selbst erlebt und gehört haben. Dadurch sind wir glaubens-
mäßig verbunden. Wir gehören ja in die gleiche Familie von Gott.
Wir sind zusammen mit Gott dem Vater und auch mit seinem Sohn
Jesus Christus. 4 Das schreiben wir euch, damit ihr abgehen könnt vor
Freude!

Gott ist das Licht

5 Das ist die Nachricht, die wir von Jesus gehört haben und an euch
weitergeben sollen: Gott ist Licht. Bei ihm gibt es keine Dunkelheit!
6 Wenn wir behaupten, wir würden mit Gott leben, und trotzdem
noch heimlich Sachen tun, die uns von Gott trennen, dann lügen
wir! Wir sind einfach nicht ehrlich. 7 Wenn wir aber so leben, dass
Gottes Licht überall bei uns reinleuchten kann, dann sind wir auch
ganz eng miteinander verbunden. Weil Jesus für uns verblutet ist,
werden wir durch dieses Blut von unseren Fehlern und Sünden
sauber gemacht. 8 Wenn wir jetzt behaupten, wir hätten nie einen
Fehler gemacht und zwischen uns und Gott steht gar nichts, dann
belügen wir uns nur selbst. Wir sind dann von der Wahrheit mei-
lenweit entfernt. 9 Wenn uns unsere Fehler aber Leid tun, wir un-
sere Sünden echt bereuen und sie auch nicht verharmlosen, dann
kann man sich auf Gott verlassen: Er vergibt uns unseren Mist
und macht uns sauber von dem ganzen Dreck, in dem wir gelegen
haben. 10 Falls jetzt jemand von uns behauptet, er hätte nie einen
Fehler gemacht und nie gesündigt, dann machen wir Gott ja zum
Lügner. Wir haben dann anscheinend nichts von dem begriffen,
was er gesagt hat.

2

Woran man einen Christen erkennen sollte

1 Liebe Leute, ihr seid echt wie Kinder für mich. Ich schreibe euch heute,
weil ich möchte, dass ihr nicht länger so lebt, dass irgendetwas zwi-
schen euch und Gott kommen kann. Sollte aber doch einer Schuld auf
sich laden, dann haben wir zum Glück jemand auf unserer Seite, der bei
Gott für uns ein gutes Wort einlegt: Jesus Christus. 2 Er hat für uns die
ganze Rechnung bezahlt, nicht nur für uns, sondern für alle Menschen!
3 Dass wir nur das tun, was Gott will, ist ein sicheres Zeichen dafür, dass
wir ihn kennen. 4 Wenn jemand behauptet: „Ich kenne Gott!“, ihm die
Dinge, die Gott von ihm fordert, aber total egal sind, dann ist er ein Lüg-
ner. 5 Wer sein Leben nach den Worten ausrichtet, die Gott gesprochen
hat, und sich da dran hält, bei dem kann man wirklich die ganze Liebe
finden, die Gott für die Menschen hat. Da dran kann man auch sehen,
ob wir wirklich Christen sind. 6 Wer von sich behauptet, er wäre ein
Christ, der sollte auch so leben, wie Jesus Christus gelebt hat.

Ein altes Gesetz, das immer noch gilt

7 Was ich euch hier jetzt schreibe, ist ja nichts Neues, ihr Lieben. Es
geht nicht um ein neues Gesetz, es geht um ein uraltes Gesetz, dass ihr
schon von Anfang an kanntet, ein altes Wort von Gott. 8 Und trotzdem
ist dieses Gesetz auch neu, denn es hat sich bei Gott und bei euch ge-
zeigt, dass es wahr ist. Die Dunkelheit wird immer weniger, denn Jesus
ist das wahre wirkliche Licht. 9 Wenn jetzt einer behauptet, dass er in
diesem Licht lebt, dabei aber seine Glaubensgeschwister nicht abkann,
dann ist das ein Beweis, dass er in Wirklichkeit noch in der Dunkelheit
lebt. 10 Nur wenn du deine Glaubensgeschwister wirklich liebst, lebst
du auch im Hellen, im Licht. Keiner wird durch dich glaubensmäßig
schlecht draufkommen. 11 Aber jemand, der seine Glaubensgeschwister
hasst, lebt in der totalen Dunkelheit und hat keine Peilung, wo es längs
geht. Er tappt wie ein Blinder im Dunkeln. 12 Meine lieben Kinder! Ich
schreib euch das hier noch mal auf: Jesus Christus hat euch eure Schuld
vergeben. 13 Den Vätern unter euch möchte ich sagen: Ihr habt diesen
Jesus kennengelernt, und Jesus war schon immer da. Den Jugendlichen
bei euch will ich noch mal Folgendes sagen: Leute, ihr habt das Böse
besiegt! 14 Euch kleinen Kindern hab ich geschrieben, weil ihr den Vater
kennengelernt habt. Und den Vätern hab ich geschrieben, weil ihr den
kennt, der schon immer da war. Den Jugendlichen bei euch hab ich ge-
schrieben, weil euer Vertrauen in Gott sehr stark geworden ist. Die Wor-
te von Gott sind bei euch Thema, sie beschäftigen euch. Und ihr habt

das Negative hinter euch gelassen, ihr habt es besiegt. 15 Leute, liebt
nicht die Sachen, die nichts mit Gott zu tun haben! Wer das tut, kann
nicht gleichzeitig Gott lieben. 16 Die ganzen Dinge, die aus dieser Welt
kommen, sind ätzend. Menschliche Leidenschaften, geil sein auf Macht
und Kohle, Arroganz gegenüber anderen, das hat alles mit Gott nichts
zu tun, es kommt aus der Welt. 17 Die Welt wird an ihren Verführungen
noch ersticken. Wer aber das tut, was Gott will, wird ewig leben.

Der Antichrist wird es drauf anlegen

18 Liebe Kinder, die letzte Stunde dieser Welt hat schon geschlagen.
Ihr habt ja gehört, dass der Antichrist bald seinen Auftritt hat. Sind ja
jetzt schon einige auf der Bildfläche aufgetaucht, die man als Antichrist
bezeichnen könnte. Das ist ein Zeichen, dass es bald zu Ende geht.
19 Diese Typen kommen ja aus unseren eigenen Reihen, haben aber in
echt nie zu uns gehört. Wenn sie wirklich Christen gewesen wären, dann
wären sie auch bei der Sache dabeigeblieben. Es sollte aber deutlich
werden, dass sie alle nichts mit uns zu tun haben. 20 Gott hat euch ja
zum Glück seine Kraft gegeben, seinen heiligen Geist. Mit ihm habt
ihr das kapiert, was ihr über das Leben mit Gott wissen müsst. 21 Ich
wollte euch jetzt nicht so behandeln, als hättet ihr keine Ahnung von
Gott. Ihr kennt die Wahrheit, und ihr wisst auch, dass da kein Platz für
irgendwelche komischen Lehren ist. 22 Also, wenn jetzt noch irgendje-
mand behauptet, Jesus wäre nicht der Auserwählte, der Christus, der ist
ein Lügner. Wer gegen den Sohn und den Vater ist und keinen Bock auf
ihn hat, der ist ein Gegner von Christus, er ist der Antichrist. 23 Wer ab-
streitet, dass Jesus der Sohn von Gott ist, der leugnet damit auch Gott.
Wer sich aber öffentlich auf die Seite vom Sohn stellt, der ist auch mit
dem Vater zusammen. 24 Hey Leute, die Sachen, die ihr am Anfang ge-
lernt habt, die dürft ihr nie vergessen! Wenn ihr bei den Dingen bleibt,
die ihr am Anfang gehört habt, dann bleibt ihr auch immer ganz nah
an Jesus und an seinem Vater dran. 25 Und die große Sache, die er uns
versprochen hat, bleibt ganz sicher: ein Leben, was nie mehr aufhören
wird! 26 Ich hatte bei den letzten Sachen, die ich euch geschrieben hab,
immer diese Leute im Hinterkopf, die euch verführen wollen. 27 Also die
Kraft von Gott, sein heiliger Geist, den ihr von Jesus bekommen habt,
der bleibt auf alle Fälle bei euch! Ihr habt es deswegen auch nicht nötig,
noch irgendwie belehrt zu werden. Der heilige Geist macht das schon.
Auf das, was er euch sagt, könnt ihr euch hundert Prozent verlassen,
der lügt nicht. Und so wie er es euch auch beibringt, sollt ihr auf jeden
Fall auch immer an ihm dranbleiben. 28 Meine lieben Kinder! Lasst
nichts zwischen euch und Jesus kommen! Wenn er dann wiederkommt,

muss uns nichts vor ihm peinlich sein, wir müssen uns wegen nichts
schämen. Wir können ihm dann ganz offen entgegengehen und brau-
chen keine Angst zu haben. 29 Ihr habt kapiert, dass Jesus Christus sehr
gerecht ist. Also ist doch auch klar, dass jeder, der das tut, was er will,
zu seiner Familie gehört.

3

Was für Auswirkungen es hat, zur Familie Gottes zu gehören und sein Kind zu sein

1 Kriegt ihr das mit, wie riesengroß die Liebe ist, die Gott für uns hat?
Wir dürfen uns nicht nur seine Kinder nennen, wir sind es auch tat-
sächlich! Darum will die Welt auch nichts von uns wissen, weil sie
eben Gott nicht kennt. 2 Ihr Lieben, wir sind ja schon Gottes Kinder
und gehören zu seiner Familie. Man weiß aber noch nicht, wie wir sein
werden, wenn Jesus uns vollkommen gemacht hat. Wir werden aber
auf jeden Fall so sein, wie er auch ist. Wir werden ihn dann auch richtig
sehen können, so wie er wirklich ist! 3 Jeder, der diese Hoffnung hat,
wird alles dafür geben, radikal für Gott zu leben, genauso wie Jesus
es ja auch getan hat. 4 Wer Sachen tut, die Gott nicht will, hat augen-
scheinlich keinen Bock auf das, was Gott sagt, und damit sündigt er.
5 Ihr wisst ja, dass Jesus zu uns gekommen ist, um das Problem der
Sünde endgültig aus dem Weg zu räumen. Er selber hat aber nie ge-
sündigt. 6 Jeder, der ihm ganz nahe ist, kann gar nicht mehr sündigen.
Wenn jemand trotzdem weitersündigt, ist er Christus noch nicht richtig
begegnet und hat nichts von ihm verstanden. 7 Meine lieben Kinder!
Passt auf, dass ihr euch von niemandem verführen und schräge drauf-
bringen lasst! Nur die Menschen, die für Gott okay leben, richten sich
nach dem Vorbild von Jesus. Er hat das getan, was Gott wollte. 8 Wer
aber ohne Gott lebt und Dinge tut, auf die er überhaupt keinen Bock
hat, beweist damit nur, dass sein Leben dem Teufel gehört. Der Teufel
hat schon immer solche Sachen gebracht, solange die Welt existiert.
Darum ist Jesus Christus auch zu uns gekommen, um das, was der
Teufel gebaut hat, wegzusprengen und zu zerstören. 9 Wer von Gott
einen neuen Anfang geschenkt bekommen hat, der darf einfach keinen
Mist mehr bauen. Die Kinder von Gott sind ihm immer ganz nahe,
da ist einfach kein Platz mehr für Sünde. Sie gehören ja schließlich in
seine Familie, sie sind ein Teil von ihm. 10 Jetzt wird auch klar, wer zur
Familie von Gott und wer zur Familie vom Teufel gehört, oder? Alle
Menschen, die ungerechte Sachen bringen, die Gott nicht in Ordnung
findet, gehören auch nicht zu ihm, und wer seinen Glaubensbruder
nicht liebt, schon gar nicht.

Woran sich unsere Liebesfähigkeit messen lassen muss

11 Leute, diese Botschaft habt ihr schon von Anfang an immer wieder
gehört: Menschen, die mit Jesus leben, sollen sich gegenseitig lieben.
12 Diesen Kain aus dem alten Buch sollten wir uns nie zum Vorbild
nehmen. Er kam aus der Familie vom Teufel und ermordete seinen
Bruder. Und warum hat er das gemacht? Er war link unterwegs, aber
sein Bruder lebte so, wie Gott es gut findet. 13 Leute, wundert euch
gar nicht erst, wenn die Nichtchristen um euch herum keinen Bock
auf euch haben und euch sogar hassen. 14 Wir dürfen einfach nie ver-
gessen, dass wir von Jesus aus einer lebensbedrohlichen Situation
gerettet wurden. Wir waren praktisch tot, aber Gott hat uns ein neues
Leben geschenkt. Wir werden jetzt nach dem Tod in ein neues Le-
ben gehen, was nie aufhört! Wir können unsere Glaubensgeschwister
wirklich lieben. Wer das aber nicht hinkriegt, muss draußen bleiben.
Er wird, wenn er stirbt, für immer tot bleiben. 15 Wer seine Glaubens-
geschwister sogar hasst, der bringt sie damit um, er ist ein Mörder.
Und ihr wisst, was auf Mord steht, oder? Auf keinen Fall wird er bei
dem Leben, bei dem wir für immer ganz nah bei Gott sind, dabei sein
können. 16 Wir haben echte Liebe erst durch Jesus kennengelernt und
verstanden. Weil er für uns gestorben ist, müssen wir auch bereit sein,
für unsere Glaubensgeschwister alles zu geben. 17 Wenn jemand viel
und reichlich Kohle hat und nichts davon abgeben will, obwohl seine
Geschwister gerade tierisch dringend etwas brauchen, wo bleibt denn
da bitte die Liebe Gottes? 18 Darum, meine Kinder, sag ich euch noch
mal: Liebe hat nichts mit dummem Gelaber zu tun. Liebe zeigt sich in
Taten und auch da drin, dass wir uns gegenseitig helfen, so zu leben,
wie Gott es okay findet. 19 Daran kann man erkennen, ob wir wirklich
mit Jesus Christus leben, und nur so können wir letztendlich unser
schlechtes Gewissen zum Schweigen bringen. 20 Wenn unsere Gefühle
uns verdammen, wenn wir uns selber total mies finden, dann können
wir uns auf eins verlassen: Gott ist größer als unsere Gefühle! Er kennt
uns in- und auswendig. 21 Ihr Lieben, wenn wir uns selber nicht immer
fertig machen müssen, können wir doch ganz fröhlich bei Gott sein.
22 Egal worum wir ihn bitten: Er wird es uns geben, weil wir das tun,
was er will, und so leben, wie er es gut findet. 23 Was er von uns will,
lässt sich in einem Satz zusammenfassen: Wir sollen an seinen Sohn
Jesus Christus glauben, ihm vertrauen und uns gegenseitig lieben. Das
hat Jesus uns so gesagt, das ist sein neues Gesetz. 24 Wer sich da dran
hält, bleibt immer ganz nah an ihm dran, und Gott bleibt auch bei ihm.
Als Garantie, dass er in uns bleibt und nicht wieder abhaut, hat er uns
seine Kraft, seinen Geist, gegeben.

4

Wahrheit oder Lüge?
1 Ihr Lieben, eine Sache ist mir noch wichtig. Glaubt nicht alles, was
euch einige Typen so erzählen wollen. Überprüft die Einstellung von
diesen Menschen, ob das, was sie sagen, wirklich von Gott kommt oder
nicht. Es gibt einfach zu viel falsche Propheten in dieser Welt. 2 Dass
so einer wirklich von Gott kommt und sein Geist in ihm ist, könnt ihr
folgendermaßen austesten: Er wird da dran glauben, dass Jesus als
ganz normaler Mensch direkt von Gott zu uns gekommen ist. 3 Wer das
nicht glaubt und nicht dazu steht, hat mit Gottes Geist nichts zu tun.
Er kommt sogar von der Gegenseite, vom Antichrist, ihr habt ja auch
schon von dem gehört, oder? Er sollte ja kommen, und jetzt ist er in
der Welt. 4 Ihr gehört zum Glück zu Gott, meine Lieben! Ihr habt dieses
Spielchen durchschaut, ihr habt solche Leute besiegt! Denn der Geist
Gottes, der in euch wirkt, hat viel mehr Kraft als der Geist von dieser
Welt. 5 Diese Typen kommen aus der Welt, wo Gott nicht ist, darum
reden sie auch wie Leute aus der Welt, und die Welt hört ihnen auch
bereitwillig zu. 6 Wir gehören aber zu Gott! Die Menschen, die auch zu
ihm gehören, nehmen das ernst, was wir sagen. Jemand, der nicht zu
Gott gehört, dem ist das wurstegal. So kann man unterscheiden, wer
den Geist der Wahrheit hat und wer den Geist der Lüge, der uns schräge
draufbringen will.

Weil Gott uns liebt, sollen wir auch unsere Glaubensgeschwister lieben
7 Ihr Lieben, lasst uns mal versuchen, uns wirklich gegenseitig zu lieben!
Gott hat die Liebe schließlich erfunden! Wer seine Glaubensgeschwis-
ter liebt, gehört erst wirklich zur Familie dazu. Es ist ein Beweis dafür,
dass er Gott kennt. 8 Wer es aber nicht schafft, andere zu lieben, der
hat keine Ahnung von Gott. Gott ist nämlich die Liebe in Person. 9 Gott
hat seine Liebe allen Menschen gezeigt, indem er seinen einzigen Sohn
zu uns in die Welt geschickt hat. Er wollte, dass wir durch ihn die Mög-
lichkeit bekommen, wirklich zu leben. 10 Und das ist das Besondere an
dieser Liebe, dass er uns zuerst geliebt hat und nicht umgekehrt. Er
hat seinen Sohn für uns sterben lassen, damit wir mit ihm wieder klar-
kommen können. Er hat die Distanz weggemacht, indem er uns von
unserer Schuld freigesprochen hat. 11 Meine Freunde, wenn Gott uns so
wahnsinnig liebt, dann sollten wir uns gegenseitig auch lieben. 12 Bisher
hat niemand Gott wirklich sehen können. Aber wenn wir so eine Atmo-
sphäre der Liebe untereinander haben, kann man erkennen, dass Gott
mitten unter uns ist. Er bleibt bei uns, und seine Liebe kommt bei uns

voll zum Zug. [13] Der Beweis, dass wir mit ihm ganz supereng verbunden
sind, ist, dass er uns seinen Geist gegeben hat. [14] Wir haben es selber
gesehen und könnten als Zeugen dafür auftreten: Der Vater hat seinen
Sohn geschickt, um die ganze Welt zu retten. [15] Wer das glaubt und sich
öffentlich dazu stellt, dass Jesus der Sohn von Gott ist, den kann nichts
mehr von Gott trennen! [16] Das haben wir kapiert und da drauf vertrau-
en wir auch ganz fest. Wir vertrauen da drauf, dass Gott uns liebt. Er
selber ist die Liebe in Person, und wer eine liebevolle Einstellung zu
anderen hat, der lebt in Gott, und Gott lebt in ihm. [17] Diese Liebe, die
Gott zu uns hat, wurde dadurch perfekt gemacht, dass wir ohne Angst
auf den letzten Tag der großen Gerichtsverhandlung zugehen können.
Denn wir leben nach seinem Vorbild in dieser Welt. [18] Angst und Liebe
passen übrigens nicht zusammen. Wo Liebe ist, gibt es keine Angst
mehr, die Liebe vertreibt die Angst. Wer Angst hat, fürchtet sich ja vor
einer Bestrafung. Wenn jemand Angst hat, ist das nur ein Zeichen, dass
er die wirkliche Liebe noch gar nicht kennengelernt hat. [19] Leute, lasst
uns lieben, Gott hat uns schließlich als Erster geliebt, er hat es uns
vorgemacht. [20] Wenn jetzt jemand behauptet: „Ich liebe Gott!", dabei
aber seinen Glaubensbruder hasst, dann kann er nur ein Lügner sein.
Wer es nicht schafft, seinen Bruder zu lieben, den man ja wenigstens
sehen kann, wie soll er dann bitte in der Lage sein, Gott zu lieben, denn
den kann man ja nicht mit seinen eigenen Augen sehen? [21] Das ist ein
Gesetz, was wir direkt von Jesus bekommen haben: Wer Gott liebt, der
muss auch seinen Bruder lieben!

5

Im Vertrauen auf Gott steckt sehr viel Power

[1] Jeder, der das eine glaubt, nämlich dass Jesus der Retter ist, den
Gott uns schon vor langer Zeit versprochen hat, der gehört dazu! Er
ist damit ein Teil von der Familie, weil Gott ihn damit neu geboren
hat. Und jeder, der seinen Vater liebt, der liebt auch die Geschwister,
die mit ihm in dieselbe Familie geboren wurden. [2] Ein gutes Zeichen,
an dem man erkennen kann, ob man die Geschwister in Gottes Fa-
milie liebt, ist Folgendes: dass wir Gott lieben und das tun, was er
von uns will. [3] Unsere Liebe zu Gott kann man da dran erkennen, ob
wir das tun, was er will, und das ist nicht so schwer. [4] Alles, was von
Gott kommt, ist stärker als das, was aus der Welt kommt. Unser Ver-
trauen auf Gott, unser Glaube an ihn, sticht alles aus, was die Welt
so zu bieten hat. Dieser Glaube, den wir haben, bedeutet, dass uns
alle Probleme der Welt nicht mehr von Gott wegbringen können. [5] Ist
doch klar: Wer sonst sollte es packen, diese Welt mit ihren Problemen

zu besiegen, wenn nicht derjenige, der da dran glaubt, dass Jesus der
Sohn von Gott ist?!

Drei Zeugen stehen für Jesus

6 Jesus ist ja zu uns in diese Welt gekommen. Und als er loslegte, hat er
sich erst mal nur mit Wasser taufen lassen. Am Ende wurde er hinge-
richtet und ist verblutet. Der heilige Geist hat das ja auch bestätigt, und
der sagt immer die Wahrheit. 7 Damit gibt es sozusagen drei Zeugen:
8 den Geist, das Wasser und das Blut. Alle drei bestätigen einstimmig,
dass es so ist. 9 Wenn wir schon bei Gericht Zeugenaussagen von Men-
schen erst mal als wahr annehmen, wie viel mehr sollten wir dann den
Dingen glauben, bei denen Gott selber als Zeuge auftritt. Und Gott hat
bezeugt, dass Jesus Christus sein Sohn ist. 10 Wer sein Vertrauen auf
den Sohn von Gott gesetzt hat, kann das ja auch bestätigen. Wer Gott
aber nicht glaubt, macht ihn damit im Grunde zu einem Lügner. Er be-
hauptet dann ja, dass die Sachen, die Gott über Jesus gesagt hat, falsch
sind. 11 Gott hat aber eine klare Ansage gemacht: Wir werden leben, und
dieses Leben liegt in seinem Sohn Jesus Christus. 12 Wer mit dem Sohn
lebt, der hat das Leben. Wer aber nicht mit dem Sohn lebt, der hat auch
das echte Leben nicht. 13 Ich schreib euch das jetzt, damit ihr euch da
drin ganz sicher sein könnt. Ihr habt das ewige Leben! Ihr habt ja auf
Jesus gesetzt und ihm geglaubt. Er ist der Sohn Gottes.

Gott hört auf unsere Gebete

14 Und auf eins können wir uns echt verlassen: Gott gibt uns das, worum
wir ihn bitten. Es sollte allerdings dem entsprechen, was okay für ihn ist.
15 Wenn wir uns ganz sicher sind, dass er auf unsere Gebete hört, dann
wissen wir auch, dass wir das, worum wir ihn bitten, auch bereits haben.
16 Wenn einer von euch mitbekommt, dass ein anderer Christ Sachen
tut, die Gott nicht will, dann soll er mal für den beten. Gott wird dann
dafür sorgen, dass er dieses Leben kriegt, was nie aufhört. Das gilt jetzt
nicht für diese Sünde, bei der es keine Chance gibt, dass ihm vergeben
wird. So eine tödliche Sünde gibt es, und da sage ich nicht, dass man
für den betreffenden Menschen beten soll. 17 Jede linke Aktion ist Sünde
und trennt uns von Gott. Aber nicht jede Sünde ist in dem Sinne tödlich.

Jesus hilft uns

18 Eins ist ganz sicher: Wer zu Gottes Familie gehört, der sündigt einfach
nicht mehr. Wer dazugehört, der ist ein Kind von Gott, und Gott passt
auf ihn auf. Satan darf ihn nicht mal anfassen. 19 Wir sind uns ganz si-
cher, dass wir zu Gott gehören, auch wenn die Welt vom Satan kontrol-

liert wird. 20 Wir sind uns auch ganz sicher, dass Jesus als Sohn von Gott zu uns gekommen ist, er hat uns die Fähigkeit gegeben, Gott überhaupt erst als Gott zu erkennen. Wir sind durch Jesus mit Gott ganz eng verbunden, Jesus selber ist der wahre Gott. Und er ist das Leben in Person, das Leben, das nie mehr aufhört. 21 Darum, ihr lieben Kinder, passt auf: Keinem Pseudogott hinterherlaufen!
Euer Johannes

Der zweite Brief von Johannes

Absender, Anschrift, Begrüßung
1 Absender: Johannes, der „Alte“. An: eure Gemeinde und alle, die dazuge-
hören. Hallo ihr! Ganz ehrlich, Leute, ich liebe euch wie verrückt! Und damit
bin ich nicht alleine. Alle anderen, die die Wahrheit kapiert haben, lieben
euch auch. 2 Diese Wahrheit kann uns keiner mehr nehmen, sie wird immer
weiter in uns wirken. 3 Wir haben immer einen Grund uns zu freuen, wir
können mit anderen fühlen und einen Frieden in unseren Gedanken haben,
der von Gott kommt. Das kommt alles durch den Vater und durch seinen
Sohn Jesus Christus. Durch ihn sind wir in der Lage, seine Wahrheit über das
Leben zu begreifen und zu verstehen, damit wir erfüllt sind von seiner Liebe.
4 Ich bin echt froh, dass ich in eurer Gemeinde einige Leute gefunden habe,
denen Gottes Meinung wichtig ist. Gott sagt immer die Wahrheit, und er hat
uns gesagt, wie wir leben sollen. 5 Ich hab eine wichtige Bitte an euch. Das
ist nichts Neues, das haben wir schon von Anfang an immer wieder gesagt:
Gott will, dass wir uns gegenseitig lieben sollen! 6 Diese Liebe zeigt sich
dann auch da drin, dass wir die Dinge tun, die Gott von uns möchte. Wie
gesagt, es war schon von Anfang an klar, dass ihr so leben sollt.

Aufgepasst vor falschen Lehren
7 Es wird echt immer schlimmer mit den Betrügern, die den größten
Schwachsinn über Gott in der Welt verbreiten. Sie glauben nicht, dass
Jesus als ganz normaler Mensch auf die Welt gekommen ist. Leute, diese
Typen kommen direkt vom Gegenspieler, vom Antichristen höchstper-
sönlich! Der versucht euch nur vom richtigen Weg wegzulocken. 8 Passt
bloß auf, dass ihr nicht alles wieder verliert, was ihr von Jesus bekommen
habt! Ihr sollt ja die ganze Belohnung am Ende einstreichen können, klar?
9 Jeder, der die Grenze von dem überschreitet, was ihr über Jesus Christus
beigebracht bekommen habt, der hat schon verloren. Er hat keine Verbin-
dung mehr zum Vater und zu seinem Sohn. 10 Also, falls bei euch irgendje-
mand reinschneit und euch was anderes erzählen will, dann schmeißt ihn
gleich wieder raus. Ihr könnt den erst mal wie Luft behandeln. 11 Wer zu
solchen Leuten, die andere Christen schräge draufbringen, auch nur „Hal-
lo“ sagt, hat sich damit schon an ihren linken Machenschaften beteiligt.
12 Da gibt es noch einiges, was ich euch unbedingt sagen will. Aber ich hab
keine Lust, das jetzt aufs Papier zu drucken. Ich bin ja hoffentlich bald bei
euch, und dann können wir diese Sachen auch mal so bequatschen. Das
macht sowie so viel mehr Spaß. 13 Ich soll noch schöne Grüße von allen
Christen hier ausrichten! *Euer Johannes*

Der dritte Brief von Johannes

Absender, Anschrift, Grüße

1 Absender: „Der Alte“, Johannes. An: Gajus, meinen Freund, den ich
voll lieb habe! 2 Hallo Gajus! Ich hoffe, es geht dir gut und du bist kör-
perlich gesund! Deiner Seele geht es ja schon ganz gut ;+)

Gajus ist gut drauf

3 Ich hab mich echt voll da drüber gefreut, was mir die Glaubensge-
schwister von dir erzählt haben! Du ziehst die Sache mit Gott anschei-
nend voll durch und stellst dich radikal dazu, ein Christ zu sein. 4 Für
mich gibt es nichts Schöneres, als so was zu hören! Dass meine Leute,
die ich zu Jesus geführt habe, mit Gott durchziehen, ist einfach cool zu
hören.

Gajus war gastfreundlich

5 Mein Lieber, ich finde es super, dass du dich so um die Glaubensge-
schwister kümmerst, und das, obwohl du sie vorher gar nicht persönlich
gekannt hast. 6 Die haben uns erzählt, wie liebevoll du drauf gewesen
bist. Ist eine gute Idee, wenn du das weiterhin tust. Ich glaube, es ist
eine gute Idee, wenn du sie auch anständig mit allem ausstattest, was
sie für die Weiterreise noch so brauchen, ja? Tu das so, wie sie es als
Mitarbeiter für Gottes Sache verdient haben. 7 Sie sind ja immerhin
für Gott unterwegs und akzeptieren in dieser Zeit auch kein Geld von
Nichtchristen. 8 Ich finde, wir sind es Gott schuldig, solchen Leuten zu
helfen. So haben wir auch Aktien da drin, dass Gottes Sache weiter aus-
gebreitet wird.

Wie man es nicht machen soll

9 Ich hatte euch einen kurzen Brief geschrieben, aber Diotrephes, der
gerne euer Leiter sein will, hat anscheinend keinen Bock auf das, was
wir sagen. 10 Wenn ich bei euch vorbeikomme, werde ich ihn bloßstel-
len müssen. Ich werde dann noch mal in Erinnerung bringen, was für
Schaden er durch seine linken Kommentare gegen uns angerichtet hat.
Dabei ist er selber noch nicht einmal bereit, Geschwister bei sich woh-
nen zu lassen, und ist auch so alles andere als gastfreundlich. Um das
noch zu toppen, schmeißt er sogar die Leute aus der Gemeinde raus,
die genau das tun ... 11 Mein Lieber, bitte sei nicht so wie dieser Typ und
mach ihm das nicht nach! Tu stattdessen gute Sachen, ja!? Nur wer gute
Sachen tut, gehört zur Familie von Gott. Wer link drauf ist, kann Gott

gar nicht kennen. [12] Über Demetrius erzählt man sich überall nur gute Geschichten! Gott hat ihn anscheinend voll bestätigt. Wir bestätigen ihn natürlich auch da drin, und wir erzählen ja keinen Mist. [13] Mann, es gäbe echt noch so viele Sachen, die ich dir gerne schreiben würde. [14] Aber wir sehen uns hoffentlich bald mal wieder. Dann könnten wir ausführlich quatschen! [15] Ich wünsch dir, dass du entspannt bist, weil Gott dir das schenkt. Ich soll noch Grüße von allen Freunden hier ausrichten! Richte mal jedem Einzelnen von mir Grüße aus! Bis dann,
dein Johannes!

Ein Brief an die Hebräer

1

Gott redet durch Jesus zu den Menschen

1 Gott hat immer schon zu den Menschen gesprochen. Ist schon ewig
her, da redete er durch die Propheten auf ganz unterschiedliche Weise zu
unseren Vorfahren. 2 Jetzt hat er erst vor kurzem durch seinen Sohn zu
uns gesprochen! Seinen Sohn Jesus Christus hat er zum Universalerben
über die ganze Welt eingesetzt. Mit ihm zusammen hat er auch die Welt
gemacht. 3 Sein Sohn hat uns gezeigt, wie Gott wirklich drauf ist. Wie
gigantisch groß er ist, konnte man an ihm sehen. Das ganze Universum
wird durch ein Wort von ihm zusammengehalten. Nachdem er für uns
gestorben ist und dadurch der ganze Dreck von uns abgewaschen wurde,
hat er sich auf die Ehrentribüne gleich neben Gott im Himmel gesetzt.

Jesus Christus hat mehr zu sagen als jeder Engel

4 Jesus hat als Sohn von Gott weit mehr zu sagen als die Engel. Auch
seine Unterschrift zählt viel mehr, er hat eine viel größere Vollmacht von
Gott ausgestellt bekommen. 5 Gott hat zu keinem Engel gesagt, was er
zu Jesus gesagt hat: „Du bist mein Sohn, und heute mach ich dich zum
Präsidenten!“ Oder: „Ich werde sein Vater sein, und er wird mein Sohn
sein.“ 6 Als Gott seinen einzigen Sohn der Welt vorgestellt hat, meinte
er: „Alle Engel sollen zu ihm beten!“ 7 Über die Engel steht da dann:
„Er sorgt dafür, dass sie so schnell fliegen können wie der Wind und
dass sie wie eine Flamme ein Feuer anzünden können.“ 8 Über seinen
Sohn steht da aber: „Gott, du bist und bleibst der Größte! Da, wo du
das Sagen hast, geht es gerecht und fair zu! 9 Du stehst da drauf, wenn
Sachen gerecht ablaufen, und hasst es, wenn es ungerecht zugeht. Da-
rum hat Gott dich ausgesucht. Du sollst das Sagen haben, du sollst dich
tierisch freuen können, mehr als alle anderen.“ 10 Und in diesem Zitat
geht es um Jesus: „Am Anfang hast du alles gemacht, du hast die Erde
und den Himmel geschaffen, das kommt alles von dir. 11 Beide werden
irgendwann vergammeln, aber du bist immer da. 12 Wie einen alten Pulli
wirst du sie auf den Müll schmeißen, weil du etwas Neues hast. Aber du
bleibst immer gleich, du veränderst dich nicht. Du wirst nie alt werden.“
13 Zu welchem Engel hat Gott jemals die Ansage gemacht: „Setz dich
mal neben mich und warte ab, bis ich aus deinen Feinden Kleinholz ge-
macht habe“? 14 Engel sind nur so Wesen, die einfach die Aufgabe ha-
ben, für Gott da zu sein. Sie sind wie ein Geist, der ausgebildet wurde,

um denen eine Hilfe zu sein, die von Gott gerettet und befreit worden
sind.

2

Knapp vorbei ist auch daneben

1 Darum sag ich euch: Lauscher immer gut auf Empfang stellen! Sonst
könnten wir am Ziel vorbeischießen. 2 Alles, was Gott jemals durch
einen Engel gesagt hat, war immer sehr radikal, und jeder, der etwas
gegen die Gesetze getan hatte, wurde sofort ausnahmslos bestraft.
3 Genauso hat heute auch keiner eine Chance bei Gott, der das Angebot,
das er uns durch Jesus gemacht hat, einfach ausschlägt. Dieses Angebot
wurde uns von den Leuten weitergegeben, die es mit eigenen Ohren ge-
hört haben. 4 Gott stellt sich dazu, indem er diese Nachricht mit derben
Wundern und vielen anderen übernatürlichen Zeichen bestätigt und
dadurch, dass er seinen heiligen Geist austeilt, wie er will.

Nur über Jesus kann man Gott finden

5 Leute, nicht die Engel werden in dieser Welt, die dann mal kommen
wird, das Sagen haben! 6 In den alten Schriften steht dazu: „Was für
eine Bedeutung haben Menschen überhaupt? Und wie steht es um den
Menschensohn*, dass er dir so wichtig ist? 7 Für eine kurze Zeit hast
du ihm eine Stellung unter den Engeln gegeben, aber dann hast du ihn
fett rauskommen lassen! 8 Du hast ihm jede Vollmacht ausgestellt über
alles, was es gibt.“ Wenn Gott ihm uneingeschränkte Vollmacht be-
scheinigt, dann gibt es nichts, worüber er nicht das Sagen hat. Bis jetzt
können wir das noch nicht erleben, 9 aber was wir erlebt haben, ist, dass
Jesus für eine kurze Zeit eine Stellung sogar unter den Engeln gehabt
hat. Dann aber ist er ganz fett rausgekommen, mit allem, was geht, und
zwar dadurch, dass er für alle Menschen den Tod durchlebt hat, mit
allen ätzenden Sachen, die dazu gehören. Das tat er, weil Gott alle Men-
schen so sehr liebt. 10 Alle Sachen, die es gibt, wurden ursprünglich nur
für ihn gemacht, und wegen ihm kann alles überhaupt nur existieren.
Gott will seine Kinder zu ihm führen, darum musste Jesus sie retten,
und das ging nur dadurch, dass er durch den ganzen Dreck durchging,
um so den Weg frei zu machen. 11 So kommt es, dass Jesus Christus,
der uns den Weg zu Gott frei gemacht hat, und wir Menschen jetzt den
gleichen Vater haben. Darum ist es Jesus auch nicht peinlich, uns seine
Geschwister zu nennen. 12 Er hat gesagt: „Ich will meinen Geschwistern
von dir erzählen, ich will dich vor allen Leuten groß rauskommen las-

---

* Siehe Erklärung in Matthäus 8, Vers 20.

sen.“ 13 Durch den Mund von Jesaja hat Christus gesagt: „Ich setze nur
auf Gott!“, und: „Hier bin ich mit den Kindern, die Gott mir gegeben
hat!“ 14 Die Kinder von Gott, also die Leute, die an ihn glauben, sind
ja normale Menschen, mit Muskeln und Knochen, darum wurde Jesus
auch ganz normal als ein Mensch geboren. Nur so war es möglich, dem
Feind Gottes, dem Satan, eine endgültige Niederlage beizupulen. Denn
der hatte bis dahin das Sagen über den Tod. 15 Nur so konnte er die
Leute befreien, die ihr Leben lang irre Angst vor dem Tod hatten. 16 Bei
Jesus standen natürlich nicht die Engel im Mittelpunkt, sondern die
Menschen, die zu Gott gehören. 17 Darum musste er genau so werden
wie wir, seine Brüder. Nur so konnte er bei Gott die Stellung eines Pries-
ters bekommen. Weil er die Menschen liebte und hundertpro zu Gott
stand, hat er sich für die Menschen geopfert, um sie von ihrer Schuld zu
befreien. 18 Denn was er selber an üblen Sachen durchgemacht hat, da
drin kann er uns dann auch helfen, wenn wir mal wieder von Satan unter
Beschuss genommen werden.

3

Mose kann Jesus nicht das Wasser reichen

1 Also, liebe Freunde, ihr gehört ja auch alle zu Gott, weil er euch ge-
rufen hat. Guckt darum auf Jesus! Er wurde von Gott mit dem Auftrag
in die Welt geschickt, den Weg zu Gott für die Menschen freizuräumen.
2 Auf ihn konnte Gott sich verlassen, er war treu. Gott hatte ihm eine Or-
der gegeben, genauso wie er das mit Mose getan hatte. Und Mose war
auch treu, er hat alles für das Volk von Gott getan. 3 Jesus steht aber viel
höher als Mose! Das ist so, wie wenn ein Architekt am Ende einen Preis
für sein cooles Gebäude gewinnt. Den kriegt ja auch er persönlich und
nicht das Haus, das er geplant hat. 4 Jedes Haus ist ja mal von jeman-
dem gebaut worden, Gott hat aber alles gemacht, sogar das Material,
mit dem das Haus gebaut worden ist. 5 Mose war immer straight mit
Gott unterwegs, er hat sich gut um das Haus gekümmert. So konnte
er als Hinweisschild dienen für die Sachen, die noch passieren sollten.
6 Jesus ist aber der Sohn von Gott, und für ihn wurde das ganze Haus
überhaupt gebaut. Wir sind dieses Haus, wir, seine Freunde, seine Ge-
meinde. Und das bleiben wir auch, wenn wir bis zum Ende durchziehen,
uns auf Jesus schmeißen und ihm weiter vertrauen.

Gott hat seinen Leuten was versprochen

7 Darum sagt uns der heilige Geist jetzt: „Hört auf das, was ich euch
sagen möchte! Sperrt die Lauscher auf! 8 Macht euch nicht total zu,
so wie es die Israelis getan haben, als sie in der Wüste auf die Probe

gestellt wurden und sie den Aufstand markiert haben. 9 Da haben sie
vierzig Jahre lang täglich mitbekommen, wie ich sie sicher geführt habe.
Eine Aktion nach der nächsten, und trotzdem war es nie genug. Ständig
wollten sie einen neuen Beweis. 10 Irgendwann hatte ich die Schnauze
voll und sagte: ‚sie sind andauernd total verwirrt, mal wollen sie dies,
dann wollen sie das.‘ Aber immer wenn ich sage, wo es längs geht, dann
wollen sie nicht gehen. 11 Als ich dann total angefressen war, hab ich mir
geschworen: ‚Sie sollen nirgends Ruhe finden und niemals festen Boden
unter die Füße kriegen.‘“ 12 Darum, Leute, passt auf, dass ihr nicht auch
so schräge draufkommt und Gott nicht mehr vertraut, wie das euren
Vorfahren passiert ist! 13 Ermutigt euch gegenseitig jeden Tag, solange
Gott noch zu euch redet. Sonst könnte es passieren, dass ihr innerlich
hart werdet und wegen der Sachen, die euch von Gott trennen, für ihn
nicht mehr erreichbar seid. 14 Wenn wir radikal bis zum Ende durch-
ziehen und Gott so treu bleiben, wie wir es am Anfang auch waren,
dann werden wir von Jesus alles bekommen, was er auch hat. 15 Dabei
nie vergessen: „Heute sollt ihr auf das hören, was er euch zu sagen
hat! Macht euch nicht total zu und stellt euer Herz auf Empfang – nicht
so wie die Israeliten, als die sogar ’ne Revolte gegen Gott angezettelt
haben.“ 16 Was waren das überhaupt für Leute, die sich gegen Gott ge-
stellt hatten, obwohl sie genau wussten, was er von ihnen wollte? Waren
das nicht genau die gleichen, die Mose aus Ägypten rausgeführt hatte?
17 Und wer hat Gott vierzig Jahre in einer Tour provoziert? Waren das
nicht genau die Leute, die vorher noch Mist gebaut hatten und die dann
in der Wüste elendig verreckt sind? 18 Wem hatte Gott denn gedroht, sie
würden das versprochene Land nicht erreichen und da endlich zur Ruhe
kommen? Das hat er den Leuten gesagt, die nicht das getan hatten, was
er wollte! 19 Das alles zeigt uns ganz klar, dass die Leute, die nicht das
tun, was Gott von ihnen will, das Ziel nicht erreichen.

4

Gott entspannt sich, das sollten wir auch tun

1 Leute, zieht durch mit Gott! Gebt alles, lasst euch nicht vom Ziel ab-
bringen! Wir wollen uns doch irgendwann alle in Gottes Ruhe entspan-
nen können, oder? 2 Gott hat uns genauso wie unseren Vorfahren dieses
Versprechen gemacht. Die haben es allerdings nicht gecheckt, sie haben
die Worte, die Gott zu ihnen gesprochen hatte, zwar gehört, aber nicht
darauf reagiert. 3 Wir werden es aber packen. Wir haben gelernt Gott zu
vertrauen, darum werden wir entspannt bei Gott landen können. Über
die Leute, die Gott nicht glauben, sagt er: „Ich habe geschworen, als ich
supersauer war: Sie sollen nie zur Ruhe kommen, sie sollen sich nicht

bei mir entspannen können." Und das, obwohl er dieses Friedensange-
bot schon von Anfang an gemacht hatte. 4 Denn er hatte ja irgendwie
schon am siebten Tag, als er die Erde gemacht hatte, gesagt: „Gott ent-
spannt sich am siebten Tag, er ruht sich aus von seiner Arbeit." 5 Trotz-
dem hatte Gott an einer anderen Stelle die Ansage gemacht: „Sie sollen
sich nie mehr wirklich ausruhen können!" 6 Das bedeutet, dass Gott uns
immer noch anbietet, Frieden zu finden, etwas, das uns wirklich ent-
spannt macht. Die Menschen, die dieses Angebot aber früher gehört
haben, haben es aber nicht angenommen. Sie haben nicht das getan,
was Gott von ihnen wollte. 7 Gott hat darum beschlossen, ein neues
Date klarzumachen, einen neuen Tag, an dem er sein Versprechen
einlösen will. Diese neue Chance ist heute, denn schon der Präsident
David meinte mal: „Wenn ihr heute seine Stimme hört, dann legt los
und macht euch nicht zu!" 8 Diesen Frieden konnte man nicht in dem
Land Kanaan finden. Dort hatte Josua ja das Volk hingeführt. Wenn man
den dort gefunden hätte, könnte David – und damit Gott – ja nicht von
einem „andern Tag" gesprochen haben. 9 Gottes Volk wartet also immer
noch auf die Einlösung dieses Versprechens, es ist noch nicht passiert.
10 Wer da angekommen ist, kann sich nämlich total entspannen, er kann
von seiner Arbeit ausruhen, genauso wie Gott das am siebten Tag ge-
macht hat. 11 Um diesen Frieden wollen wir kämpfen. Wir müssen auf-
passen, dass wir nicht von Jesus wegkommen, nur weil wir so verpeilt
sind. 12 Gottes Worte sind powervoll, sie haben Auswirkungen. Sie sind
schärfer als eine Rasierklinge und gefährlicher als ein Laserschwert. Sie
durchdringen unsere geheimsten Gedanken und unsere tiefsten Träu-
me. Sie trennen das, was von uns kommt, und das, was von Gott ist. Sie
verurteilen oder bestätigen uns, je nachdem, wie wir leben. Und das tun
sie ganz neutral, man kann sie nicht bestechen oder belabern. 13 Gott
kann alles sehen, du kannst keine Geheimnisse vor ihm haben. Und
jeder muss sich für die Sachen, die er tut, vor ihm verantworten.

Jesus steht über den Dingen, er ist der beste und höchste Priester

14 Leute, wir haben den besten Priester, den es gibt, Jesus! Er ist durch
den Himmel gezogen, er ist der Sohn von Gott! Lasst uns ganz nahe
bei ihm sein und uns vor allen Leuten radikal zu ihm bekennen. 15 Die-
ser höchste Priester, den es gibt, versteht uns, er weiß, was es bedeu-
tet, auf dieser Welt zu leben, er war selbst da! Er ist aber bei keiner
Versuchung schwach geworden, er hat es gepackt! 16 Wir können ohne
Angst zu Gott kommen, er liebt uns! Bei ihm bekommen wir alles, was
wir brauchen und wann wir es brauchen, nämlich seine Liebe und seine
Zuwendung.

5

1 Wenn einer den Posten vom Oberpriester bekommt, ist es sein Job, andere Menschen vor Gott zu vertreten. Er soll für sie Opferrituale durchziehen, um für die Schulden der Menschen, die sie bei Gott haben, zu bezahlen. 2 Weil er einer von ihnen ist, weiß er, was bei Menschen alles abgehen kann. Er hat dieselben Probleme wie sie, er weiß, was es bedeutet, Mist zu bauen und im Dreck zu liegen. Darum geht er relaxt mit ihnen um. 3 Und weil er auch nur ein Mensch ist, muss er auch für seine Schulden Opferrituale bringen. 4 Für diesen Job kann man sich nicht irgendwo bewerben, man kann auch nichts selbst dazu machen, Gott sucht sich diese Leute aus, so wie damals den Aaron. 5 Jesus Christus hat sich auch nicht selber zum Oberpriester ernannt, er wurde von Gott dazu ausgesucht. Gott hat zu ihm gesagt: „Du bist mein Sohn, ich habe dich ins Leben gerufen.“ 6 Woanders kann man lesen: „Du bist mein Priester, so wie Melchisedek es auch war.“ 7 Als Jesus noch körperlich bei uns war, hat er Gott mal voll verzweifelt und unter Tränen gebeten, ihn aus dem Tod wieder rauszuretten. Und weil Gott immer den ersten Platz in seinem Leben hatte und er radikal für ihn lebte, hat Gott dieses Gebet auch erhört. 8 Obwohl Jesus der Sohn von Gott war, musste er auch erst lernen, nur das zu tun, was Gott will, trotz ätzender Sachen, die dabei passieren. 9 So wurde er derjenige, der wirklich für Gott durchgezogen hat. Er wurde zum Schlüssel, der die Tür zur Befreiung aufgeschlossen hat. Das gilt für alle, die tun, was er will. 10 Gott hat ihm selber den Job des Oberpriesters gegeben, so wie Melchisedek einer war.

Erwachsen werden im Leben mit Gott

11 Zu dem Thema gäbe es noch einiges zu sagen, aber ihr kapiert ja anscheinend vieles nicht so richtig. Deshalb fällt es mir auf jeden Fall schwer, das noch deutlicher zu erklären. 12 Also, eigentlich seid ihr schon so lange mit Jesus unterwegs, dass ihr bereits den schwarzen Gurt im Glauben haben müsstet. Aber anstatt anderen was beizubringen, seid ihr wieder beim ABC gelandet. Ihr braucht geistliche Babynahrung anstatt Schwarzbrot. 13 Wenn ein Mensch aber bei der Babynahrung stehen geblieben ist, dann kann er auch noch nicht so richtig begreifen, worum es im Leben mit Gott eigentlich geht. Er hat die Worte von Gott noch nicht richtig verstanden, er ist ja im Grunde noch ein Babychrist. 14 Schwarzbrot ist eher was für Erwachsene, die im Leben genug Erfahrungen gesammelt haben, um zwischen Gut und Schlecht zu unterscheiden.

6

1 Trotzdem wollen wir jetzt mal mit diesen grundsätzlichen Sachen
über ein Leben mit Jesus Schluss machen. Lasst uns jetzt mal mehr
über die Sachen sprechen, die Christen einfach draufhaben müssen,
wenn sie in ihrem Glauben erwachsen geworden sind. Muss doch
echt nicht sein, dass man einiges immer wieder neu sagen muss. Zum
Beispiel, dass man bestimmte Sachen als Christ einfach nicht mehr
macht, weil die eben ätzend sind. 2 Ihr braucht es auch echt nicht,
wenn man zum hundertsten Mal erzählt, was da mit der Taufe abgeht
oder wie man für Leute betet und ihnen die Hand auflegt, was pas-
siert, wenn wir aus dem Tod rausgeholt werden, und was bei dieser
letzten Gerichtsverhandlung abgehen wird. 3 Darüber werden wir euch
irgendwann was erzählen, wenn Gott das will, aber nicht früher. 4 Eine
Sache ist noch superwichtig, die will ich euch unbedingt noch sagen:
Alle, die einmal voll die Erkenntnis über Gott gehabt haben, die ihn
auch erleben und spüren konnten, die Erfahrungen mit dem heiligen
Geist gemacht haben, 5 die einmal die guten Worte von Gott gehört
haben, die uns zeigen, wo es längs geht und was in der zukünftigen
Welt alles abgehen wird – 6 alle die, die sich dann trotzdem gegen
Christus entschieden haben, für die ist es unmöglich, umzudrehen
und zu Gott zurückzukommen! Sie haben damit im Grunde Jesus ein
zweites Mal hingerichtet und dafür gesorgt, dass er wieder verlacht
worden ist. 7 Wenn ein Mensch so was wie ein guter Boden ist, auf
dem ein Bauer Samen sät, und dieser Boden nimmt den Regen auf,
alles wächst und der Bauer hat eine fette Ernte, dann ist das Segen
von Gott. 8 Aber wenn da überall Brennnesseln und Disteln wachsen,
dann kann man mit dem Boden nicht so viel anfangen. Der Bauer wird
voll sauer sein und alles abfackeln. 9 Freunde, wir mussten euch darü-
ber einfach mal reinen Wein einschenken, obwohl wir natürlich nicht
glauben, dass das auf euch zutrifft. Wir sind uns total sicher, dass ihr
es packen werdet! 10 Gott ist gerecht und fair. Er wird es nicht verges-
sen, wie ihr euch für ihn grade gemacht und geschuftet habt. Er weiß
auch, dass ihr gezeigt habt, wie sehr ihr ihn liebt. Alleine schon, dass
ihr euch um andere gekümmert habt, die auch zu Gott gehören, hat
das ja deutlich gemacht. 11 Wir wünschen uns total, dass ihr bis zum
Ende voll durchzieht, dass ihr die Hoffnung und euren Einsatz nicht
auf der Strecke verliert. 12 Nicht, dass ihr irgendwie abschlafft! Richtet
euch nach den Vorbildern von radikalen Christen, die das bekommen
haben, was Gott ihnen versprochen hatte, weil sie ihm geglaubt und
geduldig darauf gewartet haben.

Gott hält, was er verspricht

13 Überlegt doch mal: Als Gott dem Obervater Abraham ein Versprechen
gegeben hat, wie hat er das gemacht? Schließlich ist es ja Gott, der da
was verspricht, und so nahm er sich selbst als Zeuge für sein Verspre-
chen. Es steht ja keiner über ihm, der das hätte machen können. 14 „Ga-
rantiert: Ich werde dich fett segnen! Du sollst viele Kinder haben!“ 15 Ab
dann hat Abraham nur noch gewartet, lange gewartet, bis er dann das
bekommen hat, was Gott versprochen hatte. 16 Wenn man einen Eid ab-
leistet, will man damit klar machen, dass man die reine Wahrheit sagt.
Dabei beruft man sich auf eine Autorität, etwas, was über einem steht,
um sicherzugehen, dass einem auch geglaubt wird. 17 Gott hat auch ein
Versprechen mit einem Eid abgesichert. Er wollte, dass die Leute, für
die dieses Versprechen gilt, ganz sicher sind, dass er auch dazu steht.
18 Gott hat uns beides gegeben, das Versprechen und einen Eid. Man
kann sich dabei auf ihn hundert Prozent verlassen, er lügt nie! Diese
Zusage tröstet uns immer, wenn wir Hoffnung brauchen, damit wir
unser Ziel auch erreichen. 19 Diese Hoffnung ist für uns wie eine Bank,
wir können uns voll da drauf verlassen. Sie stützt sich auf ein endloses
Vermögen, das im Himmel auf uns wartet. 20 Jesus ist dahin schon mal
vorgegangen. Er ist unser oberster Priester, und zwar für immer, ganz
so, wie es der Oberpriester Melchisedek war.

7

Der Melchisedek und seine Bedeutung für die Priester der Juden

1 Melchisedek war ja ein Präsident von Salem und er war ein Priester für
Gott. Als Abraham von einem Krieg nach Hause kam, ging ihm dieser
Melchisedek entgegen und segnete ihn. 2 Abraham gab ihm daraufhin
zehn Prozent von der gesamten Kriegsbeute. Melchisedek bedeutet
übrigens „der Präsident, der gerecht ist“ oder auch „der Präsident,
der Frieden bringt“. 3 Es gibt keine Aufzeichnung von seinen leiblichen
Eltern oder sonst irgendwelchen Vorfahren. Man weiß nicht mal, wann
er geboren wurde und wo er gestorben ist. Sein Leben hatte sozusagen
keinen Anfang und kein Ende, fast so wie Jesus. Er hat seinen Job als
Priester darum auch nie verloren. 4 Was für einen Einfluss muss der
gehabt haben, wenn sogar unser Urvater Abraham, das Gründungsmit-
glied unserer Familie, ihm zehn Prozent von der Kriegsbeute gab? 5 Jetzt
ist das schon so, dass die Familie der Levis, die den Job der Priester bei
den Israelis haben, gesetzlich dazu verpflichtet ist, zehn Prozent vom
Einkommen der Leute einzuziehen, und das, obwohl ja alle aus der
gleichen Familie kommen, nämlich aus der von Abraham. 6 Melchisedek
gehörte gar nicht zu der Familie, bekam aber trotzdem seinen Anteil

von zehn Prozent. Melchisedek segnete Abraham dafür, wobei Abraham ja schon das Versprechen von Gott in der Tasche hatte. [7] Jetzt kann man auf jeden Fall festhalten, dass derjenige, der segnet, über dem steht, der gesegnet wird. [8] Die jüdischen Priester, die diese zehn Prozent bekommen, sind ganz normale sterbliche Menschen. Melchisedek war das aber nicht, denn er lebte weiter. [9] Man könnte sogar sagen, dass Levi, der Priester, sogar selber diese zehn Prozent durch Abraham an Melchisedek abgegeben hat. Und das, obwohl er ja eigentlich selber die zehn Prozent von anderen immer einfordert. [10] Levi war zu dieser Zeit noch nicht geboren, aber er war trotzdem irgendwie dabei, weil Abraham ja sein Ur-Vater war, und durch ihn war er dann auch anwesend, als der die zehn Prozent an Melchisedek abgeführt hat. [11] Die Priestersippe der Leviten war offensichtlich nicht in der Lage, uns die Vergebung von Gott für unseren Mist zu vermitteln. Dazu gibt es ja auch klare Bestimmungen in unserem Gesetz. Sonst hätte Gott ja auch nicht einen ganz anderen Priester zu uns schicken müssen, einen von der Kategorie „Melchisedek", dann hätte auch ein normaler Priester „Marke Aaron" gereicht.

Jesus Christus ist der oberste Priester, der den neuen Vertrag klargemacht hat.

[12] Wenn jetzt die Bestimmungen über die Priester geändert werden, dann muss natürlich das Gesetz geändert werden. [13] Denn der, von dem wir hier die ganze Zeit reden, nämlich Jesus Christus, kommt ja aus einem Teil von unserem Volk, in dem keiner Priester von Beruf werden konnte. Kein einziger von seinen Vorfahren hat mal im Tempel am Altar gearbeitet. [14] Wir wissen ja alle, dass er aus der Familie vom Juda kam, und da gab es nie eine Verbindung zu der Familie der Priester. Mose hat da übrigens auch nie was von erwähnt. [15] Wenn jetzt Gott einen anderen Priester an den Start bringt, einen von der Sorte eines Melchisedek, dann ist doch ganz klar, dass er damit auch etwas ganz Besonderes vorhatte. [16] Jesus wurde ja auch kein Priester, weil er die klassischen Voraussetzungen dafür nicht erfüllt hat, nämlich die Familienzugehörigkeit zu den Levis. Seine Qualifikation kam allein daher, dass er den Tod überwunden hat und ewig weiterlebt! [17] Über ihn ist ja auch die Ansage gemacht worden: „Du sollst ein Priester sein für immer, genauso wie Melchisedek." [18] Die alten Gesetze, die den Rahmen dafür absteckten, wer Priester werden sollte und wer nicht, wurden damit egal. Sie brachten es einfach nicht mehr. [19] Das Gesetz, das uns Mose organisiert hatte, konnte uns nicht an das Ziel bringen. Es konnte die Beziehung mit Gott nicht wieder klarkriegen. Jetzt gibt es aber eine neue Hoffnung, eine viel bessere. Sie zeigt uns, wie wir mit Gott wieder Frieden

bekommen, wie wir nahe an ihn rankommen können. 20 Gott hat Jesus
mit einer eidesstattlichen Versicherung in seinem Auftrag als Priester
bestätigt. Das hatte es vorher noch nicht gegeben! 21 Nur über Jesus hat
er gesagt: „Gott, der über allem steht, hat mit einem Eid etwas fest ver-
sprochen, und daran hält er sich auch: ‚Du wirst für immer und ewig ein
Priester sein!'" 22 Jesus hat uns so einen besseren Vertrag ausgehandelt,
und er bürgt für diesen Bund mit Gott. 23 Als noch der alte Vertrag am
Start war, musste es auch viele Priester geben, denn die sterben ja auch
irgendwann mal. 24 Jesus aber bleibt für immer ein Priester, er lebt ewig
weiter, das kann ihm keiner mehr nehmen. 25 Darum kann er auch jeden
retten, er kann jeden zu Gott führen. 26 Er ist der einzige Priester, den
wir echt brauchen. Er ist special, er hat alles richtig gemacht, nie Mist
gebaut, sich auch nie was bei Gott zu Schulden kommen lassen. Er hat
jetzt den höchsten Ehrenplatz auf der Tribüne im Himmel bekommen.
27 Er hat es nicht nötig, jeden Tag ein Opferritual in einem Tempel durch-
zuziehen, wie es die andern Priester machen mussten. Die taten das ja,
um für ihre eigenen Schulden und die Schulden der Menschen zu be-
zahlen. Jesus hat das alles ein für alle Mal am Kreuz erledigt! Als er sich
dort selber geopfert hat, hat er die Schulden aller Menschen für immer
bezahlt! 28 Das Gesetz vom Mose sah vor, Leute als Priester auszusu-
chen, die schwach waren und Fehler hatten. Doch dieses Gesetz wurde
dadurch abgelöst, dass Gott seinen Sohn mit einem Eid als unseren
Oberpriester eingesetzt hat. Und diesen Auftrag wird Jesus ewig haben,
denn er macht keine Fehler und ist vollkommen.

8

Christus hat uns einen neuen Vertrag mit Gott organisiert

1 Unser Hauptding, was wir euch noch mal klar machen wollen, ist aber
Folgendes: Unser Oberpriester Jesus sitzt jetzt auf der Ehrentribüne
direkt neben Gott. 2 Dort hat der den Job eines Priesters in diesem
krassen, oberheiligen Ort, der von Gott höchstpersönlich, nicht von
irgendwelchen Menschen, gemacht worden ist. 3 Und genauso wie ein
Oberpriester das tut, macht er dort auch Opferrituale und braucht dazu
natürlich auch Sachen, die er opfern kann. 4 Klar, wenn Jesus hier auf der
Erde wäre, dann könnte er diesen Job gar nicht tun, und es wäre auch
nicht angesagt, denn es gibt hier ja schon genug Leute, die diese Rituale
machen, ganz so wie es die Gesetze wollen. 5 Sie erledigen das allerdings
nur in einem Tempel, der im Vergleich mit dem himmlischen Tempel
von Gott total peinlich rüberkommen muss. Als die Israelis auf dem Weg
von Ägypten durch die Wüste wanderten, gab Gott Mose den Auftrag,
ein besonderes Zelt zu bauen, das eine Art mobiler Tempel sein sollte.

Dabei wies ihn Gott an: „Pass auf, dass du alles genau nach dem Plan
baust, den ich dir auf dem Berg gezeigt habe!“ 6 Jesus hat eine viel größe-
re Aufgabe bekommen als alle anderen Priester auf der Erde. Darum hat
er auch als Bringer dieses neuen Vertrages zwischen Gott und den Men-
schen weitaus bessere Konditionen. 7 Wenn der erste Vertrag perfekt ge-
wesen wäre, dann wäre es auch nicht angesagt gewesen, ihn zu ersetzen.
8 Gott war aber sauer auf seine Leute, als er sagte: „Es wird ein Tag kom-
men, an dem ich einen neuen Vertrag mit allen Israelis unterzeichnen
werde. 9 Dieser Vertrag wird anders sein als der, den ich mit ihren Vor-
fahren abgeschlossen habe, als ich sie aus Ägypten rausgeholt habe. Sie
haben diesen Vertrag gebrochen, darum hab ich mich nicht mehr um sie
gekümmert. 10 Aber irgendwann werde ich einen neuen Vertrag mit ihnen
abschließen. Und dieser Vertrag wird so aussehen: Meine Gesetze sollen
direkt in ihr Herz aufgespielt werden, sie werden ihr ganzes Bewusstsein
erfüllen. Ich will nahe bei ihnen sein, wir sind ganz eng zusammen, ich
bin ihr Gott und sie sind meine Leute. 11 Keiner wird dann mehr sagen
müssen, wo es längs geht, keiner muss mehr einen Aufruf machen nach
dem Motto: ‚Kapiert doch, wie Gott wirklich drauf ist.‘ Alle wissen das
dann nämlich, alle werden mich gut kennen. 12 Ich will sie freisprechen
von ihren Schulden, ich werde ihren Dreck einfach vergessen.“ 13 Wenn
Gott von einem neuen Vertrag spricht, dann bedeutet es, dass der erste
veraltet ist. Der erste Vertrag ist überholt, er gilt nicht mehr, er ist vorbei.

9

Wie das mit so einem Opfer aus den alten Verträgen abgeht

1 Auch im Rahmen des ersten Vertrages gab es bestimmte Regeln und
Vorschriften, wie so ein Gottesdienst auszusehen hatte und wie man
mit dem oberheiligen Ort in diesem Zelt umgehen sollte. 2 Dieses Zelt
hatte zwei Räume. Im vorderen Teil standen eine Lampe und ein Tisch.
Auf dem Tisch lagen ganz besondere Brote. Diesen Raum nannte man
auch „das Heiligtum“. 3 Dann war da noch ein Raum hinter einem Vor-
hang. Und dieser Raum war der allerderbste und heiligste Ort schlecht-
hin. 4 Hier standen auch die goldenen Altäre und eine Truhe, die total
vergoldet war, die nannte man auch „die Bundeslade“. Da drin war eine
goldene Schüssel, wo dieses Manna drin war, dieses Brot, was Gott
seinem Volk mal gesponsert hatte. Dann war da auch noch der Stock
vom Aaron, der mal angefangen hatte zu blühen. Und dann waren da
auch noch die Tafeln aus Stein, wo der Vertrag mit Gott draufstand.
5 Wunderschöne, heftige Engel waren über der Bundeslade angebracht,
die mit ihren Flügeln die Lade bedeckten. Sie waren ein Symbol dafür,
dass dort Vergebung und Versöhnung passiert. Wir können dieses

Thema jetzt nicht ohne Ende bis ins Detail weiterführen. [6] Also, im so
genannten Heiligtum gab es zwei Räume. Im ersten haben die Priester
jeden Tag ihren Job getan. [7] Der andere Raum, dieser Ort, wo das derbs-
te Heiligste war, der durfte nur von dem obersten Priester betreten
werden, und das auch nur einmal im Jahr. Hier machte er mit Blut von
Tieren so ein Opferritual, um für den Mist, den die Leute gebaut hat-
ten, geradezustehen. [8] Der heilige Geist wollte damit schon immer klar
machen, dass der Weg zum wahren Heiligtum noch nicht sichtbar war,
solange dieses Zelt noch benutzt wurde. [9] Das erste Zelt ist ein Bild für
unsere Zeit, die jetzt abgeht. Die Opfer und die andern Sachen, die dort
für Gott verbrannt wurden, können uns auch kein reines Gewissen ma-
chen. [10] Es handelt sich hierbei ja nur um Regeln, die sich auf das Essen
und Trinken und verschiedene Waschrituale beziehen, alles Sachen, die
nur äußerlich passieren. Diese Regeln gelten aber nur so lange, bis die
richtigen Regeln am Start sind.

Das beste und ultimative Opfer schlechthin: Jesus

[11] Seitdem Jesus Christus hier ist, gibt es neue Regeln. Er ist der oberste
Priester, er steht über allem! Er lebt im allerderbsten vollkommen heili-
gen Ort im Himmel, den kein Mensch bauen konnte. Er ist noch nicht
mal Teil dieser Welt. [12] Jesus hat nur einmal Blut an den allerheiligsten
Ort gebracht, und zwar kein Blut von Tieren, sondern sein eigenes Blut.
Dadurch hat er uns gerettet, sodass wir nicht mehr weit weg von Gott
leben müssen. Die Rettung aus unserem Dreck wurde hier perfekt ge-
macht, für immer. [13] Früher konnten wir uns von unserem Dreck, der
uns von Gott weggebracht hat, mit dem Blut von Stieren oder Ziegen
und mit der Asche von einem verbrannten Kalb in einem Ritual wieder
sauber machen. [14] Aber wie viel mehr Kraft hat das Blut von Jesus, das
uns von unserem Dreck befreit! Abgefüllt mit dem heiligen Geist von
Gott war er das perfekte Opfer für unsere Sünden. Er macht es möglich,
dass wir ein reines Gewissen haben können. Jetzt können wir mit dem
lebendigen Gott voll durchstarten!

Der neue Vertrag zwischen Gott und den Menschen

[15] So hat Jesus einen neuen Vertrag für uns organisiert, einen Deal zwi-
schen Gott und den Menschen. Er ist gestorben, damit die Schulden be-
zahlt sind, die wir durch unseren Mist angehäuft haben. Jetzt können alle,
die Gott dazu ausgesucht hat, die vom ihm angesagte Erbschaft antreten:
das ewige Leben mit Gott. [16] Ist doch klar, wo ein Testament eröffnet wur-
de, muss jemand vorher gestorben sein. [17] Ein Testament macht erst dann
Sinn, wenn auch jemand gestorben ist, denn solange derjenige lebt, der

es ausgestellt hat, ist es ja noch nicht in Kraft getreten. 18 Darum musste
der erste Vertrag mit Blut als Beweismittel für das Eintreten des Todes
besiegelt werden. 19 Als Mose dem ganzen Volk die Gesetze vorgelesen
hatte, nahm er Blut von Kälbern und Ziegen, vermischte das mit Wasser
und besprenkelte damit zuerst das Buch, wo die Gesetze drinstanden,
und dann das ganze Volk mit einem Zweig und etwas Wolle. 20 Dabei sag-
te er: „Dieses Blut ist die Unterschrift von dem Vertrag, den Gott mit euch
abgeschlossen hat.“ 21 Genauso machte er das dann auch mit dem heili-
gen Zelt und den ganzen Sachen, die man für den Gottesdienst brauchte.
22 Nach den Gesetzen, die im alten Vertrag standen, wurde fast alles mit
Blut wieder sauber gemacht. Eine Vergebung ohne Blut, dass man mit
Gott wieder ins Reine kommt, einfach so? Das geht gar nicht!

Jesus hat alles gegeben

23 Das war auch der Grund, warum das Zelt und alles, was da drin war,
durch das Blut von Tieren gereinigt wurde. Die Sachen, die dann aber
das wirklich Heilige betreffen, die Sachen, die im Himmel abgehen,
dafür muss es ein besseres Opfer geben, eins, das mehr Wirkung hat
als das von Tieren. 24 Jesus Christus ist für uns in den Himmel gegan-
gen, um sich da für uns vor Gott grade zu machen. Er ging nicht in den
Tempel, der von Menschen gemacht war, denn der war ja nur so eine
Art Schatten von dem, was im Himmel abgeht. 25 Er ging auch nicht in
den Himmel, um sich immer wieder neu selber zu opfern, so wie es die
Priester hier auf der Erde ja jedes Jahr machen. Sie gehen dann in das
Heiligtum, um Tiere zu opfern. Er tat es nur einmal. 26 Wenn er es jedes
Mal wieder neu machen müsste, dann hätte Jesus Christus, seitdem
es die Welt gibt, ja immer wieder neu leiden müssen! Aber er ist jetzt
gekommen, in der Zeit, wo es mit der Welt zu Ende geht, um ein für alle
Mal alle Schulden zu bezahlen, indem er für alle stirbt! 27 Jeder Mensch
stirbt ja nur einmal, danach kommt dann gleich die große Gerichtsver-
handlung mit Gott. 28 Genauso ist Christus nur einmal gestorben. Er
tat das, damit viele von ihren Schulden befreit werden, dass viele ihren
Dreck loswerden können. Er wird irgendwann wiederkommen, aber
diesmal nicht wegen unserem Sündenproblem, sondern um alle zu
retten, die dann schon voll sehnsüchtig auf ihn warten.

10

Einmal und für immer

1 Die Gesetze aus dem alten Vertrag zwischen Gott und den Menschen
waren tatsächlich nur ein einfacher Vorfilm auf das, was Gott dann
tatsächlich mit uns noch vorhatte. Jedes Jahr wurden die Opferrituale

durchgezogen, aber sie konnten den Leuten, die sie machten, kein wirk-
lich reines Gewissen geben. 2 Hätte sich ja sonst keiner mehr die Mühe
für ständig neue Opfer gemacht, wenn das erste schon dafür gesorgt
hätte, dass ihre Schulden bei Gott für immer weg wären. Dann hätten
sie auch kein schlechtes Gewissen mehr haben brauchen. 3 Stattdessen
wurden sie aber gerade durch das jährliche Opfern immer wieder neu
daran erinnert, dass sie Mist gebaut hatten. 4 Das Blut von irgendwel-
chen Rindern oder Schafen ist nicht wirklich in der Lage, die Trennung
zwischen Gott und uns wieder wegzumachen. 5 Darum hat Jesus, als er
hier war, mal zu Gott gesagt: „Du wolltest keine Tiere als Opfer von mir
haben, du wolltest stattdessen mich opfern. 6 Du stehst nicht auf Opfer,
wo Sachen verbrannt werden, und die anderen Opfer magst du auch
nicht, die man bringt, um seine Schuld bei dir zu bezahlen. 7 Darum
hab ich dann gesagt: ‚Hey Gott, da bin ich! Ich will tun, was du sagst,
genau so, wie es in dem alten Buch gesagt wurde.'" 8 Vorher hatte Jesus
gesagt: „Du wolltest keine Tieropfer mehr. Du hattest keine Lust mehr
auf irgendwelche Sachen, die man dir schenkt, weil man Mist gebaut
hat, und das, obwohl die Gesetze das eigentlich vorschreiben." 9 Dann
sagte Jesus noch: „Ich komme jetzt. Ich will tun, was du willst." Das be-
deutet: Anstelle der alten Opfer opferte Jesus sich selbst, und dadurch
hob Jesus den alten Vertrag auf, um selber den neuen einzusetzen.
10 Dadurch, dass Jesus Christus sich an diesem Kreuz hat abschlachten
lassen, werden wir von Gott ein für alle Mal akzeptiert. 11 Ich fass das
jetzt noch einmal zusammen: Jeden Tag steht der Priester wieder am
Altar und zieht seine Opfer durch, obwohl die unsere Schulden nicht
wegnehmen können. 12 Jesus hat aber ein blutiges Opfer gebracht, um
uns von unserem Dreck zu befreien. Jetzt sitzt er auf der Ehrentribüne,
gleich neben Gott. 13 Dort wartet er so lange, bis seine Feinde ihm die
Füße küssen. 14 Denn durch dieses eine Opfer sind alle Menschen, die
mit Gott klargekommen sind, am Ziel angelangt. 15 Das bestätigt übri-
gens auch der heilige Geist von Gott. Der sagt nämlich: 16 „Dieser neue
Vertrag, den ich an diesem Tag mit meinen Leuten aus Israel unter-
schreiben werde, der wird sich dadurch auszeichnen, dass er nicht mehr
auf Papier, sondern in ihren Willen und Verstand geschrieben ist, in ihr
Herz. 17 Und ich werde ihren Dreck einfach wegwischen, ich werde ihre
Sünden vergessen." 18 Wenn Schulden bezahlt wurden, wenn Sünden
vergeben sind, dann braucht da auch keiner mehr ein Opfer dafür durch-
ziehen. 19 Darum, meine lieben Freunde, können wir jetzt entspannt in
das Allerheiligste im Himmel gehen, weil wir durch die Hinrichtung von
Jesus die Freikarte für den Himmel in der Tasche haben. Wir haben bei
Gott freien Eintritt! 20 Das ist die neue Möglichkeit, die wir jetzt haben.

Dadurch, dass Jesus gestorben ist, können wir durch den Eingang gehen, direkt zu Gott. [21] Er ist der oberste Priester schlechthin, er wurde als Chef über alle Leute, die zu Gott gehören, eingesetzt. [22] Das ist der Grund, warum wir ohne Hintergedanken und mit einem offenen Herzen nahe an Gott rankommen können. Wir können ihm total vertrauen! Denn durch das blutige Opfer, das Jesus für uns gebracht hat, können wir mit reinem Gewissen und ohne Schuldgefühle zu Gott gehen. Er hat uns total sauber gemacht! [23] Haltet an dieser Tatsache, von der wir total überzeugt sind, radikal fest. Gott hält, was er verspricht! [24] Feuert euch gegenseitig an, liebevoll miteinander umzugehen! Ermutigt euch, gute Sachen zu machen! [25] Und nicht immer den Gottesdienst schwänzen, ja? Das haben sich bei euch einige ja schon angewöhnt. Feuert euch auch gegenseitig an, weiter dabeizubleiben, vor allen Dingen, weil ja jeder mitkriegt, dass es mit der Welt langsam zu Ende geht und Jesus bald wiederkommt. [26] Wenn wir jetzt noch weiter rumsündigen, obwohl wir schon lange kapiert haben, wo der Hammer hängt, kann uns kein weiteres Opfer mehr von unserem Dreck befreien. [27] Dann kann man nur noch auf den üblen Tag warten, an dem die letzte Gerichtsverhandlung abgehen wird. Dann wird Gott alles, was sich ihm in den Weg stellt, niederbrennen. [28] Jeder, der ein Gesetz vom Mose gebrochen hatte, wurde nach einer Zeugenbefragung von zwei bis drei Mann hingerichtet, er hatte keine Chance. [29] Ich frag mich, wie viel derber die Bestrafung sein wird von demjenigen, der den Sohn von Gott abgewiesen hat? Was muss mit den Leuten passieren, die das Angebot dieses mit Blut unterzeichneten Vertrages einfach ablehnen? So einer macht den heiligen Geist ja lächerlich, er hat null begriffen, wie gnädig Gott ist. [30] Wir haben den ja kennengelernt, der mal gesagt hat: „Ich will mich übel rächen und es denen heimzahlen." An einer anderen Stelle heißt es: „Gott wird seine Leute verurteilen." [31] Es ist total übel, Gott ausgeliefert zu sein, wenn er so drauf ist.

Das Vertrauen auf Gott muss auch auf die Probe gestellt werden

[32] Denkt noch mal zurück an die Zeit, kurz nachdem ihr Christen geworden seid. Damals musstet ihr schlimme Sachen durchmachen, aber ihr habt es durchgezogen. [33] Manchmal wurdet ihr vor allen Leuten lächerlich gemacht, manchmal verprügelt, manchmal habt ihr anderen geholfen, die solche Sachen erlebt haben. [34] Ihr habt mit den Leuten gelitten, die in den Knast gesteckt wurden. Als sie eure sämtlichen Sachen einfach mitgenommen haben, wart ihr sogar noch gut drauf, weil ihr wusstet, dass ihr durch Jesus jetzt viel bessere Sachen besitzt, die man euch nie wegnehmen kann. [35] Das ist keine billige Hoffnung, die ihr da jetzt

habt. Kämpft darum, ihr werdet dafür richtig absahnen! 36 Was ihr jetzt
braucht, ist vor allem Geduld, damit ihr weiter auf der Spur bleibt! Dann
werdet ihr die Sachen kriegen, die er euch versprochen hat. 37 Es dauert
nicht mehr lange, Leute, dann wird er wiederkommen. Ich zitiere noch
einmal: „In kurzer Zeit wird der kommen, der bereits angesagt wurde.
38 Wer sein Vertrauen auf mich setzt und mir glaubt, wird leben. Aber
wer mir den Rücken zudreht, auf den hat Gott keine Lust mehr.“ 39 Aber
zum Glück gehören wir nicht zu den Leuten, die Gott den Rücken zu-
drehen und dabei kaputtgehen! Wir bleiben bei ihm, glauben ihm, wir
werden ewig leben!

11

Glauben, wie geht das? Von Helden, die es richtig gemacht haben

1 Wie geht das jetzt überhaupt, zu glauben? Glauben bedeutet, dass
man auf etwas hofft und ganz fest darauf vertraut, dass es auch pas-
siert, und dass man Sachen einfach weiß, obwohl man sie nicht be-
weisen kann. 2 Unsere Vorfahren hatten diese Art von Glauben, darum
sind sie unsere Helden. 3 Weil wir an Gott glauben und ihm vertrauen,
wissen wir, dass alles, was es auf dieser Welt gibt, von ihm gemacht
wurde. Er hat einfach gesagt, dass es passieren soll, und so ist das
ganze Universum aus dem Nichts entstanden. 4 Weil Abel Gott vertraut
hat, hat er ein besseres Opfer für Gott gehabt als Kain. Die Geschichte
könnt ihr im alten Buch nachlesen. Gott akzeptierte das Opfer von
Abel, um klar zu machen, dass er für Gott okay war. Abel ist ja schon
lange unter der Erde, aber trotzdem redet er irgendwie immer noch zu
uns da drüber, wie man Gott eigentlich vertraut. 5 Noch ’ne Geschichte
aus dem alten Buch: Weil Henoch Gott vertraute, musste er noch nicht
mal sterben. Er bekam ’ne Abkürzung in den Himmel, ohne vorher zu
sterben! Alle haben aber bezeugt, dass Henoch so gelebt hat, wie es
Gott gut findet. 6 Gott steht nur auf Leute, die ihm felsenfest vertrauen.
Wer mit ihm leben will, muss erst mal glauben, dass es ihn überhaupt
gibt. Und er muss wissen, dass es sich lohnt, alles zu tun, um ihm
nahe zu sein. 7 Im Vertrauen auf Gott und was er ihm gesagt hatte,
baute der Noah das Riesenschiff, diese Arche. Er wollte sich und seine
Familie damit vor der Flut retten. Er tat genau das, was Gott ihm ge-
sagt hatte: Er vertraute ihm. So wurde er gerettet. Und allen anderen,
die Gott nicht vertrauten, sprach er damit das Urteil, aber er selbst
kriegte von Gott die Belohnung, die den Gerechten für ihr Vertrauen
versprochen wurde. 8 Reden wir mal vom Abraham. Weil er Gott hun-
dert Prozent vertraute, gehorchte Abraham ihm aufs Wort, als der ihm
sagte, er sollte seine Heimat verlassen und in ein anderes Land umzie-

hen. Gott sagte sogar, er sollte dieses neue Land dann mal irgendwann
erben. Abraham zog los ohne einen blassen Schimmer, was nun pas-
sieren würde. 9 Als er in diesem Land, was Gott ihm versprochen hatte,
angekommen war, vertraute er darauf, dass Gott ihn versorgen würde.
Er war dort ja ein Ausländer und wohnte in einem Wohnheim, genau-
so wie Isaak und Jakob, für die dasselbe Versprechen galt. 10 Abraham
vertraute darauf, von seiner provisorischen Wohnung in ein richtiges
Haus in einer richtigen Stadt mit einem festen Fundament umzuzie-
hen, einer Stadt, die Gott selbst geplant und gebaut hatte. 11 Auch Sara,
die Frau vom Abraham, vertraute Gott absolut. Obwohl sie laut einem
ärztlichen Attest nicht schwanger werden konnte, bekam sie doch ein
Baby vom Abraham, und das, obwohl beide schon im Rentenalter wa-
ren. Abraham glaubte einfach, Gott würde sein Versprechen auch hal-
ten. 12 Und so ist eine ganze Nation aus diesem Mann entstanden, aus
einem Abraham, der zu alt war, um Kinder zu zeugen! Und diese Na-
tion hat so viele Menschen, wie es Sterne im Universum gibt, und so
viele Kinder wie Sandkörner am Strand hervorgebracht – man kann sie
nicht mal mehr zählen. 13 Das sind alles Menschen, die sich ganz fest
auf Gott verlassen haben. Trotzdem sind sie alle gestorben, ohne zu
sehen, was er ihnen versprochen hatte. Aber sie konnten aus der Dis-
tanz die Entwicklung beobachten und sich tierisch da drauf freuen, was
bald passieren würde. Sie hatten kapiert, dass sie nur Gäste sind auf
diesem Planeten, ohne ein Recht etwas zu besitzen. 14 Wer sagt, dass
er hier nur ein Gast ist, sagt damit ja auch, dass er sein Zuhause noch
nicht gefunden hat. 15 Das Land, aus dem unsere Vorfahren gekommen
waren, war nicht ihr Zuhause, obwohl sie dahin jederzeit hätten zurück-
kehren können. 16 Sie hatten totale Sehnsucht nach einem schöneren
Zuhause, einer Wohnung im Himmel! Darum hat Gott sich auch nicht
für sie geschämt. Es war ihm nicht peinlich, ihr Gott zu sein. Er hatte
ihnen eine neue Stadt im Himmel schon klargemacht.

Glaubens-Stars

17 Abraham hatte so einen radikalen Glauben, dass er sogar bereit war,
seinen einzigen Sohn abzuschlachten, weil Gott das von ihm wollte.
18 Und das, obwohl Gott ihm versprochen hatte: „Von Isaak, deinem
Sohn, soll ein ganzes Volk geboren werden.“ 19 Abraham glaubte daran,
dass Gott Isaak wieder hätte lebendig machen können, wenn er ge-
storben wäre. Insofern ist Isaak ein Hinweis darauf, dass Gott Tote auf-
wecken kann. 20 Isaak hatte so ein radikales Vertrauen, dass er seinen
beiden Söhnen Jakob und Esau viele gute Sachen wünschte und darauf
vertraute, dass Gott sie ihnen auch schenken würde. 21 Jakob betete kurz

vor seinem Tod mit einem radikalen Vertrauen für die beiden Söhne vom Josef. Er stützte sich auf seinen Stock und betete demütig zu Gott.
[22] Weil Josef radikal Gott vertraute, glaubte er fest daran, dass seine Nachkommen nicht für immer in Ägypten festsitzen würden. Er befahl seinen Leuten sogar, seinen Sarg mitzunehmen, wenn es einmal so weit sein sollte. [23] Weil die Eltern vom Mose Gott felsenfest vertrauten, hatten sie keine Angst, gegen den Befehl vom Präsidenten zu verstoßen, als sie ihr gesundes Kind nach der Geburt drei Monate versteckten, damit er nicht von den Leuten des Präsidenten umgebracht wurde.
[24] Auch Mose vertraute Gott. Sonst hätte er sich, als er erwachsen war, nicht geweigert, noch länger als Sohn der Tochter vom Pharao gemeldet zu sein. [25] Er wollte lieber mit seinen Leuten gemeinsam fertig gemacht werden, als weiter ein Leben ohne Gott zu leben. [26] Er hätte lieber auf ein nettes Leben in Ägypten verzichtet, wenn er dafür mit Jesus hätte mitleiden können. Er wusste, Gott würde ihn dafür fett belohnen. [27] Weil Mose Gott fest vertraute, haute er später aus Ägypten ab, er ließ sich dabei nicht vom Präsidenten einschüchtern. Er verlor Gott die ganze Zeit nie aus den Augen, obwohl er ihn ja nicht wirklich sehen konnte.
[28] Weil Mose Gott fest vertraute, wollte er, dass das Volk Israel das Passa durchzieht. Sie sollten die Türpfosten mit Blut anpinseln, damit der Engel, der in den ägyptischen Familien den ältesten Sohn tötete, nicht auch die Kinder der Israelis umbrachte. [29] Weil sie Gott glaubten, gingen sie mitten durch das Rote Meer, so als wäre da eine Sandbank. Als die Ägypter die Verfolgung aufnahmen, sind sie alle ersoffen. [30] Weil sie Gott glaubten, marschierten die Israelis sieben Tage lang um Jericho herum, bis die Stadtmauern zusammenkrachten. [31] Weil sie Gott fest vertraute, überlebte die Nutte Rahab die Katastrophe in ihrer Stadt. Alle kamen ums Leben, nur sie nicht, weil sie die Späher der Israelis im Krieg freundlich aufnahm.

Glauben an Gott bewirkt viel

[32] Da gibt es noch zig andere, die ich hier nennen könnte. Das würde wahrscheinlich ewig dauern, die ganzen Geschichten über Leute zu erzählen, die Gott vertraut haben. Von Gideon, Barak, Simson, Jeftah, David, Samuel und den ganzen Propheten, alle könnte man hier erwähnen. [33] Weil Leute fest an Gott glauben, wurden ganze Regierungen gestürzt. Solche Leute setzten sich für Gerechtigkeit ein, und sie haben erlebt, wie Gott seine Versprechen auch einlöst. Leute wurden davor beschützt, von einem Löwen gefressen zu werden oder [34] in einem Feuer zu verbrennen. Sie entkamen dem sicheren Todesurteil, waren todkrank und wurden dann doch wieder gesund. Weil sie sich auf Gott verließen,

waren sie echt heldenmäßig unterwegs und vertrieben die schlimmsten
Feinde. 35 Frauen haben erlebt, wie ihre Verwandten, die schon tot wa-
ren, von Gott wieder lebendig gemacht wurden. Andere aber, die Gott
auch vertrauten, wurden derbe gefoltert, weil sie lieber sterben wollten,
als ihren Glauben zu verraten. Die Hoffnung, wieder neu zum Leben zu
kommen, gab ihnen Kraft. 36 Andere wurden ausgelacht oder sogar ge-
foltert. 37 Einige wurden mit Steinen erschlagen, andere zersägt, wieder
andere wurden geköpft. Andere zogen in Sperrmüllklamotten um die
Häuser, hatten tierisch Hunger, wurden gemobbt oder geschlagen. 38 Sie
hatten kein Zuhause, lebten unter den Brücken und in alten Bruchbu-
den, und doch waren es Menschen, die echt zu schade waren für diese
Welt. 39 Diese Menschen hatten eins gemeinsam: Gott freute sich voll
über sie, weil sie ihm so sehr vertrauten. Und trotzdem haben sie das
Versprechen, das Gott allen gegeben hat, noch nicht zu ihren Lebzeiten
erleben können. 40 Denn Gottes Plan war besser als das. Er wollte, dass
wir alle gemeinsam am Ziel ankommen.

12

Den Wettlauf auch durchziehen

1 Weil uns so viele Glaubenshelden dabei zusehen, wie wir unser Leben
mit Gott leben, lasst uns alles, was uns dabei behindert und belastet,
ablegen! Wie bei einem Marathonlauf sollten wir alle Sachen, die uns
beim Laufen stören, wegschmeißen und das Ding mit Gott einfach
durchziehen. Vor allem die Dinge, die zwischen Gott und uns stehen,
unsere Sünden, können dabei wie Fesseln wirken und uns daran hin-
dern, unser Ziel zu erreichen, das Ziel, was Gott für uns ausgesucht hat.
2 Das kriegen wir nur hin, wenn wir dabei die ganze Zeit Jesus im Blick
haben. Mit ihm hat bei uns glaubensmäßig alles angefangen, und mit
ihm wird auch alles irgendwann aufhören. Er hat seinen Marathonlauf
auch bis zum Ende durchgezogen. Er war sich nicht zu schade, sich an
ein Kreuz schlagen zu lassen. Er war bereit sich allen Peinlichkeiten und
Demütigungen auszusetzen, anstatt ein lustiges Leben zu haben. Jetzt
sitzt er aber auf der Ehrentribüne, auf dem Chefsessel gleich neben
Gott. 3 Zieht euch rein, was er an Hass und Feindschaft ertragen muss-
te, und das von Leuten, die keine Ahnung von Gott hatten! Das kann,
wenn man euch mal wegen eures Glaubens Probleme macht, euch wie-
der aufbauen und euch helfen auszuhalten. 4 Bisher ging es in diesem
Kampf gegen alles, was uns von Gott trennt, noch nicht auf Leben und
Tod, oder? 5 Trotzdem werdet ihr schon schlaff und habt anscheinend
die Sachen vergessen, die Gott mal zu euch gesprochen hat, weil ihr
seine Kinder seid: „Lieber Sohn, wehre dich nicht, wenn Gott dir was

beibringen will! Gib nicht auf, wenn er Schmerzen zulässt! [6] Gerade
weil du ihm eben nicht egal bist, nimmt er dich auch hart ran; weil er
dich wie sein Kind liebt, zeigt er dir, wo es längs geht." [7] Wenn ihr durch
schlimme Sachen durchmüsst, dann seht da drin eine Trainingsmög-
lichkeit, die Gott euch gegeben hat. Er will euch was beibringen, er ist
wie ein echter Vater. Welcher Sohn wird von seinem Vater nicht mit allen
Mitteln erzogen, die ihm zur Verfügung stehen? [8] Wenn er das nicht
tun würde, wäre das ja nur ein Zeichen, dass ihr gar nicht wirklich seine
Kinder seid. [9] Wie war das denn bei unseren normalen Vätern? Sie ha-
ben uns ja auch oft gestraft, und wir hatten Mörder-Respekt vor ihnen.
Wenn man das bedenkt, sollten wir nicht auch die Erziehung akzeptie-
ren, die wir von unserem Himmelspapa bekommen? Die wird uns ja im
Leben echt weiterhelfen! [10] Unsere normalen Väter haben uns eine Zeit
was beigebracht, so gut sie es irgend konnten. Gott aber kennt sich total
aus, und sein Ziel ist, dass wir heilig werden, so wie er heilig ist! [11] Jetzt
schreit aber keiner „Hurra!", wenn er hart rangenommen wurde, denn
das tut meistens echt weh. Aber irgendwann wird sich zeigen, wofür
das gut war. Wer auf diese Art und Weise lernt durchzuziehen, weiß, wie
man dadurch Frieden kriegen und für Gerechtigkeit sorgen kann.

Bis zum Ende durchhalten

[12] Also, Leute: Schlafft nicht rum! Steht auf und macht mal ein paar
Stretching-Übungen! [13] Verlauft euch nicht und nehmt den geraden
Weg. Dann werden alle Kranken, die hinter euch herhumpeln, es auch
noch schaffen: Sie können gesund werden! [14] Versucht mit allem, was
ihr habt, mit euren Mitmenschen gut klarzukommen, und lebt so, wie
Gott es will, sonst werdet ihr ihn nie zu Gesicht bekommen. [15] Passt
darauf auf, dass keiner von dem guten Weg mit Gott abkommt. Und
passt auf, dass sich durch Rumlästern oder negatives Reden kein Gift in
eurer Gemeinde ausbreitet, dass Leute deswegen mies draufkommen
und dadurch alle anderen mit runterziehen. [16] Keiner bei euch soll so
sein wie Esau, für den nur materielle Sachen wichtig waren. Für ein lä-
cherliches Mittagessen verkaufte er das gesetzliche Recht, als ältester
Sohn alles von seinem Vater zu erben und von ihm besonders gesegnet
zu werden. [17] Später hat er das tierisch bereut, aber es war zu spät, da
konnte er noch so viel rumheulen. [18] Was ihr mit Gott erlebt habt, ist viel
fetter als das, was die Israelis damals erlebt haben. Als Gott Mose zu
sich auf den Berg Sinai rief, um ihm die Gesetze zu geben, durften die
Israelis dem Berg nicht mal nahe kommen. Überall blitzte und donnerte
es. Die haben am brennenden Berg Sinai Mose gesehen, wie er mit den
Gesetzen von Gott wieder ankam. [19] Nachdem eine laute Trompete zu

hören war, kam eine derbe Stimme, die war so schwer zu ertragen, dass
sie bettelten, die sollte bloß wieder aufhören zu reden. 20 Sie bekamen
irre Angst, als die Stimme sagte: „Wenn auch nur ein Tier den Berg be-
rühren sollte, muss es sofort getötet werden.“ 21 Was dort abging, muss
so schlimm gewesen sein, dass selbst Mose stammelte: „Ich mach mir
gleich in die Hose, ich zittere vor Angst!“ 22 Ihr seid dagegen beim Berg
Zion angekommen, in der Stadt, wo der lebendige Gott wohnt, in der
sagenumwobenen Stadt Jerusalem, die im Himmel liegt. Da werdet ihr
euch mit Tausenden von Engeln treffen und bei einer großen Party für
Gott abgehen! 23 Ihr gehört zur Familie Gottes, zu seinen besonderen
Kindern, die alle den PIN-Code für die Tür zum Himmel in der Tasche
haben. Ihr seid bei den anderen Glaubenshelden angekommen, die
schon gestorben und jetzt im Himmel am Ziel angekommen sind. 24 Ja,
ihr seid zu Jesus gekommen, der einen neuen Vertrag organisiert hat,
den Gott den Menschen anbietet. Durch seinen Tod sind wir unseren
Dreck losgeworden, weil er gelitten und geblutet hat. Und dieses Blut,
was da geflossen ist, redet zu uns, und zwar deutlicher als das Blut vom
Abel. 25 Macht die Lauscher auf und hört auf den, der heute zu euch re-
det! Die Israelis haben es nicht gepackt. Als sie keinen Bock auf das hat-
ten, was Gott durch Mose sagte, wurden sie dafür bestraft. Ist doch klar,
dass wir noch viel schlimmer bestraft werden, wenn wir nicht einmal
auf eine Stimme direkt aus dem Himmel hören. 26 Als Gott vom Berg
Sinai aus zu den Menschen redete, gab es nur von seiner Stimme ein
heftiges Erdbeben der Stärke 12. Jetzt hat er aber ein neues Versprechen
durch die Propheten abgegeben: „Ich werde noch mal sprechen und mit
einem Erdbeben nicht nur die Erde, sondern auch den Himmel durch-
schütteln.“ 27 Mit diesem „noch mal“ wird angedeutet, dass Gott alles,
was er gemacht hat, noch einmal total verändern wird. Er will nur das
ewig behalten, was nicht mehr zerstört werden kann. 28 Auf uns wartet
also ein Land, in dem nichts mehr zerstört werden kann! Dafür können
wir Gott echt ohne Ende danken, wir sollten staunend davorstehen und
für ihn alles geben, damit er sich an uns freut! 29 Weil unser Gott alles
von uns will, ist er wie ein hungriges Feuer, das alles verbrennt, was ihm
im Weg steht.

13

Wie Christen es mit der Moral halten sollten

1 Bleibt weiter dabei, euch gegenseitig wie Geschwister zu lieben! 2 La-
det Leute zu euch nach Hause zum Essen ein oder lasst sie ein paar
Tage bei euch pennen; könnte sein, dass da ein Engel drunter ist, ohne
dass ihr das merkt! Ist ja alles schon mal passiert ... 3 Vergesst die Leute

nicht, die im Knast sitzen. Stellt euch vor, ihr wärt da jetzt auch, dann ahnt ihr vielleicht, wie sich das anfühlt. Fühlt mit den Christen, die für ihren Glauben gefoltert werden, das Gleiche kann euch jederzeit auch passieren. [4] Beschützt die Ehe als etwas Besonderes, macht nicht mit anderen rum, sondern bleibt euch treu. Gott wird denen, die sexmäßig unsauber leben und ihre Ehe zerstören, auf sicher die Rechnung präsentieren. [5] Seid nicht so geldgeil, sondern freut euch an dem, was ihr habt. Gott hat schließlich die Ansage gemacht: „Du kannst dich auf mich verlassen, ich bin treu." [6] Wir können deswegen ganz locker sagen: „Gott steht auf meiner Seite, darum habe ich keine Angst. Was können mir Menschen noch antun?"

Jesus treu sein, das bringt es

[7] Vergesst nicht die Leiter in euren Gemeinden, die bei euch gepredigt haben und damit Worte von Gott weitersagten. Erinnert euch da dran, wie sie bis zum Schluss mit Gott durchgezogen haben und was da draus dann entstanden ist. Nehmt sie als Vorbild! [8] Jesus Christus hat sich nicht verändert und wird es auch nie tun. So wie er gestern drauf war, ist er auch heute, und so wird er auch mit Sicherheit immer bleiben. [9] Passt auf, dass ihr nicht von irgendwelchen seltsamen Lehren über Gott durcheinanderkommt. Es gibt nichts Besseres als die Liebe von Gott, mit der er euch angenommen hat, und nur dadurch werdet ihr innerlich stark. Vergesst diese ganzen religiösen Speiseregeln einfach, die bringen es echt nicht. [10] Wir haben einen Ort gefunden, wo wir zu Gott beten können, und an diesem Ort haben die Priester, die das nach alter Sitte tun wollen, nichts zu suchen. [11] Früher hat der oberste Priester das Blut von Tieren als Bezahlung für den Dreck und die Fehler der Menschen in das Heiligtum gebracht. Die Körper der Tiere wurden dabei außerhalb des Camps irgendwo verbrannt. [12] Genauso wurde Jesus auch außerhalb der Stadt hingerichtet, er musste bluten, um die Menschen wieder annehmbar für Gott zu machen. [13] Lasst uns auch zu ihm rausgehen, vor die Stadt, und es ertragen, wenn man uns wegen unserem Glauben das Leben schwer macht. [14] Es gibt für uns im Grunde hier auf der Erde kein wirkliches Zuhause mehr. Wir warten auf die Zukunft, wo eine Stadt im Himmel für uns gebaut wird. [15] Wir wollen Jesus ohne Ende dafür danken und ihm zujubeln! Das tun wir immer dann, wenn wir uns vor allen Leuten auf seine Seite stellen. [16] Vergesst nicht, den Leuten zu helfen, denen es dreckig geht. Und teilt die Sachen, die ihr besitzt, mit anderen. Da steht Gott total drauf! [17] Tut, was die Leiter eurer Gemeinde euch sagen, und lebt danach. Es ist ihr Job, auf euch aufzupassen, und sie müssen sich dafür auch mal vor Gott verantworten. Sorgt einfach dafür,

dass sie das gerne tun, ohne sich ständig den Kopf machen zu müssen. Das wäre auch sicher nicht so toll für euch.

Ein Wort zum Schluss, Segen und Grüße
[18] Bitte betet für uns! Wir haben ein reines Gewissen, aber wir wollen
auch weiter straight mit Gott durchziehen. [19] Betet besonders jetzt
dafür, dass ich ganz bald wieder bei euch aufschlagen kann. [20/21] Ich
wünsche euch, dass der Gott, der Frieden schafft, der unseren Chef
Jesus Christus, der wie ein Hirte auf seine Schafe aufpasst, aus dem Tod
rausgeholt hat, damit er uns durch seinen Tod und das Blut, was dabei
vergossen wurde, einen neuen Vertrag anbieten konnte – dass dieser
Gott die ganzen Sachen in uns wachsen lässt, die ihm Freude machen,
und Jesus Christus, dem wir immer und ohne aufzuhören die Ehre ge-
ben, soll uns dabei helfen [Amen]! [22] Ihr Lieben, ich hoffe, ihr sperrt die
Ohren auf und hört auf das, was ich euch zu sagen habe. Allzu lang ist
dieser Brief ja nicht geworden. [23] Wisst ihr eigentlich schon, dass sie
unseren Freund Timotheus aus dem Gefängnis entlassen haben? Wir
wollen euch gerne bald zusammen besuchen. [24] Schöne Grüße an das
Leitungsteam und an eure ganze Gemeinde! Ich soll noch Grüße von
den Christen aus Italien ausrichten! [25] Ich wünsche euch, dass ihr ver-
steht, wie sehr Gott euch liebt, und dass er alles verzeihen kann!

Der Brief von Jakobus

1

Absender und Anschrift
1 Absender: Jakobus. Ich gebe alles für Gott und für Jesus Christus. Er ist
mein Chef. An: Gottes Leute, die überall in der Welt zerstreut sind. Liebe
Leute, ich grüße euch! 2 Also, eins mal vorweg: Ihr könnt echt abgehen
vor Freude, wenn euer Glaube angegriffen wird! 3 Wenn ihr diese Prüfun-
gen besteht, werdet ihr stärker als je zuvor! Dann kann euer Vertrauen
in Gott so schnell nichts mehr umhauen. 4 Wenn ihr mit ihm trotz aller
Probleme durchzieht, dann werdet ihr vollkommen sein, ihr werdet am
Ziel ankommen. 5 Wenn einer von euch bei einem Problem nicht mehr
weiterweiß, dann soll er deswegen bei Gott anklingeln. Für den ist das
okay, er hilft immer gerne. 6 Wenn du betest, dann mach das voll im
Vertrauen auf Gott und zweifle nicht daran, dass er dich auch hört. Wer
Zweifel hat, der ist wie eine Welle im Meer. Die werden auch vom Wind
immer hin und her getrieben. 7 Wer so drauf ist, braucht gar nicht erst
erwarten, dass Gott ihm etwas gibt. 8 Auf einen, der immer zweifelt,
kann man sich nicht verlassen. Er denkt mal so und mal so.

Menschen, die unten sind, stehen eigentlich oben
9 Wenn jemand ganz unten ist, kann er sich freuen, weil er für Gott der
Held ist. 10 Wenn jemand viel hat, sollte er niemals vergessen, dass
Geld das Ende seines Lebens auch kein Stück hinauszögern kann. Wie
eine Blume aus dem Blumenladen wird er irgendwann mal verwelken.
11 Sobald die Sonne aufgegangen ist und mittags auf die Erde brennt,
vertrocknen das Gras und die Blumen. Was vorher noch so schön aus-
sah, ist dann kaputt. Genauso wird das auch jedem passieren, der viel
Geld hat. 12 Gut drauf kommen die Leute, die wegen ihres Glaubens an
Gott Probleme kriegen und ihr Leben trotzdem so durchziehen, wie es
Gott gefällt. Sie gehören zu Gottes neuer Welt dazu, er wird ihnen die
Goldmedaille umhängen, den Hauptgewinn für das Leben. Das hat Gott
den Leuten versprochen, die ihn lieben.

Was dazu verführt, Mist zu bauen
13 Gott selbst kann durch das Böse nicht auf Probe gestellt werden, und
niemand, der auf die Probe gestellt wird, darf behaupten: Das war Gott.
Gott stellt nämlich niemanden auf die Probe, er verführt niemanden
dazu, etwas Böses zu tun. Das geht gar nicht. 14 Wenn wir verführt wer-

den, dann kommt das immer aus uns selber raus, aus unseren eigenen
inneren Wünschen und Gedanken. 15 Geben wir dem nach, dann kommt
nach dem Wunsch die böse Tat. Und die Konsequenz aus der Tat ist der
Tod. 16 Lasst euch also nicht für dumm verkaufen, Leute! 17 Alles, was
gut ist, alles, an dem man nichts aussetzen kann, kommt von Gott. Er
ist ein Vater, der einfach nur gut ist. Er ist wie ein Licht, da gibt es keine
Dunkelheit mehr. 18 Es war seine Idee, uns durch seine Worte einen
neuen Anfang zu ermöglichen. So wurden wir die Prototypen für etwas
total Neues, das er einfach so gemacht hat.

Nicht nur zuhören, sondern auch machen

19 Ihr Lieben, ihr dürft dabei eins nicht vergessen: Jeder Mensch sollte
immer bereit sein, einem anderen zuzuhören! Aber pass auf, was du
sagst, und pass noch mehr auf, bevor du mal ausrastest. 20 Wenn man
ausrastet und wütend ist, tut man am Ende immer Sachen, die Gott
nicht so toll findet. 21 Vermeidet alles, was link und falsch ist, trennt
euch davon. Beschäftigt euch stattdessen auf entspannte Art und Wei-
se mit den Worten, die Gott zu euch gesprochen hat. Sie können euch
retten. 22 Es reicht natürlich nicht, seinen Worten nur zuzuhören, man
sollte sie auch befolgen. Wer das nicht tut, linkt sich nur selber. 23 Wenn
jemand Worte von Gott hört, die Sachen aber nicht umsetzt, der ist wie
jemand, der sich morgens im Spiegel ansieht. 24 Er hat sich dort zwar
gesehen, aber dann ist er weggegangen und hat gleich wieder verges-
sen, wie er eben noch ausgesehen hat. 25 Wenn aber jemand die Sache
von der Freiheit, die man durch Jesus bekommt und die unser Leben
bestimmt, versteht und danach handelt und sie nicht wieder vergisst,
der wird glücklich sein! 26 Jemand, der meint, er wäre der Super-Christ,
es aber nicht packt, Kontrolle über das zu kriegen, was aus seinem
Mund rauskommt, der betrügt sich selber. Seine Art mit Gott zu leben
ist nichts wert. 27 Wer sich um Obdachlose und Penner kümmert und
sich nicht an den Sachen, die in der Welt abgehen, beteiligt, der tut das,
worauf Gott der Vater wirklich steht!

2

Die Position in der Gemeinde ist egal

1 Ihr Lieben! Vertraut Gott, wie es Jesus auch getan hat. Er ist unser
großer fantastischer Chef. 2 Stellt euch jetzt mal vor, in eure Gemein-
de kommt ein feiner Pinkel im Armani-Anzug und mit einer Rolex am
Arm zum Gottesdienst. Und gleich dahinter kommt ein armer Penner
zu euch, der sich einen Monat nicht gewaschen hat. 3 Wie würdet ihr
reagieren? Der Typ mit viel Kohle würde sofort einen Platz in der ersten

Reihe angeboten bekommen! Der stinkende Penner würde vermutlich
einen Platz auf dem Fußboden abkriegen, am besten in irgendeiner
Ecke. [4] Meint ihr, dass es wirklich okay ist, solche Unterschiede zu ma-
chen? Meint ihr, dass es gut ist, nach diesen Maßstäben zu beurteilen
und zu richten? [5] Hört mal gut zu, ihr Lieben! Hat Gott nicht gerade die
Menschen ausgesucht, die nach den Maßstäben der Welt ganz unten
sind? Diese Typen sind für ihn durch ihr Vertrauen reich und wertvoll
geworden! Er will den Menschen alles vererben, was er besitzt, denen,
die in ihn verknallt sind. [6] Wie kommt es, dass die Penner und die Leute
ohne Kohle bei euch nichts zählen? Wer macht euch denn eigentlich
Probleme? Sind das nicht die Menschen, die eh viel Geld haben? Das
sind doch die Leute, die euch verklagen und vor Gericht zerren! [7] Gerade
das sind doch die Leute, die sich über Jesus lustig machen. Sie lästern
über denjenigen, zu dem ihr gehört. [8] Wenn ihr allerdings das wichtigste
Gesetz von Gott ernst nehmen würdet, dann wäre das eine gute Ent-
scheidung. „Liebe die Menschen, mit denen du zu tun hast, so sehr,
wie du dich selber liebst." [9] Wenn ihr einen Menschen danach beurteilt,
wie wichtig und toll er ist, dann steht das zwischen euch und ihm. Das
will Gott nicht, es verstößt gegen seine Gesetze. [10] Wenn sich jemand
an alle Gesetze hält, aber gegen ein einziges verstößt, dann hat er alle
Gesetze gleichzeitig gebrochen. [11] Gott hat ja die Ansage gemacht: „Du
sollst deinem Ehepartner treu sein!" Aber er sagte auch: „Du sollst nie-
manden töten!" Wenn du jetzt ehemäßig treu bist, aber jemanden tö-
test, dann hast du das Gesetz ja trotzdem gebrochen und bist schuldig.
[12] Darum sollt ihr so reden und handeln wie Menschen, die wissen, dass
sie nach diesem Gesetz beurteilt werden, das uns wirklich frei macht.
[13] Wer selber nichts verzeihen kann, dem wird bei der letzten Gerichts-
verhandlung auch nichts verziehen werden. Wer selber viel verzeiht, für
den gilt: Die Liebe besiegt sorgar das Gericht.

Glaube an Gott muss Auswirkungen haben

[14] Leute, was bringt es denn, wenn jemand sagt, er vertraut Gott, aber
es hat überhaupt keine Auswirkung auf sein Leben? [15] Zum Beispiel ist
da jemand bei euch in der Gemeinde, der keine Kohle für anständige
Klamotten und ein Mittagessen hat. [16] Und dann kommt einer von euch
bei ihm an und sagt: „Bist du okay? Hoffentlich hast du genug zu es-
sen und was zum Anziehen!" So was zu reden ist doch total unnötig,
wenn er ihm nicht auch etwas anbietet, was ihm wirklich helfen könnte.
[17] Genauso unnötig ist eine noch so vertrauensvolle Beziehung zu Gott,
wenn sie keine Auswirkung auf dein Leben hat. Dann ist die Beziehung
schon tot. [18] Jetzt könnte jemand vielleicht sagen: „Dir fällt es leichter,

Gott zu vertrauen, ich arbeite dafür sehr viel für ihn. Aber wenn du dir
mal anguckst, was ich alles für Gott mache, dann siehst du, wie sehr ich
ihm vertraue!“ [19] Du vertraust darauf, dass es nur einen einzigen Gott
gibt? Na super, das tun die Dämonen auch, und sie haben Angst vor
ihm. [20] Schnall doch endlich, du dummer Mensch, dass dein Vertrauen
in Gott total umsonst ist, wenn es ohne eine Auswirkung auf dein Han-
deln bleibt! [21] Wie war das denn damals mit Abraham? Er wurde für Gott
okay, weil er bereit war, seinen Sohn Isaak zu opfern. [22] Hier kann man
ganz gut erkennen, dass Vertrauen auf Gott auch immer Auswirkungen
auf das Leben hat. Nur so wurde Abrahams Vertrauen perfekt. [23] Es
steht ja schon in den alten Büchern drin: „Abraham hat Gott vertraut.
Dadurch ist er für Gott okay geworden.“ So wurde er jemand, den man
„einen Freund von Gott“ genannt hat. [24] Ich hoffe, ihr versteht jetzt,
dass Menschen nur für Gott okay werden, wenn ihre vertrauensvolle Be-
ziehung zu ihm auch Auswirkungen auf ihr Leben hat. [25] Bei der Nutte
Rahab war das ja auch so. Sie wurde von Gott angenommen, weil sie in
Jericho die Späher der israelischen Armee vor den Soldaten des feind-
lichen Machthabers versteckt hatte. Sie ermöglichte ihnen eine sichere
Flucht. [26] Genauso wie ein Körper ohne Seele tot ist, so ist ein Glaube
tot, wenn er ohne Auswirkung auf das Leben bleibt.

3

Worte haben Macht

[1] Liebe Geschwister, es ist keine gute Idee, wenn so viele bei euch den
Job eines Lehrers übernehmen wollen. Alle, die das tun, werden nämlich
besonders streng beurteilt werden. [2] Jeder von uns macht mal einen
Fehler. Wer aber seine Zunge unter Kontrolle hat, der hat auch seinen
ganzen Körper im Griff. [3] Egal wie groß ein Auto auch ist, gelenkt wird
es mit einem einfachen Lenkrad. [4] Und auch große Containerschiffe,
die riesige Motoren haben, werden vom Steuermann mit einem kleinen
Steuer in die Richtung gelenkt, wo er das Schiff haben will. [5] Genauso
ist es auch mit der Zunge. Sie ist zwar winzig klein, aber sie hat eine
unglaubliche Power. Noch ein Beispiel: Mit Feuer ist das genauso, ein
Funke genügt und der ganze Wald brennt. [6] Die Zunge ist auch so was
wie ein Funke. Mit ihr kann eine ganze Welt vergiftet werden. Sie hat
die Macht, böse Sachen anzustiften, sie kann eine ganze Welt in Brand
stecken, mit dem gleichen Feuer, das auch in der Hölle brennt. [7] Die
Menschen haben es gelernt, Löwen zu dressieren, Vögeln das Sprechen
beizubringen und Delphine aus dem Wasser springen zu lassen, [8] aber
die Zunge haben sie nie in den Griff bekommen. Unkontrolliert verbrei-
tet sie ihr tödliches Gift. [9] Mit ihr sagen wir Gott, unserem Vater, wie

toll er ist, und im nächsten Augenblick verfluchen wir einen Menschen,
obwohl der ja nach dem Vorbild von Gott gemacht wurde. 10 Gute Wün-
sche und fiese Aggrosprüche kommen aus demselben Mund. Leute,
genau das soll bei euch nicht abgehen! 11 Wie ist es denn beim Was-
serhahn, kommt da Trinkwasser und gleichzeitig Schmutzwasser raus?
12 Und was meint ihr, können an einem Apfelbaum Birnen wachsen oder
an einem Birnbaum Tomaten? Man kann ja auch nicht aus dem Klo
trinken!

Kluge Menschen leben klug

13 Wenn jemand glaubt, besonders klug zu sein und den Schnall vom
Leben zu haben, bei dem sollte man das auch daran erkennen kön-
nen, wie er sonst so drauf ist, nämlich freundlich. 14 Wenn ihr aber voll
neidisch seid und Menschen sogar hasst, dann braucht ihr euch auf
diese Klugheit echt nichts einzubilden. Tatsächlich lügt ihr euch nur
selber in die Tasche. 15 So eine Denke hat nichts mit Gott zu tun, sie
kommt aus dem Ego, sie ist ätzend, sie kommt sogar direkt aus der
Hölle. 16 Wo Menschen neidisch aufeinander sind und sich streiten, da
ist nur Chaos angesagt und andere schlechte Dinge. 17 Die Weisheit,
die von Gott kommt, ist sauber und gut. Sie hat das Ziel, dass Men-
schen sich vertragen und gut zueinander sind, dass sie sich belehren
lassen, nicht immer recht haben müssen und nicht link drauf sind.
18 Was daraus wächst, wenn man gerecht zu anderen ist und friedlich
miteinander umgeht, kann ich euch auch sagen. Man hat Frieden mit
sich und mit Gott.

4

Gott lieben oder die Sachen aus der Welt

1 Leute, warum streitet ihr euch eigentlich ständig? Was ist da für ein
Kampf bei euch am Start? Kann es sein, dass ihr eure Gefühle und Lei-
denschaften einfach nicht im Griff habt und dass ihr euch deswegen so
gehen lasst? 2 Ihr wollt immer alles haben und bekommt aber nichts.
Ihr seid voll neidisch auf die anderen, und wenn eure Gedanken töten
könnten, dann gäbe es bestimmt schon ein paar Leichen bei euch.
Streiten ist ja anscheinend normal, ihr bekämpft euch gegenseitig. Das
bringt euch alles nichts, ihr müsst mal damit anfangen, richtig zu beten.
3 Wenn ihr Gott um Sachen bittet, dann geht es euch immer nur darum,
dass euer Ego befriedigt wird und dass ihr selber gut dasteht. Deswegen
hört Gott auch nicht auf euch. 4 Was ist los mit euch? Warum betrügt
ihr Gott so? Habt ihr nicht kapiert, dass man sich entscheiden muss?
Entweder du bist ein Freund von Gott oder du bist ein Freund der Leute,

die ohne Gott leben. Wenn du bei diesen Freunden total beliebt sein
möchtest, dann bist du automatisch ein Feind von Gott. 5 Oder meint
ihr vielleicht, dass total egal ist, was in den alten Schriften steht? Da
steht: „Gottes Geist will uns ganz alleine haben, er ist eifersüchtig. Gott
hat seinen Geist in uns wohnen lassen.“ 6 Gott hat Spaß daran, uns fett
zu beschenken. Darum sagt er dort: „Auf die Menschen, die eingebildet
und stolz sind, hat Gott keinen Bock, und er stellt sich ihnen entgegen.
Aber auf die Leute, die sich anderen unterordnen und sich selbst nicht
so wichtig nehmen, auf die steht er total.“ 7 Macht Gott zur hundert-
prozentigen Nummer 1 in eurem Leben und tut, was er sagt. Und dem
Teufel könnt ihr den dicken Finger zeigen, dann wird er verschwinden.
8 Sucht Gott mit allem, was ihr habt! Geht zu ihm, kommt ihm nahe!
Dann wird er auch zu euch kommen. Wascht den Dreck von euren Hän-
den! Und wascht eure Gedanken und eure Seele, haltet euer Innerstes
sauber, bringt euer Leben in Ordnung! Damit meine ich vor allem die
Leute, die sich nicht wirklich entscheiden können. 9 Ihr solltet richtig
spüren, wie dreckig es euch geht. Anstatt zu lachen könnt ihr echt wei-
nen, anstatt eine Party zu veranstalten könntet ihr erschrocken und trau-
rig sein. 10 Unterwerft euch Gott, macht euch klar, wie winzig ihr für ihn
seid. Dann wird er euch aufheben und euch ganz groß machen! 11 Ihr
Lieben, hört auf damit, über andere abzulästern. Wenn jemand etwas
Schlechtes über einen anderen sagt oder ihn verurteilt, macht er das
Gesetz schlecht, das Gott aufgestellt hat. Statt das Gesetz zu befolgen,
spielt er sich als Richter über das Gesetz auf. 12 Das kann aber nur einer,
nämlich Gott! Er hat die Gesetze gemacht und ist gleichzeitig der Rich-
ter, der sie auch durchzieht. Nur er kann freisprechen oder verurteilen.
Wie bist du denn drauf, dass du glaubst, ein Urteil über den Menschen
neben dir fällen zu können?

Warnung davor, zu cool zu sein

13 Hier ist eine Ansage für alle, die so was sagen wie: „Nächste Woche
fang ich einen neuen Job in einer anderen Stadt an. Da will ich ein Jahr
bleiben und jede Menge Kohle scheffeln.“ 14 Habt ihr denn nur einen
blassen Schimmer davon, was morgen alles passieren wird? Was geht
denn mit eurem Leben wirklich ab? Ein Leben ist im Grunde doch nur
wie der Qualm einer Kippe. Man kann ihn noch kurz sehen, und dann
ist er auch schon für immer verschwunden. 15 Darum ist es eine gute
Einstellung, wenn man sich sagt: „Wenn Gott will, werde ich leben und
dann werde ich auch dieses und jenes tun können!“ 16 Jetzt macht mal
nicht so den Lauten und überschätzt euch nicht die ganze Zeit! Sich
selbst zu überschätzen ist einfach total schlecht. 17 Wenn aber jemand

weiß, was gut, ist und was nicht gut ist und sich trotzdem für das
Schlechte entscheidet, dann steht das zwischen ihm und Gott. Das ist
Sünde.

5

Wie Gott die Menschen sieht, die viel Kohle haben

1 Jetzt noch mal ein Wörtchen zu den Leuten, die viel Kohle haben. Ihr
werdet noch tierisch abheulen über die üblen Sachen, die ihr erleben
werdet! 2 Euer ganzes Geld könnt ihr in die Tonne kloppen, eure Kla-
motten werden irgendwann vergammeln. 3 Das ganze Gold, die Aktien
und die Sparbücher werden mal verrottet sein, Leute. Der Haufen, der
dann übrig bleibt, wird als Beweisstück gegen euch verwendet werden.
Die ganzen Reichtümer werden euch auffressen, so wie die Maden
eure Leiche fressen. Ihr habt euch nur um euren Profit gesorgt, obwohl
ihr wusstet, dass es bald zu Ende geht mit dieser Welt. 4 Gott hat den
Protest gehört und die Anklagen der Leute, die ihr betrogen habt. Die
Arbeiter, denen ihr nicht den korrekten Lohn ausbezahlt habt, die Ange-
stellten, die ihr unter Tarif bezahlt habt – Gott hat sie gehört. 5 Ihr habt
fett gelebt, euch alles gegeben, was es so gibt, euch voll gefressen am
Luxus. Ihr habt euch gemästet für den Tag, an dem es zum Schlachten
geht. 6 Dabei habt ihr die Leute verfolgen lassen, die für Gott okay wa-
ren, und die konnten sich noch nicht mal dagegen wehren.

Zieht durch mit Gott!

7 Liebe Geschwister, lasst euch nicht schlecht draufbringen und zieht
mit Gott durch, bis er wiederkommt. Das ist doch beim Bauern auch
so, wenn er Sachen gesät hat. Er muss dann erst mal Geduld haben,
den Regen abwarten und so, bis die Frucht endlich wächst. 8 Genauso
müsst ihr auch Geduld haben, ja? Ermutigt euch gegenseitig! Es dauert
bestimmt nicht mehr lange, dann kommt Jesus wieder! 9 Zieht euch
mit eurer Ungeduld nicht gegenseitig runter, liebe Geschwister! Sonst
werdet ihr auch bei dem letzten Gericht schlecht aussehen. Gott, der
da der Richter sein wird, steht schon in den Startlöchern. 10 Ihr könnt
euch als Vorbild die Propheten reinziehen. Die haben, obwohl es ihnen
voll dreckig ging, auch mit Gott durchgezogen und für ihn gesprochen.
11 Diese Menschen waren wirklich gut, da kann man ein Lied von singen!
Sie hatten echt Geduld. Ihr habt ja auch bestimmt vom Hiob gehört, mit
irre viel Geduld hat er die ätzenden Sachen ertragen, durch die er durch-
musste! Aber Gott hat ihm ein Happy End geschenkt, weil er ihn so sehr
geliebt hat. 12 Ach ja, mir ist auch noch wichtig, dass ihr euch auf keinen
Fall in leere Versprechungen verstrickt, ja? Schwört nichts, auch nicht

mit Garantieleistung, nach dem Motto: „Ich schwöre aber auf den Himmel." Wenn ihr zu etwas „Ja" sagt, dann muss man sich auch darauf verlassen können. Und wenn ihr „Nein" sagt, dann müsst ihr auch ein „Nein" meinen. Ansonsten wird Gott euch garantiert dafür verurteilen.

Wie man für kranke Menschen betet

13 Geht's bei euch jemandem so richtig schlecht? Dann soll er mit Gott
drüber reden! Ist jemand bei euch gut drauf? Dann soll er Lieder zu
Gott singen! 14 Ist jemand bei euch krank? Dann soll er mal die Ge-
meindeleiter anrufen. Die sollen dann für ihn beten und ihn mit etwas
Öl eincremen, als Zeichen dafür, dass sie Gott um Hilfe bitten. 15 Wenn
sie im festen Vertrauen Gott darum bitten, dass er gesund wird, dann
wird Gott ihn auch heilen können. Der Kranke kann sich wieder aufrich-
ten, und falls er Mist gebaut hat und Gott das sagt, kann der ihm das
dann auch verzeihen. 16 Darum ist es eine gute Idee, wenn ihr auch vor
den anderen euren Mist bekennt, damit ihr gesund werdet. Gebete von
jemandem, der sein Leben mit Gott in Ordnung gebracht hat, haben
eine große Auswirkung. 17 Denken wir mal an Elia. Der war auch nur ein
Mensch mit allen seinen Schwächen. Trotzdem hat es drei Jahre und
sechs Monate lang nicht geregnet, nur weil er ein Gebet gesprochen
hatte! Heftig! 18 Und dann hat er noch mal gebetet und es fing an zu
schütten! Alles wurde grün und viele Früchte fingen an zu wachsen.

Ihr müsst euch um die Verirrten kümmern

19 Ihr Lieben, wenn sich da einer von euch glaubensmäßig verirrt und
von den Sachen wegkommt, die ich euch erzählt habe, und jemand
schafft es, ihn wieder zurückzuholen, 20 dann soll dieser eins wissen:
Er hat gerade einen Menschen vor dem sicheren Tod gerettet! Gott hat
ihm seine Schuld vergeben. Also, Gottes Segen,
euer Jakobus!

Judas

Absender, Anschrift, Grüße
1 Absender: Judas, Angestellter von Jesus Christus und ein Bruder von
Jakobus. An: alle Menschen, die Gott zu sich gerufen hat. Ihr werdet alle
von Gott wahnsinnig geliebt! Er ist wie ein Vater zu uns. Jesus Christus
soll euch beschützen. 2 Hallo, liebe Geschwister! Ich wünsche euch erst
mal alles Gute! Dass Gott euch fett segnet mit seiner Liebe und dass ihr
fähig werdet, andere zu lieben. Und dass ihr Frieden in euch habt, das
wünsch ich euch auch!

Passt auf vor den Laberheinis!
3 Ihr Lieben, ich hatte mir eigentlich fest vorgenommen, euch nur
positive Sachen zu schreiben. Ich wollte da drüber reden, wie Gott uns
gerettet hat und so. Jetzt muss ich euch mit diesem Brief aber eher war-
nen. Leute, kämpft um euer Vertrauen in Gott, passt auf euren Glauben
auf, den schon so viele Menschen vor euch kennengelernt haben! 4 Bei
euch haben sich anscheinend ein paar Typen eingeschlichen, die schon
längst ihr Urteil gekriegt haben. Schamlos missbrauchen sie die Liebe
und die Gnade, die Gott für sie hat. Sie lassen sich total gehen, sündi-
gen rum und verraten damit Jesus Christus, der über alles das Sagen
hat. 5 Ich will euch noch mal an was erinnern, obwohl ihr das schon
lange wisst. Gott hat ja damals das Volk Israel aus Ägypten rausgeret-
tet. Trotzdem mussten später alle sterben, die ihm nicht mehr vertraut
haben. 6 Gott ist ja auch mit denjenigen Engeln so umgegangen, die
ihr eigentliches Zuhause einfach verlassen hatten. Darum hat Gott sie
auch mit dicken Stahlfesseln in die Dunkelheit weggeschlossen, bis sie
zur letzten großen Gerichtsverhandlung wieder rausgelassen werden.
7 Sodom und Gomorra mit den Städten drum herum mussten auch
die Konsequenzen ertragen. Sie haben sexmäßig ätzend gelebt. Da ist
jeder mit jedem und mit allem im Bett gelandet. Sie sind ein Beispiel
dafür, was die Folgen von so einem Lebensstil sind: Schmerzen und
Leiden von einem Feuer, das für immer brennen wird. 8 Einige verwirrte
Typen bei euch sind genauso drauf wie die. Die sind wie ferngesteuert
von ihrer Geilheit, lassen sich aber von niemand was sagen. Und dabei
berufen sie sich noch auf irgendwelche Träume und lästern nebenbei
noch gegen alle übernatürlichen Kräfte ab, aber auch allen anderen
Autoritäten zeigen sie den Mittelfinger. 9 Das hat sich noch nicht mal
der Oberengel Michael getraut. Als der Teufel ihm die Leiche vom Mose
abluchsen wollte, sagte er nur: „Gott soll dich bestrafen!“ Das war alles,

er verurteilte ihn noch nicht mal dafür. 10 Diese Leute lästern aber über
Sachen ab, wo sie überhaupt keine Ahnung von haben! Wie dumme
Tiere tun sie nur das, was ihr Gefühl ihnen gerade sagt, ohne vorher mal
das Hirn einzuschalten. Da dran werden sie selbst kaputtgehen. 11 Die
sollten echt mal aufpassen! Die machen es genauso wie Kain, der sei-
nen Bruder ermordet hatte. Oder auch wie Bileam, sie lassen sich ein-
fach für jede Schweinerei kaufen. Oder wie Korach werden sie an ihrer
Rebellion selber ersticken. 12 Wenn ihr euch zum Essen verabredet, dann
kommen sie und fressen sich voll, egal, wie peinlich das ist. Und dabei
finden sie sich noch ganz toll. Die sind wie kleine nutzlose Wolken, die
einfach weggeblasen werden. Oder wie tote Obstbäume, an denen nie
wieder was wachsen wird. Die haben es letztes Jahr schon nicht ge-
bracht und werden es dieses Jahr auch nicht bringen. Die sind tot bis in
die Wurzel. 13 Oder wie die Wellen eines versifften Meeres, wo der Dreck
an den Strand gespült wird. Oder sie sind wie Meteoriten, die ihre Bahn
verlassen haben und in das unendliche Universum abstürzen, ohne
Halt. Solche Menschen werden für immer in der Dunkelheit bleiben.
14 Henoch, der in der siebten Generation nach Adam gelebt hat, sagte
damals schon voraus: „Passt auf, da kommt der Herr mit vielen tausend
heiligen Engeln. 15 Er will über die Menschen ein Gerichtsurteil fällen,
und alle Menschen, die ohne Gott gelebt haben, werden verurteilt. Alle,
die keinen Bock auf Gott hatten, werden für ihr Handeln ohne Gott be-
straft werden. Auch für ihre linken Kommentare, die sie über Gott ab-
gelassen haben, werden sie sich verantworten müssen.“ 16 Dabei sind
diese Menschen überhaupt nicht glücklich mit ihrem Leben. Sie werden
voll von ihrer Lust kontrolliert, und was sie so sagen, klingt immer sehr
arrogant. Dabei reden sie nur, um sich bei wichtigen Leuten einzuschlei-
men, und versuchen dabei irgendwie einen Vorteil für sich rauszuholen.

Zieht durch!

17 Meine lieben Freunde, ihr dürft nicht vergessen, was euch die Apostel
von Jesus Christus erzählt haben, ja?! 18 Sie sagten euch, dass in der Zeit,
wenn es mit der Erde zu Ende gehen wird, überall Leute auftreten, die
Gott nur verarschen wollen. Die lassen sich nur von ihrer Geilheit leiten
und suchen überall ihren eigenen Vorteil. 19 Durch diese Leute kommt
es zu Spaltung in der Gemeinde. In ihrem ganzen Leben geht es nur um
weltliche Dinge. Mit Gott und seinem Geist haben sie nichts zu tun.

Gott ist der Größte

20 Meine lieben Freunde, lasst euch von so was nicht runterziehen.
Baut euch gegenseitig auf, ermutigt euch in eurem Glauben an Gott.

Und betet durch die Kraft vom heiligen Geist. [21] Haltet durch! Das geht, wenn ihr euch bewusst macht, wie sehr Gott euch liebt. Wartet auf den Tag, an dem Jesus Christus euch abholt zu einem Leben, das nie mehr aufhören wird. [22] Kümmert euch um die Leute bei euch, die glaubensmäßig noch schwach auf der Brust sind. [23] Andere müsst ihr packen und aus der Gefahrenzone rausholen. Rettet sie vor einem üblen Urteil bei der letzten Gerichtsverhandlung von Gott. Auch mit den anderen Menschen sollt ihr liebevoll umgehen, ja? Passt dabei auf, dass ihr euch nicht selber mit Sünden wieder dreckig macht. [24] Gott allein kann auf euch aufpassen, dass ihr nicht ins Stolpern kommt. Wenn Jesus dann sein fettes Comeback feiert, können wir uns vor ihn stellen und uns einfach nur freuen! [25] Gott hat uns durch Jesus Christus aus dem Dreck rausgeholt und uns gerettet. Er soll für immer der Größte sein. Er hat einen Anspruch auf Ehre und Ruhm. Er soll das Sagen haben, er soll regieren, wie er es schon immer getan hat und auch immer tun wird! So ist das und so soll es auch sein [Amen].

Euer Judas

Johannes hat eine große Vision

1

Wie dieses Buch entstanden ist

1 In diesem Buch stehen Visionen, die Johannes gehabt hat. In ihnen
erklärt Jesus Christus einige Sachen, die bald passieren müssen. Diese
Visionen hat Johannes von einem Engel bekommen. 2 Alles, was Gott Jo-
hannes dabei gesagt und gezeigt hat, schreibt er hier auf. Jesus Christus
ist der Zeuge dafür. 3 Wer diese prophetischen Worte liest, ernst nimmt
und danach lebt, der kann sich echt glücklich schätzen. Denn das wird
alles bald genau so abgehen, wie es hier steht.

Wer das schreibt und für wen

4 Absender ist Johannes, und er schreibt diesen Brief an die sieben Jesus-
Gemeinden in der Provinz Asien. Hallo Leute! Ich wünsche euch, dass
ihr die Liebe und den Frieden, die von Gott kommen, bei euch habt. Er ist
da, er war schon immer da, und er wird wiederkommen. Auch von den
sieben Engeln, die vor seinem Chefsessel sind, soll ich das ausrichten
5 und von Jesus Christus, der ein zuverlässiger Zeuge ist. Er ist der Aller-
erste, der den Tod besiegt hat. Er hat das Sagen über die ganze Erde. Er
liebt uns wie verrückt, und er hat uns dadurch, dass er an diesem Kreuz
hingerichtet wurde, von dem ganzen Dreck befreit, der uns von Gott
getrennt hat. 6 Er hat uns zu Präsidenten und Priestern gemacht, die für
Gott, seinen Vater, da sind. Er soll groß rauskommen, er soll das Sagen
haben, für immer! Ja, so soll es sein [Amen]! 7 Passt auf! Jesus kommt auf
einer Wolke wieder zurück, und zwar so, dass es alle sehen können! Auch
die Menschen, die ihn hingerichtet und gefoltert haben, werden das se-
hen, und es wird ihnen voll Leid tun. Auf sicher [Amen]!

Gott sagt zu Johannes: „Schreib mal auf!“

8 „Ich bin ganz am Anfang da gewesen, ich bin jetzt da, und ich werde
wiederkommen“, hat Gott gesagt, der der Chef von allem ist. Ihm ist
nichts unmöglich.

Johannes soll alles aufschreiben

9 Ich heiße Johannes und gehöre auch zur Jesus-Familie. Ich bin mit
euch ganz fest verbunden und muss dieselben ätzenden Sachen wie
ihr durchmachen, dass wir nämlich als Christen verfolgt werden. Und
genauso wie ihr kann ich es kaum abwarten, dass Jesus wiederkommt.

Weil ich Menschen von Jesus erzählt habe, hat man mich jetzt auf die-
ser Insel Patmos kaltgestellt. 10 An einem Sonntag passierte mir hier
etwas total Abgefahrenes. Beim Beten übernahm plötzlich Gottes Geist
die Kontrolle. Ich hörte hinter mir eine extrem laute Stimme, die war so
laut wie der Sound von tausend Marshallverstärkern. 11 „Jetzt schreib
alles auf, was du siehst, und danach schickst du das Buch an folgende
sieben Gemeinden: Ephesus, Smyrna, Pergamon, Thyatira, Sardes, Phi-
ladelphia und Laodizea!" 12 Weil ich natürlich sehen wollte, wer mich da
gerade zutextet, drehte ich mich um. Na, und da standen erst mal nur
sieben Lampen aus Gold. 13 In der Mitte zwischen den Lampen stand
einer, der sah so aus wie ein Mensch. Er hatte einen langen Mantel an
und einen Gürtel aus Gold umgebunden. 14 Sein Kopf und seine Haa-
re waren total weiß, so strahlend weiß wie Schnee. Und seine Augen
sprühten voll, so als wären sie aus Feuer. 15 Seine Füße glühten wie wei-
ßer Stahl, der gerade aus dem Schmelzofen kommt, und seine Stimme
war mit den Düsen eines Überschalljets zu vergleichen. 16 In seiner rech-
ten Hand hatte er sieben Sterne, und aus seinem Mund kam ein rotes
Laserschwert. Sein Gesicht leuchtete so hell wie die Sonne. 17 Als ich ihn
ansah, fiel ich flach auf den Boden vor seine Füße. Dann legte er seine
rechte Hand auf meine Schulter und sagte: „Hab keine Angst! Ich bin
der Erste und der Letzte, 18 und ich bin derjenige, der lebt. Ich war tot,
aber jetzt lebe ich, und ich lebe für immer weiter. Ich habe die Kontrolle
über den Tod und über das Land, wo die Toten sind. 19 Johannes, schreib
jetzt alles auf, was du siehst: das, was jetzt passiert, und das, was noch
passieren wird. 20 Die sieben Sterne in meiner rechten Hand, die du
gesehen hast, und die sieben goldenen Lampen haben folgende Bedeu-
tung: Die sieben Sterne sind die Engel von sieben Gemeinden. Und die
sieben Lampen sind ein Bild für diese sieben Gemeinden."

2

Ein Brief an die Jesus-Familie in Ephesus

1 „Johannes, schreib mal einen Brief an den Leiter der Gemeinde in
Ephesus. Diese Nachricht kommt von demjenigen, der in seiner rech-
ten Hand sieben Sterne hält und der zwischen den sieben goldenen
Lampen umhergeht. Er sagte zu eurer Gemeinde Folgendes: 2 Mir ist
bewusst, dass du gut drauf bist. Ich weiß von den vielen guten Sachen,
die du tust, und dass du geduldig bist und 'ne Menge durchgemacht
hast. Es war gut, dass du diese fragwürdigen Pseudo-Apostel bei euch
als solche erkannt und kaltgestellt hast. 3 Du hast wirklich durchgezogen
und geduldig schlimme Sachen für mich ertragen. 4 Trotzdem gibt es
eine Sache, die mir echt wehtut: Du liebst mich nicht mehr so, wie du

mich mal geliebt hast! 5 Denk doch mal dran, was du eigentlich hinter
dir gelassen hast! Komm jetzt wieder zurück an den Punkt, wo du am
Anfang mal warst. Denn wenn du das nicht tust, werde ich dir deine
Lampe wegnehmen müssen. 6 Eine Sache finde ich aber echt geil an
dir: dass du das, was die Nikolaiten gebracht haben, genauso schlimm
findest wie ich! 7 Macht die Lauscher auf, Freunde, und hört gut zu,
was der Geist von Gott seinen Leuten zu sagen hat! Wer bis zum Ende
durchzieht, dem werde ich im Paradies eine ganz besondere Frucht
anbieten, und die wächst am Baum des Lebens."

Ein Brief an die Christen in Smyrna

8 „Johannes, schreib mal bitte einen Brief an den Engel von der Gemeinde
in Smyrna: Diese Nachricht kommt von dem, der ganz am Anfang da war
und der bis zum Schluss bleiben wird. Er war tot, aber jetzt lebt er wieder.
9 Mir sind die üblen Sachen bekannt, die du zurzeit ertragen musst. Ich
weiß auch, dass ihr überhaupt kein Geld habt (auch wenn du trotzdem ir-
gendwie reich bist). Ich weiß auch davon, dass Leute über euch ablästern,
die sich für superfromme Juden halten, aber in Wirklichkeit bei der Firma
vom Satan angestellt sind. 10 Du brauchst keine Angst vor den Sachen
haben, die noch kommen werden! Der Satan wird ein paar von euch sogar
noch verhaften lassen, um euch auszutesten. Das wird insgesamt zehn
Tage lang abgehen. Zieh durch! Wenn du das packst, dann wirst du am
Ende bei der Siegerehrung den ersten Preis bekommen und als Prämie
das Leben, das nie aufhört! 11 Passt gut auf, was der Geist seinen Leuten
sagen will. Wer durchhält und gegen das Böse Siege einfährt, der muss
vor dem endgültigen Tod keine Angst mehr haben."

Ein Brief an die Christen in Pergamon

12 „Jetzt schreib noch mal einen Brief an die Christen in Pergamon: Das
kommt von demjenigen, der ein scharfes Laserschwert in der Hand
hält. 13 Mir ist schon klar, dass du in einer schlimmen Stadt wohnst, wo
Satan das Sagen hat und alles beeinflusst. Trotz dieser Situation hast
du dich immer ganz treu auf meine Seite gestellt. Du hast nie so getan,
als würdest du mich nicht kennen. Und selbst in der Zeit, als Antipas
bei euch, in dieser Hochburg vom Satan persönlich, umgebracht wurde,
wart ihr mir treu. 14 Es gibt aber bei dir etwas, was du ändern musst: Du
akzeptierst Menschen bei euch, die immer noch nach der Lehre vom
Bileam leben. Bileam brachte den Balak dazu, die Israelis in den Dreck
zu reiten. Er verführte sie Fleisch zu essen, das für dämonische Rituale
benutzt wurde, und auch zu ätzenden Sexsachen hat er sie verführt,
Sachen, die Gott nicht gut findet. 15 Und dann gibt es ein paar Leute bei

euch, die auf die Theologie der Nikolaiten abfahren. [16] Hör auf damit!
Wenn du dich nicht radikal änderst, dann werde ich bei euch vorbeikom-
men und mit meinem Laserschwert gegen euch kämpfen. [17] Passt auf
und hört gut zu, was Gott zu euch jetzt sagt! Wer bis zum Ende durch-
hält, dem werde ich etwas Besonderes zu essen geben, nämlich Brot,
das im Himmel gemacht wurde. Er wird eine Siegerurkunde bekommen,
auf der ein neuer Name draufstehen wird. Und dieser Name ist geheim.
Nur der, der die Urkunde bekommt, kann ihn lesen."

Ein Brief an die Christen in Thyatira

[18] „Schreib mal an den Engel der Gemeinde in Thyatira: Was jetzt
kommt, sagt der Sohn Gottes. Er hat Augen wie ein Flammenwerfer,
und seine Füße sind aus glühendem Stahl. [19] Ich beobachte dich. Ich
sehe, was du tust, und hab auch bemerkt, mit was für einer Liebe du
mir dienst und wie groß dein Vertrauen zu mir geworden ist. Auch deine
Geduld ist größer geworden. Und du setzt dich jetzt sogar noch mehr
ein, als du es je getan hast. [20] Es gibt aber eine Sache bei dir, die du än-
dern musst: Du lässt diese Isebel in Ruhe ihr Ding durchziehen, obwohl
sie eine Pseudoprophetin ist. Sie verführt mit den Sachen, die sie er-
zählt, meine Leute dazu, Mist zu bauen, zum Beispiel von dem Fleisch
zu essen, was irgendwelchen Göttern geopfert wurde, und fremdzu-
gehen. [21] Ich habe dieser Frau wirklich genug Zeit gegeben, ihr Leben zu
ändern. Aber sie will einfach nicht. [22] Darum wird sie jetzt krank werden,
und alle, die sich auf sie eingelassen haben, werden auch schlimme
Sachen durchmachen müssen. Es sei denn, sie sind bereit, sich von ihr
zu trennen. [23] Ich werde mit ihr kurzen Prozess machen. Ihre Kinder
werden sterben, und dann werden hoffentlich alle kapieren, dass ich die
Gedanken von jedem Menschen lesen kann und alles abchecke. Jeder
wird für das bezahlen müssen, was er verbrochen hat. [24] Den Rest der
Leute in Thyatira, die dieser falschen Theorie nicht gefolgt sind und
sich nicht auf diese Spekulationen über satanische Mächte eingelassen
haben, den werde ich in Ruhe lassen. [25] Ihr müsst aushalten und dürft
das nicht verlieren, was ihr jetzt mit mir habt, und zwar so lange, bis ich
wiederkomme. [26] Hey, wer bis zum Schluss durchzieht und den dunklen
Mächten standhält, wer bis zum Schluss sein Leben danach ausrichtet,
was ich will, der wird mal über ganze Nationen das Sagen haben! [27] Er
wird autoritär regieren und alles weghauen, was sich ihm in den Weg
stellt. [28] Er wird genau so eine Power haben, wie ich sie von meinem
Papa bekommen habe. Und als Zeichen, dass er so mächtig ist, hat er
eine Uniform von einem General an. [29] Passt gut auf, Leute! Hört gut zu,
was Gott der Gemeinde zu sagen hat."

3

Ein Brief an die Christen in Sardes
1 „Schreib mal dem Engel der Gemeinde in Sardes Folgendes: Jetzt
kommt eine Nachricht von dem, der die sieben Geister Gottes unter
sich hat und die sieben Sterne in seiner Hand hält. Ich weiß genau,
was du so treibst. Ich weiß auch, dass man erzählt, du wärst eine rich-
tig lebendige Gemeinde. Aber in Wirklichkeit bist du tot! 2 Jetzt wach
endlich auf! Und weck die anderen Leute in deiner Umgebung auf, die
auch noch fest schlafen. Denn so, wie du bis jetzt gelebt hast, bist
du bei Gott unten durch. 3 Hast du denn schon wieder vergessen, wie
alles losging, als du Gott das erste Mal gehört und ihm auch geant-
wortet hast? Halte diese Worte fest, verlier sie nicht wieder! Komm zu
mir zurück! Wenn du nicht aufwachst, dann werde ich ganz plötzlich
vor der Tür stehen, unerwartet und so wie ein Dieb. 4 Trotzdem gibt es
selbst bei euch in Sardes einige, die sich nicht in der Welt dreckig ge-
macht haben. Sie werden immer bei mir sein und ganz weiße Kleidung
tragen, weil sie es wert sind. 5 Alle, die durchziehen und so gegen das
Böse gewinnen, werden diese weiße Kleidung anziehen. Ich werde ihre
Namen nicht aus dem Buch löschen, in dem alle stehen, die leben
werden. Ich werde mich vor meinem Vater und seinen Engeln zu ihnen
stellen! 6 Passt auf, und hört gut zu, was Gott den Gemeinden zu sa-
gen hat!"

Ein Brief an die Christen in Philadelphia
7 „Schreib mal einen Brief an den Engel der Gemeinde in Philadelphia.
Dem hab ich Folgendes zu sagen: Diese Nachricht kommt von dem, der
heilig ist und nie lügt. Er hat als einer aus der Familie vom David den
PIN-Code für die Ewigkeit. Die Tür, die er damit aufmacht, kann keiner
mehr schließen, und die Tür, die er verschließt, kann keiner mehr auf-
machen. 8 Ich weiß, wie du drauf bist, und ich weiß, was du getan hast.
Pass auf, ich hab eine Tür für dich aufgeschlossen, die keiner mehr ver-
schließen kann. Du bist klein und hast nicht sehr viel Kraft. Aber du hast
dich auf meine Worte verlassen und dich mutig auf meine Seite gestellt,
um von mir zu erzählen. 9 Pass gut auf, was bald abgehen wird. Es wer-
den Leute zu dir kommen, die behaupten, sie wären superfromm und
echte Hardcore-Juden. Aber sie lügen, denn in Wirklichkeit gehören sie
zur dunklen Seite, zu den Leuten von Satan. Ich werde diese Menschen
dazu bringen, dass sie dich achten und sich dir unterordnen. Sie sollen
erkennen, dass ich dich liebe! 10 Du hast genau das getan, was ich dir
gesagt habe. Du hast durchgehalten. Darum werde ich dir helfen, wenn

die schweren Tests kommen, die in der Welt bald abgehen werden. [11] Ich werde bald zurückkommen! Zieh durch und gib nicht auf! Keiner soll dir den Preis für deinen Sieg mehr abnehmen können. [12] Wer bis zum Ende durchhält und so das Böse besiegt, der wird zu einer Stütze im Tempel von Gott werden. Dort wird er immer bleiben können. Ich werde den Namen von meinem Gott auf ihn raufschreiben. Das bedeutet: Er gehört zu Gott. Und ich werde den Namen von der Stadt von meinem Gott auf ihn raufschreiben. Das heißt: Er bekommt einen Pass für dieses neue Jerusalem. Diese Stadt wird Gott selbst auf die Erde bauen. Und schließlich werde ich auch meinen Namen auf ihn raufschreiben. [13] Passt auf und hört gut zu, was Gott durch seinen Geist den Gemeinden zu sagen hat."

Ein Brief an die Gemeinde in Laodizea

[14] „An den Engel der Gemeinde von Laodizea schreib mal Folgendes: Was jetzt kommt, ist von dem, der das Versprechen ist, von Christus, dem echten, ehrlichen und treuen Zeugen. Er war schon da, bevor Gott das Universum geschaffen hat. [15] Ich kenne dich sehr gut. Ich weiß genau, wie du drauf bist. Du bist nämlich nicht heiß und auch nicht kalt. Wenn du wenigstens eins von beiden wärst! [16] Aber du hängst genau in der Mitte, du bist schlaff und lau. Und darum spucke ich dich aus! [17] Du lässt den Dicken raushängen, du sagst: ‚Ich hab so viel Kohle, ich brauche nichts mehr!' Und dabei kriegst du noch nicht mal mit, wie peinlich du eigentlich bist, dass man Mitleid mit dir haben muss. Du peilst überhaupt nicht, was wirklich Sache bei dir ist. Du bist nämlich total arm und blind und splitternackt! [18] Ist es nicht höchste Zeit, dich um Sachen von wirklich bleibendem Wert zu kümmern? Besorg dir reines Gold, das in meinem Feuer gereinigt wurde! Nur dieses Gold macht dich wirklich reich, und das bekommst du nur bei mir! Und lass dich mal neu einkleiden. Ich hab ein paar supersaubere weiße Klamotten für dich, damit du nicht länger nackt rumlaufen musst. Und organisier dir mal Salbe für die Augen, damit die Entzündung weggeht und du wieder besser sehen kannst. [19] Ich zeig dir deinen Mist, weil ich dich liebe! Ich will dich fürs Leben trainieren, darum strafe ich dich. [20] Merkst du das nicht? Pass auf, noch stehe ich vor deiner Tür und rufe dich! Und wer mich jetzt hört und mir die Tür öffnet, zu dem werde ich reingehen. Zusammen werden wir das Abendmahl feiern. [21] Jeder, der es packt und durchzieht und so das Böse besiegt, wird mit mir auf dem Chefsessel des Universums sitzen. Genauso wie ich es gepackt habe, gesiegt habe und mich mit meinem Vater auf den Chefsessel gesetzt habe. [22] Passt auf und hört genau hin, was der Geist Gottes seinen Gemeinden sagt."

4

Der Chefsessel von Gott

1 Als ich dann nach oben sah, konnte ich eine große Tür im Himmel
sehen, und die stand offen. Dieselbe Stimme, die sich wie der Sound
aus einem Marshallverstärker angehört hatte, sagte: „Komm hierher,
nach oben! Ich will dir zeigen, was in der Zukunft alles abgehen soll!“
2 Plötzlich nahm mich der Geist Gottes irgendwie mit woandershin.
Dann sah ich im Himmel einen Chefsessel, wo normal Präsidenten
draufsitzen. Da drauf saß einer, 3 der leuchtete wie ein Edelstein, so
wie ein Jaspis oder Karneol. Und um den Chefsessel war ein schöner
Regenbogen, der die Farben eines Smaragds hatte. 4 Um den Chefsessel
herum standen in einem Kreis vierundzwanzig weitere Chefsessel. Auf
denen saßen vierundzwanzig Älteste, die alle in total weißen Klamot-
ten gestylt waren. Auf dem Kopf hatten sie alle so Kronen aus Gold
auf, wie das normal Präsidenten tragen. 5 Aus dem großen Chefsessel
kamen ständig irgendwie Blitze raus, und man hörte auch Donner und
Stimmen. Vor dem Chefsessel standen sieben brennende Fackeln. Das
sind die sieben Geister von Gott. 6 Direkt vor dem Chefsessel war so ein
glänzendes Etwas, das sah aus wie Wasser. Es war durchsichtig wie Glas
und strahlte so hell wie ein Kristall. In der Mitte von diesem Kreis und
um den Chefsessel herum konnte ich vier lebendige Wesen erkennen.
Diese Wesen hatten überall Augen an ihrem Körper kleben. 7 Das erste
von denen hatte Ähnlichkeit mit einem Löwen. Das zweite sah eher aus
wie ein Stier. Und das dritte hatte ein Gesicht wie ein Mensch, während
das vierte wie ein Adler aussah, der gerade am Fliegen war. 8 Jedes von
diesen vier Wesen hatte sechs Flügel, und die waren auch voll mit die-
sen Augen. Diese vier standen da und sangen vierundzwanzig Stunden
immer wieder: „Heilig*, heilig, heilig ist der Herr**, der Gott, dem nichts
unmöglich ist. Er war am Anfang da, er ist jetzt immer noch bei uns,
und er wird auch immer da sein!“ 9 Diese vier Lebewesen standen da
und sagten Gott die ganze Zeit danke. Sie lobten ihn mit Liedern, weil
er dort saß und regierte und weil er immer schon dort gesessen hatte
und auch dort bleiben wird, für immer. 10 Diese vierundzwanzig Ältesten
knieten sich dabei immer wieder vor ihm hin und beteten zu ihm, dem

* Heilig heißt so viel wie „ganz besonders“, „einzigartig“. Ursprünglich durfte dieses Wort sogar nur für Gott benutzt werden, weil er eben etwas ganz, ganz Besonderes ist.

** Herr ist im Grunde ein Titel so wie Dr. oder Professor. Er sagt aber viel mehr. Nur wenn du über etwas zu bestimmen hast oder da drüber herrschen kannst, dann bist du auch ein „Herr“. Dieser Titel wird oft in der Bibel für Jesus verwendet, und wer Jesus als „Herr“ ansprach, sagte damit: „Du bist Gott!“ Meistens wurde das Wort in der Volxbibel mit Chef oder so übersetzt. Hier im letzten Buch soll es mal so da stehen bleiben.

Gott, der immer existieren wird. Dann legten sie die Kronen, die sie auf-
hatten, vor seinem Chefsessel ab und sagten: 11 „Du bist es wert, gelobt
und geehrt zu werden! Denn du hast das Sagen über alles, was es gibt!
Du hast alles gemacht, alles kommt von dir. So wie du es geplant hast,
ist diese Welt entstanden und auch alles, was auf dieser Welt lebt!“

5

Sieben Schlösser und ein Buch

1 Und dann konnte ich erkennen, dass der Mann, der auf dem Chef-
sessel saß, in seiner rechten Hand ein Buch hatte. Jedes Blatt und auch
der Einband war beschrieben, und drum herum waren sieben Schlösser
angebracht. 2 Einen sehr starken Engel konnte ich dann sehen, und der
brüllte mit einer irre lauten Stimme: „Wer ist in der Lage und wer hat es
verdient, diese Schlösser aufzumachen?“ 3 Aber da war keiner, der das
konnte. Keiner aus dem Himmel, keiner von der Erde und auch niemand
aus dem Gebiet, wo die Toten leben, konnte das bringen. 4 Ich fing darum
voll an zu weinen, weil das so traurig war. Keiner war da, der gut genug
gewesen wäre, das Buch aufzumachen und es zu lesen. 5 Aber einer der
Ältesten sagte dann zu mir: „Du brauchst nicht weinen! Es gibt einen, der
hat es geschafft, er hat gesiegt! Es ist der Löwe, der aus der Familie vom
Juda kommt. Er ist aus der Familie vom Präsidenten David.“ 6 Und dann
sah ich es: In der Mitte von dem Chefsessel stand ein Lamm, das aus-
sah, als hätte man es geschlachtet. Es hatte sieben Hörner und sieben
Augen. Diese Augen stehen für die sieben Geister von Gott, die er über-
all in die ganze Welt geschickt hat. Um den Chefsessel rum standen die
vier lebenden Wesen und die vierundzwanzig Ältesten. 7 Das Lamm, was
für Christus steht, ging dann zu dem Wesen auf dem Chefsessel. Dort
bekam es das Buch aus seiner rechten Hand. 8 Und in dem Augenblick,
als es das Buch in die Hand nahm, fielen die vier Gestalten und auch die
vierundzwanzig Ältesten platt vor dem Lamm auf den Boden. Jeder von
denen hatte dabei eine Gitarre und eine goldene Schale mit Weihrauch
in der Hand. Die steht für die Gebete, die Gottes Leute zu ihm gebracht
haben. 9 Und alle fingen an, ein ganz neues Lied zu singen, und das ging
so: „Du bist der Einzige, der in der Lage ist, dieses Buch zu nehmen und
seine Schlösser zu öffnen. Du bist der Einzige, der das darf, weil du für
alle hingerichtet wurdest. Du hast dich geopfert, und dein Blut ist geflos-
sen, damit die Menschen frei sein können. Und zwar alle Menschen aus
allen Nationen, ganz egal, wo sie herkommen. 10 Du hast sie alle jetzt zu
Präsidenten gemacht und zu Priestern. Sie sollen ab jetzt das Sagen über
die Erde haben.“ 11 Anschließend konnte ich Zigtausende von Engeln
sehen, ohne Ende viele, und die sangen alle in einem Chor. Sie standen

um den Chefsessel, um die vier Wesen und die Ältesten herum. 12 Der
Song, den ich dann hörte, ging ungefähr so: „Nur das Lamm, das für
alle abgeschlachtet wurde, hat einen Anspruch auf alle Macht und allen
Reichtum! Christus gehört alle Weisheit, alle Ehre, alle Kraft. Er allein
soll gelobt werden, er ist einfach alles!" 13 Und dann kamen alle anderen
Wesen, die mal gemacht wurden. Alle im Himmel und auf der Erde und
auch die Toten, sogar alles, was im Meer lebt, kam an. Alle sangen zu-
sammen diesen Song: „Lieder, die davon erzählen, wie gut du bist, sollen
dir gesungen werden. Anerkennung, Einfluss und Macht über alles, das
gehört wirklich dem, der auf dem Chefsessel sitzt, und dem Lamm. Das
war schon immer so und wird auch immer so bleiben!" 14 Die vier Wesen
sagten nur: „Das stimmt! Amen dazu!" Und die vierundzwanzig Ältesten
legten sich auf den Boden und beteten Gott und das Lamm an.

6

Das erste Schloss wird aufgemacht

1 Jetzt konnte ich beobachten, wie dieses Lamm das erste Schloss öffne-
te, mit dem das Buch abgeschlossen war. Und dann hörte ich, wie eins
von den vier Wesen anfing, tierisch laut zu brüllen: „Los jetzt!" 2 Als ich
mich umdrehte, war da ein weißes Pferd, auf dem ein Mann saß. Der
Typ hielt eine Waffe in der Hand und hatte einen Orden um als Zeichen
dafür, dass er zu den Siegern gehörte. Der zog als Sieger los, um noch
einmal zu siegen. 3 Dann öffnete das Lamm ein zweites Schloss, und ich
konnte dabei die Stimme von dem zweiten großen Wesen hören, das
genauso rief: „Los jetzt!" 4 Diesmal kam ein knallrotes Pferd angeritten.
Sein Reiter bekam ein riesiges Schwert. Mit diesem Schwert konnte er
den Frieden, der noch auf der Erde war, beenden. Er sorgte dafür, dass
sich die Menschen wieder gegenseitig abschlachten und Kriege anzet-
teln. 5 Und dann wurde das dritte Schloss aufgemacht. Ich konnte dies-
mal das dritte Wesen reden hören. Das sagte: „Los jetzt!" Ein schwarzes
Pferd erschien plötzlich auf der Bildfläche, und sein Reiter hielt eine
Waage in der Hand. Diese Waage steht für eine Inflation. 6 Ich konnte
eine Stimme hören, die von einem der vier Wesen kam: „Für 50 Euro
kriegst du ein Brötchen, aber ein Handy kostet nur 50 Cent!" 7 Nachdem
das vierte Schloss geöffnete wurde, konnte ich das vierte Wesen reden
hören: „Los jetzt!" 8 Und dann sah ich wieder ein Pferd, das die Farbe
von Leichentüchern hatte. Und der Typ, der da draufsaß, hieß „Herr
Tod", und hinter ihm war sein Reich, der Ort, wo alle Toten sind. Er
und seine Leute hatten die Macht über ein Viertel der gesamten Erde.
Er löste Kriege aus, Seuchen und Hungersnöte, und er ließ alle mög-
lichen wilden Tiere los. 9 Jetzt öffnete das Lamm das fünfte Schloss, mit

dem das Buch abgeschlossen war. Plötzlich sah ich viele Menschen, die
getötet wurden, weil sie Gott und seinem Wort immer treu geblieben
waren und sich immer öffentlich dazu gestellt hatten, zu ihm zu gehö-
ren. [10] Und die riefen voll laut: „Wann ist es endlich so weit? Du bist der
einzigartige, heilige Gott, der für die Wahrheit einsteht! Wann kommt
endlich die Gerichtsverhandlung, wo die Menschen, die link zu uns wa-
ren und uns getötet haben, verurteilt werden?“ [11] Dann bekamen sie so
weiße Kleider an, und es wurde gesagt, dass sie noch ein bisschen war-
ten müssten. Denn da waren noch einige aus der Jesus-Familie, die auch
noch dazukommen würden, weil sie auch wegen ihres Glaubens getötet
würden. [12] Dann sah ich zu dem Lamm. Das öffnete in diesem Augen-
blick das sechste Schloss. Plötzlich gab es ein heftiges Erdbeben und
eine totale Sonnenfinsternis, fast so, als hätte jemand ein schwarzes
Samttuch über die Sonne gelegt. Und der Mond wurde dabei blutrot.
[13] Und Meteoriten fielen überall auf die Erde, fast so wie Äpfel, die von
einem Baum fallen, wenn der Sturm an den Ästen wackelt. [14] Auf einmal
wurde alles zusammengeklappt, so wie ein Buch zusammengeklappt
wird. Alles verschwand, die Berge und alle Inseln waren auf einmal weg.
[15] Die Mächtigen auf der Welt, die Regierungsoberhäupter und Präsiden-
ten, kriegten dann total die Panik. Millionäre, Unternehmer und auch
Arbeiter hatten Angst und versuchten sich in Bunkern tief unter der Erde
zu verstecken. [16] Alle schrien: „Macht die Tür zu, verschließt alles, macht
das Licht aus! Der Präsident, der auf dem Chefsessel sitzt und das Sa-
gen über alles hat, darf uns nicht finden. Und das Lamm, das so einen
großen Zorn auf uns hat, auch nicht. Dann ist es uns noch lieber, wenn
wir in diesem Bunker ersticken oder er über uns zusammenstürzt. [17] Es
ist jetzt so weit, die letzte große Gerichtsverhandlung ist angesetzt. Wer
wird sie überleben?“

7

Wer den Code trägt, kommt durch

[1] Danach konnte ich vier Engel sehen, die sich im äußersten Norden und
Süden, Westen und Osten aufgestellt hatten. Sie hielten die Atmosphäre
fest, sodass nirgends mehr der Wind wehen konnte, nicht auf dem Meer
und auch nicht auf dem Land. Kein Blatt bewegte sich mehr. [2] Ein anderer
Engel kam aus östlicher Richtung angeflogen, von der Seite, wo die Sonne
immer aufgeht. Er hatte den Universal-PIN-Code von Gott in seiner Hand.
Und den vier Engeln, die von Gott die Macht bekommen hatten, das Meer
und das Land zu zerstören, denen rief er zu: [3] „Moment, wartet noch! Ihr
dürft die Sachen noch nicht alle plattmachen! Wir wollen erst mal noch
allem, was Gott besitzt, den PIN-Code auf die Stirn drücken, damit klar

ist, zu wem sie gehören!“ 4 Und dann hörte ich, wie viele Menschen die-
sen Code bekommen sollten. Es waren hundertvierundvierzigtausend.
Das waren Leute aus dem Volk Israel. 5/8 Aus jedem Stamm kamen zwölf-
tausend. Zwölf Stämme waren am Start: Juda, Ruben, Gad, Asser, Naftali,
Manasse, Simeon, Levi, Issachar, Sebulon, Josef, Benjamin. 9 Anschlie-
ßend konnte ich tierisch viele Leute auf einen Haufen sehen. Es waren zu
viele, um sie zu zählen. Sie kamen aus allen Ländern, aus verschiedenen
Nationen und Kontinenten auf dieser Welt, mit unterschiedlichen Spra-
chen. Alle standen vor dem Chefsessel, wo das Lamm draufsaß. Sie waren
mit weißen Kleidern gestylt und trugen als Zeichen, dass sie gewonnen
hatten, eine Medaille um den Hals. 10 Alle riefen auf einmal: „Der Einzige,
der uns retten kann, ist unser Gott! Er hat den Überblick, er hat die Macht,
er hat den PIN-Code für die Tür zum Himmel, er und das Lamm, er und
Jesus!“ 11 Die Engel standen in einem großen Kreis um den Chefsessel
herum. Vor ihnen standen noch die Ältesten und diese vier Wesen. Alle
beugten sich gleichzeitig zum Chefsessel und beteten Gott an. 12 „Auf
sicher, eins steht fest“, riefen sie, „es gibt nur einen, der es verdient hat,
dass man zu ihm betet, ihn toll findet, ihm danke sagt. Er ist der Größte,
er hat den Überblick, er weiß alles: Das ist unser Gott. Das war schon
immer so und wird auch immer so sein [Amen]!“ 13 Plötzlich beugte sich
einer von den Ältesten zu mir rüber und fragte mich: „Was sind das für
welche, die so weiß gestylt hier angekommen sind? Woher kommen die?“
14 „Keine Ahnung“, hörte ich mich antworten, „aber du weißt es doch
bestimmt. Sag es mir bitte!“ „Das sind die Christen, die schlimme Sachen
durchmachen mussten, weil sie mit Jesus gelebt haben. Sie wurden ver-
folgt, in den Knast gesteckt, gefoltert und so. Ihre Kleider wurden durch
das Blut vom Lamm sauber gemacht. 15 Darum stehen sie hier direkt vor
dem Chefsessel von Gott, und hier feiern sie Tag und Nacht Gottesdienst.
Gott selber wird auf sie aufpassen! 16 Sie werden nie wieder Hunger ha-
ben müssen oder Durst! Selbst extreme Sonne oder Hitze wird sie nicht
mehr verletzen können. 17 Jesus, das Lamm, sitzt auf dem Chefsessel und
wird auf sie aufpassen und sie versorgen. Er wird sie wie ein Hirte zu den
Wasserquellen führen, wo man das Leben selbst trinken kann. Und Gott
höchstpersönlich wird immer bei ihnen sein. Er wird sie trösten, er wird
ihre Tränen abtrocknen.“

8

Das siebte Schloss

1 Als dieses Lamm dann das siebte Schloss aufmachte, war es im Him-
mel plötzlich total still. Das ging ungefähr eine halbe Stunde lang. 2 Ich
konnte die sieben Engel sehen, wie sie vor Gott standen. Jeder von

ihnen kriegte eine Posaune in die Hand gedrückt. [3] Dann sah ich einen anderen Engel, der hatte so ein Teil in der Hand, womit man Weihrauch abräuchert. Vor dem Altar bekam der sehr viel von dem Weihrauch. Den sollte er erst mal vor dem Chefsessel abfackeln. Dieser Rauch steht dabei für die Gebete, die Gottes Leute sprechen und die bei ihm auch ankommen. [4] Und genau das passierte: Der Rauch stieg mit den Gebeten der Menschen auf, die zu Gott gehören. Alles kam dabei aus der Hand von dem Engel. [5] Und dann nahm der Engel dieses Teil, wo der Weihrauch drin war, und füllte es mit Feuer von dem Altar. Und dann knallte er das Ganze auf die Erde runter. Plötzlich donnerte und blitzte es, man hörte Stimmen, und auf der Erde gab es heftige Erdbeben. [6] Dann machten sich die sieben Engel klar, um in ihre Posaune zu blasen. [7] Der erste Engel fing an. Kurz nachdem er in die Posaune geblasen hatte, fielen Hagelkörner gleichzeitig mit Feuer auf die Erde, beides mit Blut vermischt. Ein Drittel der Erde fing voll an zu brennen. Ein Drittel aller Wälder und alles Grünzeug verbrannte. [8] Dann blies der zweite Engel in seine Posaune. Etwas, das wie ein brennender Berg aussah, fiel in das Meer rein. Ein Drittel des Meeres wurde dann rot wie Blut. [9] Darum starb auch ein Drittel aller Lebewesen, die im Meer waren, und ein Drittel aller Schiffe kenterte in der Welle. [10] Dann blies der dritte Engel in seine Posaune. Ein großer Meteorit fiel vom Himmel, der wie eine Fackel brannte. Er stürzte auf die Flüsse und Wasserquellen. [11] Dieser Meteorit hatte einen Namen, er hieß „Bitterkeit". Er vergiftete ein ganzes Drittel von den gesamten Wasservorräten auf der Erde. Viele Menschen mussten sterben, weil sie davon trotzdem getrunken hatten. [12] Und dann blies der vierte Engel in seine Posaune. Plötzlich wurde das gesamte Licht auf der Erde um ein Drittel runtergedimmt. Die Sonne, der Mond und die Sterne strahlten nicht mehr so hell wie normal, und auch nachts wurde es dadurch um ein Drittel dunkler. An einem Drittel des Tages war es sogar völlig dunkel, und für die Nacht galt dasselbe. [13] Dann sah ich nach oben und entdeckte einen, der ganz oben am Himmel flog und ganz laut rief: „Wie übel! Passt auf, ihr Menschen auf der Erde! Es kommen noch drei andere Engel, und die müssen auch noch in ihre Posaune blasen!"

9

Die fünfte Posaune

[1] Als der fünfte Engel in seine Posaune geblasen hatten, sah ich einen Riesen-Meteoriten, der auf die Erde geknallt war. Der bekam einen Schlüssel, mit dem er die Tür zur Unterwelt aufschloss. [2] Er öffnete einen Krater, aus dem schwarzer Rauch rauskam wie aus einem Ofen. Durch den Ruß, der dadurch überall in der Luft war, verdunkelte sich

die Sonne. Die ganze Luft war verpestet. 3 Dann kamen plötzlich Heu-
schrecken von überall her. Es waren aber keine normalen Heuschrecken,
sondern sie hatten einen Stachel, mit dem sie wie ein Skorpion stechen
konnten. 4 Und die durften kein Gras essen oder sich von anderem
Grünzeug ernähren, auch nicht von Bäumen. Sie waren nur da, um die
Menschen anzugreifen, die nicht den PIN-Code Gottes auf der Stirn tru-
gen. 5 Es war ihnen gesagt worden, dass sie niemanden töten dürften,
aber sie sollten fünf Monate lang den Menschen qualvolle Schmerzen
zufügen. Ihre Stiche taten so weh wie der Stich von einem Skorpion.
6 Wenn diese Tage da sind, würden viele Menschen gerne Selbstmord
begehen, aber sie werden nicht sterben können. Ihr größter Wunsch
wird es sein, nicht mehr zu leben, aber der Tod wird unerreichbar sein.
7 Diese Heuschrecken sahen aus wie Pferde, die für den Krieg bestimmt
waren. Auf ihrem Kopf hatten sie so etwas wie eine goldene Krone, und
ihre Gesichter hatten Ähnlichkeit mit dem Gesicht von einem Men-
schen. 8 Sie hatten auch Haare, die so lang waren wie die Haare von
manchen Frauen, und die Zähne waren so scharf wie die von einem
Löwen. 9 Sie hatten so etwas um sich rum, das aussah wie ein Panzer,
und ihre Flügel machten ein so lautes Geräusch wie ein Hubschrauber.
10 Dann hatten sie Schwänze und Stacheln wie ein Skorpion. Mit dem
Gift von dem Stachel konnten sie Menschen fünf Monate lang quälen.
11 Ihr Oberhaupt ist ein Engel, der aus der Hölle kommt. Auf Hebräisch
heißt er Abaddon und auf Griechisch Apollyon. Übersetzt bedeutet das
„der Zerstörer“. 12 Aber das war noch nicht alles. Nach dieser ersten
Katastrophe kommen noch zwei andere.

Die sechste Posaune

13 Jetzt kam der sechste Engel an die Reihe und blies in seine Posaune.
Ich hörte eine Stimme, die aus allen vier Ecken des goldenen Altars kam,
wo Gottes Chefsessel steht. 14 Die Stimme sagte: „Lass die vier Engel frei,
die an dem Fluss Euphrat gefangen sind!“ 15 Und die vier Engel wurden
befreit. Es war ihr Tag. Genau für diesen Zeitpunkt waren sie bereitge-
halten worden, um loszuziehen und ein Drittel aller Menschen zu töten.
16 Sie hatten ein riesengroßes Heer. Zig Millionen berittene Soldaten
waren da, das sagte mir jemand. 17 Und dann hatte ich folgendes Bild
vor meinem inneren Auge: Ich sah die Pferde und ihre Reiter. Die hatten
eine Rüstung an, die war feuerrot, tiefblau und schwefelgelb und glänz-
te. Die Pferde hatten Köpfe wie ein Löwe, und aus ihrem Mund kamen
Feuerflammen, Rauch und brennender Schwefel rausgeschossen. 18 Mit
diesen drei Waffen wurde ein Drittel der Menschheit vernichtet. 19 Aber
nicht nur das Maul der Pferde war eine tödliche Waffe, sondern auch ihr

Schwanz. Der sah aus wie ein Schlangenkopf und konnte auch Menschen
verletzen. 20 Aber obwohl diese derben Katastrophen passierten, kam kei-
ner von den Überlebenden auf die Idee, sein Leben zu ändern und sich
Gott zuzuwenden. Die ganze Zeit beteten sie weiter zu Dämonen und zu
ihren selbst gebastelten anderen Göttern aus Gold, Silber, Eisen, Stein
und Holz. Und sie kapierten einfach nicht, dass diese Götter tot sind
und weder hören noch sehen können! 21 Sie änderten ihr Leben nicht, sie
kehrten nicht um. Sie hörten nicht auf, sich gegenseitig fertig zu machen,
sich zu töten, sich auf okkulte Sachen einzulassen, sexmäßig danebenzu-
liegen oder sich gegenseitig zu beklauen.

10

Johannes bekommt ein kleines Buch

1 Dann sah ich einen anderen sehr mächtigen Engel, der aus dem Him-
mel zu mir runterkam. Um ihn herum war eine Wolke, und auf seinem
Kopf war ein Regenbogen. Sein Gesicht leuchtete wie die Sonne und
seine Beine sahen aus, als wären sie aus brennendem Phosphor. 2 In
seiner Hand hielt er ein kleines Buch aufgeschlagen. Mit seinem rech-
ten Fuß stand er auf dem Meer und mit seinem linken auf dem Land.
3 Und dann brüllte er los, fast so wie ein Löwe. Als Antwort konnte man
sieben Donnerschläge hören. 4 Als die sieben Donnerschläge anfingen
zu reden, wollte ich das gleich aufschreiben, aber eine Stimme sagte
mir: „Das ist geheim, was die gesagt haben. Erzähl es keinem weiter!“
5 Jetzt hob der Engel, der mit seinen Füßen auf dem Meer und auf dem
Festland stand, seine rechte Hand hoch, Richtung Himmel. 6 Und dann
schwor er einen Eid. Er schwor auf den, der immer schon gelebt hat, im-
mer leben wird und das alles geschaffen hat, den Himmel, die Erde, das
Meer: „Die Zeit ist abgelaufen!“ 7 Wenn der siebte Engel seine Posaune
bläst, dann wird Gott das durchziehen, was sein geheimer Plan war.
Es wird genau so passieren, wie er es seinen Leuten, den Propheten,
vorausgesagt hat. 8 Dann redete diese Stimme noch mal mit mir: „Jetzt
geh und nimm dieses offene Buch von dem Engel, der auf dem Land
und dem Meer gleichzeitig steht!“ 9 Also ging ich zu dem Engel hin und
fragte ihn, ob ich das kleine Buch haben könnte. Er sagte zu mir: „Hier,
nimm es und iss es auf! Es schmeckt so süß wie Erdbeermarmelade,
aber es wird dir ganz schwer im Magen liegen.“ 10 Ich nahm das kleine
Buch von ihm und aß es auf. Tatsächlich schmeckte es zuckersüß, aber
im Bauch bekam ich Magenschmerzen davon. 11 Dann meinte irgend-
jemand zu mir: „Du wirst noch einige prophetische Worte von Gott
bekommen, über Völker und Nationen. Auch über die Machthaber der
Welt wird er noch einiges zu sagen haben.“

11

Zwei Propheten und ein Auftrag

1 Ich bekam dann einen Zollstock in die Hand, und jemand sagte mir:
„Jetzt geh und vermiss den Tempel von Gott und den Altar da drinnen.
Zähl auch die Menschen, die sich im Tempel befinden und beten! 2 Den
Teil, der außerhalb vom eigentlichen Tempel ist, brauchst du nicht aus-
zumessen. Er gehört den anderen Völkern, die keine Juden sind, und
sie werden ihn besetzen, wenn sie Gottes heilige Stadt ganze zweiund-
vierzig Monate verwüsten. 3 Meine beiden Propheten werden von mir
einen Auftrag bekommen. Sie werden ganz in Schwarz auftreten, als
Zeichen der Trauer, und werden 1 260 Tage lang das erzählen, was Gott
ihnen gesagt hat. 4 Diese beiden Propheten sind die zwei Ölbäume und
die zwei Lampen, die vor Gottes Chefsessel stehen, vor dem Herrn der
Welt. 5 Jeder, der versucht sie anzugreifen, wird mit dem Flammenwerfer
aus ihrem Mund niedergemacht. Jeder, der versucht ihnen zu schaden,
muss sterben. 6 Sie haben die Möglichkeit, dafür zu sorgen, dass es in
der Zeit, wo sie reden, so lange nicht mehr regnet, bis sie fertig sind.
Und sie können aus Wasser Blut machen und Katastrophen auf die Erde
schicken, wenn sie es nur wollen. 7 Wenn sie mit ihrem Ding hier fertig
sind und das getan haben, was Gott von ihnen wollte, wird das Tier, das
direkt aus der Hölle kommt, seinen Auftritt haben. Es wird kommen
und gegen sie kämpfen, und das Tier wird siegen und beide Propheten
töten. 8 Ihre Leichen werden in der Stadt ausgestellt werden, in dersel-
ben Stadt, in der ihr Herr gekreuzigt worden ist. Diese Stadt ist sozu-
sagen das neue „Sodom“ oder das neue „Ägypten“. 9 Dreieinhalb Tage
werden die Leichen von Menschen aus der ganzen Welt besichtigt wer-
den können, weil man verboten hat, sie zu beerdigen. 10 Die Menschen
auf der Erde werden Partys veranstalten, weil sie sich so über den Tod
der zwei Propheten freuen. Sie werden sich Sachen schenken, weil die
beiden endlich weg sind. Was die zwei Propheten ihnen gesagt hatten,
war nämlich überhaupt nicht nett. Es war total ätzend für die Leute, sich
das anzuhören. 11 Aber dann sah ich, wie nach dreieinhalb Tagen etwas
passierte. Die Kraft Gottes kam auf sie. Sie wurden wieder lebendig und
standen plötzlich auf. Alle, die das mitkriegten, waren wie gelähmt vor
Angst. 12 Eine irre laute Stimme direkt aus dem Himmel sagte dann zu
ihnen: „Kommt her zu mir nach oben!“ Vor ihren Feinden werden sie
dann von einer Wolke umgeben und in den Himmel gezogen. 13 Und
dann gab es ein schweres Erdbeben der Stärke 12. Gleich darauf fielen
zehn Prozent der Stadt in sich zusammen. Siebentausend Menschen
kamen dabei um. Die Überlebenden waren entsetzt und hatten große

Angst. Endlich unterwarfen sie sich Gott. 14 Trotzdem ist diese schlim-
me Zeit noch nicht vorbei. Nach dieser zweiten Phase kommt kurz da-
rauf noch eine dritte.

Die siebte Posaune

15 Als Letztes blies dann der siebte Engel in seine Posaune. Aus dem
Himmel konnte man laute Stimmen hören, die sagten: „Ab jetzt wird
Gott die Kontrolle über diese Welt übernehmen, und Christus wird für
immer das Sagen haben.“ 16 Die vierundzwanzig Ältesten, die vor Gott
auf ihren Chefsesseln saßen, legten sich vor ihm auf den Boden und
beteten ihn an. 17 Sie sagten: „Danke, Gott! Dir ist wirklich nichts un-
möglich! Du hast gezeigt, was du draufhast! Du bist immer derselbe, du
veränderst dich nie. Und du hast jetzt die Macht übernommen. 18 Die
Völker hatten keine Lust mehr auf dich, sie wollten dich nicht mehr.
Darum wolltest du sie auch nicht mehr und hast sie bestraft. Die Zeit
der großen Gerichtsverhandlung ist jetzt da. Du wirst alle auf die Bank
setzen, auch die Menschen, die schon tot sind. Jeder wird das bekom-
men, was er verdient. Die Menschen, die zu dir gehören, wirst du be-
lohnen – deine Diener, deine Propheten, alle, die das getan haben, was
du willst, angefangen bei den Kleinen bis hin zu den Großen. Aber die
Menschen, die die Erde kaputtgemacht haben, wirst du auch kaputt-
machen.“ 19 Jetzt wurde im Himmel der Tempel von Gott aufgemacht.
Man konnte die Bundeslade ganz deutlich erkennen, und überall waren
Blitze. Man hörte Donner, und es gab einen furchtbaren Hagelsturm
und ein heftiges Erdbeben.

12

Die Frau, ihr Kind und ein Drache

1 Plötzlich konnte ich am Himmel ein sehr großes Zeichen sehen. Es
war eine Frau, die so hell strahlte wie die Sonne, und unter ihren Füßen
war der Mond. Auf dem Kopf hatte sie eine Krone, die aus zwölf Sternen
bestand. 2 Sie war hochschwanger und schrie vor Schmerzen, weil die
quälenden Wehen bereits eingesetzt hatten. 3 Und dann sah ich noch
etwas am Himmel: Es war ein riesengroßer feuerroter Drache, der hat-
te sieben Köpfe mit zehn Hörnern drauf. Auf jedem Kopf trug er eine
Krone. 4 Mit seinem Schwanz fegte er ein Drittel der Sterne zusammen
und warf sie dann auf die Erde. Dann stellte er sich vor die Frau, die kurz
vor der Geburt stand. Er wollte ihr Kind sofort nach der Geburt fressen.
5 Die Frau brachte einen Sohn zu Welt. Dieser Junge sollte einmal die
Welt beherrschen, radikal und streng. Das Baby wurde aber gerettet
und sofort zu Gott und seinem Chefsessel in Sicherheit gebracht. 6 Die

Frau musste in die Wüste fliehen. Gott hatte da bereits einen Ort für sie
klargemacht. 1 260 Tage lang sollte sie da versorgt werden. 7 Plötzlich
gab es Krieg im Himmel. Michael und seine Engel starteten einen An-
griff gegen den Drachen. Der Drache wehrte sich mit seinen dunklen
Engeln. 8 Aber er verlor den Kampf und durfte nicht länger im Himmel
bleiben. 9 Der große Drache steht für den Teufel, oder Satan, oder die
fiese Schlange, ganz wie man ihn nennen will. Er verführt alle Menschen
zum Bösen. Er wurde mit allen Engeln auf die Erde geschmissen. 10 Jetzt
hörte ich eine irre laute Stimme im Himmel, die rief: „Jetzt ist es end-
lich so weit! Gott hat endgültig gesiegt und für unsere Rettung gesorgt.
Seine Stärke und die Macht von seinem Sohn Jesus Christus sind für
alle zu sehen. Der Ankläger, der unsere Geschwister jeden Tag und jede
Nacht vor Gott beschuldigt hat, ist endgültig rausgeschmissen und auf
die Erde geworfen worden. 11 Sie haben gegen ihn gewonnen, wegen
dem Blut, das das Lamm Jesus vergossen hat, und weil sie alles für Gott
gegeben haben. Sie haben sich nicht abbringen lassen, an Gottes Wort
festzuhalten, und sogar ihr Leben dafür riskiert. Sie waren bereit, dafür
zu sterben. 12 Ihr könnt euch freuen und feiern, ihr Himmel und alle, die
da drin wohnen. Bloß der Erde und dem Meer wird es übel gehen. Der
Satan ist voll wütend zu euch gekommen, und er ist superaufgeheizt
und sauer, weil er weiß, dass seine Zeit bald abgelaufen ist." 13 Als der
Drache auf der Erde war, jagte er die Frau, die das Baby geboren hatte.
14 Aber sie bekam zwei große Adlerflügel und konnte aus ihrem Versteck
in der Wüste fliehen. Dreieinhalb Jahre wurde sie versorgt und vor dem
Drachen beschützt. 15 Aber das Biest gab nicht auf. Eine Riesen-Flut-
welle schoss aus seinem Mund raus, die sollte die Frau mitreißen und
ertränken. 16 Die Frau bekam aber Hilfe von der Erde. Es entstand ein
Riss im Boden, und das Wasser von dem Drachen wurde dort reinge-
lenkt. 17 Da drüber wurde der Drachen, total sauer, und er erklärte allen
anderen den Krieg. Allen, die das tun, was Gott will, und nach seinen
Regeln leben. Alle, die zu Jesus gehören, standen auf seiner Liste. 18 Und
er stellte sich an den Strand vom Meer.

13

Das Viech aus dem Meer: der Antichrist

1 Jetzt sah ich vor meinem inneren Auge ein seltsames Tier aus dem
Meer auftauchen. Es hatte sieben Köpfe und zehn Hörner, wobei jedes
Horn eine Krone aufhatte. Auf den Köpfen standen Ausdrücke und Na-
men, die Gott lächerlich machen sollten. 2 Dieses Tier hatte Ähnlichkeit
mit einem Panther, aber es hatte die Füße von einem Bären und den
Kopf von einem Löwen. Der Drache übertrug ihm seine gesamte Kraft,

er bekam seinen Einfluss und seine Macht. [3] Ich konnte erkennen, dass
das Tier an einem seiner Köpfe schwer verwundet war. Diese Wunde
wurde dann aber geheilt, und alle Welt sah das und bewunderte es
sehr. [4] Die Menschen fingen an, zu dem Drachen zu beten und ihm zu
danken, weil er dem Tier so eine Riesen-Macht übertragen hatte. Auch
das Tier wurde angebetet, und man sagte: „Wer kann es mit diesem
Tier überhaupt aufnehmen? Wer könnte mit ihm überhaupt kämpfen?"
[5] Dann wurde dem Tier erlaubt, schreckliche Dinge auszusprechen und
gegen Gott abzulästern. Es wurde ihm die Möglichkeit gegeben, zwei-
undvierzig Monate lang das zu tun, was es wollte. [6] Jedes Mal, wenn es
den Mund aufmachte, sagte es etwas Ätzendes über Gott. Es lästerte
über seinen Namen, machte Witze über ihn und über seinen heiligen
Ort und über alle, die im Himmel wohnen. [7] Es wurde ihm erlaubt, Krieg
gegen die Auserwählten Gottes zu führen und diesen Krieg sogar zu
gewinnen. Es bekam die Macht über alle Nationen, alle Völker und alle
unterschiedlichen Länder mit ihren unterschiedlichen Sprachen. [8] Alle
Menschen, die dann auf der Erde leben, werden das Tier ganz toll finden
und zu ihm beten. Alle, ausgenommen die Menschen, deren Namen in
dem Buch stehen, das es schon so lange gibt, wie es die Welt gibt. Es ist
das Lebensbuch des Lammes. [9] Passt gut auf und hört zu: [10] Die Leute,
die dazu bestimmt sind, in den Knast zu wandern, werden das auch tun.
Und wer mit einer Waffe umgebracht werden soll, der wird auch so ster-
ben. Jetzt sind Standhaftigkeit und Vertrauen angesagt.

Das zweite Tier: ein Prophet der Lüge

[11] Dann konnte ich ein anderes Tier sehen, das aus der Erde hochkam.
Es hatte zwei Hörner wie ein Lamm, aber eine grausame Stimme wie
die eines Drachen. [12] Dieses Tier bekam seine Befehle von dem ersten
Tier und übte seine Macht unter seinen Augen aus. Es brachte alle Men-
schen auf der Erde dazu, zu dem ersten Tier, dessen tödliche Wunde
verheilt war, zu beten. [13] Dieses zweite Tier war in der Lage, viele über-
natürliche Sachen zu machen, irre Wunder und so. Vor den Augen der
Leute konnte es sogar Feuer vom Himmel auf die Erde regnen lassen.
[14] Immer wenn das erste Tier dabei war, verführte es die Menschen
durch solche Wunder. Und dann wollte es von ihnen, dass sie ein Denk-
mal für das erste Tier bauten. Ein Denkmal für dieses Tier, das durch
das Schwert tödlich getroffen worden war, dann aber wieder lebendig
wurde. [15] Das war aber noch nicht alles. Es gelang ihm sogar, dieses
Denkmal lebendig zu machen. Es konnte dann plötzlich sprechen und
ließ jeden töten, der es nicht anbeten wollte. [16] Jeder, egal, wie alt er war
oder wie gebildet oder wie viel Kohle er auf dem Konto hatte, wurde ge-

zwungen, auf der rechten Hand oder auf der Stirn einen Code zu tragen.
17 Ohne diesen Code war es nicht mehr möglich, Arbeit zu finden oder
etwas einzukaufen. Dieser Code war aber nichts anderes als der Name
von dem Tier beziehungsweise eine Zahl, in der sein Name versteckt
war. 18 Man braucht schon etwas Peilung, um das nachvollziehen zu
können. Wer es draufhat, der soll diesen Code knacken. Es ist nämlich
die Zahl eines Menschen, und sie lautet 666.

14

Der Song der Leute, die befreit werden

1 Schließlich sah ich das Lamm auf dem Berg Gottes stehen. Um es he-
rum standen 144 000 Menschen. Alle hatten seinen Namen auf der Stirn
stehen und den Namen seines Vaters. 2 Ich hörte dann eine Stimme aus
dem Himmel, die war so laut wie das Rauschen eines Wasserfalls und
so extrem wie ein heftiger Donner. Dabei klang sie trotzdem so zärtlich
wie ein schönes Lied auf einer Gitarre. 3 Diese 144 000 bildeten einen
Chor, der ein neues Lied sang. Das taten sie vor dem Chefsessel Gottes
und vor den vier Wesen und den vierundzwanzig Ältesten. Aber nur die-
se 144 000, die durch das Lamm von der Erde freigekauft wurden, konn-
ten dieses Lied lernen. 4 Sie haben durchgezogen, sind Gott immer treu
geblieben und haben sich nicht durch Götzendienst dreckig gemacht.
Sie sind sauber und folgen dem Lamm überallhin. Sie sind die Ersten,
die durch das Opfer von Jesus Christus freigekauft wurden, sie gehören
ganz und radikal zu Gott und zu dem Lamm. 5 Sie haben immer vorbild-
lich gelebt, nichts kann man ihnen vorwerfen.

Drei Engel sagen, dass die letzte Gerichtsverhandlung jetzt abgehen wird

6 Ich konnte jetzt einen weiteren Engel erkennen, der mitten durch den
Himmel flog. Er hatte die Aufgabe erhalten, allen Menschen, die auf
der Erde leben, allen Ländern und Völkern mit ihren unterschiedlichen
Sprachen eine ewig richtige und gültige gute Nachricht zu übermitteln.
7 Er rief sehr laut: „Gott soll respektiert und geehrt werden! Es ist so
weit: Jetzt ist die große Gerichtsverhandlung angesetzt. Betet zu dem,
der alles gemacht hat, den Himmel und auch die Erde, das Meer und
alle Wasserquellen.“ 8 Dahinter kam dann ein zweiter Engel, der sagte:
„Babylon, die große Hauptstadt, die alle Menschen verführt hat und wo
die Sünde wohnt, sie ist gefallen!“ 9 Jetzt kam noch ein dritter Engel. Er
brüllte voll laut: „Jeder, der das Tier oder seine Statue angebetet hat, der
den Code von dem Tier an seiner Stirn oder an seiner Hand trägt, 10 der
muss ohne Ende Gottes Wut ertragen. Da gibt es keine Gnade mehr. In

der Gegenwart der Engel und des Lamms werden sie durch Feuer und
Schwefel gehen und schlimm leiden müssen. [11] Der Qualm, der von
dem Ort ausgeht, wo sie gequält werden, wird für immer aufsteigen.
So wird es ewig weitergehen, und sie bekommen keine Ruhe. Tag und
Nacht wird das so sein, für alle, die zu dem Tier und zu seinem Bild
gebetet haben. Das gilt für jeden, der sein Zeichen trägt. [12] Nur wer Aus-
dauer zeigt und bis zum Ende durchzieht, kommt durch. Das sind die,
die nach Gottes Gesetzen leben und Jesus vertrauen.“ [13] Dann kam eine
Stimme aus dem Himmel, die sagte zu mir: „Komm, jetzt schreib das
auf: Ab jetzt kann sich jeder freuen, der im Vertrauen auf Gott stirbt!“
„Ja“, sagte der Geist, „sie können sich endlich von ihrer Maloche und
den schlimmen Sachen, die sie durchmachen mussten, erholen. Die
Belohnung für ihre Arbeit ist ihnen sicher!“

Gott fährt seine Ernte ein

[14] Schließlich sah ich eine ganz weiße Wolke, und auf dieser Wolke saß
jemand, der aussah wie ein Mensch. Auf seinem Kopf hatte er eine
goldene Krone, ein Zeichen dafür, dass er gesiegt hatte. Und in seiner
Hand hielt er den Schlüssel zu einem großen Mähdrescher. [15] Nun kam
ein Engel aus dem Tempel gelaufen, der rief dann zu dem Menschen:
„Schick den Mähdrescher los! Es ist Zeit, die Ernte einzufahren. Die
Früchte sind überreif!“ [16] Und dann legte der Mann, der auf der Wolke
saß, los. Er fuhr mit dem Mähdrescher über die Erde und holte die Ernte
ein. [17] Danach kam ein anderer Engel aus dem Tempel, der hatte ein
scharfes Messer, mit dem man Weintrauben aberntet. [18] Zu ihm gesellte
sich ein neuer Engel, der hatte das Sagen über das Feuer. Der rief dann
zu dem anderen Engel: „Schneide mit dem Messer die Trauben vom
Weinstock der Erde runter. Die sind reif!“ [19] Jetzt schleuderte der Engel
sein Messer auf die Erde und erntete so die Trauben. Die warf er dann in
eine große Weinpresse, ein Bild für Gottes Zorn. [20] Vor der Stadt wurde
der Saft aus den Trauben gepresst. Ein riesiger Strom von Blut floss aus
den Trauben raus, zu einem Fluss, der 1 600 Stadien lang war (das sind
so um die 300 Kilometer) und so tief, dass ein Pferd bis zu den Zügeln
da drin versinken würde!

15

Sieben Engel und sieben Katastrophen

[1] Danach sah ich am Himmel ein großes Zeichen, das sehr seltsam war.
Sieben Engel hielten sieben Katastrophen in ihren Händen, mit denen
Gottes Gericht zu Ende gehen sollte. [2] Ich konnte so eine Art Meer er-
kennen. Es war durchsichtig wie Glas und leuchtete dabei wie Feuer.

Am Ufer von diesem Meer standen alle, die über das Tier gesiegt, nicht
zu seinem Bild gebetet und auch nicht die Zahl seines Namens ange-
nommen hatten. In ihren Händen hielten sie E-Gitarren, die Gott ihnen
gegeben hatte. 3 Sie sangen das Stück, das schon Mose, der Diener
von Gott, gesungen hatte, das auch das Lied von dem Lamm ist: „Gi-
gantisch und groß ist alles, was du getan hast. Du bist der Chef, dir ist
nichts unmöglich! Alles, was du tust, ist gerecht. Man kann sich auf dich
verlassen, du bist der Präsident von allen Menschen! 4 Wer sollte dich
nicht anerkennen? Wer sollte deinen Namen nicht toll finden und dich
nicht loben? Nur du bist heilig! Alle Menschen werden kommen und zu
dir beten. Denn dass du gerecht bist, wurde an deinen Taten allen klar
gemacht." 5 Und dann konnte ich sehen, wie im Himmel der Tempel, die
Stiftshütte, geöffnet wurde! 6 Die sieben Engel, die die sieben Katastro-
phen getragen hatten, kamen aus diesem heiligen Bereich raus. Sie hat-
ten total weiße Kleider an und um die Brust ein Band aus Gold. 7 Eins
von den vier mächtigen Wesen gab den sieben Engeln sieben goldene
Schüsseln. In diesen Schüsseln war der Zorn Gottes, des Gottes, der im-
mer da sein wird. 8 Der Tempel war von einer Wolke Gottes eingenebelt,
die seine Macht und seine Größe symbolisiert. Niemand konnte in den
Tempel gehen, bis die sieben Katastrophen beendet waren.

16

Sieben Eimer voller Zorn

1 Jetzt hörte ich eine irre laute Stimme, die den sieben Engeln zurief:
„Geht los und schüttet über der Erde die sieben Schüsseln aus, die mit
Gottes Zorn abgefüllt sind!" 2 Der erste Engel ging dann los und schüt-
tete eine Schüssel über der Erde aus. Sofort bekamen die Menschen,
die dieses Zeichen vom Tier trugen und seine Statue angebetet hatten,
schlimme bösartige Krebsgeschwüre. 3 Der zweite Engel schüttete sei-
ne Schüssel in das Meer, und als er das tat, wurde das Wasser blutrot.
Alle Pflanzen und Tiere, die im Meer lebten, starben. 4 Und der dritte
Engel schüttete seine Schüssel über die Flüsse und den Wasserquellen
aus, die dann auch blutrot wurden. 5 Dabei konnte ich hören, wie der
Engel, der das Sagen über das Wasser hatte, meinte: „Du hast jetzt
ein Urteil gefällt. Du bist gerecht, du bist der Heilige, und das warst
du auch immer schon. 6 Weil sie deine Leute und deine Propheten um-
gebracht haben und ihr Blut auf der Erde vergossen wurde, hast du
ihren Mördern zu Recht dieses Blut zu trinken gegeben. Das haben sie
verdient!" 7 Dann hörte ich eine Stimme aus der Richtung vom Altar,
die sagte: „Ja, Gott, dir ist nichts unmöglich. Jedes Urteil, was du fällst,
ist auf jeden Fall gerecht und geht in Ordnung!" 8 Jetzt goss der vierte

Engel seine Schüssel über die Sonne. Das bewirkte, dass die Strahlen
der Sonne die Menschen fast verbrennen konnten. [9] Und die Menschen
litten unter der starken Sonneneinstrahlung. Trotzdem schlugen sie
keine andere Richtung in ihrem Leben ein oder fingen an Gott zu ver-
ehren. Ganz im Gegenteil, sie verfluchten seinen Namen sogar. [10] Und
der fünfte Engel goss seinen Eimer direkt über den Chefsessel von dem
Tier. Plötzlich war sein ganzes Gebiet dunkel. Die Menschen, die dort
lebten, bissen sich vor Schmerz auf die Zunge. [11] Dann verfluchten sie
Gott aber wegen dieser Schmerzen und wegen der Krebsgeschwüre,
sie weigerten sich, von ihrem falschen Weg umzudrehen. [12] Jetzt goss
der sechste Engel seinen Eimer in den großen Fluss, den Euphrat. Der
trocknete sofort aus. Jetzt konnten die Herrscher aus dem Osten ohne
Probleme mit ihrem Heer in das Land einmarschieren. [13] Ich konnte
dann drei böse Geister sehen, die sahen aus wie Frösche. Sie sprangen
aus dem Mund des Drachen, des Tieres und aus dem Mund von dem
falschen Propheten. [14] Diese Frösche stehen für dämonische Geister,
die Wunder tun können und so die Machthaber dieser Erde auf ihre
Seite ziehen. Sie motivieren alle, sich mit ihnen zum letzten großen
Kampf gegen den großen Gott zu stellen, dem nichts unmöglich ist.
[15] „Aber nicht vergessen“, sagte Jesus Christus plötzlich. „Ich komme
total unerwartet und plötzlich, so wie Einbrecher! Nur wer wach bleibt
und bereit ist, wird an diesem Tag glücklich sein! Nur wer seine Kla-
motten in der Nähe hat, muss nicht nackt rumlaufen, das wäre sonst
peinlich für ihn.“

Harmagedon

[16] Die fiesen Geister trafen sich dann an einem Ort, der auf Hebräisch
Harmagedon heißt. [17] Der siebte Engel schüttete jetzt seinen Eimer in
die Luft. Plötzlich hörte man eine wahnsinnig laute Stimme, die aus
der Richtung vom Chefsessel im Tempel kam. Die sagte: „Es ist jetzt
passiert!“ [18] Blitze flashten über den Himmel, Donnerschläge krachten
wie Explosionen. Die Erde bebte so heftig, wie es in der Zeit, seit die
Menschen da leben, noch nie abgegangen war. [19] Die Riesenstadt Ba-
bylon wurde in drei Teile gespalten, und die Städte der Leute, die nicht
mit Gott lebten, zerbröselten förmlich zu Schutt. Gott hatte die Schuld,
die Babylon auf sich geladen hatte, nicht vergessen. Die Stadt musste
ihre Suppe auslöffeln. Es traf sie voll, dass Gott sauer auf sie war. [20] Die
Inseln versanken im Meer, und die Berge wurden von ihm platt ge-
macht. [21] Riesige Hagelkörner, so groß wie Fernseher, fielen vom Him-
mel auf die Menschen runter. Die Menschen lästerten über Gott und
hassten ihn deswegen. Es war eine echt derbe Katastrophe.

17

Das riesige Babylon und das Biest

1 Jetzt kam einer von den sieben Engeln bei mir an, der vorher die sieben
Eimer bekommen hatte. Er sagte zu mir: „Komm mit! Ich will dir mal
zeigen, wie Gott die große Nutte bestraft, die ihren Sitz an den Wasser-
läufen hat. 2 Die Mächtigen, die Leute, die was zu sagen haben, sind ihr
hinterhergelaufen und haben sich auf sie eingelassen. Alle Menschen, die
auf der Erde leben, haben sich mit ihrer Droge breit gehauen, sie waren
total high davon.“ 3 Jetzt beamte mich ein Engel plötzlich in die Wüste.
Ich konnte ein knallrotes Tier erkennen, das aussah wie ein Drache. Es
hatte sieben Köpfe und zehn Hörner und war überall vollgekritzelt mit
fiesen Worten, die über Gott ablästerten. Auf diesem Tier ritt eine Frau,
4 die dunkel- und grellrote Kleider anhatte. Sie hatte überall superteuren
Schmuck aus Gold, Edelsteinen und Perlen umgehängt. In ihrer Hand
hielt sie einen Becher, der aus Gold war. Dieser Becher war irgendwie
randvoll mit linken Sachen, mit Verführung zu ätzenden Sexsachen und
so. 5 Auf ihrer Stirn hatte sie einen geheimnisvollen Namen stehen: „Das
große Babylon! Hier sind alle ätzenden ekligen Sachen auf der Erde zu
Hause!“ 6 Ich konnte beobachten, wie diese Frau total high wurde von
dem Blut der Leute, die zu Gott gehörten und die Jesus treu geblieben
waren. Ich konnte echt nicht verstehen, was das bedeuten sollte. 7 Der
Engel meinte zu mir: „Warum peilst du das nicht? Pass mal auf, ich will
dir verraten, wer diese Frau ist und was es mit diesem Drachen mit den
sieben Köpfen und den zehn Hörnern auf sich hat. 8 Der Drache hat mal
gelebt, aber jetzt ist er tot. Aber er wird bald aus der Tiefe, aus der Dunkel-
heit, aus der Hölle hochkommen, und dann wird es endgültig mit ihm zu
Ende gehen. Die Menschen auf der Erde, von denen die Namen nicht im
Lebensbuch notiert worden sind, werden es zuerst nicht raffen können,
wenn das Tier wieder zurückkommen wird. Es war ja mal tot. 9 Jetzt ist
es angesagt, weise zu sein und sein Hirn zu benutzen. Die sieben Köpfe
stehen für sieben Berge, von denen die Frau aus regiert. Sie bedeuten
aber auch, dass es da sieben Präsidenten gibt. 10 Fünf von ihnen sind im
Krieg gestorben, der sechste ist jetzt an der Regierung, und der siebte
wird noch kommen. Aber seine Regierungszeit wird nur kurz sein. 11 Die-
ses knallrote Tier, das mal gelebt hat und dann gestorben ist, steht für den
achten Präsidenten. Er ist genauso drauf wie die sieben anderen. Er wird
auch kaputtgehen. 12 Die zehn Hörner, die du gesehen hast, stehen für
zehn Präsidenten, die noch nicht an der Macht sind. Sie werden mit dem
Tier gemeinsame Sache machen, aber nur für kurze Zeit. 13 Sie sind sich in
allen Sachen einig, haben ein gemeinsames Ziel und stellen sich voll unter

die Kontrolle von dem Tier. 14 Gemeinsam werden sie gegen das Lamm
antreten und kämpfen. Aber das Lamm wird sie besiegen, weil es Jesus
ist, der da kämpft. Er ist der Chef von allen Chefs, er ist der Präsident der
Präsidenten. Und alle, die auf seiner Seite stehen, werden Siege einfahren,
weil sie extra von ihm ausgesucht wurden und weil sie ihm treu waren."
15 Der Engel erklärte mir dann: „Die Flüsse, an denen du die Nutte gese-
hen hast, stehen für alle Länder und Völker mit ihren unterschiedlichen
Sprachen. 16 Das knallrote Tier und seine zehn Hörner (die stehen für die
zehn Präsidenten) werden die Nutte hassen. Sie werden sie völlig aus-
rauben, bis sie nichts mehr hat, und sie schließlich auffressen. Ihre Reste
wird man dann im Feuer verbrennen. 17 Das ist aber alles im Rahmen von
Gottes Plan. Sie werden dann alles gemeinsam tun und ihren Einfluss
dem Tier überlassen, bis alles so passiert ist, wie Gott es gesagt hat. 18 Die
Frau, die du gesehen hast, steht für die große Stadt, das Imperium, was
über alle Präsidenten herrschen wird."

18

Babylons Zeit ist abgelaufen

1 Nachdem diese ganzen Sachen abgegangen waren, konnte ich einen
Engel erkennen, wie er aus dem Himmel runterkam. Er hatte sehr große
Power, und es ging helles Licht von ihm aus, so stark, dass die ganze
Erde hell wurde. 2 Er rief volles Rohr: „Babylon hat verloren! Die große
Stadt kann einpacken! Nur noch Dämonen können da wohnen, unreine
Geister sitzen da fest, und nur Aasgeier suchen da noch was zu fressen.
3 Alle Völker haben sich an dieser Stadt bedient. Sie haben sich verfüh-
ren lassen, sie haben sich breit gemacht, sie waren total bekifft von ihr,
sie konnten nicht genug kriegen. Auch die Machthaber dieser Erde ha-
ben sich auf sie eingelassen, und die Wirtschaftsbosse sind durch ihren
Wohlstand stinkreich geworden." 4 Dann hörte ich eine andere Stimme,
die auch aus dem Himmel kam. „Verschwindet aus der Stadt! Macht
bei dem Mist nicht mit! Sonst werdet ihr auch bestraft. 5 Die Sünden,
die sie begeht, sind so gigagroß, dass sie bis zum Himmel stinken. Gott
wird sie bald gerecht dafür bestrafen. 6 Zahlt ihr das Leiden zurück, was
sie euch zugefügt hat! Verdoppelt es sogar! 7 So wie sie einmal alles fett
sitzen hatte und im Überfluss leben konnte, so soll sie jetzt auch leiden.
Sie denkt ja bei sich: ‚Och, ich bin ja die Ehefrau von einem Präsidenten,
ich werde weiter Macht besitzen. Ich bin keine hilflose Frau, deren Ehe-
mann gestorben ist. Mir kann nichts passieren!' 8 Aber an nur einem
einzigen Tag wird alles plattgemacht werden. Sie wird hungern, über
Tote trauern, sie wird vom Feuer verbrannt werden. Gott, der Chef, wird
mit ihr abrechnen, denn ihm stehen alle Möglichkeiten zur Verfügung."

9 Die Mächtigen in der Welt werden traurig sein, die mit ihr rumgemacht
haben, und die es mit ihr getrieben haben, werden heulen, wenn sie
abgefackelt wird. 10 Sie werden sich in die Hose machen vor Angst,
sie werden laut losheulen: „Oh nein, Babylon, du Traumstadt! In einer
Stunde war es schon vorbei mit dir, du hast deine Strafe bekommen!"
11 Auch die Handelskonzerne werden um sie trauern, weil keiner mehr
ihr Zeugs kaufen will. 12 Sie handelten mit Gold und Silber, mit teurem
Schmuck, Edelsteinen, teuren Stoffen, Seide, Mahagoni, Meißener Por-
zellan, Edelstahl und Marmor. 13 Sie hatten teure Gewürze eingekauft,
Pflegemittel, Parfüm, Wein und Öl, gutes Mehl vom Feinsten, genügend
frisches Fleisch von Rindern und Schafen. Autos, Pferde, sogar Men-
schen haben sie verkauft. 14 Auch diese ganzen Früchte, die du so sehr
mochtest, gibt es jetzt nicht mehr. Es ist alles vorbei, der ganze Schnick-
schnack ist verloren und wird auch nicht zurückkommen. 15 Die Unter-
nehmer, die durch den Handel fett Kohle gemacht haben, werden aus
Angst vor den Schmerzen auf Abstand gehen. Sie werden weinen und
sagen: 16 „Wie schrecklich, wie furchtbar für diese schöne Stadt! Sie war
mal so schön wie eine Frau, die in den besten Klamotten rumgelaufen
ist und gut gestylt war, mit schönem Schmuck aus Gold und Edelstei-
nen und Perlen. 17 Und von einer Sekunde auf die andere ist alles vorbei,
vernichtet und verloren!" Aus einiger Entfernung werden Kapitäne und
ihre Steuermänner das Geschehen zusammen mit ihrer Besatzung
beobachten können. 18 Wenn sie den Qualm von der brennenden Stadt
sehen, sagen sie: „Welche Stadt konnte es mit ihr aufnehmen?" 19 Weil
sie so traurig sind, ziehen sie sich schwarze Kleidung über und weinen
so laut, dass es jeder hört. „Wie grausam, wie schrecklich, sie tut uns
so Leid! Wir haben ihre Waren mit Schiffen übers Meer transportiert
und weiterverkauft. Und wir haben gut dran verdient!" 20 Aber ich sag
nur: „Himmel, freu dich darüber! Freut euch, die ihr Gott vertraut! Freut
euch, ihr Apostel und ihr Propheten! Gott hat sein Ding durchgezogen,
er hat sein Urteil vollstreckt. Er hat für Gerechtigkeit gesorgt!" 21 Dann
hob ein Engel einen Riesen-Betonklotz hoch und warf ihn ins Meer.
Dann sagte er: „Genau so wie dieser Betonklotz untergeht, wird auch
das große Babylon komplett untergehen. Nichts wird mehr davon übrig
bleiben. 22 Nie wieder wird man da eine Band spielen hören, keine E-Gi-
tarre, keine Sänger, keinen Bass und auch kein Schlagzeug. Es wird auch
kein Handwerker mehr da arbeiten, und auch Industrielärm wird nicht
mehr zu hören sein. 23 Alle Lampen werden ausgehen, für immer. Hier
werden auch keine Hochzeitspartys mehr gefeiert. Du warst die stärkste
Wirtschaftskraft, du warst die Nummer eins auf der Erde und hast den
gesamten Weltmarkt kontrolliert. Mit deinen schönen Spielereien hast

du Nationen verführt. 24 Du bist schuldig geworden, denn auf deinen
Straßen wurden die Propheten ermordet, und das Blut der Menschen,
die zu Gott gehören, klebt an deinen Händen. Du bist sogar verantwort-
lich für den Tod aller Menschen, die auf der Erde ermordet wurden."

19

Siegerparty im Himmel

1 Danach hörte ich, wie eine riesengroße Menschenmenge anfing im
Himmel rumzurufen: „Yeah, halleluja, Gott ist der Größte! Er hat ge-
wonnen! Er macht alles wieder gut! 2 Er ist ein unbestechlicher und ge-
rechter Richter. Er hat die große Nutte bestraft, die die Erde mit ihren
miesen Geschäften so verdreckt hat. Er hat das Blut seiner Kinder, das
an ihren Fingern klebte, gerächt." 3 Immer wieder jubelten sie: „Halle-
luja! Danke, Gott! Dass diese miese Stadt endlich plattgemacht wurde,
zeigt allen, was du draufhast!" 4 Die vierundzwanzig Ältesten und die
vier lebendigen Wesen knieten sich vor dem Chefsessel Gottes hin. Sie
beteten ihn an und sagten ganz laut: „Genau so ist es! Amen! Gott ist
der Größte!" 5 Jetzt hörte ich eine Stimme, die aus der Richtung vom
Chefsessel kam und sagte: „Bedankt euch bei unserem Gott! Lobt ihn,
egal, ob ihr jung seid oder alt! Das gilt für alle, die zu ihm gehören."
6 Dann hörte ich wieder eine Stimme, die war so laut wie tausend Böller
oder wie der Bass von tausend Beats. Die Stimme sagte: „Halleluja!
Sagt Gott, wie gut er ist! Unser Chef, unser Gott, dem nichts unmög-
lich ist, hat endgültig die Herrschaft übernommen! 7 Lasst uns 'ne Party
machen, wir wollen das feiern und uns drüber freuen. Wir wollen Gott
dafür danken! Es ist jetzt für das Lamm an der Zeit zu heiraten. Seine
Braut ist schon bereit. 8 Sie darf sich jetzt schick machen und ein wei-
ßes T-Shirt tragen." Das weiße T-Shirt steht für das saubere Leben, das
die Christen geführt hatten, die so lebten, wie Gott es gut findet. 9 Dann
sagte ein Engel zu mir: „Jetzt schreib mal auf: ‚Die Leute, die eine Einla-
dung zur Hochzeitsparty vom Lamm haben, können sich freuen!'" Und
dann meinte er noch: „Das ist aus zuverlässiger Quelle. Gott selber hat
das gesagt!" 10 Ich war so platt, dass ich mich vor den Engel warf und zu
ihm beten wollte. Er fand das aber nicht so toll. „Nein, lass das sein! Ich
bin auch nicht anders als du und deine Familie. Ich bin ein Angestell-
ter, der einen Auftrag von Jesus Christus hat. Zu dem musst du reden!
Wenn einer prophetische Worte hat, dann sind die von ihm!"

Jesus besiegt das Tier und seine Armee

11 Plötzlich öffnete sich der Himmel vor meinem inneren Auge. Ich
konnte ein weißes Pferd erkennen, auf dem jemand ritt. Der Reiter

hieß „Treue und Ehrlichkeit", weil er seine Sache immer gerecht durch-
zieht. Dafür kämpft er. 12 Seine Augen leuchteten wie ein Tausend-
Watt-Halogenstrahler, und auf seinem Kopf waren viele kleine Kronen.
Er hatte einen geheimen Namen, den nur er allein kannte. 13 Er hatte
Kleidung an, die total mit Blut verschmiert war. Sein Name war: „das
Wort von Gott". 14 Die Armee aus dem Himmel zog hinter ihm her,
alle auf weißen Pferden. Sie hatten Uniformen aus feinster, ganz rei-
ner Baumwolle an, ebenfalls in Weiß. 15 Aus seinem Mund kam ein
Laserstrahl, damit besiegte er alle Nationen. Er wird knallhart regieren.
Man sagt, es wäre wie bei einer Saftpresse: Genau so würde er die
Menschen ausquetschen. Alle würden mitkriegen, wie sauer der große
Gott ist. 16 Auf der Jacke, die er anhatte, stand ein Name: „Präsident
der Präsidenten, König der Könige, Chef aller Chefs!" 17 Dann sah ich
einen Engel, der von der Sonne umstrahlt wurde. Der redete mit den
Geiern und sagte zu ihnen: „Kommt her und bereitet euch auf ein
großes Festessen vor. 18 Ihr könnt euch an dem Fleisch von Präsidenten
bedienen, an den Knochen der Generäle und aller anderen Menschen,
die über diese Welt das Sagen haben. Esst von den Leichen der Pferde
und ihrer Reiter, das Fleisch von Chefs und ihren Angestellten, von
Großen und Kleinen." 19 Dann sah ich, wie das Tier und die Präsidenten
ihre Armeen zusammenzogen, um gegen den Reiter auf dem Pferd und
seine Armee zu kämpfen. 20 Das Tier wurde gefangen genommen und
mit ihm dieser falsche Prophet, der im Auftrag von dem Tier die fetten
Wunder getan hatte. Damit hatte er ja bewirkt, dass alle verführt wur-
den. Sie hatten den Code von dem Tier angenommen und zu seinem
Denkmal gebetet. Bei lebendigem Leib wurden sie in den Feuersee
geworfen. 21 Alle anderen wurden durch das Laserschwert getötet, das
aus dem Mund von dem Mann kam, der auf dem weißen Pferd saß.
Die Geier fraßen sich an dem Fleisch satt.

20

Tausend Jahre haben die Jesus-Leute das Sagen über die Welt

1 Nachdem das alles passiert war, konnte ich einen Engel erkennen,
der aus dem Himmel auf die Erde gebeamt wurde. Er hatte große
Handschellen in der Hand und in der Tasche den Schlüssel für die
Tür zum Abgrund. 2 Er schnappte sich den Drachen, diese alte Schlan-
ge, also den Teufel beziehungsweise Satan, und fesselte ihn für die
nächsten tausend Jahre. 3 Der Engel warf ihn dann in den Abgrund
und verschloss die Tür, sodass keiner sie mehr knacken konnte. Das
Mistvieh konnte jetzt tausend Jahre lang nichts Ätzendes mehr auf der
Erde starten. Keiner konnte mehr verführt werden, bis die Zeit vorbei

war. Danach muss er aber für kurze Zeit wieder freigelassen werden.
4 Dann konnte ich so Chefsessel, wo Präsidenten draufsitzen. Alle, die
von Gott eine Vollmacht ausgestellt bekommen hatten, über andere zu
richten, setzten sich dort drauf. Ich konnte Menschen erkennen, die
man getötet hatte, weil sie sich öffentlich dazu gestellt hatten, Chris-
ten zu sein. Sie waren straight bei ihrer Überzeugung geblieben. Sie
hatten auch nie zu dem Tier gebetet, auch nicht zu seinem Denkmal.
Sie wurden wieder lebendig und hatten mit Jesus tausend Jahre lang
das Sagen über die Welt. 5 Die anderen Menschen, die tot sind, wur-
den erst wieder lebendig, als diese tausend Jahre vorbei waren. Das
nennt man übrigens die „erste Auferstehung". 6 Glücklich werden alle
sein, die von Gott akzeptiert werden und mit dabei sind, wenn Gott
sie aus dem Tod rausholt. Der zweite Tod kann bei ihnen nichts mehr
ausrichten. Sie werden Priester von Gott sein und tausend Jahre lang
mit ihm zusammen das Sagen haben.

Satan hat abgelost

7 Wenn die tausend Jahre vorbei sind, wird Satan noch mal aus seinem
Gefängnis freikommen. 8 Er wird alle Menschen auf der Welt überreden,
sich um ihn zu sammeln und zum Krieg aufzurüsten. Es werden so viele
Soldaten sein, wie es Sand am Meer gibt. 9 Ich konnte sehen, wie sie
von überall herkamen. Sie umzingelten Gottes Leute und belagerten
seine geliebte Stadt. Dann sah ich, wie plötzlich Feuer vom Himmel
runterfiel und diese Armee, die von Satan angeführt wurde, vernichtet
wurde. 10 Der Satan selber, der alle betrogen hatte, wurde dann auch
gepackt und zu dem Tier und dem falschen Propheten in einen See aus
Feuer geworfen, der mit Schwefel brennt. Dort brennen sie und leiden
ohne Ende, bis in die Ewigkeit.

Die letzte Gerichtsverhandlung

11 Dann konnte ich einen weißen Chefsessel erkennen, und ich sah auch
denjenigen, der da draufsaß. Sein Blick war so derbe, dass die Erde
und der Himmel ihn nicht ertragen konnten. Sie verschwanden einfach.
12 Ich sah dann alle Toten vor dem Chefsessel Gottes aufkreuzen. Alle,
die mal was zu sagen hatten, waren da, und auch die Nobodys. Dann
wurden Bücher aufgeschlagen. Das Buch des Lebens war auch dabei.
Jeder bekam ein Gerichtsurteil, das sich nach den Eintragungen richtete,
die man in den Büchern fand. Alles, was man mal gemacht hat, stand
da drin. 13 Alle Toten mussten antreten. Das Meer spuckte seine Toten
aus, aber auch die Menschen aus dem Totenreich waren dabei. Jeder
bekam ein Urteil nach seinen Taten, so wie er gelebt hatte. 14 Und der

Tod und sein ganzer Machtbereich wurde verschrottet. Er kam in den
Feuersee, und das ist dann der zweite Tod. [15] Alle, deren Namen nicht
in diesem Buch gefunden wurden, landeten in diesem See aus Feuer, in
dem endgültigen Tod.

21

Gott macht alles neu

[1] Und dann sah ich sie, eine brandneue Erde und einen total neuen
Himmel. Die Zeit der ersten Erde mit ihrem Himmel war abgelaufen.
Auch das Meer war nicht mehr da. [2] Ich konnte sehen, wie die heilige
Stadt von Gott langsam aus dem Himmel runtergelassen wurde. Sie war
so schön gestylt wie eine Frau, die gerade heiraten will. [3] Ich hörte eine
krasse Stimme, die aus der Richtung von dem Chefsessel kam. „Passt
auf, hier wird Gott mit den Menschen zusammen wohnen. Sie werden
bei ihm abhängen und ganz fest zusammengehören. Sie werden seine
Leute sein, und er wird ihr Gott sein. [4] Er wird immer für sie da sein und
ihre Tränen abwischen. Der Tod wird dort keine Chance mehr haben.
Leiden, Schmerzen, Angst: Das wird es dort alles nicht mehr geben!
Das gehört zur ersten Zeit, und die hat jetzt aufgehört." [5] Der Mann, der
auf dem Chefsessel saß, sagte dann: „Pass mal auf, ich werde alles ganz
neu machen!" Dann meinte er: „Schreib alles auf! Denn was ich gesagt
habe, ist zuverlässig und wahr!" [6] Dann sagte er noch zu mir: „Es ist
alles genau so passiert, wie es passieren sollte. Ich bin das A und auch
das Z, ich war als Erster da, und ich steh auch am Ende. Jeder, der Durst
hat, wird von mir aus der Quelle zu trinken bekommen, wo das Leben
entspringt. Und zwar umsonst. [7] Wer es packt und am Ende siegt, wird
das alles bekommen. Ich werde sein Gott sein, und er wird mein Sohn
sein. [8] Übel wird es aber den anderen ergehen: den Menschen, die feige
waren und sich nicht zu mir gestellt haben, als es drauf ankam. Denen,
die nicht an mich geglaubt haben, die üble Sachen abgezogen haben,
die gemordet und die Ehe gebrochen haben. Übel wird es den Leuten
ergehen, die sich auf okkulte Sachen eingelassen haben, die andern
Göttern nachgelaufen sind, die nicht straight waren, sondern gelogen
haben. Auf die wartet der Feuersee, der mit Schwefel brennt. Das ist der
zweite Tod, der sie für immer von mir trennt."

Die neue Stadt von Gott

[9] Ich sah dann, wie einer von den sieben Engeln, die in ihren Schüs-
seln die letzten sieben Katastrophen gebracht hatten, zu mir kam und
sagte: „Komm mal mit, ich will dir die Braut zeigen, die das Lamm
heiraten wird!" [10] Ich wurde dann vom Geist auf einen großen Berg

gebeamt. Er zeigte mir von dort die heilige Stadt Jerusalem, wie sie von
Gott aus dem Himmel runterkam. [11] Die Stadt strahlte voll, sie hatte
so ein Leuchten, wie es nur Gott selber hatte. Sie funkelte wie ein sehr
teurer Edelstein, so ein Jaspis, und strahlte so wie ein Kristall. [12] Die
Stadtmauer war sehr breit und sehr hoch. Sie hatte zwölf Türen, die
von zwölf Engeln bewacht wurden. Auf den Türen waren Schilder mit
den Namen von den zwölf Stämmen der Israelis angebracht. [13] Drei
Tore in Richtung Osten, drei Tore in Richtung Westen, drei Tore in
Richtung Norden, drei Tore in Richtung Süden. [14] Die Mauer von dieser
Stadt war auf zwölf Grundsteinen aufgebaut. Die hatten die Namen
von den zwölf Aposteln, die zu dem Lamm gehörten. [15] Der Engel, mit
dem ich redete, hatte in seiner Hand einen goldenen Zollstock. Damit
wollte er die Mauern und die Türen ausmessen. [16] Die Stadt war vier-
eckig angelegt, so wie ein Quadrat. Der Engel kam dann beim Messen
auf schlappe 2 500 Kilometer in allen Richtungen. [17] Dann maß er auch
noch die Mauern aus und kam auf ungefähr 65 Meter. Er rechnete da-
bei nach dem Maß der Menschen. [18] Die Mauern waren aus Jaspis ge-
macht, die Stadt bestand aber zu hundert Prozent aus einem Gold, das
so durchsichtig wie Glas war. [19] Die Grundsteine der Stadt waren mit
vielen Edelsteinen geschmückt. Der erste Grundstein war ein Jaspis,
der zweite ein Saphir, der dritte ein Chalzedon, der vierte ein Smaragd,
[20] der fünfte ein Sardonyx, der sechste ein Karneol, der siebte ein Chry-
solith, der achte ein Beryll, der neunte ein Topas, der zehnte ein Chry-
sopras, der elfte ein Hyazinth, der zwölfte ein Amethyst. [21] Die zwölf
Tore waren aus zwölf Perlen gemacht, jedes Tor aus einer einzigen
Perle! Die Hauptstraße war aus reinem Gold, so durchsichtig wie Glas.
[22] In der ganzen Stadt war keine Kirche, kein Tempel zu sehen. Der
Tempel war nämlich Gott selber, der große Gott, dem nichts unmög-
lich ist. Und mit ihm Jesus Christus, er ist das Lamm. [23] Die Stadt hatte
keine Sonne mehr nötig, keinen Mond und auch keine Straßenlampen,
um es hell zu haben, weil Gott so viel von seiner Größe ausstrahlte,
dass es einfach so hell war. Diese Lampe war das Lamm. [24] In diesem
Licht werden alle Menschen auf der Erde leben. Die Mächtigen der
Welt werden kommen und ihren Reichtum in die Stadt bringen. [25] Es
gibt dort keine Nacht mehr und nichts, wovor man Angst haben müss-
te. Darum werden die Türen niemals verschlossen werden. [26] Alles, was
die Nationen an wertvollen Sachen besitzen, werden sie in diese Stadt
bringen. [27] Wer link drauf ist und auf Sünde steht, wer lügt oder andere
Sachen macht, die nicht zu einem Leben mit Gott passen, darf niemals
in diese Stadt rein. Nur wer in dem Lebensbuch vom Lamm steht, darf
dort rein.

22

Das Wasser des Lebens

1 Jetzt zeigte der Engel mir noch einen besonderen Fluss, in dem das
Wasser des Lebens floss. Er war so sauber und klar wie ein Kristall und
kam direkt aus dem Raum, wo der Chefsessel Gottes steht und wo auch
das Lamm ist. 2 An beiden Ufern vom Fluss, der an der Straße entlang-
floss, stand der Baum des Lebens. Dieser Baum konnte zwölf Mal pro
Jahr Früchte tragen, jeden Monat einmal. Die Blätter von dem Baum
können alle Völker gesund machen. 3 Nie mehr wird wieder irgendwas
unter einen Fluch von Gott gestellt werden. Der Chefsessel von Gott und
der Chefsessel von dem Lamm werden dort stehen. Und alle, die ihm
gehören, werden ihm dort dienen. 4 Sie werden Gott in die Augen sehen
können, sein Name wird auf ihrer Stirn stehen. 5 Es wird dort keine Nacht
mehr geben, es wird nie mehr dunkel sein. Man braucht deswegen auch
keine Lampe, und auch die Sonne braucht man nicht. Gott wird das Licht
machen, und sie werden bis in die Ewigkeit das Sagen haben.

Jesus tritt auf

6 Dann sagte jemand zu mir: „Diese Sachen, die ich dir gesagt habe,
sind hundertprozentig wahr. Gott, der über alles regiert, hat seinen
Propheten gesagt, was in der Zukunft abgehen wird. Er hat seinen Engel
geschickt, um das den Leuten, die ihm dienen, zu erzählen. 7 Ja, ich
werde bald kommen! Freut euch schon drauf! Wirklich glücklich werden
die Menschen sein, die an dem festhalten, was in diesem Buch vorher-
gesagt wurde!“ 8 Ich bin Johannes, ich hab das alles erlebt. Als das alles
abgegangen ist, konnte ich mich erst mal nur vor dem Engel hinknien,
um zu ihm zu beten. Er hatte mir diese Sachen gezeigt. 9 Das wollte
der aber gar nicht. Er sagte: „Hör auf damit! Ich diene Gott genauso
wie du und deine Geschwister, wie die Propheten und alle anderen, die
diese Worte ernst nehmen, die in diesem Buch stehen. Bete zu Gott!“
10 Dann sagte Jesus zu mir: „Halte diese Worte, die ich dir gesagt habe,
jetzt nicht geheim. Es ist bald so weit, dass all das passieren wird. 11 Wer
jetzt nicht okay für Gott lebt, wird das auch weiterhin tun. Wer für Gott
versifft ist, soll weiter ein siffiges Leben führen. Wer ein Leben führt,
was Gott gut findet, soll das weiter durchziehen, und wer heilig lebt, soll
versuchen, weiter so zu leben. 12 Macht euch auf was gefasst! Ich kom-
me bald wieder zurück, und dann wird abgerechnet. Jeder bekommt,
was er verdient. 13 Ich bin der Anfang und gleichzeitig auch das Ende,
das A und das Z, der Erste, der da war, und der Letzte, der da sein wird.
14 Glücklich werden die Leute sein, die ihre Kleidung, ihr Leben, immer

sauber gehalten haben. Sie dürfen durch die Tür in die Stadt reingehen.
Sie dürfen sich auch an den Früchten bedienen, die am Baum des Le-
bens wachsen. [15] Alle linken Typen müssen vor der Stadt bleiben. Sie
dürfen nicht reinkommen. Zum Beispiel Leute, die jemanden ermordet
oder Okkultismus betrieben haben, die in solche Sexsachen verstrickt
waren, die Gott nicht will, solche Leute, denen irgendwelche Stars oder
Götzen wichtiger waren als Gott, die nur rumlügen und es mit der
Wahrheit nicht so genau nehmen. [16] Ich, Jesus, habe meinen Engel vor-
beigeschickt, um euch, den Gemeinden, diese Sachen klar zu machen.
Ich bin der Urvater der ganzen Familie vom Präsidenten David. Ich bin
der helle Morgenstern.“ [17] Der Geist von Gott und seine Braut rufen
dich. Sie sagen: „Jetzt komm!“ Und alle, die das hören, sollen antwor-
ten: „Ja, komm!“ Wer Durst hat, der ist eingeladen. Jeder, der will, kann
vorbeikommen und sich an dem Wasser des Lebens bedienen – es ist
umsonst! [18] Ich mach jetzt noch mal eine Ansage: Jeder, der diese Wor-
te, diese Prophezeiung, hört, darf sie nicht eigenmächtig ergänzen! Wer
das trotzdem tut, der wird dieselben ätzenden Sachen von Gott abkrie-
gen, die in diesem Buch schon beschrieben wurden. [19] Wenn irgendje-
mand auf die Idee kommt, etwas von diesen Worten wegzulassen, dann
wird Gott etwas von seinen Früchten wegnehmen, die für ihn am Baum
des Lebens wachsen. Auch sein Anteil an der heiligen Stadt wird dem-
entsprechend reduziert, an der Stadt, die hier beschrieben wurde. [20] Der
ein Zeuge war für diese ganze Geschichte, sagt: „Ja, ich werde bald kom-
men. So soll es sein [Amen]!“ „Ja, Jesus, komm!“ [21] Die Gnade und Liebe
von unserem Chef und Gott Jesus Christus soll euch immer begleiten!

Christ werden ... wie geht das?

Ich meine, dass Gott zu erfahren und kennenzulernen der eigentliche Grund ist, warum jeder Mensch lebt. Gott zu finden ist wichtiger als die richtige Frau oder den richtigen Mann. Gott zu finden ist wichtiger, als einen guten Job zu haben oder berühmt zu werden. Es ist sogar wichtiger, als ein cooles Leben zu führen.

Das Leben eines Menschen endet nicht mit dem Tod. Es ist sozusagen nach hinten verlängert und fängt dann erst richtig an, wenn es angeblich aufhört.

Tatsächlich lebt der Mensch ewig, und wie er sein Leben ***vor*** dem Tod lebt, entscheidet darüber, wie sein Leben ***nach*** dem Tod aussieht. Wenn du hier ohne Gott gelebt hast, wirst du auch deine Ewigkeit ohne Gott verbringen.

Das ist es, was mit Himmel und Hölle gemeint ist. Ein ewiges Leben mit Gott ist geil und der Himmel. Ein ewiges Leben ohne Gott ist schrecklich und die Hölle.

In unserer Gesellschaft ist die Rede von verschiedenen Göttern und davon, dass jeder selig werden soll, wie er will. Das klingt gut, geht aber nicht.

Ich meine, es gibt tatsächlich nur einen Gott und nur einen Weg zu ihm: Jesus.

Aber da gibt es ein Problem:

Da ist nämlich etwas, das zwischen Gott und den Menschen steht und den Kontakt stört. Man nennt das auch Sünde, oder Dreck oder Mist, und meint damit eben alles, was mit Gott nicht zusammengeht und uns von ihm trennt. Dieser Dreck verhindert, dass ein Mensch mit Gott wirklich leben kann, weil Dreck und Gott einfach nicht zusammengeht.

Niemand kann diese Trennung zwischen Gott und Mensch aufheben. Niemand außer Jesus.

Deshalb sagt Jesus von sich selber:

„Ich bin der Weg dahin, über mich wirst du ihn (Gott) finden. Ich bin die Wahrheit in Person, zuverlässig hoch zehn. Ich bin das Leben, wirkliches, gutes Leben. Keiner hat eine Chance bei Gott, wenn er nicht über mich zu ihm kommt" (Johannes 14, Vers 6).

Christen sind Menschen, die erkannt haben, dass Jesus Christus der Sohn von Gott ist, und die deshalb ihr Leben mit Jesus leben wollen.

Man erkennt einen Christen nicht daran, dass er ein guter Mensch ist.

Das wird oft missverstanden, als ob man sich etwas bei Gott erkaufen könnte oder als ob das Christentum eine soziale Einrichtung wäre.

Tatsächlich geht es darum, eine Beziehung mit Gott zu haben. Das ist das Einzige, worauf es ankommt.

Du musst überhaupt keine Voraussetzungen erfüllen. Jesus liebt dich so, wie du bist. Egal, was du tust oder getan hast.

Darin unterscheidet sich der christliche Glaube von anderen: In allen Religionen der Welt geht es darum, was ein Mensch für Gott tun kann und soll. Im Christentum geht es darum, was Gott für den Menschen getan hat.

„Gott liebte die Menschen ohne Ende, er war sogar bereit, seinen einzigen Sohn für sie wegzugeben, damit sie nicht vor die Hunde gehen. Jeder, der ihm vertraut, hat es geschafft, er wird ewig leben können!" (Johannes 3, Vers 16).

Wenn ein Mensch sich auf Gott einlässt und sein Leben auf ihn ausrichtet, tut Gott etwas Wunderbares in diesem Menschen.

Das Leben mit Jesus ist nicht so sehr ein neuer Lebensabschnitt, es ist etwas so fundamental Neues, dass man von einem Neuanfang sprechen kann! Das, was du vorher ohne Gott getan hast, ist auf einmal nicht mehr so wichtig, du hast die Chance neu anzufangen. Und das Beste: Du musst nicht alleine neu anfangen, du hast jetzt Gott, der bei dir ist und dir hilft!

Viele Millionen Menschen haben das erfahren und können bestätigen, dass es funktioniert. Gott tritt tatsächlich in das Leben eines Menschen ein und macht es ganz neu.

Vielleicht findest du es zu schwierig zu glauben? Das Gute ist, dass der Glaube nach und nach wächst. Am Anfang ist es nur die Entscheidung zu glauben, die Überzeugung wächst später in dem Maße, in dem du Gott erlebst.

Wenn du Christ werden und dieses neue Leben mit Jesus anfangen willst, kannst du ihm das einfach sagen. Das nennt man dann Beten.

Am Anfang ist das vielleicht ein bisschen komisch, aber keine Sorge, außer Gott hört es ja keiner.

Falls du nicht weißt, was du sagen sollst, kannst du auch dieses kleine Gebet sprechen:

„Jesus, ich will dir vertrauen.
Ich gebe dir mein altes Leben und bitte dich, mir meine ganzen Fehler zu vergeben. Tut mir leid, dass ich soviel Mist gebaut habe.
Sei du ab jetzt der Chef in meinem neuen Leben.
Füll mich mit deiner Kraft, dem heiligen Geist ab.
Danke, dass ich ab jetzt dein Kind bin.
So soll es sein, Amen.“

Herzlichen Glückwunsch, willkommen in der Familie!

Wenn du magst, berichte davon, was jetzt bei dir passiert ist! Du kannst mir gerne eine E-Mail schreiben unter Martin@Volxbibel.de. Auch wenn du noch irgendwelche Fragen dazu hast, wie so ein Leben mit Gott funktioniert, kannst du mir mailen oder einen Brief schreiben. Ich oder jemand aus dem Team wird dir auf jeden Fall antworten, versprochen!

Also bis dann und
Jesus mit Dir!

Dein Martin

Weitere Bibelübersetzungen

Die Bibel besteht eigentlich aus zwei Teilen, die man Altes und Neues Testament nennt. Das hat nichts mit erben zu tun, sondern es geht um Verträge, die Gott mit den Menschen geschlossen hat. Der „alte Vertrag" taucht in der Volxbibel immer wieder auf, zum Beispiel im Brief an die Hebräer. Weil wir aber als Christen im „neuen Vertrag" leben, ist dieser für uns wichtiger; deshalb steht in der Volxbibel erstmal nur das Neue Testament.

Wenn du wissen willst, was vor dem neuen Vertrag alles passiert ist, solltest du dir eine Bibel besorgen, in der der alte Vertrag beschrieben wird. Im Alten Testament kannst du zum Beispiel über Leute wie David und Mose lesen, und was damals die Propheten alles gesagt haben. Die Geschichte von Israel wird dort erzählt, und wie die Menschen in dem alten Vertrag mit Gott lebten. Vielleicht gibt es irgendwann von diesem Teil auch eine Version in der Volxbibelsprache.

Die Geschichte der Bibel und ihre Übersetzungen

Es gibt viele Sprachen auf dieser Welt. Normalerweise braucht man eine Übersetzung, um sie zu verstehen. Das erste Original vom Neuen Testament ist in einer Sprache geschrieben, die heute kaum noch jemand versteht: Altgriechisch. Deshalb muss es übersetzt werden.
Als Jesus gestorben, wieder lebendig geworden und im Himmel verschwunden ist, war das natürlich *die* Nachricht! Als dann kurz darauf auch noch der Heilige Geist kam und überall im Land heftige Wunder passiert sind, war die Story nicht mehr aufzuhalten: Überall redete man über Jesus. Wahrscheinlich haben sich zu dieser Zeit schon Leute die ersten Notizen gemacht, aber es hat noch niemand die ganze Geschichte aufgeschrieben. In den ersten Jahren hat man hauptsächlich darüber geredet und das Alte Testament gelesen.

Erst später, als es immer mehr Christen gab, entstanden ein paar Briefe an Gemeinden in verschiedenen Städten. Darin ging es meist um konkrete Probleme, die es vor Ort gab. Später wurden als Fundament der christlichen Lehre die Evangelien verfasst (das bedeutet: „Gute Nachrichten"): Matthäus, Markus, Lukas und Johannes. Darin stehen Details über das Leben und die Predigten Jesu.

Vierhundert Jahre und einige Diskussionen später stand das Neue Testament offiziell fest. Dieses Testament umfasst 21 Bücher, die die grundlegenden Sachen des neuen Vertrages enthalten.

Martin Luther

Fast 800 Jahre nachdem Jesus gelebt hatte, wurden die ersten Texte der Bibel auch in die deutsche Sprache übersetzt. Die damalige Kirche fand das nicht so toll und bekämpfte diese Übersetzungen. Am Anfang des ersten Jahrtausends bekamen die Mächtigen in der Kirche richtig Panik und verboten allen Leuten, selber in einer Bibel zu lesen. Die Bibel ist mehr als Worte, sie hat die Macht, Menschen zu verändern, und genau davor hatte die damalige Kirche Angst. Diese ersten Übersetzungen wurden aber nicht vom griechischen Original, sondern von der lateinischen Übersetzung gemacht.

Martin Luther war der erste, der das gesamte „Neue Testament" vom Griechischen ins Deutsche übersetzt hat. Dafür hat er nur elf Wochen gebraucht. Später wurde diese Übersetzung noch oft überarbeitet, zuletzt 1984.

Unterschiedliche Übersetzungen, unterschiedliche Schwerpunkte

Jede Bibelübersetzung hat einen Schwerpunkt, der irgendwo zwischen Genauigkeit und Lesbarkeit liegt. Man kann den griechischen bzw. im Alten Testament hebräischen oder aramäischen Text Wort für Wort übersetzen, aber das Ergebnis kann man nicht lesen. Das klingt dann genauso schlecht wie eine englische Webseite, die von Google übersetzt wird. Je lesbarer man eine Übersetzung haben will, umso weiter wird sie sich vom Originaltext entfernen und diesen interpretieren.

Die Volxbibel hat ihren Schwerpunkt darauf gelegt, so leicht verständlich wie möglich zu sein. Ihre Stärke liegt eindeutig in der lockeren Lesbarkeit: Man kann sich ohne Probleme ein ganzes Evangelium vor dem Schlafengehen reintun. Dafür musste sie Kompromisse eingehen, was die Genauigkeit angeht. Wenn du die Volxbibel gelesen hast, bekommst du vielleicht Lust, auch mal eine genauere Bibel zu lesen.
Ich möchte dir hier drei Bibelübersetzungen vorstellen, die ich selber auch lese und getestet habe.

Die Elberfelder Übersetzung

ist eine sehr wörtliche Übersetzung. Das Neue Testament wurde 1974, das Alte Testament 1985 überarbeitet. 2006 erscheint noch mal eine neue Bearbeitung. Ihr Schwerpunkt liegt auf einer sehr genauen Wiedergabe des Originals, wodurch einige Passagen für Leute von heute schwerer zu verstehen sind. Wenn du aber wissen willst, wie es im Original genau steht, dann hol dir eine Elberfelder Bibel!

Die Lutherübersetzung

ist total weit verbreitet. Da ihr Stil fast schon wie ein Gedicht klingt, kann man Bibelstellen aus der Lutherübersetzung oft gut auswendig lernen. Dafür ist ihre Sprache aber für heute ziemlich altmodisch.

Die Neues Leben-Übersetzung

ist leicht verständlich und bleibt dabei auch sachlich immer zuverlässig. Sie hat aus dem biblischen Grundtext in ein Deutsch übersetzt, das auch noch heute gesprochen wird.

Mach dich mit der Bibel vertraut, lerne sie kennen! Und wenn du das Gefühl hast, die Volxbibel ist ausgelesen, dann besorg dir eine genauere Übersetzung und grab dich tiefer in die Botschaft der Bibel rein.
Es lohnt sich, denn die Bibel ist ein cooles Buch, es ist Gottes Buch!

An der Volxbibel mitgearbeitet haben ...

Wolfgang Günter (der Lektor), Julia Pfläging, Rahel Dreyer, Corinna Schober, Jenny Schimmanz, Joachim Senftleben, Dennis Diedrich, Martin Nerlich, Tobias Schier, Alexander Gärtner, „Sprotte" Thomas Günther, Storch: Sprache, Grammatik, Rechtschreibung.

Viktor Sudermann, Wolfgang Günter, Storch:
Theologisch, exegetisch, geistlicher Input.

Andreas Ebert, Bernhard Meuser:
Visionär, unterstützend.

„Spustl" Sebastian Pranz: Logo und Webdesign.

Fettes **Danke** an euch alle! Ohne euch wäre es nicht gegangen!
Echt jetzt! Jesus wird es zurückgeben, ganz sicher, tausendfach!

Besonders danke ich:
Meiner Ehefrau Rahel für ihre Geduld und ihre unermüdliche Unterstützung. Du bist eine gigantisch tolle Frau, ich liebe Dich!
Andreas und Bernhard, ohne euch würde es die Volxbibel nicht geben.
Andre für seine treue Freundschaft.

Danke Jesus, du bist mehr, als Worte beschreiben können.

Am Volxbibel Update 2.0 und 3.0 haben mitgearbeitet ...

Die Theologen ...
Stefan Höschele: Dozent für Systematische Theologie an der der Theologischen Hochschule Friedensau
Pfr. Helge Seekamp „Rolandpapa": Pfarrer einer evangelisch landeskirchlichen Gemeinde
Pfr. Sophia: Pfarrerin in der Niederlausitz
Pfr. Bernd Tiggemann „Bernd.T": Pastor einer kleinen evangelischen Landgemeinde
Pfr. Andreas Ebert „Mucluke": Pfarrer in der evangelischen Landeskirche in Bayern.
„Storch" Schmelzer: Pastor der Jesus Freaks Gemeinde Remscheid
Michael Jahme „Schrauberpack": Neues-Leben-Seminar Wölmersen
Hendrik Stoppel „Henni": Dipl. Theologe, NT, Tübingen, 2T22 Teenie-Arbeit JFI

Die Fachleute ...
Besonderen Dank geht an den Wiki-Fachmann Cedric Weber, ohne den es das Volxbibel Wiki in der jetzigen Form nicht geben würde. Dazu Micha Jahme „Schrauberpack", Christian Stimming „Csim" und Frank Binderich „Wärter", für ihre kompetente technische Beratung und Hilfe als Systemoperator.

An der Volxbibel 3.0 mitgearbeitet haben die Wikiuser:

Anja, *Laurali*, *chen, 2ndx3Beat, A.Nogal, AHilgert, Abc, Abzt, Achti, Aelohim, Agp, Aidman923, Ainer, Akiva, Al, AlEXX, Alex, Alex J., Alex2006, Alex^^, Alexander, Alias ffm, Almi09, Almut, Alwe, AnNi, Anaken, Andi, Andipandi, Andre, Andre;-), Andreas, Andreas12, Andreasebert, Andy, Andymac, Aneuka, Angel, Angelina, Ani-bunny94, Anja5678, AnjaSpreer, Anki, Annagirl@1993, Anneke, Annemake, AnniP, Anyname, Apfelbaum, AppleKing, Aquei, Arlan, Armin, Arne, Artaxerxes, Asterix, Athmus, Available

BIZZAR, Backhausbrot, Balu, Balu 1959, Baxter, BeLlchen, Bea, Bebispro, Begeisterter, Bene, Benerabilis, Beni, Benieman, Benjamin, Benni1988, Bento, Bernd.T, Bernhard, Bernhard.Meuser, Bertram Hein, BertramHein, Bettina, Beuscher, Bibeljunky, Bibeljunky felix, Bibelleser, Biblefan, Biblesurfer, BigO, Bina, Birger, BlackBaghira, Blubb, Blb, Bnh@christusgemeinde-pe.de, Bobby, Boll, Bonita, Braze, Brigitte1971, Brindsley Miller, Brunner, Brunozde, Buchhändler, Bukki, Bv, Bärchen

Cürall, C1a3a, C3berM@ster, CHRUNK, Caius, Cajuz, Camillo, Caren, Carla, Caro, Carolin, Catholic, Cb1988, Cecil.the.Strange, Celeste of Silvermoon, Cello, Chemie genie, Cherry XD, Chico26, Chilischote, Chrbeyer, Chriskros, Chrissi, Christian, Christopher, Chriz, Chroscher, Chrummacher, Claudia, Claus-Peter.W, Claus10, Cobra 11, Codex, Coexli, Cooky, Coolboy3, Coranna, Cornelis, Corry, Crowsort, Cstim, Cyrix

D redrose b, DEmOnHunTEr, Dada, Daisy, Dampfnudel, Dan, Dan08, Dani24hh, Daniel, Daniel S., Danielmaag, DaniplusSahne, Dany Hill, Darwin7, David, Davide, Dayana, Debby, Deflups, Deft, Dennis^^, Der Anwalt Gottes, Der Klaus, Der solinger, DerBär, DerThomas, Diana, Didabelju, Didi, Didi16, Die Tý Jünger, Dieletztekriegerin, Dieter, Dirk09, Ditesch, Dj-albeat, Docmago, Docwo, Dodu, Dorothee, Dorothee Sporer, Doublek, Dr spoony, Dragon's Daughter, Dubsch, Dumpty82, Dunia, Dunja, Durau, Dönielson13, Döhrkopp

Ebbelwain, Ecki, Edwanke, Eichi2007, Ekat, El gato, Elena cross, Eli, Elias, Elisabeth, Eltox, Emil, EndOfTime, Engelchen, Ephraimstochter, Erixxll, Ernst, Eromis, Eruhnke, Erwin, Eschneiderbuch, Esgibtkeinengott, Esra, Eto, Ettip, Evahae, Evi feat. Hesekiel, Explosive expert, Extas!!

F.Marburg, Fab, Fabi94, Falkoz, Felician, Felix, Felsenfest, Fercho, Finne, Firunus, Fischi, Fiveofsix, Fl066, Flachlandgorilla, Floriakir, Foerderer, Fosil, FrEAk001, Frank, Frank Leissler, Frank christian, Fratello, Freakmatze, Freakquency, FreakyLady, Fred, Freddi, Fredi, Fredman52, Friddsie, Friedemann, Friesischerb, Frog, Fussballsimson, Fusselwurm, Fvetter

GVS-7cd, GVSKlasse7cd, Gabi20Uhl, Gamaliel, Ganador, Gennaro, GerK, Gerd-osh, Gerd. ruegheimer, GerdEric, Gerhard, Gesegnete ente, Ghepsim, Giga, Godrocks, Godrulz1981, Godsfreakyprincess, Godsfriend, Godsgirl, Goetz, Gollommbus, Gottesbild92, Gravits, Grenzwertig, GreyEagle, Greyeagle, Grinsekatze, Gronkor, Grossermuck, Grummelchen, Guije, Guju, Gunda Staib, Gunman, Gvs, Gänseblümchen

HP, HaMi, Habakuk, Hadda, Haerter, Hajo, Halsbandschnaepper, Hanfal, Hank, Hanna, Hans Wurst, Hansfaust, Hard s, Harmless, Harry, Harry Wiens, Heartsong, Heggel, Heiko, Heiligerfranz, Heinrichschaa, Heinz, Helmut.Hofmann, Helmuth78, Heluri, Hermann Schulten del Campo, Herminator, Heuliwejes, Hi, Himmelskomiker, HipHope, Hismaker, Hkmwk, Holländer, Home, Hopekoehne, Horde777, Horschtabua, Horst, Horst-Haldol, Huefti

I have my own style, Ich, Ich hasse dich, Ichthys8, Ichwillanonymbleiben, Idenis, Immanuel Weber, Inet Raboo, Infimus, Infomedix, Isch, Isis, Italialover

JHWH, JM, JR 90, Jahve, Jakob, Jan-Mirko, Jan.himmelreich, Jan3k, JanPeter, Jana, Jc.freak83, JeSuSfReAk, Jenny1985junh, Jens, JensG, JensUG, Jerusalemwuschel, Jesus freak777, JesusLEBT, Jesusfreak, Jesusfreak1543, Jetzt-funkenflug, Jhaus55, Jo, Jo gammler, JoHo3009, Jocky, Joe, Joe.S, Joeb, JoergBeyer, Joern, Joesy, Joey, Jogger747, Johannes Venzke, Johannespieper, John, John.w, JohnWindow, Joker, Jonas, Jonas Rahn, Jordanspro, Josco, Joshua, Jrschumann, JuNi, JudenChrist2007, Juho, Jule, Juli, Julia, Julian K., JungfrauAntonia, Juri, Juwilju, Juz, Jörg, Jürgen Bolz, Jürgen Mock-Böhringer

KT, Kaiserscaf,, Kalleb, Karl, Karolus, Kat, Katastrofenkiller, Katha, Katjuscha, Katrin, Katte, Katzengreis, Keinekompromisse, Keko, Keksmensch, Kelu, Kermit, Kilimann, Kirikaese, Klari, Klaus, Knut67, Knöpfchen, Kody, Kohelet, Konrad, Kp, Kreta, Kriss, Kruem, Kruphi, Kurbjuhu, Köbi, Königskind

LLakritz, Lac 777, Lakrissimo, Lamaus, Laura8484, Lcars, LeSPu, Lea4god, Lebe-jetzt, Lehcimsubed, Lena, Lenchen, Leon9b, LeonSmolka9b, Leonae, Leporello, Lil saint 07, LinA,

Ling-lang, Liondancer, Lisa Walther, Lischen, Listos, Liszala, LittlePussycat, LivingWater, Lokke, Longo, Lovejesus777, Lucas.martin, Ludger, Luim23, Lukas, Lupincula, Luthe, Lutz, Lutzneumeier

M.P., MMT, MSchulz, MSchwarzkopf, MaLu, Magdalena, Magimu, Maja, Makeda, Malu, Mamaandy, ManSam, Manu, Manual Automatic, Manyou, MarEn, Maranatha, Marce, Marciboy, Marco max 20, Marcus, Mariamagdalena, Marisa, MarkS, Marksh, Markus Schepke, Markus von grönigen, Marlster, Martin , Martin litzba, Martin.R, Martin.RB, Martina Vick, Martinek, Marv, Mary, Mary007, Massaker, Master500, Matt77, Matze, Mawodi, Max, Max.mustermann1000, Mcbfrodo, Mclgrl, Meise2000, Melilot, MenschMartin, Mercy, Metalmatze, Mica, Micah, Micha, Micha D., Michael Lexa, Michael43, Michal91, MickZ, Micweb, Migi84, Mika, Mikkes, MiniChrist, Miriam, Mirko, Mitras2, Mitternachtpoet, Mkolberg, Moby 18, Moedritscher, Mofamafia, Moggeline, Montague, Moreofyou, Moritzontour, Morpheuz6, Mose, Motorus, Moudy, Mrblonde98, Mucluke, Muehlstein, Multimölli, Muslo, Mwohlgem, MyDog, Mzeecedric, Müc&Jone, Möhre

N.gruessner, Nachwuchsprediger, Nadaschlor, Nala, Nanda, Nannyogg57, Nasnnyogg57, Nasti. Nuclear, Nath, Natta, Neugierige Ziege, Nevar, Nevermind, Newchris, Nicole, Nightstar7459, Niki, Noebian, Nokifan, Nomes, Norbert, Norheg, Noseman, Novize

Ocean20, Oculi, Odradek, Oho, Okashi, Old.holly, Olde, Oldnag85, Olivertomtina, Oluanez, Ombili, OnSeLahde, Onkel-henni, Opensource, Ouve

P, PacmanII, Paddy-07, Paps51, Pasmo11, Patrick.M, Paul, Paula4jesus, Paulgerhardt, Pazu, Pbnp, Pczelot, Pdiggelm, PeacE, Pervamon, Pesus4jesus, Peter, Peter Toeller, Peter.H, PeterAlfred, PeterGeorg, PeterS, Peterpen, Peters, Petra.steinmann, Pfadfinder, PhilOnVolxbibel, Philipp, Philipp Neri, Philippos, PhyshBourne, Pinger, Plan B, Podsadlowski, Popoloch2011, Powtac, PraizeTheLord, Prinz Volker, Proell, Profrk, Psalm50,15, Pucki, Purzelmax

Quastenflosser, Quelle, Quiddi, Qwert

R.muenzker, Radi, Rafhun, Rainer Müller, Ralf Kühlwetter-Uhle, Ralf.haeussler, Ralf.hudler, RalfW, RaphZ, Raphey, Raschmi, Rau.mi, Rbhausoul, Rchhuebner, Realandy, Relpaed, Rettheld, RiccardoCavallo, Riefert, Rieköóö, Ripei, Rissa, Ritze82, Riverofgod, Robert, Rocktiger, Rohrbachkoop, Rolandpapa, Rolli, Rolli1001, Romi124, Rotbartbibel, Rotzloeffel, Rowiwa, Rsj, Rudi007, Rudolf, Ruefu, Russian girly, Russkaja sila, Rusticus, Ruth, Rzeitler, Röfe

STRASSENPASTOR, Sabmoe89, Sachi, Sahne, Salem, Salomo, Salz und ehre, Sam, SamK, Samy, SanWogi, Sanish, Sanja, Sanne, Scarlett, Schattenfee, Schmeffn, Schoko, Schrauberpack, Schwalbe93, Schwenoldas, Schwines, Schäfchen, Scout, Sebastian, Sedi, Seraphael, Server, Setike, Sexy angel, Shalom, Shortys relibande, Sieben, SigMA, Silas1512, Simme, Simon, Simon 123, Simon.loeschke, Sirys, Skwejnn, Skyer, Skylitdrive, Smartie, Smilyi, Snah, Snudo, Soessle, Sommer63, Son of Man, Sonja kiepe, Sonnhild, Sophia, Spuky, Squirrel, Stand Firm, Star, Stefan, Stefan wiederkehr, Stefan.h, StefanBeger, StefaniE, Stefanpickart, Steffensgo, Steini, Stephan-Zoellner, Storch, Stritz, SuZa, Suchanecki, Sunnyjazz, Suschi, Susie Derkins, Susie Derkins2, SvejSi, Sven Körber, Sveniii, Sweetsilvi, SweetyAnja

TJR, TKöhler, TNolte, Tab it, Tabea-Khk, Tabi, Tabse, Taj-pan, Talitakum, Tami, Tatonka1973, Tbk123, Teddman, Teenkreis Hattingen, Teidori, Tennis L, Teqsun, Teresa, Test0815, TestFavicon, Tete, Teupy, TgschuelerP, TgschuelerR, The Gecko, TheKa, TheKryz, TheRevo, Theologe, Theophilus, Thomas, Thor, Thorlac, Thorstenwader, Thorsti, Timmi, Timmy, Timmä, Tina, Tmth, Tobbac, Tobomat, TobyMac, Toktok, Tom, TommesB, Tommy, Tomson, Translator, Trax, Trombonist, Troox, Trw, Typernator

Uas, Uboot, Ulrich erhardt, Unimog, Unterwegs, Ursi, Usbur, Uwe

Vaccinia, Veranda, Vicky, Victor, Vivil58, Vladimir, Volkanmar, Volkmar, Volxmann, Volxwagen, Volz, Vsfwien

WR, Waerter, Warah, Warriorsaint, Weazel, Weberpa, Wechmida, Weichsew, Werner.kahl, Wiesel, Wikimy, Winfried, Winnetou, WirelessPhil, Wishmster842, Wolf, Wolle365, Wolle71, Woschultz, Wraphaw, Wuschi7, X1234567890

XXCaroXx, Xaphoon, Xerxenia, Xsteadfastx, Xxjanaxx22

Yerodin

Zeion, Zimtie, Zotti ...